Markus Hüging, Josef Kuse, Nico Nordendorf, Karl Renkert

Fachqualifikationen Elektrotechnik

Betriebstechnik
Band 2
Lernfelder 8 bis 13

1. Auflage

Bestellnummer 50015

Bildungsverlag EINS

www.bildungsverlag1.de

Gehlen, Kieser und Stam sind unter dem Dach des Bildungsverlages EINS zusammengeführt.

Bildungsverlag EINS
Sieglarer Straße 2, 53842 Troisdorf

ISBN 3-427-**50015**-2

Inhalt

Sachwortverzeichnis

Bildquellenverzeichnis

Wir danken folgenden Firmen und Institutionen für die tatkräftige Unterstützung bei der Entwicklung dieses Buches durch Bereitstellung von Fotos und technischen Informationen:

ABB Automation Products GmbH, Mannheim
ABB STOTZ-Kontakt GmbH, Heidelberg
Albrecht Jung GmbH & Co. KG, Schalksmühle
Beckhoff Industrie Elektronik, Verl
BEHA GmbH, Glottertal
Busch-Jaeger Elektro GmbH, Lüdenscheid
Danfoss GmbH, Offenbach
Felten & Guillomne, Wuppertal
GMC-Instruments, Nürnberg
Hans Turck GmbH & Co KG, Mülheim an der Ruhr
ifm electronic gmbh, Essen
Phoenix Contact GmbH & Co, Blomberg
Robert Bosch GmbH & Co, Neunhausen
RWE Energie AG, Essen
Lenze Vertreib GmbH & Co. KG, Hameln
Lucom GmbH, Zirndorf
Moeller Electric GmbH, Berlin
Pilz, GmbH & Co, Ostfildern
SEW Eurodrive GmbH & Co, Bruchsal
Siemens AG, Erlangen
Siemens AG, München
Zentralverband des Deutschen Handwerks, Bonn

9 Gebäudetechnische Anlagen ausführen und in Betrieb nehmen

9.1 Beleuchtung des Tischplattenmagazins planen

Auftrag

Das Tischplattenmagazin wurde im hinteren Teil der „Tiefgarage“ (Nähe Aufgang zum Tischbau) aufgestellt. Die bislang in der Tiefgarage installierte Beleuchtung (→ Kernqualifikationen) reicht nicht mehr aus.

Sie werden beauftragt, in Absprache mit dem Abteilungsleiter „Tischbau“, eine ausreichende Beleuchtung zu projektieren und zu installieren.

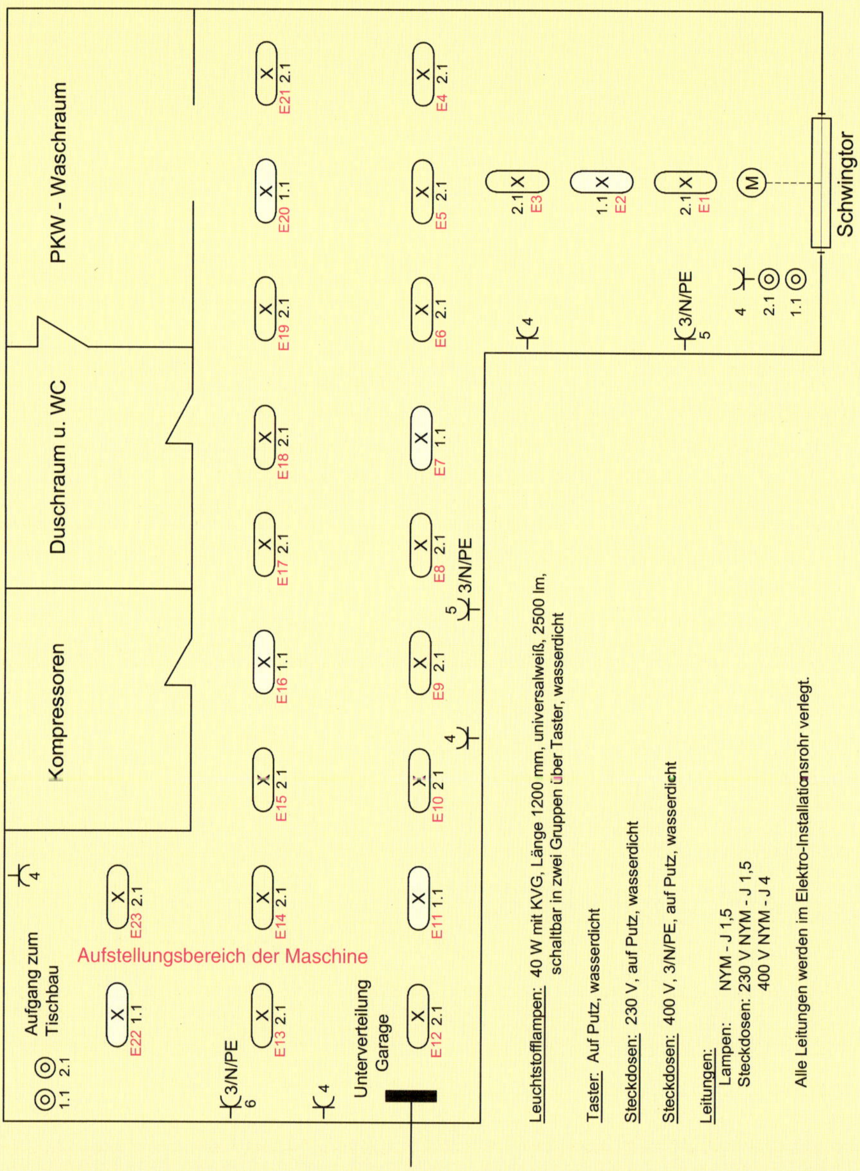

Ausgangssituation

Eine *Ortsbegehung* zeigt folgende Situation:

- Im Bereich der Maschine sind 6 Leuchtstofflampen, 40 W mit KVG universalweiß installiert.
- Diese Lampen sind (neben weiteren in der Tiefgarage) in zwei Gruppen schaltbar.
  Im Maschinenbereich bedeutet das:
  2 Lampen + 4 Lampen.
- Die Lampen sind funktionstüchtig und von 2 Stellen aus schaltbar.
- Die zu beleuchtende Fläche im Maschinenbereich hat die Abmessungen 14 m · 5,6 m.

Überlegung

1. Sollen die bereits installierten Lampen in die Beleuchtung einbezogen werden? Dies hätte zwei Nachteile:
   - Es wäre ein Eingriff in die bestehende, funktionstüchtige Installation notwendig. Dies kann u. U. einen beträchtlichen Zeitaufwand bedeuten.
   - Weiterhin muss vermieden werden, dass bei ausreichender Beleuchtung der Maschine sämtliche Lampen der gesamten Tiefgarage eingeschaltet sein müssen.
2. Für die Maschinenbeleuchtung wird eine *separat installierte und schaltbare* Anlage vorgesehen.

Eine solche Entscheidung kann nicht von einem Auszubildenden getroffen werden. Eine Absprache mit den Abteilungsleitern Elektrotechnik und Tischbau ist notwendig. Diese Absprache ergibt die Zielsituation.

Zielsituation

Die Maschine erhält eine eigenständige Beleuchtungsanlage, die separat schaltbar ist. Schalter am Aufgang zum Tischbau.

Auswahl der Leuchten

Es werden die gleichen Leuchten installiert, die bereits die Tiefgarage ausleuchten.

Leuchtstofflampe, freistrahlend

Gehäuse: Stahlblech, weiß lackiert; Abdeckung mit Stehbolzen und Unterteil über Schaumstoffdichtung mit Rändelmutter verschraubt.

Verdrahtung und Anschluss: anschlussfertig mit wärmebeständigen Leitungen; Anschluss stirnseitig über Anschluss- und Verbindungsklemme. Geeignet für starre und flexible Leiter bis 2,5 mm².

Schutzart: IP54
40 W mit KVG, Länge 1200 mm, universalweiß, 2500 lm, Lampenwirkungsgrad 65 %.

Erforderliche Beleuchtungsstärke $\overline{E}$

Eine *Bemessungs-Beleuchtungsstärke* von 300 lx gilt als ausreichend.

Reflexionsgrade von Wänden, Fußboden und Decke

- *Wände:*

Farbe: hellgrau → Reflexionsgrad ρ 40 – 45 %

- *Decke:*

hellgrau → Reflexionsgrad ρ 40 – 45 %

- *Fußboden:*

mittelgrau → Reflexionsgrad ρ 20 – 25 %

Planungsfaktor

Keine besondere Verschmutzung zu erwarten; normaler Planungsfaktor 1,25.

Raumindex k

Abmessungen:
$a = 14\,\text{m}$, $b = 5{,}6\,\text{m}$, Höhe der Leuchten über Arbeitsfläche $h = 2\,\text{m}$.

$$k = \frac{a \cdot b}{(a+b) \cdot h} = \frac{14\,\text{m} \cdot 5{,}6\,\text{m}}{(14\,\text{m} + 5{,}6\,\text{m}) \cdot 2\,\text{m}} = 2$$

Raumwirkungsgrad η_R

Raumwirkungsgrad
(angenähert) laut Tabelle (Seite 346): $\eta_R = 95\,\%$

Anzahl der erforderlichen Lampen

$$n = \frac{1{,}25 \cdot \overline{E} \cdot A}{\Phi_L \cdot \eta_R \cdot \eta_L}$$

Φ_L: Lichtstrom einer Lampe

$$n = \frac{1{,}25 \cdot 300\,\text{lx} \cdot 78{,}4\,\text{m}^2}{2500\,\text{lm} \cdot 0{,}95 \cdot 0{,}65} = 19$$

Benötigt werden 19 Lampen laut Rechnung.
Die Entscheidung fällt auf 18 Lampen, die symmetrisch auf die drei Außenleiter aufgeteilt werden können.

Diese Reduzierung ist auch deshalb zulässig, weil ja die bisherige Beleuchtung in vollem Umfang erhalten bleibt.

Raumwirkungsgrad η_R

Reflexionsgrade										Leuchten-wirkungsgrad η_L
Decke	0,8				0,5				0,3	
Wände	0,5		0,3		0,5		0,3		0,3	
Boden	0,3	0,1	0,3	0,1	0,3	0,1	0,3	0,1	0,1	
Raumindex k	Raumwirkungsgrad η_R in %									
0,6	61	58	54	52	59	57	53	51	51	0,65
1,0	80	75	73	69	76	73	73	68	67	
1,5	95	86	88	82	90	84	84	80	79	
2,0	102	91	96	87	95	89	89	86	84	
3,0	111	97	106	95	103	95	95	92	91	

Anwendung

1. Planen Sie die räumliche Anordnung der 18 Leuchten.

2. Skizzieren Sie den Anschluss der Leuchten. Zuleitung aus der Unterverteilung Tiefgarage.

3. Erstellen Sie eine Liste der benötigten Betriebsmittel für die Installation der Beleuchtungsanlage. Zum Beispiel Leitungsquerschnitt, Überstrom-Schutzorgane, Schaltgeräte.

4. Erstellen Sie einen vollständigen Arbeitsplan für die Installationsarbeiten.

5. Beschreiben Sie die Vorgehensweise bei der Inbetriebnahme der Beleuchtungsanlage. Erstellen Sie die notwendigen Protokolle.

6. Ihr Meister fragt Sie nach der Berücksichtigung des stroboskopischen Effektes bei der Beleuchtungsanlage. Nehmen Sie Stellung dazu.

Information

Beleuchtungstechnik

Optimale Beleuchtungsanlagen senken die *Betriebskosten*, die sich aus

- Wartungskosten,
- Lampensatzkosten und
- Energiekosten

zusammensetzen. Bei Neuanlagen lassen sich insbesondere die *Energiekosten* reduzieren, die etwa 10 – 15 % der gesamten **Beleuchtungskosten** ausmachen.

Beleuchtungsqualität ist nicht einfach gleichzusetzen mit „viel Licht“. Neben der *Beleuchtungsstärke* müssen beachtet werden:

- *Lichtfarbe und Farbwiedergabeeigenschaften*
- *Lichtrichtung und Schattenwirkung*
- *Blendungsbegrenzung*
- *richtige Auswahl der Leuchten*

Jede Tätigkeit stellt für ihre Sehaufgabe besondere Anforderungen an die *Beleuchtung*.

Lichttechnische Größen

Lichtstrom

Elektrische Lichtquellen wandeln elektrische Energie in *Strahlungsleistung* um. Die im sichtbaren Bereich liegende Strahlungsleistung, die allseitig abgestrahlt wird oder auf eine Fläche auftrifft, wird **Lichtstrom Φ** genannt.

Lichtstrom einer Glühlampe

Einheit des Lichtstromes ist Lumen (lm): $[\Phi] = \text{lm}$

Elektrische Lichtquellen nehmen eine elektrische Leistung auf und geben den Lichtstrom Φ ab.

Beispiele

- Energiesparlampe 20 W: 1200 lm
- Glühlampe 100 W: 1380 lm

Information

Lichtmenge

Die *Lichtmenge* Q ist das Produkt von Lichtstrom Φ und Zeitdauer t, während der Φ abgestrahlt wird.

$$Q = \Phi \cdot t \qquad [Q] = \text{lms}$$

1 lmh = 3600 lms
1 Mlmh = 10^6 lmh

Q ist eine wichtige Größe zur Bestimmung der *Beleuchtungskosten*. Die *Lichtmenge* ist nämlich ein Maß für das gesamte Licht, das von einer Lichtquelle *während eines bestimmten Zeitraumes* (z.B. der gesamten Lebensdauer) abgestrahlt wird.

Beleuchtungsstärke

Die *Beleuchtungsstärke* E ist ein Maß für die Intensität des auf einer beleuchteten Fläche auftreffenden Lichtes. Sie kann als *Lichtstromdichte* angesehen werden.

$$E = \frac{\Phi}{A} \qquad [E] = \frac{\text{lm}}{\text{m}^2} = \text{lx (Lux)}$$

E	Beleuchtungsstärke	lx
Φ	Lichtstrom	lm
A	beleuchtete Fläche	m^2

Beleuchtungsstärke

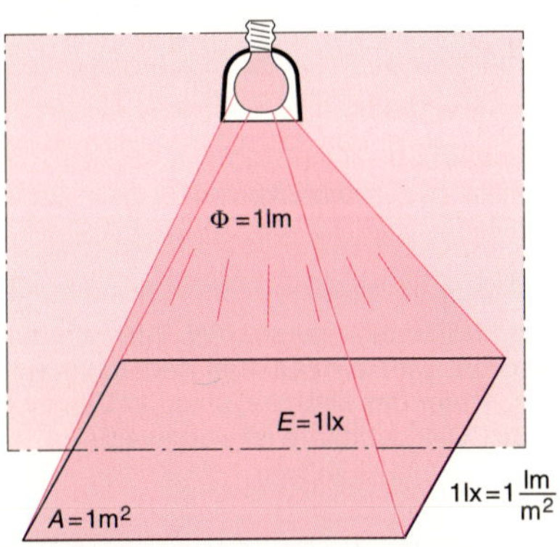

Bei Beleuchtung einer ebenen Fläche hat der Lichtstrahl unterschiedlich weite Wege, bis er auf die Fläche auftrifft. Daher wird die **mittlere Beleuchtungsstärke** $\overline{E}$ angegeben.

$$\overline{E} = \frac{\Phi}{A}$$

Die **Bemessungs-Beleuchtungsstärke** ist auf einen mittleren *Alterungszustand* der Lichtanlage bezogen. Bei normalen Bedingungen bezüglich *Alterung* und *Verschmutzung* der Anlage soll der Bemessungswert daher bei der Planung mit dem Faktor 1,25 multipliziert werden (25 % Aufschlag).

Lichtstärke

Die *Lichtstärke* I gibt an, wie viel Licht von einer Lichtquelle in eine bestimmte Richtung abgestrahlt wird.

Lichtquellen strahlen im Allgemeinen nicht gleichmäßig in alle Richtungen des Raumes. Die *Lichtstärke* dient somit zur Bewertung des Lichts, das *in einer bestimmten Richtung* ausgestrahlt wird.

Hersteller von Lampen und Leuchten geben daher die *Lichtstärke-Verteilung* an. Sie ist bezogen auf einen Lichtstrom von Φ = 1 klm für unterschiedliche Bezugsebenen in Abhängigkeit vom Abstrahlungswinkel.

Lichtausbeute

Die *Lichtausbeute* η bezieht den erzeugten Lichtstrom Φ auf den elektrischen Anschlusswert P.

$$\eta = \frac{\Phi}{P} \qquad [\eta] = \frac{\text{lm}}{\text{W}}$$

Je höher die Lichtausbeute, umso wirtschaftlicher kann die Lichtquelle betrieben werden.

Leuchtdichte

Die *Leuchtdichte* L bestimmt den *Helligkeitseindruck*, den eine leuchtende oder beleuchtete Fläche bewirkt.

Somit ist sie die einzige „sichtbare" lichttechnische Größe. Die Leuchtdichte ist ein Maß für den Helligkeitseindruck, den das menschliche Auge von einer beleuchteten Fläche hat.

Lichtstärkeverteilung von Deckenleuchten

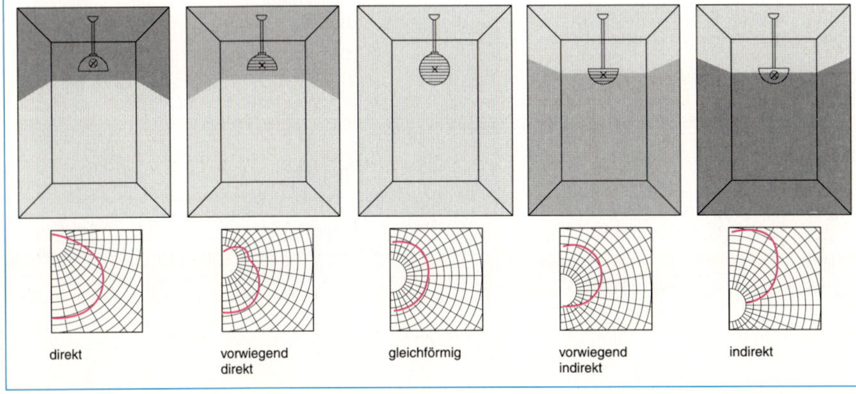

Information

Große *Leuchtdichteunterschiede* im Gesichtsfeld (durch schlecht abgeschirmte Lampen, helle Fensterflächen, Spiegelungen usw.) wirken störend, ermüdend und vermindern das Sehvermögen.

Bei sehr großen *Leuchtdichteunterschieden* erfolgt *Blendung.*

Beispiele für Leuchtdichten

- Lampenglühfaden 7 000 000 cd/m²
- Leuchtstofflampe 8 000 cd/m²
- Straßenbeleuchtung 2 cd/m²

Die *Leuchtdichte von beleuchteten Oberflächen* ist abhängig von der *Beleuchtungsstärke* und dem *Reflexionsgrad* der Oberfläche.

Eine Oberfläche mit weißem Farbanstrich hat einen hohen Reflexionsgrad. Ein großer Anteil des auftreffenden Lichtes wird zurückgestrahlt (reflektiert).

Ein dunkler Farbanstrich hat einen geringeren **Reflexionsgrad**. Bei gleicher Beleuchtungsstärke ist die *Leuchtdichte* deutlich geringer.

Beleuchtungsniveau

Das *Beleuchtungsniveau* wird durch die *mittlere Beleuchtungsstärke* $\bar{E}$ im beurteilten Raumbereich und ihre *Gleichmäßigkeit* beschrieben.

Mittlere Beleuchtungsstärke

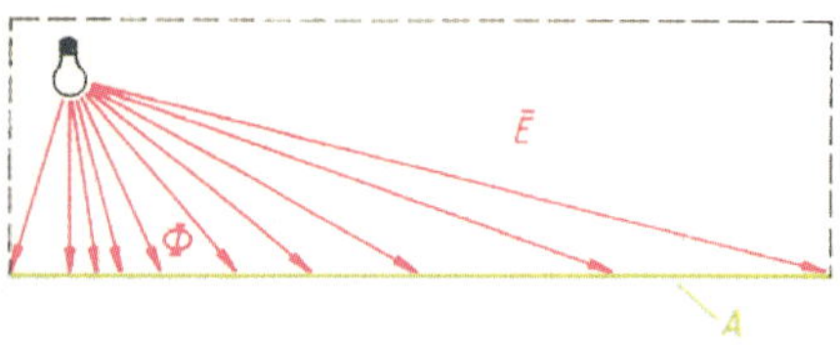

Da das menschliche Auge das *reflektierte Licht* bewertet (also die *Leuchtdichte*), spielt das **Reflexionsverhalten** der beleuchteten Fläche im Raum eine erhebliche Rolle.

Dunkle Raumflächen erfordern hohe Beleuchtungsstärken als hellere Raumflächen. Die notwendige Leuchtdichte nimmt mit der Schwierigkeit der Sehaufgabe zu.

Richtwerte für Beleuchtungsstärken

Raumarten und Tätigkeiten ist eine *Bemessungs-Beleuchtungsstärke* zugeordnet. Die dort angegebenen Werte berücksichtigen die Wirtschaftlichkeit einer sinnvollen Beleuchtung.

Im Allgemeinen ist die *horizontale Bezugsebene* der Bemessungs-Beleuchtungsstärke die Bewertungsfläche der Sehaufgabe; z.B. Schreibtischoberfläche 0,72 m.

Lichtfarbe

Die für allgemeine Beleuchtungsaufgaben verwendeten *Lichtfarben* lassen sich in drei nicht scharf voneinander trennbare Gruppen einteilen.

Tageslichtweiße Lichtfarben
Für solche Lichtfarben sind hohe Beleuchtungsstärken erforderlich (mehr als 1000 lx). Sie rufen eine kühle Atmosphäre hervor.

Neutralweiße Lichtfarben
Geeignet für höhere Beleuchtungsstärken (etwa ab 200 lx). Sollten in Arbeitsräumen verwendet werden und lassen sich gut mit Tageslicht kombinieren.

Warmweiße Lichtfarben
Vorzugsweise bei niedrigen Beleuchtungsstärken (bis ca. 300 lx) angebracht. Sinnvoller Einsatz z.B. in Räumen, die der Entspannung dienen.

Lampen (Auswahl)

Zur Erzeugung von Licht werden **Lampen** benötigt. Sie wandeln elektrische Energie in sichtbares Licht um.

Für die unterschiedlichen Anwendungsfälle werden eine Vielzahl von *Lampentypen* angeboten. Für die Lampenauswahl sind z.B. folgende Punkte von Bedeutung:

- *Lichtstrom*
- *Lichtausbeute*
- *Lichtfarbe*
- *Lebensdauer*
- *Betriebsverhalten*
- *Anschaffungs- und Betriebskosten*

Glühlampen

Glühlampen sind *Temperaturstrahler.* Ein hocherhitzter Wolframdraht wird zum Glühen gebracht. Je höher die Temperatur des Drahtes, umso größer ist die Lichtausbeute. Die Lichtfarbe ist warmweiß.

Temperaturstrahler

Glühlampen wandeln nur etwa 5 – 15 % der elektrischen Energie in Lichtstrahlung um. 85 – 95 % der elektrischen Energie werden in Wärme umgewandelt.

Information

Die *Lebensdauer* von Glühlampen (ca. 1000 Stunden) ist spannungsabhängig. Bei ca. 5 % Überspannung halbiert sich die Lebensdauer, bei ca. 5 % Unterspannung verdoppelt sie sich.

Spannung und Lebensdauer einer Glühlampe

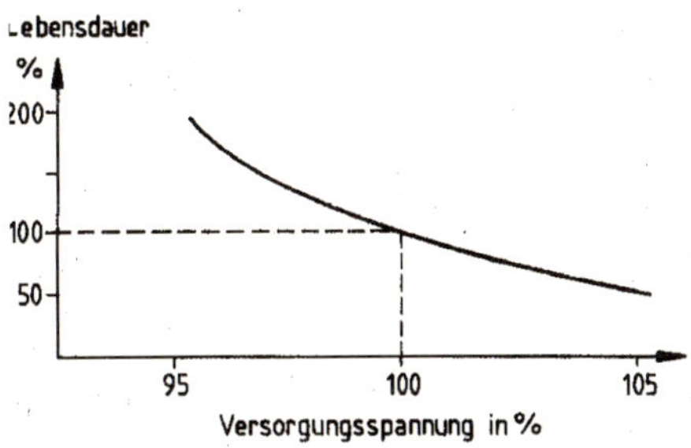

Glühlampen werden in unterschiedlichen *Bauformen* und *Sockelgrößen* angeboten (→ Tabellenbuch).

Halogenglühlampen

Bei herkömmlichen Glühlampen bildet sich im Laufe der Zeit an der Innenwand des Glaskolbens ein schwärzlicher Belag aus verdampftem Wolfram. Die Folge ist eine deutliche Lichteinbuße.

Um diese Schwärzung zu vermeiden, muss das verdampfte Wolfram der Glühwendel vor der Kolbenwand abgefangen werden. Dies wird dadurch erreicht, dass dem Füllgas *Halogene* beigegeben werden.

Halogenglühlampen sind relativ klein und haben einen Quarzglas- oder Hartglaskolben. Sie liefern einen konstanten Lichtstrom während ihrer gesamten Lebensdauer.

Hochvolt-Halogenlampen

- Lichtausbeute bis 25 lm/W
- Lebensdauer bis 4000 Stunden

Niedervolt-Halogenlampen

- 6 V, 12 V, 24 V
- Aluminiumreflektor
- Kaltlichtreflektor (bis zu 60 % der Wärme wird durch einen Spiegelreflektor nach hinten abgeführt).
- Wegen der relativ hohen Stromstärken die Lampen nur im spannungslosen Zustand wechseln.

Beim Einsetzen der Halogenlampen Fingerabdrücke oder andere fettige Verunreinigungen vermeiden, da diese wegen der hohen Betriebstemperatur einbrennen.

Energiesparlampen

Glühlampen haben eine geringe Lichtausbeute (12 lm/W) und eine relativ kurze Lebensdauer. Daher wurden „glühlampenähnliche" Lichtquellen mit *höherer Lichtausbeute* und *längerer Lebensdauer* entwickelt.

Die Lichterzeugung entspricht dem Prinzip der Leuchtstofflampe (→ Kernqualifikationen). Auch hier ist zum Betrieb ein *Vorschaltgerät* notwendig, das Bestandteil der Energiesparlampe ist.

- *Flackerfreier Start*
- *Flimmerfreier Betrieb*
- *Lebensdauer 6000 – 15 000 Stunden*
- *Lichtfarbe ähnlich wie bei Glühlampen*
- *Angeboten in unterschiedlichen Bauformen und Sockeln*

Natriumdampf-Niederdruck Lampen NA

- Entladung wird zunächst über Neongas eingeleitet
- Natrium verdampft; der volle Lichtstrom wird erst nach 10 – 20 min erreicht
- Sehr hohe Lichtsausbeute (bis 150 lm/W)
- Leistung 18 – 180 W
- Anwendung z.B. bei der Straßenbeleuchtung
- Lichtspektrum gelb (monochromatische Strahlung)
- Zündspannung 480 – 660 V (Vorschaltgeräte)

Natriumdampf-Niederdrucklampe

Information

Natrium-Hochdrucklampen NAV

- Brenntemperatur etwa 1200 °C
- Lichtausbeute 80 – 130 lm/W
- Lichtfarbe gelblich-weiß; Körperfarben gut unterscheidbar
- Leistung 50 – 1000 W
- Anwendung z.B. bei der Straßen- und Sportplatzbeleuchtung

NAV-Lampen

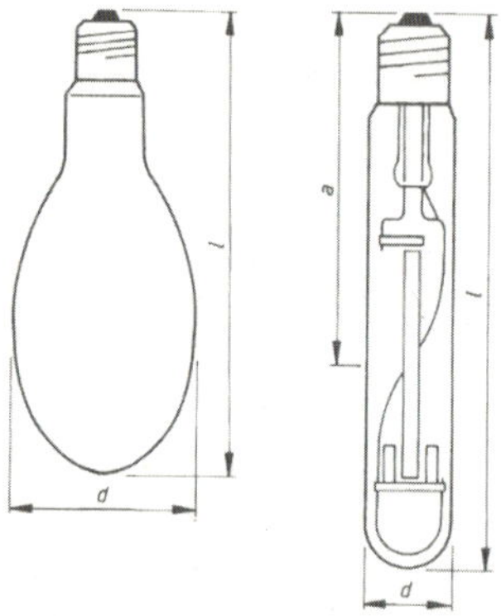

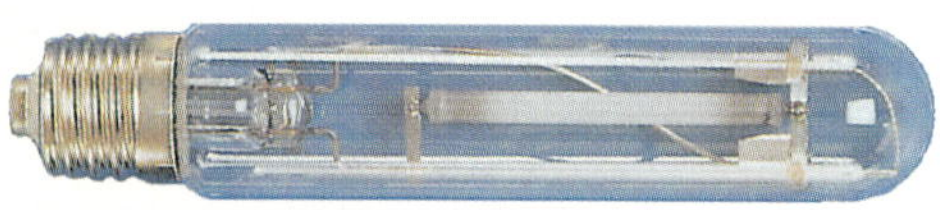

Quecksilber-Hochdrucklampe

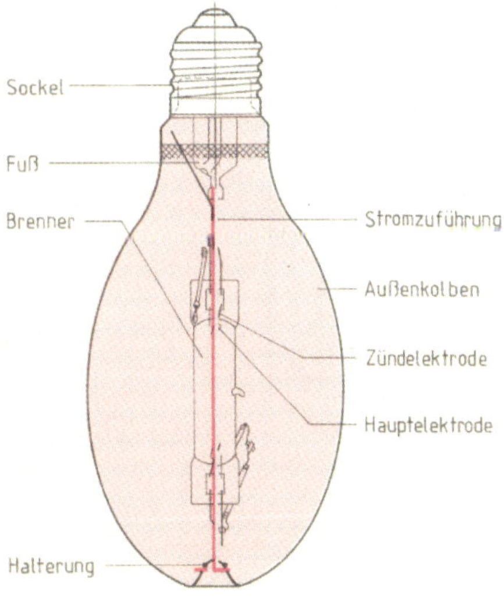

Quecksilberdampf-Hochdrucklampen

- Zündung über Hilfselektroden
- Vorschaltgerät erforderlich
- Maximaler Lichtstrom innerhalb von 3 – 5 min
- Lichtfarbe bläulich-weiß mit hohem Gelb- und Grünanteil
- Lichtausbeute 30 – 60 lm/W
- Anwendung z.B. in Werkhallen bei nur geringen Ansprüchen an die Farbwiedergabe

Halogen-Metalldampflampe

- Lichtausbeute bis ca. 95 lm/W
- Verbesserte Farbwiedergabeeigenschaften; Lichtfarbe neutralweiß und tageslichtweiß
- Lebensdauer ca. 6000 Stunden
- Leistungen 35 – 2000 W
- Zünd- und Vorschaltgerät erforderlich
- Einbrennzeit 3 – 5 min
- Anwendung z.B. zur Sportstättenbeleuchtung, Werkhallen- und Ausstellungshallenbeleuchtung

Mischlichtlampen

- Glühlampe und Hochdruck-Leuchtstofflampe sind in einem Glaskolben hintereinander geschaltet
- Kein Vorschaltgerät erforderlich
- Nach 2 Minuten hat sich die Gasentladung voll entwickelt; die Glühwendelbelastung nimmt ab
- Der Lichtstrom hat eine bläulich-weiße Farbe; Lichtfarbe neutralweiß bei mäßigen Farbwiedergabeeigenschaften
- Lichtausbeute bis 32 lm/W
- Lebensdauer 5000 Stunden; spannungsabhängig wie bei Glühlampen

Mischlichtlampe

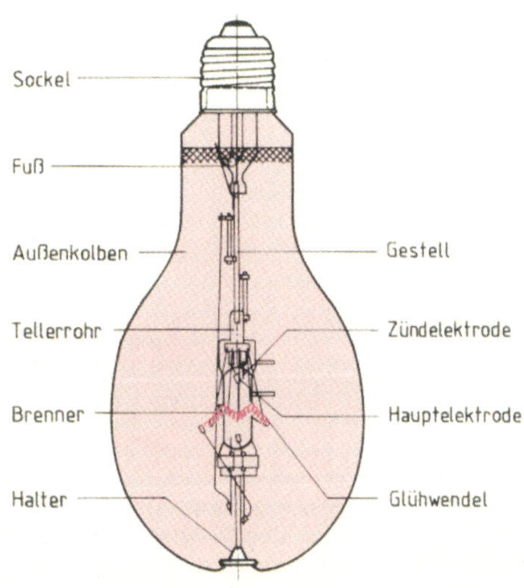

Information

Industriebeleuchtung

Räume, die dem ständigen Aufenthalt von Personen dienen, erfordern eine Bemessungs-Beleuchtungsstärke von min. 100 lx.

Ständig besetzte Arbeitsplätze in Gebäuden erfordern eine Bemessungs-Beleuchtungsstärke von min. 200 lx.

Für die Innenraumbeleuchtung sind im Allgemeinen nur Lampen der Farbwiedergabestufe 3 zugelassen. Bis 200 lx ist in einzelnen Fällen auch die Hochdruck-Natriumdampflampe (Farbwiedergabestufe 4) zugelassen. Zum Beispiel in Kraftwerken, Stahlwerken und Gießereien.

Farbwiedergabestufen nach DIN

Der **Farbwiedergabeindex** R_a ermöglicht die Bewertung der *Farbwiedergabeeigenschaften* von Lampen.

Der theoretisch mögliche Maximalwert beträgt 100. Dieser Wert lässt alle Umgebungsfarben natürlich erscheinen.

Je geringer R_a ist, umso schlechter werden die Farben der beleuchteten Objekte wiedergegeben.

Die *Farbwiedergabe* wird in *sechs Stufen* angegeben.

Farbwiedergabe		*Lampen*
Stufe	R_a	
1A	*> 90*	*Glühlampen, „Deluxe"-Leuchtstofflampen*
1B	*80 – 89*	*Dreibanden-Leuchtstofflampen*
2A	*70 – 79*	*Leuchtstofflampen (25)*
2B	*60 – 69*	*Leuchtstofflampen (33), Metalldampflampen*
3	*40 – 59*	*Leuchtstofflampen (29), Hochdruck-Quecksilberdampflampen*
4[1)]	*20 – 39*	*Hochdruck-Natriumdampflampen Niederdruck-Natriumdampflampen*

1) *Für Innenräume nicht zulässig.*

	Bemessungs-Beleuchtungsstärke	*Farbwiedergabestufe*	*Lichtfarbe*
Kraftwerk	*100*	*3*	*ww, nw*
Gießerei	*300*	*3*	*ww, nw*
Montagehallen	*500*	*3*	*ww, nw, tw*
Farbkontrolle	*1500*	*1A*	*ww, nw, tw*

Hallen mit Höhen bis 7 m

Leuchtstofflampen als Lichtbänder; eventuell an Pendeln abgehängt. Im rechten Winkel zu den Maschinenreihen.

Bei der Aufhängung von Leuchten ist darauf zu achten, dass die Aufgängevorrichtungen das 5-fache Leuchtengewicht, mindestens jedoch 10 kg ohne Formänderung tragen können.
Leuchten dürfen nur auf Baustoffen montiert werden, die eine höhere Entzündungstemperatur als 200 °C haben.

Hallen mit Höhen über 7 m

Hochdruck-Entladungslampen; sehr hoch montiert. Weniger Leuchten erfordern einen geringeren Wartungsaufwand und niedrigere Installationskosten.

Bemessungs-Beleuchtungsstärken größer als 1000 lx

Einzelplatzbeleuchtung möglicherweise sinnvoll. Allgemeinbeleuchtungsanteil mindestens 500 lx.

Bildzeichen

Zeichen	*Bedeutung*
	*Leuchte kann auf entflammbaren Unterlagen montiert werden*
	*Leuchte für Betriebsstätten, die durch Staub feuergefährdet sind*
	*Leuchte zum Einbau in Möbeln aus entflammbaren Materialen*
	*Leuchte darf auch bei Stoffen mit unbekanntem Entflammverhalten verwendet werden*
	*Leuchte für rauhe Betriebsstätten*
	*Leuchte für erhöhte Umgebungstemperatur*
EEx	*Leuchte für explosionsgefährdete Betriebsstätten*
	*Zeichen für „Geprüfte Sicherheit"; das Gerät entspricht den sicherheitstechnischen Anforderungen des Gesetzes für Technische Arbeitsmittel.*
	*Überprüfung Begrenzung der Störstrahlung, Störspannung auf dem Netz*
IP	*Schutzarten gegen Eindringen von Fremdkörper und Feuchte*

Information

Beleuchtungsstärke

Während in DIN 5035 von *Bemessungs-Beleuchtungsstärken* ausgegangen wurde, sind in DIN EN 12464-1 **Wartungswerte** angegeben. Dabei ist von Bedeutung:

Die **mittlere Beleuchtungsstärke** im Bereich der Setzaufgabe darf den *Wartungswert* nicht mehr unterschreiten. Dies gilt für den *gesamten Betriebszeitraum* der Beleuchtungsanlage.

Die bislang gültigen *Höhenangaben* (0,85 m) *für die Bewertungsflächen* sind nicht mehr Bestandteil der Norm. Jetzt muss die Höhe der Bewertungsfläche der *Sehaufgabe* entsprechen; Schreibtischoberflächen z.B. 0,72 m.

Es wird auch zwischen den Beleuchtungsstärken im Bereich der Sehaufgabe und im unmittelbaren Umgebungsbereich unterschieden. Die *Wartungswerte* können im Umgebungsbereich um *eine Stufe verringert* werden.

Wartungsfaktor

Der *Wartungsfaktor* (bei der Planung zu berücksichtigen) hängt ab

- *von der Lampenalterung (Lichtstromfaktor),*
- *von der Lebensdauer der Lampen,*
- *von der Verschmutzung der Leuchten und der Alterung der Leuchten,*
- *von der Verschmutzung der Raumflächen.*

Zu beachten ist, dass nicht nur der Wartungsfaktor in Form eines *Verminderungs-* bzw. *Planungsfaktors* berücksichtigt werden muss, sondern auch ein *Wartungsplan* für die Beleuchtungsanlage zu erstellen ist.

- *Intervalle für Lampenwechsel*
- *Leuchtenreinigung, Lampenreinigung*
- *Reinigung des Raumes*

Prüfungen

Messung der Beleuchtungsstärke
Messung mit *Luxmetern* der Klasse B; Fehlergrenze ±10 %. Tageslicht soll ausgeschaltet sein.

Bei nicht abgedeckten Fenstern ist die Beleuchtungsstärke bei eingeschalteter Beleuchtung und direkt danach bei ausgeschalteter Beleuchtung zu messen. Die *Messwertdifferenz* entspricht dann der Beleuchtungsstärke der Beleuchtungsanlage.

Gasentladungslampen sollen vor der Messung mindestens 100 Stunden, *Glühlampen* sollen mindestens 10 Stunden gealtert sein.

Die Grundfläche des Raumes wird in *quadratische Felder* eingeteilt. Gemessen wird die Beleuchtungsstärke im Mittelpunkt dieser Felder. Rasterabstände der Felder:

- Normal hohe Räume: 1 – 2 m
- Räume über 5 m Höhe: bis 5 m

Zur Ermittlung der *mittleren Beleuchtungsstärke* sind die Einzelmesswerte zu addieren und durch die Anzahl der Messpunkte zu teilen. Die Messung ist zu *protokollieren.*

Englisch

Beleuchtung
illumination, lighting

Blendungsfreie Beleuchtung
gareless lighting

Beleuchtungsanlage
lighting installation

Beleuchtungsstärke
illuminance

Mittlere Beleuchtungsstärke
mean illuminance

Beleuchtung im Freien
outdoor illumination

Beleuchtungsanlagen für Innenräume
illumination system, interior

Beleuchtungsmesser
illumination meter

Beleuchtungsniveau
illumination level

Beleuchtungswirkungsgrad
utilization factor

Lichtfarbe
luminous colours

Lichtquelle
light source

Leuchtstofflampe
flourescent lamp

Leuchtstofflampenanlage
flourescent lamp installation

Reflexionsfaktor
reflection factor

Lichttechnik
lighting engineering

Lichtstärke
luminious intensity

Lichtstärke-Verteilungskurve
luminous intensity distribution curves

Lichtrichtung
light direction

Lichtausbeute
luminious effency

Glühlampe
filament bulb, glow lamp

Gasentladungslampe
gas-discharge lamp

Lebensdauer
life-time, duration of life, burning life

Halogenlampe
halogen lamp

Quecksilber-Hochdruck-Lampe
high pressure mercury lamp

Natriumdampflampe
sodium lamp

Mischlichtlampe
mixed-light lamp

Brandmeldeanlage
fire alarm system

Brandmelder
fire alarm box, fire detector

Brandschutz
fire protection

Brandschutztür
fire door

Brandsicherheit
fire safety

Brandverhütung
fire protection

Rauchmelder
smoke detector

Bereich
area

9.2 Verwaltungsgebäude über den Installationsbus steuern

Auftrag

Im Verwaltungsgebäude des Betriebes sollen Beleuchtung, Jalousien und die Heizungs- und Klimaanlage mit Hilfe des Installationsbusses EIB gesteuert werden.
Ihr Meister beauftragt Sie mit der Planung und Realisierung der Beleuchtungs- und Jalousiesteuerung eines Büros für die Buchhaltung.

Ergebnisprotokoll des Planungsgesprächs mit dem Auftraggeber

- *Im Büro befinden sich Deckenleuchten und zwei Fenster mit Jalousien.*
- *Die Leuchten werden gemeinsam ein- und ausgeschaltet.*
- *Das Schalten der Leuchten ist an zwei Stellen möglich.*
- *Die Leuchten können zusätzlich gedimmt werden.*
- *Die Jalousien werden automatisch morgens geöffnet und abends geschlossen.*
- *Das morgendliche Öffnen erfolgt zeitabhängig.*
- *Das abendliche Schließen erfolgt bei Einbruch der Dunkelheit oder zeitabhängig.*
- *Jede Jalousie kann zusätzlich über Taster gesteuert werden.*
- *Während starker Sonneneinstrahlung werden die Jalousien geschlossen.*
- *Bei Sturm werden die Jalousien geöffnet und blockiert.*

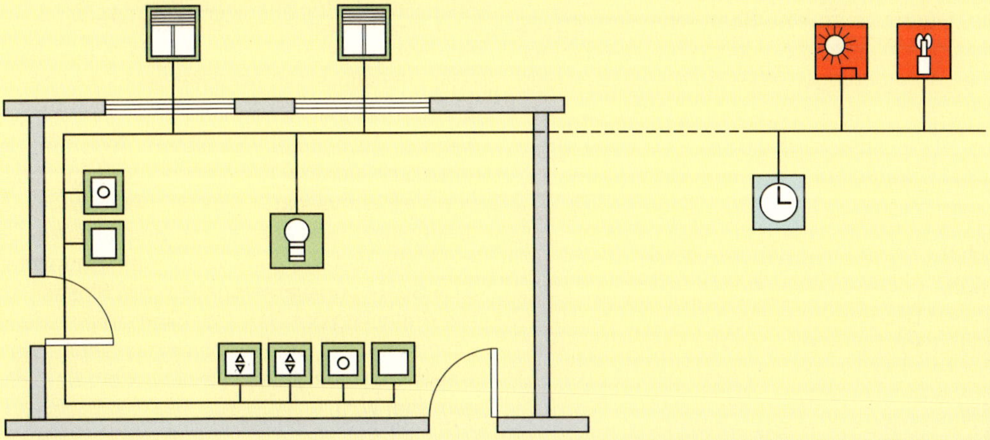

Technische Informationen

Der Kunde wird zunächst über das **EIB-System** informiert. **EIB** steht für **E**uropäischer **I**nstallations-**B**us. Gemeint ist damit ein System, in dem alle Sensoren und Aktoren parallel an einen *zweiadrigen Bus* geschaltet werden. Bild 1 zeigt das Prinzip.

Soll z.B. die Lampe E1 über den Sensor 2 eingeschaltet werden, so erzeugt der Sensor 2 bei einer Tasterbetätigung ein Signal, das als **Telegramm** bezeichnet wird.

Als *Sensoren* bezeichnet man alle Schalter, Taster, Helligkeits- und Temperatursensoren usw.

Sensoren sind Signalgeber, sie senden Telegramme.

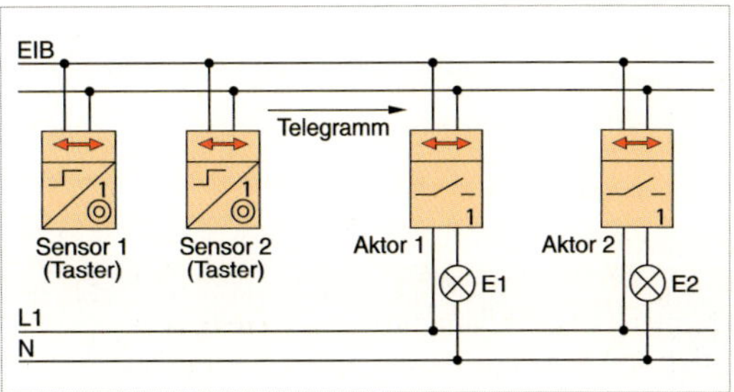

1 EIB-Prinzip

Telegramm → 356

Das in Bild 1, Seite 353 von Sensor 2 gesendete Telegramm enthält eine mehrere Informationen.

Unter anderem, dass das Telegramm an den Aktor 2 gerichtet ist und dass dieser die Lampe E1 einschalten soll. Die dazu notwendige Energie wird über den Aktor direkt zum angeschlossenen Betriebsmittel geschaltet.

Aktoren empfangen Telegramme und schalten abhängig von deren Informationen die angeschlossenen Betriebsmittel.

Aufbau des EIB-Systems

Der Installationsbus EIB besteht aus maximal drei verschiedenen **Linientypen**:

- **Linie**

Die *Linie* ist die kleinste Einheit des EIB-Systems. Bild 1 zeigt die Struktur.

Jeder Teilnehmer (TLN) kann mit anderen Teilnehmern über Telegramme Informationen austauschen.

Jede Linie muss an eine **Spannungsversorgung** (SV) angeschlossen sein. Mit einer Linie können z.B. die Anforderungen eines Büros realisiert werden.

An eine Linie können bis zu 64 Teilnehmer angeschlossen werden.

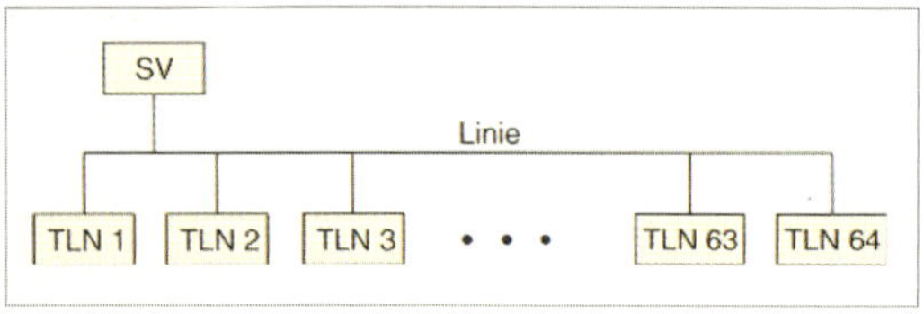

1 Linie

- **Hauptlinie**

Über eine *Hauptlinie* können mehrere Linien miteinander verbunden werden. Bild 2 zeigt den Aufbau. Die Verbindung zwischen den Linien und der Hauptlinie erfolgt über **Linienkoppler** (LK). Teilnehmer einer Linie können über die zugehörigen Linienkoppler und die Hauptlinie mit Teilnehmern einer anderen Linie Informationen austauschen. Es spielt also keine Rolle, in welcher Linie ein Teilnehmer angeschlossen ist.

Eine *Hauptlinie* wird z.B. dann eingesetzt, wenn eine Linie nicht ausreicht oder eine übersichtliche Gliederung gefordert ist.

An eine Hauptlinie können bis zu 15 Linien angeschlossen werden.

- **Bereichslinie**

Die *Bereichslinie* stellt die höchste Ausbaustufe des EIB-Systems dar. Bild 2 verdeutlicht das. Die Verbindung zwischen den Hauptlinien und der Bereichslinie erfolgt über **Bereichskoppler** (BK).

An eine Bereichslinie können maximal 15 Hauptlinien angeschlossen werden.

An eine *Hauptlinie* können neben *Linienkopplern* weitere *Teilnehmer* (Sensoren, Aktoren) angeschlossen werden. Die Summe der Linienkoppler und Teilnehmer darf 64 nicht überschreiten. Dies gilt entsprechend auch für die Bereichslinie. Diese muss ebenso wie jede Linie oder Hauptlinie an eine Spannungsversorgung angeschlossen sein. Die Aufteilung der *Bereichslinien*, *Hauptlinien* und *Linien* kann z.B. dem Aufbau eines Gebäudes entsprechen, wobei jedem Stockwerk ein Bereich zugeordnet wird.

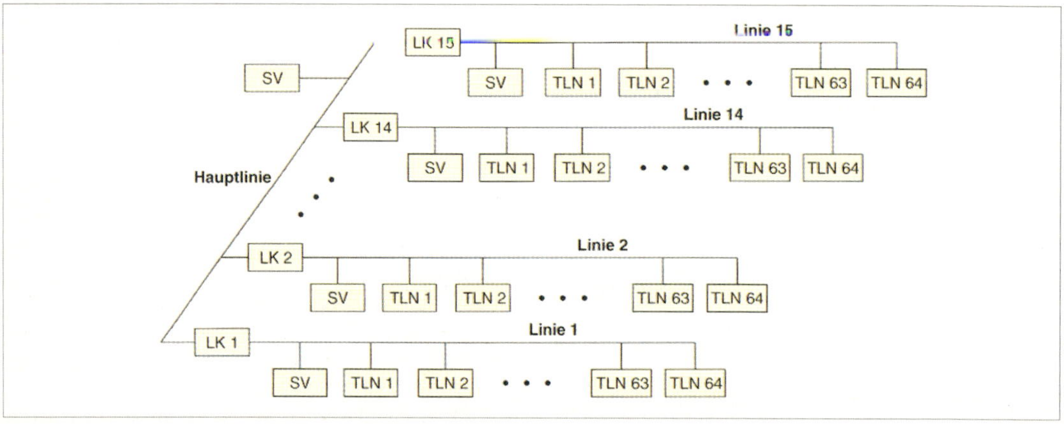

2 Hauptlinien mit Linien bilden einen Bereich

Koppler → 361, Spannungsversorgung → 360

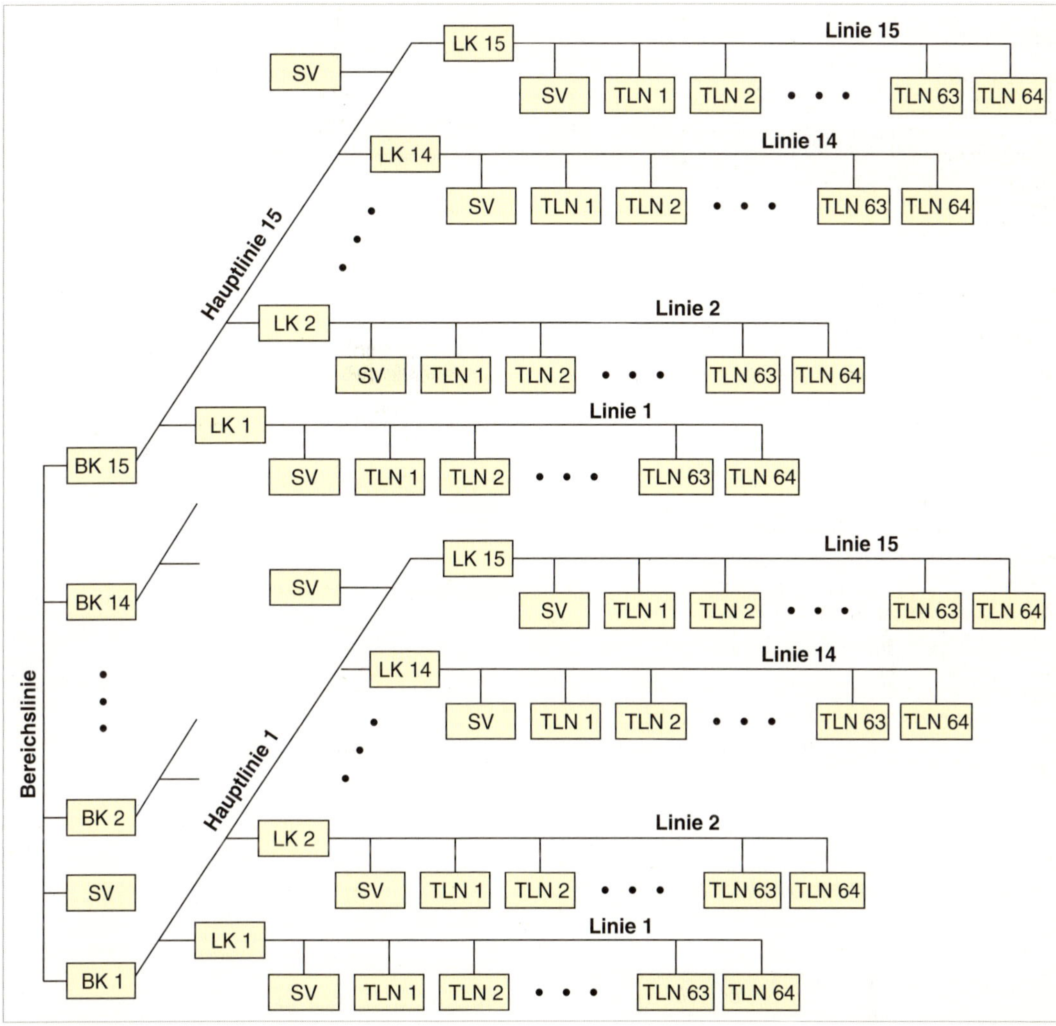

1 *EIB-System mit Bereichslinien*

Englisch

Gebäudesystem-technik
building management system

EIB-System
EIB-system

Installationsbus EIB
EIB installation bus

Beleuchtung
lighting

Sensor
sensor

Signalgeber
transducer

Aktor
actuator

Telegramm
telegram

Teilnehmer
subscriber

Teilnehmer (Busteilnehmer)
bus device

Linie
line

Hauptlinie
main line

Bereichslinie
backbone line

Bit
bit

Byte
byte

Quittierung
acknowledgement

Empfang korrekt
reception correct

Empfang nicht korrekt
reception incorrect

Noch beschäftigt
still occupied

Physikalische Adresse
physical address

Bus
bus

Busleitung
bus line

Bussystem
bus system

Busankoppler
bus coupling unit

Anwendungsmodul
application module

Anwendungs-schnittstelle
physical external interface

Jalousieschalter
blind switch

Windsensor
wind sensor

Information

Telegramm

Ein *Telegramm* wird z.B. beim Betätigen eines Tasters (Sender) zum Einschalten einer Lampe (Empfänger) gesendet. Erreicht das Telegramm den Empfänger, quittiert dieser den Empfang.

Die Betätigung des Tasters wird als Ereignis bezeichnet. Beim Auftreten eines Ereignisses wartet der zugehörige Teilnehmer auf das *Zugriffsrecht* auf den Bus. Dazu „beobachtet" er den Bus, ob dort Daten übertragen werden. Sobald er für die Zeit $t_1 = 5{,}2\,\text{ms}$ keinen Datenverkehr erkennt, sendet er das Telegramm. Im Anschluss an die Übertragung steht dem Empfänger die Zeit $t_2 = 1{,}35\,\text{ms}$ zur Verfügung, um den ordnungsgemäßen Empfang des Telegramms zu quittieren.

Telegramme und Quittungen werden im *Bit-Format* übertragen.

Telegramm und Empfangsbestätigung

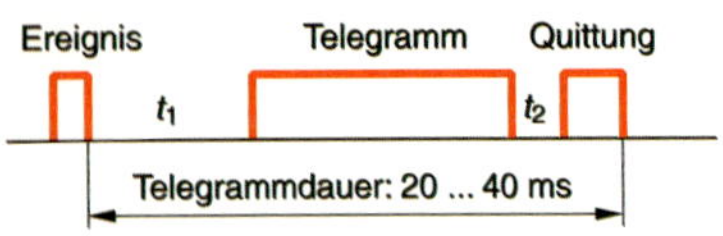

Aufbau eines Telegramms

Ein Telegramm enthält Informationen, die für die Funktion des EIB-Systems erforderlich sind. Ein Telegramm ist in unterschiedliche *Datenfelder* unterteilt. Jedes Datenfeld enthält eine bestimmte Anzahl an Bit: 8 Bit für das Steuerfeld, 16 Bit für die Quelladresse usw.

Aufbau eines Telegramms

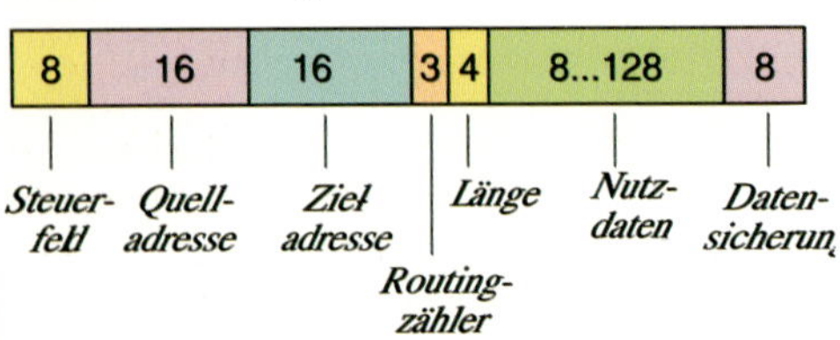

- Das **Steuerfeld** enthält Daten über die Priorität (Wichtigkeit) des Telegramms. Das ist nur dann von Bedeutung, wenn mehrere Teilnehmer gleichzeitig mit der Übertragung beginnen. In diesem Fall werden System- und Alarmfunktionen gegenüber Betriebsmeldungen vorgezogen.
- Die **Quelladresse** ist immer die physikalische Adresse des Senders. Für sie stehen 16 Bit zur Verfügung.
- Für die **Zieladresse** stehen 17 Bit (16 Bit + 1 Bit) zur Verfügung. Die Zieladresse ist entweder eine **physikalische Adresse** (Bit 17 = 0) oder eine **Gruppenadresse** (Bit 17 = 1).
- Der **Routingzähler** enthält die Information, wie oft ein Telegramm über Linien- oder Bereichskoppler weitergeleitet werden soll.
- Im Datenfeld **Länge** wird angegeben, wie viele Bytes zur Übertragung der Nutzdaten folgen.
- Das Datenfeld **Nutzdaten** teilt dem Empfänger mit, welche Aktion er ausführen soll.
- In dem Feld **Datensicherung** werden Prüfdaten übertragen, die dazu dienen, Übertragungsfehler zu erkennen.

Quittierung des Telegramms

Anhand des Telegramm-Bytes **Datensicherung** kann der Empfänger den korrekten Empfang eines Telegramms überprüfen und entsprechend quittieren.

Für die Quittierung steht ein Byte zur Verfügung, mit dem unterschiedliche Meldungen gesendet werden können.

Bestätigung:	Das Telegramm wurde korrekt empfangen.
Beschäftigt:	Das Telegramm wurde korrekt empfangen. Jedoch kann der Inhalt nicht verarbeitet werden, weil der Empfänger zur Zeit noch mit einer anderen Aufgabe beschäftigt ist. In diesem Fall wird das Telegramm nach einer Wartezeit erneut gesendet.
Keine Bestätigung:	Das Telegramm wurde empfangen, weist aber Übertragungsfehler auf. In diesem Fall wird das Telegramm maximal dreimal wiederholt.

Erhält der Sender *keine Quittierung*, wird das Telegramm ebenfalls *maximal dreimal* wiederholt.

Physikalische Adressen

Im EIB-System wird jedem Teilnehmer eine *physikalische Adresse* zugeordnet. Sie kennzeichnet den Teilnehmer eindeutig und beschreibt seine Position innerhalb des EIB-Systems. Dabei gilt:

Die physikalische Adresse besteht aus drei Zahlen in folgender Abfolge:
Bereich.Linie.Teilnehmer.
Die Zahlen werden durch Punkte getrennt.

Der Teilnehmer mit der physikalischen Adresse 3.5.4 befindet sich im Bereich 3 in der Linie 5 als Teilnehmer 4. Physikalische Adressen sind den einzelnen Teilnehmern fest zugeordnet und werden innerhalb eines EIB-Systems nur einmal vergeben.

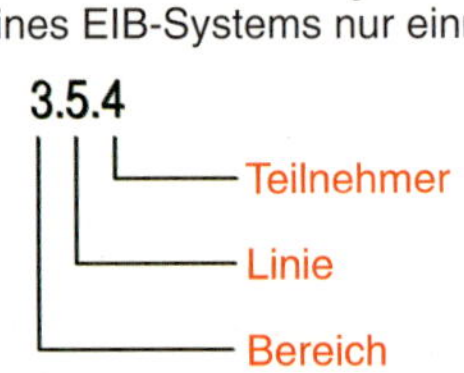

Information

Schaltzeichen für EIB

Zur Darstellung der Busteilnehmer werden spezielle Schaltzeichen verwendet. Als Grundsymbol dient ein Quadrat, in das alle weiteren Informationen und Symbole eingetragen werden. Der Busankoppler wird durch ein Rechteck mit einem Doppelpfeil dargestellt.

Aufbau der EIB-Schaltzeichen

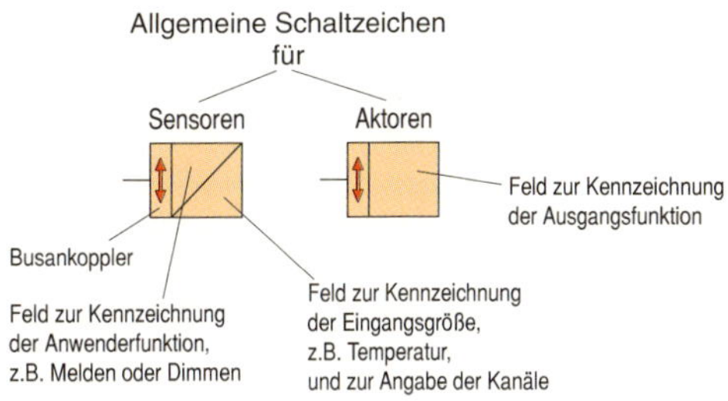

Beispiele für Schaltzeichen

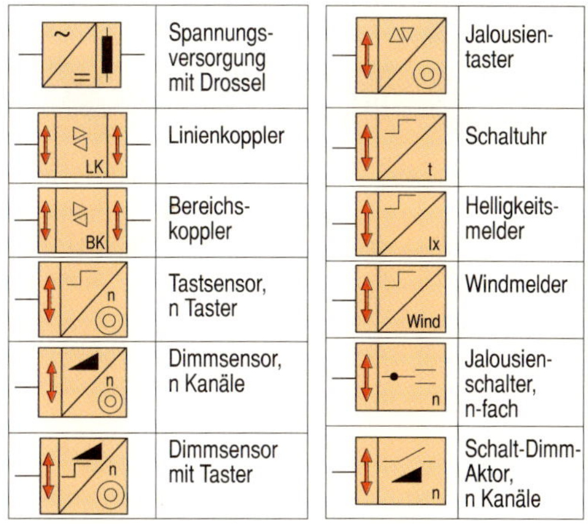

Arbeitsschritte

Die Realisierung der gestellten Aufgabe wird in mehreren Schritten durchgeführt: *Planung, Installation, Projektierung, Inbetriebnahme und Dokumentation.*

- Die **Planung** erfolgt in Zusammenarbeit mit dem Kunden bzw. Auftraggeber und berücksichtigt dessen Wünsche. In der Planungsphase werden die Linienstruktur und die Leitungswege festgelegt und die EIB-Geräte (Busteilnehmer) ausgewählt.
- Zur **Installation** gehören die Leitungsverlegung und der Einbau der Teilnehmer. Anschließend erfolgt eine Prüfung der Installation.
- Bei der **Projektierung** werden die Funktionen der installierten Teilnehmer im EIB-System programmiert. Die Programmierung erfolgt mit der Standardsoftware ETS2 (EIB-Tool-Software).
- Die **Inbetriebnahme** erfolgt ebenfalls mit der Standardsoftware ETS2.
- Die **Dokumentation** enthält alle wichtigen Unterlagen über die Installation und die Funktion der Anlage.

Planung der Linienstruktur

Entsprechend der Gesamtkonzeption für das Verwaltungsgebäude steht für die Planung der Beleuchtungs- und Jalousiesteuerung des Büros Buchhaltung die *Linie 5* im *Bereich 3* zur Verfügung.

Die Schaltuhr, der Helligkeits- und der Windmelder steuern nicht nur die Jalousien in der Buchhaltung, sondern auch die in anderen Büros. Daher sind sie an Linien angeschlossen, die Sensoren zur Steuerung von Gebäudeteilen bzw. des gesamten Gebäudes enthalten. Bild 1, Seite 358 zeigt alle Teilnehmer, die an den Steuerungsaufgaben im Büro beteiligt sind.

Die Teilnehmer werden durch *genormte Schaltzeichen* dargestellt.
Zur eindeutigen Kennzeichnung ordnet man allen Teilnehmern eine *physikalische Adresse* zu.
Diese Adresse gibt an, wo sich ein Teilnehmer innerhalb des gesamten EIB-Systems befindet. So kennzeichnet die *physikalische Adresse 3.5.2* den *Teilnehmer 2* in der *Linie 5* im *Bereich 3.*

An die *Linie 5* sind alle Teilnehmer angeschlossen, die in der Buchhaltung oder dem zugehörigen Stromkreisverteiler installiert werden. Das sind Aktoren für die Leuchten (3.5.1) und Jalousiemotoren (3.5.2). Zu den Sensoren gehören je ein Taster mit den Funktionen Schalten und Dimmen (3.5.3 und 3.5.4) und zwei Taster für die Jalousiesteuerung (3.5.5).

Die Jalousien werden neben den Tastern über eine Schaltuhr (10.1.1), einen Helligkeitsmelder (10.1.2) und einen Windmelder (10.2.1) gesteuert. Die Telegramme dieser Sensoren werden über *Koppler* in die Linie 5 übertragen.

Leitungsverlegung → 362, Projektierung → 364, physikalische Adresse → 356

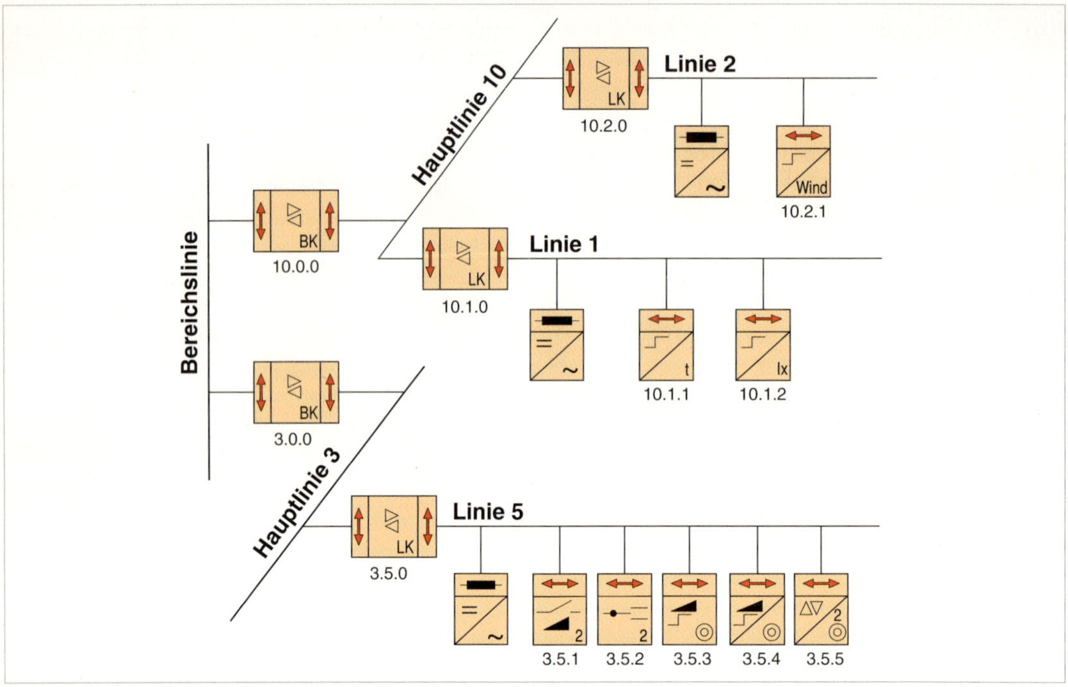

1 Teilnehmer der Installation in der Buchhaltung

Auswahl der Busteilnehmer

Bei der Auswahl der einzubauenden EIB-Geräte (Teilnehmer) orientiert man sich an den Kundenwünschen. Auszuwählen sind Taster und Aktoren für die Beleuchtung und die Jalousiesteuerung.

Taster

Gemäß der Absprache mit dem Kunden werden als Taster für die Beleuchtung und die Jalousiesteuerung Unterputzgeräte eingesetzt.
Ausgewählt werden drei 2-fach-Taster. Zwei 2-fach-Taster dienen zum Schalten und Dimmen der Beleuchtung, der weitere 2-fach-Taster zur Steuerung der beiden Jalousien.

2 2-fach-Taster

Zum Anschluss der Taster an den Bus sind **Busankoppler** erforderlich. Da es sich hier um Unterputzgeräte handelt, wird der Unterputz-Busankoppler in eine übliche Installationsdose eingebaut. Die Taster, die das Anwendungsmodul bilden, werden auf die Busankoppler gesteckt.

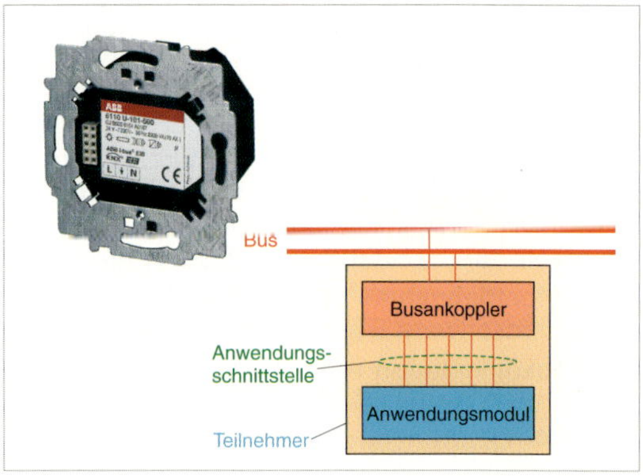

3 Busankoppler

Schalt-Dimm-Aktor

Dieser Aktor setzt die über den Bus empfangenen Steuerbefehle in die Funktionen Schalten oder Dimmen um. Für die Steuerung der Leuchten im Büro wird ein entsprechender Aktor ausgewählt.

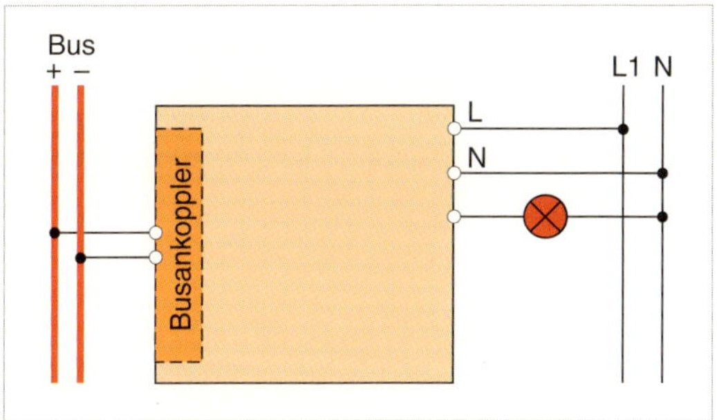

1 Dimmaktor, Prinzip

Der gewählte *Schalt-Dimm-Aktor* ist als Reiheneinbaugerät (REG) mit integriertem Busankoppler ausgelegt. Die *Dimmgeschwindigkeit* ist einstellbar. Der Helligkeitswert beim Einschalten ist wählbar: entweder die zuletzt eingestellte Helligkeit oder ein einstellbarer Helligkeitswert zwischen 0 und 100 Prozent.

Jalousieschalter

Der *Jalousieschalter* ist ein Aktor, der die über den Bus empfangenen Telegramme in die gewünschte Ansteuerung der Jalousieantriebe umsetzt.

Für die beiden Jalousien im Büro wird ein Jalousieschalter mit zwei Kanälen gewählt. Über jeden Kanal kann ein Jalousiemotor angesteuert werden.

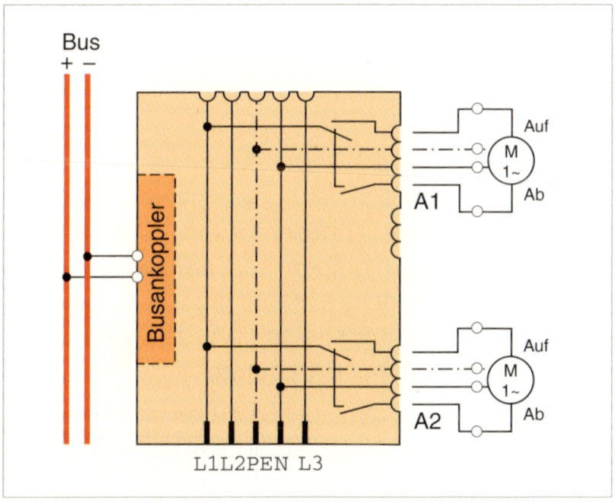

2 Jalousieschalter

Der gewählte Jalousieschalter ist für den Einbau in den Jalousiekasten ausgelegt. Der Busankoppler ist in das Gerät integriert. Die zugeführte Netzspannung ist als Durchgangsverdrahtung ausgeführt und kann von Gerät zu Gerät geschleift werden.

Außerhalb des Büros werden zur Steuerung der Jalousien eine Schaltuhr, ein Helligkeits- und ein Windmelder installiert.

Mit Hilfe der Schaltuhr wird das alltägliche Öffnen und Schließen der Jalousien gesteuert.

Über den Helligkeitsmelder werden die Jalousien bei intensiver Sonneneinstrahlung oder bei Einbruch der Dunkelheit geschlossen. Bei Sturm werden die Jalousien über den Windmelder geöffnet und blockiert.

Koppler

Entsprechend Bild 1, Seite 355 erfolgt die Jalousiesteuerung unter anderem mit Hilfe der Schaltuhr über Bereichskoppler und Linienkoppler.

Einerseits trennen **Koppler** die Buslinien galvanisch voneinander, anderseits dienen sie als logische Bindeglieder zwischen je zwei Linien.

Durch die galvanische Trennung wird die Ausfallsicherheit des EIB-Systems vergrößert. Tritt in einer Linie z.B. ein Kurzschluss auf, dann hat das keinen Einfluss auf die anderen Linien.

Zwei Linien logisch miteinander zu verbinden, bedeutet, Telegramme von einer Linie in eine andere Linie zu übertragen. Da immer nur *ein Telegramm* auf dem Bus vorhanden sein kann, würde es unter Umständen sehr lange dauern, bis alle Sensoren ihre Informationen gesendet haben. Deshalb verfügen Koppler über eine *Filterfunktion*.

Über die *Filterfunktion* wird gesteuert, ob ein Telegramm nur *in einer Linie* oder *linienübergreifend* ausgetauscht werden soll. Einstellbar sind drei Parameter:

- **Sperren**: Alle Telegramme werden gesperrt.
- **Weiterleiten**: Alle Telegramme werden weitergeleitet.
- **Filtern**: Nur die Telegramme, die in der so genannten Filtertabelle enthalten sind, werden weitergeleitet.

Ob ein Koppler als **Bereichskoppler** oder als **Linienkoppler** arbeitet, wird durch die physikalische Adresse festgelegt und nicht durch die Hardware.

Die **Bereichskoppler** haben die physikalischen Adressen 3.0.0 und 10.0.0. Sie verbinden die Bereiche 3 und 10 miteinander.

Die **Linienkoppler** 3.5.0, 10.1.0 und 10.2.0 verbinden die Linie 5 mit der Hauptlinie 3 und die Linie 1 und 2 mit der Hauptlinie 10.

1 Koppler

Spannungsversorgung der Teilnehmer

Die **Spannungsversorgung** dient zur Versorgung der Teilnehmer einer Busleitung mit Betriebsspannung.

Zur Auswahl stehen Spannungsversorgungen mit unterschiedlichen Ausgangsstromstärken.

Da an die Linie im Büro nur wenige Teilnehmer angeschlossen werden, wird eine 320 mA-Spannungsversorgung mit integrierter Drossel ausgewählt.

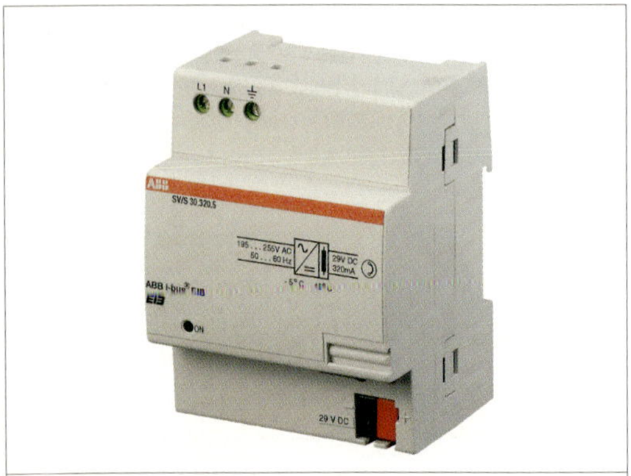

Technische Daten	
Stromversorgung	*230 VAC, 50 – 60 Hz*
Leistungsaufnahme	*4 VA*
Ausgang	
Bemessungsspannung	*30 VDC ± 1 V, SELV*
Bemessungsstrom	*320 mA, kurzschlussfest*
Kurzschlussstrom	*Ø 1 A*
Netzausfallüberbrückungszeit	*> 100 ms*

Die gewählte Spannungsversorgung liefert eine Gleichspannung von 30 V mit einer Toleranz von ±1 V. Die maximale *Ausgangsstromstärke* beträgt 320 mA. Der Ausgang ist *kurzschlussfest*.

Der durchschnittliche *Kurzschlussstrom* beträgt 1 A. Ein *Ausfall der Netzspannung* wird mindestens 100 ms lang überbrückt.

Installation des EIB

Für die Installation eines EIB-Systems verwendet man die üblichen genormten Komponenten wie Stromkreisverteiler, Abzweig- und Installationsdosen. Wesentliche Besonderheiten werden im Folgenden erläutert.

Leitungen

EIB-Busleitungen müssen eindeutig gekennzeichnet sein. Empfohlen werden die Leitungen YCYM 2 × 2 × 0,8 und J-Y(St)Y 2 × 2 × 0,8. Jede Leitung enthält zwei Adernpaare (rot/schwarz und gelb/weiß).

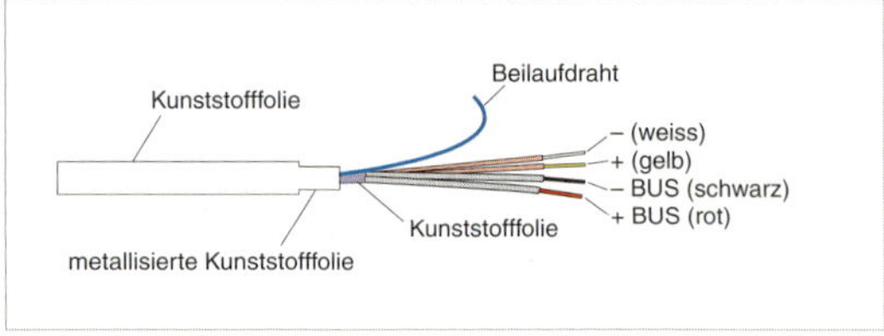

2 EIB-Leitung

Die rote und die schwarze Ader werden an die ebenfalls rot und schwarz gekennzeichnete **Busanschlussklemme** angeschlossen. Das andere Adernpaar mit der gelben und der weißen Ader wird nicht benötigt. Es kann jedoch für andere SELV-Kleinspannungsnetze genutzt werden. Das gilt auch für Sprachübertragungen.

Allerdings ist eine Nutzung als Fernmeldeleitung des öffentlichen Fernsprechnetzes nicht zulässig.

Leitungen, die für die Installation von Starkstromnetzen vorgesehen sind, dürfen für die Bus-Installation nicht verwendet werden.

Information

Koppler

Koppler dienen zur elektrischen Trennung und zur logischen Verbindung von Bereichen, Linien und Liniensegmenten. Dabei haben sie abhängig davon, ob sie als Bereichskoppler, Linienkoppler und Linienverstärker eingesetzt werden, unterschiedliche Funktionen.

Bereichskoppler verbinden die in einem EIB-System vorhandenen Bereiche miteinander, indem sie die Hauptlinien mit der Bereichslinie verbinden.

Linienkoppler bilden Bereiche, indem sie die Linien mit einer Hauptlinie verbinden.

Bereichs- und Linienkoppler verfügen über eine **Filterfunktion**. Dadurch wird verhindert, dass jedes gesendete Telegramm in jede andere Linie und jeden anderen Bereich gelangt. Nur Telegramme, die dafür vorgesehen sind, können Linien- oder Bereichskoppler passieren.

Linienverstärker verbinden Liniensegmente. Linien können aus mehreren *Liniensegmenten* bestehen, von denen jeweils zwei über einen Linienverstärker verbunden werden. Jedes Liniensegment benötigt eine *Spannungsversorgung.* Maximal dürfen in einer Linie 256 Teilnehmer angeschlossen sein.

Linienverstärker besitzen keine Filterfunktion und lassen alle Telegramme unverändert in beide Richtungen durch.

Festlegung der Kopplerfunktion

Die Funktion eines Kopplers wird über seinen Einbauort und die ihm zugeordnete *physikalische Adresse* festgelegt.

Physikalische Adresse			*Gerätefunktion*
Bereich	*Linie*	*Teilnehmer*	
> 0	0	0	*Bereichskoppler*
> 0	> 0	0	*Linienkoppler*
> 0	> 0	> 0	*Linienverstärker*

Bei einem **Bereichskoppler** sind die Linien- und die Teilnehmeradresse immer auf null gesetzt. Somit handelt es sich bei einem Koppler mit der physikalischen Adresse 3.0.0 um den Bereichskoppler für den Bereich 3.

Der Koppler mit der physikalischen Adresse 3.5.0 weist sich als **Linienkoppler** der Linie 5 im Bereich 3 aus. Bei einem Linienkoppler ist die Teilnehmeradresse immer auf null gesetzt.

Weist ein Koppler z.B. die physikalische Adresse 3.5.27 auf, so handelt es sich um einen **Linienverstärker**, der sich in dem Bereich 3 in der Linie 5 als Teilnehmer 27 befindet.

EIB-Spannungsversorgung

Für die Versorgung der Busteilnehmer gibt es **Spannungsversorgungen** mit unterschiedlichen Ausgangsstromstärken. Häufig werden Spannungsversorgungen mit 640 mA oder 320 mA eingesetzt.

Spannungsversorgung mit Drossel

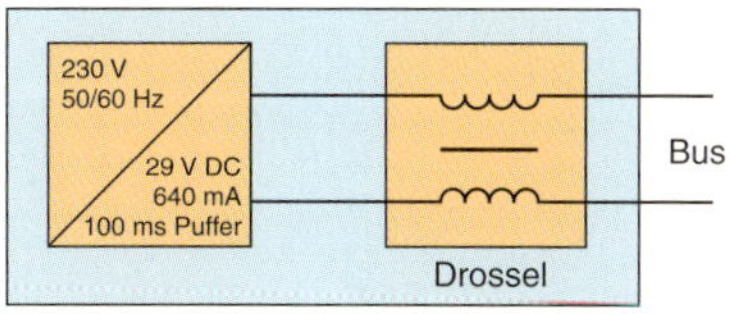

Die Spannungsversorgung mit einer maximalen Ausgangsstromstärke von 640 mA liefert eine Gleichspannung von 29 V. Die Angabe „100 ms Puffer" besagt, dass das Netzgerät einen Pufferkondensator enthält, der Netzausfälle bis zu 100 ms überbrückt.

Ein Busteilnehmer ist ab 21 V betriebsbereit und nimmt in der Regel bis zu 200 mW Leistung auf. Bei einer Ausgangsstromstärke von 640 mA ist sichergestellt, dass in einer Linie 64 Teilnehmer mit einer maximalen Leistungsaufnahme von 200 mW angeschlossen werden können. 320 mA Spannungsversorgungen werden dann eingesetzt, wenn nur eine kleine Anzahl von Teilnehmern an eine Linie angeschlossen ist.

Spannungsversorungen gibt es mit oder ohne Drossel. Ist die Drossel nicht in die Spannungsversorgung integriert, muss sie separat angeschlossen werden. Die Drossel entkoppelt die Buslinie von der Spannungsversorgung.

Ist jede Linie mit einer Spannungsversorgung ausgestattet, so ist sichergestellt, dass beim Ausfall einer Linie alle anderen im System genutzten Linien weiterarbeiten können, sofern die ausgefallene Linie nicht für eine bestimmte Funktion benötigt wird.

Spannungsversorgung mit Drossel

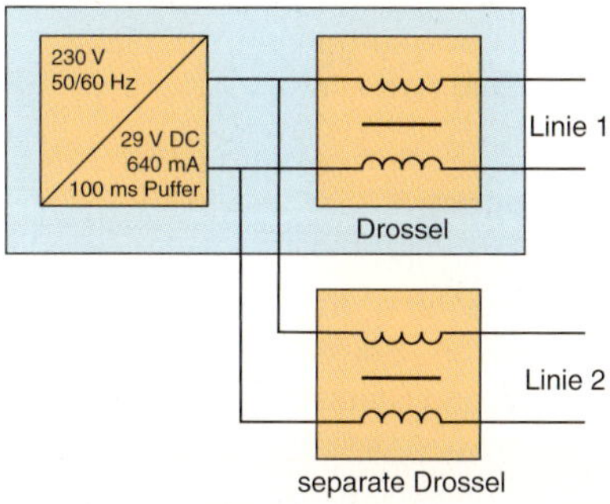

Information

Allerdings können z.B. zwei Linien von einer Spannungsversorgung gespeist werden. Linie 1 ist an eine 640-mA-Spannungsversorgung mit integrierter Drossel angeschlossen. Linie 2 wird über eine separate Drossel angeschlossen.

Die Spannungsversorgung (SV) kann grundsätzlich an einem beliebigen Ort in der Linie eingebaut sein.

Maximale Länge zwischen Spannungsversorgung und Teilnehmern

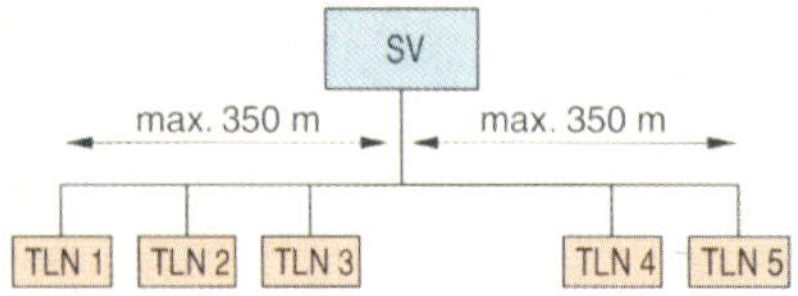

Die maximale Leitungslänge zwischen Spannungsversorgung und Teilnehmer beträgt 350 m.

Sind jedoch viele Teilnehmer auf engem Raum angeordnet, z.B in einem Verteiler, sollte sich auch die Spannungsversorgung in der Nähe befinden. Aus diesem Grund, oder weil z.B. die Linienlänge mehr als 700 m beträgt, kann es erforderlich sein, eine *zweite Spannungsversorgung* in die Linie einzubauen. Allerdings sind mehr als zwei Spannungsversorgungen in einer Linie nicht zulässig. Hier ist zu beachten:

Der Abstand zwischen zwei Spannungversorgungen in einer Linie muss mindestens 200 m betragen.

EIB-Leitungen

Type	*YCYM 2 × 2 × 0,8*	*J-Y(St)Y 2 × 2 × 0,8*
Norm	*DIN VDE 0207 und 0815*	*DIN VDE 0815*
Adern	*rot: + EIB* *schwarz: – EIB* *gelb: frei* *weiß: frei*	
Verlegung	*Feste Verlegung: in trockenen, feuchten und nassen Räumen; im Freien wenn vor direkter Sonneneinstrahlung geschützt; Aufputz, Unterputz, in Rohren*	*Feste Verlegung: in trocken und feuchten Räumen; in und unter Putz im Freien; Aufputz, Unterputz, in Rohren*

Leitungslängen

Hinsichtlich der Leitungslängen müssen die folgenden Bedingungen eingehalten werden:

- Maximale Länge einer Linie .... 1000 m
- Maximale Leitungslänge zwischen zwei Busgeräten .... 700 m
- Maximale Leitungslänge zwischen der Spannungsversorgung und jedem Busgerät in einer Linie .... 350 m
- Minimale Leitungslänge zwischen zwei Spannungungsversorgungen mit Drossel in einer Linie .... 200 m

Leitungsverlegung

Für die Verlegung von Busleitungen gelten dieselben Richtlinien wie für die Installation von 230/400-V-Netzen. Bei der gemeinsamen Verlegung von Bus- und Starkstromleitungen muss beachtet werden:

- *Starkstrommantelleitungen und Busleitungen dürfen ohne Abstand zueinander verlegt werden.*
- *Zwischen Stegleitungen und Busleitungen ist ein Abstand von 10 mm einzuhalten.*
- *Bei der Verlegung von Einzeladern dürfen sich die isolierten Adern von Starkstrom- und Busleitungen nicht berühren. Sie müssen einen Mindestabstand von 4 mm aufweisen oder mit einer gleichwertigen Isolation durch Trennsteg oder Isolierschlauch auf den Adern der Busleitung versehen werden.*
- *Bus- und Starkstromleitungen dürfen gemeinsam nur in Dosen mit Trennsteg verlegt werden. Anderenfalls müssen zwei getrennte Dosen gesetzt werdon.*
- *Starkstromleitungen dürfen nicht durch Installationsdosen des Bussystems hindurchgeführt werden.*

Abzweig- und Installationsdosen

Für die separate Verlegung von Busleitungen und für den Einbau der Unterputz-Busgeräte verwendet man die üblichen Abzweig- und Installationsdosen. Beim Einbau der Dosen für Unterputz-Busgeräte ist darauf zu achten, dass diese für Schraubbefestigungen geeignet sind, da Busgeräte ausschließlich für diese Befestigungsart hergestellt werden.

Busklemmen

Busklemmen sind spezielle Verbindungselemente für Verzweigungen bzw. Verlängerungen von Busleitungen oder zum Anschluss der Busleitungen an Busgeräte. Dabei ermöglichen sie das einfache Durchschleifen der Busleitung, so dass beim Auswechseln eines Busgerätes keine Unterbrechung auftritt. Die Busklemme besteht in der Regel aus zwei unterschiedlich eingefärbten Teilen, die über eine Schwalbenschwanzführung miteinander verbunden sind. Dabei gilt:

An den roten Teil der Busklemme wird *plus* angeschlossen, an den grauen Teil *minus*.

1 Busklemme

Datenschienen

Datenschienen dienen dazu, die in Verteilerschränke einzubauenden Reiheneinbaugeräte (REG) wie z.B. Dimmer oder Spannungsversorgungen an den Bus anzuschließen.

2 Datenschiene

Die Datenschiene wird *selbstklebend* in der *35-mm-DIN-Hutprofilschiene* nach EN 50022 befestigt. Datenschienen sind in verschiedenen Längen erhältlich, die den unterschiedlichen Breiten der genormten Stromkreisverteiler angepasst sind.
Genormte Längen sind: 214 mm, 243 mm und 277 mm.

Datenschienen dürfen nachträglich nicht gekürzt werden.

Die Verbindung mit dem Bus wird durch Aufschnappen der Busgeräte auf die Hutprofilschiene über ein *Druckkontaktsystem* hergestellt. Nicht benutzte Bereiche von Datenschienen müssen gegen Staub und Verschmutzung abgedeckt werden. Dazu gibt es passende Abdeckungen, die ebenfalls auf die Hutprofilschiene aufgeschnappt werden.

Datenschienenverbinder

Datenschienverbinder ermöglichen sowohl den Anschluss der Busleitung an die Datenschiene wie die Verbindung mehrerer Datenschienen in einem Stromkreisverteiler. Die Verbindung des Datenschienenverbinders mit der Datenschiene erfolgt über ein Druckkontaktsystem. Zum Anschluss der Busleitung stehen meist schraubenlose Klemmen zur Verfügung.

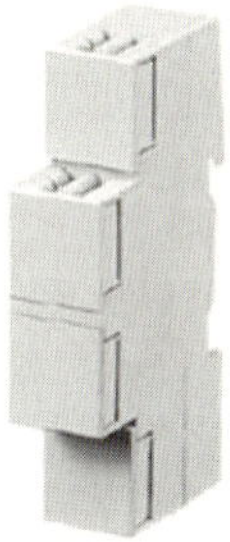

3 Datenschienenverbinder

Prüfung der Installation

Nach Abschluss der Installationsarbeiten erfolgt die Prüfung der Installation. Dabei wird geprüft, ob die bestehenden Richtlinien und Vorschriften, u.a. hinsichtlich der Leitungsverlegung und der Abzweig- und Installationsdosen, erfüllt sind. Weiterhin ist zu prüfen, ob

- die Busleitungen eindeutig gekennzeichnet sind.
- die zulässigen Leitungslängen eingehalten wurden.
- unzulässige Verbindungen zwischen unterschiedlichen Linien bestehen.
- der Isolationswiderstand der Busleitung bei einer Messung mit DC 250 V mindestens 250 kΩ beträgt.
- die richtige Polarität in allen Busgeräten vorliegt.
- an allen Busleitungsenden die Versorgungsspannung mindestens 21 V beträgt.

Die Ergebnisse der Installationsprüfung werden *protokolliert* und der *Dokumentation* beigefügt.

Englisch

Linienverstärker
line repeater

Linienkoppler
line coupler

Bereichskoppler
backbone coupler

Gruppenadresse
group address

Gruppenadressen-ansicht
group address view

EIB-Powerline
EIB-powerline

Stromversorgung
power supply unit

Netzausfall-Überbrückungszeit
mains failure bridging time/power failure buffering time

Drossel
choke

integrierte Drossel
integrated choke

Unterputzgerät
flush-mounted devices

Schalterdosen für Schraubbefestigung
wall boxes for screw mounting

Busleitung
bus cable

Starkstrom- und Busleitungen
mains and bus wires

Busklemme
bus connection block

Busanschluss-klemme
bus connection terminal

Datenschiene
data rail

Datenschienen-Abdeckstreifen
data rail cover

Projektierung

Die **Projektierung** und **Inbetriebnahme** der EIB-Anlage wird mit Hilfe der **Standardsoftware ETS2** durchgeführt. Nach dem Start meldet sich das Programm mit dem Hauptmenü.

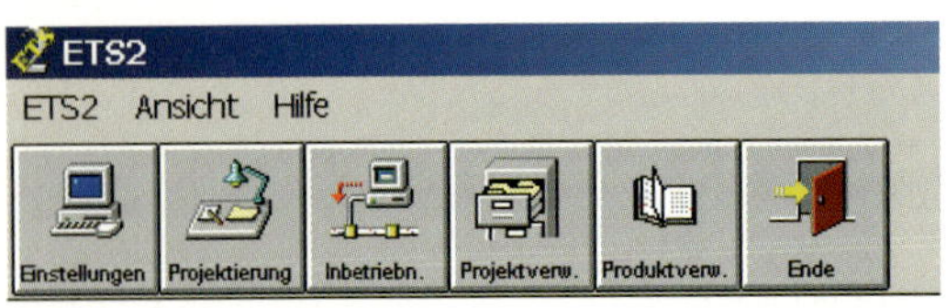

Mit dem Modul **Produktverwaltung** werden die genauen Daten der zur Verfügung stehenden EIB-Betriebsmittel unterschiedlicher Hersteller zusammengefasst und bereitgestellt.

Wurden EIB-Geräte installiert, die noch nicht erfasst sind, muss das nun nachgeholt werden. Dazu stellt jeder Hersteller seine Gerätedaten z.B. auf einer CD zur Verfügung. Benötigt werden diese Daten zur Projektierung des EIB-Systems.

Mit dem Modul **Projektierung** erfolgt die Programierung der EIB-Funktionen. Dazu werden entsprechend der Struktur der Anlage die EIB-Geräte eingefügt und so miteinander verbunden, dass die gewünschten Funktionen realisiert werden.

Die zentrale Ansicht im Modul Projektierung ist die **Gebäudeansicht**. Hier wird in der Strukturansicht die Struktur des Gebäudes nachgebildet, d.h. man teilt das Gebäude (Verwaltungsgebäude) in Gebäudeteile (Bürotrakt 3. OG, Erdgeschoss) und deren Räume (Buchhaltung, UV 3. OG, Leitzentrale, UV EG) auf.

Anschließend ordnet man in der **Listenansicht** den Räumen die dort installierten EIB-Geräte aus den Herstellerdaten zu und versieht sie mit ihren physikalischen Adressen.

In der *Buchhaltung* befinden sich die Taster und Aktoren für die Jalousiesteuerung und die Taster für die Leuchten.

In der *Unterverteilung* sind die Spannungsversorgungen und Koppler für die örtlichen Linien und der Schalt-Dimm-Aktor für die Beleuchtung in der Buchhaltung installiert.

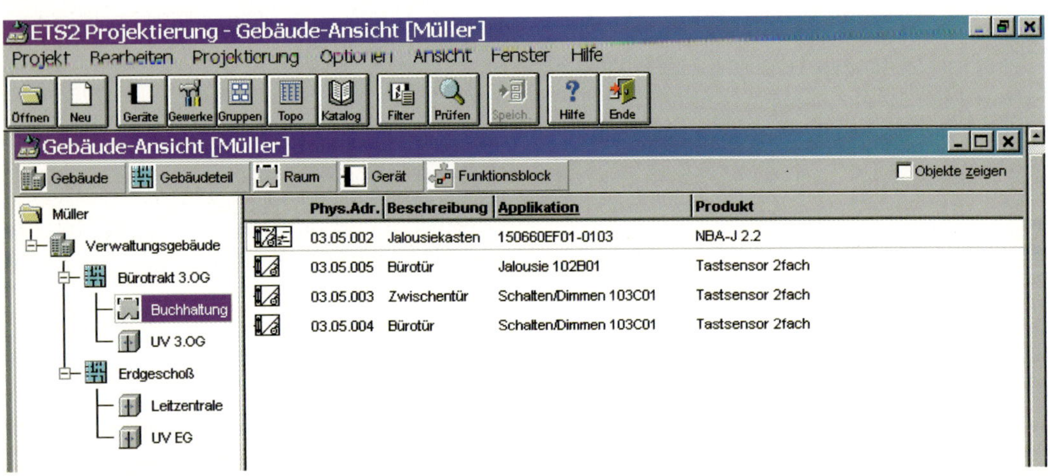

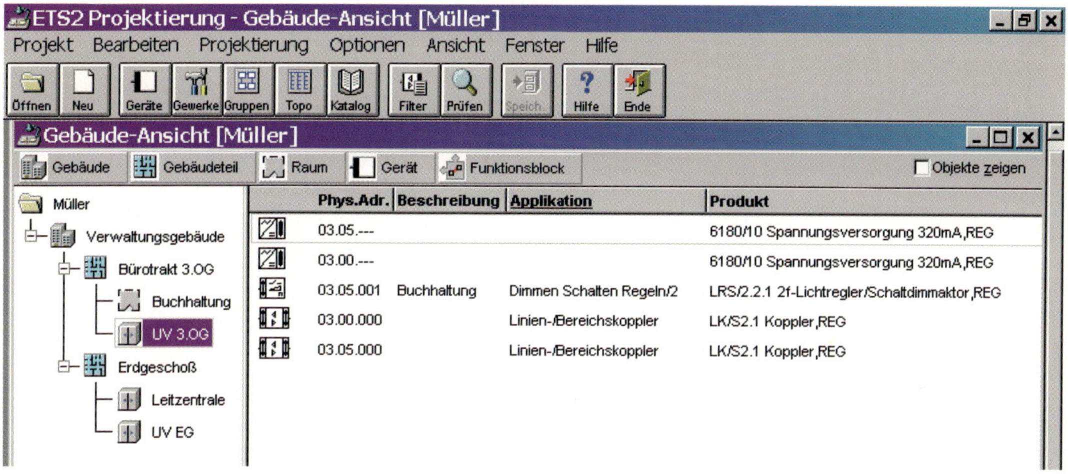

Im nächsten Schritt ruft man das Fenster **Gruppenadressen** auf. Hier wird festgelegt, welcher Sensor welchen Aktor steuert. Die Strukturansicht (links) zeigt die Gruppenadressen in drei Ebenen.

So kennzeichnet z.B. die Gruppenadresse 2/1/0 die Funktion „Leuchten in der Buchhaltung dimmen" (Information Gruppenadressen). Die Listenansicht (rechts) zeigt die EIB-Geräte, die der markierten Gruppenadresse zugeordnet sind.

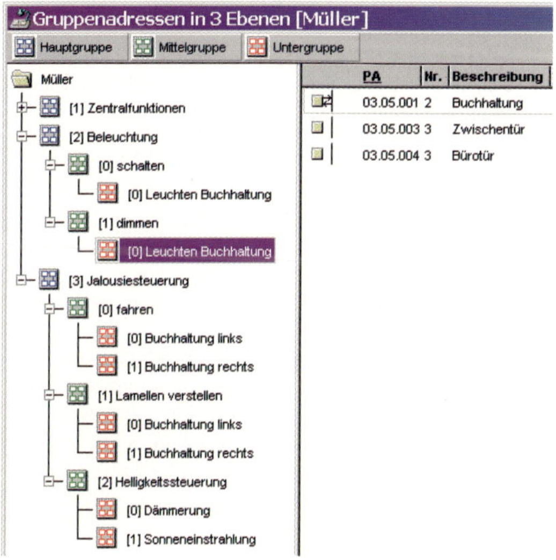

Die **Programmierung** erfolgt so, dass zunächst im Fenster Gebäudeansicht der Schalter „Objekte zeigen" betätigt wird. Anschließend werden auf dem Bildschirm die beiden Fenster Gebäudeansicht und Gruppenadressen dargestellt.

Dann verbindet man die gewünschten Funktionen der Aktoren und Sensoren, wie z.B. Dimmen Wippe, aus der Gebäudeansicht mit der entsprechenden Gruppenfunktion (Leuchten in der Buchhaltung dimmen: 2/1/0).

Bevor die Projektierung abgeschossen wird, wird mit der Programmfunktion Prüfen das Programm auf formale Fehler hin getestet. Dabei wird unter anderem angezeigt, ob Systemgeräte fehlen, z.B. Spannungsversorgungen oder Koppler. Weiter wird angezeigt, ob EIB-Geräte keiner Linie zugeordnet sind oder Gruppenadressen unbenutzt sind.

Inbetriebnahme

Die Inbetriebnahme erfolgt nach dem Abschluss der Projektierung mit Hilfe des ETS2-Programmmoduls *Inbetriebnahme*.

Dazu verbindet man einen PC oder einen Laptop über eine Datenschnittstelle mit dem EIB-System. Anschließend wird das Programm an die EIB-Geräte übertragen.

Dabei werden zunächst die physikalischen Adressen einzeln zu den entsprechenden Geräten gesendet. An dem jeweiligen Busankoppler wird mit Hilfe der dort angebrachten Programmiertaste die eingestellte Adresse quittiert. Anschließend werden die Gruppenadressen zu den Sensoren und Aktoren übertragen.

Gruppenadressen → 366

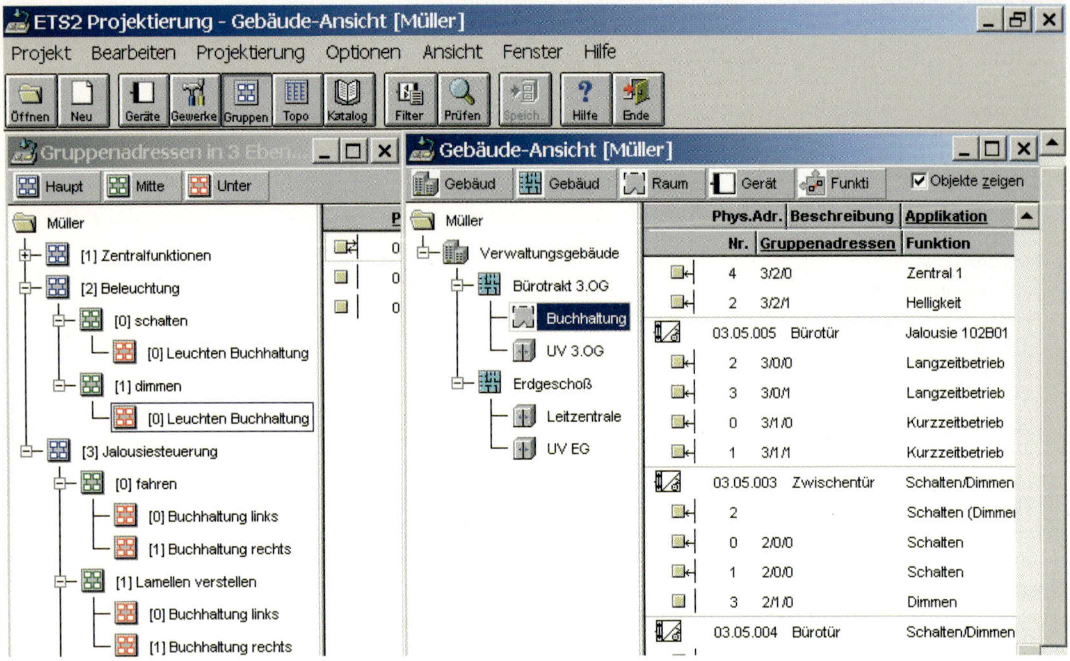

Information

Gruppenadressen

Die **Gruppenadresse** dient dazu, verschiedene Teilnehmer, unabhängig von ihrer Lage im Netzwerk, zu einer Funktionseinheit zusammenzufassen. Das können z.B. alle Leuchten in einem Bürotrakt sein, die von einer zentralen Stelle aus ausgeschaltet werden sollen oder die Leuchten in einem Büro, um sie von unterschiedlichen Stellen aus schalten und dimmen zu können.

Gruppenadressen können in zwei oder drei Ebenen gebildet werden. Werden Gruppenadressen in zwei Ebenen gebildet, erfolgt die Aufteilung in *Haupt-* und *Untergruppen*. Für drei Ebenen gilt:

Gruppenadressen in drei Ebenen bestehen aus drei Zahlen in der Abfolge: Hauptgruppe/Mittelgruppe/Untergruppe. Die Zahlen werden durch Schrägstriche getrennt.

Die Gruppenadressen werden nach Vergabe der physikalischen Adressen im Rahmen der Projektierung vergeben. Dabei ist es dem Projektierer überlassen, wie viele Ebenen er wählt und wie er die Adressen strukturiert.

Mögliche Struktur der Gruppenadressen

2/1/0
- Untergruppe 0 : Leuchten Buchhaltung
- Mittelgruppe 1 : dimmen
- Hauptgruppe 2 : Beleuchtung

Im Beispiel kennzeichnet die Zahl der

- **Hauptgruppe** das *Gewerk*, z.B. 1: Zentralfunktion, 2: Beleuchtung, 3: Jalousiesteuerung.
- **Mittelgruppe** die *Funktion* innerhalb des Gewerks, z.B. 0: schalten, 1: dimmen.
- **Untergruppe** die *Verbraucher bzw. Verbrauchergruppen*, z.B. 0: Leuchten Buchhaltung.

EIB-Powerline

EIB-Powerline ermöglicht die Übertragung von Telegrammen über das vorhandene *Niederspannungsnetz* (230 V, 50 Hz).

Somit ergeben sich Anwendungsmöglichkeiten für Gebäude, in denen das Verlegen einer zusätzlichen Busleitung nicht möglich oder nicht erwünscht ist.

EIB-Powerline wird daher vorwiegend in der Nachrüstung z.B. bei Renovierungen oder Sanierungen eingesetzt.

Übertragung

Die Übertragung der Informationen erfolgt mit hochfrequenten Signalen, die dem Niederspannungsnetz überlagert werden. Der logische Zustand „0" wird mit einer Frequenz von 105,6 kHz übertragen, der logische Zustand „1" mit 115,2 kHz. Die *Übertragungsgeschwindigkeit* beträgt 1200 Bit/s.

Information

Aufbau

EIB-Powerline ist ebenso wie EIB *modular* aufgebaut und ermöglicht somit jederzeit Änderungen und Erweiterungen.

Im Gegensatz zum EIB entfällt die zwangsläufige Aufteilung in Linien und Bereiche über Koppler. Allerdings ist eine *selektive Übertragung* von Telegrammen mit Hilfe von Bandsperren und Bereichskopplern möglich.

Die Powerline-Struktur ist der EIB-Struktur angepasst und zu ihr kompatibel:

- Die Linie bildet die kleinste Einheit. An sie können maximal 256 Teilnehmer angeschlossen werden.
- Der Bereich bildet die übergeordnete Einheit. An ihn können bis zu 16 Linien angeschlossen werden.
- In der obersten Ebene können 8 Bereiche zusammengefasst werden.

Installationsvoraussetzungen

Da das *Niederspannungsnetz* als Übertragungsmedium dient, müssen bestimmte Voraussetzungen erfüllt sein. Unter anderem ist zu beachten:

- EIB-Powerline darf nur in abgeschlossenen Signalbereichen eingesetzt werden, z.B. hinter dem Stromzähler in Ein- und Mehrfamilienhäusern.
- Der Powerline-Einsatz zwischen Gebäuden innerhalb einer Straße oder eines Stadtteils ist nicht zulässig.
- Beim Einsatz in Industrienetzen müssen die an Powerline angeschlossenen Teilnehmer mit Entstör- und Filtereinrichtungen ausgestattet sein.
- Netzschwankungen dürfen einen vorgegebenen Toleranzbereich nicht überschreiten: 230 V ± 10 %, 50 Hz ± 0,5 %.
- Für sicherheitsrelevante Anwendungen ist Powerline nicht geeignet.

Teilnehmer

Powerline-Teilnehmer werden an den Außen- und Neutralleiter angeschlossen. Erhältlich sind sie als Reiheneinbaugeräte, Einbaugeräte, Aufputz- oder Unterputzgeräte.

Der Aufbau entspricht dem von EIB-Teilnehmern: Ein Anwendungsteil ist über die Anwendungsschnittstelle Busankoppler verbunden. Allerdings unterscheidet sich wegen des anderen Übertragungsverfahrens der Powerline-Busankoppler vom bekannten EIB-Busankoppler.

Theoretisch lassen sich über 30 000 Powerline-Teilnehmer adressieren. In der Praxis sollten nicht mehr als 1000 Teilnehmer angeschlossen werden.

Die tatsächliche maximale Teilnehmerzahl ist davon abhängig, wie stark die angeschlossenen Verbraucher das Netz mit Störungen belasten. Die Tabelle zeigt eine Auswahl.

Die Summe aller **Belastungskennzahlen** K ergibt die **Gesamtbelastungskennzahl** Z. Anhand dieser Zahl kann die *maximale Übertragungsstrecke* zwischen zwei Powerline-Teilnehmern überschlägig ermittelt werden.

So kann z.B. bei $Z = 100$ mit einer guten Übertragungsqualität bis ca. 500 m gerechnet werden, bei $Z = 1000$ nur noch bis ca. 80 m.

Störungsbelastung des Verbrauchers			
niedrig	***mittel***	***hoch***	***kritisch***
K = 1	***K = 10***	***K = 50***	***K = 1000***
• *Jalousieantriebe* • *Glühlampen* • *EIB-Powerline-Teilnehmer* • *Steckernetzteile*	• *Bügeleisen* • *Elektroherd* • *Kühl-/Gefrierschrank* • *Staubsauger* • *Energiesparlampen*	• *PC* • *Monitor* • *TV-Gerät* • *Mikrowellengerät* • *Leuchtstofflampen*	• *Wechselrichter* • *Trägerfrequente Übertragungssysteme, z.B. netzgebundene Babyfonanlagen*

Dokumentation

Zur Dokumentation werden alle wichtigen Unterlagen aus den Arbeitsschritten Planung, Installation, Projektion und Inbetriebnahme zusammengefügt. Unter anderem die protokollierten *Ergebnisse der Installationsprüfung.*

Hier sind z.B. die Angaben der verlegten Leitungslängen für spätere Erweiterungen von Bedeutung.

Außerdem sind die Pläne über die Teilnehmer und Verteilerdosen Bestandteil der Dokumentation. Allerdings geben diese Pläne keine Auskunft über die funktionellen Zusammenhänge.

Aus diesem Grund fügt man der Dokumentation eine so genannte *Geräteliste* bei, die zu jedem EIB-Gerät z.B. folgende Angaben enthält:

Gerätetyp, Hersteller, Einbauort, physikalische Adresse und Gruppenadresse(n).

9.3 Brandmeldeanlagen

Auftrag

Ihre Werkstatt hat den Auftrag zur Errichtung der Brandmeldeanlage für das Verwaltungsgebäude erhalten. Die Planung ist von Fachleuchten in Ihrer Firma durchgeführt worden. Zusammen mit Ihrem Meister analysieren Sie die Planungsunterlagen.

Bei der Brandmeldeanlage handelt es sich um eine automatische Brandmeldeanlage. Bevor Sie mit der konkreten Analyse beginnen, erläutern Sie mit Ihrem Meister grundsätzliche Fragen.

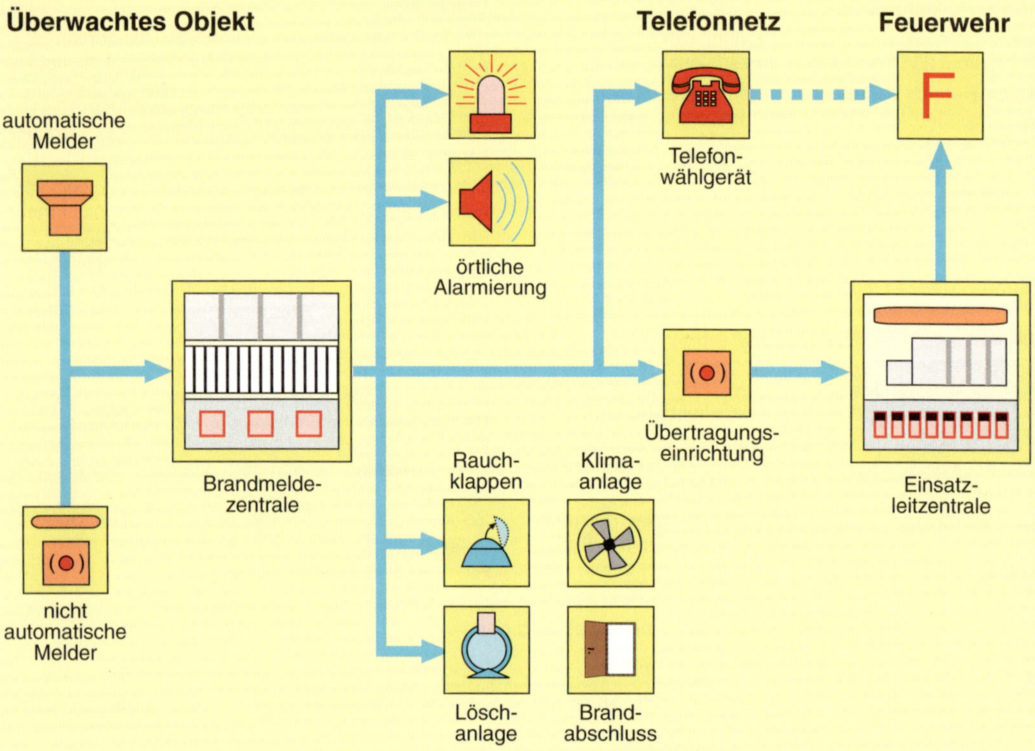

Aufgaben und Schutzziele von Brandmeldeanlagen

Automatische **Brandmeldeanlagen** melden ohne menschliches Zutun das Auftreten von Bränden bereits im *Anfangsstadium* eines Brandes.

Eine *Meldung* erfolgt an festgelegten Stellen (z.B. Feuerwehr, Wachunternehmen), damit sofort Hilfsmaßnahmen zur Schadensbegrenzung eingeleitet werden können. Grundsätzlich gilt:

Durch Brandmeldeanlagen sollen vor allem Personen, Sachwerte und die Umwelt geschützt werden.

Der Schutz von Personen erfolgt durch die Alarmierung, damit die Gefahrenstelle über Fluchtwege schnell verlassen werden kann.

Sachwerte (Einrichtungen, Maschinen usw.) werden z.B. durch automatische Löschanlagen oder das schnelle Eingreifen der Feuerwehr geschützt.

Die Umwelt wird geschützt, indem die zum Einsatz kommenden umweltbelastenden Löschmittel minimiert werden.

Analyse der Brandmeldeanlage

Dargestellt ist der prinzipielle Aufbau einer Brandmeldeanlage. Die **Brandmeldezentrale** (BMZ) ist die Steuereinheit der Anlage.

An die *Brandmeldezentrale* sind über Meldergruppen automatische und nichtautomatische **Brandmelder** angeschlossen. Die Zentrale überprüft ständig die Leitungen zu den Meldern auf Kurzschluss und Unterbrechung, zeigt die Betriebszustände an und meldet Störungen.

Im *Alarmfall* zeigt die Brandmeldezentrale an, welcher Brandmelder Alarm ausgelöst hat. Sie steuert akustische und optische Signalgeber (z.B. Sirenen, Blitzleuchten) zur örtlichen Alarmierung an und alarmiert die Einsatzkräfte.

Brandschutzeinrichtungen werden über **Steuerlinien** automatisch angesteuert: Löschanlagen eingeschaltet, Brandschutztüren geschlossen usw.

Für die *Energiezuführung* aus dem elektrischen Netz muss für die Brandmeldezentrale ein eigener Stromkreis mit getrennter, besonders gekennzeichneter Absicherung verwendet werden.

Es muss ausgeschlossen sein, dass durch das Abschalten anderer Betriebsmittel der Stromkreis zur Brandmeldeanlage unterbrochen wird.
Für den Netzausfall muss eine *Notstromversorgung* zur Verfügung stehen.

Die **Brandmeldezentrale** wird in der Regel im Erdgeschoss in unmittelbarer Nähe des Feuerwehrzuganges errichtet. Der Raum, in dem sie installiert wird, muss gut zugänglich sein und mit *automatischen Brandmeldern* überwacht werden.

Brandmelder

Die Brandmeldeanlage enthält automatische und nichtautomatische Brandmelder.

Automatische Brandmelder

Automatische Brandmelder sind Brandmelder, die auf die Deckenfläche des zu überwachenden Raumes montiert werden.

Von den Brandmeldern wird z.B. der aufsteigende Brandrauch oder die Wärmeentwicklung erkannt und ein Feueralarm ausgelöst.

Automatische Brandmelder, die für alle Brandarten mit gleichem Erfolg eingesetzt werden können, stehen nicht zur Verfügung.

Deshalb müssen Brandmelder in Abhängigkeit von der im Brandfall zu erwartenden Brandart gewählt werden.

Die **Brandart** wird wesentlich von der Beschaffenheit des zu überwachenden Raumes und den darin befindlichen Gegenständen und Materialien bestimmt.

Die vorliegende Planung der Brandmeldeanlage für das Verwaltungsgebäude sieht für die Büros **optische Rauchmelder** vor.

Rauchmelder

Rauchmelder werden eingesetzt, wenn in der Entstehungsphase mit einem *Schwelbrand* zu rechnen ist. Das bedeutet: Rauchentwicklung, wenig Wärme und keine sichtbare Flammenstrahlung.

Rauchmelder werden ebenfalls eingesetzt, wenn mit der Gefährdung von Personen oder mit Schäden durch Brandrauch zu rechnen ist. Diese Melder gibt es als **Ionisationsrauchmelder** oder als **optische Rauchmelder.**

1 Optischer Rauchmelder

Optische Rauchmelder

Optische Rauchmelder sprechen besonders gut auf sichtbaren Rauch an. Haupteinsatzgebiete sind Objekte, in denen mit Schwelbränden oder Brandrisiken durch elektrische Geräte oder Anlagen gerechnet werden muss.

Optische Rauchmelder enthalten in einer Kammer einen *Lichtsender* und einen *Lichtempfänger.*
Bild 1, Seite 370 zeigt das Funktionsprinzip.

Befindet sich kein Rauch in der Kammer, fällt kein Licht auf den Empfänger. Gelangen sichtbare Rauchteilchen in die Kammer, verursachen sie eine Lichtstreuung. An den Lichtempfänger gelangt Licht. Es erfolgt eine Meldung.

Ionisationsrauchmelder → 372

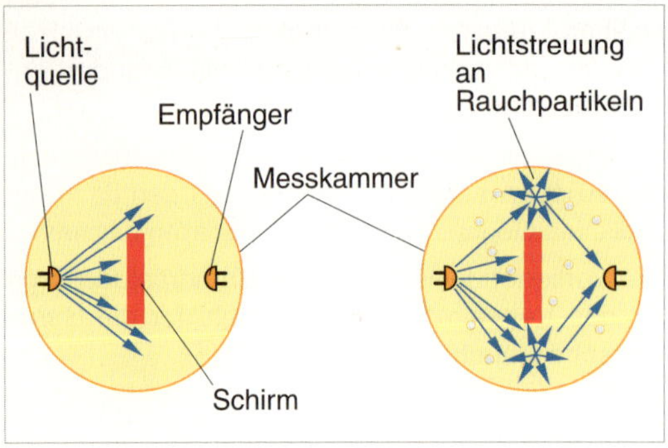

1 Prinzip des optischen Rauchmelders

Nichtautomatische Melder

Nichtautomatische Brandmelder sind rote **Druckknopfmelder** mit einer Schutzscheibe.

Zum Auslösen eines Feueralarms müssen die Glasscheibe zerstört und der schwarze Druckknopf gedrückt werden. Druckknopfmelder werden an gut erreichbaren Stellen installiert, z.B. an Fluchtwegen, in Treppenhäusern, bei Außentüren usw.

2 Nichtautomatischer Brandmelder

Anordnung und Anzahl der Brandmelder

Gemeinsam mit dem Meister muss nun analysiert werden, nach welchen Regeln die *Installationsorte* für die Melder festgelegt und über welche Leitungswege sie an die *Brandmeldezentrale* angeschlossen werden.

Meldebereiche

Damit ein Brandherd rasch und eindeutig ermittelt werden kann, ist das Verwaltungsgebäude bei der Planung in verschiedene *Überwachungsbereiche*, so genannte **Meldebereiche**, eingeteilt worden. Dabei gilt: Ein Meldebereich darf

- *sich grundsätzlich nur über eine Etage erstrecken. Treppenräume, Licht- und Aufzugsschächte bzw. turmartige Aufbauten werden zu jeweils eigenen Meldebereichen zusammengefasst.*
- *einen Brandabschnitt nicht überschreiten und nicht größer als 1600 m^2 sein.*

Mehrere Räume dürfen nur dann in *einem Meldebereich zusammengefasst* werden,

- *wenn es nicht mehr als fünf benachbarte Räume sind, deren Gesamtfläche 400 m^2 nicht übersteigt oder*
- *wenn die Räume benachbart sind, ihre Zugänge einfach überblickt werden können, die Gesamtfläche 1000 m^2 nicht übersteigt und in der Nähe der Zugänge gut wahrnehmbare optische Alarmanzeigen vorhanden sind, die den vom Brand betroffenen Raum kennzeichnen.*

Meldegruppen

Bild 1, Seite 371 zeigt einen Ausschnitt aus einem *Meldebereich* des Verwaltungsgebäudes. Der Meldebereich erstreckt sich über die gesamte Etage und besteht aus *drei Linien*, so genannten *Meldegruppen.*

- *In der Meldegruppe 1 sind die automatischen Brandmelder in den Büros und Konferenzräumen der Etage zusammengefasst. Im Bild dargestellt sind die Melder 1 bis 13 mit den Kennzeichnungen 1/1 – 1/13.*
- *Die Meldegruppe 2 bilden die automatischen Brandmelder auf dem Flur der Etage.*
- *Die Meldegruppe 3 enthält die nichtautomatischen Brandmelder der Etage.*

Bei der *Bildung der Meldegruppen* ist zu beachten: *Automatische Brandmelder* und *nichtautomatische Brandmelder* (Druckknopfmelder) bilden jeweils eigene Meldegruppen.

Eine Meldegruppe darf nicht mehr als 32 automatische Brandmelder oder 10 nichtautomatische Brandmelder enthalten. Dabei gilt:

Einer Meldegruppe (Linie) dürfen nur Melder aus einem Meldebereich angehören.

Da die automatischen Brandmelder der Meldegruppe 1 in verschiedenen Räumen installiert sind, müssen an den Zugangstüren zum jeweiligen Raum **Parallelanzeigen** (Bild 2, Seite 371) angebracht sein, die den ausgelösten Zustand eines oder mehrerer Melder im Raum anzeigen.
Die Melder müssen mit ihrer *Gruppen-* und *Meldenummer* (z.B. 1/7) gekennzeichnet sein.

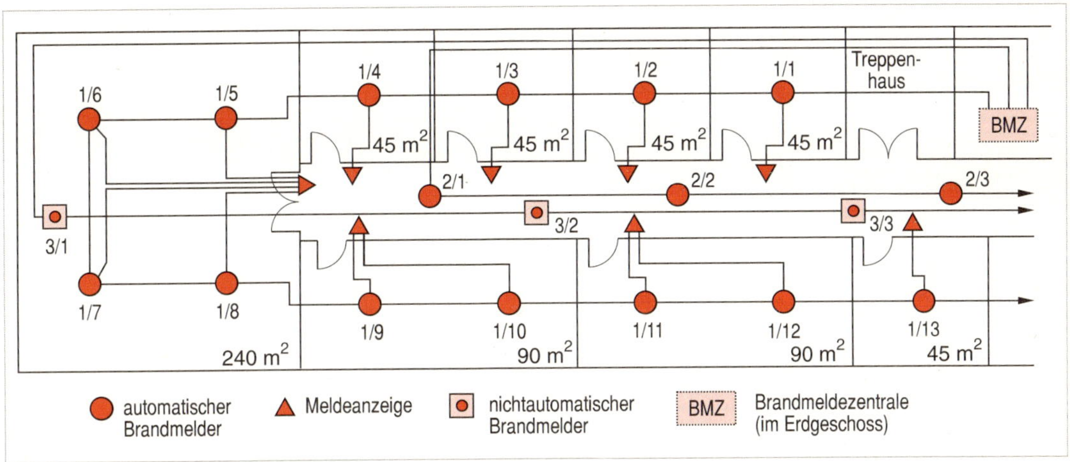

1 Meldegruppen eines Meldebereiches

2 Parallelanzeige

Größe und Farbgebung sind der jeweiligen Raumhöhe und der Deckengestaltung anzupassen. Die Beschriftung muss ohne Hilfsmittel gut ablesbar sein und so angebracht werden, dass sie vom Raumzugang aus sichtbar ist.

Anzahl der automatischen Brandmelder

Die Überwachungsfläche für einen Melder ist von der Grundfläche des Raums, der Raumhöhe und der Dachneigung abhängig. Die in Bild 1 dargestellten Räume besitzen Grundflächen von 45 m^2, 90 m^2 oder 240 m^2. Die Höhe der Räume beträgt 4,5 m.

Gemäß der Tabelle beträgt bei einer Raumgröße von mehr als 80 m^2 und einer Raumhöhe von maximal 6 m der Überwachungsbereich für einen Melder 60 m^2. Sofern in dem zu überwachenden Raum die Überwachungsbereiche der einzelnen Melder quadratisch aufgeteilt werden können, gilt

$$\frac{\text{Gesamtfläche des Raumes}}{\text{Überwachungsfläche eines Melders}} = \text{Anzahl der Felder}$$

Also werden z.B. für den Raum mit 240 m^2 insgesamt 4 Melder $\left(\frac{240\,m^2}{60\,m^2} = 4\right)$ benötigt.

Überwachungsbereiche bei Rauchmeldern

Grundfläche des Raums	**Raumhöhe**	**Dachneigung**			
		bis 20°		über 20°	
		A	D_H	A	D_H
bis 80 m^2	bis 12 m	80 m^2	6,6 m	80 m^2	8,2 m
über 80 m^2	bis 6 m	60 m^2	5,7 m	90 m^2	8,7 m
über 80 m^2	6 m ... 12 m	80 m^2	6,6 m	110 m^2	9,6 m

A maximaler Überwachungsbereich je Melder
D_H größter horizontaler Abstand eines beliebigen Punktes der Decke zum nächstgelegenen Melder

Die Angabe D_H = 5,7 m besagt: Die Melder müssen so angebracht werden, dass kein Punkt an der Decke des Raums weiter als 5,7 m von einem Rauchmelder entfernt ist.

Unabhängig von den Tabellenangaben gilt:

- *In Gängen bis zu einer Breite von 3 m dürfen Rauchmelder in einem Abstand von bis zu 15 m angebracht werden.*
- *Die Abstände der Melder zu Wänden, Einrichtungen und Lagergütern darf nicht kleiner als 0,5 m sein. Ausnahmen bilden z.B. Gänge mit weniger als 1 m Breite.*

Leitungen und Leitungsverlegung

Automatische Brandmeldeanlagen müssen über ein *eigenes Leitungsnetz* betrieben werden. Werden Leitungen der Brandmeldeanlage durch Verteiler anderer Fernmeldeanlagen geführt, müssen die Anschlussklemmen *rot* gekennzeichnet sein.

Die Leitungen zum Anschluss der Brandmelder entsprechen in ihrem grundsätzlichen Aufbau den Leitungen für Einbruchmeldeanlagen. Verwendet werden z.B. Leitungen mit der Kennzeichnung J-Y(St)Y2 × 2 × 0,8. Allerdings müssen sie besonders gekennzeichnet sein.

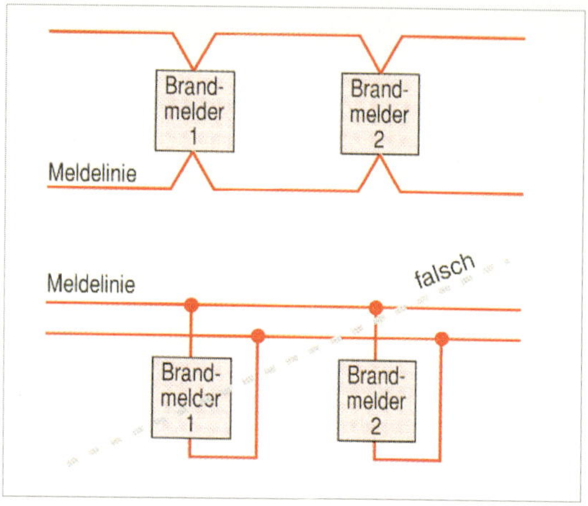

1 Richtige und falsche Leitungsführung

Dazu enthalten sie auf dem – meist roten – PVC-Mantel den Aufdruck „Brandmeldekabel".

Zur Erhöhung der Sicherheit wird jeder Melder direkt angeschlossen. Bild 1 verdeutlich das.

Klemmen oder Verteiler in den Leitungen sind nicht zulässig.

Information

Ionisationsrauchmelder

Ionisationsrauchmelder sind vielseitig einsetzbare Brandmelder, die sowohl sichtbare als auch unsichtbare, kleinste Rauchpartikel wahrnehmen. Wegen ihres breiten Ansprechsprektrums eignen sie sich besonders zur Früherkennung von Brandrauch.

Für Ionisationsrauchmelder werden schwach radioaktive Präparate verwendet. Daher ist das Installieren, Lagern, Transportieren und Entsorgen von Ionisationsrauchmeldern nur Fachleuten gestattet, die mit den Bestimmungen der Strahlenschutzverordnung vertraut sind.

Ionisationsrauchmelder enthalten eine Kammer, in der die Luftteilchen durch eine radioaktive Strahlungsquelle ständig ionisiert werden.

Dadurch entsteht ein Stromfluss zwischen den beiden in der Kammer angebrachten Elektroden. Dringen Rauchteilchen in die Kammer, lagern sich Ionen an. Da die wesentlich schwereren Rauchteilchen gegenüber den Ionen fast unbeweglich sind, verringert sich der Stromfluss. Es erfolgt eine Meldung.

Ionisationsrauchmelder, Prinzip

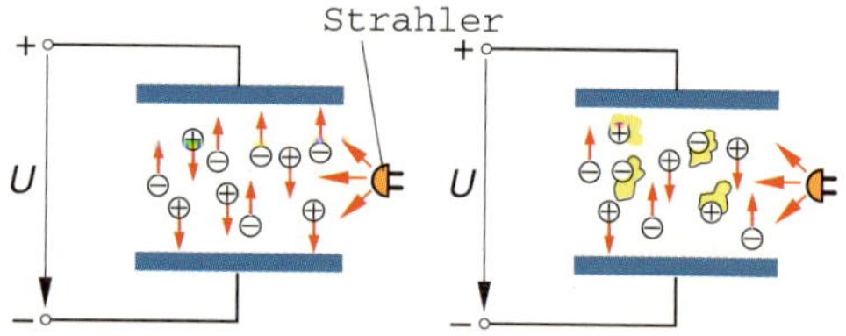

Ruhezustand ohne Rauch — *Rauchpartikel haben an einigen Ionen angelagert*

Englisch			
automatische Brandmeldeanlage *automatic fire alarm system*	***Feueralarm*** *fire alarm*	***Feuerwehrwache*** *fire station*	***Brandschutzeinrichtung*** *fire control system*
Brandmeldezentrale *central fire alarm system*	***Feuermelder*** *fire-alarm box*	***Brandschutz*** *fire prevention, fire protection*	***Brandmelder*** *fire detector*
	Feuerwehr *fire brigade*	***Melder*** *detector*	***Rauchmelder*** *smoke detector*

9.4 Einbruchmeldeanlagen

Auftrag

Ihre Werkstatt erhält den Auftrag, in der zu dem Verwaltungsgebäude gehörenden Hausmeisterwohnung eine Einbruchmeldeanlage zu installieren. Ihr Meister und Sie sollen den Auftrag durchführen. Zusammen mit Ihrem Meister und dem Kunden besichtigen Sie die Wohnung und erstellen ein Ergebnisprotokoll.

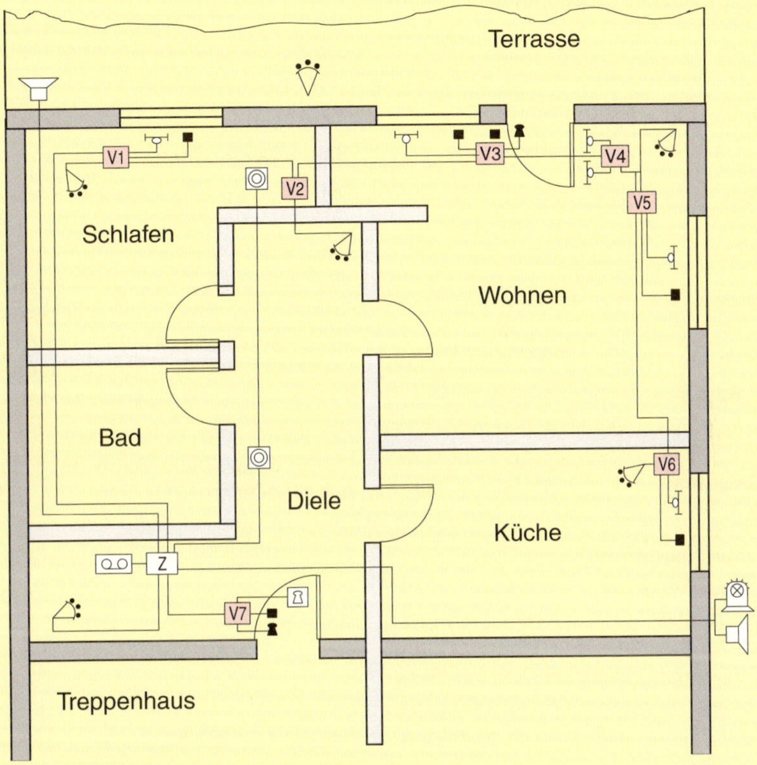

Auszug aus dem Ergebnisprotokoll:

- *Die Überwachung der Wohnung erfolgt mit der Außenhaut-, der Raum- und der Vorfeldüberwachung.*
- *Die Außenhautüberwachung, d.h. die Überwachung der Türen und Fenster, erfolgt mit Glasbruchmeldern, Magnet- und Schließblechkontakten.*
- *Zur Raumüberwachung werden Bewegungsmelder installiert.*
- *Hinter dem Haus erfolgt im Bereich der Terrasse eine Vorfeldüberwachung mit Hilfe eines Bewegungsmelders.*
- *In der Diele und im Schlafzimmer werden Überfallmelder installiert.*
- *Die Scharfschaltung der Alarmanlage erfolgt mit einem Blockschloss in der Wohnungstür.*
- *Zur Alarmierung am Haus werden zwei akustische und ein optischer Signalgeber angebracht.*
- *Die Alarmzentrale ist mit einem Telefonwahlgerät zur automatischen Weiterleitung ausgestattet.*

Dargestellt ist der *Installationsplan* für die Einbruchmeldeanlage. Er wurde von Ihrem Meister erstellt.

Die im Installationsschaltplan verwendeten Symbole entsprechen den für Einbruchmeldeanlagen erstellten Richtlinien des **VdS** (**V**erbandes **d**eutscher **S**chadensversicherer). Die Tabelle zeigt einen Auszug. Mit Hilfe Ihres Meisters wird der Installationsplan analysiert.

Symbol	Bezeichnung	Symbol	Bezeichnung
	Passiv-Infrarot-Bewegungsmelder		Optischer Signalgeber
	Glasbruchmelder	V	Verteiler
	Magnetkontakt	Z	Zentrale
	Schließblechkontakt		Blockschloss
	Überfallmelder		Geistige Schalteinrichtung
	Akustischer Signalgeber		Telefonwahlgerät

Überwachungsarten

Einbruch**M**elde**A**nlagen, kurz **EMA** genannt, sollen bei unbefugter Annäherung an ein privat oder gewerblich genutztes Gebäude, spätestens jedoch beim gewaltsamen Eindringen, in einen geschützten Bereich Alarm auslösen. Zur Überwachung der Hausmeisterwohnung sollen unterschiedliche Überwachungsarten angewendet werden: die *Vorfeld-*, die *Außenhaut-* und die *Raumüberwachung*.

Vorfeldüberwachung

Die *Vorfeldüberwachung* (auch *Freilandüberwachung* genannt) erfolgt im Bereich der Terrasse. Als Melder dient ein **Bewegungsmelder**, der die Außen- und Innenbeleuchtung einschaltet.

Die Vorfeldüberwachung soll jede Annäherung an das zu schützende Gebäude melden. Neben Bewegungsmeldern werden – vorwiegend im Hochsicherheitsbereich industrieller Anlagen – *Lichtschranken* oder *Videokameras* eingesetzt.

Außenhautüberwachung

Bei der *Außenhautüberwachung* wird ein Alarm ausgelöst, wenn z.B. Fenster oder Türen aufgebrochen oder unberechtigt geöffnet werden.

Vorfeld- und Außenhautüberwachung lösen bereits beim Eindringen in den überwachten Bereich Alarm aus.

In der zu installierenden Einbruchmeldeanlage werden zur Überwachung der Außenhaut an den Fenstern **Glasbruchmelder** und **Magnetkontakte** angebracht. Zur Überwachung der Außentüren werden **Schließblech-** und **Magnetkontakte** verwendet. An der Terrassentür bringt man ebenfalls Glasbruchmelder an.

Raumüberwachung

Mit Hilfe der *Raumüberwachung* (auch *Fallenüberwachung* genannt) werden Personen erfasst, die in den überwachten Bereich eingedrungen sind. Dies erfolgt mit den in der Wohnung angebrachten **Passiv-Infrarot-Bewegungsmeldern**. Außerdem installiert man, um z.B. bei einem Einbruchsversuch Alarm auszulösen, in der Diele und im Schlafzimmer **Überfallmelder**.

Ein durch die Außenhaut- oder Raumüberwachung ausgelöster Alarm wird über die Zentrale mit akustischen und optischen Signalgebern ausgegeben und mit Hilfe eines Telefonwahlgerätes an einen Sicherheitsdienst übermittelt.

Scharf geschaltet wird die Anlage mit einem Blockschloss.

Einbruchmelder

Einbruchmelder signalisieren der Zentrale einen Alarm. Zur Überwachung der Wohnung wurden *Passiv-Infrarot-Bewegungsmelder*, *Glasbruchmelder*, *Magnetkontakte* und *Schließblechkontakte* gewählt. Was muss beim Einbau dieser Melder beachtet werden?

Passiv-Infrarot-Bewegungsmelder

Passiv-**I**nfrarot-**B**ewegungsmelder (**PIR**; auch als **IM**: **I**nfrarot-Bewegungs**M**elder bezeichnet) werden zur Überwachung des Terrassenbereiches und zur Raumüberwachung in der Wohnung installiert.

Passiv-Infrarot-Bewegungsmelder verfügen – wie alle Bewegungsmelder – über einen dreidimensionalen Überwachungsbereich. Aus ihm empfangen sie die Infrarotstrahlung (Wärmestrahlung) und speichern diese.

Passiv-Infrarot-Bewegungsmelder

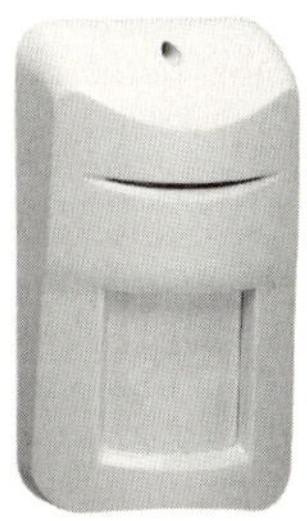

Auszug aus dem Datenblatt:
Versorgungsspannung: 9 – 16 V DC
Stromaufnahme (Ruhe): 30 mA bei 12 V DC
Alarmkontakt: Öffner
Sabotagekontakt: Öffner
Temperaturbereich: –10 °C bis 55 °C
Abmessungen: 154 × 87 × 70 mm
VdS-Zulassung: Klasse C

Wirkbereich bei Montagehöhe 2,3 m:
Winkel 86°
Reichweite 15 m

Betritt, wie Bild 1 verdeutlicht, eine Person diesen Bereich, stellt der Melder eine Änderung der Infrarotstrahlung fest und löst Alarm aus. Da dieser Melder selbst keinerlei Strahlung aussendet, wird er als *passiv* bezeichnet.

Passiv-Infrarot-Bewegungsmelder melden die Änderung der Infrarotstrahlung im Erfassungsbereich.

Bedingt durch die beschriebene Funktionsweise dürfen *Passiv-Infrarot-Bewegungsmelder* nicht an jedem beliebigen Ort montiert werden:

- *Bei der Raumüberwachung können direkte Sonneneinstrahlung, Zugluft, Heizkörper, Kamine, automatisch geschaltete Lampen usw. aber auch Haustiere zu Fehlalarmen führen.*
- *Beim Außeneinsatz, z.B: zum Überwachen des Terrassenbereiches, dürfen Passiv-Infrarot-Bewegungsmelder niemals an eine Alarmanlage angeschlossen werden, da z.B. Tiere, Fahrzeuge, sich bewegende Äste oder Sträucher einen Fehlalarm auslösen können. Mit Außenmeldern sollte z.B. die Außenbeleuchtung und eventuell zur Erhöhung der Abschreckung zusätzlich die Innenbeleuchtung eingeschaltet werden.*

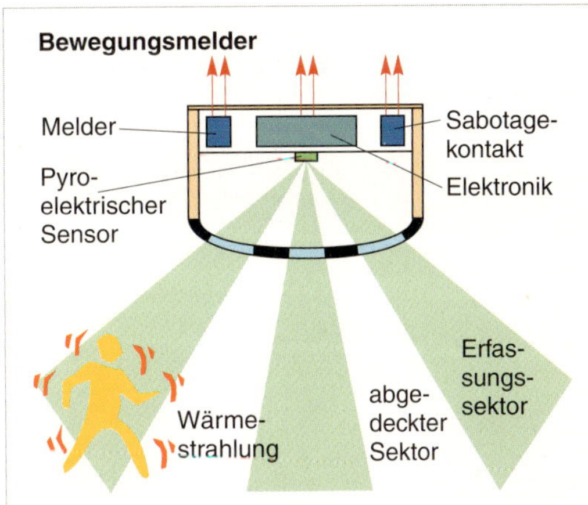

1 Funktionsprinzip des PIR

Der *Überwachungswinkel* der Melder kann bis zu 270° betragen. Der Montageort wird so gewählt, dass die Bewegungsrichtung möglichst quer zum Melder erfolgen muss. Bei Bedarf können mehrere Melder in einem Raum installiert werden. Sie beeinflussen sich nicht gegenseitig.

Um einen *Fehlalarm* zu vermeiden, z.B. durch eine Lampe, die automatisch eingeschaltet wird, können Dual-Bewegungsmelder eingesetzt werden. Sie enthalten einen Passiv-Infrarot-Bewegungsmelder und einen Ultraschall-Bewegungsmelder, die in einer UND-Verknüpfung zusammen geschaltet sind.

Der Ultraschallmelder löst – im Gegensatz zum Passiv-Infrarot-Bewegungsmelder – beim Einschalten einer Lampe keinen Alarm aus.

Glasbruchmelder

Zur Überwachung der Fenster und der Terrassentür werden passive **G**lasbruch**M**elder (**GM**) eingesetzt..

Glasbruchmelder geben Alarm, wenn eine Glasscheibe eingeschlagen oder geritzt wird.

Datenblatt eines **passiven Glasbruchmelders** auf Seite 376. Die *Spannungsversorgung* des Melders erfolgt über die Meldelinie (Alarmschleife).

Der Glasbruchmelder enthält eine LED. Sie zeigt einen vom Melder gespeicherten Alarm an, wenn z.B. die Scheibe geritzt wurde.

Gelöscht wird die Anzeige durch Unterbrechung der Betriebsspannung.

Die *Glasbruchmelder* werden mit Hilfe eines Klebers in den Fensterecken angebracht.

Glasbruchmelder → 381

Gemäß Datenblatt beträgt der *Überwachungsradius* 1,5 m. An der Terrassentür müssen daher zwei Melder angebracht werden. Bild 1 verdeutlicht das.

Auszug aus dem Datenblatt:
Versorgungsspannung (Linienspeisung): 5 – 15 V DC
Stromaufnahme (Ruhe): ≤ 10 µA
Stromaufnahme (Arbeit): 8 mA
Frequenzbereich: 120 kHz
Alarmkontakt: Schließer
Alarmanzeige: LED
Alarmspeicher: vorhanden; Rückstellen durch Unterbrechung der Versorgungsspannung
Temperaturbereich: – 25 °C bis 70 °C
Abmessungen: 18 × 18 × 9 mm
Kabel: 4-adrig; 2 m
Überwachungsradius: 1,5 m

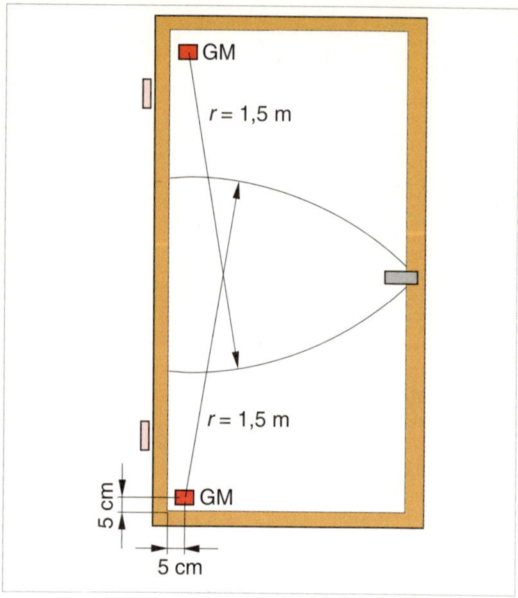

1 *Überwachung großer Glasscheiben*

Magnetkontakte

Magnet**K**ontakte (**MK**) werden an den Fenstern und den Außentüren angebracht. Beim Öffnen eines Fensters oder einer Tür lösen die Magnetkontakte Alarm aus.

Magnetkontakte überwachen Fenster und Türen auf Öffnen.

Wie Bild 2 zeigt, bestehen **Magnetkontakte** aus einem Glasröhrchen und einem Permanentmagneten. In das Glasröhrchen sind zwei Kontaktzungen aus Metall (Reedkontakt) eingebaut. Die Zungen berühren sich nicht. Sind beide Kontaktzungen von einem Magnetfeld durchflossen, ziehen sie sich wie zwei Dauermagnete an. Der Kontakt wird geschlossen.

Zur Sicherung eines Fensters wird der *Dauermagnet* entsprechend Bild 1, Seite 377 am beweglichen Fensterflügel und der *Reedkontakt* am Fensterrahmen angebracht. Bei geschlossenem Fenster ist der Reedkontakt geschlossen. Wird das Fenster geöffnet, befindet sich der Reedkontakt nicht mehr im Magnetfeld. Der Kontakt wird geöffnet und löst den Alarm aus.

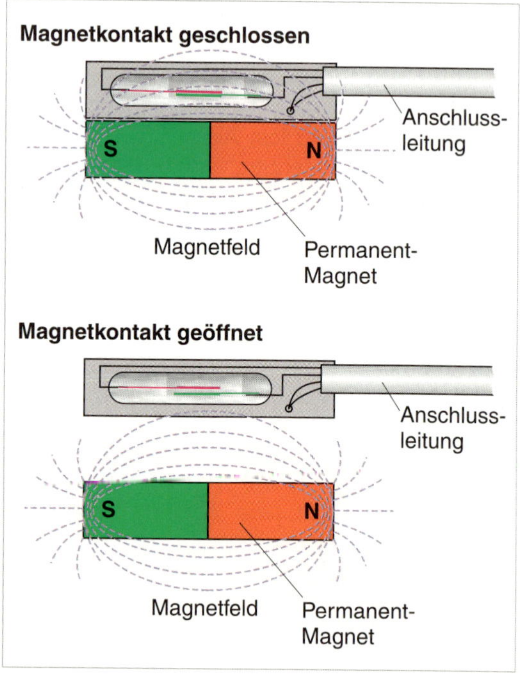

2 *Magnetkontakt*

Schließblechkontakt

Schließblech**K**ontakte (**SK**) auch *Riegelschaltkontakte* genannt, werden in den Außentüren installiert, dass heißt in der Wohnungs- und der Terrassentür.

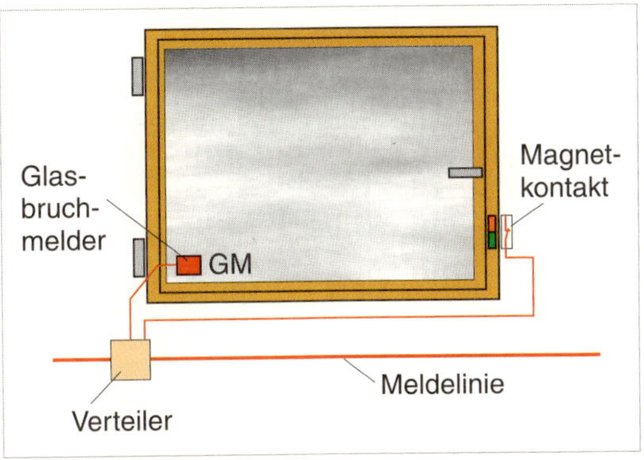

1 Fenstersicherung

Mit den Schließblechkontakten wird sichergestellt, dass diese Türen nicht nur ins Schloss fallen, sondern abgeschlossen werden.

Schließblechkontakte überwachen Außentüren auf Verschluss.

Schließblechkontakte sind **Mikroschalter**, die in den Türrahmen eingesetzt werden.

Beim Verschließen der Tür betätigt der Schlossriegel den Mikroschalter und stellt so die Voraussetzung zum Scharfschalten der Einbruchmeldeanlage her. Bei Schlössern, die zwei- oder mehrfach geschlossen werden können, darf der Schlossriegel den Mikroschalter erst nach der letzten Schließung betätigen.

Überfallmelder

Überfall**M**elder (**ÜM**) werden laut Installationsplan (Seite 373) in der Diele und im Schlafzimmer angebracht.

Dabei handelt es sich um *Druckknopfmelder*, über die z.B. bei einem Einbruchsversuch Alarm ausgelöst werden kann. Dann wird ein so genannter **stiller Alarm** zu einer Hilfe leistenden Stelle geleitet, z.B. zu einem Wachunternehmen. Zum Schutz der gefährdeten Personen gilt:

Bei einem stillen Alarm darf **keine** örtliche Alarmierung durch optische und akustische Signalgeber erfolgen.

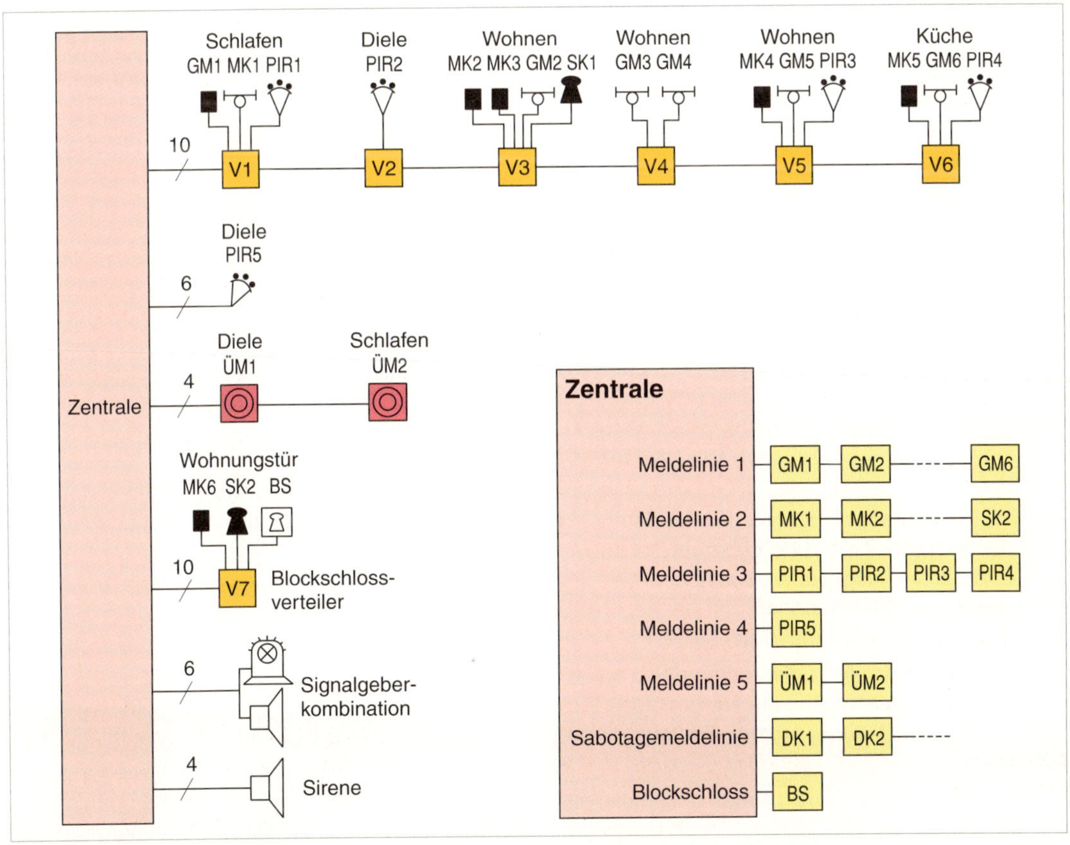

2 Installation der Meldelinien

Überfallmelder sind für den Einsatz in Banken, Gewerbebetrieben und Privathaushalten geeignet. Sie sollten nicht in der Nähe von Lichtschaltern angebracht werden. Im Privatbereich sind Haustüren, Schlafzimmer und Flure sinnvolle Einsatzorte.

Meldelinien

Alle Melder der Außenhaut- und Raumüberwachung müssen an die **Einbruchmeldezentrale** angeschlossen werden. Da die direkte Verbindung eines jeden Melders mit der Zentrale sehr aufwändig ist, werden mehrere Melder über eine gemeinsame Leitung, eine so genannte Meldelinie angeschlossen. Dabei gilt:

In eine Meldelinie dürfen maximal 20 Melder angeschlossen sein.

Bild 2, Seite 377 zeigt den Installationsplan und die Anordnung der Meldelinien.

Über die Meldelinie 1 werden die Glasbruchmelder GM1 bis GM6 an die Zentrale angeschlossen.

Meldelinie 2 enthält die Magnetkontakte MK1 bis MK5 und den Schließblechkontakt SK1. Die Passiv-Infrarot-Bewegungsmelder PIR1 bis PIR4 bilden die Meldelinie 3, PIR5 die Meldelinie 4.

Die Meldelinie 5 verbindet die Überfallmelder Ü1 und Ü2 mit der Zentrale.

An die Sabotagemeldelinie (Meldelinie 6) werden die Sabotagekontakte angeschlossen. Für das Blockschloss enthält die Zentrale einen besonderen Anschluss.

Sabotagemeldelinien

An nicht scharf geschalteten Meldelinien können Manipulationen vorgenommen werden, z.B. indem man die Leitung zu einem Melder unterbricht oder den Melder überbrückt.

Um solche Sabotagevorhaben zu verhindern, sind Verteiler und Melder mit abnehmbarem Deckel mit Deckelkontakten ausgestattet. Diese Kontakte bestehen aus zwei Metallzungen, die bei geschlossenem Deckel zusammengedrückt sind.

Die Deckelkontakte sind entsprechend Bild 1 über eine zusätzliche Meldelinie, die als Sabotagemeldelinie bezeichnet wird, an die Zentrale angeschlossen.

Da die Sabotagelinie ständig scharf geschaltet ist, wird bereits der Versuch erkannt, nicht scharf geschaltete Meldelinien zu sabotieren.

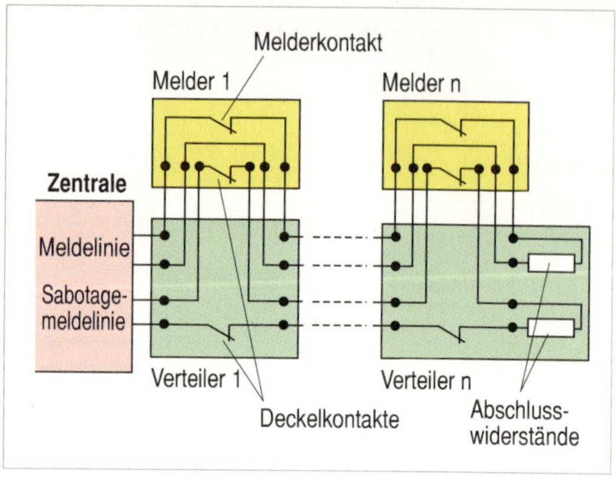

1 Sabotagemeldelinie

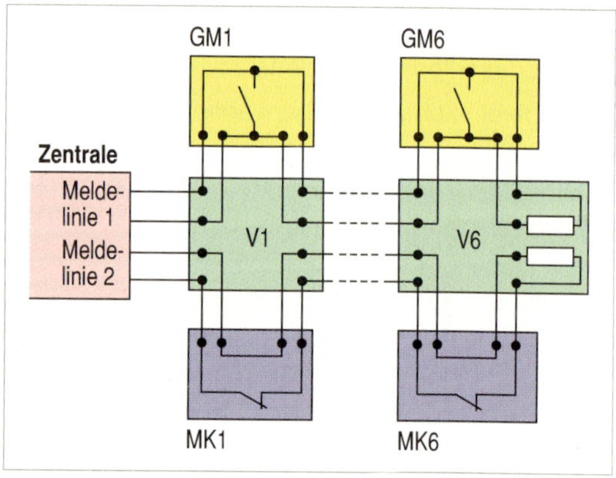

2 Anschluss der Melder

Anschluss der Melder

Die Meldelinien 1, 2, 3 und die Sabotagemeldelinie werden in einem gemeinsamen Kabel über die Verteiler V1 bis V6 geführt. Dabei sind für jede Meldelinie zwei Adern vorgesehen. Zwei weitere Adern werden zur Spannungsversorgung der Passiv-Infrarot-Bewegungsmelder benötigt. Also wird ein 10-adriges Kabel verlegt.

Der Anschluss der Melder an die Verteiler wird jeweils mit vier Adern durchgeführt. Bild 2 verdeutlicht dies anhand der Meldelinien 1 und 2 ohne Darstellung der Sabotagekontakte.

Da die Melder in der Regel nur einen Kontakt (Öffner oder Schließer) enthalten, werden nur zwei Adern benötigt. Aber durch die Verlegung von zwei weiteren Adern, die sich von den beiden anderen Adern farblich nicht unterscheiden, wird die Sabotage an der Anlage erschwert.

Meldelinien → 381

Für den Anschluss des Passiv-Infrarot-Bewegungsmelders PIR5 werden entsprechend Bild 2, Seite 378 sechs Adern benötigt: zwei für den Melderkontakt, zwei für die Versorgungsspannung und zwei für den Sabotagekontakt.

Zum Anschluss der Überfallmelder ÜM1 und ÜM2 verlegt man vier Adern: zwei für die Meldelinie 5 und zwei für die Sabotagemeldelinie.

Die Sabotagekontakte des Blockschlossverteilers V7, der Signalgeberkombination und der Sirene werden ebenfalls in die Sabotagemeldelinie einbezogen.

Auswahl und Verlegung der Leitungen

Als *Leitungen* für Meldelinien können starre oder flexible Adern mit einem Mindestdurchmesser von 0,6 mm verwendet werden, z.B. J-Y(St) Y... × 2 × 0,6. Zur Verringerung der induktiven Beeinflussung sollten sie paarig verdrillt sein. Zur Verhinderung von elektrostatischen Einflüssen sollten die Adernpaare von einer Metallfolie umhüllt sein.

Bei der *Leitungsverlegung* muss darauf geachtet werden, dass

- *die Leitungen unauffällig verlegt werden. Sie dürfen auf keinen Fall als Leitungen einer Einbruchmeldeanlage erkennbar sein.*
- *die beweglichen Leitungen zu Fenstern und Türen betriebssicher – z.B. mit einem flexiblen Spiralschlauch – zu installieren und mit einem mechanischen Schutz zu versehen sind.*
- *innerhalb der Verteiler alle Adern verlötet werden.*
- *die Abschirmung der Leitungen in den Verteilern mit angeschlossen wird und die Erdung in der Zentrale erfolgt.*

Alarmzentrale und Schalteinrichtung

Die **Z**entrale (**Z**) der *Einbruchmeldeanlage* wird an einer Innenwand in der Diele des Hauses installiert. An die Zentrale sind die Meldelinien, die Leitungen zu den Signalgebern und das automatische Telefonwahlgerät angeschlossen.

Die Meldelinien sind *programmierbar*, das heißt sie können wahlweise als Einbruch-, Überfall- oder Sabotagemeldelinie genutzt werden.

Im Alarmfall, z.B. durch Ansprechen eines Glasbruchmelders, wird ein Alarm ausgelöst.

Dieser Alarm erfolgt abhängig davon, ob die Anlage intern oder extern scharf geschaltet wurde.

1 Zentrale der Einbruchmeldeanlage

Scharfschaltung

Bei der **internen Scharfschaltung**, auch *Anwesenheitssicherung* genannt, wird die Anlage an der Zentrale oder an einem abgesetzten Bedienteil scharf geschaltet. Da sich in diesem Fall mindestens noch eine Person im Haus befindet, werden die Meldelinien für die Bewegungsmelder abgeschaltet. Im Alarmfall wird ein interner Alarm ausgelöst, z.B. mit einem Summer.

Die **externe Scharfschaltung**, auch *Abwesenheits- oder Hauptschärfung* genannt, erfolgt mit einem zusätzlichen Schloss, dem so genannten Blockschloss. Dieses befindet sich in der Wohnungstür. Nach Betätigung des Blockschlosses sind alle Meldelinien aktiviert. In einem Alarmfall wird sofort der Außenalarm eingeschaltet und die automatische Telefonwahl durchgeführt. Interne Signalgeber dürfen nicht ertönen.

Wird die den Einbruch meldende Funktion der Anlage nicht benötigt, wird die Anlage unscharf geschaltet. Sabotagelinien behalten ihre Überwachungsfunktion auch im unscharf geschalteten Zustand.

Blockschloss

Das **B**lock**S**chloss (**BS**) wird zusätzlich zum Türschloss in die Eingangstür eingebaut. Das Blockschloss schaltet bei der externen Scharfschaltung alle Meldelinien scharf. Dieses Schloss verhindert mit einer elektromechanischen Sperreinrichtung die Schließung, wenn an der Alarmzentrale eine Störung auftritt oder z.B. vergessen wurde, ein überwachtes Fenster zu schließen. Durch diese Vorrichtung ist gewährleistet, dass die Alarmanlage in Ordnung ist, wenn sich das Blockschloss schließen lässt.

Befinden sich alle Meldelinien im Ruhezustand und liegt keine Störung vor, wird die Blockschlossspule geschaltet. Diese zieht mit ihrem Magnetfeld einen Sperrstift aus dem Schließmechanismus und gibt die Schließung frei.

Zur weiteren Verringerung des Einbruchrisikos kann zusätzlich zum Blockschloss eine so genannte geistige Schalteinrichtung installiert werden.

Energieversorgung der Zentrale

Die **Alarmzentrale** muss über einen eigenen Stromkreis mit separater Absicherung an die 230-V-Spannungsversorgung angeschlossen werden. Da die Zentrale ständig einsatzbereit sein soll, erfolgt der Anschluss ohne Netzschalter.

Die Alarmzentrale muss zusätzlich zu dem festen Netzanschluss eine Notstromversorgung besitzen. Diese muss so angelegt sein, dass ein Notbetrieb mindestens 60 Stunden lang erfolgen kann. Der Ladezustand der Notstromversorgung muss ständig überwacht werden. Störungen im Netz oder im Akkubereich werden an der Zentrale optisch und akustisch angezeigt.

Im Außenbereich wird – wie beschrieben – eine Blitzlampe in Kombination mit einer Sirene installiert.

Für den Einsatz in Alarmanlagen muss die Blitzlampe eine rote Kuppel haben. Sie muss im Gegensatz zu der möglichst versteckt angebrachten Sirene für Jedermann gut sichtbar montiert sein. Schließlich soll sie anzeigen, wo der Einbruch stattgefunden hat. Da durch Blitzlampen keine Lärmbelästigung erfolgt, dürfen sie so lange eingeschaltet bleiben, bis der Alarm quittiert wird.

Automatische Telefonwahlgeräte

Automatische **T**elefon**W**ahl**G**eräte (**TWG**) dienen dazu den Alarm über die Telefonleitung einer Hilfe leistenden Stelle zu übermitteln. Dies können Privatanschlüsse oder Empfangszentralen bei den Wach- und Sicherheitsunternehmen sein.

Im Alarmfall können mehrere Nummern nacheinander gewählt werden. Sofern keiner der angerufenen Teilnehmer abhebt, wird dieser Vorgang mehrmals wiederholt. Beim Erreichen eines Teilnehmers wird ein gespeicherter Text abgespielt.

Alarmierungsgeräte

An die Zentrale der Einbruchmeldeanlage werden vier **Alarmierungsgeräte** angeschlossen: ein akustischer Signalgeber, eine Kombination aus einem akustischen und einem optischen Signalgeber und ein automatisches Telefonwahlgerät.

Akustische Signalgeber

Als **A**kustischer **S**ignalgeber für den Innenbereich dient ein Summer. Für den Außenbereich werden eine separate *Sirene* und eine Sirene in Kombination mit einer *Blitzleuchte* installiert. Dadurch ist gewährleistet, dass auch dann ein Alarm gegeben wird, wenn eine Sirene ausfällt oder sabotiert wurde.

Die Sirene und die Kombination (Sirene und Blitzleuchte) müssen an zwei untereinander nicht einsehbaren Orten montiert werden.
Da ein Sirenenalarm immer auch eine Lärmbelästigung bedeutet, darf er nicht länger als drei Minuten andauern.

Als interne **O**ptische **S**ignalgeber (**OS**) dienen in der Zentrale angebrachte Leuchtdioden.

Installation der Alarmgeräte

Bei der Installation müssen unter anderem die folgenden Vorschriften beachtet werden:

- Sirenen und Blitzlampen müssen mindestens drei Meter über dem begehbaren Erdboden montiert werden.
- Das Anschlusskabel darf nicht offen über die Außenwand verlegt werden. Am sichersten ist es, wenn der Mauerdurchbruch für das Kabel so nach außen gebohrt wird, dass dieses direkt in das Sirenen- bzw. Blitzlampengehäuse hineinführt. Ist das nicht möglich, muss das Kabel in einem Stahlpanzerrohr über die Außenwand verlegt werden. Gehäuse und Leitungswege von außen angebrachten Signalgebern müssen auf Sabotage überwacht sein.
- Bei Alarmanlagen, die mit einem Telefonwahlgerät ausgestattet sind, muss das Kabel für den Telefonanschluss durch die Erde direkt in das Haus geführt werden.

Englisch

Einbruch
burglary

Einbruch-meldeanlage
burglar alarm system

Alarm
alarm

Alarmierung
alerting

Einbruchmelder
burglary motion detector

Bewegungsmelder
motion detector

Infrarot-Bewegungsmelder
infrared motion detector

Ultraschall-Bewegungsmelder
ultrasonics motion detector

Dual-Bewegungsmelder
dual motion detector

Glasbruchsensor
broken glass sensor

Glasbruchmelder
broken glass detector

aktiver Glasbruchmelder
activ broken glass detector

passiver Glasbruchmelder
passive broken glass detector

Magnetkontakt
magnet contact

Lichtschranke
light barrier, photoelectric barrier

Überfallmelder
assault alarm unit

akustischer Signalgeber
acoustic signaler

optischer Signalgeber
optically signaler

Raumüberwachung
room supervision

Melder
detector, warning device

Meldelinie
detector line

Sabotage
sabotage

Sabotagelinie
sabotage line

Deckel
contact

Deckelkontakt
lid contact

Alarmierungsgeräte
alerting devices

Außenbereich
outdoor area, outlying area

Innenbereich
indoor area

Sirene
hooter

Blitzlampe
flashlub

Information

Glasbruchmelder

Die beim Einschlagen oder Ritzen einer Glasscheibe auftretenden Frequenzen von 100 kHz – 1 MHz werden von einem im **Glasbruchmelder** befindlichen *Piezokristall* aufgenommen und elektronisch ausgewertet. Unterschieden werden passive und aktive Glasbruchmelder.

Passive Glasbruchmelder werten nur die Frequenzen aus, die entstehen, wenn eine Scheibe zerbrochen oder geritzt wird.

Aktive Glasbruchmelder senden zusätzlich kurzzeitig Schwingungen an die Glasscheibe und vergleichen diese anschließend mit den reflektierten Schwingungen. Auf diese Weise werden auch defekte Glasscheiben erkannt.

Meldelinien

Ruhestromprinzip

Beim *Ruhestromprinzip* müssen die Melderkontakte als *Öffner* ausgelegt sein, damit sie *in Reihe* geschaltet werden können.
Dadurch bilden sie eine *UND-Verknüpfung:*
Ein Alarm wird ausgelöst, wenn mindestens ein Kontakt geöffnet wird.

Beim Ruhestromprinzip sind die in Reihe geschalteten Melderkontakte im Ruhezustand geschlossen.

Der *Nachteil* des Ruhestromprinzips ist der geringe Schutz gegen Sabotage: Wird ein Melder oder die gesamte Meldelinie überbrückt, so ist dieser Melder bzw. die gesamte Meldelinie unwirksam.

Meldelinie nach dem Ruhestromprinzip

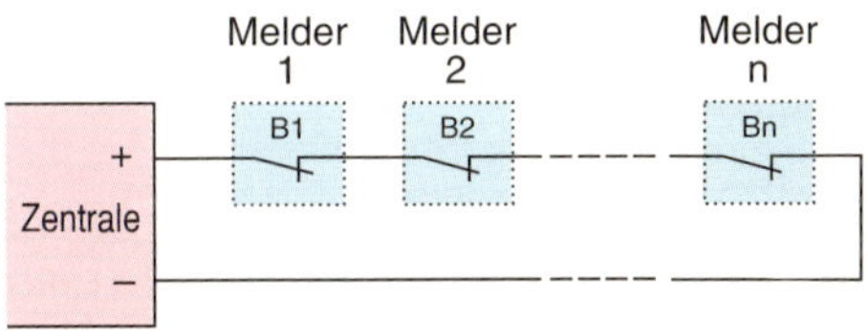

Arbeitsstromprinzip

Beim Arbeitsstromprinzip müssen die Melderkontakte als *Schließer* ausgelegt sein, damit sie *parallel geschaltet* werden können.
Sie bilden somit eine *ODER-Verknüpfung:*
Ein Alarm wird ausgelöst, wenn *mindestens ein* Kontakt geschlossen wird.

Beim Arbeitsstromprinzip sind die parallelgeschalteten Melderkontakte im Ruhezustand geöffnet.

Der Nachteil dieses Prinzips ist der geringe Schutz gegen Sabotage: Wird die Zuleitung zu einem Melder oder die gesamte Meldelinie am Eingang der Zentrale unterbrochen, so ist dieser Melder bzw. die gesamte Meldelinie unwirksam.

Meldelinie nach dem Arbeitsstromprinzip

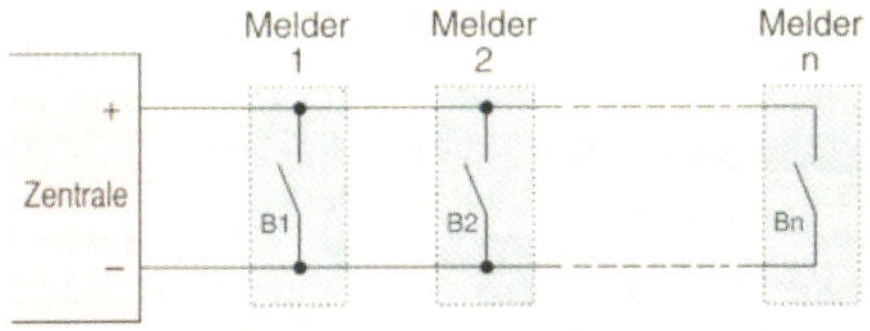

Information

Meldelinien nach dem *Ruhe- und Arbeitsstromprinzip* stellen die Grundprinzipien für Meldelinien nach dem Stromschwächungs- und Stromverstärkungsprinzip dar. Diese Meldelinien enthalten einen *Abschlusswiderstand* R_A. Meldelinien mit Abschlusswiderstand werden allgemein als Meldelinien nach dem **Differenzialprinzip** bezeichnet.

Stromverstärkungsprinzip

Bei Meldelinien nach dem *Stromverstärkungsprinzip* werden die Melderkontakte parallel angeschlossen.

Dazu muss jeder Melder mit einem Öffner ausgestattet sein. Solange kein Kontakt geschlossen ist, fließt in der Linie über den Abschlusswiderstand ein von der Zentrale erfasster Ruhestrom. Beim Auslösen eines Melders schließt der zugehörige Kontakt. Der Abschlusswiderstand R_A wird überbrückt, die Stromstärke in der Linie erhöht sich. Die Erhöhung des Ruhestroms wird von der Zentrale als Alarm gewertet.

Meldelinie nach dem Stromverstärkungsprinzip

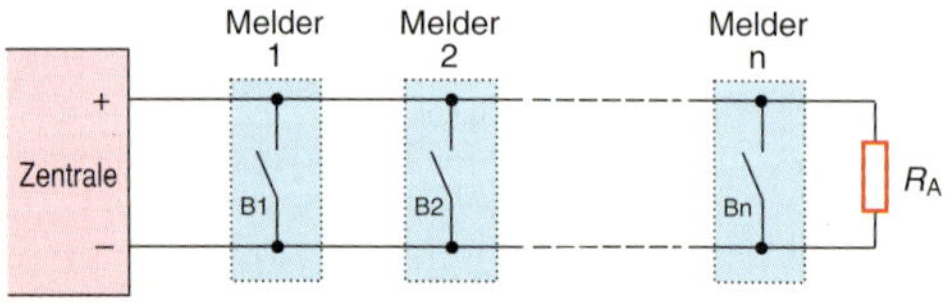

Das Stromverstärkungsprinzip basiert auf dem Arbeitsstromprinzip. Im Unterschied dazu wird eine Unterbrechung der Linie als Störung gewertet. Das Stromverstärkungsprinzip bietet somit einen erhöhten Sabotageschutz.

Stromschwächungsprinzip

Bei dieser *Linientechnik* werden die Melder *in Reihe* geschaltet. Jeder Melder muss über einen *Öffner* als Melderkontakt und einen dazu parallel geschalteten *Widerstand* verfügen. Solange kein Kontakt geöffnet ist, sind die Melderwiderstände kurzgeschlossen. Der in der Linie fließende Ruhestrom wird durch den Abschlusswiderstand R_A bestimmt.

Meldelinie nach dem Stromschwächungsprinzip

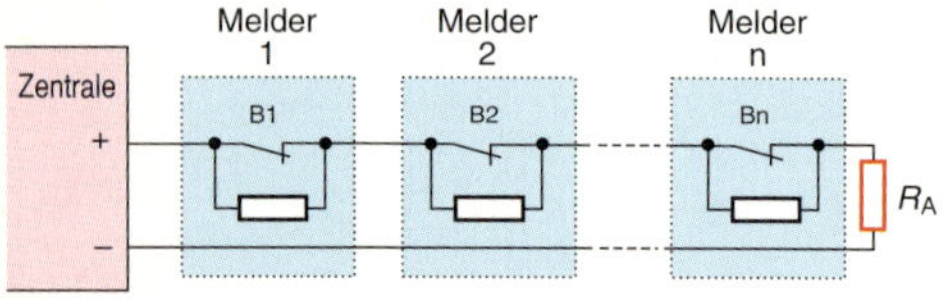

Beim Auslösen eines Melders öffnet sich der Melderkontakt und der zugehörige Widerstand wird in Reihe zum Abschlusswiderstand R_A im letzten Melder geschaltet. Dadurch verringert sich die Stromstärke in der Linie. Die Zentrale wertet das als Alarm.

Meldelinien nach dem *Stromschwächungsprinzip* werden auch als *„Meldelinien mit Widerstandsaufteilung"* oder *„Meldelinien mit Teilwiderständen"* bezeichnet.

Diese Linientechnik basiert auf dem Ruhestromprinzip und bietet diesem gegenüber einen höheren Sabotageschutz: Ein Kurzschluss oder eine Unterbrechung der Leitung werden von der Zentrale als Störung gewertet.

Werden jedoch mehrere Melder gleichzeitig ausgelöst, wird dies wegen der starken Verringerung der Stromstärke ebenfalls als Störung gewertet.

Die beschriebenen Meldelinien arbeiten nach dem Prinzip der *Gleichstrom-Linientechnik*. Dabei kann die Einbruchmeldezentrale lediglich erkennen, innerhalb welcher Meldelinie der Alarm ausgelöst wurde. Neuere Anlagen arbeiten nach dem Prinzip der *Netzlinientechnik*.

Netzlinientechnik

Die **N**etz**L**inien**T**echnik (**NLT**) ist ein *bidirektionales, digitales Datenübertragungsverfahren* nach dem *Master-Slave-Prinzip*.

Die Zentrale ist der Master. Melder, Koppler und Steuerelemente sind die Slaves. Alle Netzelemente werden in *Stich- oder Ringanordnung* an einen *Zweidrahtbus* angeschlossen. Darüber erfolgen der Datentransfer und die Stromversorgung der Melder.

Über ein zweites Adernpaar kann für Netzgeräte mit einem höheren Energiebedarf eine Hilfsspannung geliefert werden.

Netzlinentechnik

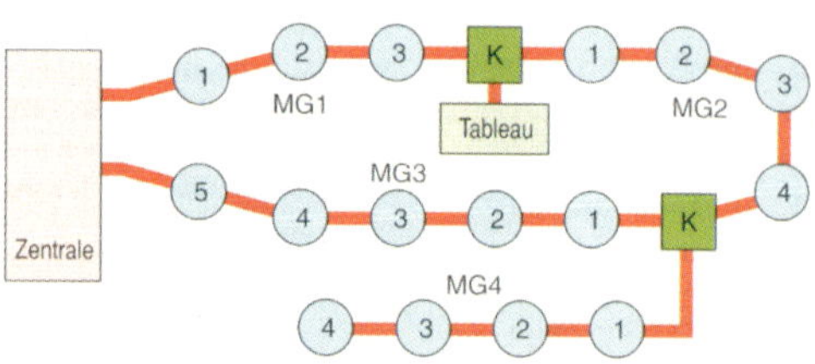

VdS-Sicherungsklassen (Auszug)

Der *Verband deutscher Sachversicherer* (VdS) hat eine Richtlinie für die Planung und den Einbau von *Einbruchmeldeanlagen* erstellt. In dieser Richtlinie werden die zu überwachenden Objekte in die Klassen A, B und C eingeteilt.

Die hier beschriebene Einbruchmeldeanlage geht über die Anforderungen der VdS-Sicherungsklasse A hinaus.

Um eine Einbruchmeldeanlage der Klasse B zu realisieren, müssen jedoch weitere, hier nicht dargestellte Forderungen erfüllt werden.

Information

Einbruchmelder, Auswahl

Passiv-Infrarot-Bewegungsmelder	**Ultraschall-Bewegungsmelder**	**Dual-Bewegungsmelder**
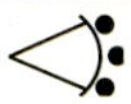 IM, PIR passiv	 US aktiv	— IM + US passiv/aktiv
Vorfeld-, Raumüberwachung	Vorfeld-, Raumüberwachung	Vorfeld-, Raumüberwachung
Überwachung auf unbefugtes Betreten des Überwachungsbereichs	Überwachung auf unbefugtes Betreten des Überwachungsbereichs	Überwachung auf unbefugtes Betreten des Überwachungsbereichs
Passiv-Infrarot-Bewegungsmelder empfangen die Infrarotstrahlung (Wärmestrahlung) aus dem Überwachungsbereich und speichern diese. Eine Änderung der Strahlung löst Alarm aus.	Ultraschall-Bewegungsmelder senden eine Frequenz (20 kHz... 10 MHz) aus und speichern das reflektierte Signal. Bei einer Veränderung im Raum empfängt der Melder ein verändertes Reflexionsbild und löst Alarm aus.	In einem Dual-Bewegungsmelder sind ein Infrarot- und ein Ultraschall-Bewegungsmelder in einer UND-Funktion verknüpft. Nur wenn beide Melder ansprechen, wird Alarm ausgelöst.
Lichtschranke	**Magnetkontakt**	**Schließblechkontakt**
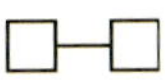 LS aktiv	 MK passiv	 SK passiv
Vorfeld-, Raumüberwachung	Außenhautüberwachung	Außenhautüberwachung
Überwachung auf unbefugtes Betreten des Überwachungsbereichs	Überwachung auf Öffnen von Fenstern und Türen	Überwachung auf Verschluss von Türen
Lichtschranken senden einen Infrarotstrahl von einem Sender zu einem Empfänger. Eine Unterbrechung des Strahls löst Alarm aus.	Magnetkontakte bestehen aus einem Dauermagneten und einem Reedkontakt. Beim Öffnen z.B. eines Fensters wird der Reedkontakt aus dem Magnetfeld des Dauermagneten gebracht und Alarm ausgelöst.	Schließblechkontakte werden beim Verschließen von Türen betätigt. Sie stellen sicher, dass die Türen beim Scharfschalten tatsächlich abgeschlossen sind.
Glasbruchmelder	**Flächenschutz**	**Körperschallmelder**
 GM passiv/aktiv	 FÜ passiv	 KS passiv
Außenhautüberwachung	Außenhautüberwachung	Außenhautüberwachung
Überwachung auf Durchbruch bzw. Beschädigung von Glasscheiben.	Überwachung auf Durchbruch von Fenstern, Türen oder Wänden	Überwachung auf Durchbruch von Metall, Beton oder Steinflächen
Passive Glasbruchmelder registrieren die beim Zerbrechen oder Ritzen von Glasscheiben auftretenden Frequenzen und lösen Alarm aus. Aktive Glasbruchmelder erkennen zusätzlich zerbrochene Scheiben.	Flächenschutz besteht aus Alarmdrähten oder Alarmfolien, die z.B. in eine Tür eingearbeitet oder auf eine Glasscheibe aufgeklebt sind. Bei Unterbrechung lösen sie Alarm aus.	Körperschallmelder erfassen die Schallwellen, die z.B. beim Durchbrechen einer Wand von dem benutzten Werkzeug oder Sprengstoff verursacht werden und lösen Alarm aus.
Kapazitiver Feldänderungsmelder	**Bildermelder**	**Überfallmelder**
 KFM aktiv	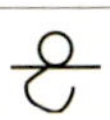 BM passiv	 ÜM passiv
Raum- bzw. Objektüberwachung	Objektüberwachung	
Überwachung gegen Diebstahl und Aufbruch von Behältnissen mit wertvollem Inhalt, z.B. Tresore	Überwachung gegen Diebstahl oder Zerstörung von Bildern, Wandteppichen o.Ä.	Meldung eines Überfalls
Kapazitive Feldänderungsmelder bauen um das zu überwachende Objekt ein elektrischen Feld auf. Eine Feldänderung, z.B. durch Eintritt eines Menschen in das Feld, löst Alarm aus.	Bildermelder registrieren je nach Ausführung das Entfernen eines Bildes oder schon das Bewegen eines Bildes im tausendstel-Millimeter-Bereich und lösen Alarm aus.	Überfallmelder lösen durch Knopfdruck eine stillen Alarm bei einer Hilfe leistenden Stelle aus.

Information

VdS-Sicherungsklassen (Auszug)

Klasse A	***Klasse B***	***Klasse C***
Einfacher Schutz gegen Überwindungsversuche	*Mittlerer Schutz gegen Überwindungsversuche*	*Hoher Schutz gegen Überwindungsversuche*
Für kleinere Hausratsrisiken im privaten Bereich	*Für höhere Hausratsrisiken und Kleingewerbe*	*Für den gewerblichen Bereich*
Häuser und Wohnungen werden nur mit Bewegungsmeldern überwacht. *Abhängig vom Versicherer muss auch auf Öffnen, Verschluss und Durchgriff von Wertbehältnissen überwacht werden.*	*Zusätzlich zu den Forderungen in Klasse A muss auf Durchstieg von Fenstern, Türen, Lichtkuppeln, Schaufenstern und sonstigen Gebäudeöffnungen überwacht werden. Die Zwangsläufigkeit[1)] muss erreicht werden.*	*In dieser Klasse muss eine vollständige Außenhaut- und Raumüberwachung vorgenommen werden. Die Zwangsläufigkeit[1)] muss erreicht werden. Zusätzlich müssen Türen und Wände auf Durchgriff und Durchstieg überwacht werden.*

[1)] Die Zwangsläufigkeit ist erreicht, wenn unter anderem die Alarmzentrale störungsfrei arbeitet, die Fenster geschlossen und die Außentüren verriegelt sind. Mit Erreichen der Zwangsläufigkeit ist die Alarmanlage scharfschaltbereit, aber noch nicht scharf geschaltet.

Geistige Schalteinrichtung

In der Sicherheitstechnik bezeichnet man das *Zahlenschloss* als **geistige Schalteinrichtung**.

Der Einsatz von Zahlenschlössern ist vielfältig. So können sie ebenso zum Öffnen eines Garagentores dienen wie zum Öffnen des Zugangs zum Tresorbereich einer Bank.

Nach den VdS-Richtlinien gilt:

- In Anlagen nach *Sicherungsklassen A* dürfen geistige Schalteinrichtungen zur Scharfschaltung verwendet werden.
- In Anlagen der *Sicherungsklassen B und C* sind geistige Schalteinrichtungen nur in Kombination mit einem Blockschloss zulässig. Auf diese Weise kann jeder, der den Blockschloss-Schlüssel besitzt, die Alarmanlage scharf schalten. Unscharf schalten kann aber nur derjenige, der den Schlüssel besitzt und die Zahlenkombination kennt. Eine Person, die gezwungen wird, die Einbruchmeldeanlage unscharf zu schalten, kann über die Tastatur einen stillen Alarm (Überfallalarm) absetzen, indem ein entsprechender Code eingegeben wird.

Geistige Schalteinrichtung

Englisch

Blitzschutz
lightning protection

Blitzschutzanlage
lightning arrester

Blitzschutzerde
protective earth

Blitzschutzseil
lightning protection cable

Blitzspannung
lightning impulse voltage

Ableitung
down load

Erder
earth electrode

Oberflächenerdung
surface earthing

Überspannung
surge, overvoltage

Überspannungsableiter
surge absorber, surge arrester, overvoltage arrestor

Überspannungsschutz
over-voltage protection

Galvanische Kopplung
direct coupling, DC coupling

Induktive Kopplung
inductive coupling

Kapazitive Kopplung
capacitive coupling

Funkenstrecke
spark gap

Information

Blitzschutz

Bei der elektrischen Entladung in Form eines *Blitzes* werden lebensbedrohende und zerstörerische Energiemengen frei. Die **Blitzschutzanlage** ist ein wirksamer Schutz von Gebäuden gegen die zerstörerische Wirkung von Blitzeinschlägen, wenn die Errichtung fachgerecht durchgeführt wird.

Blitzschutzanlagen müssen durch Fachkräfte errichtet werden.

Schäden an und in Gebäuden

- *Teilabdeckung von Dächern*
- *Sprengen von Mauerwerk*
- *Zersplittern von Holz*
- *Brände als Folgeschäden z.B. durch Funken an schlechten Stromübergängen, Abschmelzen zu geringer Leitungsquerschnitte, Kurzschlusslichtbögen in elektrischen Installationen*
- *Zerstörung der Isolation*
- *Zerstörung von Geräten mit überwiegend elektronischen Bauelementen*

Blitzschutzklasse

Für die Planung einer *Blitzschutzanlage* ist zunächst die **Schutzklasse** der baulichen Anlage zu bestimmen.

Blitzschutzklassen

Blitzschutz-klasse	*Kugelradius m*	*Maschenweite m*	*Wirkungsgrad %*
I	*20*	*5 × 5*	*98*
II	*30*	*10 × 10*	*95*
III	*45*	*15 × 15*	*90*
IV	*60*	*20 × 20*	*80*

SKI: Nuklearanlagen
SKII: Fernmeldetürme, Industrieanlagen, Kirchen
SKIII: Wohnhäuser, Schulen, Landwirtschaft
SKIV: Wetterschutzhütten, Unterstände

Äußerer Blitzschutz

Einrichtungen zum Auffangen und Ableiten des Blitzstromes in die Erdungsanlage.

- *Fangeinrichtungen*
- *Ableitungen*
- *Erdungsanlage*

Fangeinrichtungen

Aufgabe von *Fangeinrichtungen* ist es, die in unmittelbarer Gebäudenähe oder auf das Gebäude niedergehenden Blitze einzufangen. Unter besonderer Berücksichtigung von bevorzugten Einschlagstellen, sollen **Fangleitungen** maschenförmig auf den Dachflächen verlegt werden.

Die einzelne *Masche* soll die Abmessungen von 10 × 20 m, (Krankenhäuser 10 × 10 m) nicht überschreiten. Kein Punkt des zu schützenden Daches soll einen größeren Abstand als 5 m von einer Fangeinrichtung haben.

Fangeinrichtung Masche

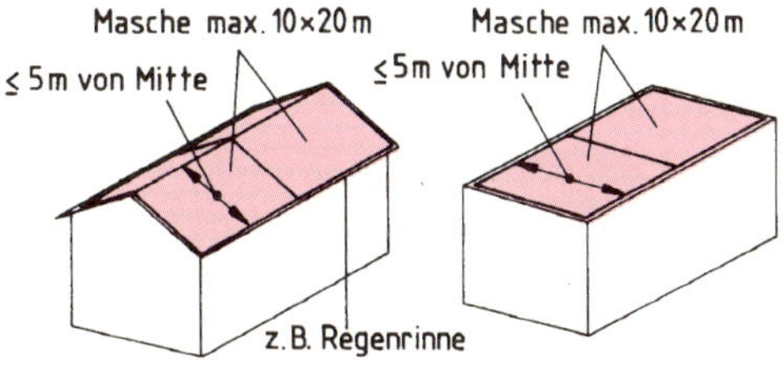

Die *Höhe der Fangstange* darf 20 m nicht überschreiten. Der Abstand zum Gebäude muss mindestens 2 m betragen. Wenn der Winkel 45° beträgt, gilt das Gebäude als geschützt.

Hohe Gebäude

Bei Gebäudehöhen über 20 m müssen äußere Metallteile, deren Fläche mehr als 1 m² oder deren Länge mehr als 2 m beträgt, mit den *Ableitungen* verbunden werden.

Zum Schutz gegen *seitliche Einschläge* werden an Gebäuden mit Höhen über 30 m, die an den Außenwänden keine als Fangeinrichtungen wirksamen Metallteile wie Ableitungen, Metallfassaden oder Stahlkonstruktionen haben, *waagerechte Fangleitungen* in Abständen von nicht mehr als 20 m verlegt.

Schutzbereich, Schutzraum

Als *Schutzbereich* (Schutzraum) gilt der Raum, der durch den Schutzwinkel von 45°, ausgehend von einer oder mehreren Fangeinrichtungen, nach allen Seiten gebildet wird. Der Schutzbereich darf bei Anlagen bis 20 m Höhe angewendet werden.

Ableitungen

Fangeinrichtung und Erdungsanlage wird durch **Ableitungen** miteinander verbunden. Je 20 m Umfang der Dachaußenkante ist eine Ableitung vorzusehen.

Wenn dabei eine *ungerade* Zahl von Ableitungen ermittelt wird, ist diese um eine Ableitung zu erhöhen. *Ausnahme:* Bei Gebäuden bis 12 m Breite darf eine ungerade Anzahl um eine Ableitung vermindert werden.

Ausgehend von den Gebäudedecken soll die Aufteilung der Ableitungen auf den Gebäudeumfang möglichst gleichmäßig erfolgen. Keinesfalls sollen Abstände von 10 m unterschritten werden.

Information

Waagerechte Fangleitungen

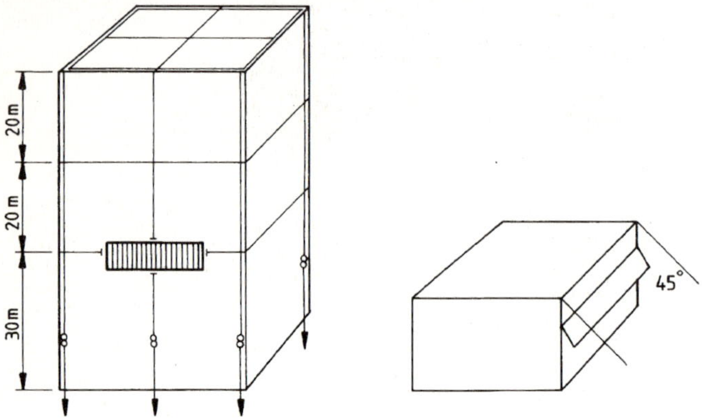

Trennklemmen

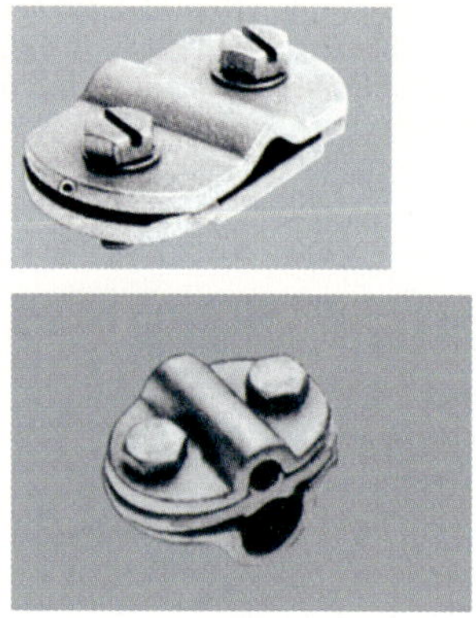

Schutzbereich

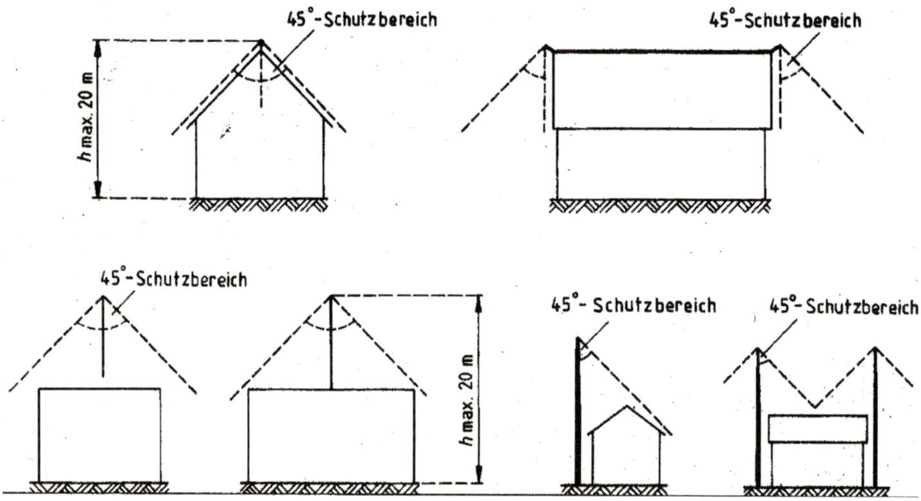

Anzahl der Ableitungen

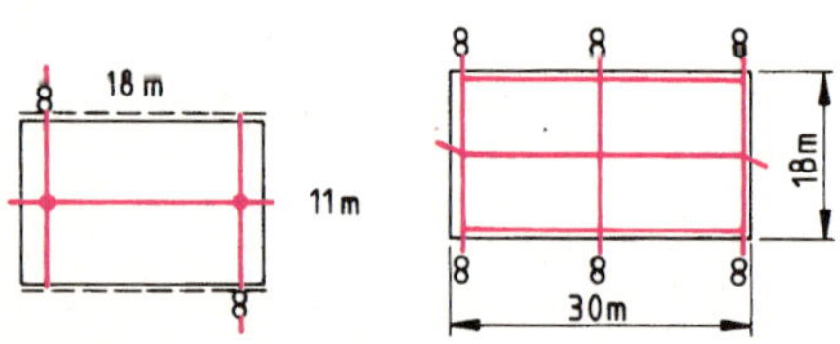

Abstand der Befestigungspunkte:

- horizontale Verlegung 1,0 – 1,2 m
- vertikale Verlegung 1,2 – 1,5 m
- schräge Verlegung 1,2 – 1,5 m

Folgende Metallteile dürfen z.B. als Ableitungen verwendet werden: *Feuerleitern, Schienen von Aufzügen, Stahlskelett, Bewehrungsstähle, Profilbleche.*

Ableitungen sind so anzubringen, dass

- *mehrere parallele Strompfade bestehen*
- *die Stromwege möglichst kurz gehalten werden*
- *Verbindungen zum Potenzialausgleich hergestellt werden*

Im Allgemeinen werden Ableitungen mit Hilfe von **Leitungshaltern** an den Gebäudeaußenwänden verlegt.

Trennstellen

Wenn die Ableitungen *außerhalb des Gebäudes* installiert sind, müssen in der Nähe der Erdeinführung *Trennstellen* vorgesehen werden. Bei anderen Ableitungen sollen Trennstellen, wenn dies möglich ist, z.B. in den Wänden, auf dem Dach oder im Erdreich angebracht werden. Wenn durch die Art des Gebäudes (z.B. durch Bewehrungsstähle) Trennstellen *überbrückt* werden, sind sie *nicht* erforderlich.

Information

Erdungsanlage

Die *Erdungsanlage* kann als *Fundamenterder*, *Ringerder* oder *Einzelerder* ausgeführt sein. Sie muss mit dem *Potenzialausgleich* verbunden werden.

Die *Ableitungen* sind an diese Erdungsanlage anzuschließen. Der **Erdungswiderstand** darf nicht größer als 10 Ω sein. Dabei werden zwei Typen von Erdungsanlagen unterschieden:

- *Anordnung Typ A*
  Oberflächenerder
  Tiefenerder
- *Anordnung Typ B*
  Ringerder
  Fundamenterder

Oberflächenerder
Der *Oberflächenerder* wird im Allgemeinen in geringer Tiefe von mindestens 0,5 m und mit 5 m Länge je Ableitung eingebracht. Ring-, Strahlen-, Maschenerder oder Kombination von diesen.

Tiefenerder
Erder mit 9 m Länge und 1 m Abstand vom Anlagenfundament. Erder wird senkrecht in das Erdreich eingebracht. *Mindestabstand* zwischen Tiefenerdern: 1,5-fache der Länge.

Ringerder
Oberflächenerder, der in mindestens 0,5 m Tiefe und als möglichst geschlossener Ring in einem Abstand von 1 m um das Außenfundament verlegt wird. 80 % der Erderlänge müssen Kontakt mit dem Erdreich haben.

Fundamenterder
Erdungsanlage für Blitzschutz-, Fernmelde- und Niederspannungsanlagen. Geschlossener Ring in den Fundamenten der Gebäudeaußenwände.
Bei größeren Gebäuden (Kantenlängen über 20 m) sind Querverbindungen herzustellen (Maschenbildung 20 m × 20 m).

Potenzialsteuerung durch Steuererder

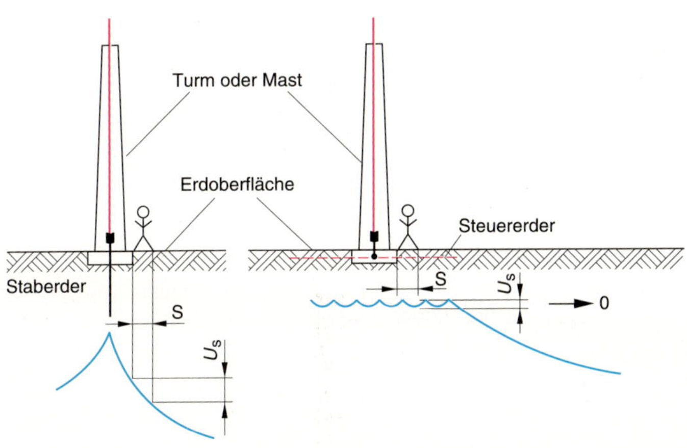

Potenzialsteuerung

Die Anordnung eines oder mehrerer Erder ist für die gefahrlose Ableitung der hohen Blitzströme von großer Bedeutung.

Eine praktisch punktförmige Einleitung des Blitzstromes in das Erdreich bedeutet, dass in der Nähe der Eintrittsstelle große Spannungsfälle (Schrittspannungen) auftreten können.

An dieser Stelle ist der für die Verteilung des Blitzstromes zur Verfügung stehende Erdreichquerschnitt noch ziemlich gering.

Der Blitzstrom hat in diesem Bereich einen ziemlich hohen ohmschen Widerstand zu überwinden, was einen hohen Spannungsfall bedeutet.

Der Blitzstrom sollte also nicht punktförmig, sondern über eine größere Länge, noch besser über eine größere Fläche in das Erdreich abgeleitet werden.

Die Beeinflussung des Erdoberflächenpotenzials durch Potenzialsteuerung erfolgt durch eine besondere Anordnung von Erdern. Ziel ist die Verringerung von Berührungs- und Schrittspannungen.

Innerer Blitzschutz

Hierunter versteht man die Maßnahmen, die den *Schutz gegen die gefährlichen Auswirkungen des Blitzstromes* und seiner *elektrischen und magnetischen Felder* auf metallene Installationen und elektrische Anlagen im Bereich einer baulichen Anlage getroffen werden müssen.
Eine wesentliche Maßnahme des inneren Blitzschutzes ist der **Blitzschutz-Potenzialausgleich**. An ihm sind alle metallischen Rohre, Starkstromanlagen und Anlagen der Installationstechnik angeschlossen.

Die baulichen Anlagen werden in **Blitzschutzzonen** eingeteilt. So können örtlich Unterschiede von Art, Anzahl und Empfindlichkeit der elektrischen und elektronischen Geräte berücksichtigt werden.
Für jede *Blitzschutzzone* werden mit Hilfe einer **Risikoanalyse** die Schutzmaßnahmen ausgewählt, die einen wirtschaftlich vertretbaren und technisch ausreichenden Schutz bieten.

Während der *äußere Blitzschutz Gebäude* vor mechanischer Zerstörung und Brand schützt, kann er nicht verhindern, dass durch den Blitzstrom elektrische Potenziale bis zu 100 kV hervorgerufen werden. Dadurch wird die Isolationsfähigkeit der Betriebsmittel deutlich überschritten.

Indirekte Blitzschäden werden durch elektromagnetische Strahlung von Blitzen hervorgerufen, die in Gebäudenähe einschlagen. Die dadurch induzierten hohen Spannungen in den elektrischen Leitern der Energie- und Datenleitungen können zur Zerstörung der angeschlossenen Betriebsmittel führen. Der *innere Blitzschutz* schützt vor **Überspannungen** durch Blitzeinwirkung.

Information

Blitzschutz für ein hartgedecktes Haus

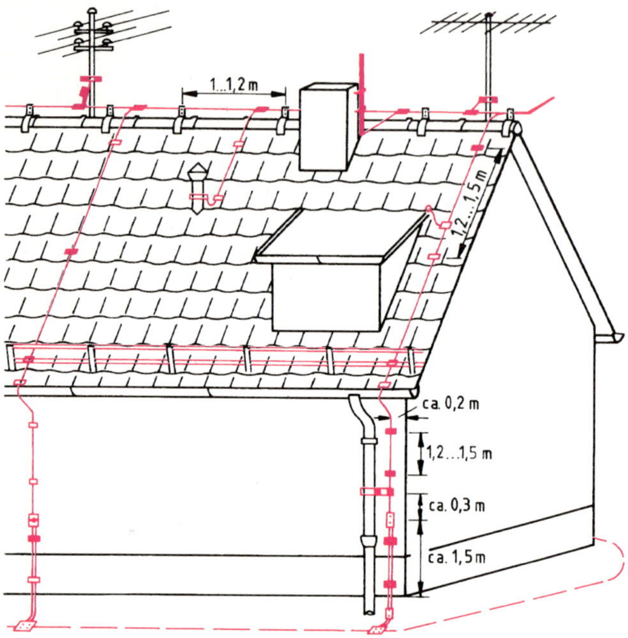

Die *aktiven Leiter* der Elektroanlage werden über *Blitzstromableiter* an die Potenzialausgleichsschiene angeschlossen. Metallteile, die nicht in den Hauptpotenzialausgleich einbezogen sind, werden über *Trennfunkenstrecken* mit der Potenzialausgleichsschiene verbunden.

Die *Potenzialausgleichsleiter* sind grün-gelb zu kennzeichnen und nach DIN VDE 0100 Teil 540 zu bemessen.

Blitzschutz Flachdach

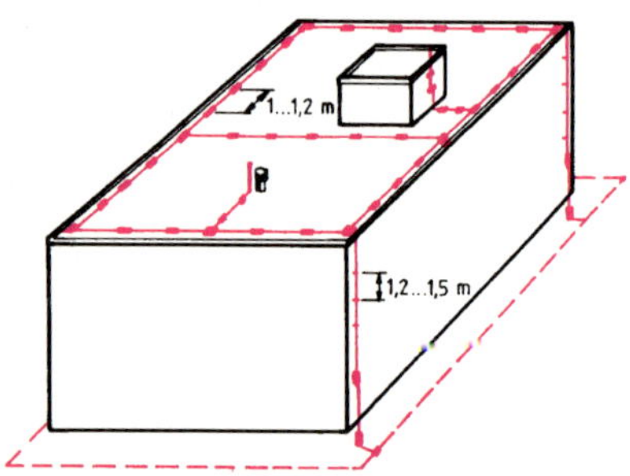

Der **Blitzschutzpotenzialausgleich** ist zentrales Element des *inneren Blitzschutzes*. Die durch den Blitzstrom hervorgerufenen *Potenzialunterschiede* werden durch ihn begrenzt.

Die Maßnahmen des Blitzschutzpotenzialausgleichs (VDE 0185 Teil 100) macht Maßnahmen erforderlich, die über den *Hauptpotenzialausgleich* nach DIN VDE 0100 hinausgehen.

Blitzschutzzonen

Blitzschutzzone 0	*Direkte Blitzeinwirkung ist möglich. Keine Abschirmung gegen elektromagnetische Felder.*
Blitzschutzzone 0/E	*Gegen direkte Blitzeinwirkung durch Fangeinrichtung geschützter Bereich. Keine Abschirmung gegen elektromagnetische Felder.*
Blitzschutzzone 1	*Blitzteilströme verursachen energiereiche Transitienten,die Schalthandlungen hervorrufen.*
Blitzschutzzone 2	*Das elektromagnetische Feld wird weiterhin gedämpft. Es entstehen Schalthandlungen und elektrostatische Entladungen.*
Blitzschutzzone 3	*Das elektromagnetische Feld ist auf ein Minimum reduziert.*

Transienten sind kurze, sehr schnelle und steile Spannungs- und Stromänderungen.

Information

Innerer Blitzschutz

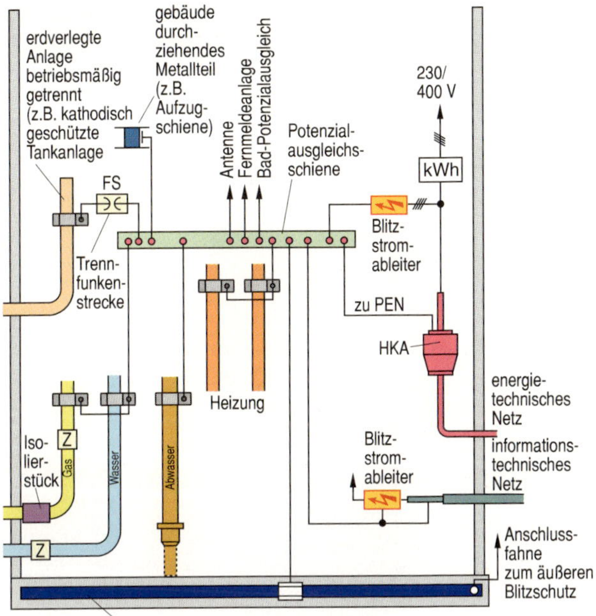

Schutz gegen Überspannungen

Ein elektrischer Stromkreis arbeitet mit der Spannung, für die er bemessen ist, einwandfrei:

Schädliche **Überspannungen** sind Spannungserhöhungen, die zur *Überschreitung der oberen Toleranzgrenze* der Bemessungsspannung führen. Hierzu zählen auch die Überspannungen, die durch *Schalthandlungen* und *Blitzentladungen* hervorgerufen werden und *induktiv*, *galvanisch* oder *kapazitiv* in die Anlage eingekoppelt werden.

Schäden durch Überspannungen können verhindert werden, indem die Leiter, an denen solch hohe Spannungen auftreten, in sehr kurzer Zeit – aber nur für den Augenblick, in dem die Überspannung ansteht – kurzgeschlossen werden. Dies erfolgt durch

- *Gleitfunkenstrecken*
- *gasgefüllte Überspannungsableiter*
- *Varistoren*

Diese Bauelemente werden zwischen den *aktiven Leitern* des Betriebsstromkreises und *Erde* geschaltet.

Galvanische Einkopplung

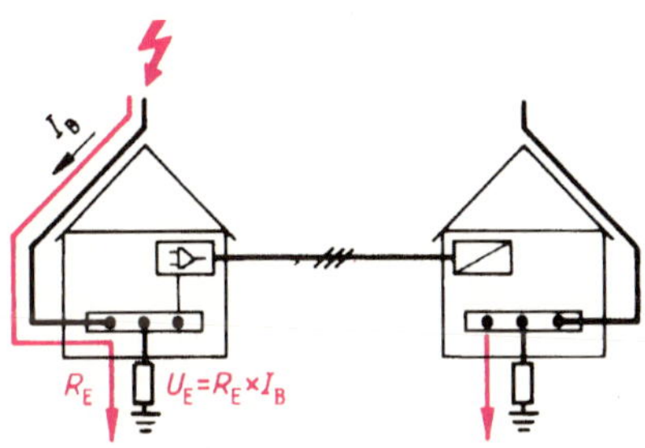

Ursachen von Überspannungen

- *Galvanische Einkopplung*

  Durch gemeinsame Impedanzen koppeln Überspannungen *galvanisch* von der *Störquelle* in die *Störsenke* ein. Die große Stromsteilheit bewirkt eine Überspannung, die im Wesentlichen auf die induktive Komponente L

  $$u = L \cdot \frac{\Delta i}{\Delta t}$$

  zurückgeführt werden kann. Diese hohe Spannung kann über den Potenzialausgleich in die angeschlossenen Leitungen eingekoppelt werden.

Induktive Einkopplung

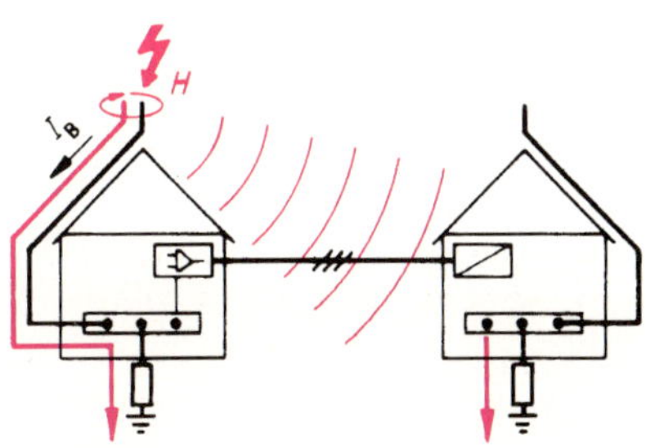

Kapazitive Einkopplung

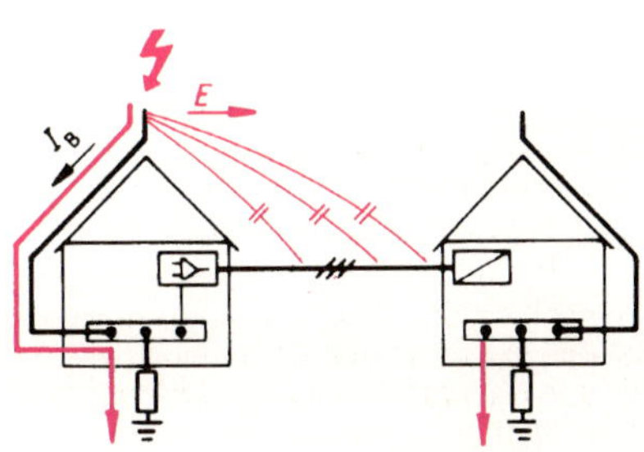

Information

- *Induktive Einkopplung*
  Induktive Einkopplung wird durch das magnetische Feld eines stromdurchflossenen Leiters hervorgerufen. In nahegelegenen Stromstreifen werden Spannungsspitzen induziert.

- *Kapazitive Einkopplung*
  Hervorgerufen durch die mögliche Entladung einer Spannung von einem Leiter auf einen anderen Leiter bei großen Potenzialunterschieden.

Überspannungsschutz

Verwendet wird ein *mehrstufiger, selektiv aufgebauter Schutz*:

- Blitzstromableiter als **Grobschutz**
- Überspannungsableiter als **Mittelschutz**
- Überspannungsableiter als **Geräteschutz**

Installationsplätze für die **Überspannungsableitung** sind:

- Hauptverteilung (zentrale Einspeisung)
- Unterverteilung
- Geräteanschluss

Blitzstromableiter

Kernstück eines **Blitzstromableiters** ist eine *Hochleistungs-Funkenstrecke*, wobei die hohen mechanischen Kräfte wegen des hohen Druckanstiegs im Ableiter nicht zu Zerstörungen führen dürfen.

Eingesetzt werden die Blitzstromableiter zum Schutz in besonders blitzgefährdeten Gebäuden sowie großflächigen Industrieanlagen.

Beim Ansprechen des Blitzstromableiters werden durch die Funkenstrecke Emissionen im Bereich der Löschkammern aus der Gehäuserückwand ausgeblasen. Damit hierdurch kein Kurzschluss an blanken und spannungsführenden Leitern, sowie keine brennbaren Materialien entzündet werden, ist ein Mindestabstand von 10 cm einzuhalten.

Blitzstromableiter, Prinzip

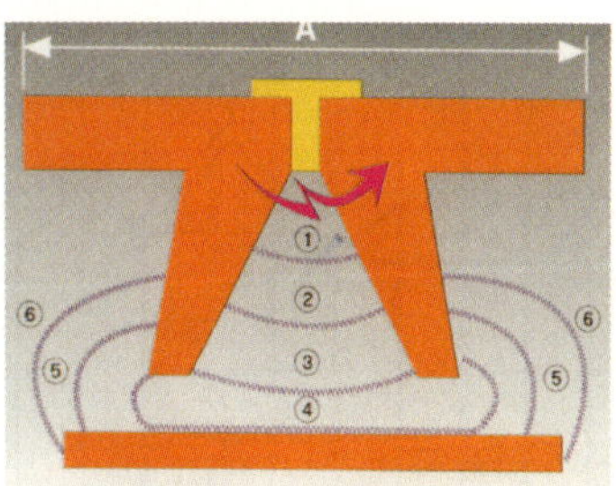

A Ansprechstoßspannung
(1) Zündung durch Überspannung
(2) Lichtbogen überbrückt die Ableitstrecke zwischen den Elektroden
(3) Lichtbogen wird nach außen getrieben
(4) Lichtbogen wird auf Prallplatte geschmettert
(5) Entstehung von Teillichtbögen
(6) Abriss und Löschung der Teillichtbögen

Blitzstromableiter, Ausführungsbeispiel, Montage

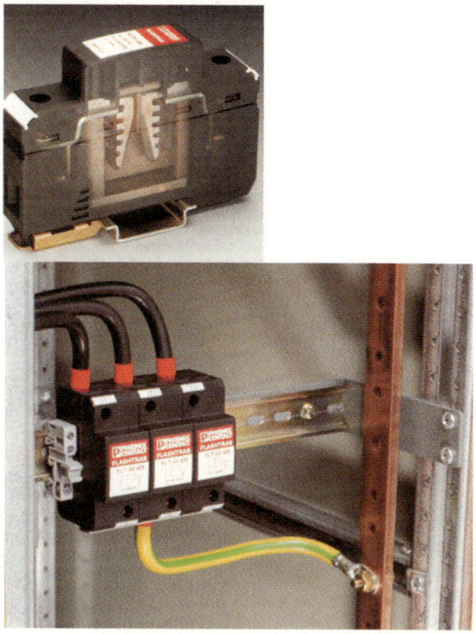

Überspannungs-Schutzableiter

Wahlweise einsetzbar als *Grob- und Mittelschutz.*

Eine thermische Abtrennvorrichtung trennt das Schutzelement (Hochleistungsvaristor) vom Netz, wenn dieses durch häufige oder energiereiche Überspannungen überlastet wurde. Dies wird durch eine Defektanzeige signalisiert; auch Fernmeldung.

Schaltung Überspannungsschutz

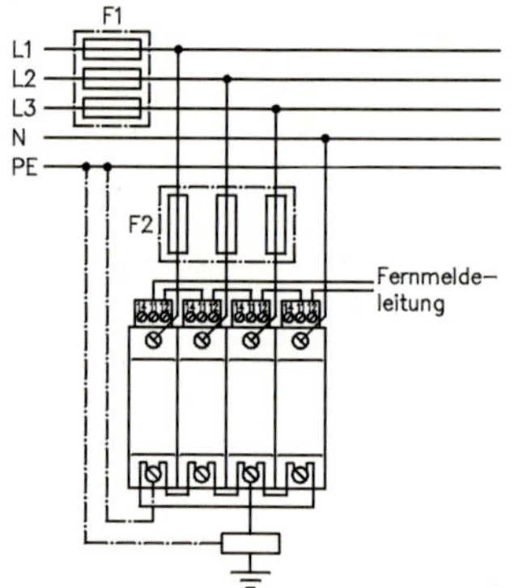

Information

Überspannungschutz, steckbar

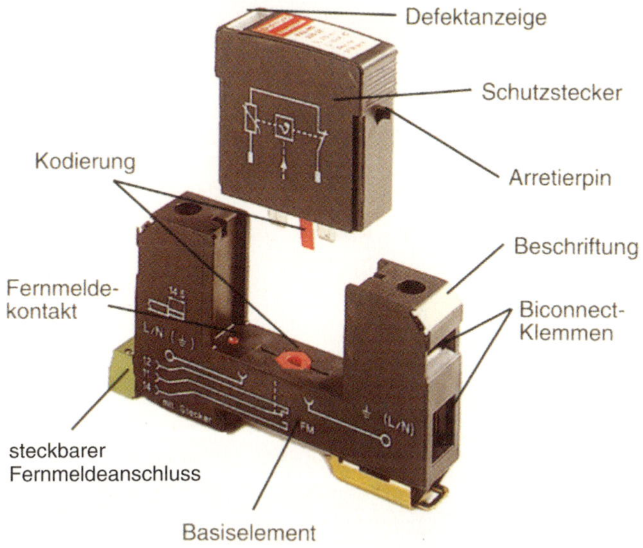

Geräteschutz

Eine überspannungsbedingte Überlastung kann optisch, eventuell auch akustisch angezeigt werden. Auch Fernmeldung ist möglich.

Solch ein Schutz kann *Varistoren* und *gasgefüllte Überspannungsableiter* enthalten. Der Geräteschutz ist in vielen Ausführungsformen erhältlich.

Geräteschutz

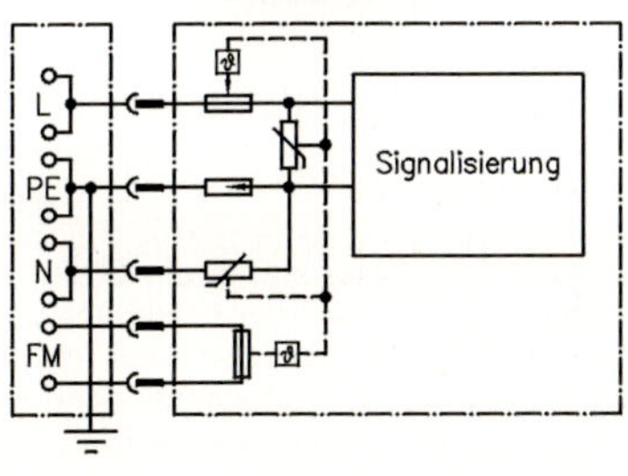

Schnittstellen

Schnittstellen im Bereich *der Mess-, Steuerungs- und Regelungstechnik* (MSR) sind noch wesentlich empfindlicher gegen Überspannungen als Energieversorgungssysteme.

Für den Schutz kommen daher **Ableiter** mit kombinierten Schutzschaltungen zum Einsatz. Diese werden unmittelbar vor den zu schützenden Signaleingängen installiert. So wird die Gefahr einer Überspannungseinkopplung auf dem Leitungsweg zwischen Ableiter und Schnittstelle vermieden.

Daten- und Telekomunikationsgeräte

Schutzschaltungen begrenzen Überspannungen auf einen so niedrigen Wert, dass die Restspannung keine Gefahr für die Schrittkette darstellt.

Schutz von Schnittstellen

Schutz von Datenleitungen

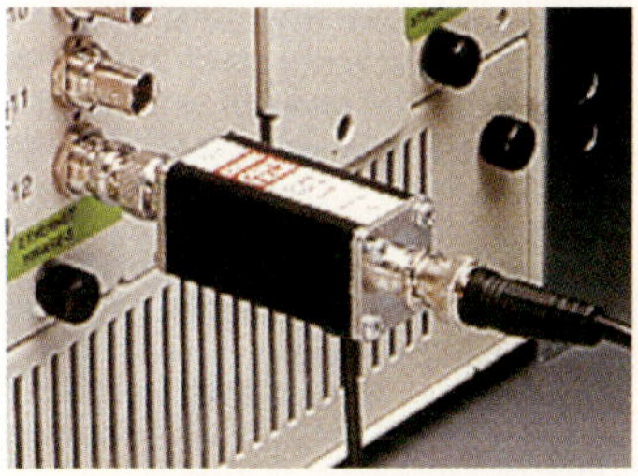

Information

Reihenklemmen mit Überspannungsschutz

Gasgefüllte Überspannungsableiter

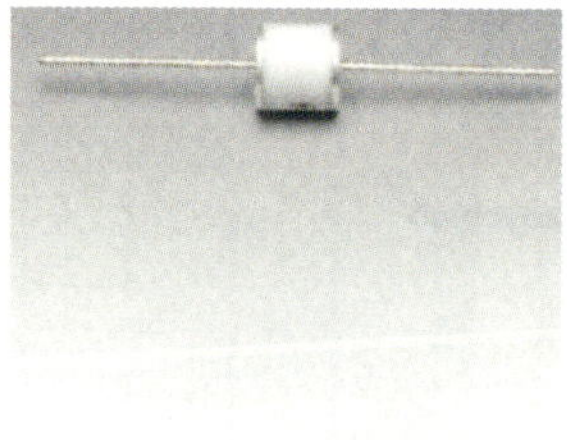

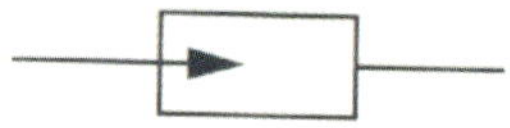

Binärsignale mit gemeinsamem ungeerdeten Bezugspotenzial

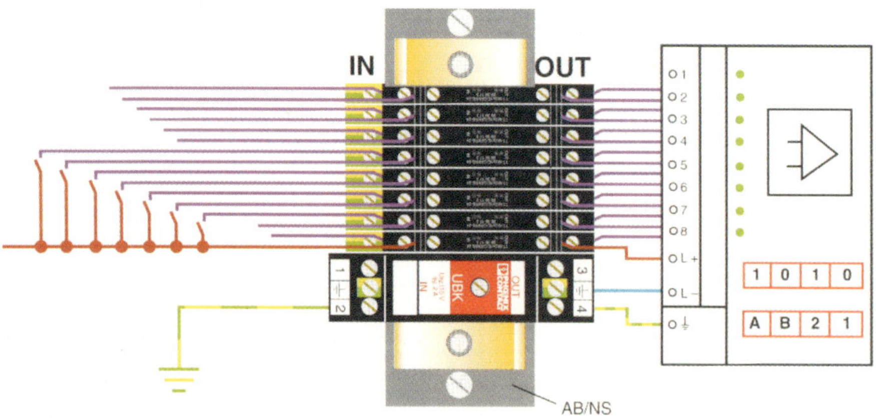

Überspannungsbegrenzende Bauelemente

Verwendet werden hauptsächlich *gasgefüllte Überspannungsableiter, Gleitableiter, Varistoren und Dioden.*

Zur Erzielung einer *optimalen Schutzwirkung* werden im Einzelfall *Schutzschaltungen* mit *einem* der Bauelemente oder durch eine *Kombination* solcher Bauelemente verwirklicht.

- *Gasgefüllte Überspannungsableiter*

  bestehen aus einer *Elektrodenanordnung* in einem Keramik- oder Glasröhrchen. Zwischen den Elektroden befindet sich ein Edelgas (z.B. Argon oder Neon). Bei Erreichen der *Zündspannung* wird das Bauelement niederohmig.

  Nach der Zündung liegt am Überspannungsableiter eine *Bogenbrennspannung* zwischen 10 V und 30 V an.
  Im niederohmigen Zustand des Ableiters kann ein *Netzfolgestrom* fließen, dessen Höhe von der Impedanz des vorgeschalteten Netzes ist.
  Um diesen Netzfolgestrom zu unterbrechen, muss dem Überspannungsableiter gegebenenfalls eine *Schmelzsicherung* vorgeschaltet werden.

Zündkennlinie eines gasgefüllten Überspannungsableiters

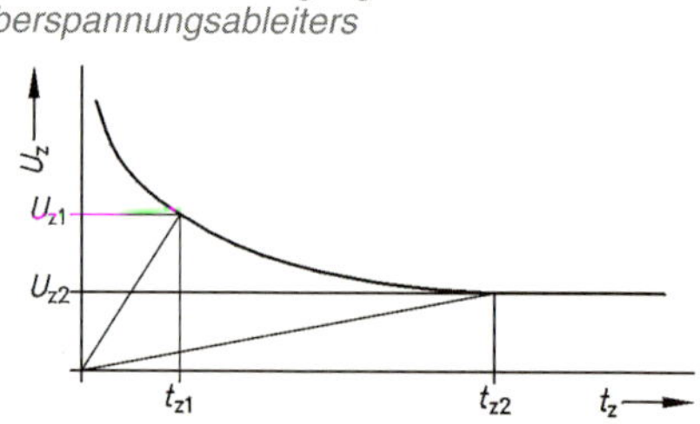

Funkenstrecke

Zwei sich gegenüberstehende Funkenhörner werden von einem Isoliersteg auf Abstand gehalten. In Öffnungsrichtung ist über den Elektroden zusätzlich eine Prallplatte angeordnet.
Oberhalb des Isolierstegs erfolgt die Gleitentladung im Überspannungsfall. Der noch verbleibende Lichtbogen wird nach außen getrieben und auf der Prallplatte zerschmettert. Die dabei entstehenden Teillichtbögen können sicher gelöscht werden.

Information

Funkenstrecke

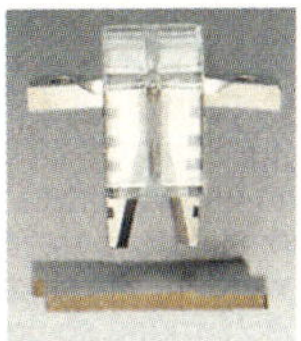

Zündkennlinie einer Funkenstrecke

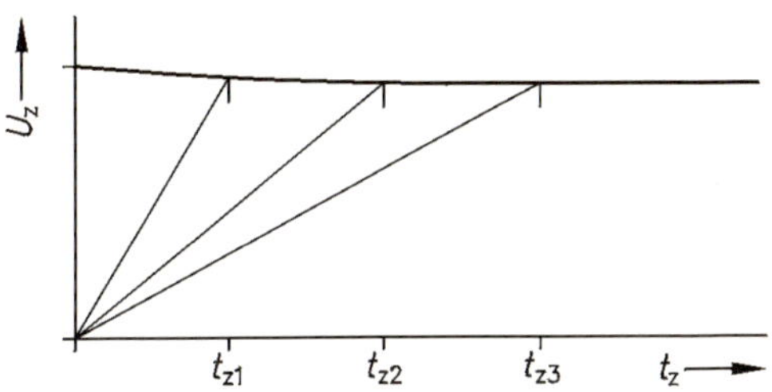

Gleitentladungsstrecke

Zwischen den Elektroden ist ein Isolierstoff angeordnet. Die Entladungsstrecke wird *Gleitentladungsstrecke* genannt. *Gleitableiter* können *Netzfolgeströme* selbsttätig unterbrechen.

Gleitentladungsstrecke

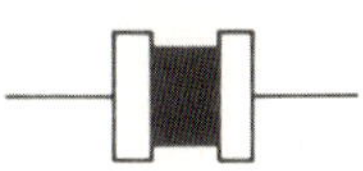

Varistoren

Varistoren sind *spannungsabhängige Widerstände*, die ein hohes Ableitvermögen bei geringer Restspannung ermöglichen.

Blockvaristor, Scheibenvaristor

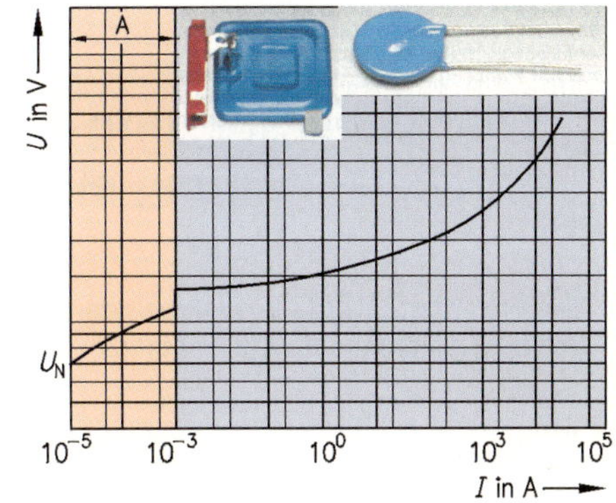

Supressor-Diode

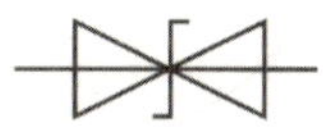

Suppressor-Dioden

Haben kurze Ansprechzeiten und niedrige Begrenzungsspannungen. Die *Sperrspannung* U_R ist die höchste Spannung, bei der die Diode noch sicher sperrt.

Bei der *Durchbruchspannung* U_B fließt ein Strom von 1 mA über die Diode. Hier beginnt die Begrenzung der Überspannung.

Die *maximale Begrenzungsspannung* U_C ist die Spannung, die beim Stromstoßimpuls I_{PP} höchstens an der Suppressor-Diode anliegen kann.

U/I-Kennlinie einer Supressordiode

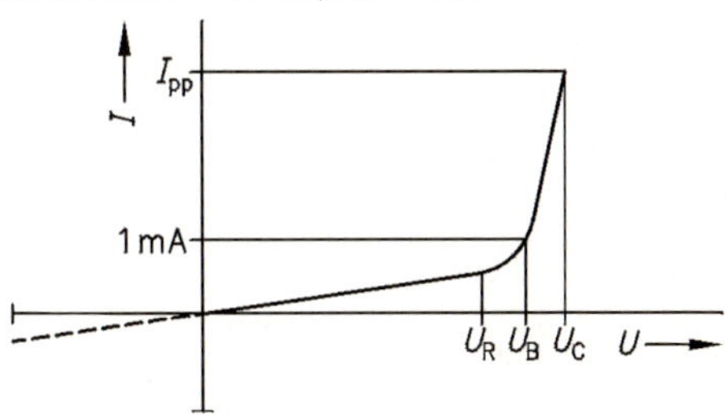

U_R Sperrspannung
U_B Durchbruchspannung
U_C Begrenzungsspannung
I_{pp} Stoßstromimpuls
I_R Sperrstrom

10 Energietechnische Anlagen errichten und in Stand halten

10.1 Energieversorgung der Tiefgarage erweitern, Parallelschaltung einer Leitung

Auftrag

Die Tiefgarage wurde im Rahmen der Erstplanung mit einer Leittung q = 50 mm² versorgt.

Neben den drei 11-kW-Kompressoren wurde hier mittlerweile auch das Tischplattenlager aufgebaut.

Daher reicht der projektierte Leitungsquerschnitt von 50 mm² nicht mehr aus. Hierfür ist eine Lösung zu erarbeiten.

Die *Hauptverteilung* (HV) wird von einem *Drehstromtransformator* Dyn5 (→ 448) mit S_N = 2 MVA gespeist. Dieser ist an ein *Ringnetz* (→ 437) zur Erhöhung der *Versorgungssicherheit* angeschlossen.

Der Abgang 8 (Bild 1) versorgt die Unterverteilung (S_N = 85 kVA) in der Tiefgarage über eine **Drehstromleitung** NYA 5×50 mm², Verlegeart C, Länge 40 m.

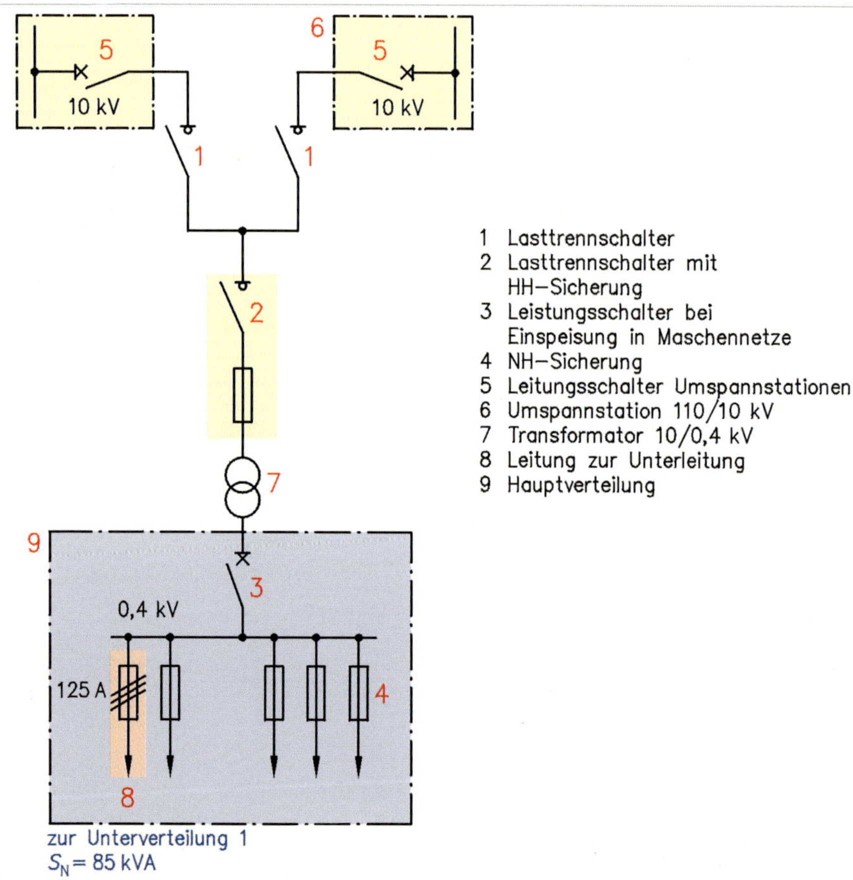

1 Einspeisung des Betriebes

Als **Netzsystem** wurde *nicht* ein mögliches **TN-C-System** mit 4×50 mm², sondern ein **TN-S-System** gewählt, um EMV-Probleme möglichst zu vermeiden.

Die Leitung NYA 5×50 mm² reicht nun nicht mehr aus.

Zwei Problemlösungsmöglichkeiten bieten sich nun an:

1. Verlegung einer parallelen Leitung von der Hauptverteilung zur Unterverteilung.

2. Eigener 10-kV-Transformator für Tischbau und Tiefgarage.

Zwei parallel geschaltete Leitungen

Um eine *Gesamtleistung* von 250 kVA zur Unterverteilung 1 (UV1) zu übertragen, muss eine parallele Leitung 2 verlegt werden, die 175 kVA übertragen kann.

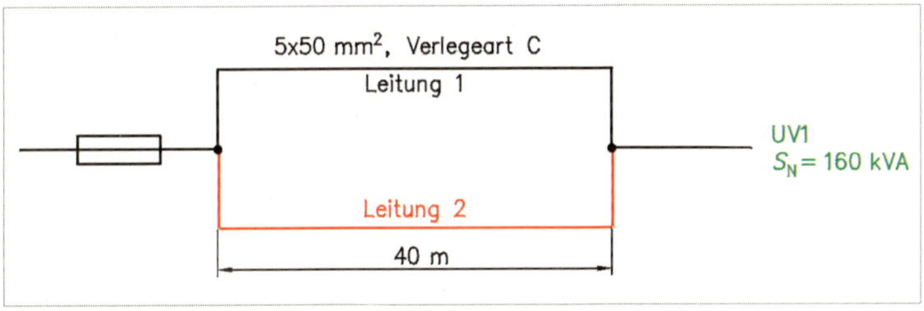

1 *Parallelschaltung von Leitungen*

Gesichtspunkte bei der Leitungsauswahl:

- *Welcher Leitungsquerschnitt ist zu verlegen?*
- *Wie groß ist die Strombelastbarkeit der Leitung?*
- *Wie ist die Leitung abzusichern?*

Der *Mindestquerschnitt* der Leitung muss drei grundlegenden Ansprüchen genügen:

- *Strombelastbarkeit*
- *Spannungsfall*
- *Abschaltbedingung*

Strombelastbarkeit

Bei Belastung *erwärmen* sich die Leiter, die je nach Leitungsart eine bestimmte Temperatur an der Leiteroberfläche nicht übersteigen dürfen (z.B. 70 °C bei PVC-isolierten-Leitern).

Die Wärmeenergie kann je nach **Verlegeart** unterschiedlich gut abgeführt werden.

Außerdem spielen hierbei die *Umgebungstemperatur* und die *Anzahl der gemeinsam verlegten Leitungen* eine Rolle. Hier sind dann **Minderungsfaktoren** zu berücksichtigen (→ Tabellenbuch).

Der Leitungsquerschnitt muss immer den Bemessungsstrom des vorgeschalteten Überstromschutzorgans berücksichtigen. (→ Tabellenbuch)

Bei *zwei parallelen Zuleitungen* sind zwei Vorgehensweisen möglich:

1. Die beiden Leitungen können *gemeinsam abgesichert* werden.

Unterverteilung 1

$S_N = 160\,\text{kVA}$

Bemessungsstrom der Sicherung:

$$I_N = \frac{S_N}{\sqrt{3} \cdot U_N} = \frac{160\,\text{kVA}}{\sqrt{3} \cdot 400\,\text{V}} = 231\,\text{A}$$

Nächstgrößerer Bemessungsstrom der Sicherung:
$I_N = 250\,\text{A}$

Die **Strombelastbarkeit** der Leitung muss $I_Z \geq 250\,\text{A}$ betragen.

Außerdem ist zu berücksichtigen, dass aus Symmetriegründen die Leitungen gleich lang und parallel zueinander verlegt werden müssen.

- *Minderungsfaktor* für Häufung: $k_H = 0{,}97$ (→ Tabellenbuch)

  Strombelastbarkeit der Leitung:
  $$I_Z \geq \frac{250\,\text{A}}{0{,}94} \geq 266\,\text{A}$$

- *Leiterquerschnitt* (→ Tabellenbuch):
  $q = 120\,\text{mm}^2$
  Da bereits eine Leitung mit dem Querschnitt 50 mm² verlegt ist, muss die parallel geschaltete Leitung den Querschnitt 70 mm² haben.

Spannungsfall

Der *Spannungsfall* ΔU auf Leitungen sollte möglichst gering sein, damit die *Verlustleistung* der Leitung gering bleibt.

Netzsysteme → 53, Strombelastbarkeit → 47, Tabellenbuch

Die **Technischen Anschlussbedingungen** (TAB) schreiben folgende höchstzulässigen Spannungsfälle vor:

- 0,5 % zwischen Einspeise- und Messpunkt
- 2,5 % zwischen Messpunkt und Verbraucher

Hier wären also maximal 0,5 % zugelassen.

$$\Delta U = \frac{\sqrt{3} \cdot l \cdot I \cdot \cos\varphi}{\gamma \cdot q}$$

$l = 40\,\text{m}$, $\cos\varphi_\text{m} = 0{,}85$ (Mittelwert), $I = 231\,\text{A}$,

$\gamma = 56\,\frac{\text{m}}{\Omega \cdot \text{mm}^2}$, $q = 120\,\text{mm}^2$

$$\Delta U = \frac{\sqrt{3} \cdot 40\,\text{m} \cdot 231\,\text{A} \cdot 0{,}85}{56\,\frac{\text{m}}{\Omega \cdot \text{mm}^2} \cdot 120\,\text{mm}^2} = 2\,\text{V}$$

Prozentualer Spannungsfall:

$$P_\text{U} = \frac{\Delta U}{U_\text{N}} \cdot 100\,\% = \frac{2\,\text{V}}{400\,\text{V}} \cdot 100\,\% = 0{,}5\,\%$$

Der errechnete Wert ist in Ordnung.

Abschaltbedingung

Wie bereits erwähnt, wurde als Netzsystem ein TN-S-System gewählt.

Schutzeinrichtungen sind hier Schmelzsicherungen mit dem Bemessungsstrom $I_\text{N} = 250\,\text{A}$.

Wichtigste Voraussetzung für ein *TN-System* ist die *Erdung des Sternpunktes*. Mit diesem geerdeten Punkt sind alle Körper über *Schutzleiter* verbunden.

Ein *Körperschluss* wird dabei zum *Kurzschluss*, der das vorgeschaltete Überstromschutzorgan innerhalb der vorgegebenen Zeit abschalten soll.

Abschaltbedingung

$$Z_\text{S} \cdot I_\text{a} \leq U_0$$

U_0 Spannung gegen Erde

Z_S Impedanz der Fehlerschleife (Schleifenimpedanz)

I_a Stromstärke in A, der das Abschalten durch das Überstrom-Schutzorgan bewirkt, wobei folgende Abschaltzeiten einzuhalten sind:

- 0,4 s bei $U_0 \leq 230\,\text{V}$
- 0,2 s bei $230\,\text{V} < U_0 \leq 400\,\text{V}$
- 0,1 s bei $U_0 > 400\,\text{V}$

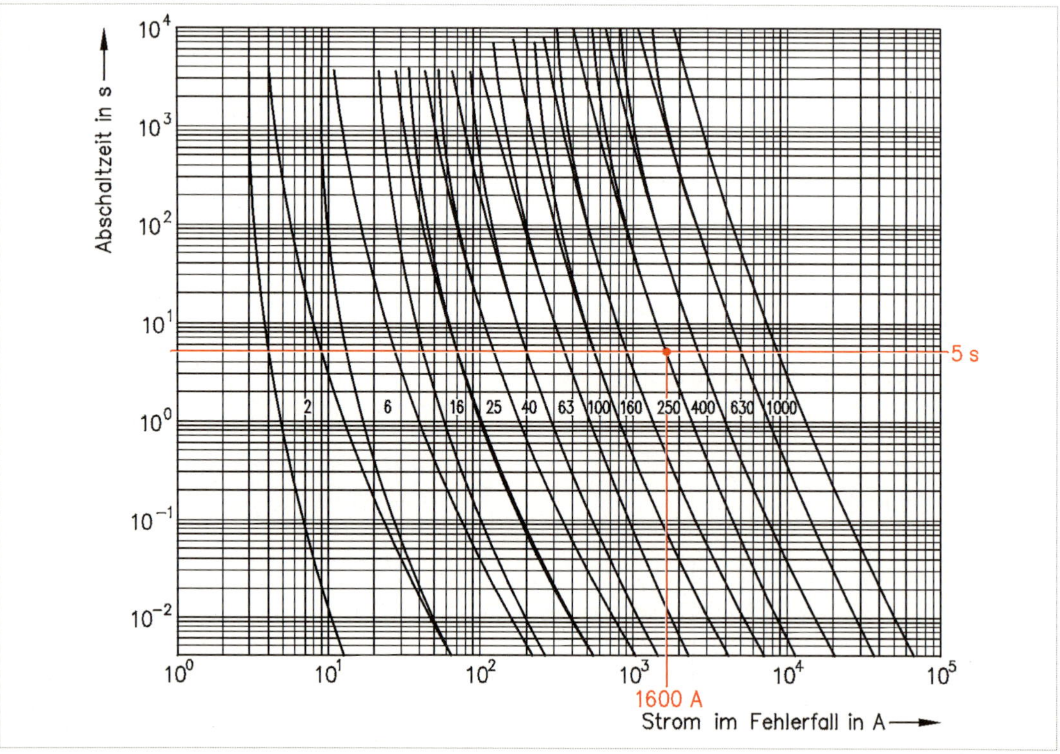

1 *Abschaltstrom und Abschaltzeit der 250-A-Schmelzsicherung*

Bei der hier vorliegenden Projektierung liegt ein Sonderfall vor, da nur **ortsfeste Betriebsmittel** vorhanden sind. Bei ortsfesten Betriebsmitteln darf mit einer Abschaltzeit von $t_a \leq 5$ s gerechnet werden.

- Ortsfeste Betriebsmittel: $t_a \leq 5$ s

Zu klären ist nun, welcher **Abschaltstrom im Fehlerfall** mindestens fließen muss, damit das Überstrom-Schutzorgan innerhalb von 5 s abschaltet. Zur Ermittlung dienen die **Strom-Zeit-Bereiche** der Sicherungen (Bild 1, Seite 396).

$I_a \geq 1600$ A

Da der Strom im Fehlerfall durch die **Schleifenimpedanz** Z_S begrenzt wird, muss gelten:

$$Z_S \leq \frac{U_0}{I_a} \leq \frac{230\text{ V}}{1600\text{ A}} \leq 0{,}144\,\Omega \leq 144\,\text{m}\Omega$$

Obgleich die *Parallelschaltung von Leitungen/Kabeln* laut VDE-Bestimmungen *erlaubt* ist, ergeben sich dabei jedoch größere *Probleme*. Besonders bei Stromstärken dieser Größenordnung.

Es sind *genau* gleich lange Leitungen und eine *absolut* parallele Verlegung zu gewährleisten, damit sich die Ströme den Querschnitten entsprechend auf die beiden Leitungen verteilen.

Diese beiden grundlegenden Forderungen sind bei diesem Projekt kaum zu verwirklichen.
Daher wird die Aufstellung eines weiteren Netztransformators erwogen, auch in Hinblick auf eventuelle Betriebserweiterungen im Umfeld des Tischbaus.

10.2 Energieversorgung der Tiefgarage erweitern, einen weiteren Transformator aufstellen

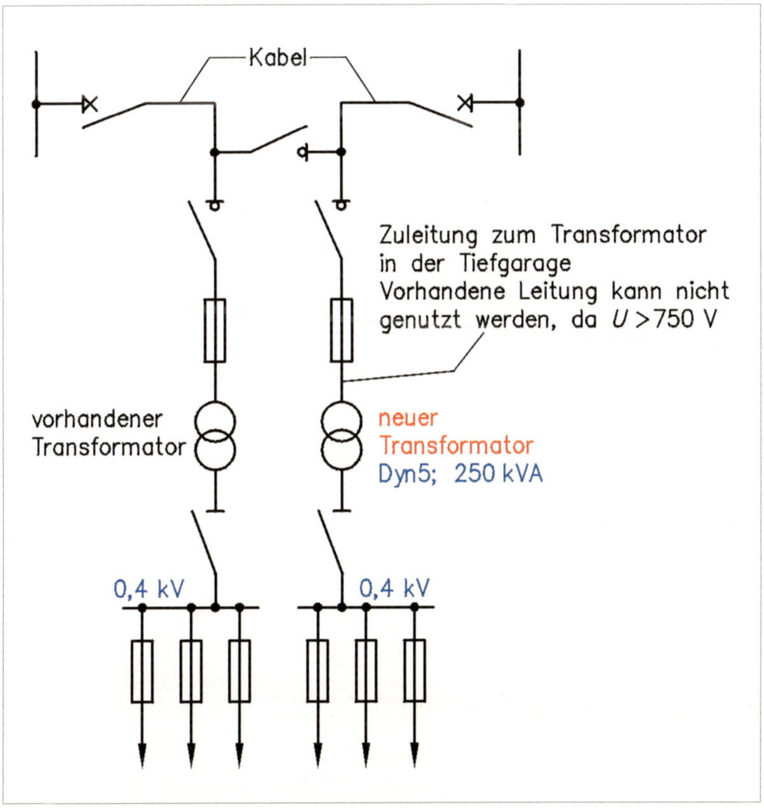

1 Aufstellung eines weiteren Transformators

Da die Lösung mit dem parallel geschalteten Kabel verworfen wurde, muss nun eine Lösung mit **Transformator** erarbeitet werden.

Für den Transformator und die Niederspannungs-Verteilung sind *bauliche Maßnahmen* erforderlich.

In der Tiefgarage wird ein Raum mit den Abmessungen 3 × 4 m abgemauert.

In diesem Raum soll der Transformator aufgestellt werden. Die zugehörige Niederspannungsverteilung wird oberhalb dieses Raumes im Tischbau aufgestellt.

Bei der Aufstellung des Transformators müssen Brandschutz- und Umweltschutzmaßnahmen berücksichtigt werden. So muss bei Öltransformatoren auslaufendes Öl aufgefangen werden.

Schleifenimpedanz → 71, 395, 424

Transformatorenräume sollen grundwasser- und hochwassersicher sein und für Transportmittel und Brandbekämpfung gut zugänglich sein. Die Temperatur soll über + 5 °C gehalten werden.

Für gute *Be- und Entlüftung* ist zu sorgen, damit die Bildung von Kondenswasser vermieden wird.

Wände sollen glatt verputzt sein, damit keine herabfallende Putzteile zu Beschädigungen oder zu Kurzschlüssen führen können.

Stufen oder schräge Fußbodenflächen sind unzulässig.

Türen sind so zu bemessen, dass alle auszuwechselnden Anlagenteile ungehindert transportiert werden können. Türen müssen nach außen aufschlagen und mit einem Warnschild versehen sein.

Warnung vor gefährlicher elektrischer Spannung

1 Warnschild

Türschlösser müssen so beschaffen sein, dass unbefugten Personen der Zutritt verwehrt ist. Personen, die sich in der Anlage befinden, müssen den Raum ungehindert verlassen können.

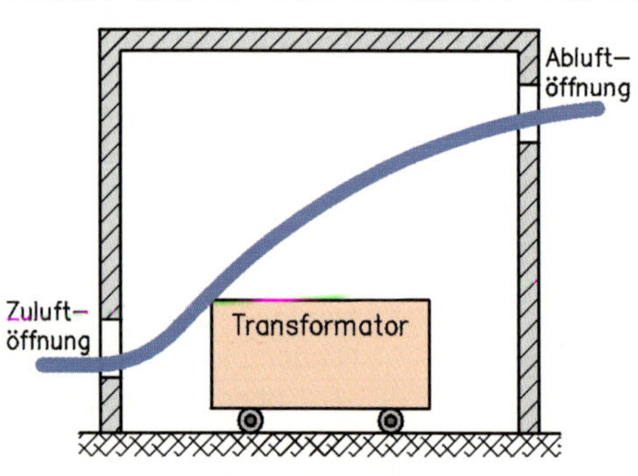

2 Aufstellung von Transformatoren

Aufbau der Transformatoranlage

Bild 1, Seite 399

F1	Überspannungsableiter
Q1	Lasttrennschalter (handbetrieben) Schalten und Trennen der Zuleitung unter Last
Q2	Leistungsschalter Schaltgerät zum mehrmaligen Ein- und Ausschalten von Stromkreisen im normalen und gestörten Betrieb (Kurzschluss), Motorantrieb, thermische und magnetische Auslösung (siehe T1)
T1	Stromwandler Strommessung für den Auslöser von Q2, galvanische Trennung vom 10-kV-Netz
T2	Drehstromtransformator, Oberspannungswicklung in Dreieckschaltung, Unterspannungswicklung in Sternschaltung mit herausgeführtem Sternpunkt, 150 ° Phasenverschiebung zwischen OS- und US-Seite, Kurzschlussspannung 4 %
T3/P2	Strommessung über Stromwandler
P1	Direkte Spannungsmessung
P3	Wirkleistungsmessung
F2–F9	Leitungsschutz für die Niederspannungsabgänge; Trennen von der Sammelschiene

Englisch

Instandhaltung
maintenance, servicing, upkeep

Einspeisung
feeding, supply

Strombelastbarkeit
current-carrying cpacity

Spannungsfall
voltage drop

Abschaltzeit
switch-off time, turn-off time, breaking time, clearing time

Leistungsschalter
power circuit breaker

Trenner
air-break disconnector

Lastschalter
on-load switch

Trennerdungsschalter
combination isolating earthimg switch

Blindleistungskompensation
power-factor compensation, reactive power

Kondensator
capacitor, condenser

Erdungsschalter
earthing switch, earth switch

Lichtbogenlöscheinrichtung
arc quenching device, arc control device

Selektivität
selectivity, overcurrent discrimination

Schaltgeräte → 405, Messwandler → 455

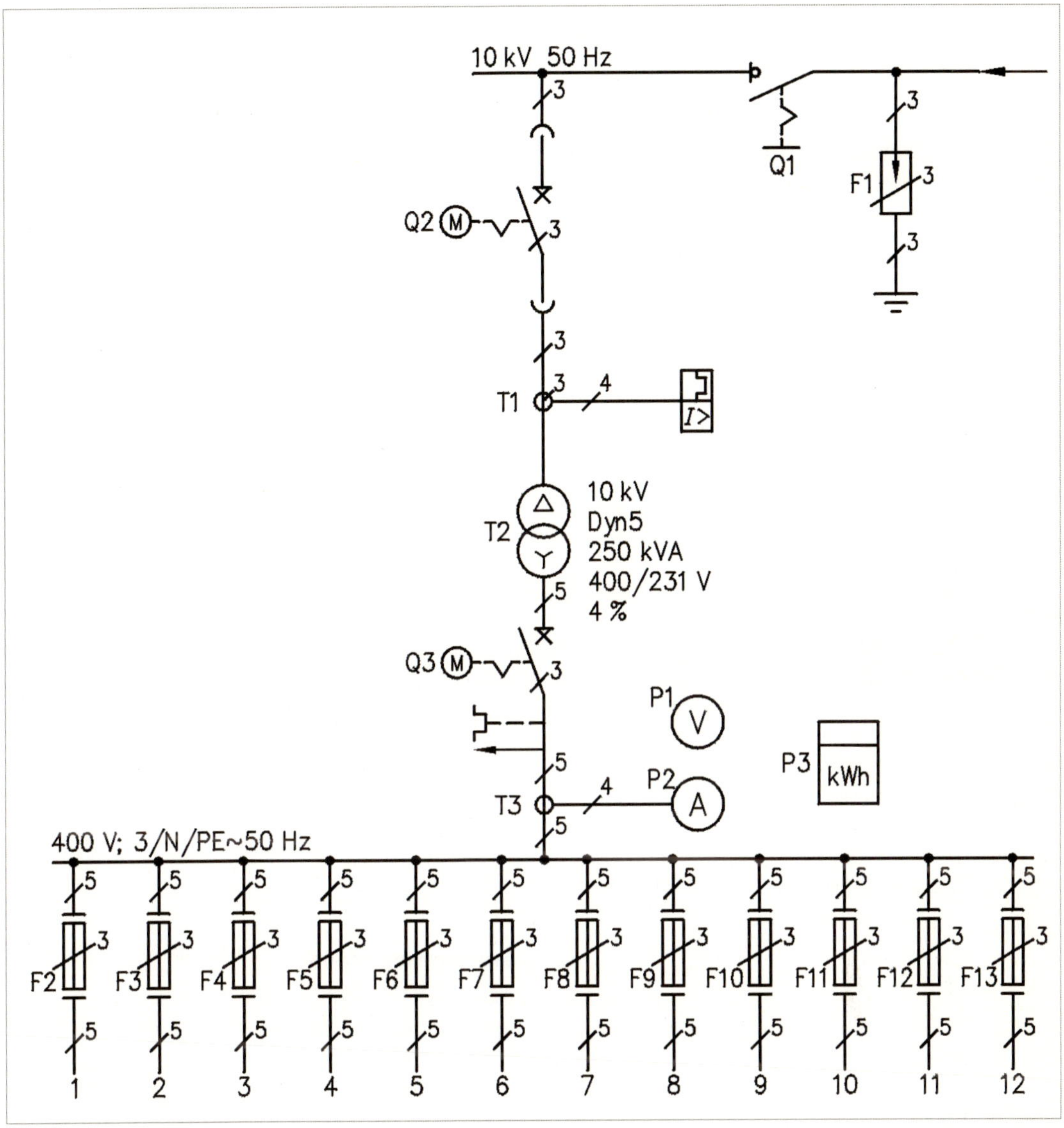

1 Aufbau der Transformatoranlage

10.3 Kompensation der Blindleistung

Auftrag

In Zusammenhang mit der Aufstellung des neuen Transformators soll für den vom Transformator versorgten Bereich (Tiefgarage und Tischbau) eine Blindleistungskompensationsanlage installiert werden.

Sie werden gebeten, eine Lösung zu erarbeiten.

Es wird angenommen, dass der Transformator in der Zukunft mit ca. 1000 kW bei einem Wirkleistungsfaktor von $\cos\varphi_1 = 0{,}76$ belastet wird.

Der Leistungsfaktor soll auf $\cos\varphi_2 = 0{,}94$ verbessert werden.

Die **Kompensationskondensatoren** werden in *Dreieck* geschaltet.

$\cos\varphi_1 = 0{,}76 \rightarrow \varphi_1 = 40{,}5^\circ \rightarrow \tan\varphi_1 = 0{,}854$

$\cos\varphi_2 = 0{,}94 \rightarrow \varphi_2 = 19{,}95^\circ \rightarrow \tan\varphi_2 = 0{,}362$

Zeigerdiagramm (Leistungsdreieck)

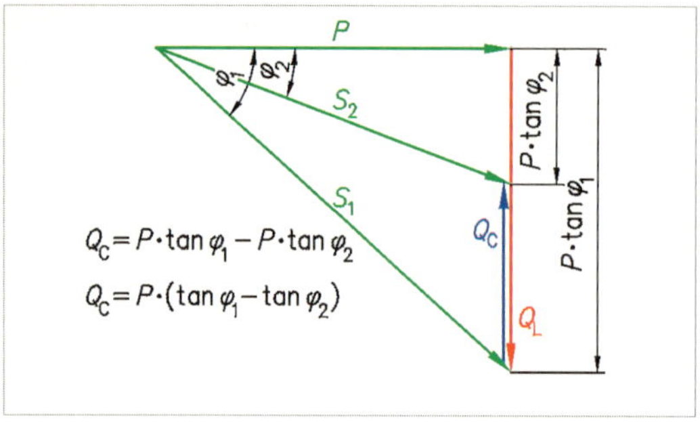

1 Kompensation induktiver Blindleistung, Zeigerbild

Erforderliche *kapazitive Blindleistung* zur Verbesserung des Phasenwinkels von φ_1 auf φ_2:

$$Q_C = P \cdot (\tan\varphi_1 - \tan\varphi_2)$$

$$Q_C = 1000 \cdot 10^3\,\text{W} \cdot (0{,}854 - 0{,}362) = 492\,\text{kvar}$$

Kapazitive Blindleistung:

$$Q_C = \frac{U_C^2}{X_C} = U_C^2 \cdot \omega \cdot C$$

$$C = \frac{Q_C}{\omega \cdot U_C^2} = \frac{Q_C}{2\pi \cdot f \cdot U_C^2}$$

In *Dreieck* geschaltete Kompensationskondensatoren:

$$C_\Delta = \frac{492 \cdot 10^3\,\text{var}}{314\,\frac{1}{\text{s}} \cdot (400\,\text{V})^2} = 9{,}8 \cdot 10^{-3}\,\text{F} = 9{,}8\,\text{mF}$$

Pro Strang ist also ein Kondensator mit der Kapazität $C_{\Delta\text{Str}}$ notwendig.

$$C_{\Delta\text{Str}} = \frac{C_\Delta}{3} = 3{,}27\,\text{mF}$$

In *Stern* geschaltete Kompensationskondensatoren:

$$C_\text{Y} = \frac{492 \cdot 10^3\,\text{kvar}}{314\,\frac{1}{\text{s}} \cdot (230\,\text{V})^2} = 2{,}96 \cdot 10^{-2}\,\text{F} = 29{,}6\,\text{mF}$$

$$C_\text{YStr} = \frac{C_\text{Y}}{3} = 9{,}87\,\text{mF}$$

Beachten Sie:

Die für die gewünschte Verbesserung des Leistungsfaktors erforderliche Kondensatorkapazität ist bei *Dreieckschaltung* nur *ein Drittel so groß* wie bei *Sternschaltung*.

$$\frac{C_\Delta}{C_\text{Y}} = \frac{1}{3}$$

Die *Spannungsbelastung* der Kondensatoren ist bei Dreieckschaltung jedoch um den Faktor $\sqrt{3}$ größer.

Entladewiderstände

Auch nach der Trennung der elektrischen Ausrüstung vom Netz können an den Kondensatoren *Restspannungen* auftreten.

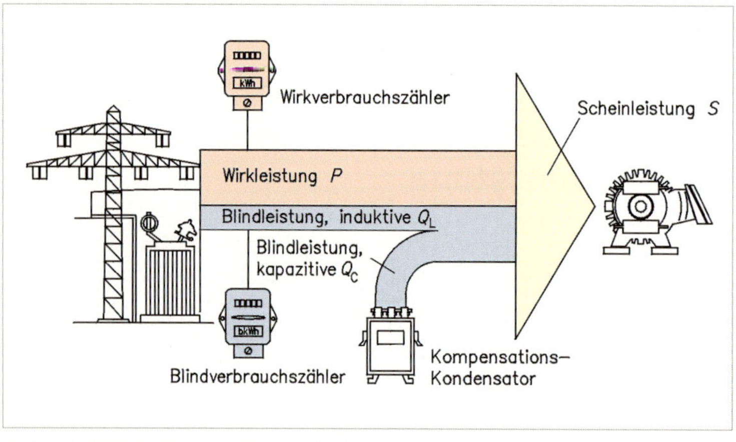

2 Blindleistungskompensation, Prinzip

Bei Berührung können kräftige kurzzeitige Körperströme hervorgerufen werden.

Man nimmt an, dass zwischen Ausschalten und möglicher Berührung bei geöffnetem Schaltschrank mindestens eine Zeit von 5 s verstreicht.

Wenn die Spannung innerhalb dieser Zeit nicht auf Werte von höchstens 60 V abgesunken ist, sind *Warnhinweise* notwendig. Z.B.

„Entladezeit länger als 30 Sekunden".

Bindleistung → Kernqualifikationen, Dreieckschaltung → 29 , Sternschaltung → 38

Der Entladevorgang wird wesentlich durch den **Entladewiderstand** beeinflusst.

Für eine eventuelle Spannungsmessung muss ein Messgerät mit sehr hohem Innenwiderstand gewählt werden. Normale Spannungsmesser mit einem Innenwiderstand von 1 MΩ/V entladen den Kondensator innerhalb von 5 s so stark, dass eine Spannungsmessung dann keinen Sinn mehr macht.

Anpassung der kapazitiven Blindleistung an die Belastung

Im Endausbau der Anlage ist eine größere Anzahl von Verbrauchern unterschiedlicher Leistung und veränderlicher Zuschaltung angeschlossen.

Wenn dabei die berechneten Kompensationskondensatoren mit unveränderlicher Kapazität zugeschaltet bleiben, besteht die Gefahr der **Überkompensation**.

Bei der Überkompensation ist Q_C größer als Q_L. Dabei werden die Leitungen wie bei der induktiven Blindleistung belastet. Außerdem ist eine *Erhöhung der Netzspannung* möglich.

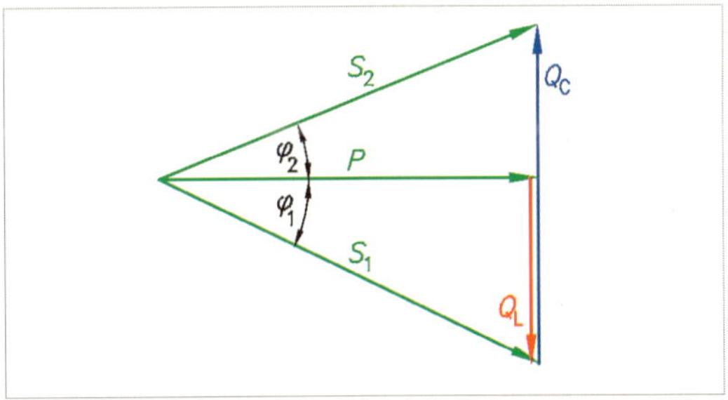

1 Überkompensation

Um dies zu verhindern, muss die Kondensatorkapazität der *aktuellen Belastung angepasst werden.* Hierzu ist eine **Blindleistungs-Kompensationsanlage** erforderlich.

Wesentliche Bestandteile dieser Anlage sind:

- *Kondensatoren*
- *Blindleistungsregler, der je nach Blindleistungsbedarf Kondensatoren zu- oder abschaltet*
- *Sicherungen für die Kondensatorabzweige*
- *Schütze zum Schalten von Kondensatoren*
- *Einrichtung zum Entladen der Kondensatoren nach dem Abschalten*

Der **Blindleistungsregler** bewirkt das automatisierte Zu- und Abschalten der Kondensatoren.

Bei annähernd *symmetrischer Belastung* wird die Blindleistung in *einem* Außenleiter, bei *unsymmetrischer Belastung* in den drei Außenleitern gemessen. Die Blindleistungsregler werden über *Stromwandler* angeschlossen.

Dabei müssen die Wandler – in Energierichtung gesehen – vor der Kondensator-Regelanlage eingebaut werden (Bild 2).

Ist der Anschluss *falsch* ausgeführt, werden schon bei geringer induktiver Belastung alle Kondensatoren zugeschaltet, weil die Kompensation für die Wandler nicht wirksam wird. Folge wäre *Überkompensation*.

Um den *Leistungsfaktor* unabhängig von den Schwankungen des Blindleistungsbedarfs annähernd konstant zu halten, werden Kondensatoren in Stufen zu- oder abgeschaltet.

Die *Stufengröße* und *Stufenanzahl* ist abhängig von den Betriebsbedingungen.

Für die hier zu projektierende Anlage fällt die Entscheidung für eine regelbare *6-stufige Kompensationsanlage*.

Pro Stufe wird eine kapazitive Blindleistung von 80 kvar vorgesehen. Selbstverständlich sind die Kondensatoren in *Dreieck* geschaltet.

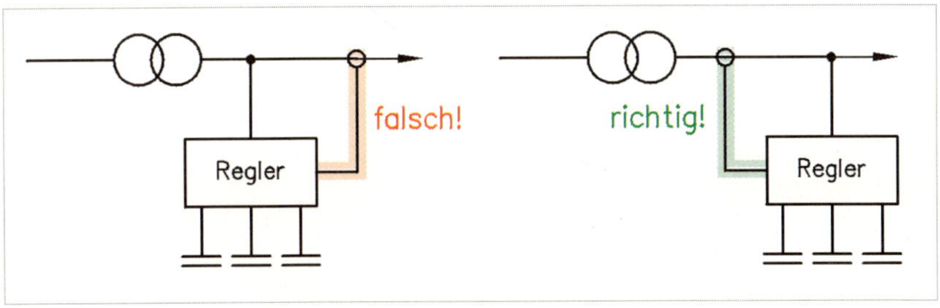

2 Anschluss eines Blindleistungsreglers

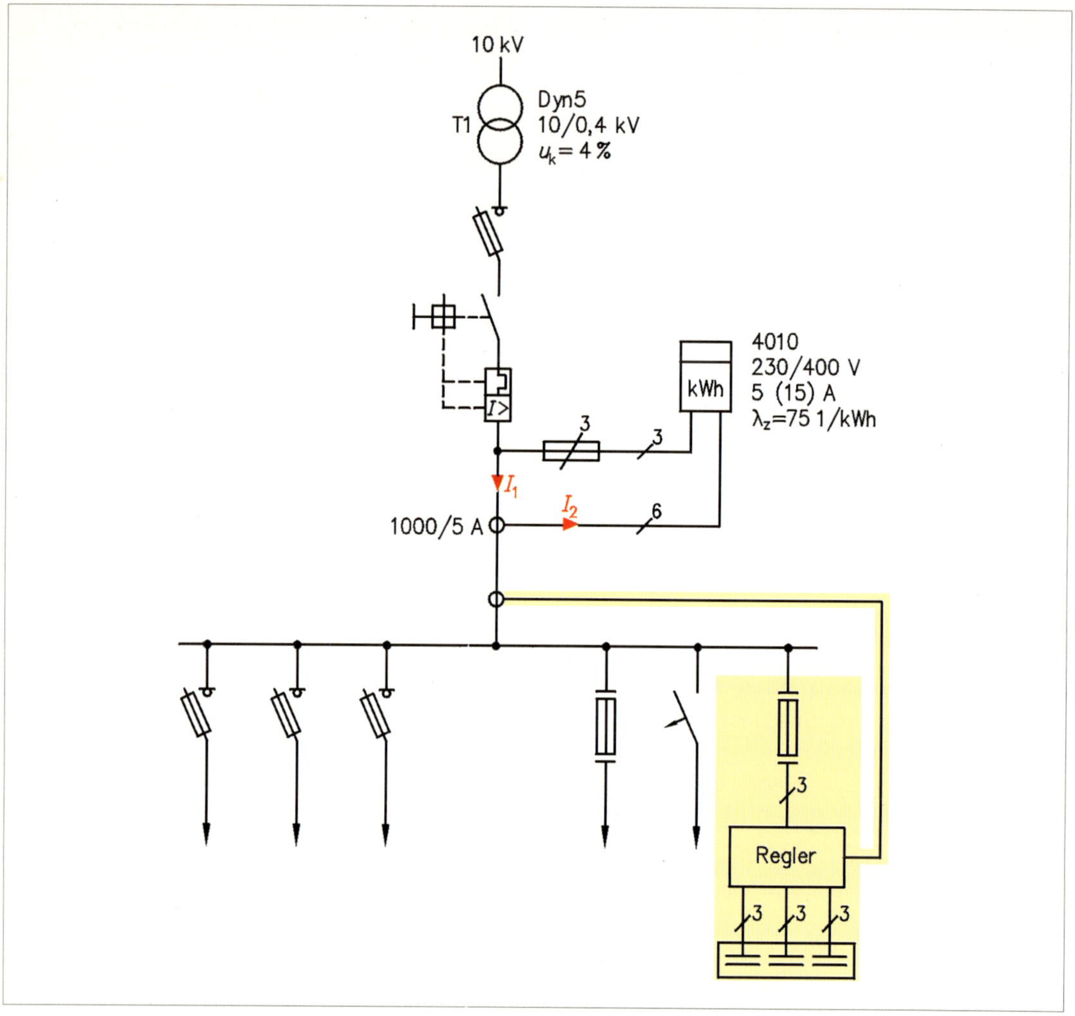

1 Kompensationsanlage

A1 misst den Leistungsfaktor cos φ (Spannung direkt, Stromstärke über Stromwandler) und schaltet die Kondensatoren mit Hilfe der Schütze Q1 – Q nach Blindleistungsbedarf.

F1 schützt die Anlage, F2 das Steuergerät vor Überlastung und Kurzschluss. P1 bis P6 zeigen den Schaltzustand der Anlage an.

Um zu testen, ob der Blindleistungsregler ordnungsgemäß arbeitet, misst man *ohne Zuschalten der Kondensatoren* folgende Werte:

- $I_2 = 7{,}0$ A
- In 5 Minuten dreht sich die Zählerscheibe 24-mal

Nach Einschalten der Kompensationsanlage regelt sich die Anlage auf 6 Stufen ein.

Dann wird gemessen:

- $I_2 = 5{,}6$ A

Schlussfolgerungen aus den Messergebnissen

Vor der Kompensation:

$I_1 = ü \cdot I_2 = 200 \cdot 7{,}0\ \text{A} = 1400\ \text{A}$

Zählerkonstante

$$P_{\text{Mess}} = \frac{n}{c_Z} = \frac{\text{Umdrehungen in der Messzeit } t_M}{t_m \cdot c_Z}$$

$$P_{\text{Mess}} = \frac{24}{75 \frac{1}{\text{kWh}} \cdot \frac{5}{60}\text{h}} = 3{,}84\,\text{kW}$$

Zählerkonstante → Kernqualifikationen

Wirkleistung

$P = \ddot{u} \cdot P_{Mess} = 200 \cdot 3{,}84\,kW = 768\,kW$

Scheinleistung

$S = \sqrt{3} \cdot U \cdot \ddot{u} \cdot I_2 = \sqrt{3} \cdot 400\ V \cdot 200 \cdot 7\ A = 969{,}95\ kVA$

Blindleistung

$Q_L = \sqrt{S^2 - P^2} = \sqrt{(969{,}95kVA)^2 - (768kW)^2} = 592\,kvar$

Leistungsfaktor

$$\cos\varphi = \frac{P}{S} = \frac{768\,kW}{969{,}95\,kVA} = 0{,}792$$

Nach der Kompensation ergibt sich eine induktive Restblindleistung von

$592\,kvar - 480\,kvar = 112\,kvar$

Die Scheinleistung beträgt dann

$S = \sqrt{P^2 + Q_L^2} = \sqrt{(768kW)^2 + (112kvar)^2} = 776\,kVA$

Das bedeutet für den Strom I_2:

$$I_2 = \frac{S}{\sqrt{3} \cdot U \cdot \ddot{u}} = \frac{776000\ VA}{\sqrt{3} \cdot 400\ V \cdot 200} = 5{,}6\ A$$

Vergleich der Ströme I_1 vor und nach der Kompensation:

- *Vor Kompensation*

$I_1 = \ddot{u} \cdot I_2 = 200 \cdot 7\ A = 1400\ A$

- *Nach Kompensation*

$I_1 = \ddot{u} \cdot I_2 = 200 \cdot 5{,}6\ A = 1120\ A$

Die *Strombelastung* der Anlage geht durch Kompensation also um 20 % zurück.

Die *Kondensatoren* müssen so *aufgestellt* werden, dass eine *maximale Gehäusetemperatur* von 70 °C nicht überschritten wird. Sie sollten daher gegenseitig und zur Wand einen Mindestabstand von 100 mm haben. Die *Schutzart* muss dem Aufstellungsort entsprechen.

Wenn Kondensatoranlagen eine *Entladezeit* von mehr als 1 Minute haben, muss ein Schild angebracht werden: **„Entladezeit länger als 1 Minute“**.

Vorsicht!

Vor dem Berühren der Kondensatorklemmen müssen diese geerdet und kurzgeschlossen werden.

Kompensationskondensatoren können über einen längeren Zeitraum mit dem 1,35-fachen ihrer *Bemessungsleistung* belastet werden. *Spannungsschwankungen* sind dadurch berücksichtigt, dass die Kondensatoren für eine *dauernde* Spannungserhöhung um 10 % der Bemessungsspannung und für eine *vorübergehende* Spannungserhöhung (bis zu 6 Stunden pro Tag) um 15 % der Bemessungsspannung ausgelegt sind.

Beim *Einschalten* des Kondensators muss mit einem Mehrfachen des Bemessungsstromes gerechnet werden. *Überstromschutzorgane* müssen mindestens dem 1,5 – 2-fachen des Kondensator-Bemessungsstromes entsprechen.

Träge *Schmelzsicherungen* und *LS-Schalter* sind geeignet.

Schaltgeräte und *Schütze* müssen den hohen Einschaltstrom sicher schalten.

Gewählt werden *Kondensator-Schalter* oder *Kondensatorschütze* oder normale Schaltgeräte der *nächstgrößeren* Baureihe.

Wartung

Freihalten der Kühlluftwege, Schaltkontakte auf Kontaktabbrand hin zu überwachen, Funktion der Schutzmaßnahmen prüfen.

Englisch

Erdung
earthing

Erdungswiderstand
earth resistance, resistance of earthed conductor

Schutzerdung
protection earthing

Banderder
strip earth conductor

Prüfung
inspection, test

Potenzialausgleich
equipotential bonding

Schutzleiter
protective conductor, protective earthing conductor

niederohmig
low resistance

Isolationswiderstand
insulation resistance

Schleifenimpedanz
loop impedance

Schutzklassen
classes of protection

Information

Kosten des Blindstromverbrauchs

Im Rahmen der Systemdienstleistungen wird induktiver Blindstrom bis zu einem Leistungsfaktor von $\cos\varphi = 0{,}9$ bereitgestellt.

Wenn der Blindstrombedarf größer wird (oder kapazitiv ist), ist ein zusätzliches Entgelt für die Bereitstellung des Blindstroms zu entrichten.

Entnahmestelle im	*Preis in ct/kvar*
Hochspannungsnetz	nach Vereinbarung
Mittelspannungsnetz	1,02
Niederspannungsnetz	1,28

Einzelkompensation *Induktive Blindleistung wird am Ort ihrer Entstehung kompensiert; Kompensatoren einzelner induktiver Verbraucher.*	*Einsetzbar bei konstanter Belastung. Jeder Verbraucher erhält den für ihn dimensionierten Kondensator.*	*Verringerung der Verluste und des Spannungsfalls. Kein Blindleistungsregler notwendig. Zuleitung entlastet von Blindstrom.*	*Hoher Aufwand an Kondensatoren bei gleichzeitig geringerer Ausnutzung (nicht immer sind alle Verbraucher eingeschaltet.*
Gruppenkompensation *Mehrere (meist örtlich zusammenliegende) Verbraucher werden einem Kondensator zugeordnet.*	*Während der Betriebszeit der Verbrauchergruppe ist der Kondensator eingeschaltet.*	*Niedrigere Kondensatorkosten als bei Einzelkompensation. Verteilungsleitung entlastet von Blindstrom.*	*Relativ hoher Aufwand an Kondensatoren. Zuleitung zum Verbraucher nicht entlastet von Blindstrom.*
Zentralkompensation *Zentral installierte Einzelkondensatoren oder Kondensatorgruppen werden bedarfsabhängig zugeschaltet.*	*Die kapazitive Blindleistung wird an einem Punkt erzeugt.*	*Gute Ausnutzung der Kondensatorleistung. Gute Überwachungsmöglichkeit. Automatische Regelungsmöglichkeit. Gute Anpassung der Blindleistung an den tatsächlichen Bedarf.*	*Zuleitung und Verteilungsleitungen nicht entlastet von Blindstrom.*

Wirk-, Blind- und Scheinstrom bei Änderung der Phasenverschiebung

	bei konstantem Wirkstrom			
	Verhältnis der Ströme zueinander			*Zunahme des prozentualen Leistungsverlustes durch Stromwärme auf das ...fache*
cos φ	*Wirkstrom* $I \cdot \cos\varphi$	*Blindstrom* $I \cdot \sin\varphi$	*Scheinstrom* I	
		in Prozent des Wirkstromes		
1,0	100 %	0	100	1,0
0,9		48,4	111,1	1,23
0,85		61,9	117,6	1,38
0,8		75,0	125	1,56
0,75		88,1	133,3	1,78
0,65		116,9	153,8	2,38
0,6		133,3	166,7	2,78
0,5		173,2	200	4,0
0,4		229,1	250	6,25
0,3		317,9	333,3	11,1
0,2		490	500	25,0
0,1		995	1000	100

Information

Installation verdrosselter Kondensatoren

Bei *Blindstromkompensation* in Netzen mit *Stromrichtern* müssen die Kondensatoren verdrosselt werden.

Man spricht dann von **verdrosselten Kondensatoren**. Durch sie werden mögliche Resonanzerscheinungen mit Oberschwingungen vermieden. Es ergibt sich dann ein *Reihenschwingkreis*, der bei *Resonanzfrequenz*

$$f_0 = \frac{1}{2\pi \cdot \sqrt{L \cdot C}}$$

den kleinsten Widerstand hat.

Für die Frequenzen der Oberschwingungen wird die Reihenschaltung *induktiv*, so dass keine Resonanz mit der Netzinduktivität auftreten kann.

Dadurch wird ein Teil der Oberschwingungsströme vom verdrosselten Kondensator aufgenommen, wodurch die Spannung weniger verzerrt wird.

In der Praxis werden im Allgemeinen Drosseln gewählt, deren induktiver Blindwiderstand ca. 6 – 7 % des kapazitiven Blindwiderstands der Kondensatoren beträgt:**Verdrosselungsfaktor** 6 – 7 %.

Verdrosselter Kondensator

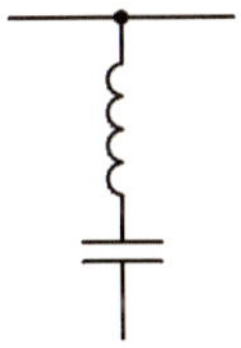

Trennschalter (Trenner)

Benötigt zum *Freischalten* von Anlagen und Anlagenteilen. *Schaltstellungen* der Pole müssen entweder *sichtbar* oder zuverlässig durch Schaltstellungsanzeige erkennbar sein.

Trenner sind zum *annähernd stromlosen Schalten* geeignet. Zum Beispiel dem Schalten von Ladeströmen von Sammelschienen, Strömen von Spannungswandlern und Strömen, die durch Restladungen entstehen.

Trennschalter (Trenner)

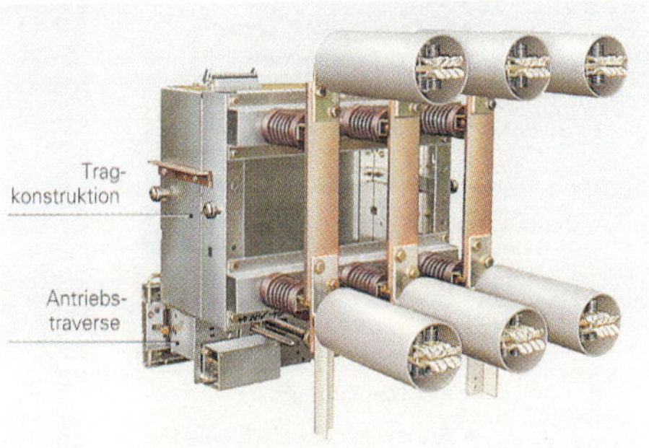

Kompensationsanlage

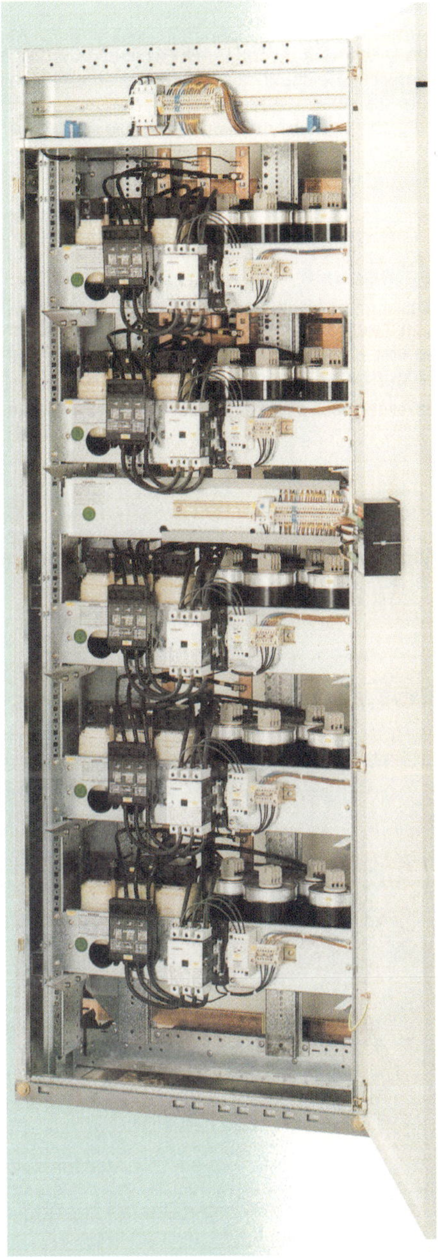

Ströme können geschaltet werden, wenn dabei kein nennenswerter Spannungsunterschied auftritt. Zum Beispiel beim Umschalten auf verschiedene belastete, parallel geschaltete Sammelschienen.

Trenner werden zumeist durch eine Schaltstange (Handantrieb) oder durch einen Motorantrieb geschaltet. Auch Druckluftantrieb ist möglich.

Information

Erdungsschalter

Annähernd *stromloses Schalten* zum *Erden* und *Kurzschließen* ausgeschalteter Betriebsmittel und Anlagenteile. Meistens sind Erdungsschalter mit Trennern zu einem Gerät zusammengebaut. Dabei ist häufig zwischen Erdungsschalter und Trenner eine wechselseitige *Verriegelung* eingebaut.

Vor dem Erden Spannungsfreiheit prüfen!

HH-Sicherungen

Hochspannungs-Hochleistungs-Sicherungen (HH) schützen Geräte und Anlagenteile vor den Auswirkungen von *Kurzschlussströmen*. Diese werden bereits *im Entstehen* ausgeschaltet.

HH-Sicherungen werden z.B. vor Transformatoren, Kabelabzweigen, Spannungswandlern und Kondensatoren eingebaut.

HH-Sicherungen bestehen aus *Unterteilen* (eventuell mit Schaltzustandsgebern) und *Einsätzen*. Sie können auch an *Lasttrennschaltern* angebaut werden. Der durch den abgeschmolzenen *Haltedraht* freigegebene *Schlagbolzen* löst den Sicherungslasttrennschalter oder eine Meldeeinrichtung aus.

HH-Sicherungen

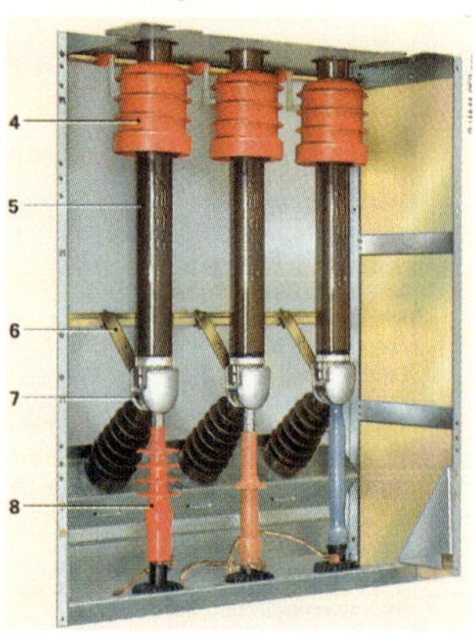

4 Isoliermanschette
5 HH-Sicherung
6 Erdungsschalter
7 Abdeckung für Kabelschuhverschraubung
8 Kabelendverschluss

Hohe Kurzschlussströme steigen bei Verwendung von HH-Sicherungen entsprechender Bemessungsströme nicht bis zu ihrem *Scheitelwert* an. Kurzschlussströme werden bereits beim Ansteigen in der ersten Halbwelle in der Höhe begrenzt.

Somit können bei vorgeschalteten HH-Sicherungen *Schaltgeräte mit kleinem Schaltvermögen* auch in *Netzen höherer Kurzschlussleistung* verwendet werden.

Mit Hilfe der **Strombegrenzungskennlinien** kann überprüft werden, ob nachgeordnete Schaltgeräte und Anlagenteile ausreichend geschützt sind.

Aus den Kennlinien sind die **größtmöglichen Durchlassströme** I_D in Abhängigkeit vom *Kurzschluss-Wechselstrom* $I_{K\sim}$ und *Sicherungs-Bemessungsstrom* I_W zu ermitteln.

Der *Durchlassstrom* ist der größte *Augenblickswert* des begrenzten Stromes.

Kennlinien auf Seite 407.

Lasttrennschalter

Lasttrennschalter sind **Lastschalter**, die nach Ausschalten eine *sichtbare Trennstrecke* herstellen.

Sie werden zum Schalten von Umspannern, Freileitungen und Kabeln verwendet. Sie verfügen über einen *Federspeicherantrieb*. Fernschaltung ist möglich.

Prinzipieller Aufbau eines Lasttrennschalters

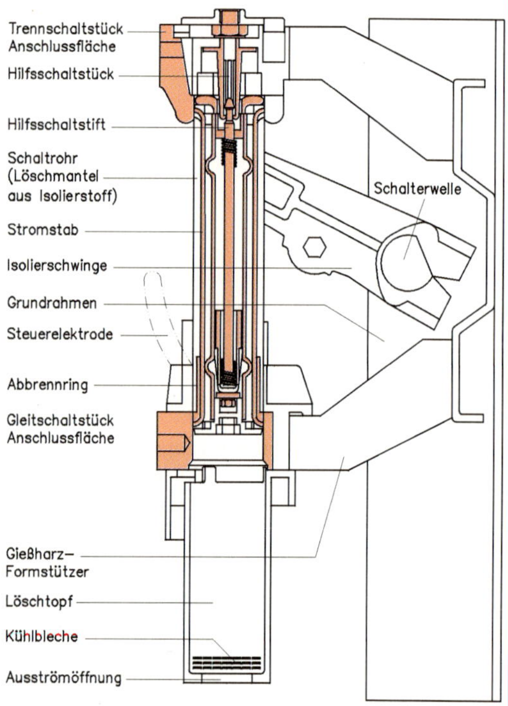

Einsatz im Bereich 10 – 30 kV;
Schaltvermögen 40 – 63 kA.

Information

Strombemessungskennlinien für HH-Sicherungen für Bemessungsspannungen bis 30 kV

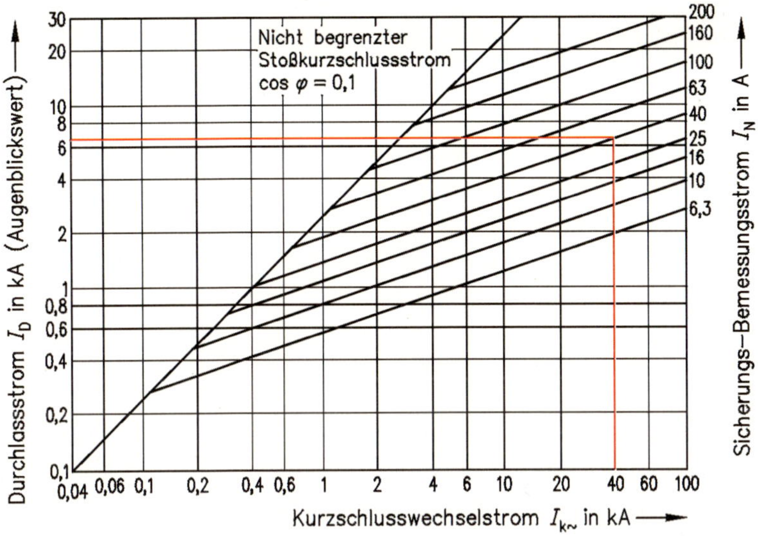

Zum Beispiel:

HH-Sicherung: $I_N = 40$ A
Kurzschluss-Wechselstrom: $I_{K\sim} = 40$ kA
Durchlassstrom: $I_D = 6{,}8$ kA
Siehe Bild (oben)

Schmelzzeit-Kennlinien von HH-Sicherungen

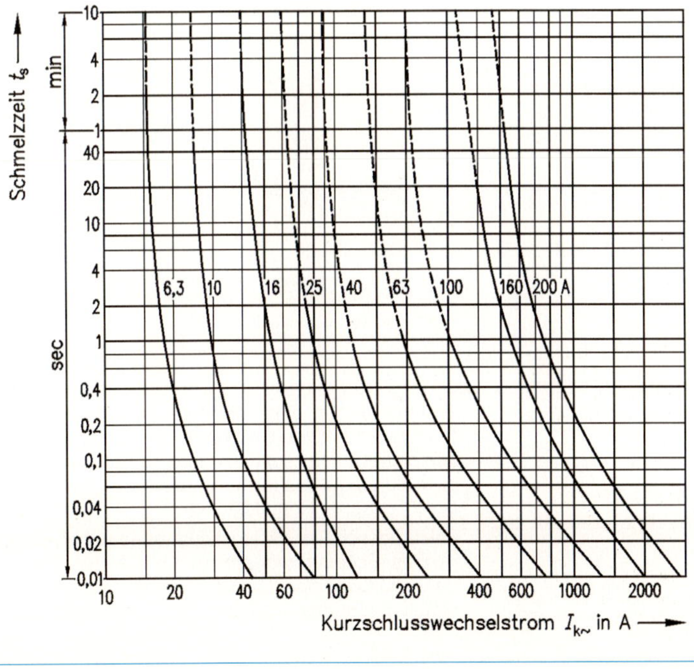

Die ausgezogene Kennlinie zeigt den Bereich der Ausschaltströme.

Die Grenze zwischen voller und gestrichelter Linie gibt den jeweils kleinsten Ausschaltstrom I_{min} an.

Die gestrichelte Linie kennzeichnet den Bereich ohne verlässlichen Schutz.

Information

Schaltvorgang bei einem Lasttrennschalter

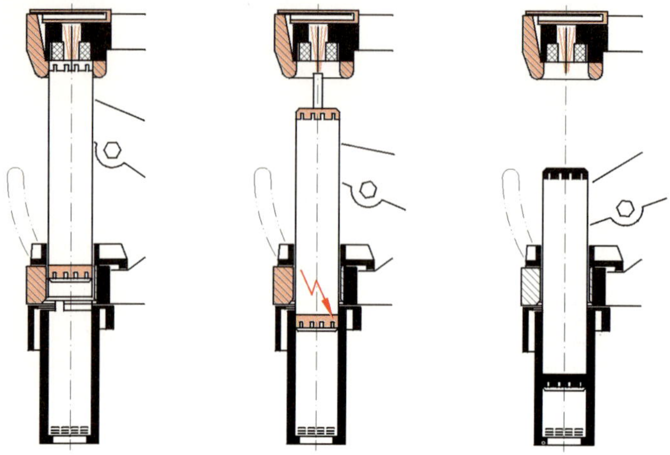

Schalter EIN — *Kontakte trennen, Lichtbogen entsteht* — *Lichtbogen gelöscht, Kontakte offen*

Leistungsschalter

Leistungsschalter können Betriebsmittel und Anlagenteile im *ungestörten und gestörten* Zustand (z.B. Kurzschluss) sicher schalten.

Bei Überlastung oder Kurzschluss in nur *einem* Außenleiter wird *allpolig* abgeschaltet. Ein Zweiphasenlauf von Drehstrommotoren ist dann nicht möglich.

Da der *thermische* und der *elektromagnetische Auslöser* getrennt einzustellen sind, kann **Selektivität** zu den vor- und nachgeschalteten Schutzeinrichtungen erreicht werden.

Unerwünschte Hand- oder Fernbedienung kann durch Bügelschlösser verhindert werden. Das gewährleistet z.B. bei Servicearbeiten optimalen Personenschutz.

Hilfsschalter signalisieren die Stellung der Hauptkontakte oder eine vorliegende Auslösung.

Spannungsauslöser sind wichtige Bauelemente zum Fernauslösen, Verriegeln und Spannungsüberwachen.

Nach Art der **Lichtbogenlöschung** werden Leistungsschalter mit *Nullpunktlöschung* und mit *Kurzschlusstrennbegrenzung* unterschrieben.

- *Nullpunktlöschung*
  Lichtbogenlöschung im Nulldurchgang des Stromes

- *Kurzschlussstrombegrenzung*
  Der Kurzschlussstrom wird auf einen kleinen Durchlassstrom begrenzt.

Leistungsschalter (einpoliger Aufbau)

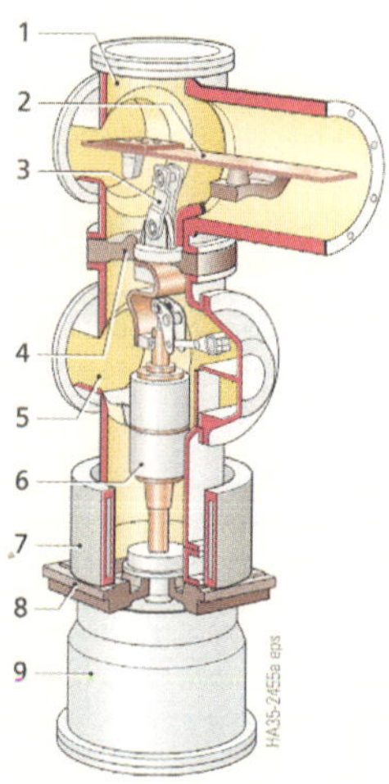

Wesentlich ist eine *schnelle Unterbrechung* der Schaltstücke. Dies wird nicht nur durch das *Schaltschloss* erreicht, sondern durch einen *Schlaganker* bzw. durch die Kraftwirkung zweier paralleler, stromdurchflossener Kontaktstücke.

Leistungsschalter für Hochspannung haben ein *sehr großes Schaltvermögen*; bis 160 kA. Nach der Art des *Lichtbogenlöschmittels* unterscheidet man zwischen Strömungsschaltern und Druckgasschaltern.

Information

Leistungsselbstschalter für Niederspannung

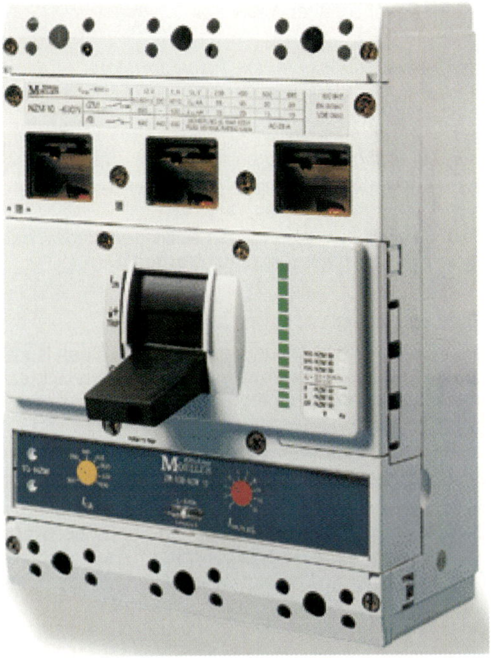

Strömungsschalter

Durch die hohe Lichtbogentemperatur wird ein Teil des Isolieröls in den Löschkammern gasförmig. Die durch den Gasdruck bewirkte Ölströmung löscht den Lichtbogen. Spannung bis 220 kV, Ströme bis 4 kA.

Druckgasschalter

Lichtbogenlöschmittel ist im Allgemeinen SF_6-Gas (Schwefelhexafluorid). Solche Schalter werden vor allem bei hoher Schalthäufigkeit eingesetzt. Vorteilhaft sind die relativ geringen Abmessungen solcher Schalter.

Niederspannungs-Sicherungstrennschalter

Niederspannungs-Sicherungs-Lasttrennschalter

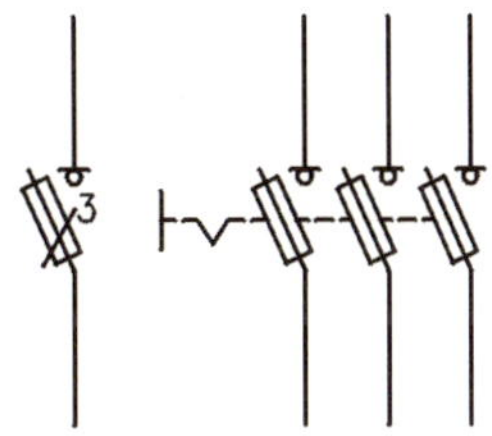

Lasttrennschalter

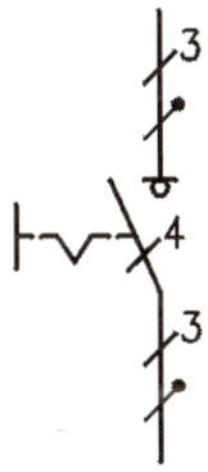

Leistungsschalter

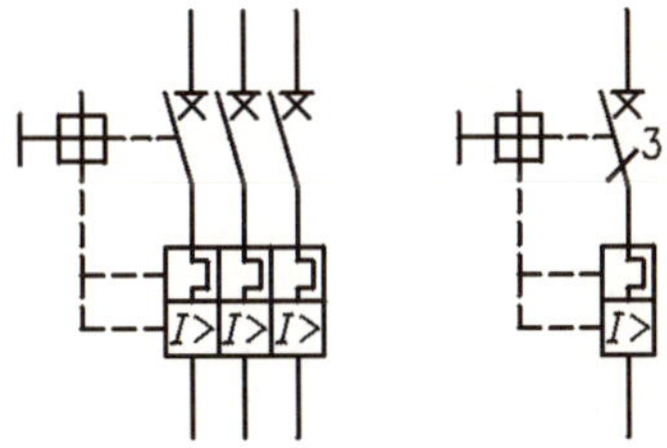

Leistungsselbstschalter sind Leistungsschalter mit thermischem Überstromauslöser und magnetischem Kurzschlussauslöser.

Selektivität

Selektivität ist erreicht, wenn das Überstrom-Schutzorgan anspricht, das *der Fehlerstelle direkt vorgeschaltet* ist. Alle anderen in Reihe liegenden Schutzorgane bleiben funktionstüchtig.

Normen:

- DIN VDE 0100 Teil 560
- DIN VDE 0107
- DIN VDE 0108
- DIN VDE 0660 Teil 101 (Selektivitätsbedingungen)

Information

- *Stromselektivität*
  Erreicht durch unterschiedlich hohe Auslöseströme der Schutzorgane.
- *Zeitselektivität*
  Verzögerung der Auslösung der vorgeschalteten Schutzorgane.
- *Zonenselektivität*
  Möglich zwischen zwei in Reihe geschalteten Leistungsschaltern. Kommunikation durch Verbindung der einzelnen Leistungsschalter.

Selektivität von Sicherungen (Bedingungen)

- Die vorgeschaltete Sicherung muss mindestens den 1,6-fachen Bemessungsstrom der nachgeschalteten Sicherung haben.
- Die Abweichungen der Streubänder variieren um ±7 %.
- Die Abschaltzeit setzt sich aus der Schmelzzeit und der Löschzeit zusammen.

Sicherungen haben im Allgemeinen ein ausreichendes *Kurzschluss-Ausschaltvermögen*. Sie erfordern nur einen geringen Aufwand und können durch Austausch geänderten Anforderungen leicht angepasst werden. Sie sind allerdings nicht einstellbar und nicht wiederverwertbar.

Selektivität von Leitungsschutzschaltern (Bedingungen)

- Die Ausschaltzeit des nachgeordneten Leistungsschalters muss geringer als die Befehlsmindestdauer der vorgeschalteten Leistungsschalter sein.
- Der Abschaltstrom ist 1,2-mal so groß wie der Einstellstrom.
- Der Kurzschlussstrom ist 12-mal so groß wie der Bemessungsstrom.
- Der maximale Kurzschlussstrom an der Einbaustelle muss beherrschbar sein.
- Zeit- oder Stromstaffelung sind möglich.

Leistungsschalter haben nur ein *begrenztes Kurzschluss-Ausschaltvermögen*. Je kleiner der Bemessungsstrom, umso geringer das Ausschaltvermögen. Bei der Projektierung ist die Bestimmung der Kurzschlussströme erforderlich.

- Die Staffelzeit zwischen einem Leistungsschalter und einer Sicherung muss mindestens 100 ms betragen.
- Im Überlastbereich ist Selektivität nur dann gegeben, wenn die Sicherungskennlinie die Kennline des Leistungsschalters nicht berührt.
- Stromselektivität kann durch Staffelung der Ansprechströme der unverzögerten Kurzschlussauslöser erreicht werden (Auslösekennlinien vergleichen).

Eingangsseite des Transformators:
- HH-Sicherung
- Last-Trennschalter

Niederspannungsseite des Transformators:
- Leistungsschalter

HH-Sicherungen übernehmen den *Kurzschlussschutz*. Sie sind abhängig von der Trafo-Leistung genormt.

Statt HH-Sicherungen können auch *Leistungsschalter mit Schutzrelais* eingesetzt werden.

Back-up-Schutz

Back-up-Schutz liegt vor, wenn im Falle eines Kurzschlusses die nachgeordneten Überstrom-Schutzeinrichtungen durch eine vorgeschaltete Überstrom-Schutzeinrichtung geschützt wird.

Somit muss das Bemessungs-Ausschaltvermögen des nachgeschalteten Schutzorgans kleiner als der Kurzschlussstrom am Einbauort sein.

Der dreipolige Kurzschlussstrom an der Einbaustelle ist zur ermitteln. Danach muss das Bemessungs-Ausschaltvermögen des Schutzgerätes überprüft werden. Hieraus ergibt sich dann, ob ein Back-up-Schutz notwendig ist.

Erdungsanlagen

Erdungsanlagen bestehen aus dem **Erder** und der **Erdungsleitung**. Sie verhindern gefährliche Berührungsspannungen zwischen dem geerdeten Anlagenteil und dem Erdreich.

Die Auswahl und Anordnung der *Erder* richtet sich nach den örtlichen Verhältnissen, Bodenbeschaffenheit und zulässigem Ausbreitungswiderstand.

Erder müssen in guter Verbindung mit dem umgebenden Erdreich stehen, wobei gut leitende Erdschichten zu bevorzugen sind. In trockenem Erdreich sind sie einzuschlämmen.

Oberflächenerder

Sind in geringer Tiefe (< 1 m) in Erde eingegraben. Sie können als *Strahlenerder*, *Ringerder* oder *Maschenerder* ausgeführt sein.

Oberflächenerder

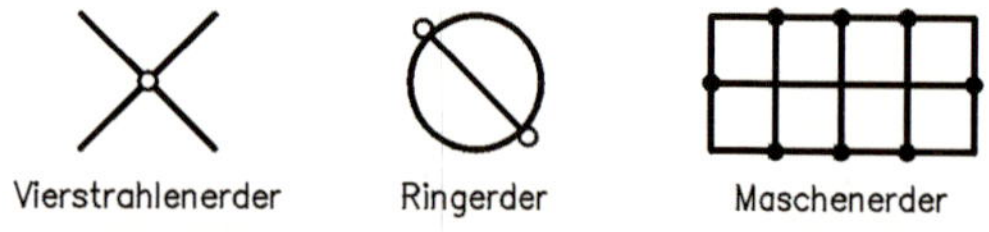

Information

Tiefenerder

Werden senkrecht in größere Tiefen eingebracht. Sie bestehen aus verzinktem Stahl oder aus Kupfer (Durchmesser: 16 mm, 20 mm, 30 mm). Einzelstäbe (1,5 m) werden beim Eintreiben miteinander verbunden und ergeben so den Tiefenerder.

Banderder

bestehen aus Band, Rundmaterial oder Seil. Können auch im Beton des Gebäudefundamentes eingebettet werden. Banderder in Form von Strahlenerdern sollen gleichmäßig unterteilt sein. Der Winkel zwischen benachbarten Strahlen sollte 60° nicht unterschreiten, da kleinere Abstände den *Ausbreitungswiderstand* nicht wesentlich verringern.

Staberder

bestehen aus Rohr oder Profilstahl. Sie sollen möglichst senkrecht in die Erde eingetrieben werden. Bei mehreren Staberdern ist ein Abstand von mindestens der doppelten Länge des Erders empfehlenswert.

Plattenerder

bestehen aus Stahl- oder Kupferblech. Sie werden lotrecht in die Erde eingebettet. Übliche Plattengröße: 1000 mm × 50 mm. Die Plattenoberfläche soll mindestens 1 m unter der Erdoberfläche liegen. Gegenseitger Abstand mindestens 3 m.

Durchschnittswerte von Erdern

Bodenart	*spezifischer Erdwiderstand $\Omega \cdot m$*	*Ausbreitungswiderstand R_A Ω Banderder 20 m*
Moorboden	*30*	*3*
Lehm-, Ton-Ackerboden	*100*	*10*
Sand, feucht	*200*	*20*
Sand, trocken	*1000*	*100*

Zuordnung von Schutz- und Erdungsleitern zum Außenleiter DIN VDE 0100 Teil 540

Außenleiterquerschnitt in mm^2 Cu	*Schutzleiter getrennt verlegt oder Erdungsleiter*	
	mechanisch geschützt mm^2 Cu	*mechanisch ungeschützt mm^2 Cu*
0,5 – 2,5	*2,5*	*4*
4	*4*	*4*
6	*6*	*6*
10	*10*	*10*
16 – 35	*16*	*16*
50	*25*	*25*
70	*35*	*35*
95 – 300	*50*	*50*

Leitungsquerschnitte von Erdungsleitungen in Erde

	mechanisch geschützt	*mechanisch ungeschützt*
isoliert	*wie PE-Leiter s. oben*	*16 mm^2 Cu 16 mm^2 Fe*
blank	*25 mm^2 Cu 50 mm^2 Fe, feuerverzinkt*	

→ Tabellenbuch

Hochspannungs-Schutzerdung

Nicht zum Betriebsstromkreis gehörende Metallteile von Anlagen und Betriebsmitteln sind zu *erden*, wenn sie bei Fehlern (auch durch Lichtbögen) mit unter Spannung stehenden Teilen in Verbindung kommen können.
Daher müssen Betriebsmittel und Anlagenteile eine Erdungsleitung erhalten, die unmittelbar oder über eine Erdungssammelleitung zu den Erdern führt.

Hochspannungs-Schutzerdung

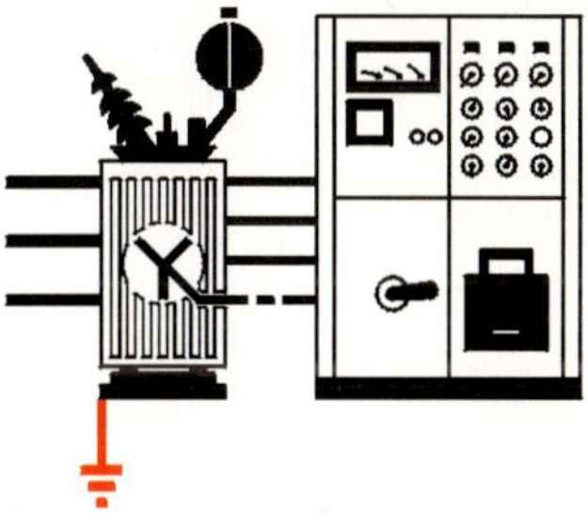

Erdschluss
Durch einen Fehler (auch über Lichtbogen) entstandene, leitende Verbindung eines Betriebsstromkreises mit Erde oder mit Erde in Verbindung stehenden leitfähigen Gegenständen.

Erdschlussstrom
An der Erdschlussstelle aus dem Betriebsstromkreis zur Erde fließender Strom.

Niederspannungs-Schutzerdung

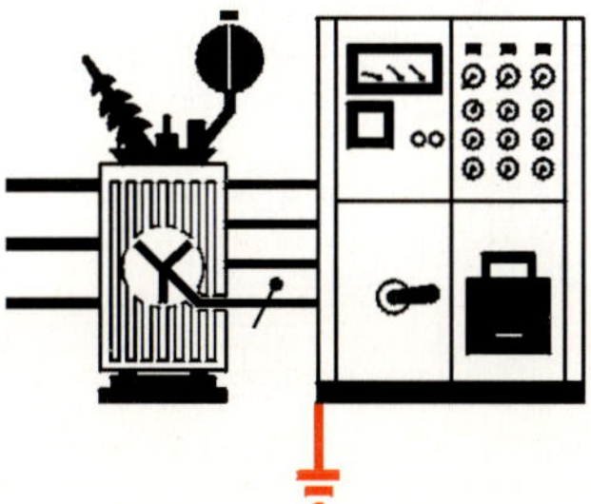

Information

Niederspannungs-Schutzerdung

Unmittelbare Erdung eines nicht zum Betriebsstromkreis gehörenden leitfähigen Teiles der Betriebsmittel oder der Anlage zum Schutz gegen zu hohe Berührungsspannung.

Niederspannungs-Betriebserdung

Erdung eines zum Betriebsstromkreis gehörenden Anlagenteils an einer beliebigen Stelle des Netzes. Der Ausbreitungswiderstand darf höchstens 2 Ω betragen. Mindestens ein Erder muss in der Nähe der Stromquelle liegen.

Kann ein Ausbreitungswiderstand von 2 Ω nicht erreicht werden, so ist mittels geeigneter Maßnahmen darauf zu achten, dass zwischen einem Außenleiter und dem Erder keine höhere Spannung als 250 V bestehen bleibt.

Anwendung z.B.: Transformator-Schwerpunkt- und Transformator-Kleinstationen in Stadt- und Industrienetzen.

Niederspannungs-Betriebserdung

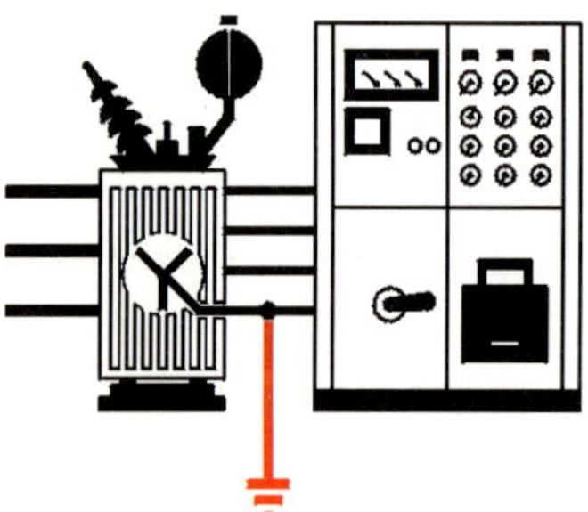

Betriebsstätten, Räume und Anlagen besonderer Art

Die **VDE-Bestimmungen** nennen eine Reihe von *Betriebsstätten, Räume und Anlagen*, in denen es aufgrund der jeweiligen Gegebenheiten möglich ist, *sicherheitstechnische Erleichterungen* zu gestalten oder *zusätzliche Forderungen* zu stellen.

Die für den *Betriebstechniker* wichtigen Raumarten und Betriebsstätten sollen hier vorgestellt werden.

Elektrische Betriebsstätten

(DIN VDE 0105-100)

Räume und Orte, die im Wesentlichen zum *Betrieb elektrischer Anlagen* dienen. (Z.B. Schalträume, Verteilungsanlagen, Prüffelder).

Solche Räume dürfen nur von **unterwiesenen Personen** betreten werden. Mit Rücksicht darauf, dass nicht jedermann Zugang hat, können Erleichterungen gewährt werden.

Schutz gegen direktes Berühren blanker aktiver Teile durch Schutzleisten, Abdeckungen oder durch Geländer.

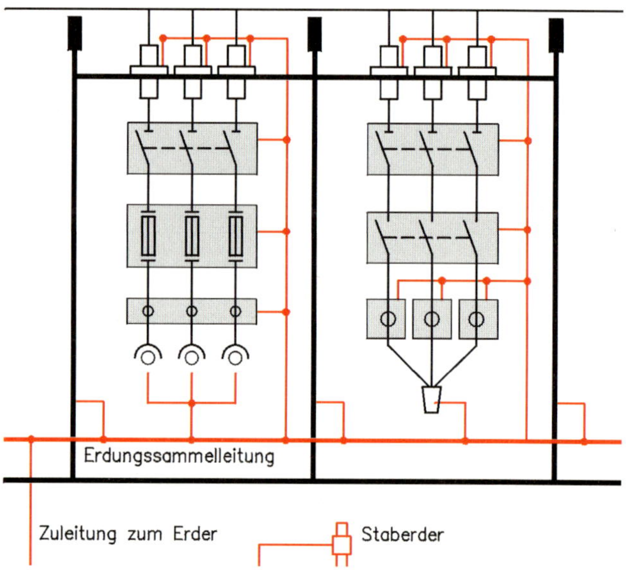

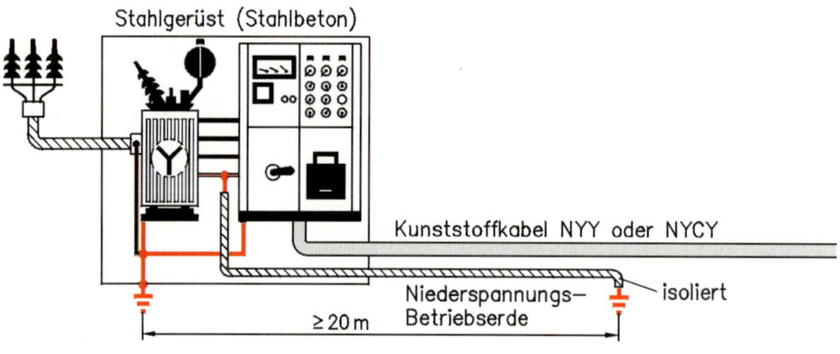

Information

Trockene Räume (DIN VDE 0100-731)

Räume und Orte, in denen in der Regel *kein Kondenswasser* auftritt, keine hohe Luftfeuchtigkeit herrscht und die allenfalls einen geringen Teil nicht brennbaren Staubes aufweisen.

Leitungen: NYIF, NYM, H07V-U, H07V_k

Wohnräume, Büroräume, Geschäftsräume

Feuchte Bereiche (DIN VDE 0100-737)

Räume und Orte, in denen die Sicherheit der Betriebsmittel durch Feuchtigkeit, Kondenswasser oder chemische Einflüsse beeinträchtigt werden kann.

- Betriebsmittel mindestens Schutzart IPx1
- RCD: $I_{\Delta n} \leq 10\,\text{mA}$ bzw. $30\,\text{mA}$
- *Leitungen:* NYM, NYY

Nasse Räume (DIN VDE 0100-737)

Räume und Orte, deren Wände, Fußböden und Einrichtungen zwecks Reinigung abgespritzt werden.

- Betriebsmittel mindestens Schutzart IPx4 bzw. IPx5
- *Leitungen:* NYM, NYY

Anlagen im Freien (DIN VDE 0100-373)

Orte mit und ohne Überdachungen. Geschützte Anlagen im Freien sind Orte, die durch eine Überdachung gegen Witterungseinflüsse geschützt sind. Ungeschützte Anlagen sind dem Regen ausgesetzt.

- Betriebsmittel mindestens Schutzart IPx3
- Schalter und Steckdosen: Schutzart IPx4
- RCD: $I_{\Delta n} \leq 10\,\text{mA}$ bzw. $30\,\text{mA}$

Feuergefährdete Betriebsstätten

(DIN VDE 0100-482)

Betriebsstätten, die durch Staub oder Faserstoffe gefährdet sind.

Leichtentzündliche Stoffe lagern sich in gefahrbringender Menge an den elektrischen Betriebsmitteln ab. Dadurch kann Brandgefahr durch höhere Temperaturen oder Lichtbögen an den Betriebsmitteln hervorgerufen werden.

Zulässige Netzsysteme (DIN VDE 0100-482)

- TN-S-System mit RCD $I_{\Delta n} \leq 300\,\text{mA}$
- TT-System mit RCD $I_{\Delta n} \leq 300\,\text{mA}$
- IT-System mit Isolationsüberwachung (Abschaltung des zweiten Fehlers innerhalb von 5 s)

In Stromkreisen (TN, TT), in denen widerstandsbehaftete Isolationsfehler einen Brand auslösen können, müssen RCDs mit $I_{\Delta n} \leq 30\,\text{mA}$ eingesetzt werden. N-Leiter und Schutzleiter sind grundsätzlich *getrennt* zu führen. Der Isolationswiderstand des N-Leiters muss ohne vorheriges Abklemmen gemessen werden können (N-Leiter-Trennklemmen).

Ausnahme: Leitungen oder Kabel mit $q \geq 10\,\text{mm}^2$ Cu, die durch feuergefährdete Betriebstätten hindurchgeführt werden, also hier keine Stromversorgungsfunktion übernehmen. Überstrom-Schutzeinrichtungen müssen außerhalb der feuergefährdeten Betriebsstätte installiert werden.

Ein *PEN-Leiter (Nullleiter)* ist nicht zugelassen. Innerhalb der Umhüllung von Leitungen und Kabeln muss ein Schutzleiter als Überwachungsleiter mitgeführt werden. Bei einem Isolationsfehler der Leitung oder des Kabels schaltet der RCD dann die Anlage ebenso wie bei Kopierschluss oder Erdschluss des Betriebsmittels ab.

Nicht ständig beaufsichtigte Elektromotoren müssen durch einen *Motorschutzschalter mit Wiedereinschaltsperre* oder gleichwertige Einrichtungen geschützt werden.

Betriebsmittel müssen für den *Einsatz in feuergefährdeten Betriebsstätten* geeignet sein.

• Steckvorrichtungen, Schaltgeräte, Verteiler	IP5x
• Käfigläufermotoren	IP4x
deren Klemmenkasten	IP5x
• Leuchten	IP5x

Leuchten mit begrenzter Oberflächentemperatur dürfen maximal 20 °C (normaler Betrieb), im Fehlerfall maximal 115 °C erreichen.

Bewegliche Leitungen mindestens Bauart H07RN-F.

Explosionsgefährdete Bereiche

Explosionsgefährdete Bereiche sind Plätze im Freien oder Räume, in denen bei Herstellung oder Verarbeitung *brennbare Stoffe*, *Dämpfe* oder *Gase* entstehen.

In Verbindung mit dem Sauerstoff der Umgebungsluft können diese ein *explosives Gemisch* bilden. *Zu hohe Oberflächentemperaturen* der Betriebsmittel und *Schaltlichtbögen* können zur *Entzündung* dieses explosiven Gemisches führen.

Auch durch Konzentration von *Stäuben* in der Luft kann sich ein explosives Gemisch (eine explosive Atmosphäre) bilden.

Die **Zündtemperatur** brennbarer Gase oder Stoffe ist die niedrigste Temperatur einer erhitzten Oberfläche, an der sich explosionsfähige Gase oder Stoffe entzünden können.

Die **maximale Oberflächentemperatur** eines Betriebsmittels muss immer kleiner sein als die Zündtemperatur der umgebenden Atmosphäre.

Information

Zündschutzarten elektrischer Maschinen (DIN EN 50014 VDE 0170/171 Teil 1)

Zündschutzart Kennbuchstabe	Baubestimmung	Schütz
Überdruckkapselung (Fremdbelüftung) *p* 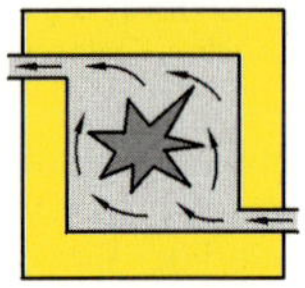	*DIN EN 50 016* *VDE 0170/171 Teil 3* *Betriebsmittel für Zone 1 und 2*	*Die als Zündquelle wirkenden Teile sind in einem Gehäuse angeordnet und werden z.B. mit Frischluft unter Überdruck umspült. Dadurch kann die explosive Atmosphäre nicht an die als Zündquelle wirkenden Teile gelangen.*
Druckfeste Kapselung *d* 	*DIN EN 50 018* *VDE 0170/171 Teil 5* *Betriebsmittel für Zone 1 und 2*	*Alle als Zündquelle wirkenden Teile sind von einem druckfesten Gehäuse umgeben.* *Unvermeidliche Dichtflächen sind als zünddurchschlagsichere Spalte ausgeführt, so dass bei Explosion einer expolsionsfähigen Atmosphäre im Gehäuseinneren, diese nicht auf die gehäuseumgebende Ex-Atmosphäre übertragen wird.*
Erhöhte Sicherheit *e* 	*DIN EN 50 014* *VDE 0170/171 Teil 6* *Betriebsmittel für Zone 1 und 2*	*Hier sind Maßnahmen zu treffen, die mit Sicherheit die Entstehung von Funken, Lichtbögen und unzulässigen Erwärmungen verhindern (bei ordnungs- und bestimmungsmäßigem Betrieb des Betriebsmittels).*
non-sparking *n* 	*IEC 79-15* *Electrical apparatures for explosive gas atmospheres. Electrical apparatures with typ of protection „n“* *Betriebsmittel für Zone 2*	*Betriebsmäßig treten keine Funken, Lichtbögen oder unzulässige Temperaturen auf.* *Treten betriebsmäßig im Inneren des Betriebsmittels Funken, Lichtbögen bzw. unzulässige Temperaturen auf, sind die Gehäuse einschließlich des Anschlusskastens in der Schutzart IP54 auszuführen, die bei einem Überdruck von 4 mbar mehr als 30 s benötigen, um auf 2 mbar abzusinken.* *Oder die Gehäuse und der Anschlusskasten sind auf einfache Weise überdruckgekapselt.*

Weitere Informationen → Tabellenbuch

Information

Zulässige Temperaturen elektrischer Betriebsmittel

	DIN EN 50014 VDE 170/171	
Zündtemperatur des Mediums zur Grenztemperatur	Temperaturklasse	Zulässige Temperatur des Betriebsmittels einschließlich 40 °C Umgebungstemperatur
über 450 °C	T1	450 °C
über 300 – 450 °C	T2	300 °C
über 200 – 300 °C	T3	200 °C
über 135 – 200 °C	T4	135 °C
über 100 – 135 °C	T5	100 °C

Zulässiger Einsatz von Motoren in der Zündschutzart druckfeste Kapselung E ex d in Abhängigkeit von der Zoneneinteilung

Zoneneinteilung	Definition nach DIN/VDE 0165	Zündschutzart des Motors E ex d
für brennbare Gase, Dämpfe und Nebel		
0	– umfasst Bereiche, in denen gefährliche explosionsfähige Atmosphäre ständig oder langzeitig vorhanden ist.	nicht zulässig
1	– umfasst Bereiche, in denen damit zu rechnen ist, dass gefährliche explosionsfähige Atmosphäre gelegentlich auftritt.	zulässig
2	– umfasst Bereiche, in denen damit zu rechnen ist, dass gefährliche explosionsfähige Atmosphäre nur selten und dann auch nur kurzzeitig auftritt.	zulässig
für brennbare Stäube		
10	– umfasst Bereiche, in denen gefährliche explosionsfähige Atmosphäre langzeitig oder häufig vorhanden ist.	zulässig, besondere Bescheinigung erforderlich
11	– umfasst Bereiche, in denen damit zu rechnen ist, dass gefährliche explosionsfähige Atmosphäre gelegentlich durch Aufwirbeln abgelagerter Staubes kurzzeitig auftritt.	zulässig, unter Berücksichtigung der Zündtemperatur des aufgewirbelten Staubes und der Glimmtemperatur des Staubes T4 $\hat{=}$ Glimmtemperatur ≥ 205 °C T6 $\hat{=}$ Glimmtemperatur ≥ 160 °C

Betriebsmittelzeichen

- *Schlagwettergeschützte Betriebsmittel Kennzeichen EExI*
- *Explosionsgeschützte Betriebsmittel Kennzeichen EExII*
- *Kurzzeichen für Zündschutzart (Tabelle)*
- *Kurzzeichen für Temperaturklasse (Tabelle)*
- Schutzartkennzeichnung für Fremdkörper und Wasserschutz

Schutzmaßnahmen gegen indirektes Berühren

- *TN-S-System*
- *TT-System mit RCD*
- *IT-System mit Isolationsüberwachung*
- *SELV-Stromkreise*
- *PELV-Stromkreise*

Information

Betriebsmittel sollen in explosionsgefährdeten Bereichen nur dann installiert werden, wenn sie dort unbedingt erforderlich sind. Sie müssen dann den Anforderungen entsprechen. Außerhalb des explosionsgefährdeten Bereiches muss eine Ausschaltungsvorrichtung für Notfälle vorhanden sein.

Im *TN-System* sind ab der letzten Verteilung außerhalb der explosionsgefährdeten Bereiche N-Leiter und PE-Leiter *separat* zu verlegen (TN-System).

An sämtlichen Stellen, an denen der Übergang vom TN-C-System zum TN-S-System erfolgt, muss der Schutzleiter mit dem Potenzialausgleichssystem verbunden werden.

Potenzialausgleich

In explosionsgefährdeten Bereichen sind sämtliche Körper elektrischer Betriebsmittel und fremde leitfähige Teile in einen Potenzialausgleich einzubeziehen.

Kabel und Leitungen

- *Kabel und Leitungen müssen den zu erwartenden mechanischen, thermischen und chemischen Anforderungen gerecht werden.*
- *Kabel und Leitungen für feste Verlegung müssen Umhüllungen aus flammwidrigen Stoffen haben. Auch mineralisolierte Leitungen oder Kabel mit Metallmantel sind zulässig.*
- *Verbindungsstellen sollen in explosionsgefährdeten Bereichen möglichst vermieden werden. Ist dies nicht möglich, sind gesicherte Schraubverbindungen, Pressverbindungen usw. zu verwenden.*
- *Ortsveränderliche Betriebsmittel sind über schwere Gummischlauchleitungen (H07RN-F) anzuschließen (q_{min} = 1,5 mm^2). Bis 16 mm^2 sind nur Kupferleitungen zulässig. Für Leitungseinführungen sind spezielle Verschraubungen zu verwenden.*

Schutzart von Betriebsmitteln in staubexplosionsgefährdeten Bereichen

	Schutzart	*Kennzeichen*
Zone 20	*IP6x*	*II 1D*
Zone 21 und Zone 22	*IP6x*	*II 2D*
Zone 22	*IP5x*	*II 3d*

Bei *Staubablagerungen* bis 5 mm Schichtdichte darf die zulässige Oberflächentemperatur der Betriebsmitte maximal 75 Kelvin unter der *Zündtemperatur* des jeweiligen Stoffes liegen.

Bei *Staubwolken* darf die Temperatur an der Betriebsmitteloberfläche nur 66 % der Zündtemperatur des jeweiligen Staub-Luft-Gemisches betragen. *Schutzart* siehe Tabelle.

Wenn Leitungen und Kabel nicht zur Stromversorgung staubexplosionsgefährdeter Bereiche dienen, sollen sie nicht durch diese Bereiche hindurchgeführt werden.

Staubablagerungen auf Leitungen verringern die Strombelastbarkeit. Dies ist zu berücksichtigen.

Betriebsmittel müssen nach Möglichkeit außerhalb der Zone 20 installiert werden. Steckvorrichtungen dürfen nicht unter Spannung stehend getrennt oder verbunden werden. Steckvorrichtungen mit eingebautem Verriegelungsschalter.

Staubablagerungen müssen regelmäßig von den Betriebsmitteln entfernt werden. Die Intervalle sind den jeweiligen Gegebenheiten anzupassen.

Baustellen (DIN VDE 0100-704)

Der rauhe Betrieb auf *Baustellen* führt bei elektrischen Betriebsmitteln zu häufigen Schäden und Isolationsfehlern. Um Unfälle auf ein Minimum zu beschränken, gelten auch hier besondere Bestimmungen.

- *Baustromverteiler (VDE 0660-501)*
- *Ortsfeste Verteiler, die der Baustelle zugeordnet sind*
- *Ersatzstromversorgungsanlagen*
- *Transformatoren (keine Spartransformatoren)*

Für die technische Ausführung von *Baustromverteilern* gilt:

- Gehäuse aus Kunststoff oder Metall; Schutzart mindestens IP43.
- Zuleitung zum Verteiler mindestens H07RN-F, Querschnitt 10 mm^2, Leitungslänge maximal 30 m, keine lösbaren Verbindungen. Die Leitung ist vor mechanischen Beanspruchungen zu schützen, z.B. durch Hochlagen oder Verlegung in druckfesten Rohren.
- Baustromverteiler müssen durch eine Netz-Trenneinrichtung (Hauptschalter) abschaltbar sein. Der Schalter muss leicht zugänglich und die Schaltstellung leicht erkennbar sein.

  Einrichtungen zum Trennen können auch RCDs sein, wenn die Trennfunktion nach VDE 0100 Teil 573 erfüllt wird.

Schutzmaßnahmen

- Nach den Baustromverteilern sind die Netzsysteme TN-S, TT oder IT möglich. Für Steckdosen-Kleinspannung ist PELV vorzusehen.
- Einphasen-Steckdosen bis 32 A müssen im TN-S-System und im TT-System durch RCD $I_{\Delta n} \leq 30$ mA geschützt werden; sämtliche anderen Steckdosen durch RCD mit Bemessungs-Differenzstrom $I_{\Delta n} \leq 0{,}5$ A.

Information

- Elektrowerkzeuge möglichst schutzisoliert. Auch Schutztrennung und Kleinspannung sind erlaubt. Anschlussleitungen von Elektrowerkzeugen mindestens mittlere Gummischlauchleitung (z.B. H07RN-F).
- Schalter, Steckvorrichtungen und Abzweigdosen mindestens IPx4. Zweipolige Steckvorrichtung für erschwerte Bedingungen.
- Leuchten mindestens Schutzart IPx3, Handleuchter IPx5 und für rauhen Betrieb geeignet.
- Motoren sind über CEE-Steckvorrichtungen anzuschließen.

Kleinstbaustromverteiler werden im Allgemeinen auf wechselnden Baustellen eingesetzt. Sie müssen folgende Forderung erfüllen:

- Schutzart IP43
- Anschlussleitung H07RN-F mit AC 16-A-Konturenstecker, $q_{\text{min}} = 1{,}5\,\text{mm}^2$, maximale Länge 2 m
- RCD: $I_{\Delta n} \leq 30\,\text{mA}$
- Höchstens zwei Steckvorrichtungen (AC 230 V/16 A)
- Alle Betriebsmittel vor dem RCD müssen schutzisoliert sein.
- Hinweise für den sicheren Gebrauch müssen fest angebracht sein.
- Der Kleinstbaustromverteiler benötigt einen Erdungsleiter. Dieser muss eine einfache Einrichtung zur sicheren Herstellung der Erdverbindung haben. Der Erdungsleiter muss flexibel und isoliert sein. Mindestquerschnitt beträgt 10 mm² Cu. Der Erdungsleiter darf nicht mit einem netzseitigen Schutzleiter verbunden werden.

Vorsicht!

Vor Auftrennen bzw. Abklemmen der Erderverbindung muss der Stecker der Netzanschlussleitung gezogen werden.

Prüfen im Sinne von *DIN VDE 0100-610* beinhaltet sämtliche Maßnahmen, die dem Nachweis dienen, dass die geprüfte Anlage den *Anforderung von VDE 0100* entspricht.

In der nationalen Norm *VDE 0100 Teil 600* umfasst *Prüfen* die Elemente:

- **Besichtigen**
- **Erproben**
- **Messen**

In *DIN VDE 0100-610* werden noch die beiden Elemente

- ***Besichtigen***
- ***Erproben und Messen (testing)***

genannt. Dennoch hat sich obige *Dreiteilung* bewährt und wird auch weiterhin als Arbeitsgrundlage verwendet (in der Kommentierung der Norm).

In Verbindung mit **Reparaturen und Instandsetzungen** von elektrischen Verbrauchsmitteln gilt *DIN VDE 0701-1*. Die hierin festgelegten Prüfungen sind durchzuführen.

Sämtliche Prüfungen dürfen nur von einer **Elektrofachkraft** mit Erfahrungen beim Prüfen elektrischer Anlagen durchgeführt werden.

Hinweise

- *Der Arbeitnehmer muss die Bedeutung der Prüfung kennen.*
- *Unterwiesene Person nur bei Verwendung von Prüfgeräten, die von unterwiesenen Personen bedient werden dürfen. Sonst Prüfung durch Elektrofachkraft.*
- *Der Prüfzeitraum 6 Monate ist ein Richtwert. Auf Baustellen 3 Monate. Ist die Fehlerquote kleiner als 2 %, kann der Zeitraum auf maximal 1 Jahr verlängert werden, in Büroräumen sogar auf maximal 2 Jahre.*
- *Elektrische Anlagen und ortsfeste Betriebsmittel sind bei Betriebsstätten, Räumen und Anlagen besonderer Art nach DIN VDE 0100 Gruppe 700 jährlich zu prüfen.*

Prüfungen vor Inbetriebnahme von Niederspannungsanlagen

Vor *erstmaliger Inbetriebnahme* ist nach DIN VDE 0100-610 nachzuweisen, dass die *Niederspannungsanlage* oder Teile hiervon den Anforderungen von DIN VDE 0100 entsprechen.

Auch bei *Änderungs- oder Erweiterungsarbeiten* darf die Sicherheit einer bestehenden Anlage nicht beeinträchtigt werden.

Im Allgemeinen ist der *Errichter* der Anlage für die notwendigen **Prüfungen** zuständig und *verantwortlich.*

Besichtigen (DIN VDE 0100-610)

„Untersuchung der elektrischen Anlage mit allen Sinnen, um festzustellen, ob deren Ausführung normgerecht ist.“

Mit *allen Sinnen* bedeutet: sehen, hören, riechen, fühlen. Die *Besichtigung* erfolgt *vor* dem Erproben und Messen. Im Allgemeinen schon während der Errichtung der Anlage. Die Anlage ist dabei *spannungsfrei.*

Information

Prüfungen nach BGV A2

Zeitabstand	*Zu prüfende Anlagen/Betriebsmittel*	*Prüfung durch*
arbeitstäglich	*RCD durch Betätigung der Prüftaste prüfen in nicht stationären Anlagen*	*jeden Arbeitnehmer*
monatlich	*Wirksamkeit der Schutzmaßnahme mit RCD in nichtstationären Anlagen*	*unterwiesene Person*
alle 6 Monate	*Nicht ortsfeste elektrische Betriebsmittel*	*unterwiesene Person*
	Anschlussleitungen mit Steckern, bewegliche Leitungen mit Steckern oder Festanschluss	*unterwiesene Person*
	Verlängerungs- und Geräteanschlussleitungen einschließlich Steckvorrichtungen	*unterwiesene Person*
	RCD durch Betätigung der Prüftaste prüfen in stationären Anlagen	*jeden Arbeitnehmer*
alle 4 Jahre	*Elektrische Anlagen*	*Elektrofachkraft*
	Ortsfeste elektrische Betriebsmittel	*Elektrofachkraft*

Die **Besichtigung** umfasst:

- Die fest installierten Betriebsmittel genügen den jeweiligen *Betriebsmittelnormen*; Kennzeichnung, Dokumente, VDE-Zeichen, CE-Kennzeichen.
- Die Vorgaben der Hersteller wurden eingehalten; z.B. Temperatur.
- Es sind keine sichtbaren Beschädigungen erkennbar.
- *Basisschutz* durch Isolierung (Schutz gegen direktes Berühren) gewährleistet.
- Bei Betriebsmitteln der Schutzklasse II wird der *Fehlerschutz* ebenfalls durch die Isolierung erreicht.
  - Schäden an der Isolierstoffumhüllung?
  - Leitfähige Teile nicht an den Schutzleiter angeschlossen?
  - Leitfähige Teile durch die Isolierstoffumhüllung geführt? Gefahr der Spannungsverschleppung.
- Brandabschottungen und andere Maßnahmen gegen die Ausbreitung von Feuer vorhanden und fachgerecht angebracht?
- Kabel und Leitungen richtig bemessen (Strombelastbarkeit)?
- Auswahl und Einstellungen von Schutz- und Überwachungseinrichtungen.
- Trenn- und Schaltgeräte vorhanden und richtig angeordnet?
  - Trennung aktiver Leiter vom Netz
  - Maßnahmen gegen unbeabsichtigtes Einschalten
  - Ausschalten im Notfall
  - Warnhinweise
- Betriebsmittel entsprechend Schutzmaßnahmen und äußeren Einflüssen (Umgebungsbedingungen) ausgewählt?
- Neutral- und Schutzleiter fachgerecht gekennzeichnet?
  Farbkennzeichnung nach DIN VDE 0100-510.
- Schaltungsunterlagen vorhanden und vollständig? Betriebsmittel eindeutig identifizierbar?
- Leiterverbindungen in Ordnung?

  Die Verbindungen müssen nach DIN VDE 0100-520 für dauerhafte Stromübertragung bemessen sein und eine ausreichende mechanische Festigkeit haben.

  In Zweifelsfällen kann der Widerstand der Verbindung gemessen werden. Er sollte nicht größer sein als der Widerstand eines Leiters von 1 m Länge und einem Querschnitt, der gleich dem Querschnitt des kleinsten verbundenen Leiters ist.
- Leichter Zugang für Bedienung und Wartung

  DIN VDE 0100-537 fordert, dass Geräte zum Ausschalten für mechanische Instandhaltung und NOT-AUS-Geräte so angebracht und gekennzeichnet sind, dass Sie leicht erkennbar und leicht zugänglich sind.

Erproben

Das *Erproben* weist die *Wirksamkeit der Schutz- und Meldeeinrichtungen* nach.

Dabei dürfen keine Gefahren für Personen, Nutztiere und Sachen entstehen.

Auch die *Funktion des NOT-AUS-Schaltgerätes* fällt unter Erproben. Ebenso die Wirksamkeit von *Verriegelungen*.

Information

Messen

Messen stellt den ordnungsgemäßen Zustand von elektrischen Anlagen und Betriebsmitteln fest. Dabei sind *geeignete Messgeräte* zu verwenden.

Es müssen *normgerechte Messgeräte* zum Einsatz kommen, damit folgende Punkte gewährleistet sind:

- *Schutz von Prüfer und anderen Personen während der Messung.*
- *Wirtschaftlich vertretbarer Messaufwand.*
- *Vergleichbare Ergebnisse bei Messgeräten unterschiedlicher Hersteller.*

Messgerät

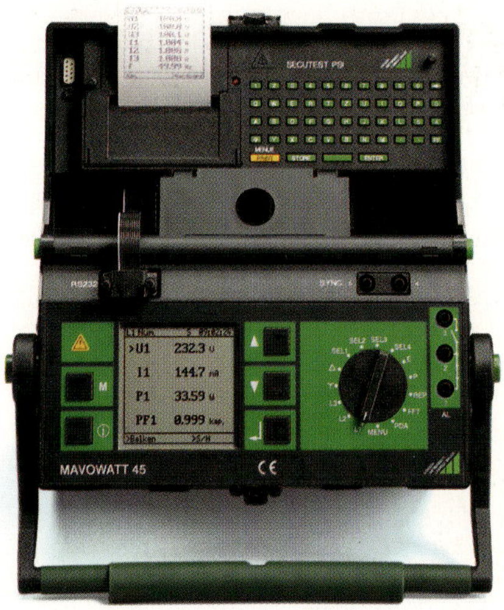

Schutzmaßnahmen ohne automatische Abschaltung der Stromversorgung

Schutzmaßnahme	*Messung*	*Messverfahren*
SELV	*Spannungsgrenzen kontrollieren* *Isolationswiderstand messen (0,25 MΩ)*	*Spannungsmessung* *Isolationswiderstandsmessung*
PELV	*wie SELV , eventuelle Erdung des Stromkreises aufheben*	*wie SELV*
Schutzklasse II	—	*Sichtprüfung*
Schutz durch nicht leitende Räume	*Übergangswiderstand von Wänden und Fußböden*	*Messung der Übergangswiderstände*
Schutztrennung; ein Verbrauchsmittel	*Isolationswiderstand*	*Isolationswiderstandsmessung*
Schutztrennung; mehr als ein Verbrauchsmittel	*Abschaltung im Doppelfehlerfall nachweisen (wie TN-System)* *Isolationswiderstand*	*Kurzschlussstrommessung (Schleifen-impedanz; evtl. Rechnung)* *Isolationswiderstandsmessung*

Schutz durch automatische Abschaltung der Stromversorgung

TT-, TN-, IT-System	
Isolationswiderstand des Schutzleiters zu Außen- und Neutralleiter	*Isolationswiderstandsmessung*
Verwechselung: Schutz- und Außenleiter	*Spannungsmessung gegen Erde*
Verwechselung: Schutz- und N-Leiter	*niederohmige Widerstandsmessung*
Potenzialausgleich	*niederohmige Widerstandsmessung*
Korrekte Zuordnung der N-Leiter zu den jeweiligen RCD-Stromkreisen *Schluss zwischen N-Leitern unterschiedlicher RCD-Stromkreise*	*niederohmige Widerstandsmessung* *Isolationswiderstandsmessung*

Information

Schutzmaßnahmen im TN-System

Schutzeinrichtung	Messung	Messverfahren
Überstrom-Schutzeinrichtung	Verbindung sämtlicher Körper mit der zentralen Schutzleiterschiene Schleifenimpedanz zwischen Außenleiter und PE- bzw. PEN-Leiter messen $Z_S \leq \frac{U_0}{I_a}$	Niederohmige Prüfung des Schutzleiters Messung der Schleifenimpedanz bzw. Rechnung
RCD	Verbindung sämtlicher Körper mit der zentralen Schutzleiterschiene $U_B \leq U_L$ $I \leq I_{\Delta n}$	Niederohmige Prüfung des Schutzleiters Messung des Auslösestromes und eventuell der Berührungsspannung durch Hervorrufen eines Fehlerstromes. Feststellung, dass der RCD spätestens bei $I_{\Delta n}$ auslöst.

RCD im TN-System

Wahrscheinlich wird keine Berührungsspannung angezeigt, da sie im Millivoltbereich liegen dürfte. Besonders bei RCDs mit $I_{\Delta n} \leq 30\,\text{mA}$. Sollte dennoch eine Spannung angezeigt werden, so muss die Ursache geklärt werden.

Zur Feststellung der Wirksamkeit der automatischen Abschaltung durch RCDs muss nicht unbedingt der exakte Wert der Auslöseströme gemessen werden. Möglich ist auch (bei eingestelltem $I_{\Delta n}$-Wert) die Auslösung innerhalb einer bestimmten Abschaltzeit zu kontrollieren.

Schutzmaßnahmen im TT-System

Schutzeinrichtung	Messung	Messverfahren
RCD	$U_B \leq U_L$ $I \leq I_{\Delta n}$ Verbindung sämtlicher Körper mit der zentralen Schutzleiterschiene	Berührungsspannung und Auslösestrom messen. Feststellen, dass RCD spätestens bei $I_{\Delta n}$ auslöst. Niederohmige Prüfung des Schutzleiters
Überstrom-Schutzeinrichtungen	Erdungswiderstand R_A einschließlich Schutzleiterwiderstand ermitteln Rechnerischer Nachweis	Erdungswiderstand messen

Die Verwendung von *Überstrom-Schutzeinrichtungen* im TT-System setzt sehr niedrige Erdungswiderstände voraus. Daher wird diese Schutzmaßnahme nur selten zum Einsatz kommen.

Information

Schutzmaßnahmen im IT-System

Schutzmaßnahme	Messung	Messverfahren
Allgemeines	*Abschätzung des Ableitstromes* *Gesamterdungswiderstand sämtlicher mit einem Erder verbundenen Körper*	*Messung des Erdungswiderstandes oder Messung des Spannungsfalls am Erderwiderstand R_A, nachdem ein Außenleiter geerdet wurde.*
Potenzialausgleich	—	*Widerstandsmessung*
Isolations-Überwachung	—	*Erprobung durch Betätigung der Prüftaster*
Verbindung sämtlicher Körper durch PE	*Wie TN-System*	
Einzelne oder gruppenweise Erdung von Körpern	*Wie TT-System*	

Hinweis

Die Messung der Wirksamkeit der Schutzmaßnahme beim *ersten Fehler* ist nur möglich, wenn ein *künstlicher Erdschluss* hergestellt wird. Dabei sind Maßnahmen gegen die Gefährdungen bei Doppelfehler zu treffen.

Prüfung des Hauptpotenzialausgleichs

Besichtigung (DIN VDE 0100-610):

- *Sämtliche Betriebsmittel korrekt ausgewählt und angeschlossen.*
- *Keine sichtbaren Beschädigungen.*

Querschnitte für Potenzialausgleichsleiter

normal	*0,5-mal Querschnitt des größten Schutzleiters der Anlage*
mindestens	*6 mm²*
Begrenzung	*25 mm² Cu oder gleichwertiger Leitwert*

Bei der *Messung* müssen die einzelnen Messpunkte so gewählt werden, dass *Übergangswiderstände* der Verbindungsstellen mit gemessen werden.

DIN VDE 0160-610 macht keine Angabe über den maximal zulässigen Widerstandswert. Ein Richtwert aus der mittlerweile zurückgezogenen Norm VDE 0190 ist 3 Ω. Jedenfalls muss der Widerstand niederohmig sein.

Prüfung des zusätzlichen Potenzialausgleichs

Besichtigung (DIN VDE 0100-610):

- *Den Vorschriften entsprechend ausgewählte Betriebsmittel und fachgerechte Errichtung.*
- Keine sichtbaren Beschädigungen

Querschnitte für Potenzialausgleichsleiter

normal	*zwischen zwei Körpern*	*Querschnitt des kleineren Schutzleiters*
	zwischen einem Körper und einem fremden leitfähigen Teil	*0,5 × Querschnitt des Schutzleiters*
mindestens	*2,5 mm² Cu oder AL*	

Bei der Messung wird sinngemäß wie beim Hauptpotenzialausgleich vorgegangen.

Messspannung AC oder DC; nicht kleiner als 4 V und nicht größer als 24 V.

Der Messstrom muss mindestens 200 mA betragen. Verwendung von Messgeräten nach DIN EN 61557 (keinesfalls Multimeter!).

Bei DC-Messungen muss die Polarität verändert werden können. Der Widerstand der (zumeist langen) Messleitungen ist zu berücksichtigen.

Information

Messung des Isolationswiderstandes

Die geforderten Isolationswerte stellen *Mindestwerte* dar. Üblicherweise liegt der Isolationswiderstand im *Megaohm-Bereich* und somit erheblich über den geforderten Werten.

Isolationswiderstand (Mindestwerte)		
Anlage	*Isolationswiderstand*	*Messspannung*
SELV, PELV Stromkreise und Betriebsmittel	*≥ 0,25 MΩ*	*DC 250 V*
Bemessungsspannung bis 500 V; ohne SELV und PELV	*≥ 0,5 MΩ*	*DC 500 V*
Bemessungsspannung über 500 V	*≥ 1 MΩ*	*DC 1000 V*

Zur Reduzierung des Messaufwandes durften *Außen- und Neutralleiter miteinander verbunden* werden.

Dies ist in der aktuellen Norm nicht mehr enthalten. Da mit Ausnahme feuergefährdeter Betriebsstätten nur die Isolationswiderstandsmessung zwischen den aktiven Leitern (hierzu gehört auch der N-Leiter) und dem Schutzleiter bzw. Erde gefordert ist, kann die Verbindung weiterhin durchgeführt werden, wenn sie einen ausreichend hohen Isolationswiderstand liefert.

Wenn die erforderlichen Messwerte nicht erreicht werden, so ist *jeder Leiter getrennt* zu überprüfen.

Das zu prüfende Anlagenteil muss *vom speisenden Netz getrennt* und *spannungsfrei* sein. Eventuell vorhandene Schalter müssen geschlossen sein. Ansonsten sind Teilabschnitte getrennt zu messen.

Bei *Stromkreisen mit elektronischen Einrichtungen* sollten Außen- und N-Leiter während der Messung miteinander verbunden sein (Vermeidung von Zerstörungen). Als Vorschrift ist dies in der aktuellen Norm allerdings nicht mehr enthalten.

Auch Schalterleitungen in Lichtstromkreisen müssen gemessen werden.

Vorsicht!

Möglicher Messfehler nach DIN EN 61557-2 ±30 %. Mindest-Messwert dann 0,65 Ω statt 0,5 Ω.

Bei Schutz durch *SELV*, *PELV* oder *Schutztrennung* muss durch Messung die Trennung aktiver Teile von denen anderer Stromkreise und evtl. von Erde nachgewiesen werden.

Isolationsmessung

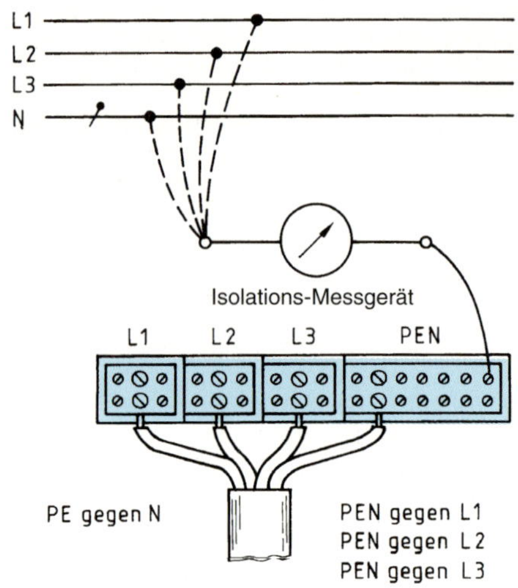

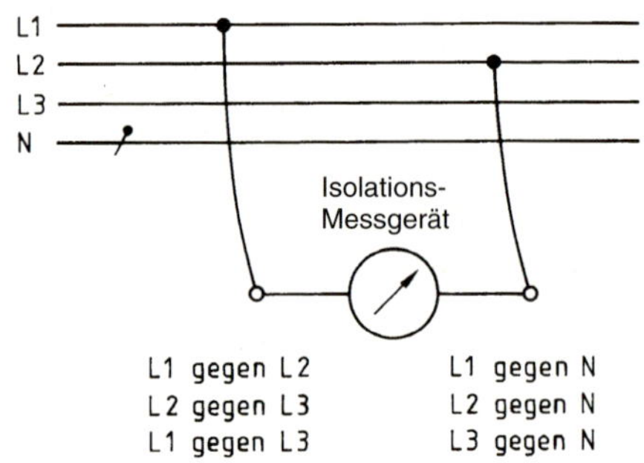

Durchgängigkeit der Schutzleiter

(DIN VDE 0100-610)

Mit der *niederohmigen Widerstandsmessung* kann die Niederohmigkeit von Schutzleitern, Potenzialausgleichsleitern und Erdungsleitern nachgewiesen werden.

Weiterhin kann die niederohmige Verbindung von Körpern mit anderen Körpern, mit Schutzleitern und Erdern nachgewiesen werden.

Messspannung	4 – 24 V (DIN EN 61557-4) AC oder DC
Messstrom	≥ 0,2 A

Information

Durchführung der Messung

Benötigt wird eine Messleitung von 10 m Länge. Darf auch länger sein, wird dann aber unhandlich. Der Widerstand der Messleitung ist vom Widerstandswert abzuziehen.

Wenn der Widerstand von nicht fest angeschlossenen Messleitungen als Vorwegabzug bereits einkalibriert wurde, so muss dies nach DIN EN 61557-4 erkennbar sein.

- *Messleitung mit Schutzleiterschiene des Verteilers verbinden.*
- *Mit der zweiten Messleitung Schutzkontakte oder Geräte der zu prüfenden Anlage kontaktieren.*
- *Messleitung von Schutzleiterschiene des Verteilers entfernen und mit dem bereits geprüften Schutzkontakt verbinden.*
- *Mit der zweiten Messleitung den nächsten Schutzkontakt kontaktieren usw.*

Messwerte bis etwa 2,5 Ω (Messleitung berücksichtigt) gelten als ausreichend. Übliche Werte liegen zwischen 0,8 Ω und 1 Ω.

Die maximale Betriebsmessabweichung darf nach DIN EN 61557-4 höchstens ±30 % betragen; bezogen auf den abgelesenen Wert. Dies stellt bei den geringen Messwerten allerdings kein Problem dar.

Erdungswiderstände (DIN VDE 0100-610)

Die Wirksamkeit verschiedener Schutzmaßnahmen beruht auf der Erreichung bestimmter *Erdungswiderstände.*

Bei einem *Isolationsfehler* in einer geerdeten Anlage fließt der Strom über den *Erder* ins Erdreich ab. Dort breitet sich der Strom in allen Richtungen aus; man spricht von einem *Strömungsfeld* des Stromes.

In der Nähe des Erders ist die *Stromdichte* am größten, mit zunehmender Entfernung wird sie geringer. Die Spannungsfälle pro Meter Abstand vom Erder werden ebenfalls mit zunehmendem Abstand geringer.

In diesem Zusammenhang ist die **Schrittspannung** U_S interessant. Sie ist der Spannungsfall, den ein Mensch mit seiner Schrittweite überbrücken kann.

Soll der *Ausbreitungswiderstand* ermittelt werden, muss ein Stromfluss über den Erder eingeleitet werden. Der Betrag dieses Stromes wird gemessen. Außerdem wird der Spannungsfall gemessen, den dieser Stromfluss zur Folge hat. Aus den Werten für Strom und Spannung lässt sich der Erdungswiderstand berechnen.

Strom-Netzspannungsverfahren

Als Spannungsquelle wird die Netzspannung benutzt. Über einen Vorwiderstand und einen Strommesser wird der Stromfluss über den zu messenden Erder eingeleitet.

Im „neutralen Gebiet" (in der Praxis etwa 20 m Entfernung vom stromdurchflossenen Erder) wird eine *Sonde* eingebracht. Zwischen Sonde und Erder wird ein Spannungsmesser (ca. 10 kΩ/V) geschaltet.

$$R_x = \frac{U_x}{I}$$

Der Strom muss so begrenzt werden, dass U_x keinesfalls 50 V überschreitet.

Spannungsverlauf in der Nähe eines Staberders

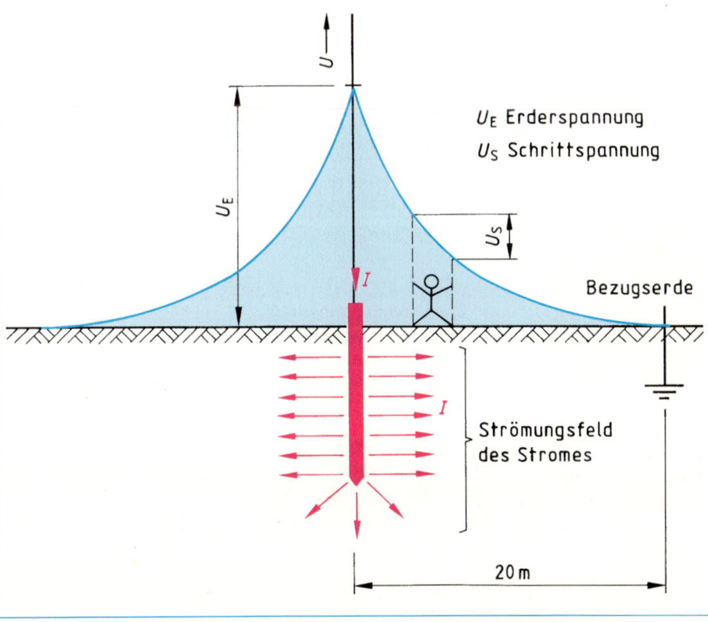

Information

Strom-Netzspannungsverfahren

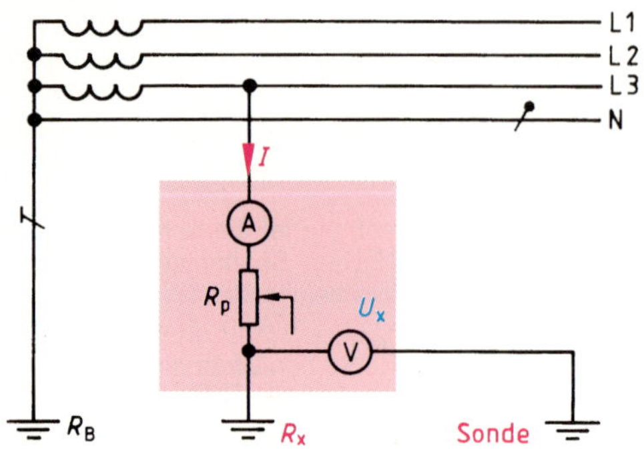

Verfahren ohne Sonde

Nicht immer ist das Auslegen einer Sonde möglich.

Der zu prüfende Erder wird vom Schutzleiter oder PEN-Leiter abgeklemmt. Zwischen diesem Erder und einer weiteren niederohmigen Erdungsanlage (z.B. PEN-Leiter eines TN-Systems) wird der Widerstand gemessen. Der PEN-Leiter wird dann als „Sonde" benutzt.

PEN-Leiter als Sonde

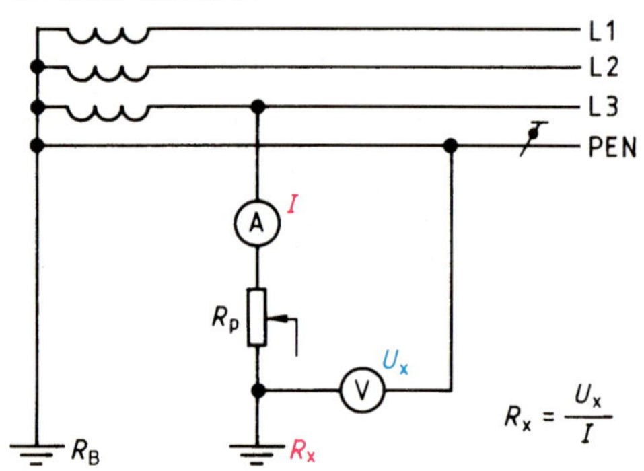

Spezifische Erdwiderstände in Ωm

Erdreich	*Moorboden*	*Lehm, Ton*	*Sand, Kies*	*Gebirge*
Spezifischer Erdwiderstand in Ωm	*5 – 40*	*20 – 200*	*200 – 2500*	*500 – 3000*

$$1\,\frac{\Omega \cdot mm^2}{m} = 10^{-6}\,\frac{\Omega \cdot m^2}{m} = 10^{-6}\,\Omega \cdot m$$

Messung von Schleifenimpedanzen

(DIN VDE 0100-610)

Die **Schleifenimpedanz** Z_S ist die Summe der Impedanzen (Scheinwiderstände) einer Stromschleife. Sie umfasst die Impedanz von Erzeuger, Außenleiter, Neutralleiter bzw. Schutzleiter und Schutzeinrichtungen.

Angewendet wird die **Schleifenimpedanzmessung** insbesondere bei der Prüfung der Schutzmaßnahme *Schutz durch automatische Abschaltung mit Überstrom-Schutzeinrichtungen im TN-System.* Dabei muss der Kurzschlussstrom am entferntesten Punkt des Netzes mindestens so groß wie der Abschaltstrom der vorgeschalteten Überstrom-Schutzeinrichtung sein.

$$I_K \geq I_a$$

$$I_K = \frac{U_0}{Z_S}$$

Z_S	Schleifenimpedanz	Ω
I_K	Kurzschlussstrom	A
I_a	Abschaltstrom	A
U_0	Spannung gegen Erde	V

Mit den handelsüblichen Messgeräten wird im Allgemeinen nicht die *Impedanz*, sondern nur der *ohmsche Widerstand* der Leiterschleife (Schleifenwiderstand) gemessen.

Messprinzip

Das Netz wird mit einem Belastungswiderstand R_n belastet. Die Vorprüfung erfolgt mit einem Widerstand R_v, der etwa den 20-fachen Wert von R_n hat.

- *Bei geöffnetem Schalter wird die Spannung U_0 gemessen.*
- *Der Schalter S1 wird geschlossen: U_1 und I werden gemessen.*
- *Für den Stromfluss ist die Spannungsdifferenz $U_0 - U_1$ maßgebend. Diese Spannungsdifferenz fällt an der Schleifenimpedanz ab.*
- *Die Schleifenimpedanz kann mit Hilfe des ohmschen Gesetzes ermittelt werden:*

$$Z_S = \frac{U_0 - U_1}{I}$$

Z_S	Schleifenimpedanz	Ω
U_0	Spannung gegen Erde	V
U_1	gemessene Spannung	V
I	Belastungsstrom	A

In der Praxis werden spezielle *Schleifenwiderstands-Messgeräte* eingesetzt. Dabei kann der Messwert Z_S direkt abgelesen werden.

Außerdem erfolgt eine selbsttätige Abschaltung oder Begrenzung auf ungefährliche Werte. Das Bedienpersonal muss dann nicht auf die Einhaltung der zulässigen Berührungsströme achten.

Information

Schleifenimpedanz

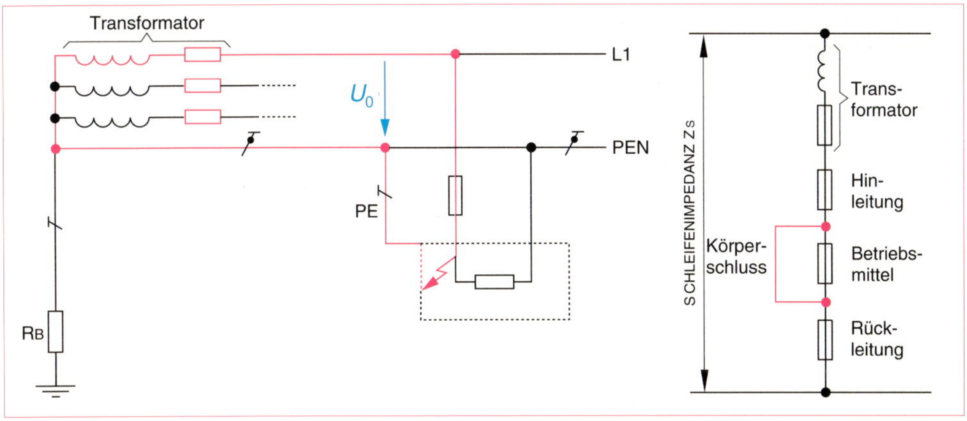

Messung der Schleifenimpedanz, Prinzip

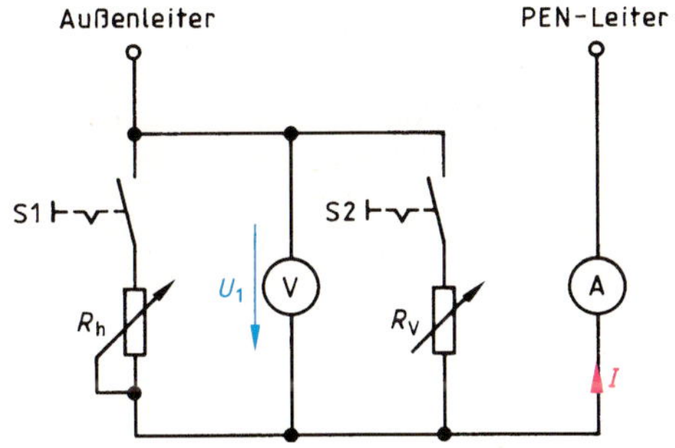

Betriebsmessabweichung nach DIN EN 61557-3: ±30 %

Beispiel

Schleifenimpedanzmessung, Messwerte:
$U_0 = 235$ V, $U_1 = 231$ V, $I = 10$ A.

$$Z_S = \frac{U_0 - U_1}{I} = \frac{235\,\text{V} - 231\,\text{V}}{10\,\text{A}} = 0{,}4\,\Omega$$

Prüfung bei Verwendung von RCDs

RCDs müssen bei Erreichen des *Bemessungs-Differenzstromes* $I_{\Delta n}$ innerhalb von 0,2 s abschalten. Der RCD darf schon bei $0{,}5 \cdot I_{\Delta n}$ ansprechen.

Durch Erzeugung eines Fehlerstromes hinter dem RCD ist nachzuweisen, dass der RCD mindestens bei Erreichen seines Bemessungs-Differenzstromes auslöst und dabei die zulässige Berührungsspannung U_L nicht überschritten wird.

Außerdem ist jeder im Stromkreis liegende Schutzleiteranschluss auf Wirksamkeit zu prüfen.

Prüfung mit fest eingestelltem Strom

Der Prüfstrom wird für einen Zeitraum von 0,2 bis 0,3 s erzeugt. Dabei wird geprüft, ob der RCD auslöst. Die dabei auftretende Berührungsspannung wird gemessen und gespeichert.

Die meisten Geräte haben die Möglichkeit einer Vorprüfung. Der Puls beträgt dabei nur 0,33 – 0,5 des Bemessungswertes. Der RCD löst dabei meistens nicht aus. Angezeigt werden *Berührungsspannung* und oftmals der *Erdungswiderstand*.

Zeitselektive RCDs haben Verzögerungen bis zu 0,5 s. Bei der 0,2-s-Pulsprüfung lösen sie oftmals nicht aus. Daher muss dann mit $2 \cdot I_{\Delta n}$ oder mit längerer Zeit geprüft werden.

Vorteile:
Preisgünstig, schnell, einfach, Vorprüfung möglich, Prüfung ohne Auslösung des RCD (in der Regel).

Nachteil:
Es wird nur der Grenzwert $I_{\Delta n}$ geprüft. Der genaue Auslösewert ist nicht bekannt.

Prüfung mit ansteigendem Strom

Der Prüfstrom wird von $0{,}1 \cdot I_{\Delta n}$ oder niedriger langsam gesteigert. Er erreicht erst nach einigen Sekunden den Bemessungswert.

Beim Auslösen werden Fehlerstrom und Berührungsspannung gemessen und gespeichert.

Vorteile:
Anzeige der tatsächlichen Auslösewerte.

Nachteile:
Höherer Geräteaufwand; Messung bewirkt immer eine Auslösung.

Information

Prüfung ortsveränderlicher Betriebsmittel

Reparaturen und **Wiederholungsprüfungen** an ortsveränderlichen elektrischen Betriebsmitteln sind häufige Tätigkeiten der Elektrofachkräfte.

Nach *Instandsetzung* oder *Änderung* muss der *gleiche Sicherheitsstandard* wie bei einem neuen Produkt gewährleistet werden. Insbesondere ist der *Nachweis der elektrischen Sicherheit* zu erbringen, was auch für *Wiederholungsprüfungen* gilt.

Prüfungsgrundlage

- DIN VDE 0701 Instandsetzung, Änderung und Prüfung elektrischer Geräte
- DIN VDE 0702 Wiederholungsprüfungen an elektrischen Geräten

Für die Prüfungen werden *Messgeräte* empfohlen, die folgende Messung ermöglichen:

- *Messung des Isolationswiderstandes*
- *Messung des Schutzleiterwiderstandes*
- *Messung von Schutzleiterstrom oder Berührungsstrom*

Es sind Messgeräte einzusetzen, deren Eignung für die Messungen nach DIN VDE 0701/0702 vom Hersteller garantiert wird. Solche Messgeräte entsprechen DIN VDE 0404.

Sichtprüfung

Sämtliche sichtbaren Teile, die zur Sicherheit beitragen, müssen auf einwandfreie Beschaffenheit kontrolliert werden: Gehäuse, Anschlussleitungen, Zugentlastungen, Isolierungen, Abdeckungen usw.

Prüfung eines Gerätes der Schutzklasse I

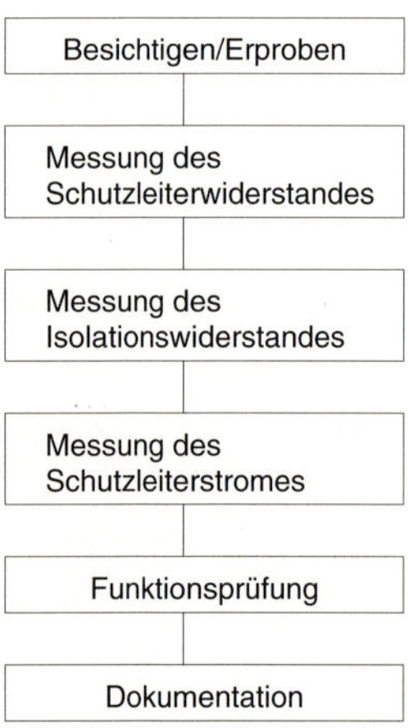

Messung des Schutzleiterwiderstandes

Schutzleiterwiderstand bei Geräten mit Anschlussleitungen bis 5 m Länge: 0,3 Ω.

Zuzüglich 0,1 Ω für jede weitere 7,5 m Leitungslänge. Höchstens jedoch 1 Ω.

Der Widerstand darf sich bei *Bewegen* der Leitung nicht ändern.

Messung des Schutzleiterwiderstandes

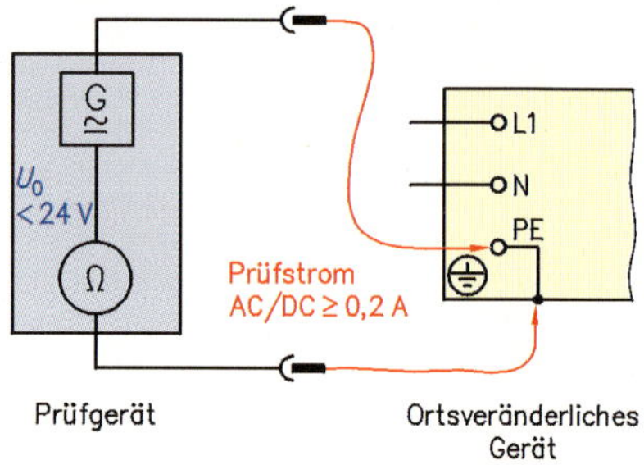

Vorsicht!

Wenn das Prüfgerät die Verbindung zwischen dem Schutzkontakt der Prüfsteckdose und dem netzseitigen Schutzleiter herstellt, muss das zu prüfende Gerät isoliert aufgestellt werden.

Messung des Isolationswiderstandes

Der Prüfling muss *vom Netz getrennt* sein.

Gemessen wird der Widerstandswert zwischen den *aktiven* und den *berührbaren leitfähigen Teilen* des Gerätes. Dabei dürfen *Mindestwerte* nicht unterschritten werden.

Isolationswiderstand messen

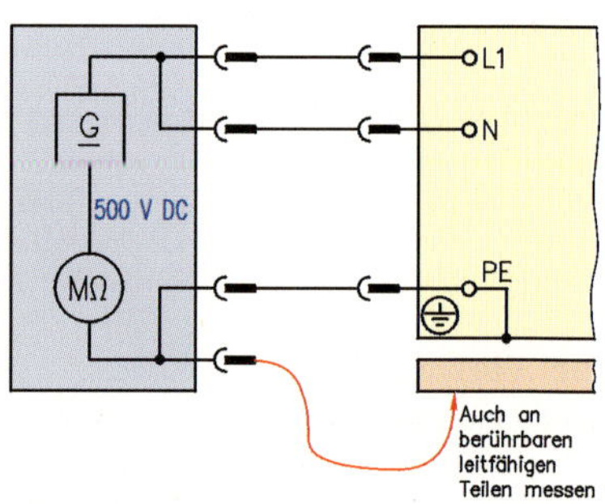

Information

Mindestwerte des Isolationswiderstandes

Schutzklasse		
I	*Geräte mit Heizelementen*	*0,3 MΩ*
	Geräte ohne Heizelemente	*1 MΩ*
	Geräteteile (berührbar), die nicht an den Schutzleiter angeschlossen sind	*2 MΩ*
II	*Sämtliche Geräte der Schutzklasse II*	*2 MΩ*
III	*Sämtliche Geräte der Schutzklasse III*	*0,25 MΩ*

Ist die *Isolationswiderstandsmessung nicht durchführbar* (Prüfling enthält netzspannungsabhängige Schaltelemente oder durch die Messspannung 500 V können elektronische Bauelemente beschädigt werden), dann darf

- *bei Wiederholungsprüfungen nach DIN VDE 0702 statt der Messung des Isolationswiderstandes die Messung des Schutzleiterstromes durchgeführt werden.*
- *bei Prüfung nach Instandsetzung (DIN VDE 0701) die Messung des Isolationswiderstandes entfallen. Die Messung des Schutzleiterstromes muss dann aber durchgeführt werden.*

Geräte mit Heizelementen, bei denen der Isolationswiderstand von 0,3 MΩ nicht erreicht wurde, sind einwandfrei, wenn der Schutzleiterstrom bei einer gesamten Heizleistung von

- < 3,5 kW den Grenzwert 3,5 mA nicht überschreitet.
- ≥ 3,5 kW den Grenzwert von 1 mA/kW (Leistung > 6 kW → Grenzwert 7 mA) nicht überschreitet.

Messung des Schutzleiterstromes

Bei der *direkten Messung* muss das zu prüfende Gerät auf eine isolierende Unterlage gestellt werden.

Dadurch wird verhindert, dass ein „Leckstrom" direkt über das Gehäuse zur Erde abfließt, obgleich er über den Schutzleiter fließen sollte.

Geräte mit *polverwechselbaren Steckern* erfordern, dass die Messung in beiden Steckerpositionen durchgeführt wird. Maßgeblich ist dann der *höhere* der beiden Messwerte.

Schutzleiterstrom messen

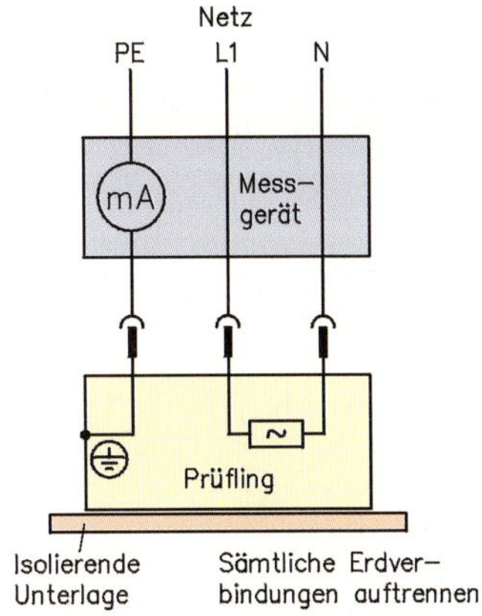

Schutzleiterstrom messen (Differenzverfahren)

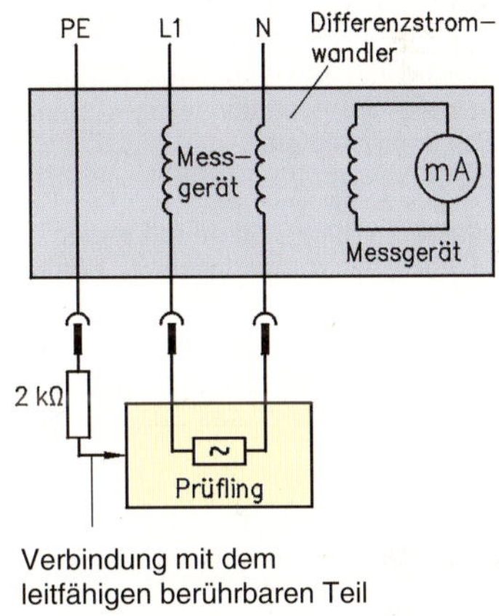

Das zu prüfende Gerät muss nicht gegen Erde isoliert sein.

Grenzwerte des Schutzleiterstromes

Prüfling	*Grenzwert*
Allgemein; z.B. Elektromotoren	*3,5 mA*
Geräte mit Heizelementen $P > 3,5$ *kW*	*1 mA/kW*
Geräte für den Hausgebrauch	*≤ 6kW : 7 mA*
	> 6kW : 15 mA

Bei Geräten mit zulässigen Schutzleiterströmen über 3,5 mA ist auf die besondere Schutzleiterverbindung und auf den eventuell vorgeschriebenen Warnhinweis zu achten:

Hoher Ableitstrom! Vor Netzanschluss Schutzleiterverbindung herstellen!

Information

Ersatzableitstrom messen

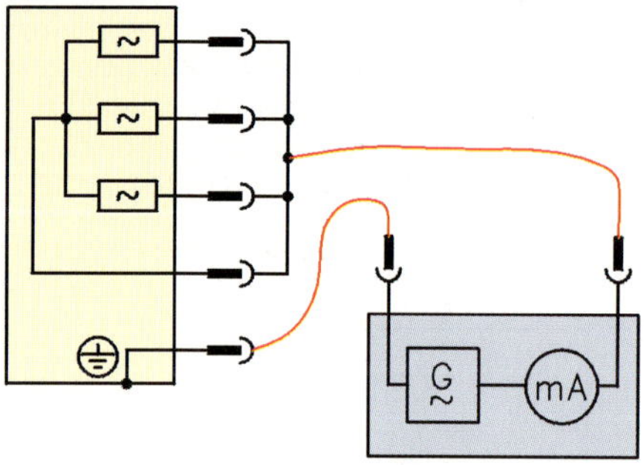

Ersatzableitstrom messen

Das *Ersatz-Ableitstromverfahren* darf nur angewendet werden, wenn vorher die Isolationswiderstandsmessung ausreichende Ergebnisse erbracht hat.

Hinweis

DIN VDE 0702 wird die *Messung des Schutzleiterstromes* ergänzend zur Isolationswiderstandsmessung verbindlich vorschreiben.

Der *Schutzleiterstrom* kann auch mit einer *Leckstromzange* (Differenzstromverfahren) gemessen werden.

Diese Messung ist besonders einfach. Mit der Zange werden die Außenleiter umschlossen. Danach kann der Leckstrom *ohne Auftrennen des Schutzleiters* sofort abgelesen werden.

Messung mit Leckstromzange

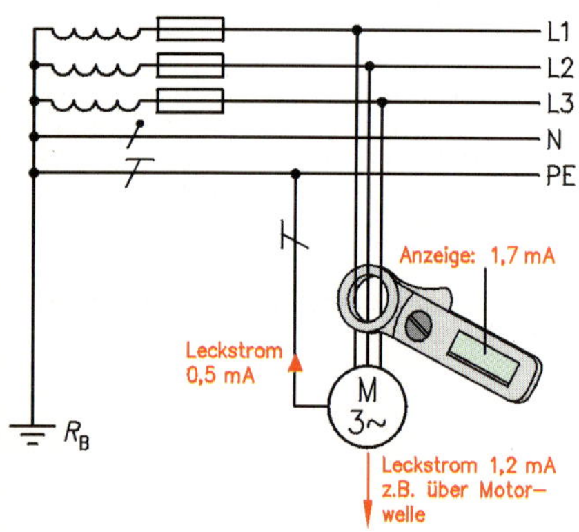

Beachten Sie, dass der *Ersatz-Ableitstrom* kein charakteristischer Kennwert, sondern nur die Bezeichnung des mit einer *Ersatzschaltung* gemessenen *Ableitstromes* ist.

Diese *Ersatzschaltung* zeichnet sich aus durch
- *eine galvanische Trennung vom Netz.*
- *eine zumeist von der Bemessungsspannung des Prüflings abweichende Messspannung.*

Prüfung eines Gerätes der Schutzklasse II oder III

Besichtigen/Erproben

Nachweis der Schutzleiterverbindungen nur in Sonderfällen

Messung des Isoliervermögens durch
- Messung des Isolationswiderstandes
- Messung des Berührungsstromes

Funktionsprüfung

Dokumentation der Prüfung

Hinweise

- Bei Geräten der *Schutzklasse II mit Schutzkontaktstecker* und grün-gelber Ader in der Anschlussleitung muss diese Ader nicht geprüft werden, da sie *keine* Funktion in Hinblick auf die Schutzmaßnahme gegen elektrischen Schlag hat.
- Der *Ableitstrom* (Fehlerstrom), der über die Isolation und Beschaltung der Geräte fließt, ist maßgebend für die Sicherheit eines elektrischen Gerätes. Dieser Ableitstrom wird bei
  - Geräten der Schutzklasse I als *Schutzleiterstrom*
  - Geräten der Schutzklasse II als *Berührungsstrom*

  bezeichnet.

  Messverfahren zur Bestimmung sind
  - Direkte Messung
  - Differenzstrommessung
  - Ersatz-Ableitstrommessung
- Bei Geräten der *Schutzklasse III* entfällt die Messung des Berührungsstromes.

Berührungsstrom

Geprüft wird die Einhaltung des maximalen Grenzwertes für den Berührungsstrom ≤ 0,5 mA bei Geräten der Schutzklasse II bzw. berührbaren Teilen der Schutzklasse I, die nicht an den Schutzleiter angeschlossen sind.

Information

Messung des Berührungsstromes

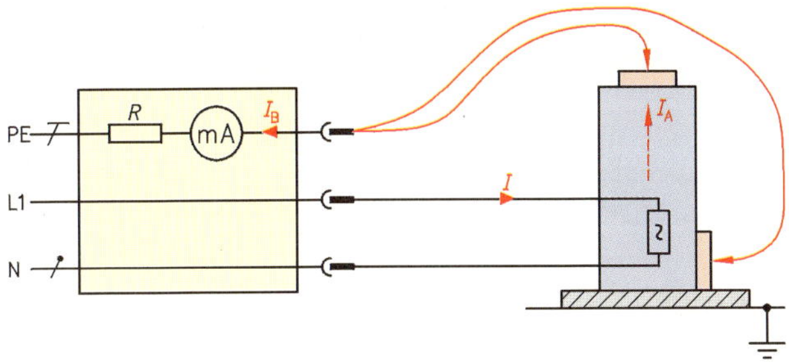

Bei polverwechselbaren Steckern ist die Messung für beide Anschlussmöglichkeiten durchzuführen.

Wenn bei der *direkten Messung* der Prüfling nicht isoliert aufgestellt wird, kann ein fehlerhaftes Messergebnis die Folge sein. Es wird dann ein zu kleiner Berührungsstrom gemessen.

Die *Protokollangabe des Berührungsstromes* ist nur dann sinnvoll, wenn Werte über 0,1 mA gemessen werden. Wegen der Gebrauchsfehler der Messgeräte sind kleinere Messwerte so ungenau, dass in diesen Fällen besser der Berührungsstrom zu Null angenommen werden sollte.

Prüfungsdokumentation

Wenn die Prüfung abgeschlossen wurde, ist vom Prüfer zu entscheiden, ob das geprüfte Gerät weiter benutzt werden darf oder nicht. Diese Entscheidung ist zu *dokumentieren*.

- *Prüfung nicht bestanden*
  Gerät darf nicht weiter benutzt werden.
- *Prüfung bestanden*
  Gerät ist bis zu einem angegebenen Zeitpunkt als sicher anzusehen.

Anfertigung und Übergabe der Dokumentation ist Bestandteil der Prüfung. In welcher Form diese Dokumentation erfolgt, ist in der Norm nicht vorgeschrieben. Hierfür werden jedoch *Prüfprotokolle* angeboten.

Wiederholungsprüfungen (DIN VDE 0105 Teil 100)

Wiederholungsprüfungen haben die Aufgabe, Fehler zu erkennen, die durch äußere Einflüsse beim Betreiben von elektrischen Anlagen entstehen. Auch die Wiederholungsprüfung umfasst: *Besichtigung, Erprobung, Messung.*

Die Messung beschränkt sich nur auf die Isolationsmessung. Im Allgemeinen wird jedoch die Messung aller Größen gefordert, die zur Prüfung der *Schutzmaßnahmen gegen elektrischen Schlag unter Fehlerbedingungen* notwendig sind.

Diese von der Berufsgenossenschaft (BGV A2) vorgeschriebenen Prüfungen sind in bestimmten Zeitabständen zu wiederholen. Auf Verlangen der Berufsgenossenschaft ist ein **Prüfbuch** zu führen.

Anwendung

1. Eine elektrische Handbohrmaschine wird zur Reparatur gebracht.

Wenn die Anschlussleitung in Nähe der Zugentlastung bewegt wird, arbeitet die eingeschaltete Bohrmaschine nicht mehr.

Sie werden beauftragt, eine fachgerechte Instandsetzung durchzuführen.

a) Worin liegt der wahrscheinliche Fehler der Handbohrmaschine?

b) Die Handbohrmaschine muss einer Wiederholungsprüfung unterzogen werden.
Beschreiben Sie die Maßnahmen in der richtigen Reihenfolge.

c) Der Schutzleiterwiderstand wird zu 120 mΩ gemessen. Welche Schlussfolgerung ziehen Sie daraus?

d) Wie wird die Messung des Isolationswiderstandes bei Geräten der Schutzklasse II und III durchgeführt?

2. Die Messung des Isolationswiderstandes ist bei Geräten mit elektrisch betätigten, allpolig schaltenden Relais problematisch, da eine Kontaktbetätigung der Relais nur mit Hilfe der Netzspannung erreicht werden kann.

Was ist in diesem Fall bei Geräten der Schutzklasse I und Schutzklasse II zu tun?

Information

Prüfprotokoll, Musterbeispiel

Prüfung elektrischer Anlagen

Prüfprotokoll[1]

Nr. Blatt .... von .... Kunden Nr.:

Auftraggeber[2]: Auftrag Nr.: Auftragnehmer[3]:

Anlage:

Prüfung[4] **nach:** DIN VDE 0100 Teil 610 ☐ DIN VDE 0105 ☐ UVV ☐ .... / .... ☐

Neuanlage ☐ Erweiterung ☐ Änderung ☐ Instandsetzung ☐ Wiederholungsprüfung ☐ E-CHECK ☐

Beginn der Prüfung: Beauftragter des Auftraggebers: Prüfer[5]:

Ende der Prüfung:

Netz .... / .... V Netzform: TN-C ☐ TN-S ☐ TN-C-S ☐ TT ☐ IT ☐

EVU/VNB

Besichtigen	i.O.	n.i.O.		i.O.	n.i.O.		i.O.	n.i.O.
Auswahl der Betriebsmittel	☐	☐	Kennzeichnung Stromkreis, Betriebsmittel	☐	☐	Zugänglichkeit	☐	☐
Trenn- und Schaltgeräte	☐	☐	Kennzeichnung N- und PE-Leiter	☐	☐	Hauptpotentialausgleich	☐	☐
Brandabschottungen	☐	☐	Leiterverbindungen	☐	☐	Zus. örtl. Potentialausgleich	☐	☐
Gebäudesystemtechnik	☐	☐	Schutz und Überwachungseinrichtungen	☐	☐	Dokumentation[6]	☐	☐
Kabel, Leitungen, Stromschienen	☐	☐	Schutz gegen direktes Berühren	☐	☐	siehe Ergänzungsblätter ☐		
Erproben			Funktion der Schutz-, Sicherheits- und			Rechtsdrehfeld der		
Funktionsprüfung der Anlage	☐	☐	Überwachungseinrichtungen	☐	☐	Drehstromsteckdose	☐	☐
FI-Schutzschalter (RCD)	☐	☐	Drehrichtung der Motore	☐	☐	Gebäudesystemtechnik	☐	☐

Messen Stromkreisverteiler Nr.:

Stromkreis		Leitung/Kabel		Überstrom-Schutzeinrichtung			R_{iso} (MΩ)	Fehlerstrom-Schutzeinrichtung (RCD)					Fehler-
Nr.	Zielbezeichnung	Typ	Leiter Anzahl Quers. (mm²)	Art Charakteristik	I_n (A)	Z_s (Ω) ☐ I_k (A) ☐	ohne ☐ mit ☐ Verbraucher	I_n/Art (A)	$I_{\Delta n}$ (mA)	I_{mess} (mA) ($\le I_{\Delta n}$)	Ausl.-Zeit t_A (ms)	$U_L \le$ ..... V U_{mess} (V)	code siehe auch [7]
	Hauptleitung		x										
			x										
			x										
			x										
			x										
			x										
			x										
			x										
			x										
			x										
			x										
			x										

Durchgängigkeit Potentialausgleich (≤ 1 Ω nachgewiesen) Erdungswiderstand: R_E .... Ω

Fundamenterder ☐	Hauptwasserleitung ☐	Heizungsanlage ☐	EDV-Anlage ☐	Antennenanlage/BK ☐
Potentialausgleichschiene ☐	Hauptschutzleiter ☐	Klimaanlage ☐	Telefonanlage ☐	Gebäudekonstruktion ☐
Wasserzwischenzähler ☐	Gasinnenleitung ☐	Aufzugsanlage ☐	Blitzschutzanlage ☐	☐

Verwendete Messgeräte nach DIN VDE	Fabrikat: Typ:	Fabrikat: Typ:	Fabrikat: Typ:

Prüfergebnis: keine Mängel festgestellt ☐ Mängel festgestellt ☐ | Prüf-Plakette angebracht: ja ☐ nein ☐ | Nächster Prüftermin:

Auftraggeber[2]**:**
Gemäß Übergabebericht elektrische Anlage vollständig übernommen ☐
Zustandsbericht erhalten ☐

Ort Datum Unterschrift

Prüfer[5]**:**
Die elektrische Anlage entspricht den anerkannten Regeln der Elektrotechnik ☐
Die elektrische Anlage entspricht nicht den anerkannten Regeln der Elektrotechnik ☐

Ort Datum Unterschrift

Information

Energieerzeugung

Den überwiegenden Teil der *elektrischen Energie* liefern **Wärmekraftwerke**, die an bestimmte *Standorte* gebunden sind (z.B. wegen der Versorgung mit Brennstoffen). Die *Generatorleistung* muss also über größere Entfernungen *übertragen* werden.

Um Leitungsquerschnitte der Übetragungsleitungen und deren Verluste möglichst gering zu halten, wird mit *höherer Spannung* übertragen.

Die Übertragung und Verteilung elektrischer Energie ist nur bei hohen Übertragungsspannungen wirtschaftlich möglich.

Bei höheren Spannungen kann eine elektrische Leistung mit *niedrigerer Stromstärke* übertragen werden.

Zu übertragende Leistung: 1300 MW ($1300 \cdot 10^6$ W)
Mittlerer Leistungsfaktor: $\cos\varphi = 0{,}9$

a) Übertragungsspannung: 400 V

$$P = \sqrt{3} \cdot U \cdot I \cdot \cos\varphi \rightarrow I = \frac{P}{\sqrt{3} \cdot U \cdot \cos\varphi}$$

$$I = \frac{1300 \cdot 10^6\,\text{W}}{\sqrt{3} \cdot 400\,\text{V} \cdot 0{,}9} = 2{,}09 \cdot 10^6\,\text{A} \quad (!)$$

b) Übertragungsspannung: 380 kV (380 000 V)

$$I = \frac{1300 \cdot 10^6\,\text{W}}{\sqrt{3} \cdot 380\,000\,\text{V} \cdot 0{,}9} = 2197\,\text{A}$$

In der **Energieversorgung** hat die elektrische Energie einen besonderen Stellenwert, da sie leicht zu transportieren, einfach zu verteilen und sauber in der Anwendung ist.

Von der Primärenergie zur Nutzenergie

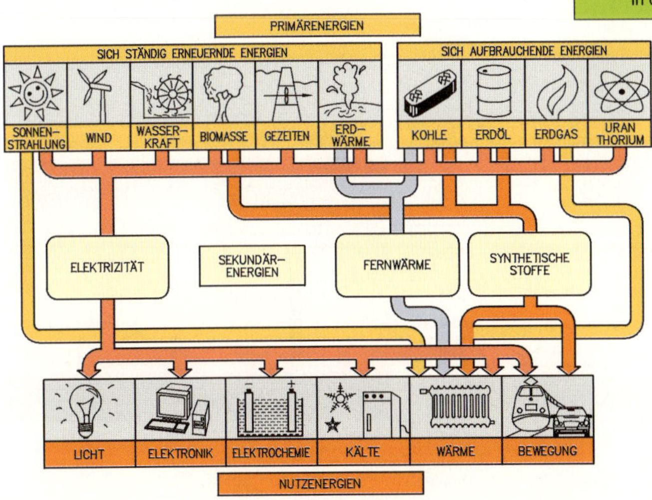

Die elektrische Energie ist in großen Mengen nicht direkt speicherbar, daher muss die Erzeugung in jedem Augenblick auf den Bedarf abgestimmt werden.

Energieumwandlung, Prinzip

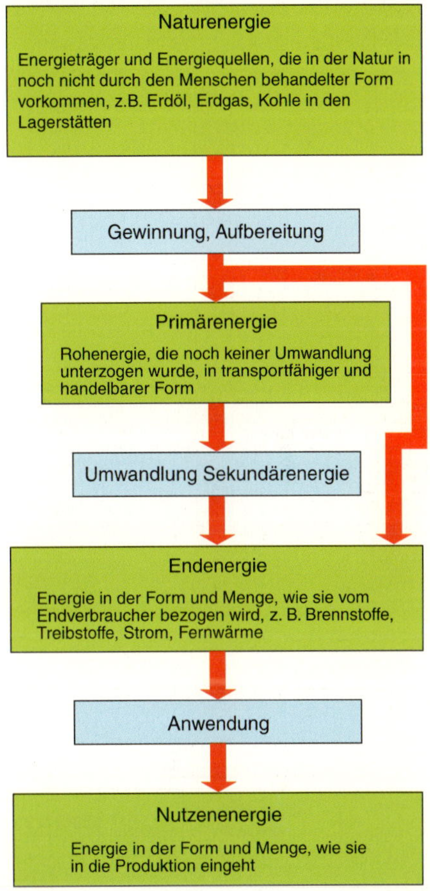

Kraftwerke wandeln Primärenergien in elektrische Energie um. Die Umwandlung erfolgt in mehreren Stufen (Umwandlungsketten).

Grundlast
Leistungsanteil, der rund um die Uhr benötigt wird. Grundlast-Kraftwerke haben eine hohe Ausnutzungsdauer.

Mittellast
Leistungsanteil, der überwiegend, jedoch nicht ständig benötigt wird. Diese Kraftwerke werden in der Nacht abgeschaltet.

Spitzenlast
Wird nur relativ kurzzeitig benötigt. Die Kraftwerksauslastung ist relativ gering.

Information

Energieumwandlungsketten

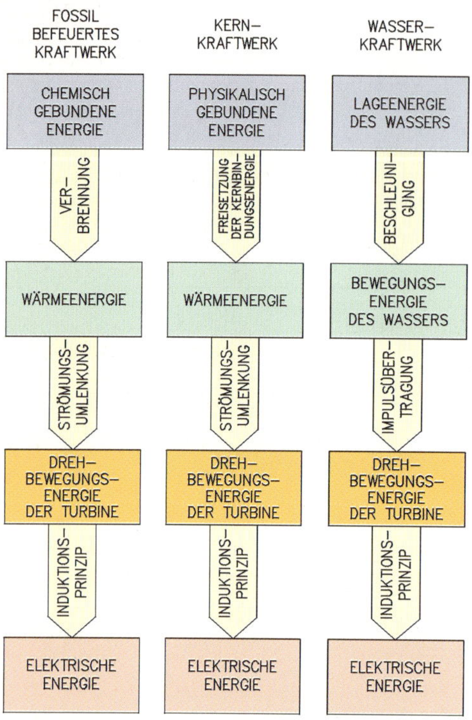

Tagesbelastungsdiagramm

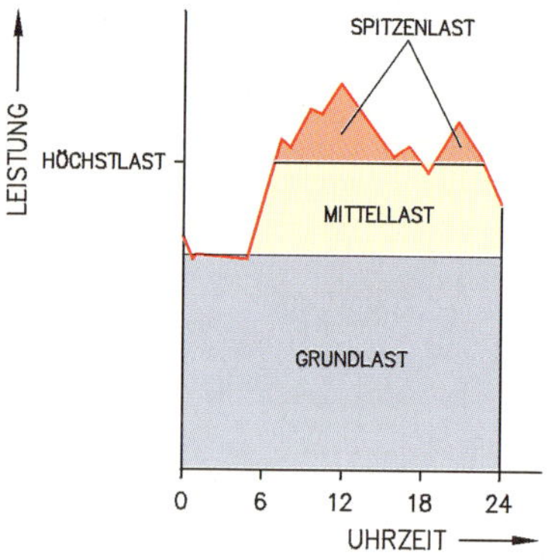

Energieumwandlung in Kraftwerken

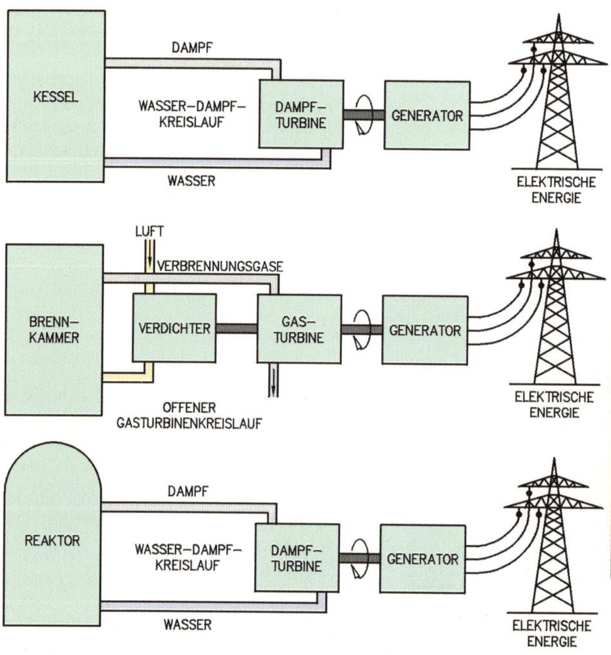

Dezentrale Energieversorgung

Nutzung regenerativer Energieträger

Windkraftanlage

Die vom Wind angetriebenen Rotorblätter sind mechanisch mit einem Drehstromgenerator gekoppelt, der elektrische Energie erzeugt.
Im Allgemeinen erfolgt eine Einspeisung in die Netze der Versorgungsnetzbetreiber (VBN).

Da diese eine Spannung konstanter Höhe und konstanter Frequenz benötigen, sind *Windkraftanlagen* mit einem *Wechselrichter* ausgerüstet.

Windrotoren können eine waagerechte oder eine senkrechte Achse haben. Waagerechte Achsen ermöglichen höhere Wirkungsgrade. Drehfrequenz der Rotoren: 10 – 50 1/min

Die meisten Windenergiekonvertoren arbeiten im *Verbundbetrieb*. Bei ausreichendem Wind wird in das öffentliche Netz eingespeist. Ansonsten wird elektrische Energie aus dem Versorgungsnetz bezogen.

Windkraftanlagen

Information

Prinzipieller Aufbau eines Wärmekraftwerkes

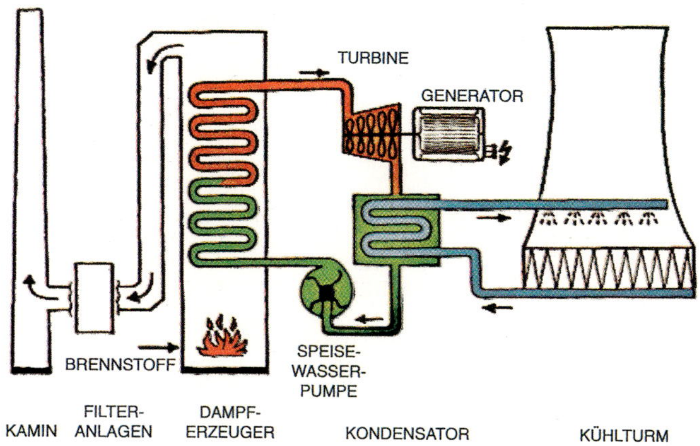

Rohrsystem im Kraftwerk, vereinfacht

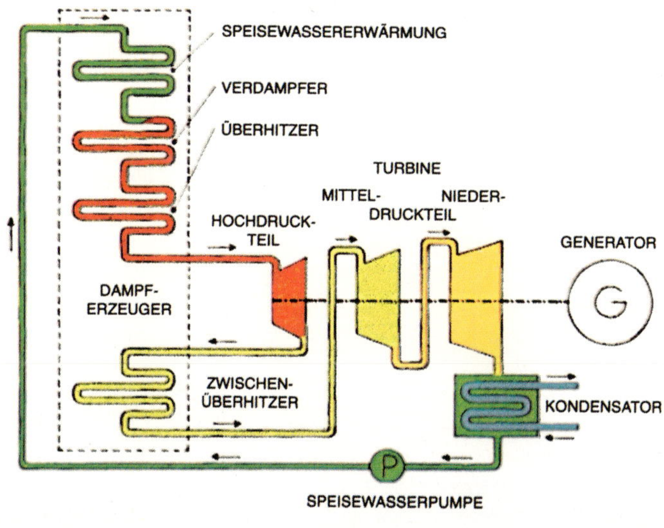

Brennstoffzelle

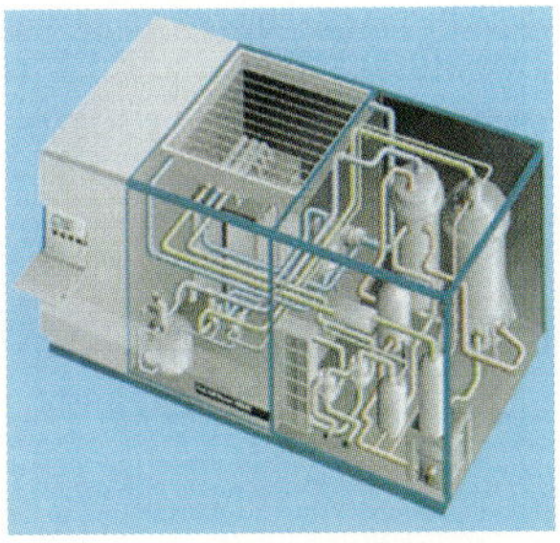

Solaranlage

Fotovoltaikanlage

Solarzellen wandeln Sonnenenergie in elektrische Energie um. Da eine einzelne Solarzelle nur eine sehr geringe Spannung (etwa 0,6 V) liefert, werden Zellen in Reihe zu Modulen geschaltet.
Solarzellen liefern Gleichstrom; die elektrische Energie wird überwiegend in Akkumulatoren gespeichert. Dadurch können Schwankungen der Sonneneinstrahlung ausgeglichen werden.

Für die Einspeisung ins öffentliche Netz ist Wechselspannung notwendig. Daher ist ein Wechselrichter notwendig. Außerdem sind aufwendige Regelungsanlagen notwendig.

Biomasseanlage

Biomasse:

- Feste Stoffe: Holz, Pflanzen werden verbrannt; Antriebsenergie für Dampfturbinen.
- Flüssige Stoffe: Ölhaltige Pflanzen (z.B. Raps) liefern Biodiesel, der als Verbrennungskraftstoff verwendet werden kann.

Gasförmige Stoffe: Entstehen im Allgemeinen durch Beteiligung von Mikroorganismen bei der Güllevergährung oder auf Mülldeponien.
Es entsteht Methangas, das z.B. zum Antrieb eines Gasgenerators genutzt werden kann (Heizkraftwerk).

Brennstoffzellen

Ausgenutzt wird die elektrochemische Reaktion von Wasserstoff und Sauerstoff. Dabei entsteht Wärmeenergie und elektrische Energie. Ein *Brennstoffelement* besteht aus Elektroden und einem Elektrolyten, in dem der Brennstoff Wasserstoff mit Sauerstoff reagiert. Die elektrische Spannung eines solchen Elementes ist gering.

Information

Daher werden viele Brennstoffelemente in Reihe geschaltet, so dass sich die Einzelspannungen addieren. Eine solche Schaltung von Brennstoffelementen heißt *Brennstoffzelle*. Auch hier ist ein Wechselrichter notwendig, um 400/230 V ~ 50 Hz zu erzeugen.

Je nach Elektrolyt arbeiten Brennstoffzellen mit Temperaturen von 60 – 1000 °C.

Da Brennstoffzellen im Betrieb eine beträchtliche Wärme erzeugen, sind sie am ehesten dann wirtschaftlich, wenn diese Wärme technisch genutzt werden kann. Also sind Brennstoffzellen dann besonders interessant, wenn sie eine hohe Betriebstemperatur haben. Die Wärme kann dann zum Antrieb einer Dampfturbine genutzt werden.

Als Primärbrennstoff kann Erdgas verwendet werden, aus dem in einer vorgeschalteten Brenngasaufbereitung Wasserstoff erzeugt wird. Den Sauerstoff liefert eine separate Luftzufuhr.

Biomasse

Aufbau des Energieverteilungsnetzes

Die zur Übertragung der elektrischen Energie eingesetzten Leitungen haben unterschiedliche *Betriebsspannungen*.

- *Höchstspannungsleitungen (über 150 kV)*
- *Hochspannungsleitungen (über 60 kV bis 150 kV)*
- *Mittelspannungsleitungen (über 1 kV bis 60 kV)*
- *Niederspannungsleitungen (bis 1 kV)*

Höchstspannungsleitungen werden in der Bundesrepublik Deutschland mit Spannungen von 380 kV oder 220 kV betrieben. Sie übertragen die elektrische Energie von den Großkraftwerken zu Umspannanlagen in der Nähe der Verbrauchsschwerpunkte. Diese Leitungen überbrücken große Entfernungen.

In den **Umspannanlagen** wird die Höchstspannung i. Allg. auf 110 kV heruntertransformiert. Von hier aus wird die elektrische Energie zu den Verbraucherschwerpunkten mit einem Leistungsbedarf von 10 bis 100 MW transportiert.

In den mit 110 KV gespeisten Umspannanlagen wird die Spannung auf 10 oder 20 kV heruntertransformiert. Mit diesen Spannungen werden die **Mittelspannungsleitungen** betrieben, die die elektrische Energie innerhalb der einzelnen Stadt- oder Landbezirke verteilen.

In **Ortsnetzstationen** wird die Mittelspannung für einen Leistungsbedarf bis 1000 kW auf die Niederspannung von 400/230 V transformiert. Damit werden umliegende Häuser oder Gewerbebetriebe versorgt.

Die überregionalen Transportaufgaben der Höchstspannungsleitungen erfordern Leitungslängen von mehreren hundert Kilometern. Diese Leitungen bilden das **Verbundnetz**.

Spannungsebenen, prinzipieller Aufbau

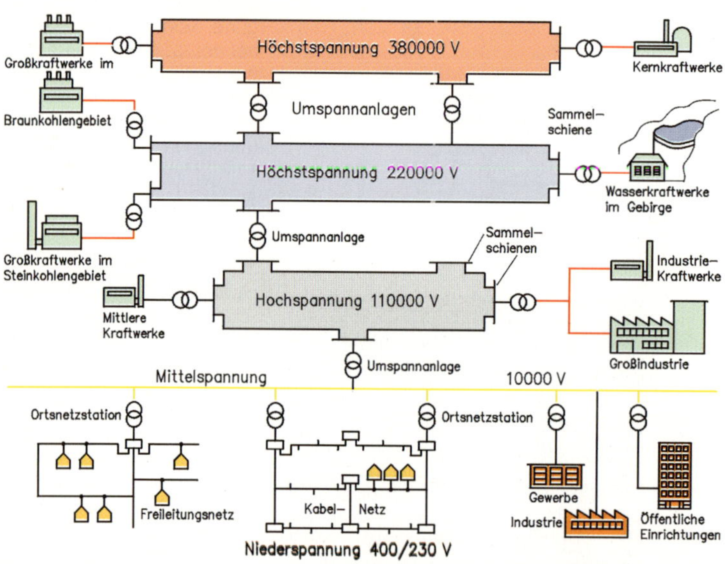

Das Verbundnetz macht nicht an den Grenzen der Nachbarländer halt.

Auch deren Verbundnetze sind untereinander und mit unserem Netz gekuppelt. Ein westeuropäischer Energieaustausch ist also möglich.

Die wichtigsten Vorteile des Verbundnetzes liegen in dem gebietsbezogenen und zeitlichen *Last- und Erzeugungsausgleich* sowie der kostengünstigen *Reservestellung* für nicht verfügbare Kraftwerke begründet.

Selbstverständlich werden auch die neuen Bundesländer nach und nach in dieses Verbundnetz einbezogen.

Information

Strahlennetz

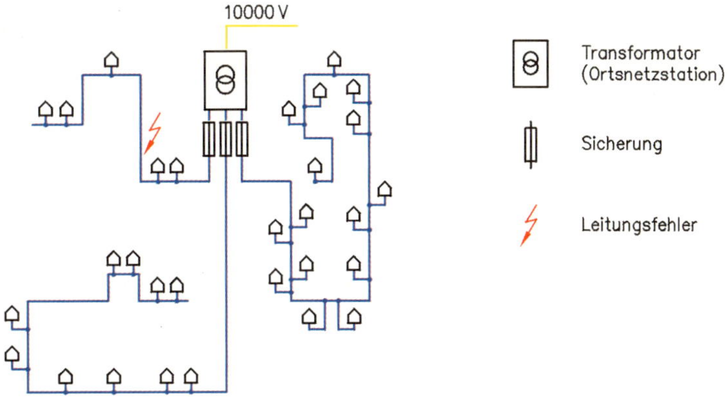

Ringnetz

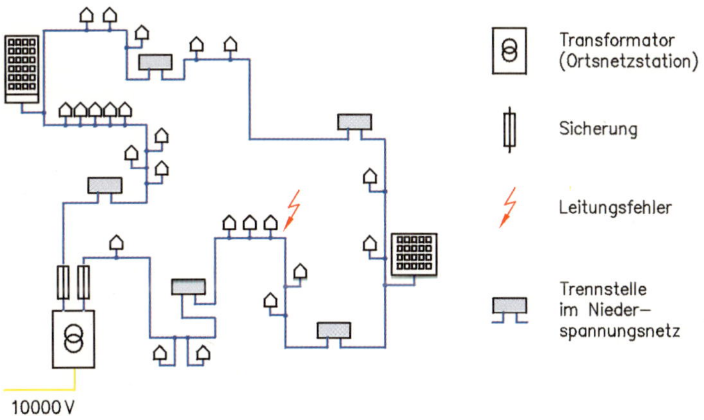

Maschennetz

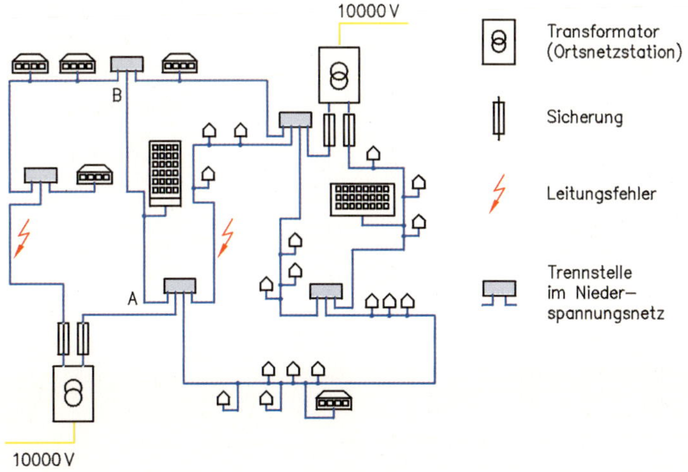

Netzform

Unter einem **Netz** werden in diesem Zusammenhang alle Einrichtungen wie *Freileitungen, Kabel, Transformatoren, Umspann- und Schaltanlagen* mit ihren *Sicherheits- und Überwachungseinrichtungen* verstanden, die zur *Übertragung* und *Verteilung elektrischer Energie* notwendig sind. Dabei werden *drei Netzformen* unterschieden:

- *Strahlennetz*
- *Ringnetz*
- *Maschennetz*

Strahlennetz

Das Strahlennetz ist die einfachste Netzform. Von einem Einspeisepunkt aus laufen die Leitungen *strahlenförmig* auseinander.

Wenn ein Leitungsfehler (z.B. Kurzschluss) auftritt, ist die Spannungsversorgung aller Teilnehmer, die an den fehlerhaften Leitungsstrang angeschlossen sind, unterbrochen.

Ringnetz

Die Leitungen werden *ringförmig* zusammengeschaltet. Bei einem Leitungsfehler kann – nach Abschaltung des fehlerhaften Leitungsteils – das Netz wieder in Betrieb genommen werden (höhere Versorgungssicherheit).

Maschennetz

Werden zwischen weiter entfernten Netzpunkten zusätzlich Leitungen in das Ringnetz eingebaut (z.B. von A nach B) und werden noch weitere Einspeisungspunkte vorgesehen, ergibt sich ein *Maschennetz*.

Maschennetze werden besonders auf Hoch- und Höchstspannungsebene eingesetzt.

In den Bereichen der Nieder- und Mittelspannungsebene sind die Netze im Allgemeinen zwar als Ringnetze oder vermaschte Netze aufgebaut, werden jedoch im Normalfall als Strahlennetze betrieben. Dadurch wird ein übersichtlicher Netzbetrieb und eine relativ hohe Versorgungssicherheit gewährleistet.

Information

Prinzip einer Umspannanlage

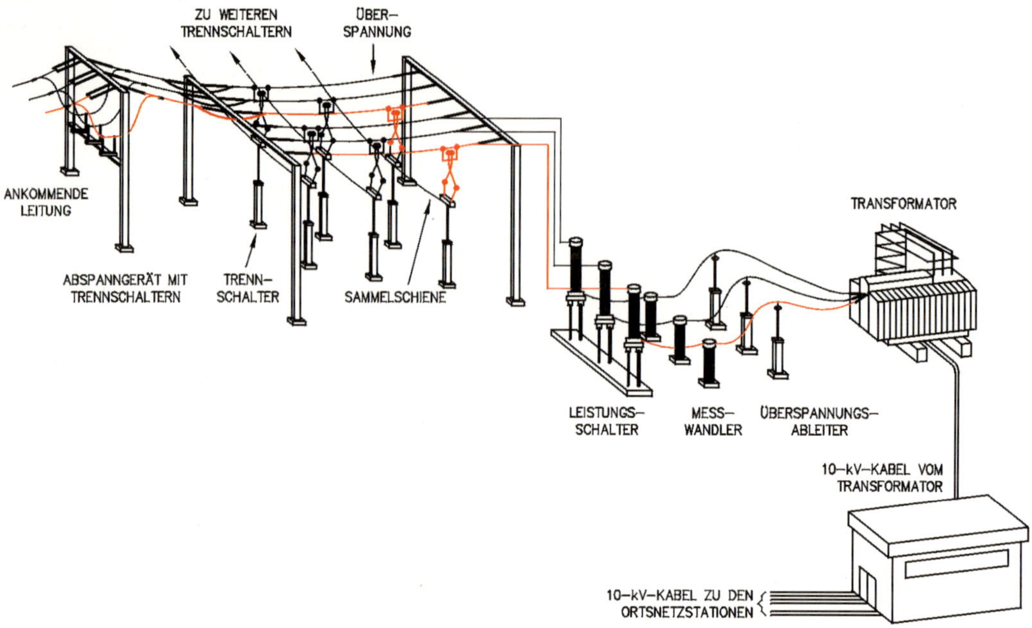

Mittelspannungsnetz

Das **Mittelspannungsnetz** hat nicht nur eine Verteilfunktion als Bindeglied zwischen der 110-KV- und 400/230-V-Ebene, sondern übernimmt mit 10 kV auch Versorgungsaufgaben für *kleinere und mittlere Industriebetriebe*.

Mittelspannungsnetze werden zumeist als *Strahlennetze* mit sich mehrfach verzweigenden Strahlen betrieben. Der Aufbau erfolgt zwar als vermaschtes Netz, jedoch sind in den Knotenpunkten die Schalter, die die ankommenden Kabel miteinander verbinden, nicht geschlossen.

An diesen Stellen steht die Netzspannung ständig an, so dass bei Ausfall eines Netzteils durch Zuschalten der anstehenden Spannung die Versorgung schnell wieder sichergestellt werden kann.

10-kV-Netzplan

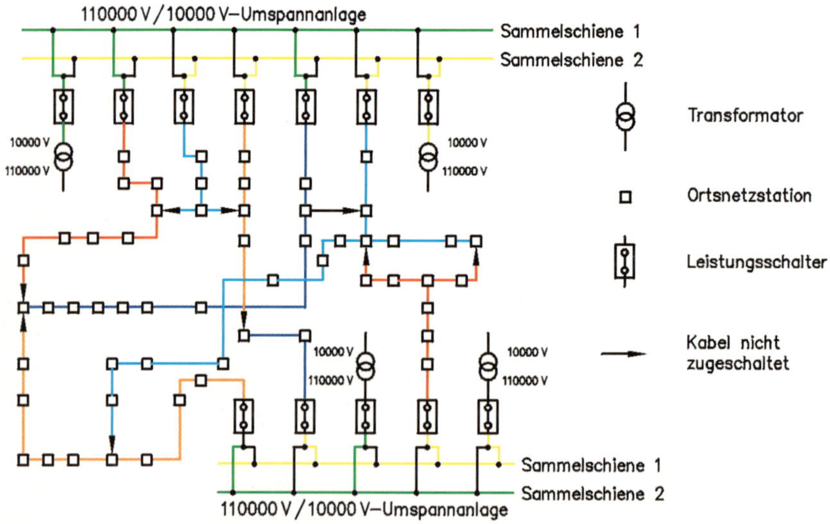

10-kV-Netzplan

Die einzelnen Netzstrahlen sind farblich unterschiedlich dargestellt. In den Knotenpunkten sind die nicht zugeschalteten Kabel durch Pfeile gekennzeichnet. Bei Zuschaltung dieser Kabel entsteht ein vermaschtes Netz. Die beiden Umspannstationen stehen über mehrere Leitungswege miteinander in Verbindung.

Information

Kabel und Freileitungen

Elektrische Energie wird über **Kabel** und **Freileitungen** übertragen. Die am häufigsten verwendeten Leiterwerkstoffe sind *Kupfer* und *Aluminium.* Aluminium hat zwar eine geringere Leitfähigkeit als Kupfer, allerdings auch ein *geringeres Eigengewicht.* Gerade diese Eigenschaft ist im *Freileitungsbau* von Bedeutung.

Kabel

Die einzelnen Leiter eines Kabels werden durch Isolierung vor gegenseitiger Berührung geschützt. Ein isolierter Leiter wird **Ader** genannt. Die einzelnen Leiter werden von einem **Mantel** umgeben und so zu einem Kabel zusammengefügt.

- *Leitermaterial Kupfer oder Aluminium*
- *Leiterquerschnitt kreis- oder sektorförmig*

Unterschiedliche Kabeltypen und ihr Aufbau

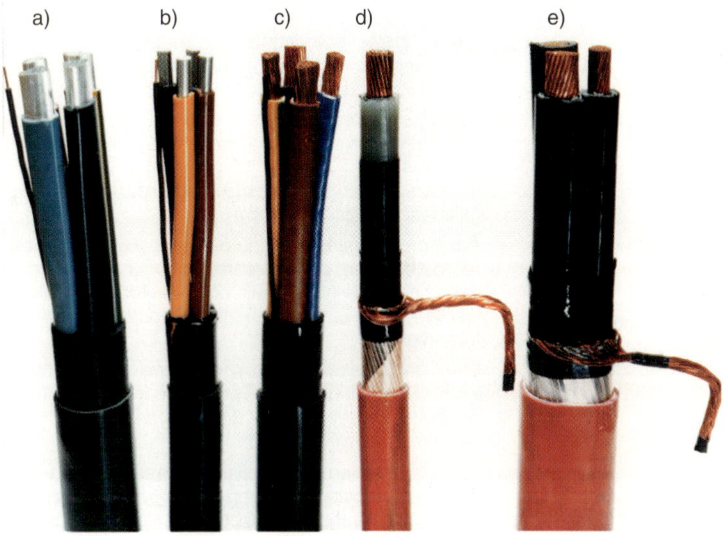

a) Niederspannungskabel mit Al-Leitern und sektorförmigem Querschnitt

b) Niederspannungskabel mit Al-Leitern und kreisförmigem Querschnitt

c) Niederspannungskabel mit Cu-Leitern und sektorförmigem Querschnitt

d) Einleiter-Mittelspannungskabel mit Cu-Leiter

e) Dreileiter-Mittelspannungskabel mit Cu-Leitern

Bei mehradrigen Kabeln bis ca. 10 kV werden meist *sektorförmige* Leiter verwendet, die einen größeren Leiterquerschnitt bei gleichen äußeren Kabelabmessungen ermöglichen.

Im *Hoch- und Mittelspannungsbereich* wird die **ölgetränkte Papierisolierung** verwendet. Das Papier ist lagenförmig um den Leiter gewickelt, wobei die Isolierungsdicke von der Bemessungsspannung des Kabels abhängt.

Im *Mittelspannungsbereich* wird häufig **VPE** (Polyethylen) und im Niederspannungebereich **PVC** (Polyvinylchlorid) verwendet.

Der **Mantel** hält die isolierten Leiter unverrückbar im Kabel zusammen und schützt vor mechanischen Beschädigungen. Bei Papierisolierungen muss der Mantel auch einen Schutz gegen das Eindringen von Feuchtigkeit gewährleisten.

Gasaußendruckkabel, 110 kV

Der Aufbau von *Hochspannungskabeln* ist wegen der erhöhten Isolationsanforderungen aufwändiger. Bei **Gasaußendruckkabeln** werden die isolierten Leiter in einem Stahlrohr verlegt, das mit dem Gas Stickstoff unter hohem Druck gefüllt ist.

Freileitungen

Eine Freileitung besteht aus dem *Gestänge* und den einzelnen *Stromkreisen.* Ein Stromkreis wird jeweils aus drei Leitern, im Niederspannungsnetz aus vier Leitern gebildet. Die spannungsführenden Leiter (Seile genannt) sind mit *Isolatoren* am Mast befestigt.

Die *Masthöhe* richtet sich nach der Höhe der Spannung und wegen des Durchhangs der Seile nach dem Mastabstand.

Als *Leiterisolierung* wird Luft genutzt. Die Leitungsseile sind an den Masten über *Isolatoren* befestigt.

Information

Isolatoren sind aus Glas oder Porzellan mit rippenförmiger Oberflächenstruktur. Durch diese Formgebung wird eine besonders lange Isolationsstrecke gebildet, an der Verschmutzungen oder Feuchtigkeit auf der Isolatorenoberfläche keine leitenden Verbindungen und keine Lichtbogenüberschläge zu den geerdeten Metallteilen hervorgerufen können. Die Bauform der Isolatoren ist abhängig von der Bemessungsspannung.

Aluminium-Stahl-Seil einer Freileitung

Im *Hoch- und Höchstspannungsbereich* wird als Leitermaterial ausschließlich Aluminium verwendet. Viele Aluminiumdrähte werden in mehreren Lagen zu einem Vollseil verseilt. Zur Verbesserung der mechanischen Festigkeit sind im Kern des Seils Stahldrähte eingebracht.

Schutzeinrichtungen

Alterung, Blitzeinschläge, Sturm, Erdbewegungen oder Unachtsamkeit bei Bauarbeiten sind nur einige Ursachen für *Kurzschlüsse*, die die Energieversorgung unterbrechen können. Auch länger andauernde *Überlastungen* können Störungen verursachen.

Schutzeinrichtungen haben die Aufgabe, Störungen *selektiv* zu beseitigen, d.h. nicht mehr Betriebsmittel als unbedingt erforderlich abzuschalten.

Der Schutz soll ausreichend *empfindlich* sein, damit alle *Kurzschlüsse* eindeutig erfasst werden können. *Kurzzeitige* hohe Belastungen dürfen nicht zur Auslösung führen.

Selektiver Schutz eines Strahlennetzes

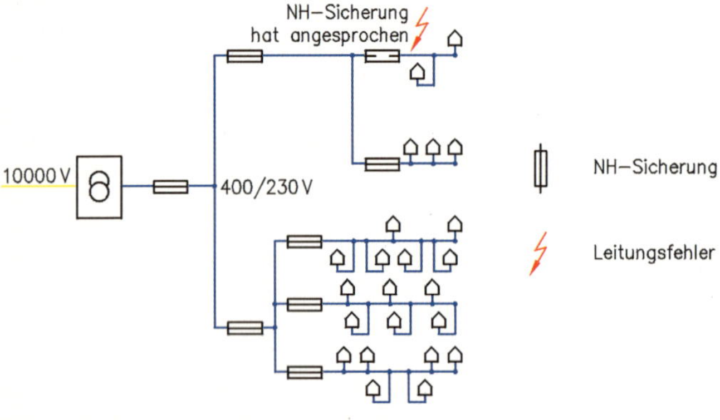

Transformatoren

Wegen der Nähe zu den Primärenergieträgern, der Verfügbarkeit von Kühlmitteln (Flüsse, Seen) oder aus Sicherheitsgründen liegen Kraftwerke oft weit von den Verbrauchsorten entfernt.

Hieraus ergibt sich die Notwendigkeit einer *wirtschaftlichen Energieübertragung* zwischen Erzeuger (Kraftwerk) und Verbraucher. Eine bestimmte elektrische Leistung $S = U \cdot I$ kann bei geringer Spannung und hoher Stromstärke oder bei hoher Spannung und geringerer Stromstärke übertragen werden.

Da die Stromstärke für *Leitungsverluste* und *Leiterquerschnitte* verantwortlich ist, kann die elektrische Energie mit niedrigeren Stromstärken und höheren Spannungen wirtschaftlicher übertragen werden.

Elektrische *Generatoren* können aus Gründen der Betriebssicherheit und Isolationsfestigkeit nicht beliebig hohe Spannungen erzeugen. Daher wird die Generatorspannung vor Einspeisung in das Energieverteilungsnetz *hochtransformiert*.

Am *Verbrauchsort* wird die Spannung wieder *heruntertransformiert*, damit der Verbraucher mit der erforderlichen Spannung (z.B. 230 V, 400 V) versorgt werden kann. Es sind also zwei *Transformatoren* erforderlich.

Eine Vielzahl von Verbrauchern kann nicht mit Netzwechselspannung (230 V) betrieben werden. Bei stationärem Betrieb ist der Einsatz von galvanischen Elementen unwirtschaftlich.

Transformatoren setzen die Netzwechselspannung auf die benötigte Spannung herab (oder in Ausnahmefällen herauf). Eine nachgeschaltete Gleichrichterschaltung ermöglicht die Gleichspannungsversorgung, die insbesondere bei elektronischen Betriebsmitteln erforderlich ist.

Aufbau eines Transformators

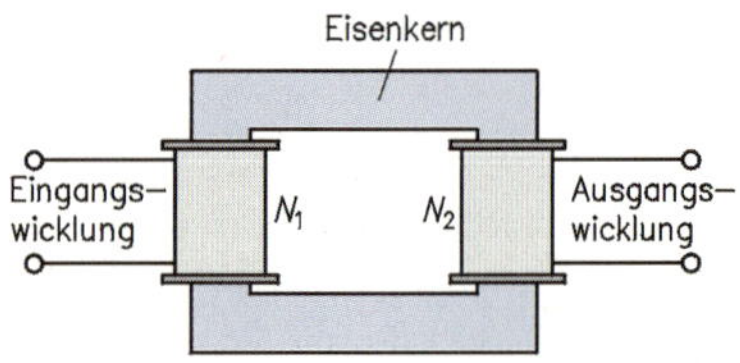

Schaltzeichen

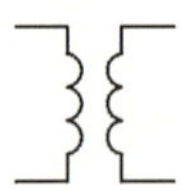

Schaltkurzzeichen

Information

Ein- und Ausgangsgrößen eines Transformators

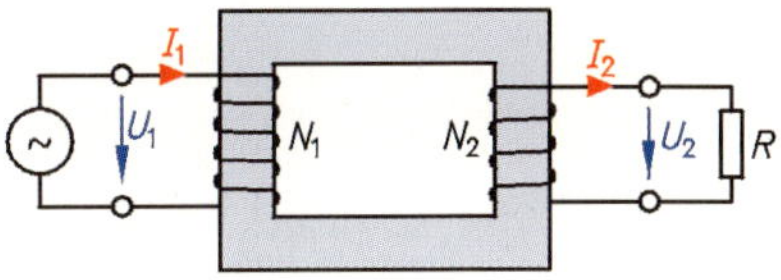

Aufbau des Transformators

Im einfachsten Fall besteht der *Transformator* aus zwei elektrisch (galvanisch) voneinander getrennten *Wicklungen*, die sich auf einem gemeinsamen *Eisenkern* befinden.

Um die *Wirbelstromverluste* möglichst gering zu halten, ist der Eisenkern *geblättert*. Die *Eingangswicklung* wird auch *Primärwicklung*, die *Ausgangswicklung* auch *Sekundärwicklung* genannt.

Die Eingangswicklung mit der Windungszahl N_1 nimmt an der Eingangsspannung U_1 den Eingangsstrom I_1 auf. Die Ausgangswicklung mit der Windungszahl N_2 gibt bei U_2 den Strom I_2 ab.

Wirkungsweise des Transformators

Die Messschaltung liefert das in der Tabelle festgehaltene Ergebnis.

Transformator, Messschaltung

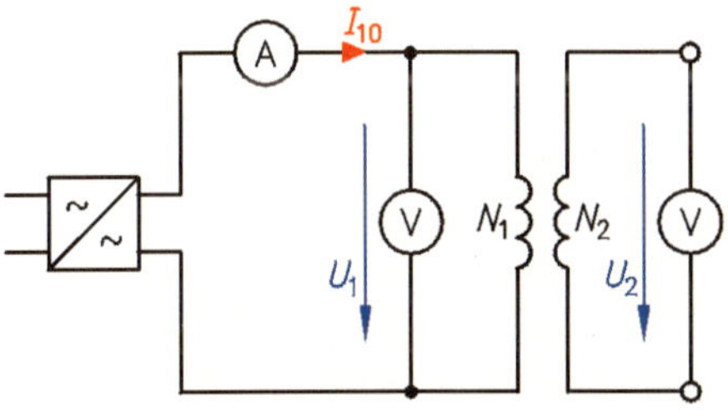

Messwerte zum unbelasteten Transformator

	N_1	N_2	U_1	U_2	I_{10}	$N_1 : N_2$	$U_1 : U_2$
1	500	500	60 V	59 V	0,1 A	1 : 1	1 : 1
2	500	1000	60 V	119 V	0,1 A	1 : 2	1 : 2
3	500	250	60 V	29 V	0,1 A	2 : 1	2 : 1

Es findet eine „Spannungsübertragung" von der Eingangs- zur Ausgangswicklung statt, obgleich beide Wicklungen elektrisch voneinander getrennt sind.

Weiterhin ist feststellbar, dass die Verhältnisse Eingangsspannung zu Ausgangsspannung ($U_1 : U_2$) und Eingangswicklung zu Ausgangswicklung ($N_1 : N_2$) gleich sind.

Die sinusförmige Wechselspannung U_1 treibt durch die Eingangswicklung N_1 den sinusförmigen Leerlaufstrom I_{10}.

Dieser Strom ruft den magnetische Fluss Φ_1 hervor. Dieser Fluss Φ_1 besteht aus den beiden Anteilen Streufluss Φ_{10} und dem Hauptfluss Φ_h, der die Ausgangswicklung durchsetzt. Auch der Fluss Φ_{1h} ändert sich periodisch. Die Flussänderung $\Delta\Phi_{1h}/\Delta t$ induziert in der Ausgangswicklung eine elektrische Spannung U_{20}.

Es gilt:

$$U_{10} = 4{,}44 \cdot f \cdot N_1 \cdot B_{1S} \cdot A$$
$$U_{20} = 4{,}44 \cdot f \cdot N_2 \cdot B_{2S} \cdot A$$

U_{10} Induktionsspannung in der Eingangswicklung in V
U_{20} Induktionsspannung in der Ausgangswicklung in V
f Frequenz in Hz
N_1 Windungszahl der Eingangswicklung
N_2 Windungszahl der Ausgangswicklung
B_{1S} Scheitelwert der Flussdichte in der Eingangswicklung in Vs/m²
B_{2S} Scheitelwert der Flussdichte in der Ausgangswicklung in Vs/m²
A Querschnitt des Eisenkerns in m²

Übersetzungsverhältnisse

Spannungsübersetzung

Da beim *unbelasteten Transformator* der magnetische **Streufluss** $\Phi_{\sigma 1}$ vernachlässigt werden kann, ist der magnetische Fluss in der Ein- und Ausgangswicklung gleich groß. Für die *Induktionsspannungen* in beiden Wicklungen gilt dann:

$$\frac{U_{10}}{U_{20}} = \frac{N_1}{N_2}$$

Die Induktionsspannungen verhalten sich wie die Windungszahlen.

Im *Leerlauf* fließt in der Ausgangswicklung des Transformators kein Strom. Somit tritt auch kein Spannungsfall auf. Daher ist dann $U_{20} = U_2$. Bei geringem Leerlaufstrom I_{10} ist der *Spannungsfall in der Eingangswicklung* relativ klein, so dass man ohne großen Fehler $U_{10} = U_1$ setzen kann.

$$\frac{U_1}{U_2} = \frac{N_1}{N_2}$$

Die Spannungen verhalten sich wie die Windungszahlen.

Information

Belasteter Transformator

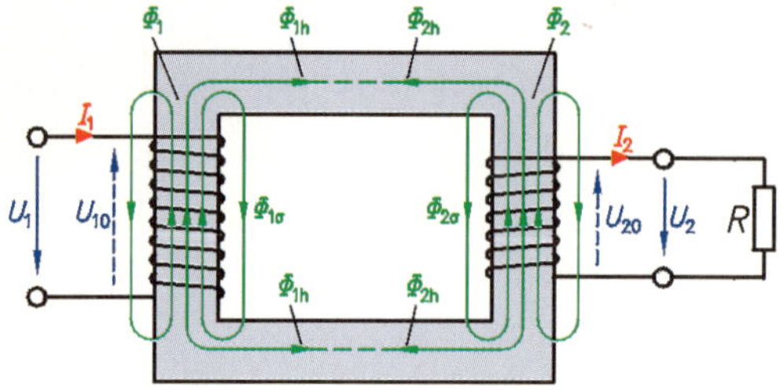

Belasteter Transformator, Messschaltung

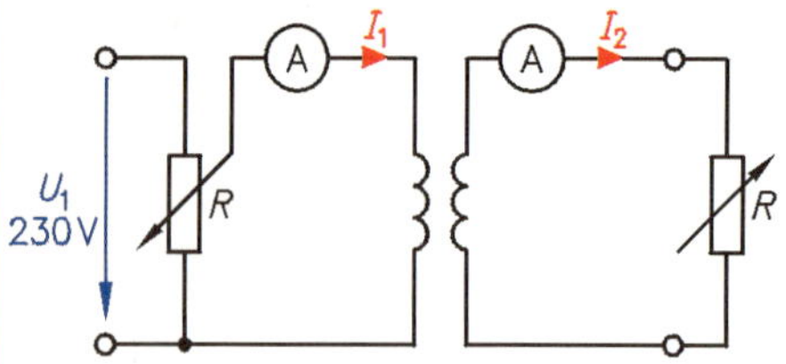

Messwerte zum belasteten Transformator

	I_1	I_2	N_1	N_2	$I_1 : I_2$	$N_1 : N_2$
1	1 A	0,97 A	500	500	≈ 1 : 1	1 : 1
2	1 A	0,46 A	500	1000	≈ 2 : 1	1 : 2
3	1 A	1,8 A	500	250	≈ 2 : 1	2 : 1

Stromübersetzung

Wird der Transformator belastet, fließt auch in der Ausgangswicklung Strom. Werden Eingangsstrom I_1 und Ausgangsstrom I_2 gemessen, erhält man das in der Tabelle dargestellte Ergebnis.

Der Eingangsstrom I_1 verhält sich zum Ausgangsstrom I_2 umgekehrt wie die Windungszahl der Eingangswicklung N_1 zur Windungszahl der Ausgangswicklung N_2.

$$\frac{I_2}{I_1} = \frac{N_1}{N_2}$$

Wenn die *Verluste* des Transformators vernachlässigt werden, stimmen aufgenommene und abgegebene *Scheinleistung* überein.

$$S_1 = S_2$$

$$U_1 \cdot I_1 = U_2 \cdot I_2$$

$$\frac{U_1}{U_2} = \frac{I_2}{I_1}$$

Beim Transformator verhalten sich die Ströme umgekehrt wie die Spannungen und wie die Windungszahlen.

$$ü = \frac{U_1}{U_2} = \frac{N_1}{N_2} = \frac{I_2}{I_1}$$

Beispiel
Ein Transformator liefert ausgangsseitig die Werte 8 V/0,2 A.
Bestimmen Sie den Eingangsstrom und das Übersetzungsverhältnis bei einer Eingangsspannung von 230 V.

Geg: $U_1 = 230$ V, $U_2 = 8$ V, $I_2 = 0{,}2$ A
Ges: I_1, $ü$

$$\frac{U_1}{U_2} = \frac{I_2}{I_1} \rightarrow I_1 = I_2 \cdot \frac{U_2}{U_1}$$

$$I_1 = 0{,}2\,\text{A} \cdot \frac{8\,\text{V}}{230\,\text{V}} = 7\,\text{mA}$$

$$ü = \frac{U_1}{U_2} = \frac{230\,\text{V}}{8\,\text{V}} = 28{,}75$$

Widerstandsübersetzung

Wird die Ausgangswicklung des Transformators mit dem *Scheinwiderstand* Z_2 belastet, wird auf der Eingangsseite der Scheinwiderstand Z_1 wirksam.

Widerstandsübersetzung

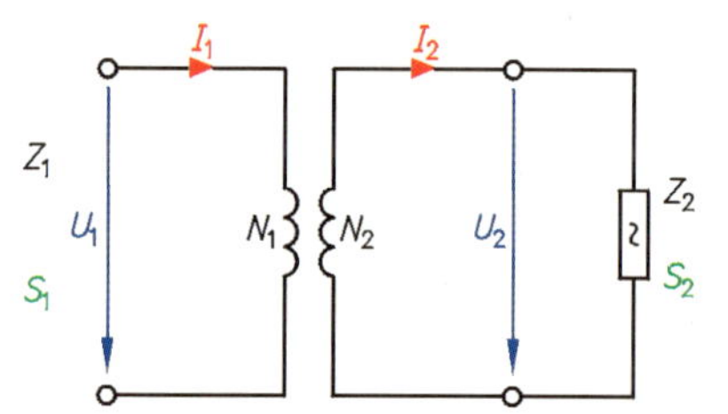

Unter Vernachlässigung der Verluste gilt auch hier:

$$S_1 = S_2$$

$$S = \frac{U^2}{Z}$$

$$\frac{U_1^2}{Z_1} = \frac{U_2^2}{Z_2}$$

$$\frac{U_1^2}{U_2^2} = \frac{Z_1}{Z_2}$$

Mit $ü = \frac{U_1}{U_2}$ gilt $ü^2 = \frac{U_1^2}{U_2^2} = \frac{Z_1}{Z_2}$

Widerstandsübersetzungsverhältnis

$$ü = \sqrt{\frac{Z_1}{Z_2}} = \sqrt{\frac{R_1}{R_2}} = \sqrt{\frac{X_1}{X_2}}$$

Information

Betriebsverhalten des Transformators

Leerlauf

Leerlauf eines Transformators bedeutet, dass die *Ausgangswicklung unbelastet* bleibt. Dennoch nimmt die Eingangswicklung den **Leerlaufstrom** I_0 auf.

Im Wesentlichen dient der Leerlaufstrom zum Aufbau des Magnetfeldes und ist damit ein *Magnetisierungsstrom*.

Bestimmung der Leerlaufverluste

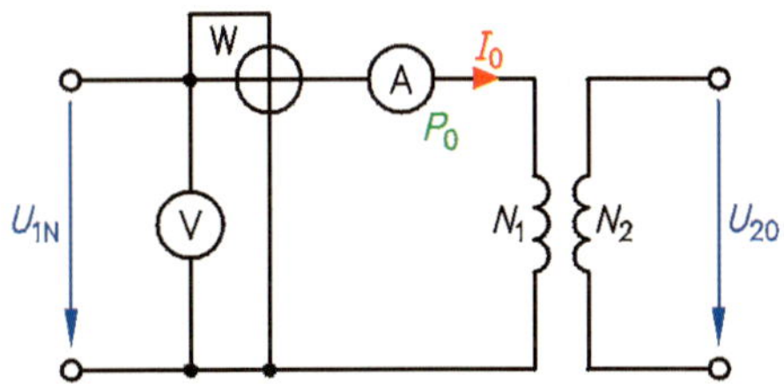

Der Leerlaufstrom setzt sich aus dem *Magnetisierungsstrom* I_μ und dem *Eisenverluststrom* I_{Fe} zusammen.

Der Leerlaufstrom I_0 eilt der Eingangsspannung U_{1N} um den Phasenwinkel φ_0 nach.

$$\cos\varphi_0 = \frac{P_0}{U_{1N} \cdot I_0}$$

Zeigerbild der Ströme bei Leerlauf

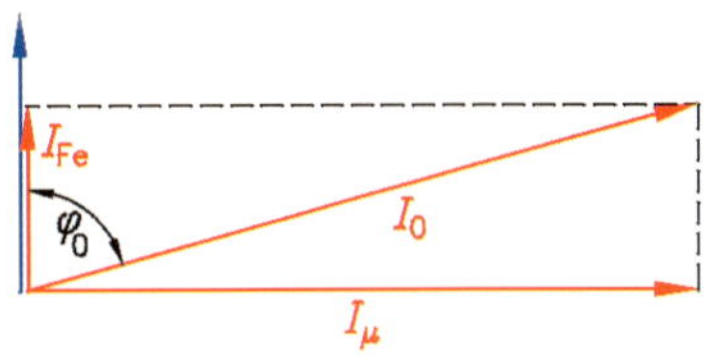

Die **Leerlaufkennlinie** des Transformators zeigt, dass I_0 mit zunehmender Eingangsspannung langsam ansteigt. Im Bereich der *magnetischen Sättigung* des Eisenkerns steigt der Leerlaufstrom sehr stark an und überschreitet bei weitem den Bemessungsstrom I_{0N}.

Transformatoren dürfen nur an Spannungen angeschlossen werden, die die Bemessungsspannung nicht überschreiten.

Die im *Leerlauf* gemessene Wirkleistung P_0 kann nur in der Eingangswicklung umgesetzt werden, da die Ausgangswicklung stromlos ist. Die *Kupferverlustleistung* P_{VCU} wird durch den Leerlaufstrom und den ohmschen Widerstand der Kupferwicklung bestimmt.

$$P_{VCU} = I_0^2 \cdot R_{CU}$$

Die *Kupferverlustleistung* ist im *Leerlauf* des Transformators sehr gering. Sie kann vernachlässigt werden. Die im Leerlauf gemessene Wirkleistung P_0 ist somit praktisch ausschließlich *Eisenverlustleistung*.

Leerlaufkennlinie eines Transformators

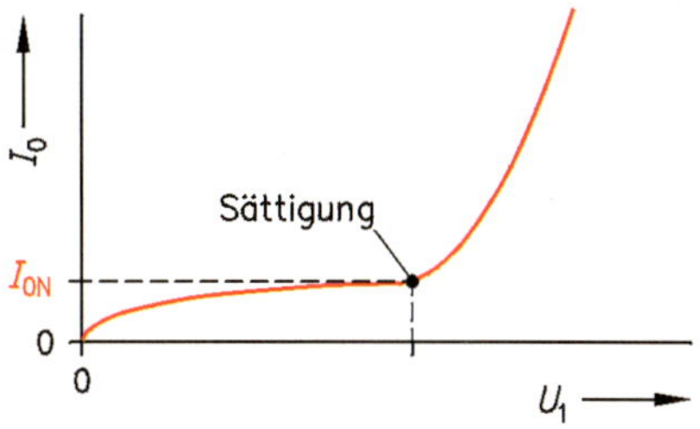

Eisenverluste sind *Ummagnetisierungsverluste* und *Wirbelstromverluste*. Sie nehmen quadratisch mit der magnetischen Flussdichte B zu, so dass sich bei Betrieb oberhalb der Sättigung der Eisenkern stark erwärmt. Eisenverluste werden im Leerlauf gemessen, da sie belastungsunabhängig sind.

Belastung

Bei *Bemessungsbelastung* fließen in der Ein- und Ausgangswicklung die Bemessungsströme I_{1N} und I_{2N}.

An den ohmschen Wicklungswiderständen treten Spannungsfälle auf, die *Wicklungsverluste* hervorrufen. Hieran sind *beide* Wicklungen beteiligt.

$$P_{VCU} = P_{VCU_1} + P_{VCU_2}$$

$$P_{VCU} = I_{1N}^2 \cdot R_1 + I_{2N}^2 \cdot R_2$$

Wicklungsverluste (Kupferverluste) werden bei Belastung des Transformators gemessen. Sie sind stark belastungsabhängig, da die Stromstärke quadratisch eingeht.

Wicklungsverluste beim belasteten Transformator

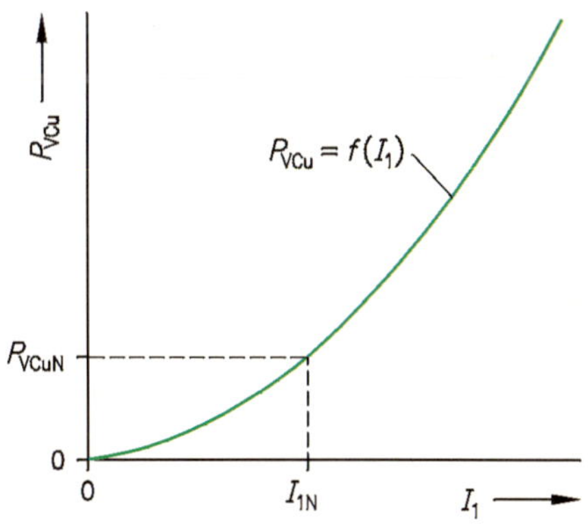

Information

Kurzschlussspannung

Die Ausgangswicklung des Trafos wird kurzgeschlossen. Mit Hilfe eines Stelltransformators wird die Spannung so eingestellt, dass sich in der Eingangswicklung der Bemessungsstrom einstellt.

Die gemessene Spannung ist die **Kurzschlussspannung** U_K. Sie wird im Allgemeinen in Prozent der Bemessungsspannung angegeben und dann **als relative Kurzschlussspannung** u_K bezeichnet.

$$u_K = \frac{U_K}{U_{1N}} \cdot 100\,\%$$

Die Kurzschlussspannung ist die Spannung, die bei Bemessungsfrequenz und kurzgeschlossener Ausgangswicklung an der Eingangswicklung anliegen muss, damit in ihr der Bemessungsstrom fließt.

Die Kurzschlussspannung ist der innere Spannungsfall des Transformators. Sie bestimmt im Fall eines ausgangsseitigen Kurzschlusses den auftretenden Kurzschlussstrom.

Der Wirkleistungsmesser erfasst die *Wicklungs-* oder *Kupferverluste*. Wegen der geringen Magnetisierung des Eisenkerns sind die Eisenverluste vernachlässigbar gering. Die *Wicklungsverluste* steigen quadratisch mit dem Strom an.

$$P_K = P_{VCU} = I_{1N}^2 \cdot R_1$$

Im *Ersatzschaltbild* des *kurzgeschlossenen* Transformators ist R_K der *ohmsche Wicklungswiderstand* und X_{LK} der *Streublindwiderstand* (induktiv). Ursache für den Streublindwiderstand ist der *Streufluss* der Eingangs- und Ausgangswicklung.

Ersatzschaltbild Kurzschlussversuch

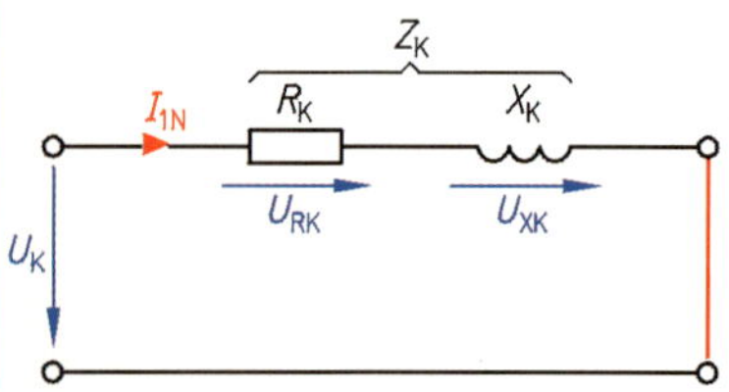

Messung der Kurzschlussspannung

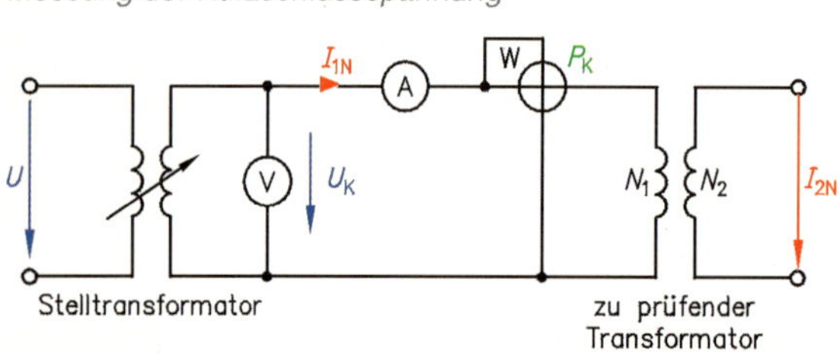

Innenwiderstand des Transformators:

$$Z_K = \sqrt{R_K^2 + X_K^2} = \frac{U_K}{I_{1N}}$$

Bei Bemessungsstrom I_{1N} liegt am *Innenwiderstand* des Transformators die *Kurzschlussspannung* an. Eine *kleine Kurzschlussspannung* bedeutet einen *geringen Innenwiderstand*, eine *große Kurzschlussspannung* einen *hohen Innenwiderstand*.

Transformatoren mit *kleiner Kurzschlussspannung* sind **spannungssteif**. Ihre Ausgangsspannung ändert sich bei Belastung nur geringfügig.

Transformatoren mit *großer Kurzschlussspannung* sind **spannungsweich**. Ihre Ausgangsspannung sinkt bei Belastung stark ab.

Die *Kurzschlussspannung* eines Transformators hängt im Wesentlichen von der *magnetischen Streuung* ab. Durch sie wird der induktive Spannungsfall U_{X_K} bestimmt.

Die Streuung des Transformators – und damit seine Kurzschlussspannung – kann durch die *Anordnung der Wicklungen* beeinflusst werden.

Trafo mit niedriger Kurzschlussspannung

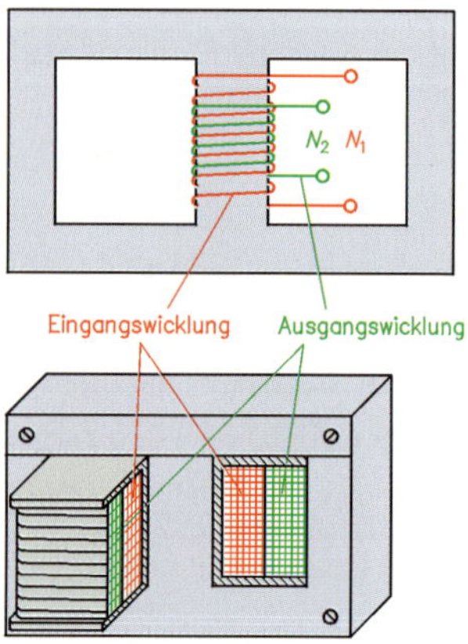

Trafo mit hoher Kurzschlussspannung

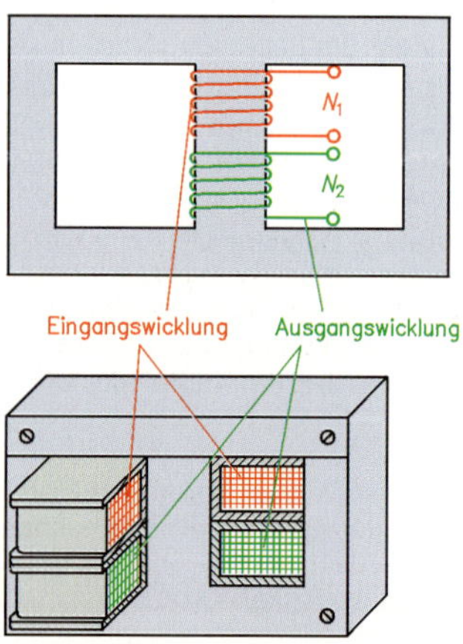

Information

- *Transformatoren mit niedriger Kurzschlussspannung*
  Um die Streuung möglichst gering zu halten, sind Ein- und Ausgangswicklung *übereinander* angeordnet. Die Feldlinien des magnetischen Streuflusses durchdringen dann beide Wicklungen und sind für die Spannungsinduktion wirksam.
- *Transformatoren mit hoher Kurzschlussspannung*
  Bei diesen Transformatoren ist eine *große Streuung* erwünscht. Die Wicklungen müssen daher so angeordnet werden, dass die austretenden Streufeldlinien nur *eine* Wicklung durchsetzen.
  Die Wicklungen werden daher *nebeneinander auf einem Schenkel* oder auf *zwei verschiedenen Schenkeln* angeordnet sein.

Belastungsverhalten

Je größer die Kurzschlussspannung, umso größer die *Ausgangsspannungsänderung* bei Belastung.

Die *Spannungsänderung* zwischen Leerlauf und Belastung wird ΔU_2 genannt.

U_{2N} ist die ausgangsseitige Bemessungsspannung, u_K die Kurzschlussspannung.

$$\Delta U_2 = \frac{U_{2N} \cdot u_K}{100\,\%}$$

Belastungsarten

Durch die *Belastungsart* (ohmsch, induktiv, kapazitiv) wird die Ausgangsspannung wesentlich beeinflusst.

Belastungsarten beim Transformator

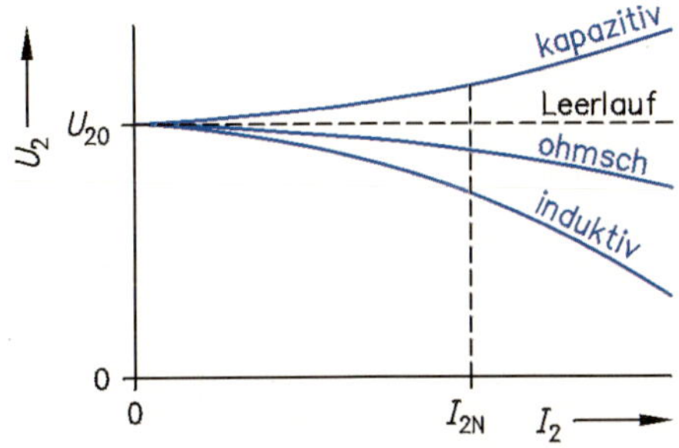

Bei *induktiver Belastung* ist die Spannungsänderung größer als bei ohmscher Belastung. Bei *kapazitiver Belastung* kann die Ausgangsspannung sogar über die Leerlaufspannung hinaus ansteigen. Der Grund für dieses Belastungsverhalten ist die *Phasenlage* des Belastungsstromes, worauf an späterer Stelle noch eingegangen wird.

Bei Transformatoren bis 16 kVA wird auf dem Leistungsschild die Ausgangsspannung bei *ohmscher Belastung* angegeben (Nennstrom). Bei Transformatoren mit größerer Leistung ist die angegebene Spannung die *Leerlaufspannung.*

Das *Spannungsverhalten* lässt sich aus dem Ersatzschaltbild des kurzgeschlossenen Transformators erklären.

Das sich hieraus ergebende *Spannungsdreieck* (Kurzschlussdreieck) zeigt, dass die Kurzschlussspannung die *geometrische Summe* der ohmschen und induktiven Spannungsfälle ist.

$$U_K = \sqrt{U_{R_K}^2 + U_{X_K}^2}$$

$$\cos\varphi_K = \frac{U_{R_K}}{U_K}$$

Kurzgeschlossener Transformator

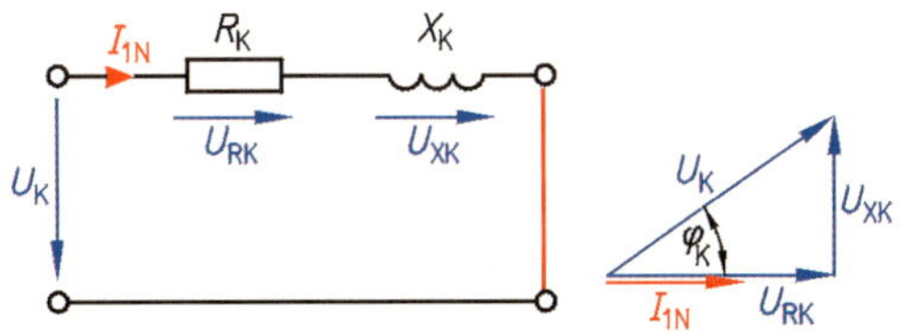

Belasteter Transformator, Ersatzschaltbild

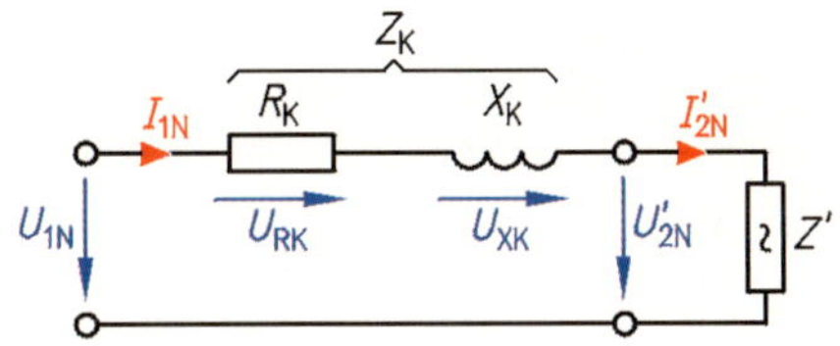

$$U'_{2N} = ü \cdot U_{2N} \qquad I'_{2N} = \frac{I_{2N}}{ü} \qquad Z' = ü^2 \cdot Z$$

Für den *belasteten Transformator* ergibt sich ein etwas verändertes Ersatzschaltbild.

Wichtig ist die Umrechnung der Ausgangsgrößen (Index 2) auf die Eingangsseite. Diese Umrechnung erfolgt unter Berücksichtigung des *Übersetzungsverhältnisses*.

Die umgerechneten Größen werden durch einen Strich gekennzeichnet.

Für das *Ersatzschaltbild des belasteten Transformators* kann ein Zeigerbild der Spannungen entwickelt werden. Die Spannungsfälle U_{R_K} und U_{X_K} ergeben ein Dreieck, das als **Kappsches Dreieck** bezeichnet wird (Seite 444).

Der Phasenwinkel φ_2 zwischen U'_{2N} und I'_{2N} wird durch die *Belastungsart* bestimmt.

Die *Ausgangsspannungen bei unterschiedlichen Belastungsarten* können durch ein maßstäbliches Zeigerbild ermittelt oder näherungsweise mit Hilfe folgender Gleichung errechnet werden:

$$U'_{\varphi} \approx U_{R_K} \cdot \cos\varphi_2 + U_{X_K} \cdot \sin\varphi_2$$

Information

Unterschiedliche Belastungsarten

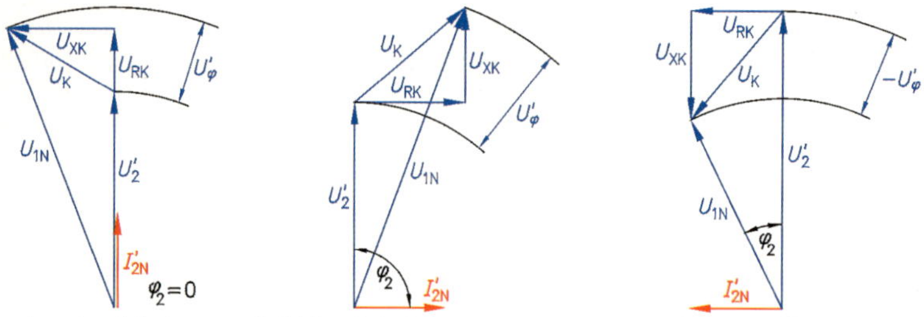

ohmsche Belastung — induktive Belastung — kapazitive Belastung

Kurzschlussstrom

Wird bei *kurzgeschlossener Ausgangswicklung* die Eingangswicklung eines Transformators an Bemessungsspannung angeschlossen, werden die Wicklungen von hohen Strömen durchflossen, die den Transformator sehr stark erwärmen und nach kurzer Zeit zerstören können.

Der einige Perioden nach Einsetzen des Kurzschlusses fließende Strom heißt **Dauerkurzschlussstrom** I_{K_D}.

$$I_{K_D} = \frac{U_{1N}}{Z_K}$$

$$Z_K = \frac{U_K}{I_{1N}}$$

$$I_{K_D} = \frac{U_{1N}}{U_K} \cdot I_{1N}$$

Wenn die *relative Kurzschlussspannung* (in Prozent) angegeben ist, gilt:

$$U_K = \frac{u_K \cdot U_{1N}}{100\,\%}$$

Somit kann man schreiben:

$$I_{K_D} = \frac{U_{1N}}{u_K \cdot U_{1N}} \cdot I_{1N} \cdot 100\,\%$$

$$I_{K_D} = \frac{I_{1N}}{u_K} \cdot 100\,\%$$

Bei Transformatoren mit *kleiner Kurzschlussspannung* ist der Dauerkurzschlussstrom groß. Bei Transformatoren mit *großer Kurzschlussspannung* ist der Dauerkurzschlussstrom relativ gering.

Transformatoren, die dauernd im Kurzschluss betrieben werden können, werden **kurzschlussfeste Transformatoren** genannt. Beispiele hierfür sind Klingel- und Schweißtransformatoren. Ihre *relative Kurzschlussspannung* ist größer als 50 %.

Unmittelbar nach Entstehen des Kurzschlusses fließt der **Stoßkurzschlussstrom** I_S. Er beansprucht alle stromführenden Transformatorteile sehr stark.

Er wird vom Verhältnis X_K/R_K bestimmt. Wenn der Kurzschluss in dem Augenblick entsteht, in dem die Ausgangsspannung ihren *Nulldurchgang* hat, erreicht der *Stoßkurzschlussstrom* seinen Maximalwert während der ersten Halbwelle nach Entstehen des Kurzschlusses.

Dann erreicht auch der magnetische Fluss seinen Maximalwert und der Energieinhalt des magnetischen Feldes ist am größten. Der über mehrere Perioden verlaufende *Gleichstromanteil* entspricht dem Energieinhalt des magnetischen Feldes.

Kurzschlussstrom beim Transformator

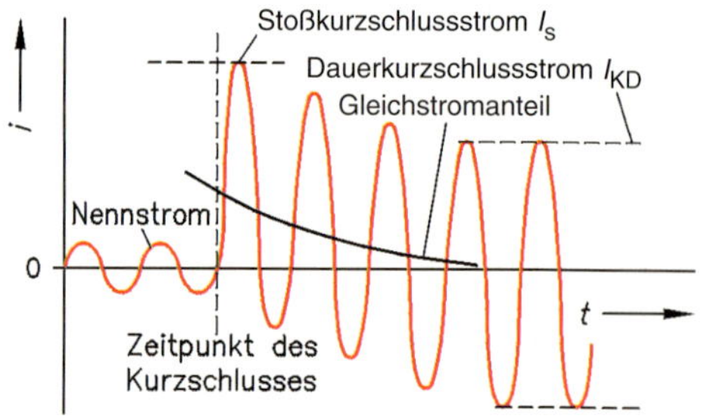

Tritt der Kurzschluss auf, wenn die Ausgangsspannung ihr Maximum erreicht hat, fließt sofort der **Dauerkurzschlussstrom** I_{K_D}, da zu diesem Zeitpunkt der magnetische Fluss seinen Nulldurchgang hat und der Energieinhalt des magnetischen Feldes Null ist.

Ein Stoßkurzschlussstrom kann somit nicht auftreten.

Bei Transformatoren mit *kleinen Wicklungswiderständen* R_K nimmt der Stoßkurzschlussstrom in etwa folgenden Wert an:

$$I_S \approx 1{,}8 \cdot I_{K_D}$$

Je höher die Wicklungswiderstände, umso geringer ist der *Stoßkurzschlussstrom*. Der *Scheitelwert* beträgt

$$I_{S_S} = \sqrt{2} \cdot 1{,}8 \cdot I_{K_D} = 2{,}55 \cdot I_{K_D}$$

Information

Beispiel
Transformator 6 kV/0,4 KV, eingangsseitiger Bemessungsstrom 7 A, $U_K = 300$ V.

Wie groß sind Dauerkurzschlussstrom und Stoßkurzschlussstrom?

$$u_K = \frac{U_K}{U_{1N}} \cdot 100\,\%$$

$$u_K = \frac{300\,V}{6000\,V} \cdot 100\,\% = 5\,\%$$

$$I_{K_D} = \frac{I_{1N}}{u_K} \cdot 100\,\% = 140\,A$$

$$I_{S_S} = 2{,}55 \cdot I_{K_D} \cdot 140\,A = 357\,A$$

Einschaltstrom

Im *Einschaltaugenblick* können selbst bei unbelasteten Transformatoren hohe *Einschaltströme* fließen.

Besonders ungünstig ist das Einschalten des Transformators bei *Nulldurchgang* der Netzspannung und Restmagnetismus im Eisenkern. Eine Strom begrenzende Gegenspannung wird erst erzeugt, wenn sich bei ansteigender Spannung der magnetische Fluss ändert.

Haben magnetischer Fluss und Remanenzfluss die gleiche Richtung, erreicht das Eisen sehr schnell seine *Sättigung*. Nur *große Magnetisierungsströme* können die erforderliche Gegenspannung erzeugen.

Wirkungsgrad

Der *Wirkungsgrad* eines Transformators ist das Verhältnis von abgegebener und aufgenommener *Wirkleistung*.

Die angegebenen Wirkungsgrade von Transformatoren sind **Volllastwirkungsgrade**, die bei Bemessungsbelastung ermittelt werden.

Die *aufgenommene Leistung* wird durch Einzelmessung ermittelt. Im *Leerlauf* werden im Wesentlichen die Magnetisierungsverluste gemessen. Die aufgenommene Leistung ist hier die *Eisenverlustleistung*.

Im *Kurzschlussfall* fließen die Bemessungsströme und verursachen die *Wicklungsverlustleistung* $P_{V_{Cu}}$.

Zusammenfassend gilt:

$$P_{zu} = P_{ab} + P_{V_{Fe}} + P_{V_{Cu}}$$

$$\eta = \frac{P_{ab}}{P_{ab} + P_{V_{Fe}} + P_{V_{Cu}}}$$

η Wirkungsgrad des Transformators
P_{ab} Bemessungsleistungsabgabe (Wirkleistung)
$P_{V_{Fe}}$ Eisenverlustleistung
$P_{V_{Cu}}$ Kupferverlustleistung

Nun gilt obige Gleichung nur für *rein ohmsche Belastung* des Transformators, was in der Praxis die Ausnahme sein dürfte.

In der Regel muss die abgegebene Wirkleistung aus der *Bemessungs-Scheinleistung* und dem *Leistungsfaktor* bestimmt werden. Beide Größen können dem Leistungsschild des Transformators entnommen werden.

$$P_{ab} = S_N \cdot \cos\varphi$$

Somit gilt:

$$\eta = \frac{S_N \cdot \cos\varphi}{S_N \cdot \cos\varphi + P_{V_{Fe}} + P_{V_{Cu}}}$$

Belastungsabhängiger Wirkungsgrad

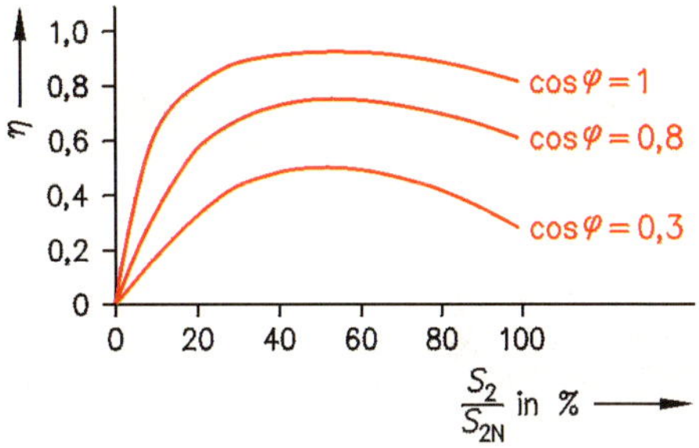

Der *Leistungsfaktor* beeinflusst den *Wirkungsgrad* des Transformators. Je besser der Leistungsfaktor der Verbraucher, desto besser der Wirkungsgrad des Transformators.

Jahreswirkungsgrad

Transformatoren bleiben sehr oft im unbelasteten Zustand eingeschaltet. Deshalb ist der Jahreswirkungsgrad eine wichtige Größe. Bei ihm wird abgegebene elektrische Arbeit zur aufgenommenen elektrischen Arbeit ins Verhältnis gesetzt.

$$\eta_a = \frac{W_{ab}}{W_{ab} + W_{Fe} + W_{Cu}}$$

Im unbelasteten Zustand sind die Wicklungsverluste gegenüber den Eisenverlusten vernachlässigbar gering. Bedingt durch die Eisenverluste sinkt der Wirkungsgrad. Der *Volllastwirkungsgrad* wird erreicht, wenn der Transformator immer mit *Bemessungslast* betrieben wird.

Information

Drehstromtransformator

Transformatorbank (Dreieck-Stern)

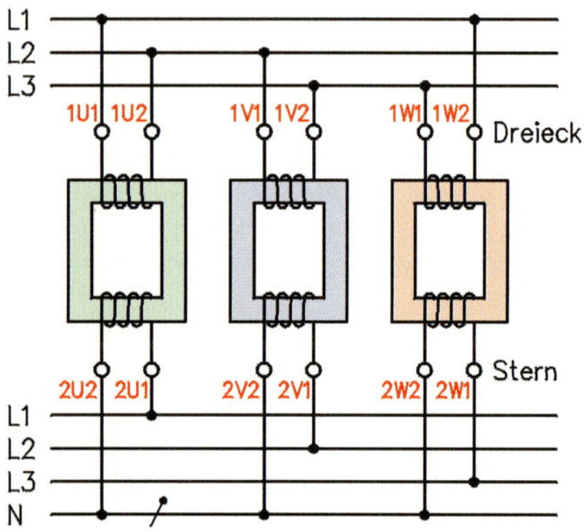

Drehstromtransformator

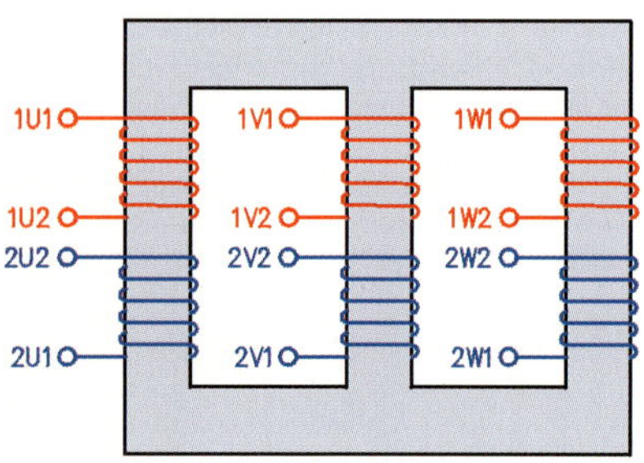

Zweckmäßiger ist jedoch die Verwendung von **Drehstromtransformatoren** mit einem gemeinsamen Eisenkern. Die Ober- und Unterspannungswicklung eines Stranges sind dabei auf einem gemeinsamen Schenkel untergebracht.

Bezogen auf *einen Strang* können die gleichen Überlegungen wie bei einem *Einphasen-Transformator* angestellt werden.

Schaltzeichen

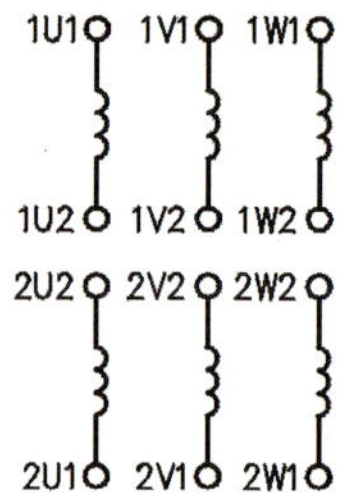

Schaltkurzzeichen

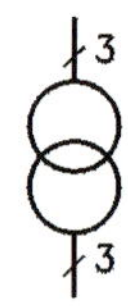

Drehstromtransformatorwicklungen

Damit *Verluste* und *Kurzschlussspannungen* möglichst gering gehalten werden, sind die Wicklungen der Ober- und Unterspannungsseite im Allgemeinen *übereinander gewickelt*. Dabei sind verschiedene *Wicklungsanordnungen* sind möglich (Seite 447).

Durch Einphasen-Wechselstromverbraucher werden Drehstromtransformatoren *unsymmetrisch* belastet. Hierdurch können Spannungsunterschiede zwischen den Außenleitern hervorgerufen werden, die eine unzulässige Erwärmung des Transformators verursachen können.

Dieses Problem kann vermieden werden, wenn die Schaltung der Wicklungen gewährleistet, dass die Wicklungsstränge der Ober- und Unterspannungswicklung im gleichen Verhältnis belastet werden. Wird zum Beispiel unterspannungsseitig nur *ein* Wicklungsstrang belastet, so darf sich oberspannungsseitig nur in dem zugehörigen Strang die gleiche Belastung einstellen.

Stern-Stern-Schaltung mit N-Leiter-Anschluss

Diese Schaltungsart (Seite 447) eignet sich nicht für unsymmetrische Belastung. Da die Oberspannungsseite keinen N-Leiter-Anschluss hat, muss der im Strang 1U1 - 1U2 fließende Strom I_1 je zur Hälfte über die unbelasteten Stränge zurückfließen. Ausgangsseitig (unterspannungsseitig) werden zwei Stränge überhaupt nicht belastet. Damit ist das magnetische Gleichgewicht gestört.

Information

Wicklungsanordnung von Drehstromtransformatoren

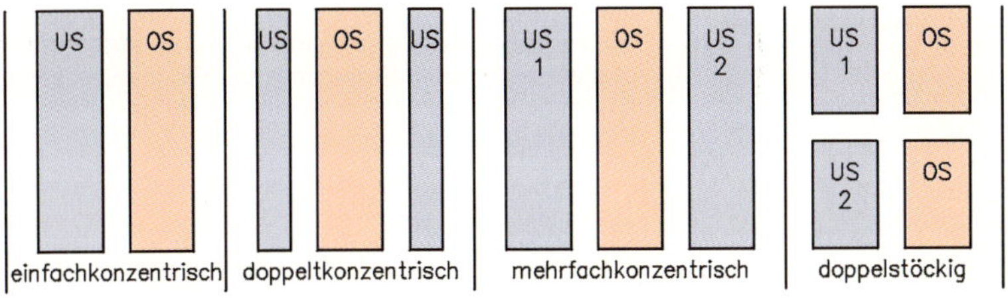

Schaltung von Drehstromtransformatoren

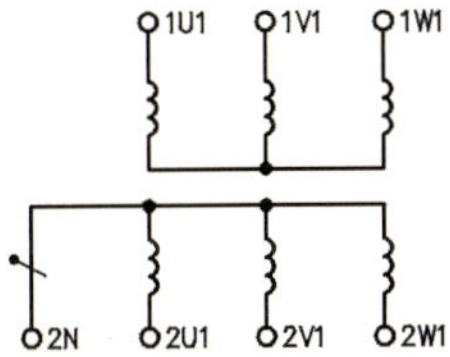

Stern-Stern mit
N-Leiter-Anschluss

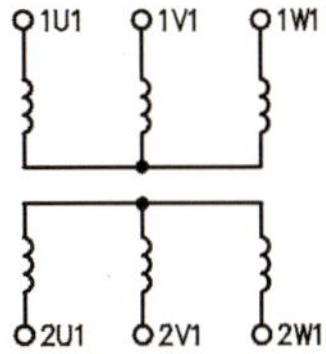

Stern-Stern ohne
N-Leiter-Anschluss

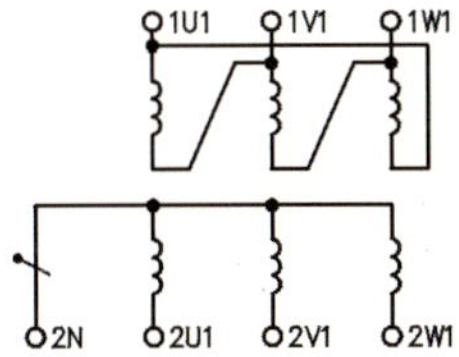

Dreieck-Stern mit
N-Leiter-Anschluss

Stern-Stern mit N-Leiter

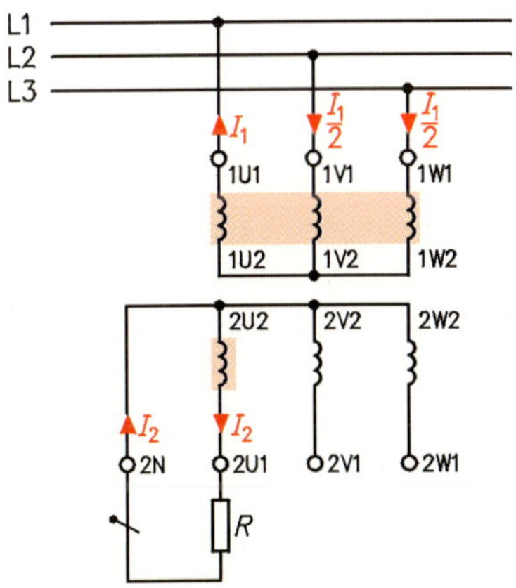

In den *unbelasteten Strängen* wird das Magnetfeld verstärkt; in ihnen wird eine höhere Spannung induziert. Da die Spannung am belasteten Strang abnimmt, wird der *Sternpunkt verschoben.* Folglich wird auch die Spannung auf der Unterspannungsseite abnehmen. Der zusätzliche Streufluss wird den Transformator erwärmen.

Der N-Leiter darf maximal mit 10 % des Nennstromes belastet werden.

Stern-Stern-Schaltung ohne N-Leiter-Anschluss

Diese Schaltung ist für *unsymmertrische Belastung* geeignet, da sich dabei das magnetische Gleichgewicht nicht verändert.

Ober- und unterspannungsseitig werden die Wicklungsstränge gleichmäßig belastet.
Für die Speisung eines *Vierleiternetzes* ist diese Schaltung nicht geeignet, da der N-Leiter nicht vorhanden ist.

Stern-Stern ohne N-Leiter

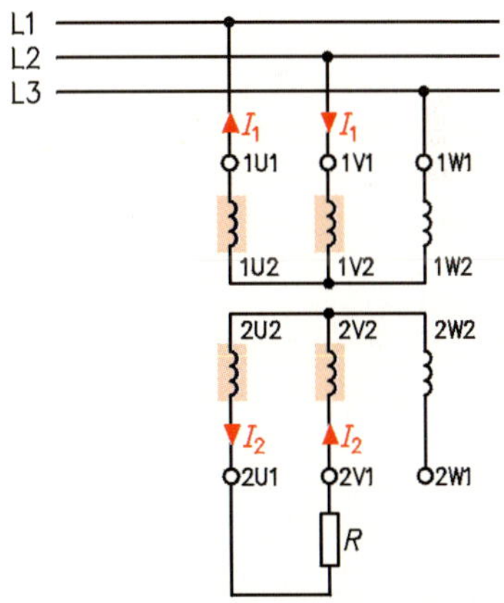

Dreieck-Stern-Schaltung mit N-Leiter-Anschluss

Diese Schaltung darf *unsymmetrisch belastet* werden, da die Dreieckschaltung oberspannungsseitig für einen Belastungsausgleich sorgt. Es wird eine gleichmäßige Verteilung des magnetischen Flusses auf die drei Stränge erreicht, wodurch die Induktionsspannungen in den Strängen der Unterspannungswicklung nahezu übereinstimmen.

Information

Aus wirtschaftlichen Gründen wird die Schaltung nur angewendet, wenn große Leistungen bei verhältnismäßig kleinen Spannungen übertragen werden sollen.

Dreieck-Stern mit N-Leiter

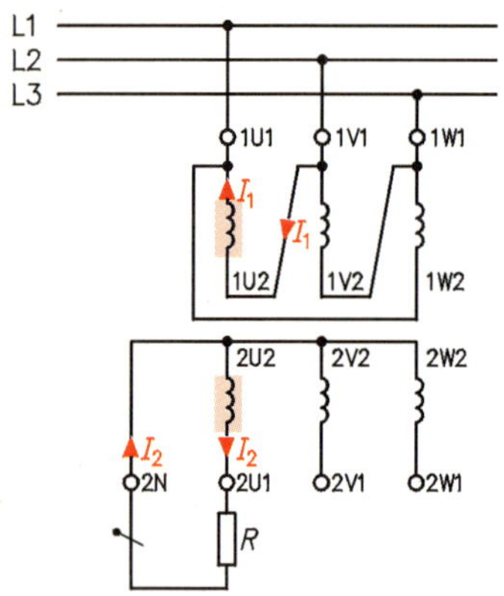

Stern-Zickzackschaltung

Die **Zickzackschaltung** ist eine kombinierte Stern- und Dreieckschaltung, die nur für die Unterspannungsseite von Transformatoren Verwendung findet. Ihr wesentlicher Vorteil besteht darin, dass der N-Leiter voll belastet werden darf.

Stern-Zickzackschaltung

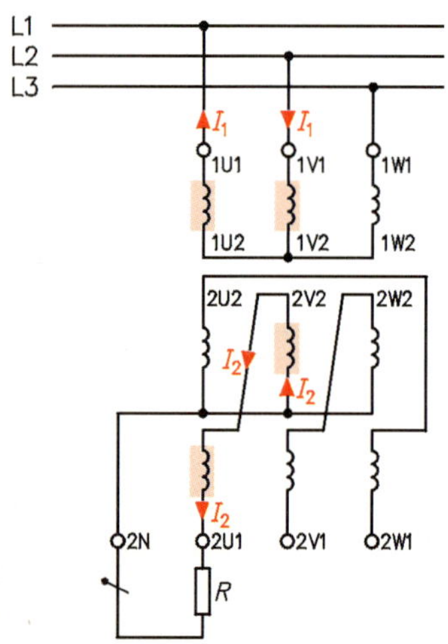

Unterspannungsseitig ist jede Strangwicklung in *zwei Hälften* unterteilt und auf *zwei verschiedenen Schenkeln* des Eisenkerns untergebracht. Die Ausgangsspannung ist die geometrische Summe zweier phasenverschobener Teilspannungen. Diese Schaltungsart wird bevorzugt für kleinere Verteilertransformatoren verwendet (unsymmetrische Belastung).

Nachteilig wirkt sich die Erhöhung der Windungszahl der Ausgangswicklung aus (ca. 15 %), mit der die gleiche Ausgangsspannung wie bei der Sternschaltung erreicht wird. Der Grund hierfür liegt in der Anordnung der jeweils zwei in Reihe geschalteten und auf verschiedenen Schenkeln des Eisenkerns aufgebrachten Wicklungsteile. Damit ergibt sich ein zweiter Phasenverschiebungswinkel von 120°.

Schaltgruppen

Die unterschiedlichen Möglichkeiten der Schaltung von Drehstromtransformatoren sind in *Schaltgruppen* geordnet.

Die *Schaltung der Oberspannungswicklung* wird durch *Großbuchstaben* gekennzeichnet: **D** = Dreieckschaltung und **Y** = Sternschaltung.
Die *Schaltung der Unterspannungswicklung* wird durch *Kleinbuchstaben* gekennzeichnet: **d** = Dreieckschaltung, **y** = Sternschaltung und **z** = Zickzackschaltung.

Die Kombination beider Buchstaben kennzeichnet die Schaltungsart von Ober- und Unterspannungswicklung. Zum Beispiel:

Dy *Oberspannungswicklung Dreieck, Unterspannungswicklung Stern*

Yz *Oberspannungswicklung Stern, Unterspannungswicklung Zickzack*

In Drehstromsystemen sind die Sternspannungen gegenüber den Dreieckspannungen (Außenleiterspannungen) um 30° phasenverschoben (Seite 449).

Bei der Angabe der **Schaltgruppe** folgt den beiden ersten Buchstaben eine **Kennziffer**, die (mit 30° multipliziert) die *Nacheilung* der Unterspannung gegenüber der Oberspannung bezeichnet. Die Kennziffern 0, 5, 6 und 11 sind möglich.

Die jeweilige Kennziffer wird ermittelt, indem das Spannungszeigerbild der Oberspannungswicklung mit dem Zifferblatt einer Uhr so zur Deckung gebracht wird, dass der Zeiger der Klemme 1V1 auf die Ziffer 12 zeigt (Seite 449).

0	*0 · 30°*	keine Phasenverschiebung
5	*5 · 30°*	150°-Phasenverschiebung
6	*6 · 30°*	180°-Phasenverschiebung

Mit dem Spannungszeiger der Klemme 2V1 der Unterspannungswicklung ist dann die *Schaltgruppe* feststellbar.

Die Schaltgruppe eines Drehstromtransformators besteht aus der Angabe der Schaltung (2 Buchstaben) und der Kennziffer.

Information

Schaltbild und Zeigerbild der Spannungen, Zickzack

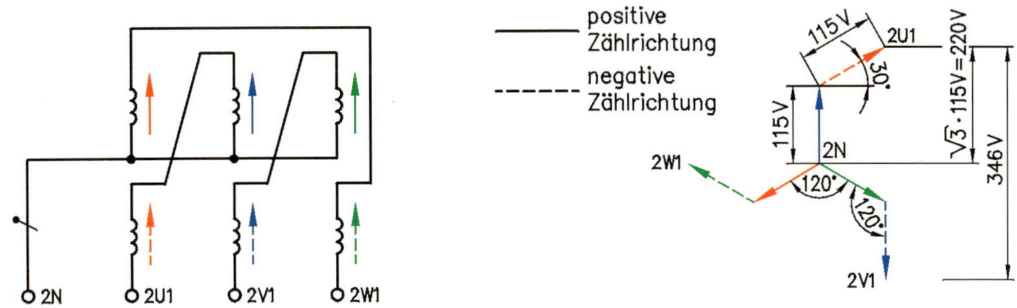

Stern- und Dreieckschaltungen, Schaltgruppen

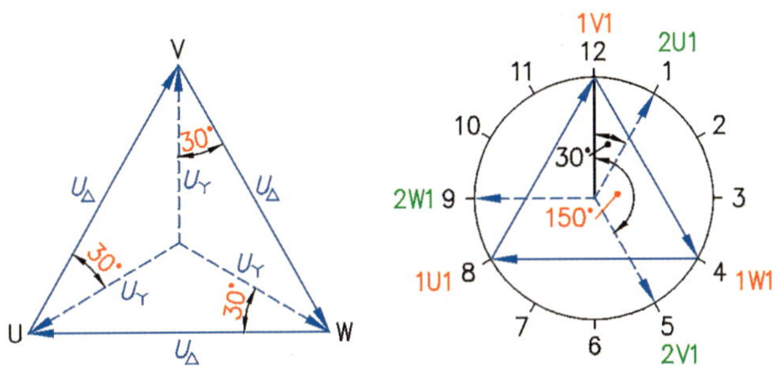

Schaltgruppe Dy5 $(5 \cdot 30° = 150°)$

Leistungsschild

Die Angaben, die ein Leistungsschild enthalten muss, sind in VDE 0532 festgelegt.

Art des Transformators
LT Leistungstransformator
ZT Zusatztransformator

Bemessungsleistung
Produkt von Bemessungsspannung und Bemessungsstrom. Beim Drehstromtransformator ist der *Verkettungsfaktor* zu berücksichtigen.

Auf dem Leistungsschild ist die *abgegebene Bemessungs-Scheinleistung* angegeben.

Bemessungspannungen
Sie werden für Ober- und Unterspannungsseite getrennt angegeben. Die für die Unterspannungsseite angegebene Nennspannung ist die *Leerlaufspannung* des Transformators.

Betriebsart
S1 Dauerbetrieb
S2 Kurzzeitbetrieb

Leistungsschild eines Transformators

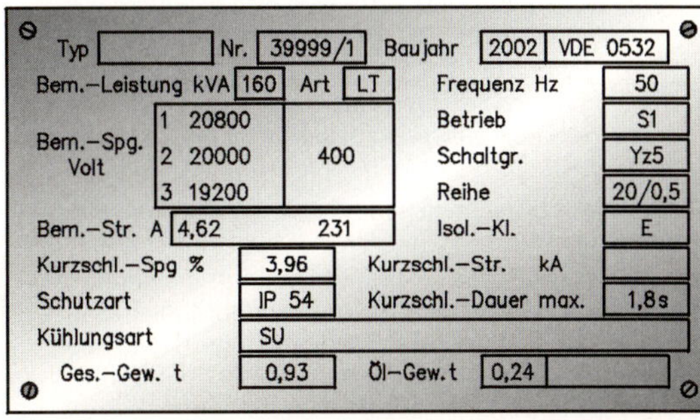

Parallelschaltung von Transformatoren

In Niederspannungs-Energieverteilungsnetzen werden Transformatoren parallel geschaltet. Dabei müssen *Ausgleichsströme* zwischen den parallel geschalteten Transformatoren verhindert und *ungleiche Lastverteilungen* vermieden werden.

Hierzu sind folgende Bedingungen für den *Parallelbetrieb* zu erfüllen.

- *Gleiche Kennziffer der Schaltgruppen*, d.h. gleiche Phasenlage der Ober- und Unterspannungsseite, damit keine Ausgleichsströme zwischen den Transformatoren fließen.
- *Gleiche Übersetzungsverhältnisse*, damit die Unterspannungen schon im Leerlauf gleich sind.
- *Gleiche Nennspannungen auf der Ober- und Unterspannungsseite*, damit Ausgleichsströme vermieden werden.

Annähernd gleiche Kurzschlussspannungen, damit die Gesamtbelastung des Netzes im Nennleistungsverhältnis auf die parallel geschalteten Transformatoren aufgeteilt wird.

Information

Sondertransformatoren

Spartransformator

Im Gegensatz zu den bisher vorgestellten Transformatoren sind beim **Spartransformator** Eingangs- und Ausgangswicklung *nicht* elektrisch (galvanisch) voneinander getrennt.

Der Spartransformator besteht aus nur *einer* Wicklung mit mindestens einer Anzapfung.

Es gelten im übrigen die Gesetzmäßigkeiten des galvanisch getrennten Transformators.

Bei Belastung fließt im gemeinsamen Teil von Eingangs- und Ausgangswicklung unter Vernachlässigung des Magnetisierungsstromes die Differenz von Ausgangs- und Eingangsstrom $I_2 - I_{1D}$.

Spartransformator, Stromverteilung

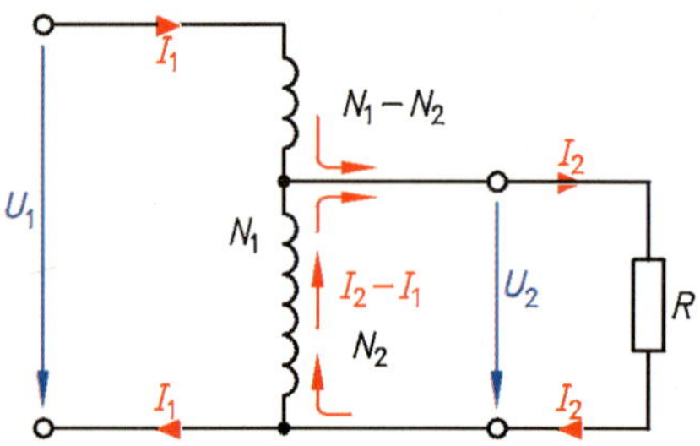

Der Drahtquerschnitt im gemeinsamen Wicklungsteil kann geringer sein, da nur die Differenz $I_2 - I_1$ fließt. Dies ist sicherlich ein gewisser Spareffekt.

Wesentlicher ist jedoch, dass der Spartransformator nur *eine* Wicklung benötigt. Dies verringert natürlich auch die Stromwärmeverluste. Der Strom im gemeinsamen Wicklungsteil wird umso geringer, je mehr sich das Übersetzungsverhältnis dem Wert 1 nähert.

Beim „normalen" Transformator erfolgt die Energieübertragung mit Hilfe des magnetischen Flusses, beim Spartransformator *teilweise durch den magnetischen Fluss, teilweise direkt nach dem Spannungsteilerprinzip.*

Man unterscheidet beim Spartransformator zwischen **Durchgangsleistung** S_D und **Bauleistung** S_B.

- *Die mit Hilfe des magnetischen Flusses übertragene Leistung nennt man Bauleistung. Man sagt auch, die Bauleistung wird induktiv übertragen. Die Bauleistung bestimmt die Dimensionierung des Spartransformators.*
- *Die Durchgangsleistung setzt sich aus der Bauleistung und der galvanisch übertragenen Leistung zusammen.*

Die Bauleistung ist stets geringer als die Durchgangsleistung.

Spartrandsformatoren werden bevorzugt verwendet, wenn keine galvanische Trennung erforderlich und die Ausgangsspannung ungefähr so groß wie die EIngangsspannung ist. Etwa ab $ü = 2$ ist der Spartrafo unwirtschaftlich.

Bauleistung des Spartransformators:

$$S_B = S_D \cdot \left(1 - \frac{U_2}{U_1}\right) \qquad (U_2 < U_1)$$

$$S_B = S_D \cdot \left(1 - \frac{U_1}{U_2}\right) \qquad (U_2 > U_1)$$

Der wesentliche *Vorteil* des Spartransformators liegt in der Materialersparnis und seinem sehr guten Wirkungsgrad. Nachteilig wirkt sich aus, dass Unter- und Oberspannung *nicht galvanisch getrennt* sind.

Spartransformatoren dürfen nicht zur Transformation von Kleinspannungen nach VDE 0100 verwendet werden. So kann beispielsweise bei einer Leitungsunterbrechung nahezu die volle Netzspannung ausgangsseitig auftreten.

Leitungsunterbrechung beim Spartransformator

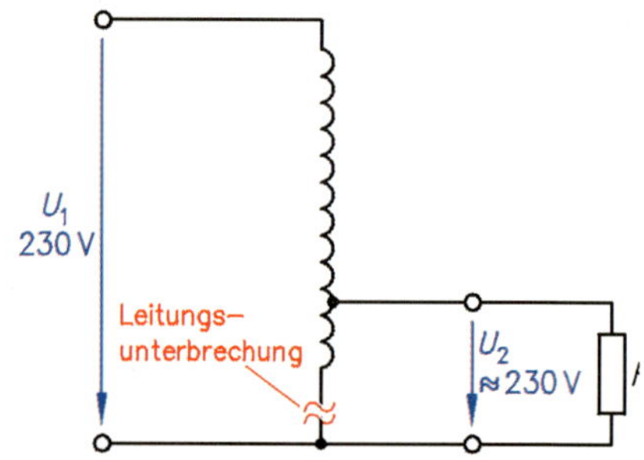

Spartransformatoren werden auch für *Drehstrom* angeboten. Der dargestellte Transformator hat die *Schaltgruppe* Y0.

Spartransformator für Drehstrom

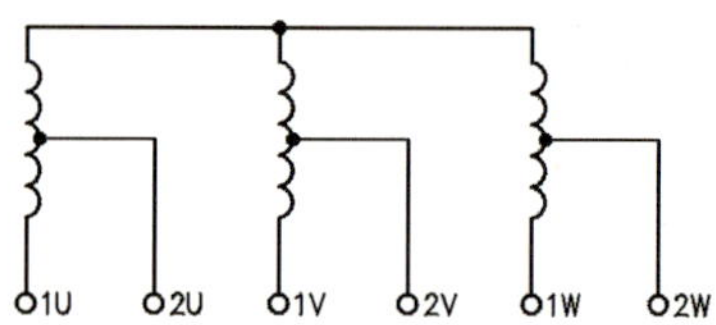

Spartransformatoren haben *geringe Kurzschlussspannungen* und somit *hohe Kurzschlussströme*. Sie sind *spannungssteif*. Ihre Ausgangsspannung ändert sich bei Belastung nur wenig.

Schaltzeichen und Schaltkurzzeichen

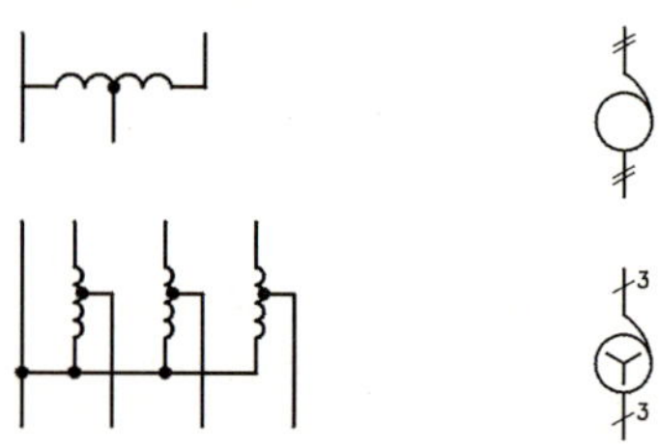

Information

Klingeltransformator

Klingeltransformatoren zählen zu den **Streufeldtransformatoren** und sind *kurzschlussfest* und *spannungsweich*.

Die magnetischen Streuflüsse sind je nach Spulenanordnung oder Ausformung des Eisenkerns beeinflussbar. Je größer die magnetische Streuung, umso höher die **Kurzschlussspannung**.

Eine hohe Kurzschlussspannung bedeutet einen hohen *Innenwiderstand* des Transformators, wodurch die Ausgangsspannung bei Belastung stark absinkt. Dadurch wird der **Kurzschlussstrom** begrenzt und führt nicht zu einer Zerstörung des Transformators.

Klingeltransformatoren zählen zu den Streufeldtransformatoren (weitere Beispiele hierfür sind Schweißtransformatoren und Zündtransformatoren). Sie haben eine hohe Kurzschlussspannung und damit einen hohen Innenwiderstand.
Bei kurzgeschlossener Ausgangswicklung kann somit nur ein relativ geringer Kurzschlussstrom fließen, der auch dauerhaft nicht zu einer Zerstörung des Transformators führt.
Klingeltransformatoren dürfen dauerhaft im Kurzschluss betrieben werden. Sie sind unbedingt kurzschlussfest.

Die *Bemessungs-Ausgangs-Lastspannungen* von Klingeltransformatoren dürfen bis zu 12 V betragen. Dabei können Ströme von 0,5 – 2 A fließen.

Eingangs- und Ausgangswicklung sind z.B. auf zwei *räumlich voneinander getrennten* Spulenkörpern aufgebracht. Dadurch wird eine *große Feldlinienlänge* erzwungen, deren Folge ein ausgeprägtes magnetisches *Streufeld* ist.

Kingeltransformator, grundsätzlicher Aufbau

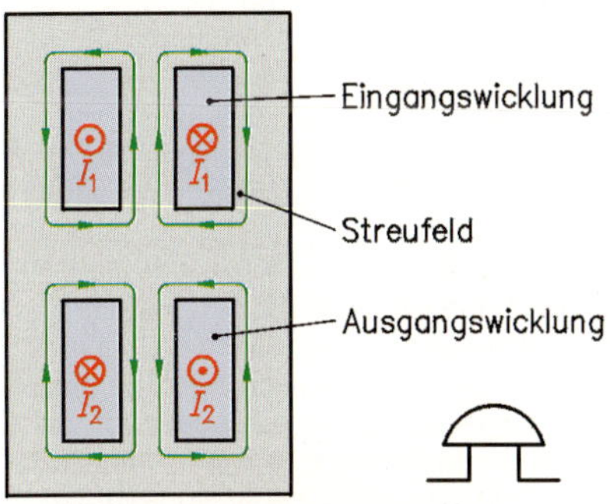

Kingeltransformator, Ausgangsspannung

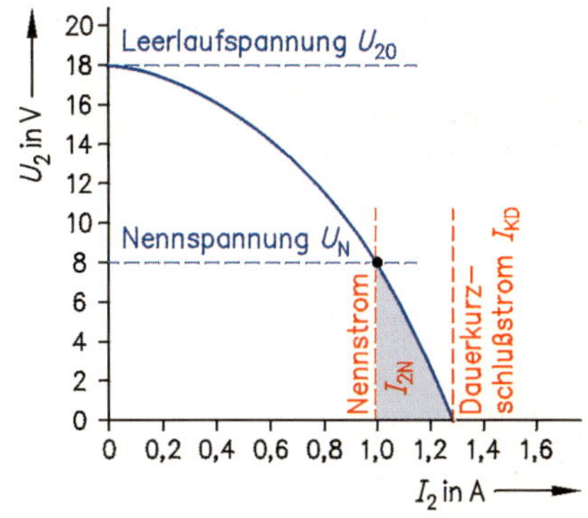

Obige Kennlinie verdeutlicht, dass der **Dauerkurzschlussstrom** nur geringfügig größer als der ausgangsseitige Bemessungsstrom ist.

Werden Klingeltransformatoren mit einem Strom unterhalb des Bemessungsstromes belastet, kann die dann relativ hohe Klemmenspannung die angeschlossenen Betriebsmittel zerstören.

Kleintransformatoren

Kleintransformatoren sind Transformatoren mit einer Leistung von bis zu 16 kVA. Sie finden insbesondere zur Spannungsversorgung elektrische Betriebsmittel Verwendung.

Aufbau der Eisenkerne

Die Kerne von Kleintransformatoren sind genormt.
Nach ihrer Form wird unterschieden zwischen U-I-Schnitt, E-I-Schnitt, M-Schnitt und L-Schnitt.

Schnittbandkerne zeichnen sich durch eine kleine Streuung und geringe Verluste aus. Abmessungen und Masse von Schnittbandkernen können geringer sein. Die zusammengehörigen Hälften von Schnittbandkernen werden mit Metallbändern zusammengehalten.

Schnitte der Eisenkerne

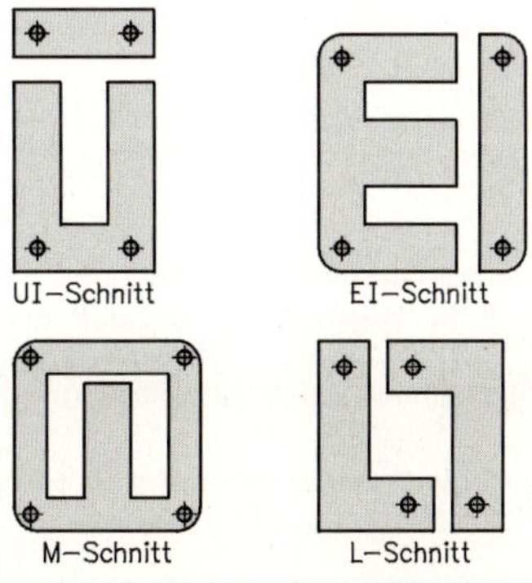

Information

Spulenkörper

Auch die Spulenkörper sind genormt. Sie bestehen z.B. aus gespritztem thermoplastischem Kunststoff oder aus zusammengesetztem Pressspan oder Hartpapierstücken.

Wicklungsmaterial

Wicklungsmaterial ist i. Allg. Kupferlackdraht, Lack-Seide-Draht bzw. Lack-Glasseide-Draht mit zwischengelegten Lack-Seide-Isolationen.
Auf eine sorgfältige Trennung von Primär- und Sekundärwicklung ist zu achten.

Kleintransformator

Kurzschlussverhalten von Transformatoren

Das Verhalten von Transformatoren bei ausgangsseitigem Kurzschluss ist abhängig vom konstruktiven Aufbau. Danach werden folgende **Kurzschlussfestigkeiten** unterschieden.

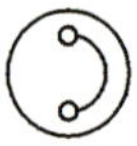	*Transformator ist kurzschlussfest*
	*Transformator ist bedingt kurzschlussfest (mit Sicherung)*
	*Transformator ist bedingt kurzschlussfest (mit thermischem Überstromauslöser)*
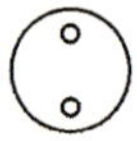	*Transformator ist nicht kurzschlussfest*

Kurzschlussfeste Transformatoren zeichnen sich durch eine *sehr hohe Kurzschlussspannung* aus. Durch die *relativ geringen Kurzschlussströme* entsteht keine unzulässig hohe Wärmeentwicklung.

Nicht kurzschlussfeste Transformatoren sind durch vorgeschaltete *Schutzeinrichtungen* zu sichern.

Sicherheitstransformatoren

Sicherheitstransformatoren dürfen eine Eingangsspannung von maximal 500 V haben. Sie müssen *kurzschlussfest* oder *bedingt kurzschlussfest* sein.

Die Wicklungen müssen durch Isolation so voneinander getrennt sein, dass keine elektrisch leitende Verbindung entstehen kann.

Ferner müssen Sicherheitstransformatoren *allpolig abschaltbar* sein und nur für *ein* Übersetzungsverhältnis *gebaut* sein, wenn sie ortsveränderlich sind.

- **Trenntransformatoren**
  Sorgen für eine galvanische Trennung zwischen dem Gerätestromkreis und dem speisenden Netz. Die Ausgangswicklung darf keine Verbindung zum Eisenkern oder zur Erde haben.
  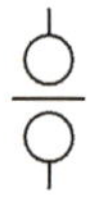
- **Spielzeugtransformatoren**
  Sind für Kinderspielzeug mit Elektromotoren vorgeschrieben und haben eine Bemessungs-Ausgangsspannung bis 24 V. Solche Transformatoren dürfen nur mit Spezialwerkzeug geöffnet werden können.

- **Handleuchtentransformatoren**
  Derartige Transformatoren trennen Handleuchten vom Netz. Sie müssen spritzwassergeschützt oder wasserdicht sein.
  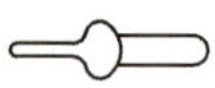
- **Auftautransformatoren**
  Dienen zum Auftauen eingefrorener Leitungen. Ihre Ausgangsspannung darf maximal 24 V betragen (bedingt kurzschlussfest).
  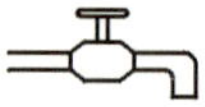
- **Transformatoren für medizinische Geräte**
  Die Ausgangsspannung darf höchstens 24 V betragen. Bei Geräten, die in den menschlichen Körper eingeführt werden, darf die Ausgangsspannung höchstens 6 V betragen.

- **Zündtransformatoren**
  Zündtransformatoren haben die Aufgabe, Brennstoff-Luft-Gemische mit Hilfe elektrischer Funkenbildung zu zünden. Solche Transformatoren haben eine Kurzschlussspannung von 100 %. Eine sichere Trennung zwischen Eingangs- und Ausgangskreis muss gewährleistet sein.
- **Netzanschlusstransformatoren**
  Dienen zur Spannungsversorgung elektronischer Geräte aus dem Energieversorgungsnetz. Sie haben für eine oder mehrere Ausgangsspannungen eine oder mehrere Ausgangswicklungen, die galvanisch von der Eingangswicklung getrennt sind.

Information

Messwandler

Aus Gründen der Sicherheit und Wirtschaftlichkeit weden hohe Spannungen und Ströme *nicht direkt* gemessen. Üblich ist in diesen Fällen die indirekte Messung mit *Strom- und Spannungswandlern*, die zusammenfassend **Messwandler** genannt werden.

Spannungswandler

Wegen des *sehr hohen Innenwiderstandes* des angeschlossenen Spannungsmessers sind *Spannungswandler* Transformatoren, die nahezu im *Leerlauf* betrieben werden.

Somit gilt für das *Übersetzungsverhältnis:*

$$\frac{U_1}{U_2} = \frac{N_1}{N_2}$$

Der Spannungswandler ist ein Transformator mit einer genauen Übersetzung. Er ist nur für eine *sehr geringe Belastung* ausgelegt. Daher wird der Messkreis durch ein *Überstrom-Schutzorgan* geschützt.

Die Sicherung auf der Eingangsseite (Primärseite) des Wandlers schützt das Netz gegen Kurzschlüsse im Wandler.

Vorsicht! **Die Ausgangsklemmen des Spannungswandlers dürfen nicht kurzgeschlossen werden.**

Wandler werden nach ihrer *Genauigkeit* in **Klassen** eingeteilt (Spannungswandler 0,1 – 3). Die Klasse gibt den *prozentualen Fehler*, bezogen auf die Bemessungsspannung, an.

Spannungs- und Stromwandler

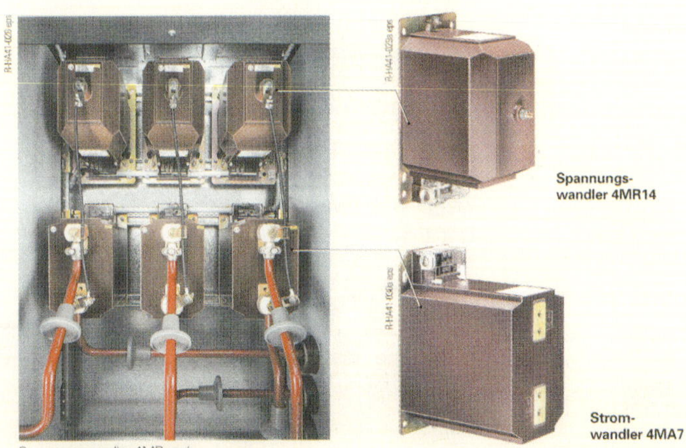

Spannungswandler 4MR und Stromwandler 4MA7 im Verrechnungsmessfeld Typ ME1 eingebaut

Der Wandler soll um eine Klasse genauer gewählt werden als das genaueste angeschlossene Messinstrument.

Zum Schutz der Messstromkreise müssen die nicht abgesicherte Anschlussleitung und das Wandlergehäuse geerdet werden. Bei einem Isolationsfehler tritt dann ein Erdschluss auf, der die vorgeschaltete Sicherung abschaltet.

Schaltung eines Spannungswandlers

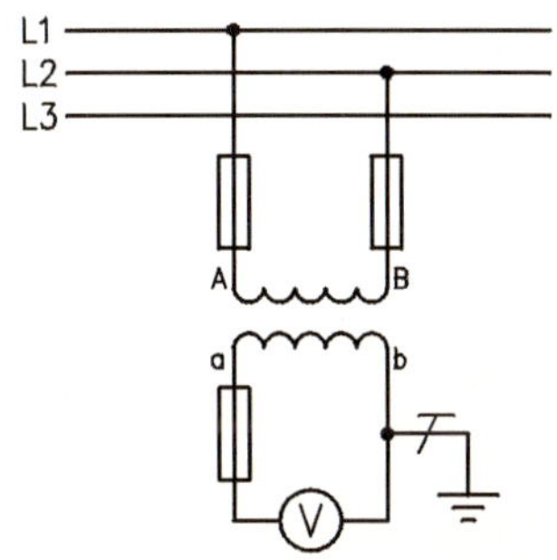

Leistungsschild eines Spannungswandlers

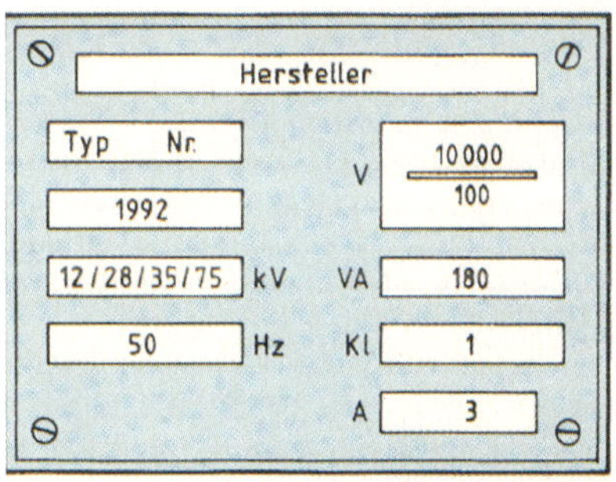

Auf dem **Leistungsschild** sind die *Bemessungsspannungen*, die *höchste, dauernd zulässige Betriebsspannung* der Primärseite sowie die *Prüfspannungen* (jeweils durch Schrägstrich getrennt) angegeben.

Weiterhin ist die *Bemessungsleistung* (5 – 300 VA) mit den zugehörigen Klassen aufgenommen.

Der *thermische Grenzstrom* ist der höchstzulässige Strom in der Ausgangswicklung.

Sind Messgeräte für Verrechnungszwecke an den Wandler angeschlossen, sind maximal 0,05 % Spannungsfall zwischen Wandler und Messgerät zulässig. Keine sekundärseitige Absicherung.

Information

Stromwandler

Aus Gründen der Isolation sind in Hochspannungsanlagen grundsätzlich *Stromwandler* erforderlich.

Bei Strommessungen in NIederspannungsanlagen sollten an 50 A Stromwandler verwendet werden, da die Leitungen zur Messstelle ansonsten einen sehr hohen Querschnitt haben müssten.

Stromwandler sind Transformatoren, die nahezu im *Kurzschluss* betrieben werden.

Die *Eingangswicklung* (Primärwicklung) ist mit dem Messobjekt in Reihe geschaltet.

Die *Ausgangswicklung* (Sekundärwicklung) wird durch Strommesser und Verbindungsleitungen belastet. Eine Klemme der Ausgangswicklung ist *geerdet*, damit der Messkreis gegen Durchschläge im Wandler geschützt ist.

Vorsicht!

Ein Stromwandler darf nicht im Leerlauf betrieben werden. Somit darf der Messkreis nicht abgesichert werden.
Vor Ausbau des Messgerätes sind die Klemmen der Ausgangswicklung kurzzuschließen.

Der Grund für diese Forderung besteht darin, dass nur bei niederohmig belastetem oder kurzgeschlossenem Ausgangskreis von der Ausgangswicklung ein magnetischer Fluss hervorgerufen wird, der dem magnetischen Fluss der Eingangswicklung nach der Lenzschen Regel entgegengerichtet ist.

Wird der von der Ausgangswicklung hervorgerufene magnetische Fluss Null, nimmt der magnetische Fluss im Wandlerkern stark zu. Die auftretenden Eisenverluste zerstören den Wandlerkern und damit den gesamten Stromwandler.

Nur bei kleinen Niederspannungs-Stromwandlern mit relativ großer Streuung kann der Leerlauf ausnahmsweise zulässig sein.

Schaltung eines Stromwandlers

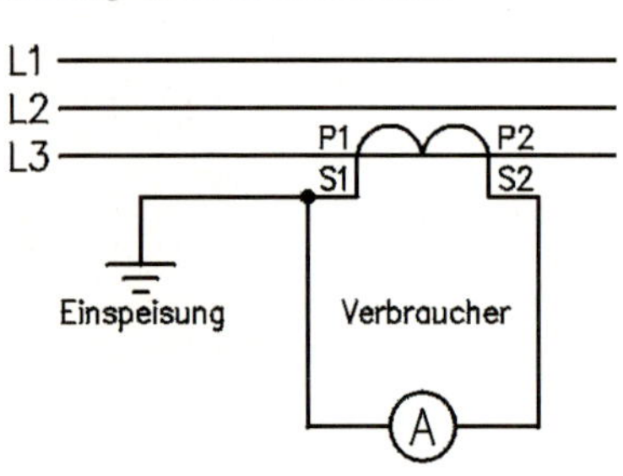

Der *Bemessungsstrom* von Stromwandlern beträgt entweder 1 A oder 5 A. Die *Bemessungsleistung* liegt zwischen 5 – 120 VA. Die Genauigkeitsklasse leigt zwischen 0,1 und 5.

Leistungsschild eines Stromwandlers

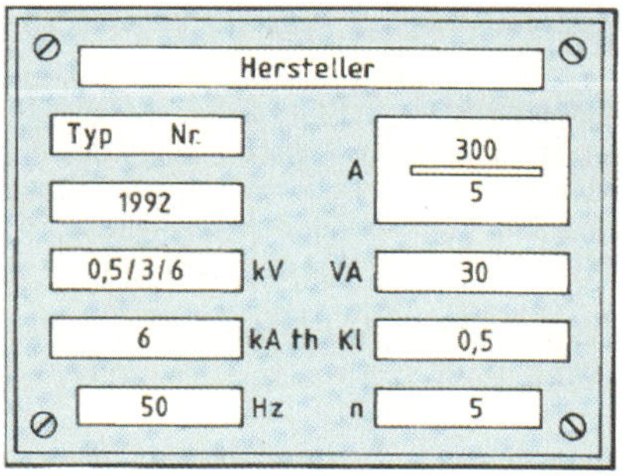

Stromübersetzungsverhältnis

300 A / 5 A = 60

Ausgangsseitige (sekundäre) Scheinleistung

Scheinleistung, die der Wandler bei Einhaltung der Fehlergrenzen abgeben kann.

Klassengenauigkeit

Prozentualer Fehler, bezogen auf die Bemessungsspannung.

n = 5

Messwandler, der bei fünffachem Bemessungsstrom einen Messfehler von mindestens 15 % hat.

Höchstzulässige Betriebsspannung

Maximale, dauernd zulässige Betriebsspannung (hier 500 V).

Eingangsseitiger thermischer Grenzstrom

Strom in der Eingangswicklung, den der Wandler 1 Sekunde lang aushalten muss, ohne zu heiß zu werden (hier 6 kA).

Zangenstromwandler

Der Eisenkern des Wandlers ist wie bei einer Zange aufklappbar. Wird damit der stromführende Leiter umfasst, dann wirk dieser Leiter wie die Eingangswicklung eines Stromwandlers.
Somit ist eine unterbrechungslose Messung möglich.

11 Automatisierte Anlagen in Betrieb nehmen und in Stand halten

11.1 Tischplattenmagazin in Betrieb nehmen

Auftrag

In der „Tiefgarage“ unterhalb des Tischbaus ist ein Tischplattenmagazin aufgebaut.

Mit Hilfe eines Gabelstaplers werden Paletten mit unterschiedlichen Tischplatten in die einzelnen Schächte eingefahren (4 Magazinschächte).

Oberhalb des Magazins befindet sich eine „Laufkatze“ mit den Verfahrbewegungen „RECHTS“ und „LINKS“.

Mit Hilfe eines Elektromotors wird eine pneumatische Saugvorrichtung (Vakuumheber) „HOCH“ und „RUNTER“ gefahren.

Neben dem Magazin ist ein Rollengang aufgestellt, auf dem die Tischplatte aufgelegt und abtransportiert wird.

Der Rollengang transportiert die Tischplatten zu einem Lastenaufzug, der sie in den Tischbau zum Produktionsort befördert. Dies ist aber nicht Gegenstand des Auftrages.

Ihr Meister händigt Ihnen die Schaltungsunterlagen und das Steuerungsprogramm aus. Mit der Darstellung des Steuerungsprogramms (Kommentierung usw.) zeigt er sich unzufrieden. Außerdem wurde das Programm noch nicht getestet.

Sie werden beauftragt, diese Arbeiten durchzuführen und die Anlage in Betrieb zu nehmen.

Technologieschema des Tischplattenmagazins

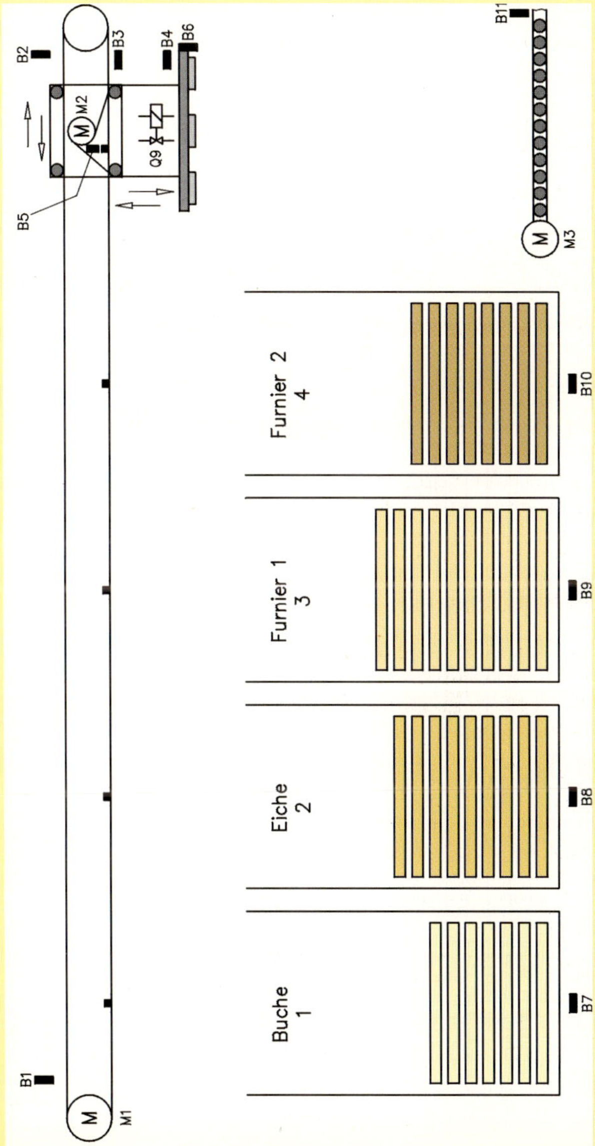

Projektierung von Steuerungen → 508

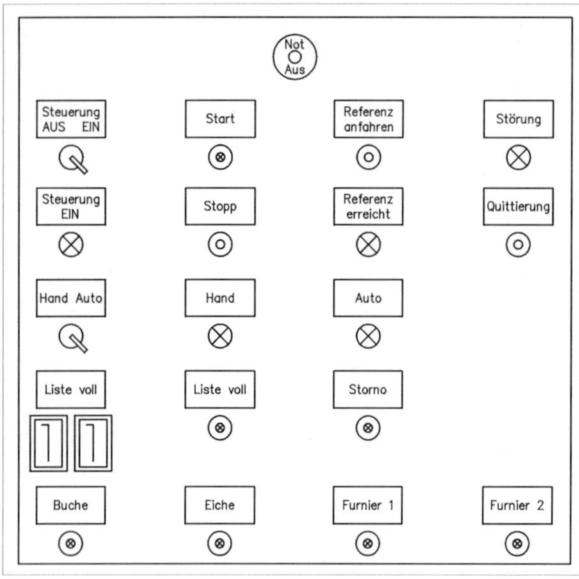

1 Bedieneinrichtungen des Tischplattenmagazins

Anwendung

Die Schaltpläne sind kritisch zu überprüfen.

Blatt: 3
Anschluss des Frequenzumrichters

- Der N-Leiter wird von der Netz-Trenneinrichtung Q1 (Hauptschalter) nicht unterbrochen. Ist das zulässig?
- Kann bei der Motorleitung auf die Abschirmung verzichtet werden? Wenn nein, wie ist die Abschirmung dann durchzuführen?
- Welche Aufgaben haben die Schütze K1, K2 und K3 bei der Steuerung des Frequenzumrichters?
- Der Motor M1 des Verfahrwagens arbeitet mit zwei Drehfrequenzen. Welchen Sinn hat das?

(→ 457)

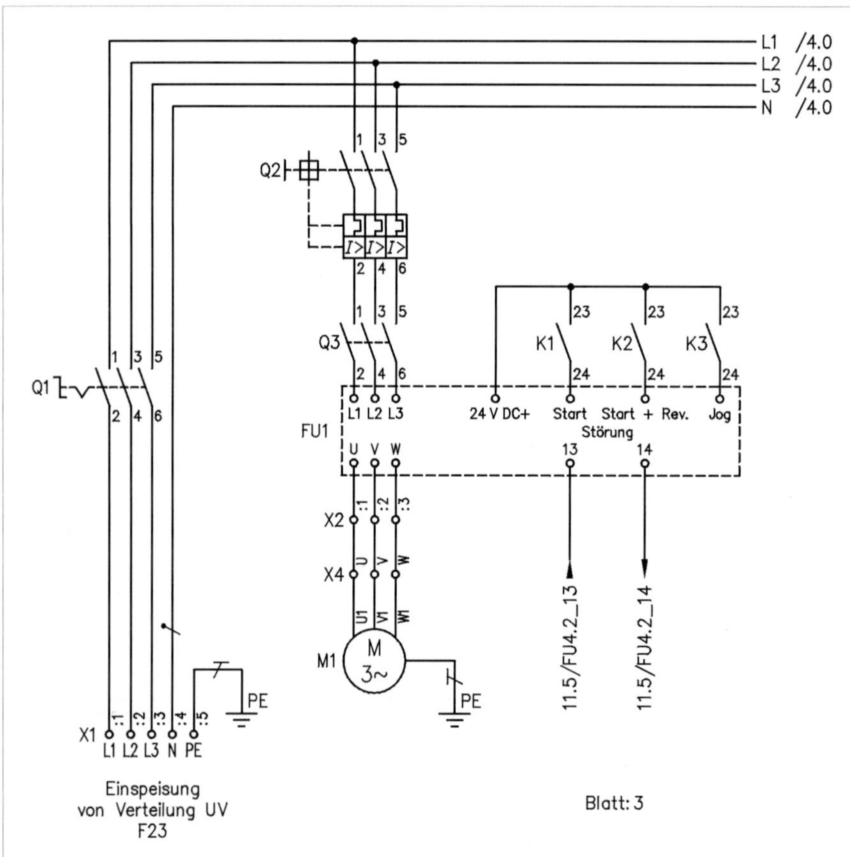

2 Anschluss des Frequenzumrichters (→ 522)

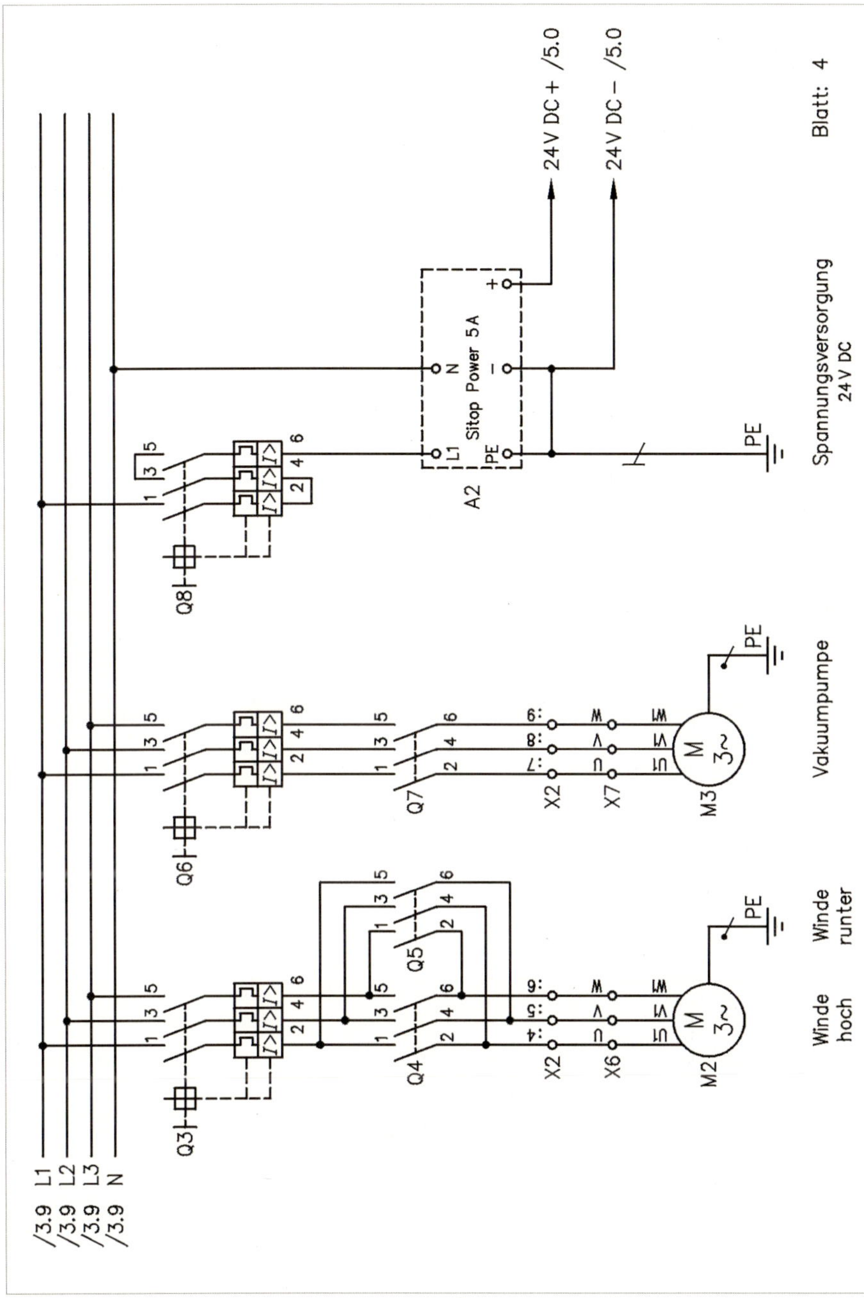

1 Hauptstromkreise und Spannungsversorgung

Anwendung

Blatt: 2
Bei den Motoren M2 und M3 wurde auf Schmelzsicherungen verzichtet. Ist das zulässig?
Der Anschluss (–) der Spannungsversorgung A2 ist mit Erde verbunden. Ist das zulässig oder notwendig? Wurde die Verbindung fachgerecht durchgeführt?
Welche Aufgabe hat Q8? Ist die Verdrahtung korrekt?

Blatt: 5
Stromkreis „SPS-Ausgänge Not-Aus“ mit F4. Welche Aufgabe haben die Kontakte von A1 und K1?

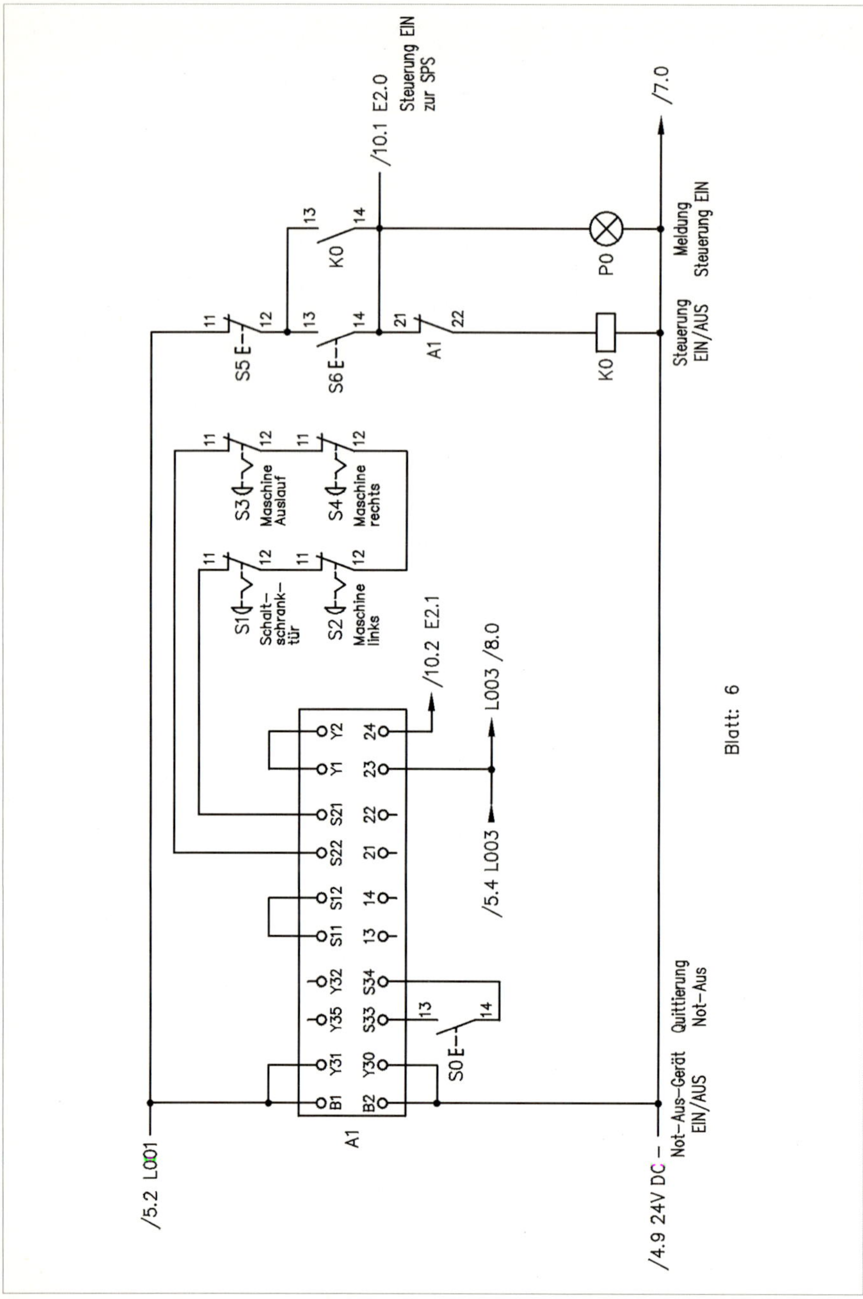

1 NOT-AUS-Steuerung

Anwendung

Blatt: 6
Welche Aufgabe hat das Schütz K1? Unter welchen Voraussetzungen fällt das Schütz ab?
Ist der Einsatz eines Not-Aus-Gerätes zwingend notwendig?
Ist die Darstellung eindeutig? Was wird durch P0 signalisiert?

Blatt: 13
Welche Aufgabe haben die Öffner S19 und S20?
Wozu dienen die Öffner Q5 und Q4?
Das Schütz Q3 fällt ab (A8.2 =„0“). Welche Auswirkung hat das?

Not-Aus-Einrichtung → 516, 520

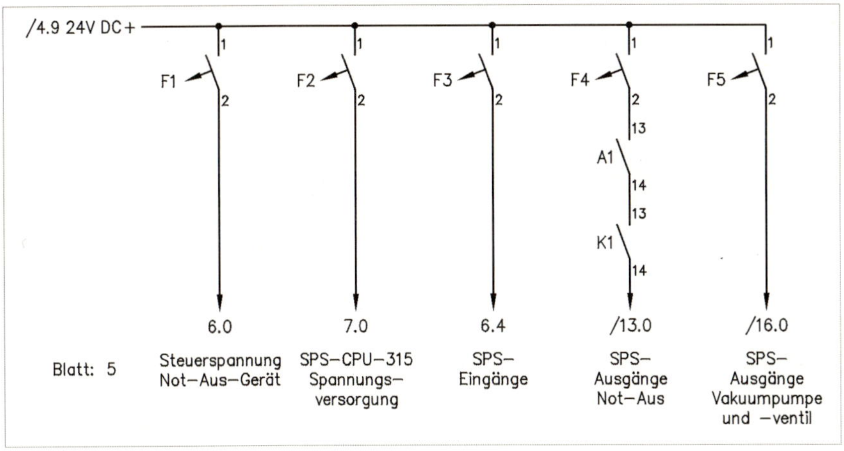

1 *24-V-DC-Spannungsversorgung*

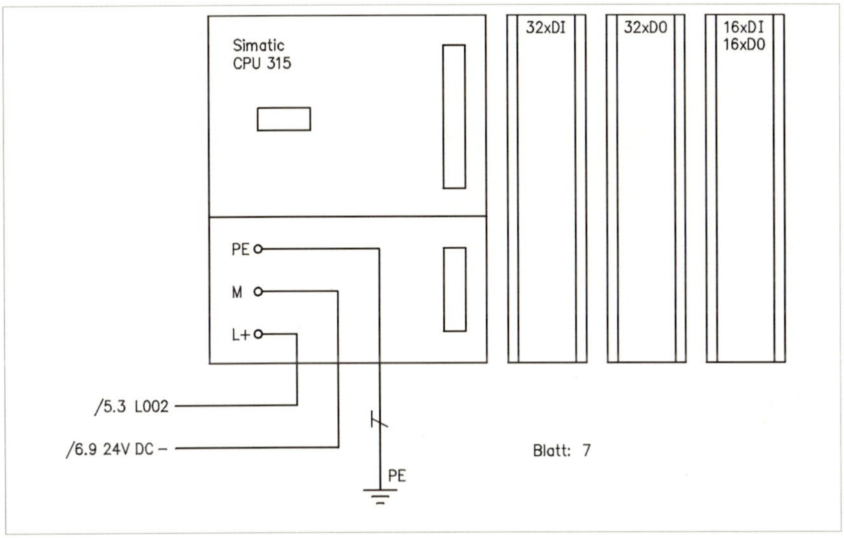

2 *Anschluss der CPU*

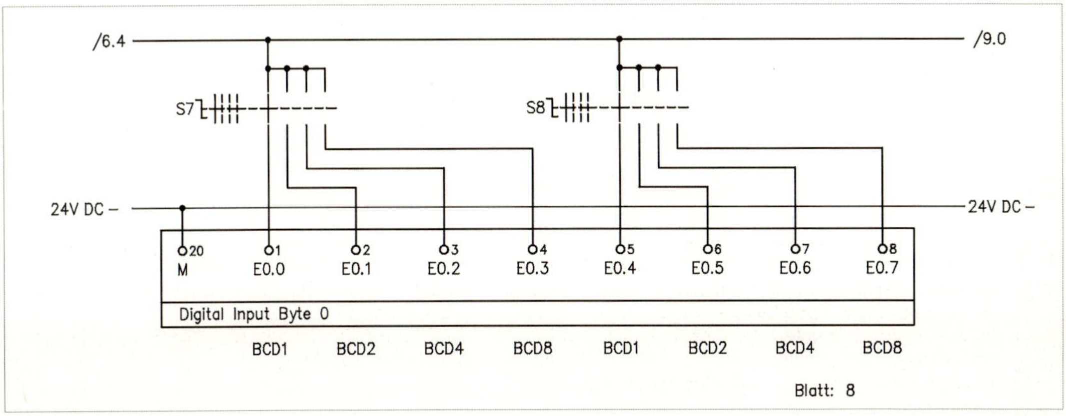

3 *Eingangsbyte 0*

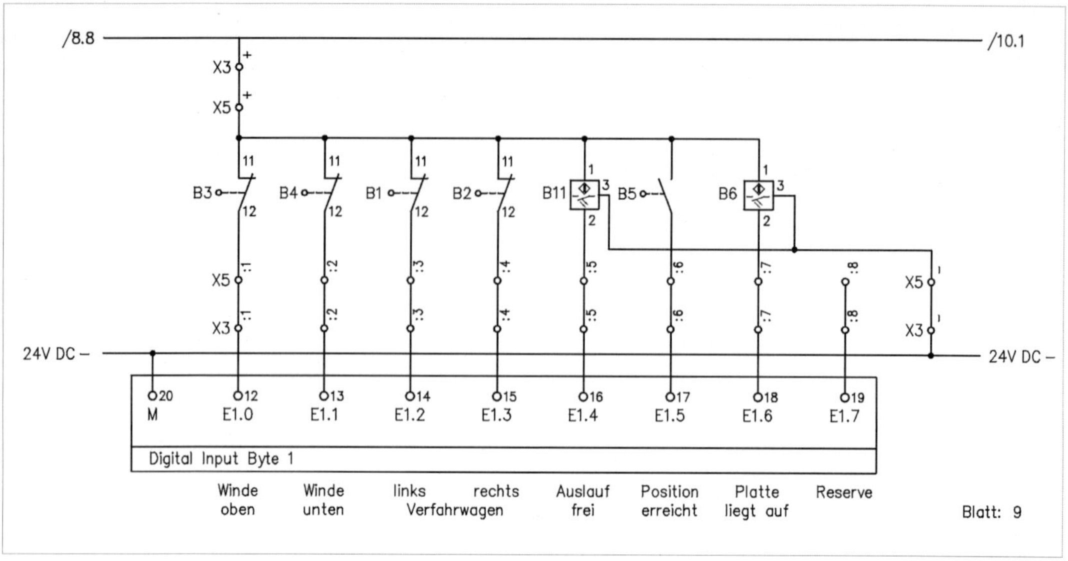

1 *Eingangsbyte 1*

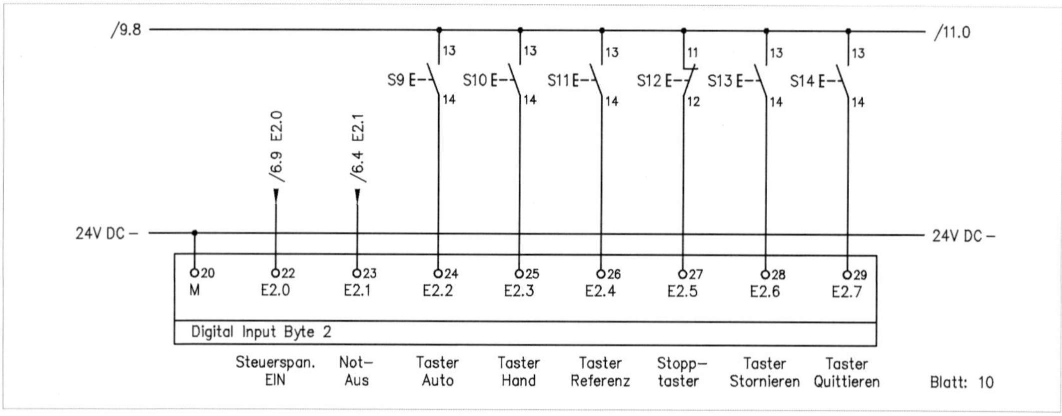

2 *Eingangsbyte 2*

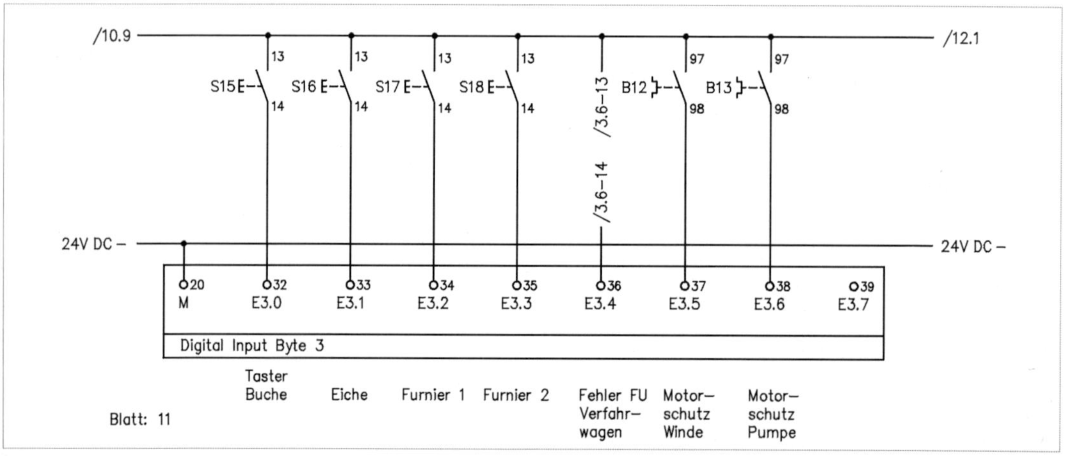

3 *Eingangsbyte 3*

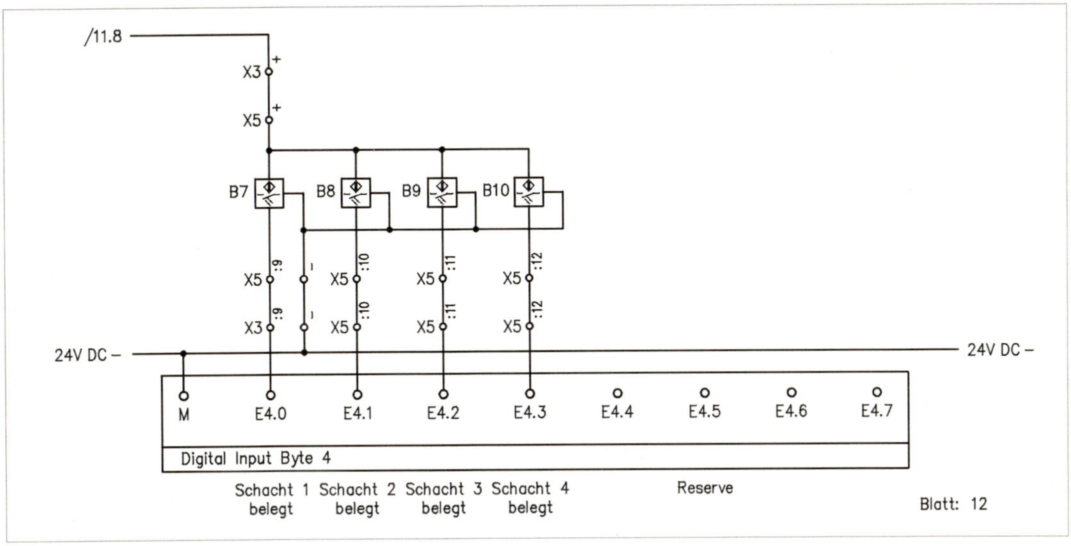

1 *Eingangsbyte 4*

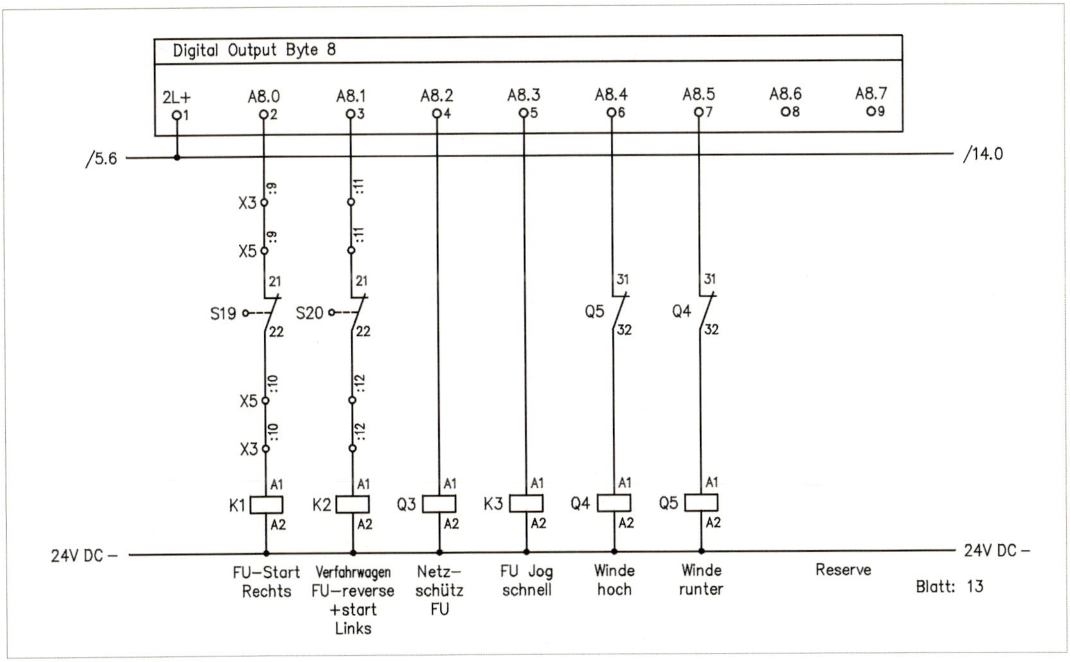

2 *Ausgangsbyte 8*

Anwendung

Vergleichen Sie die Schaltung mit dem Bedienpult der Steuerung. Sind hier Unterschiede feststellbar? Passen Bedienpult und Schaltungen zusammen?
Wenn dies nicht der Fall ist, nehmen Sie eine fachgerechte Anpassung vor.

Dokumentieren Sie die Steuerung fachgerecht. Eventuell mit Hilfe eines CAD-Programms.

Für die Vorbereitung der Programmierung ist eine Zuordnungsliste zu erstellen.

Sensoren → 443, Sicherheit von Steuerungen → 509

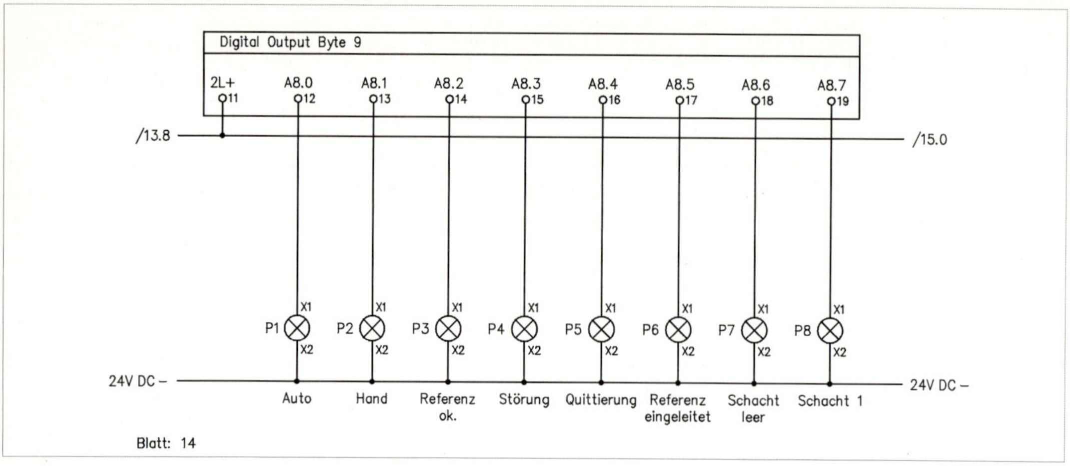

1 *Ausgangsbyte 9*

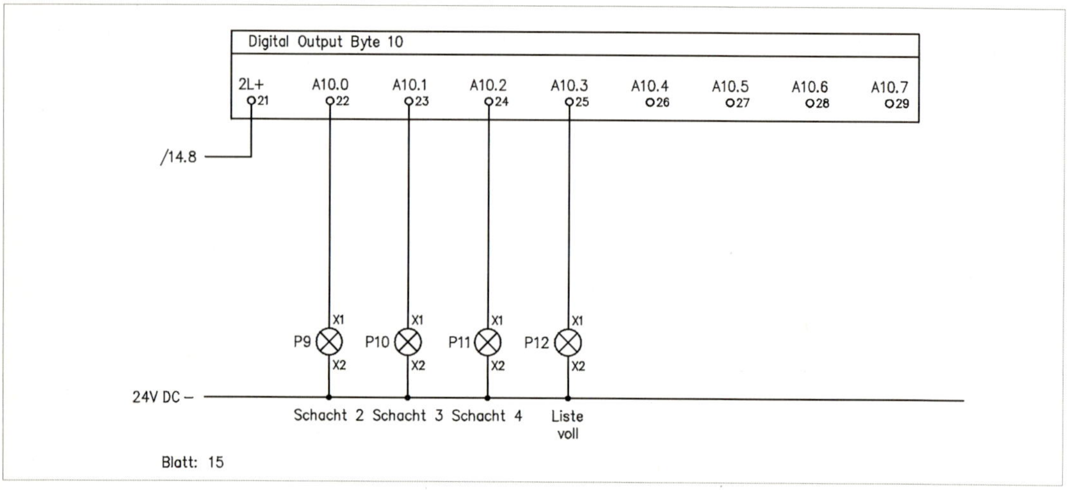

2 *Ausgangsbyte 10*

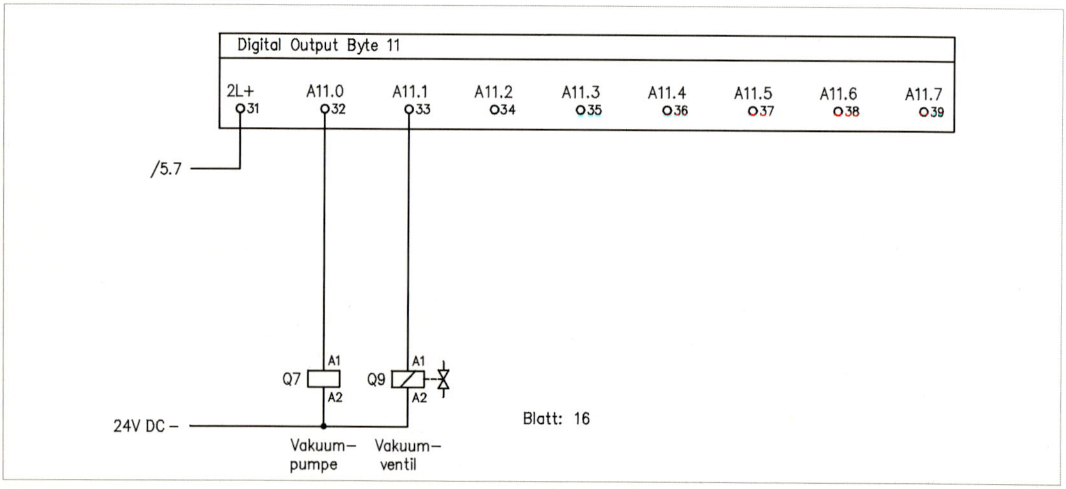

3 *Ausgangsbyte 11*

Steuerungsprogramm analysieren und in Stand setzen

Das Ihnen vorgelegte Steuerungsprogramm besteht aus einem *Organisationsbaustein OB1*, *mehreren Funktionsbausteinen* und *Funktionen*.

Dem Auftrag entsprechend, soll dieses Programm kritisch *überprüft*, *verbessert* und *getestet* werden.

Dazu werden zunächst die einzelnen Bausteine des Programms analysiert.

Englisch

Laufkatze	*crab, trolley*
Frequenzumrichter	*variable-frequency inverter, VFI*
Betriebsart	*mode of operation*
Rücksetzeingang	*reset input*
Handbetrieb	*manual operation*
Automatikbetrieb	*automatic operation*
Winde	*winch*
Freigabe	*enable*
Signalzustand „0“	*FALSE*
Signalzustand „1“	*TRUE*
flankengesteuert	*edge-triggered*
Flankensteuerung	*edge-triggering*
positive Flanke	*positive-going edge*
negative Flanke	*negative edge*
BCD-Darstellung	*binary-coded decimal notation*
Wort	*word*
Vertauschung	*commutation, permutation*
Dezimalstelle	*decimal digit*
Dezimalsystem	*decimal system*
Programmtest	*program check*
Prozessdaten	*process data*
Verarbeitung	*processing*
Halleffekt	*hall effect*
Hallelement	*Hall-effect device, Hall-cell*
thermoelektrischer Effekt	*thermoelectric effect*

Funktion FC1:
Allgemeine Merker, Blinker, Betriebsarten

Netzwerk: 1 Merker dauerhaft Null

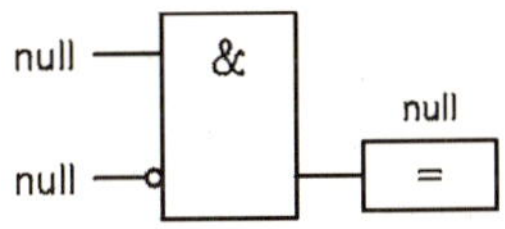

Netzwerk: 2 Merker dauerhaft Eins

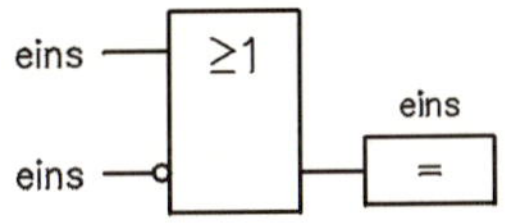

Hinweis: *null* und *eins* sind in der Symboltabelle *global* deklarierte Merker.

Netzwerk: 3 Blinker 1 Sekunde

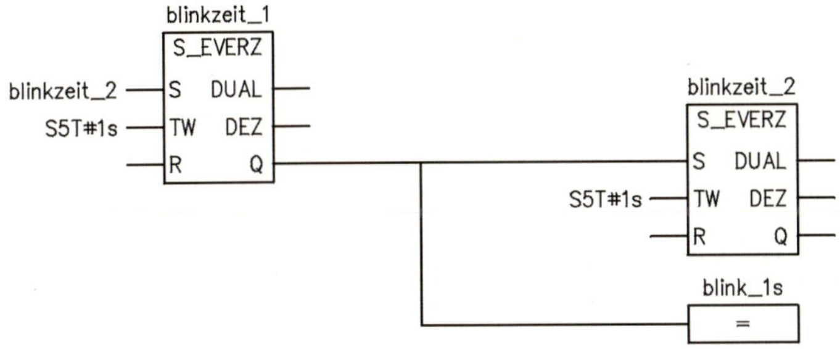

Hinweis:
S_EVERZ: Einschaltverzögerung;
Globale Variablen (Symboltabelle):
blinkzeit_1 T1 TIMER,
blinkzeit_2 T2 TIMER,
blink_1s Merker BOOL.

Netzwerk: 4 Blinker 0,5 Sekunden

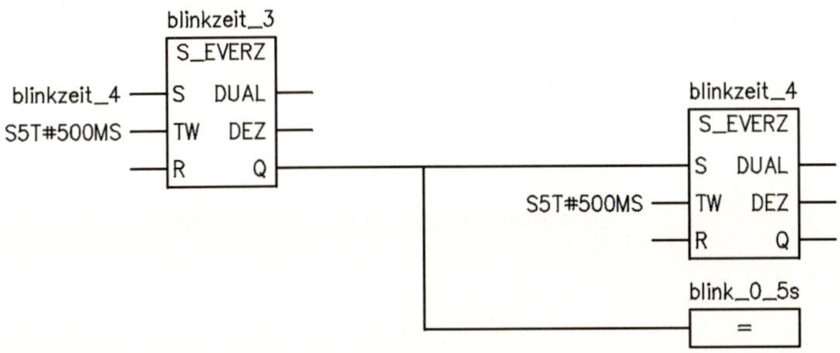

Hinweis:
Deklaration wie oben.

Netzwerk: 5 Blinker 2 Sekunden

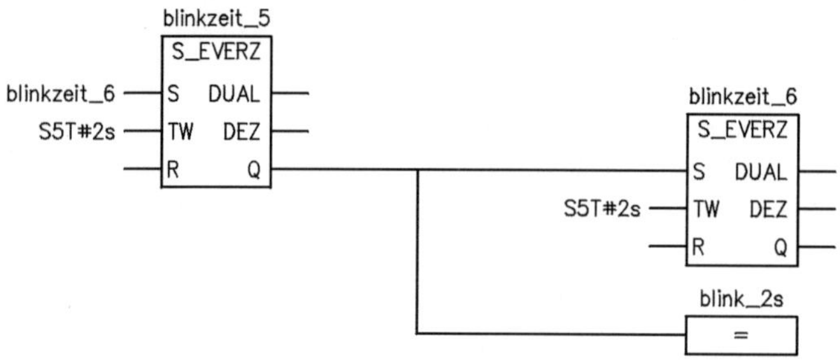

Hinweis:

Die Verwendung von *Taktmerkern* (→ 210) wäre einfacher gewesen.

Dennoch ist die Programmierung sicherlich in Ordnung.

Netzwerk: 6 Betriebsart Automatik

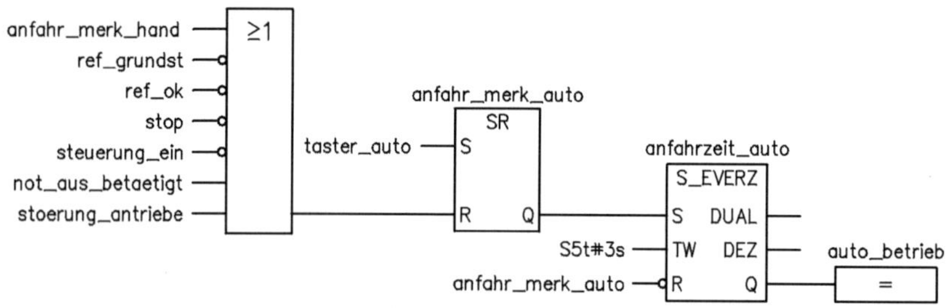

Netzwerk: 7 Betriebsart Hand

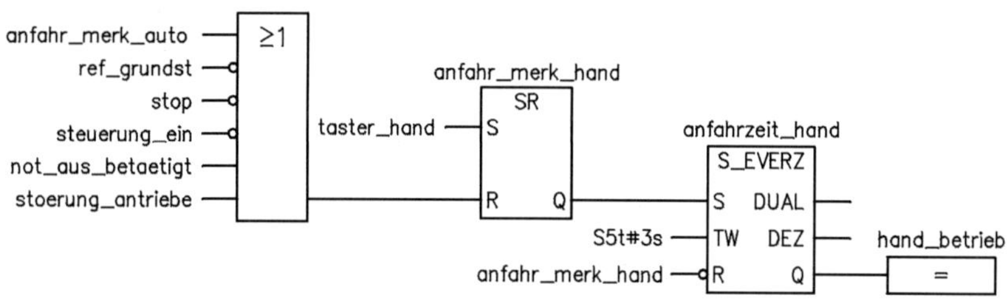

Netzwerk: 8 Störung Antriebe

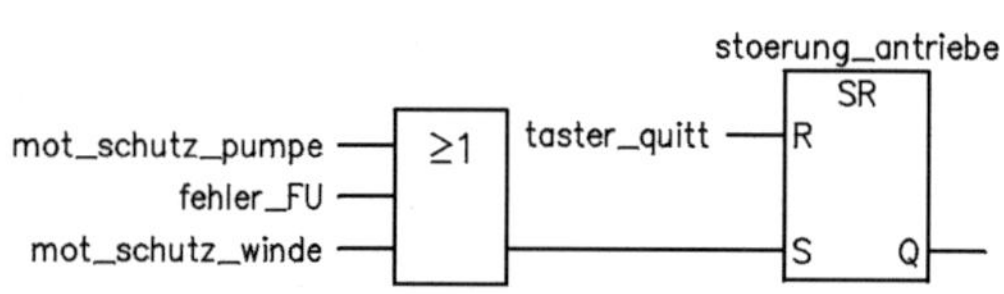

Netzwerk: 9 Rücksetzen Referenz

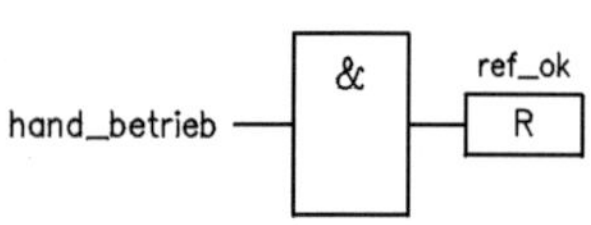

Analyse:

Die Betriebsarten „Hand" und „Automatik" werden im Programm über *Taster* gewählt.

Beide Betriebsarten sind gegeneinander *verriegelt* (*anfahr_merk_auto, anfahr_merk_hand*).

Die *Rücksetzbedingungen für die Betriebsarten:*

- *stop* =„0"
- *steuerung_ ein* =„0"
- *not_ aus_ betaetigt* =„1"
- *stoerung_ antriebe* =„1"

sind unmittelbar einleuchtend und sicherlich unverzichtbar.

Für die Beurteilung der *Rücksetzbedingungen* in Zusammenhang mit der *Referenzfahrt* (ref) ist der zuständige Baustein zu beachten. Vorher kann dazu wenig gesagt werden.

Auffällig ist allerdings, dass hier von *taster_auto* und *taster_hand* die Rede ist. Im Bedienpult ist für die *Wahl der Betriebsarten* jedoch ein *Schalter* vorgesehen. Unter dieser Voraussetzung sind die *Speicher* in Netzwerk 6 und Netzwerk 7 überflüssig.

Außerdem kann an dieser Stelle Sinn oder Unsinn der *Zeitverzögerungen* von jeweils 3 Sekunden noch nicht beurteilt werden.

Wir gehen jedoch zunächst davon aus, dass Speicher und Zeitverzögerungen verzichtbar sind.

Dann ändern sich die *Netzwerke 6 und 7* wie folgt.

Netzwerk: 6 Betriebsart Automatik

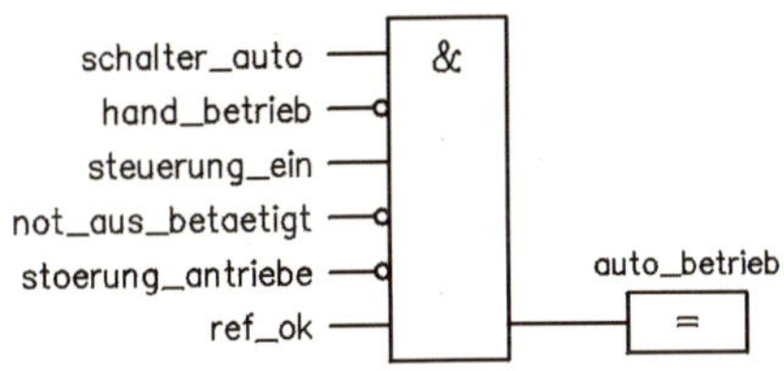

Netzwerk: 7 Betriebsart Hand

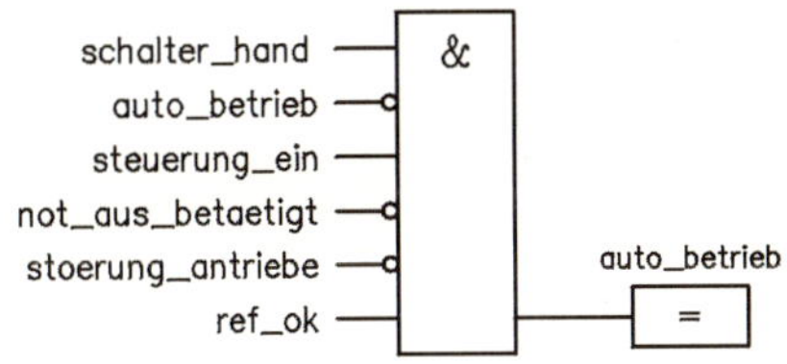

Für die *beiden Betriebsarten* wird der erfolgreiche *Abschluss der Referenzfahrt* zwingend vorausgesetzt (*ref_ ok* =„1“).

Wie der *Stopptaster* einzubinden ist, wird sich noch zeigen; vermutlich über den *start_merker*.

Funktionsbaustein FB1 - Referenzfahrt

Auch dieser FB liegt bereits vor und muss überprüft werden.

Initialisierungsschritt S1 (Grundstellung)
Wenn der Referenztaster *(taster_referenz)* betätigt wird und die Schrittkette zur Verfahrbewegung des Wagens in Grundstellung ist (→ 466), wird die *Referenzfahrt* gestartet.
Aber nur dann, wenn weder *Hand*- noch *Automatikbetrieb* gewählt wurden.

Ablaufkette FB1 - Referenzfahrt

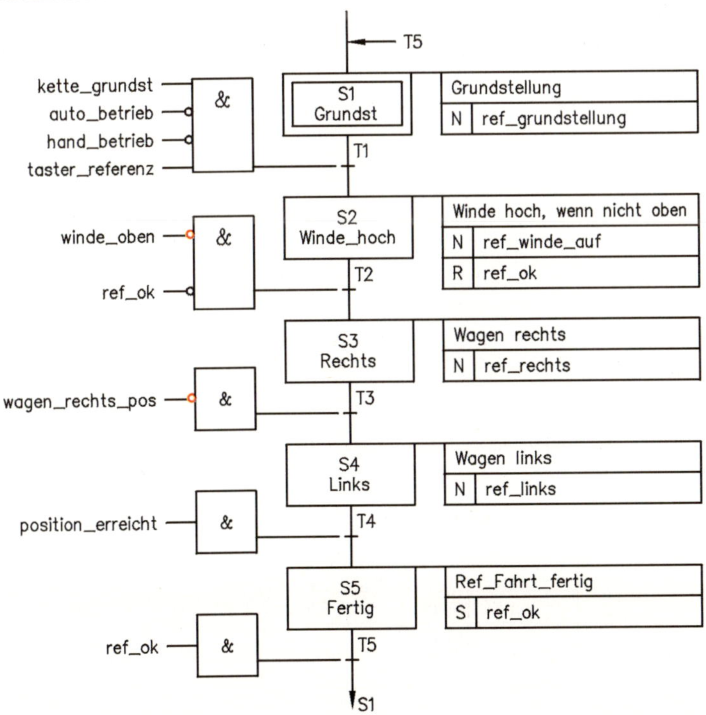

Schritt S2
Wenn die Winde nicht bereits in oberer Position steht, wird sie nach oben gefahren (*ref_winde_auf*) und der Merker *ref_ok* wird zurückgesetzt.

Hier könnte sich ein Problem ergeben: Wenn die Winde bereits oben ist, kann der Schritt S2 nicht aktiviert werden, weil die Transition zwischen S2 und S3 dann den booleschen Wert TRUE hat. Dies wird im Laufe der weiteren Arbeit zu beobachten sein.

Schritt S3
Der Wagen fährt nach rechts (bis B2).

Schritt S4
Der Wagen fährt nach links (bis B5 betätigt wird).

Schritt S5
Die Referenzfahrt ist abgeschlossen, der Merker *ref_ok* wird gesetzt.
Benötigt wird dieser Merker für die *Freigabe* anderer Programmteile, die eine zuvor durchgeführte Referenzfahrt erfordern.

Die *Transitionsbedingung*
- *winde_oben,*
- *wagen_rechts_pos* und
- *position_erreicht*

werden auf den *Signalzustand „1“* abgefragt. Es handelt sich somit um *Schließer*.
Zu klären ist, ob dies mit dem Anschlussplan (→ 460) übereinstimmt.

Ablaufkette FB2 - Wagen verfahren

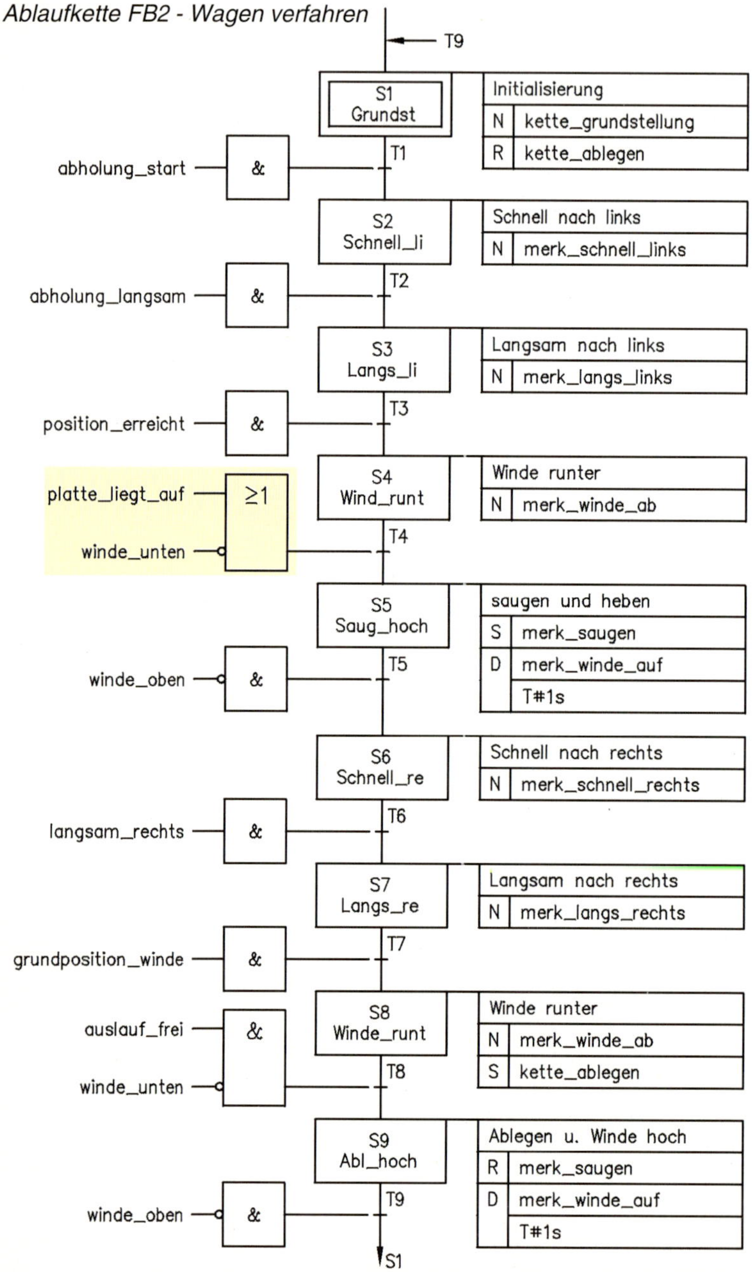

Dabei tritt ein Problem auf:
winde_oben
Öffner an E1.0 angeschlossen
wagen_rechts_pos
Öffner an E1.3 angeschlossen
position_erreicht
Schließer an E1.5 angeschlossen

Folgerung:
winde_oben und *wagen_rechts_pos* müssen auf den *Signalzustand „0“* abgefragt werden.
Daher sind die rot eingetragenen *Negationen* notwendig.

FB2 - Wagen verfahren
- *Initialisierungsschritt S1*
  Befindet sich die Schrittkette im Initialisierungsschritt S1, hat die Variable *kette_grundst* den Wert TRUE.
  Nur dann ist *Referenzfahrt* (→ 465) möglich.
- *Schritt S2*
  Wird aktiv, wenn die Abholung einer Tischplatte gewünscht wird.
  Der Transportwagen fährt schnell nach links; Steuerung über Frequenzumrichter (→ 456).

- *Schritt S3*
  Nimmt *abholung_langsam* den booleschen Wert TRUE an, verringert der Transportwagen im Linkslauf seine Geschwindigkeit.
- *Schritt 4*
  Wenn die Abholposition erreicht ist (z.B. Schacht „Buche"), fährt die Winde abwärts, um die Platte aufzunehmen.
- *Schritt S5*
  Wenn die Winde ihre untere Position erreicht hat oder der Aufnehmer die Tischplatte erreicht hat (Regelfall), wird die Platte angesaugt. Nach einer Sekunde hebt die Winde die Platte an. Die Zeitverzögerung ist für einen erfolgreichen Ansaugvorgang unverzichtbar.
- *Schritt S6*
  Hat die Winde ihre obere Position wieder erreicht, fährt der Transportwagen mit der Platte schnell nach rechts.
- *Schritt 7*
  Nimmt die Variable langsam_rechts den booleschen Wert TRUE an, verringert der Verfahrwagen seine Geschwindigkeit.
- *Schritt S8*
  Nach Erreichen der Ablageposition über Rollengang fährt die Winde nach unten. Wenn der Auslauf frei ist und die Winde nach unten gefahren wurde, wird die Tischplatte abgelegt (Schritt S9).
- *Schritt S9*
  Nach Ablegen der Platte und einer Zeitverzögerung von 1 Sekunde fährt die Winde wieder nach oben.

Mögliches Problem

Die Variable *winde_unten* bestimmt die Ablagehöhe Rollengang zum Abtransport der Tischplatte.

In der Transition T4 wird *winde_unten* ODER-verknüpft einbezogen. Für die Aufnahmehöhe der jeweiligen Tischplatte im Schacht (variabel je nach Füllhöhe) ist aber *platte_liegt_auf* verantwortlich.

Wenn die Höhe des Rollengangs (*winde_unten*) die Aufnahmehöhe der Platte überschreitet, wird *winde_unten* das Absenken des Aufnehmers vorzeitig stoppen. Es ist ratsam, *winde_unten* aus der Transition T4 zu entfernen.

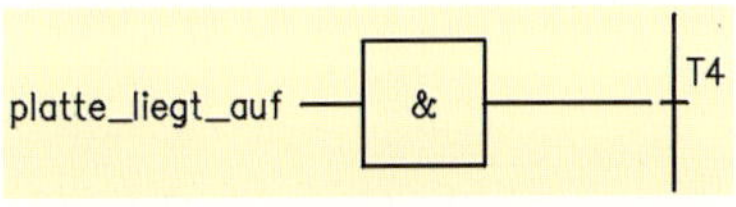

Ansonsten macht die *Ablaufkette* einen brauchbaren Eindruck. Auch hier wird ein späterer Programmtest genauen Aufschluss geben.

FC2: Befehlsausgabe (→ 468)

Der Kontaktplan (KOP) eignet sich sehr gut für die Darstellung der Befehlsausgabe.

Sehr übersichtlich wird verdeutlicht, unter welchen Voraussetzung die einzelnen Befehle ausgegeben werden sollen. Die Programmiersprache kann also beibehalten werden.

Auffällig sind die auf „0"-Signal abgefragten Variablen:

- *wagen_rechts_pos* (B2) in Netzwerk 1
- *wagen_links_pos* (B1) in Netzwerk 2
- *winde_oben* (B3) in Netzwerk 5
- *winde_unten* (B4) in Netzwerk 6

Die Signalgeber dieser Variablen sind *Öffner* (→ 460). Wenn die jeweiligen Endpositionen noch nicht erreicht sind, sind die Öffner unbetätigt und liefern den Signalzustand „1". Dann soll aber eine Verfahrbewegung möglich sein.

Wegen der *Negationen* ist laut Programm dann aber keine Verfahrbewegung möglich. Die Negationen sind hier *falsch*! Folgende *Änderungen* sind einzuarbeiten:

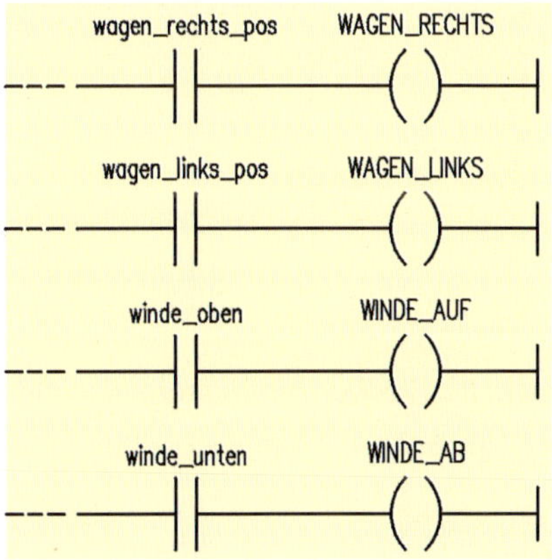

Allgemeine Überlegungen hierzu:

Der Grenztaster *„winde_oben"* ist ein *Öffner*.

Wenn die Winde die obere Position erreicht hat, wird der Öffner *betätigt*. Dann liefert der Öffner den Signalzustand „0" (→ 469).

Netzwerk: 1 Transportwagen nach rechts

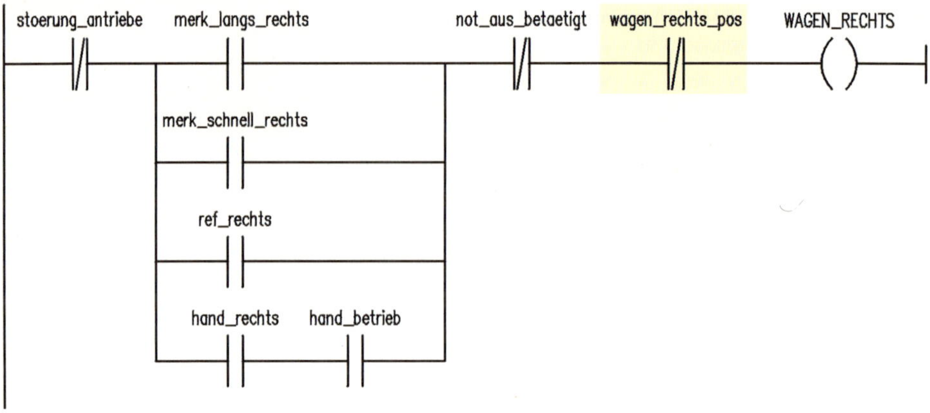

Netzwerk: 2 Transportwagen nach links

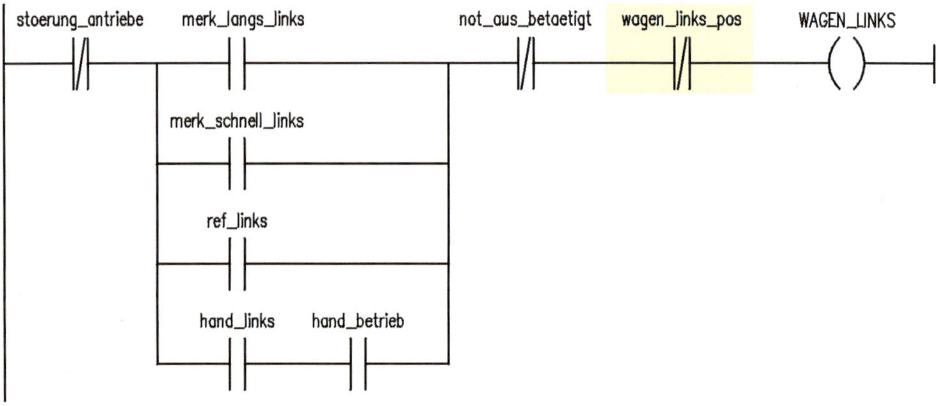

Netzwerk: 3 Frequenzumrichter einschalten

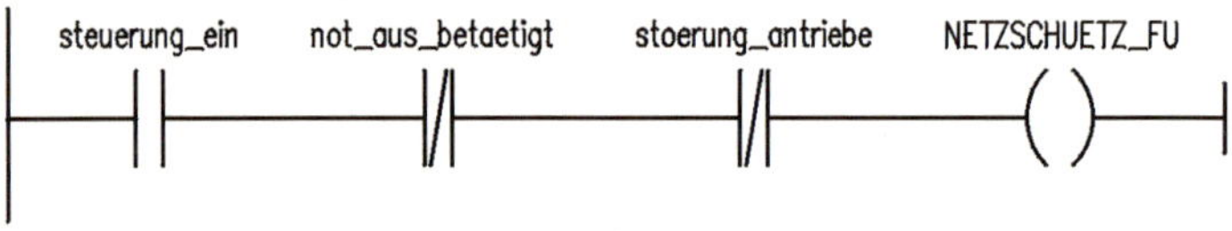

Netzwerk: 4 Transportwagen Schnelllauf

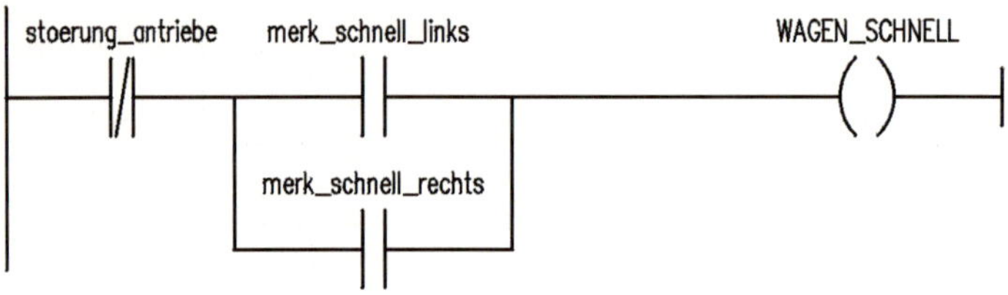

Kontaktplan → 168

Netzwerk. 5 Winde hochfahren

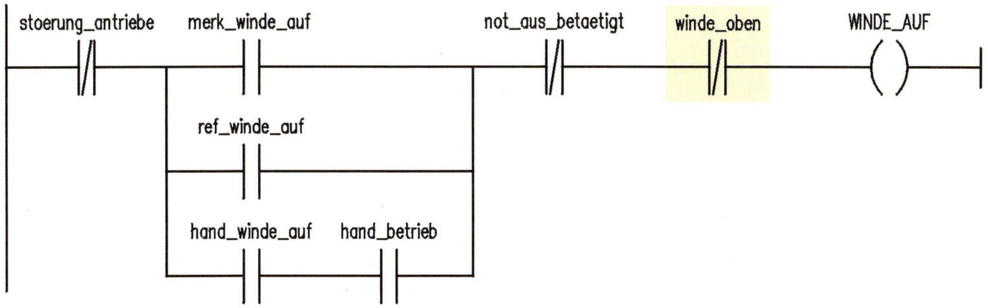

Netzwerk: 6 Winde runterfahren

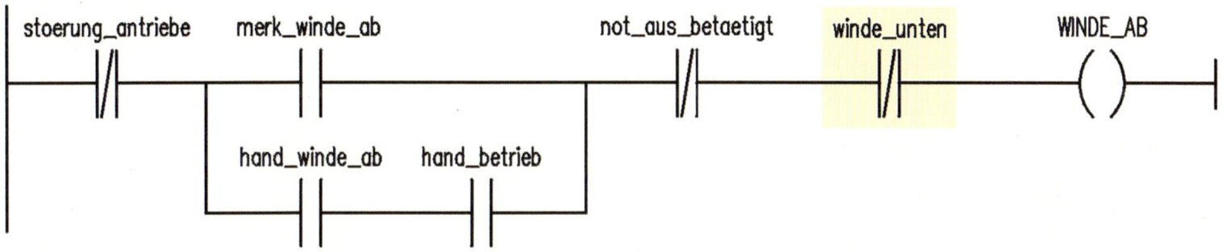

Netzwerk: 7 Vakuumpumpe

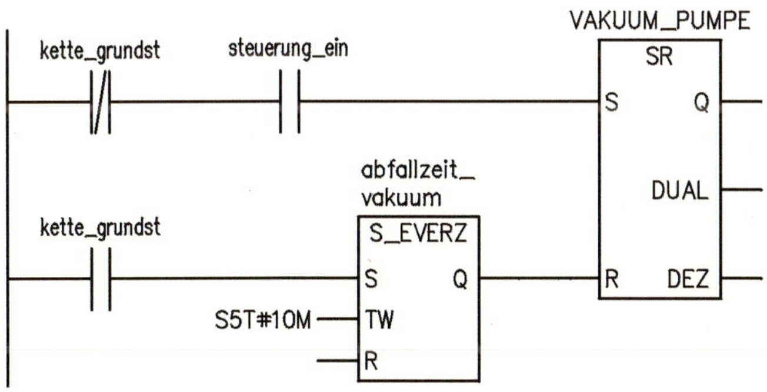

Netzwerk: 8 Vakuumventil

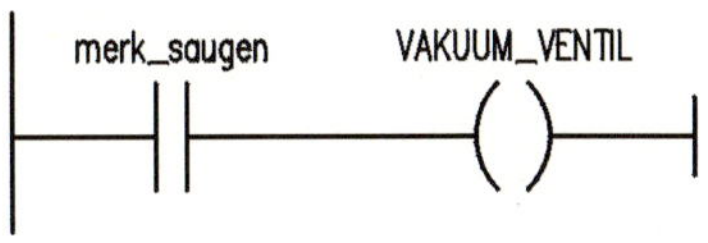

Solange die Winde *noch nicht die obere Grenzposition erreicht hat*, liefert der Öffner den Signalzustand „1“.

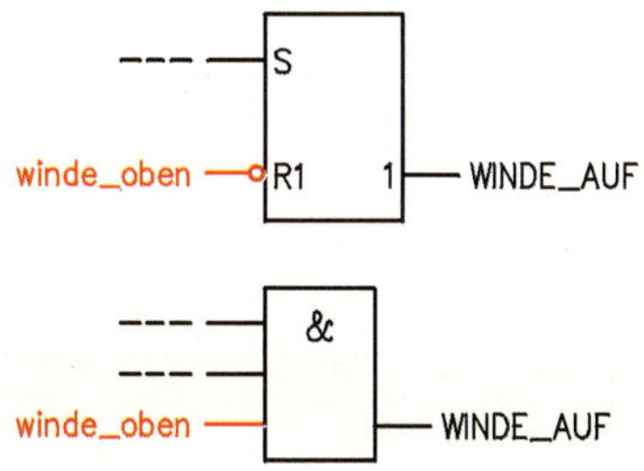

- Befehl *„WINDE_AUF“* ist *speichernd* gesetzt: Rückgesetzt wird bei Erreichen der oberen Grenzposition (*winde_ oben* =„0“). In diesem Fall Abfrage von *winde_oben* auf den *Signalzustand „0“* (Negation).
- Befehl *„WINDE_AUF“ nicht speichernd* gesetzt: Der Grenztaster *winde_oben* wirkt im Sinne einer *Freigabe*.
  Solange *winde_oben* noch den *Signalzustand „1“* hat, darf der Befehl *„WINDE_AUF“* ausgegeben werden. Abfrage von *winde_oben* auf den *Signalzustand „1“* (keine Negation).

FB3: Flankenbildung

Netzwerk: 1 Bildung aller Flanken

```
U  position_erreicht
FP hilfs_merk_flanke_1
=  p_flanke_pos_erreicht

U  ref_ok
FP hilfs_merk_flanke_2
=  p_flanke_ref_ok

O  taster_schacht_1
O  taster_schacht_2
O  taster_schacht_3
O  taster_schacht_4
FP hilfs_merk_flanke_3
=  p_flanke_auftrags_taster

U  auslauf_frei
FP hilfs_merk_flanke_4
=  p_flanke_platte_abgelegt

U  taster_stornieren
FP hilfs_merk_flanke_5
=  p_flanke_stornieren
```

Dieser FB bedarf keiner besonderen Erläuterungen. Es werden hier fünf *positive Flanken* gebildet (FP → 214).

FB4: Eingabe der Stückzahl (BCD)

BCD-Schalterauswertung

Dieses Programm erscheint zunächst einigermaßen verwirrend. Daher kann die Arbeitsweise am besten anhand eines konkreten Beispiels erläutert werden.

FB4: Eingabe der Stückzahl

Netzwerk: 1 BCD-Schalter 1

```
L     PEW0                    //Eingangswort, an dem die BCD-Schalter angeschl. sind
L     2#1111 0000 0000 0000   //Ausmaskieren des BCD-Schalters 1
UW
SRW 4                         //Ergebnis um 4 Stellen nach rechts schieben, um die
T     MW90                    //Dezimalzahl 0 bis 9 zu erhalten

L     MB90                    //Dezimalzahl ist jetzt in MB90 gespeichert
T     MB20                    //und wird in MB20 transferiert
```

Netzwerk: 2 BCD-Schalter 2

```
L     PEW0                    //Eingangswort des BCD-Schalters 2
L     2#1111 0000 0000        //Ausmaskieren des BCD-Schalters 2
UW
T     MW90

L     MB90                    //Dezimalzahl ist jetzt in MB90 gespeichert und
T     MB21                    //wird in MB21 transferiert
```

Netzwerk: 3 Berechnen der ganzen Dezimalzahl

```
L     MB20                    //Lade Dezimalzahl (1)
L     10                      //Lade Konstante 10
*I                            //Multiplikator
L     MB21                    //Ergebnis im Akku, lade Dezimalzahl (2)
+I                            //Addition
T     MB22                    //Ergebnis in MB22 transferieren
```

Laden von Peripherie → 507, Transferieren T → 509, Laden und Transferieren → 217

Aus einem Schacht sollen 12 *Tischplatten* entnommen werden. Die **BCD-Schalter** zur Eingabe der Anzahl sind an die Eingänge E0.0 bis E0.7 (an das Eingangsbyte 0) angeschlossen (→ 459).

Wenn 12 eingestellt wird, sind die Eingänge E0.1 und E0.4 mit „1“-Signal beschaltet.

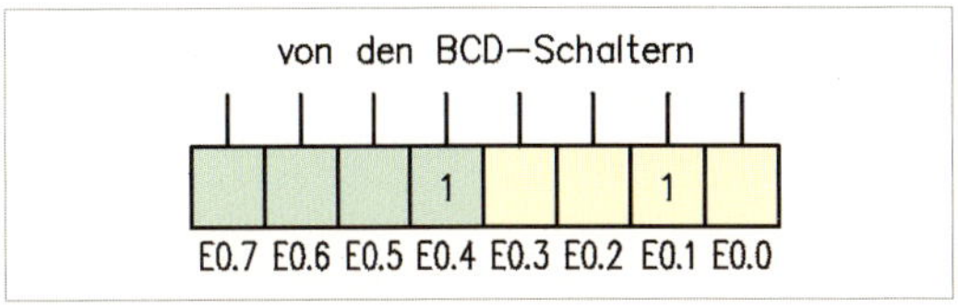

1 Signalzustände bei Eingabe von 12

Diese Eingangs-Signalzustände müssen eingelesen werden.
Dies erfolgt mit der Anweisung **L PEW0** (**L**ade das **P**eripherie **E**ingangs**W**ort **0**).

Ein Wort besteht aus *2 Byte*. Ein *Eingangswort* somit aus *2 Eingangsbytes*.

Bei Angabe von **PEW 0** werden die Eingangsbytes **EB 0** (E0.0 – E0.7) und **EB 1** (E1.0 – E1.7) in den Akku der CPU eingelesen. Im Akku steht dann die *Dezimalzahl* 4608.

Für den Test des Programms wird das Netzwerk 2 übersprungen. Dies ist sinnvoll, um den Inhalt des Merkerwortes MW 90 zu beobachten. Beachten Sie, dass das Merkerwort in Netzwerk 2 erneut beschrieben wird.

Eingang E0.4 = **„1“**
Dies bedeutet die Wahl von 10 Tischplatten. Der Programmtest ergibt auch tatsächlich den Wert 10 in Merkerbyte MB 22.

L PEW 0
PEW 0 besteht aus den Bytes PEB 0 und PEB 1. Diese werden in den Akkumulator der CPU geladen. **Beachten Sie die Vertauschung!**

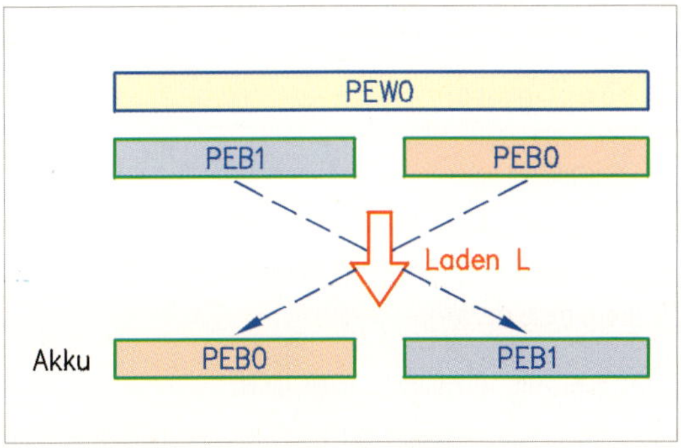

2 Vertauschung von PEB 0 und PEB 1

In *Netzwerk 3* wird der Inhalt von MB20 mit 10 multipliziert (Dezimalstelle $10^1 = 10$).

Ergebnis in MB22 = 10.

Damit ist die Eingabe der Dezimalstelle 10^1 (Zehner) also möglich. Nun muss noch die Dezimalstelle 10^0 (Einer) eingegeben werden können.

Wenn 12 Tischplatten gewünscht werden, muss noch die Zahl 2 hinzuaddiert werden. Dazu muss über den zugehörigen BCD-Schalter der Eingang E0.1 zusätzlich den Signalzustand „1“ annehmen.

Die Arbeitsweise dieses Programmteils wird verdeutlicht, wenn zwecks Programmtest das Netzwerk 1 übersprungen wird.

In Netzwerk 3 wird der Inhalt von MB 21 (Einer) zum mit 10 multiplizierten Inhalt von MB 20 (Zehner) addiert.

Damit kann nun die gewünschte *Anzahl der Tischplatten* eingegeben werden. Das Programm arbeitet ohne Probleme.

→ 492

Englisch

thermoelektrisches Bauteil
thermoelectric module

fotoelektrisch
photo-electric

piezoelektrisch
piecoelectric

Temperaturmessung
temperature measurement

Tempertur-überwachung
temperature control

Messfühler
sensor, measuring element, detector, sensing head

Widerstands-thermometer
resistance thermometer

Nennwiderstand
nominal resistance

Brückenschaltung
bridge circuit, balancing network

Abgleichwiderstand
adjustable resistor, balancing resistance

Thermoelement
thermocouple

Thermospannung
thermoelectric voltage, thermo emf

Messstelle
measuring junction

Messverstärker
monitoring amplifier

Koppler
coupler, flexible lead connector

Wärmestrahlung
heat radiation

Wegaufnehmer
displacement gauge

Schleifdraht
slide wire

Widerstandselement
resistor element

Widerstandsfilm
resistive film

Widerstandsgeber
resistance transductor

Tauchankermagnet
plunger-type magnet

Näherungsschalter
proximity switch

Arithmetische Funktionen → 219, UND-Wort (16 bit), UW → 507, Schiebefunktionen SRW, SLW → 508

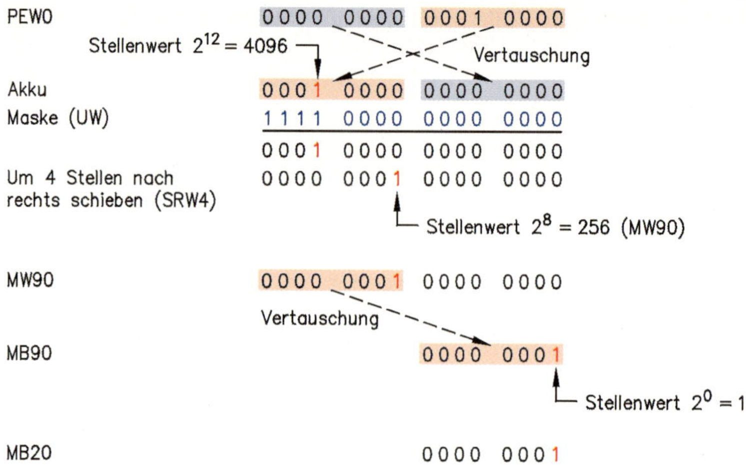

In Netzwerk 3 wird der Inhalt von MB20 mit 10 multipliziert (Dezimalstelle $10^1 = 10$). Ergebnis in MB22 = 10.

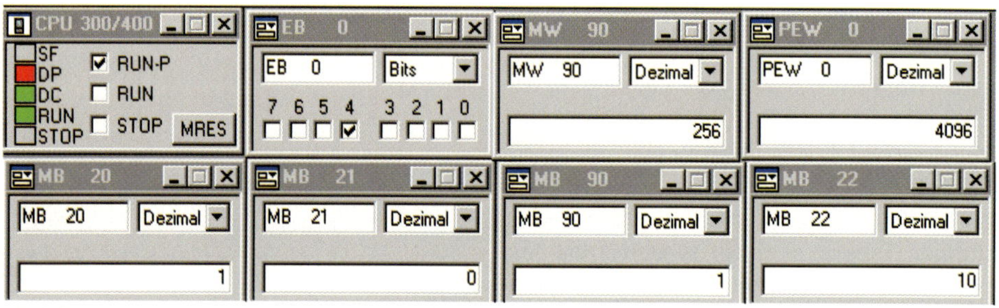

1 Verdeutlichung durch Programmtest mit dem Simulator

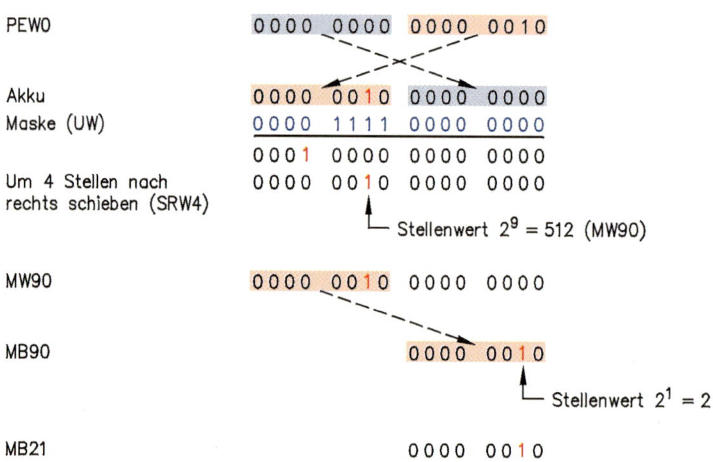

In Netzwerk 3 wird der Inhalt von MB21 (Einer) zum mit 10 multiplizierten Inhalt von MB20 (Zehner) addiert.

2 Maskieren und schieben

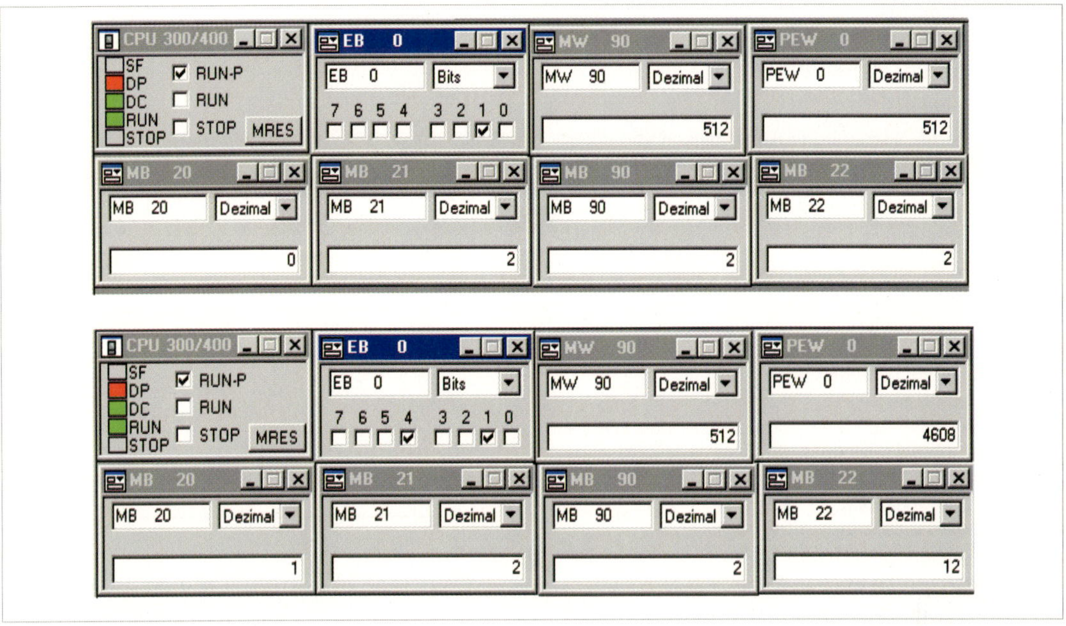

1 *Verdeutlichung durch Programmtest mit dem Simulator*

Information

Sensoren

Jedes informationsverarbeitende System besteht grundsätzlich aus drei Ebenen: *Eingabe-Ebene*, *Verarbeitungs-Ebene* und *Ausgabe-Ebene*.

Prozessdaten werden *erfasst* und zur *Eingabe-Ebene* transportiert. Nach entsprechender Aufbereitung werden Sie dann der *Verarbeitungsebene* zugeführt, wo sie gemäß dem gewünschten *Programm* verarbeitet werden.

EVA-Prinzip in der Steuerungstechnik

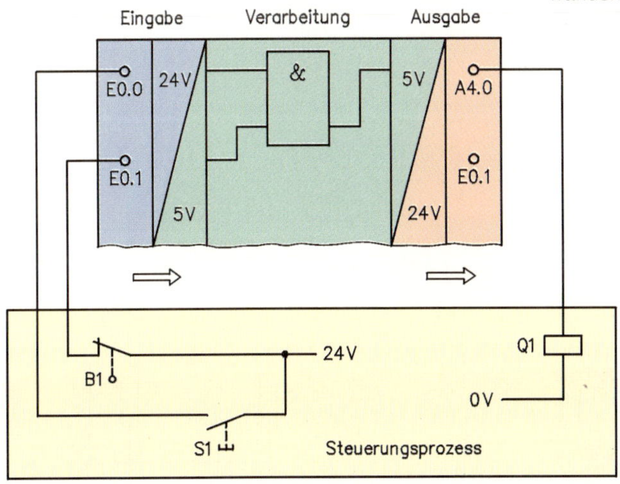

Die Verarbeitungsergebnisse werden der *Ausgabe-Ebene* zugeleitet, die für die Signalaufbereitung sorgt, damit der Steuerungsprozess beeinflusst werden kann.

Sensoren erfassen **physikalische Größen**, die in geeigneter Form (Strom, Spannung) der Eingabe-Ebene zugeführt werden.
Beispiele für solche physikalischen Größen sind: Temperatur, Druck, Strömungsgeschwindigkeit, Luftfeuchte, Füllstände, Hell-/Dunkel-Informationen.
Dies sind **nichtelektrische Größen**, die für die Informationsverarbeitung in **elektrische Größen** umgewandelt werden müssen.

Sensoren bestimmen entscheidend die *Leistungsfähigkeit von Steuerungen und Regelungen*.

Sie können als „Sinnesorgane" der Verarbeitungsebene angesehen werden.
Sie sind „Umweltfühler", die wichtige Prozesszustände an die Verarbeitungs-Ebene melden, um die entsprechenden Reaktionen der Ausgabe-Ebene hervorzurufen.

Beispiele für so erfasste **Prozesszustände** sind:
- zu hohe Temperatur
- zu niedriger Druck
- zu geringe Strömungsgeschwindigkeit
- zu niedriger Füllstand

Information

Einteilung der Sensoren

Aktive Sensoren

Erzeugen eine Spannung in Abhängigkeit von einer physikalischen Größe. Sie wandeln nichtelektrische Größen direkt in elektrische Größen um.

Passive Sensoren

Funktionieren derart, dass nichtelektrische Größen ohne Energieumwandlung elektrische Größen beeinflussen (Impedanzänderung).

Ausgenutzte technische Effekte

- *Widerstandsänderung*
  Längen- oder Durchmesseränderung des Widerstandsmaterials, Einfluss von Magnetfeldern, Einfluss wie Wärme, Strahlung.
- *Feldeffekt, Halleffekt*
  Magnetfeldänderung
- *Elektrodynamischer Effekt*
  Feldänderung, Bewegung
- *Thermoelektrischer Effekt*
  Temperaturänderung
- *Fotoelektrischer Effekt*
  Lichtstrahlung
- *Piezoelektrischer Effekt*
  Längenänderung, Formänderung
- *Kapazitätsänderung*
  Plattenabstand, Plattenfläche Dielektrikum

Widerstandsthermometer

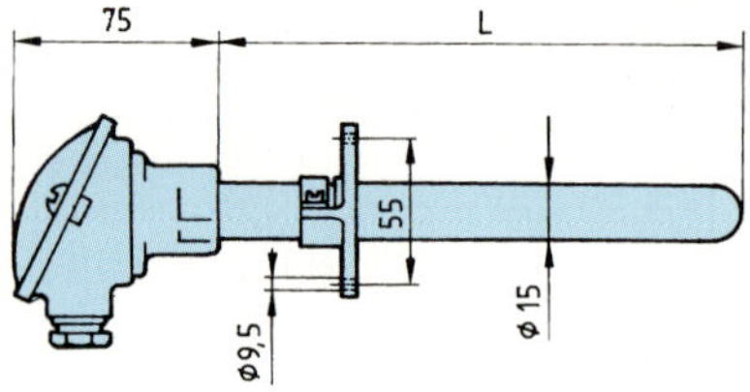

Temperaturabhängigkeit von Nickel und Platin

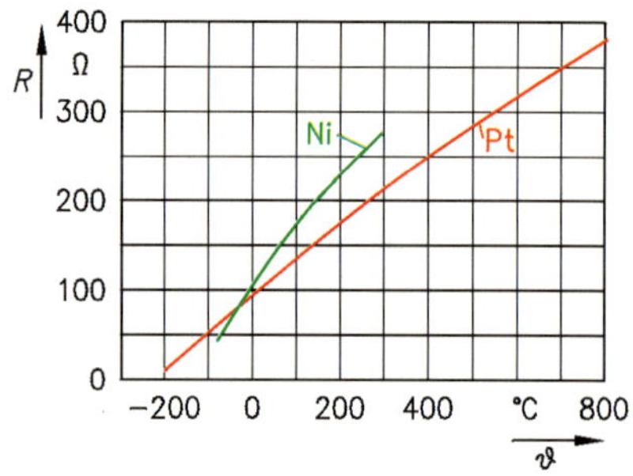

Temperaturmessung

- **Widerstandsmessfühler**

Der *elektrische Widerstand* von Metallen ist *temperaturabhängig.*

$R_\vartheta = R_0 \cdot (1 + \alpha \cdot \Delta\vartheta)$

R_ϑ Widerstandswert bei Temperatur ϑ in Ω
R_0 Widerstandswert bei 0 °C in Ω
α Temperaturkoeffizient in 1/K
$\Delta\vartheta$ Temperaturdifferenz $\vartheta_2 - \vartheta_1$ in K

Besonders geeignet sind Werkstoffe *mit hohem Temperaturkoeffizienten* und *großem spezifischen Widerstand.*

Angestrebt wird ein nahezu *linearer Zusammenhang* zwischen R_ϑ und ϑ. Besonders geeignet sind *Nickel* und *Platin.*

Der **Nennwiderstand** R_0 (bei 0 °C) ist genormt und beträgt bei Platin und Nickel 100 Ω. Daher werden die *Messwiderstände* auch mit *Pt100* bzw. *Ni100* bezeichnet.

Die in ein *Schutzrohr* eingebrachten Messwiderstände werden **Widerstandsthermometer** genannt.

Zur Temperaturmessung wird die Widerstandsänderung in *einer* **Brückenschaltung** (→ Kernqualifikationen) bestimmt.

Die *Zuleitungswiderstände* rufen *Messfelder* hervor, da der Zuleitungswiderstand *temperaturabhängig* ist.

Der *Abgleichwiderstand* R_a ermöglicht eine Korrektur. Die Spannung U_m nimmt proportional mit der Temperaturerhöhung zu.

Messbereich: – 220 °C bis 1000 °C (Platin)
– 60 °C bis 200 °C (Nickel)

Zweileiterschaltung

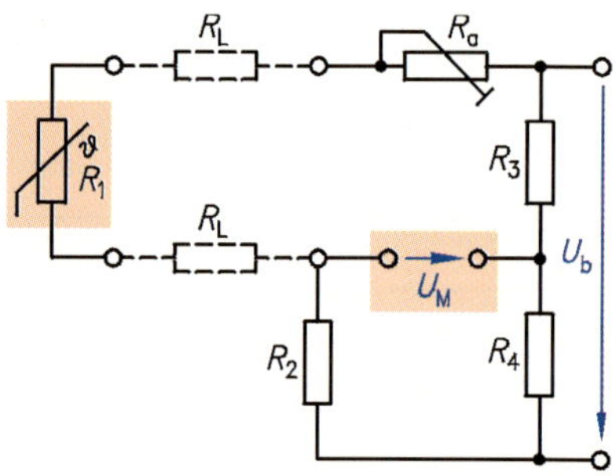

Information

Dreileiterschaltung

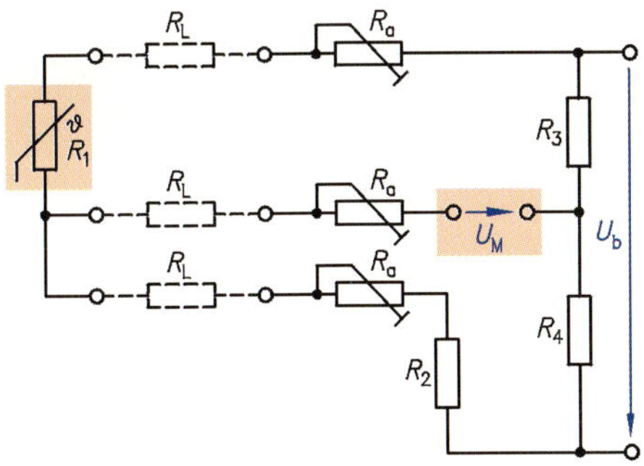

Thermoelemente

Ein *Thermoelement* ist eine leitende Verbindung zweier verschiedener Metalle. Es liefert eine temperaturabhängige **Thermospannung**. Die Wirkungsweise von Thermoelementen beruht auf dem *Seebeck-Effekt*.

Werden zwei elektrische Leiter an den Enden miteinander verbunden (durch Schweißen oder Löten), so kann bei Erwärmung der Verbindungsstelle eine *elektrische Spannung* (**Thermospannung**) zwischen den Leitern gemessen werden.

Temperaturmessung mit Thermoelement

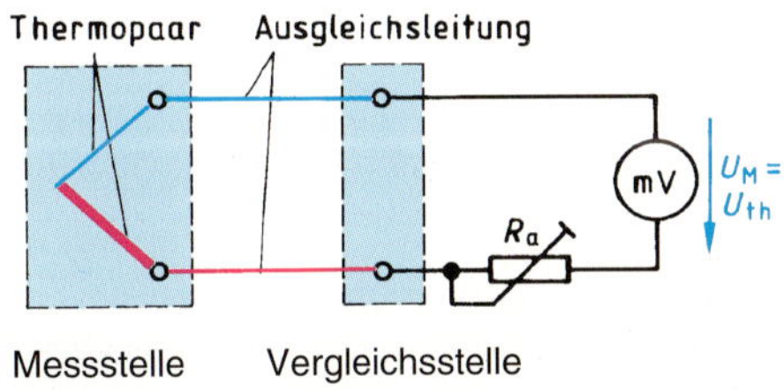

Wenn Mess- und Vergleichsstelle die *gleiche Temperatur* annehmen, ist die Thermospannung Null. Mit zunehmendem Temperaturunterschied zwischen Messstelle und Vergleichsstelle wird die Thermospannung größer.

Die Thermospannung ist der Temperaturdifferenz von Mess- und Vergleichsstelle proportional.

$$U_{th} \sim \vartheta_M - \vartheta_V$$

$$U_{th} = k \cdot (\vartheta_M - \vartheta_V)$$

U_{th} Thermospannung in V
ϑ_M Messstellentemperatur in °C
ϑ_V Vergleichsstellentemperatur in °C
k Materialkonstante (abhängig von den Thermodrähten) in V/K

Thermospannungen verschiedener Thermopaare

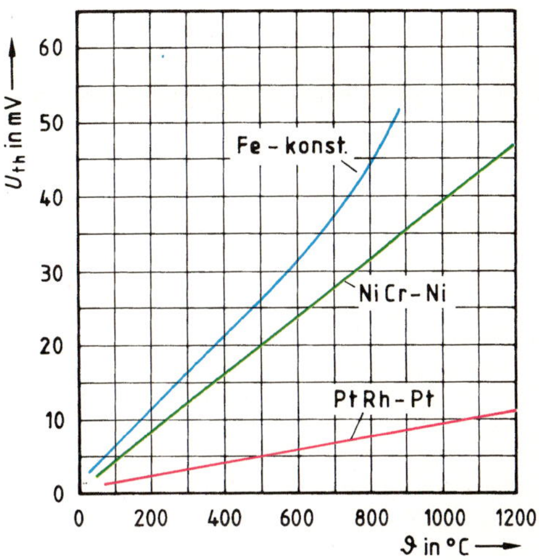

Thermospannungen

Thermoelement	*Messbereich*	*Empfindlichkeit bei 20 °C*
Platin-Platinrhodium	*– 200°C bis 1600°C*	*0,0065 mV/K*
Nickelchrom-Konstantan	*– 200°C bis 800°C*	*0,0562 mV/K*
Eisen-Konstantan	*– 200°C bis 600°C*	*0,051 mV/K*

Die sehr kleine Thermospannung wird über einen **Messverstärker** erfasst, der auch die *geringfügig nichtlineare Kennlinie* zwischen Thermospannung und Temperatur berücksichtigt.

Ausgleichsleitungen

Oft besteht zwischen Messstelle und Vergleichsstelle eine größere räumliche Entfernung, was eine *Verlängerung der Thermoschenkel* notwendig macht. Hierfür sind spezielle *Ausgleichsleitungen* erforderlich, die aus dem *gleichen Material* wie die Thermodrähte bestehen müssen.

Dies gilt auch für die *Verbindung* zwischen Thermodraht und Ausgleichsleitung, weil sonst durch die ungewollte Bildung weiterer Thermopaare *Messfehler* entstehen würden. *Kennfarben* verdeutlichen die Zusammengehörigkeit von Thermoelementen und Ausgleichsleitungen.

Information

Strahlungspyrometer

Strahlungspyrometer können über relativ große Entfernungen (einige Meter) Temperaturen *berührungslos* erfassen.

Dabei wird die Strahlungstemperatur über *Thermoelemente* gemessen. Die Wärmestrahlung wird mit einer Linse aus Silizium, Quarz oder Glas auf einer Thermokette gebündelt.

Temperaturmessbereich

Siliziumlinse	0 ... 900 °C
Quarzlinse	400 ... 1200 °C
Glaslinse	600 ... 2000 °C

Thermokoppler

Thermokoppler setzen Signale von Thermoelementen in die *normierten Analogsignale* 0 – 10 V, 0 – 20 mA sowie 4 – 20 mA um.

Messung mechanischer Größen

Die Messung mechanischer Größen erfolgt i. Allg. durch *definierte Verformung* eines Körpers. Die elektrische Messgröße wird dabei direkt über die Verformung (Dehnungsmessstreifen) oder durch die Auslenkung über einen *Wegaufnehmer* erzeugt.

Ohmscher Wegaufnehmer

Die Spannung U_2 ist der abgegriffenen Länge proportional. Der Schleifer greift also eine dem *Weg* oder *Drehwinkel* proportionale Spannung ab, die entweder *angezeigt* oder *weiterverarbeitet* werden kann.

Um größere Widerstandswerte zu erreichen, wird der Widerstandsdraht als *Wendel* ausgeführt. Allerdings ändert sich der Widerstandswert dann „sprunghaft", wenn der Schleifer von Windung zu Windung „springt".

Auch die Anwendung von ***Leitplastik*** ist anzutreffen. Hierunter versteht man einen Kunststoff, der durch Einlagerung von Kohlepartikeln leitfähig wird. Der leitfähige Kunststoff wird als Film auf einen Träger aufgebracht.

Schleifdraht und wendelförmiger Widerstandsdraht

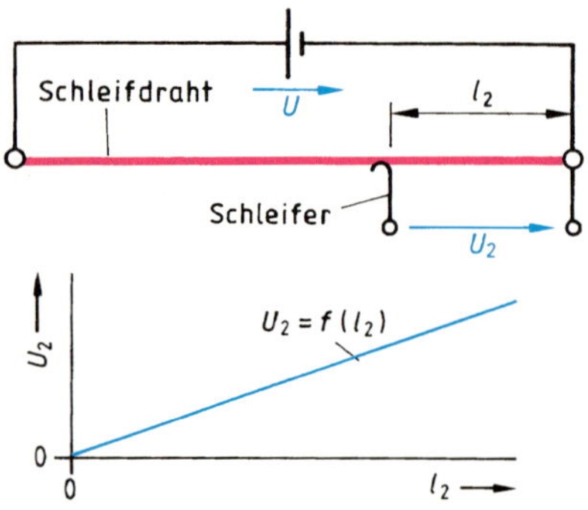

Prinzip des ohmschen Wegaufnehmers

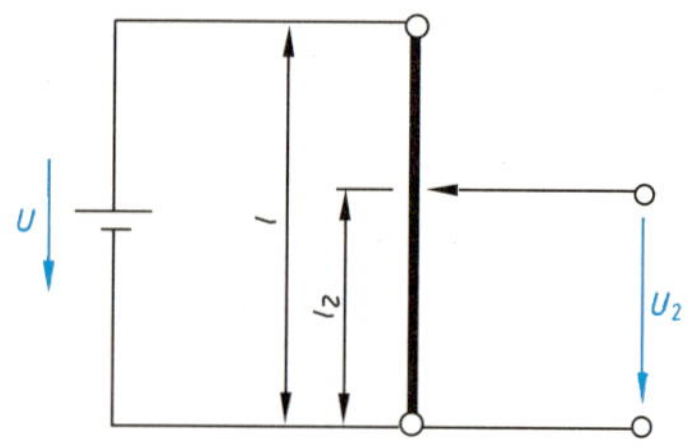

Die Ausgangsspannung U_2 ändert sich *linear* mit der Schleiferstellung. Bis zu 10^8 Schleiferspiele sind möglich.

Die typische *Auflösung* ist besser als 0,1%, die *Linearität* besser als 1%. *Nennwertlängen* 10 mm – 2 m, **Drehpotentiometer** i. Allg. durchdrehbar mit einem Messbereich von 0 – 360°. Die Spannung wird zumeist über einen **Spannungsfolger** abgegriffen, so dass keine nennenswerte Belastung des Wegaufnehmers auftritt.

Wegaufnehmer mit Spannungsfolger

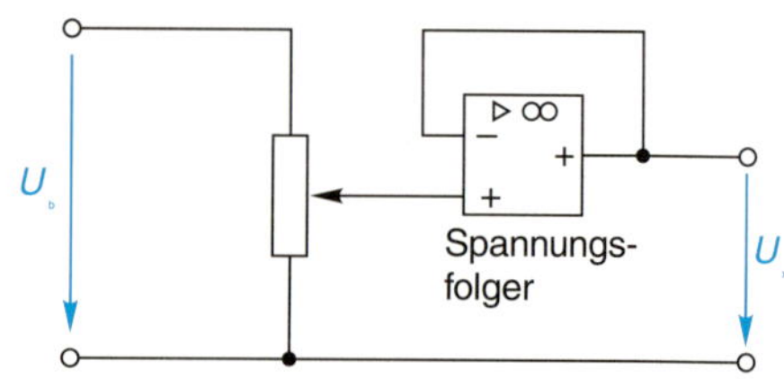

Induktive Wegaufnehmer

Induktive Wegaufnehmer haben den wesentlichen *Vorteil*, dass sich *keine Kontaktprobleme* (wie bei ohmschen Wegaufnehmern) ergeben. Sie werden häufig zur Messung von *Lage- und Längenänderungen* eingesetzt.

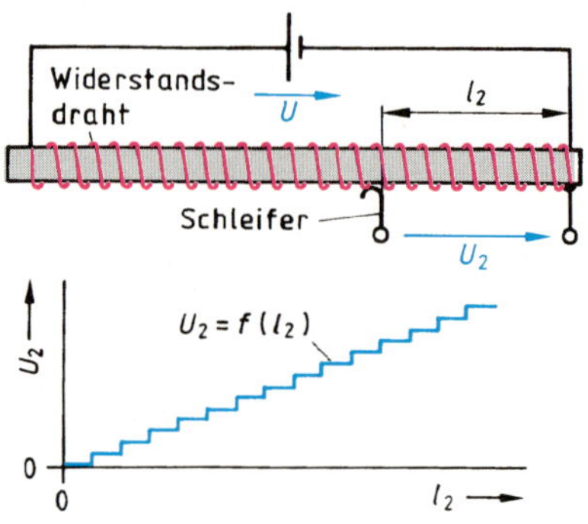

Information

Induktive Wegaufnehmer bestehen prinzipiell aus einem *ferromagnetischen Eisenkern*, der sich im Inneren einer Spule befindet. Die *Induktivität* ist abhängig von der Permeabilität des Eisenkerns, der Windungszahl und den geometrischen Spulenabmessungen (→ Kernqualifikationen).

Ein solcher Sensor wird **Tauchankergeber** genannt. Im Allgemeinen sind auf einen Träger zwei Spulen aufgebracht.

Tauchankergeber, prinzipieller Aufbau

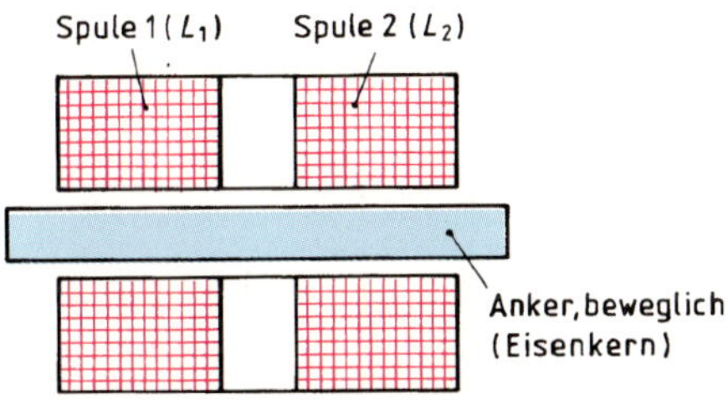

Zu Messzwecken wird der Tauchankergeber in eine *Messbrücke* eingebaut. Die *Brückenschaltung* ist abgeglichen, wenn sich der Anker in Mittelstellung befindet. Bei Bewegung des Ankers wird die Brücke verstimmt.

Tauchankergeber in Brückenschaltung

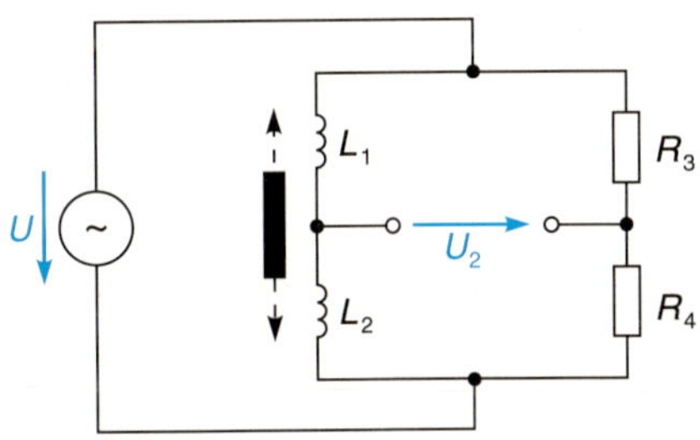

FLDT-Sensor, Prinzip

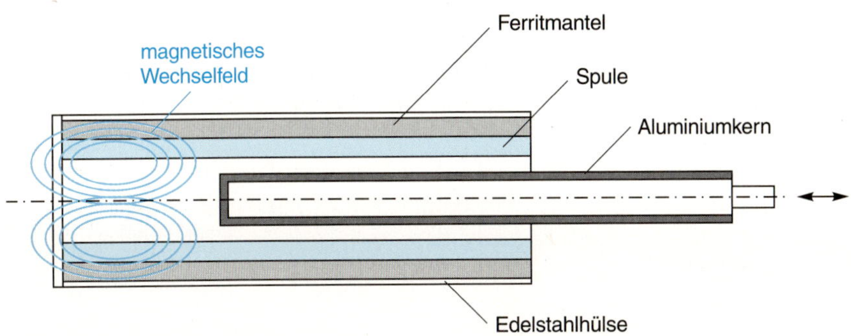

FLDT
Fast
Linear
Displacement
Transducer;
schneller linearer Wegaufnehmer

Induktiver Wegsensor (FLDT-Sensor)

Dieser Sensor besteht aus einer einlagigen Zylinderspule, die von einem Ferritmantel umgeben in eine Hülse aus Edelstahl eingebaut ist. Ein bewegliches Aluminiumrohr taucht in diese Spule ein.

Die Spule wird über eine Konstantstromquelle mit ca. 100-kHz-Wechselspannung betrieben.
Wegen der *Wirbelströme* kann das hochfrequente Magnetfeld nicht in den Aluminiumkern eindringen. Daher bewirkt eine Verlagerung des Aluminiumkerns eine Änderung des induktiven Widerstandes.

Der *Spannungsfall* an der Spule ist das Sensorsignal, das gleichgerichtet werden muss.

Der FLDT-Sensor ist so robust, dass er für praktisch alle Anwendungen eingesetzt werden kann. Er eignet sich sogar für den *Einbau in Hydraulikzylindern*.

Kapazitive Wegaufnehmer

Kapazitive Wegaufnehmer beruhen auf der Tatsache, dass die *Kapazität* von der Fläche, dem Abstand und dem Dielektrikum abhängig ist.

Die *Änderungen* der Kapazität sind *sehr gering*. Ein *Verstärker* ist erforderlich. Wesentliche *Vorteile*:

- Elektrische Felder können abgeschirmt werden
- Magnetische Felder haben keinen Einfluss
- Direkte Umwandlung in eine elektrische Größe
- Mechanisch sehr robuster Aufbau

Kapazitiver Wegsensor

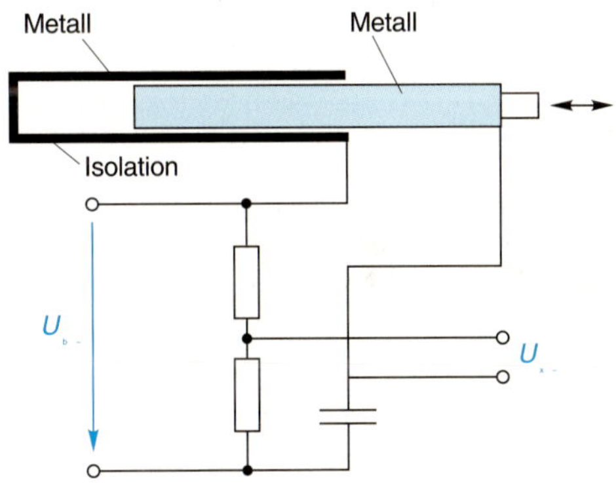

Information

Induktive Näherungssensoren

Induktive Näherungssensoren arbeiten *berührungslos* und sind *verschleißfrei* (unter ungünstigen Umgebungsbedingungen einsetzbar). Elemente:

- *Oszillator*
- *Schmitt-Trigger*
- *Schaltverstärker*

Induktive Näherungssensoren

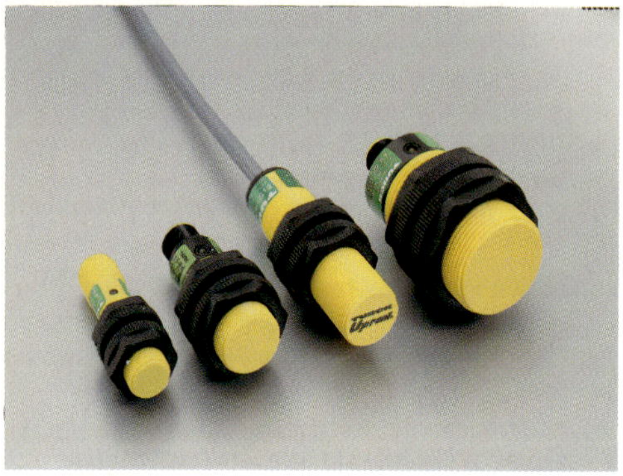

Der **Oszillator** (Schwingungserzeuger) ruft ein *elektromagnetisches Wechselfeld* hervor. Es tritt aus dem Sensor aus und breitet sich in dem umgebenden Raum aus.

Kommt ein *elektrisch leitfähiger Stoff* in die Nähe der aktiven Fläche des induktiven Näherungssensors, werden in diesem Stoff *Wirbelströme* induziert.

Dadurch wird dem Oszillator Energie entzogen. An seinem Ausgang tritt eine Pegeländerung auf, die ein Kippen des *Schmitt-Triggers* bewirkt. Der *Signalzustand* am Verstärkerausgang ändert sich.

Induktiver Näherungssensor, Aufbau

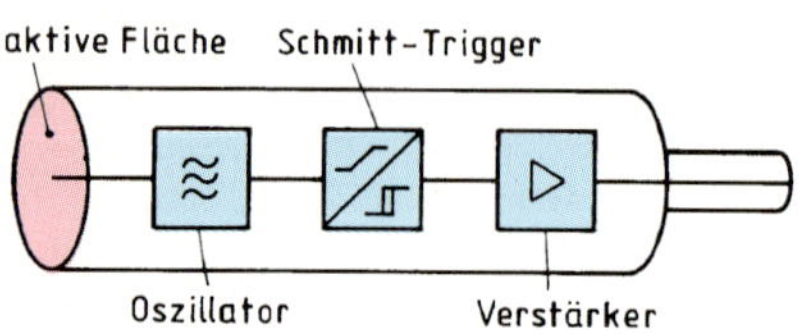

Induktiver Näherungssensor, Wirkungsprinzip

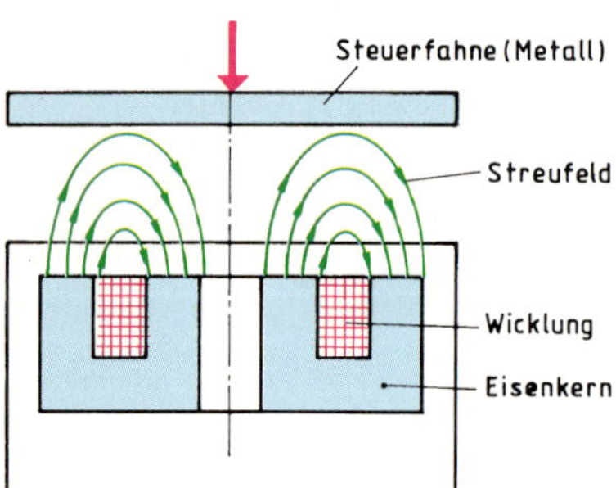

Eine charakteristische Größe von induktiven Näherungssensoren ist der **Bemessungs-Schaltabstand** S_N. Er bestimmt, wie weit der elektrisch leitfähige Stoff von der **aktiven Fläche** des Sensors entfernt sein darf, um einen einwandfreien Schaltvorgang hervorzurufen.

Bemessungs-Schaltabstand

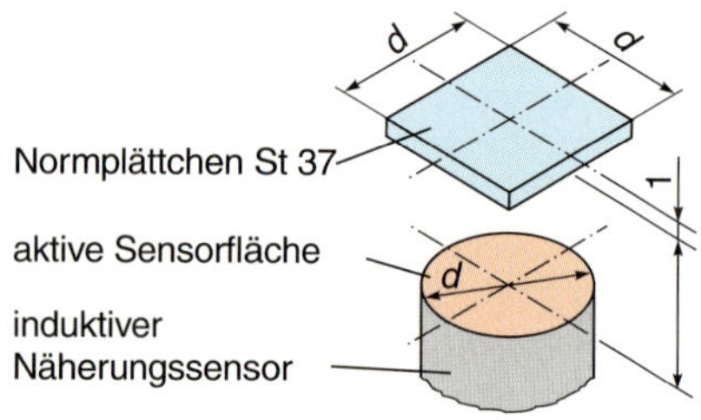

Der *Bemessungs-Schaltabstand* wird mit Hilfe eines quadratischen Plättchens von 1 mm Dicke gemessen, dessen Seitenlänge dem Durchmesser der aktiven Sensorfläche entspricht. Das Plättchen besteht aus Stahl.

Der *Schaltabstand* ist bei *Stahl* (ferromagnetisches Material) besonders groß. Andere Werkstoffe ergeben einen geringeren Schaltabstand.

Allgemein gilt:

$$a = k \cdot S_N$$

a Schaltabstand, tatsächlich
S_N Bemessungs-Schaltabstand
k Materialfaktor

Materialfaktoren zur Bestimmung des Schaltabstandes

Werkstoff	*Faktor k*
Kupfer	*0,45*
Aluminium	*0,5*
Aluminium-Folie	*0.96*
Edelstahl	*0,7*
Messing	*0,55*

Zwischen *Ein- und Ausschaltpunkt* besteht eine *Hysterese*. Sie ist abhängig vom Aufbau und beträgt 5 – 20 % des *Schaltabstandes.*

Information

Wahl des geeigneten Näherungssensors

Für die Wahl des geeigneten Sensors sind vier Überlegungen zwingend:

1. *Gehäuseform*
2. *Schaltabstand*
3. *Elektrische Daten und Anschlüsse*
4. *Allgemeine Spezifikationen*

Gehäuseform

Zylinderförmige Sensoren (aktive Zone an der Stirnseite in axialer Richtung)
Lieferbar in verschiedenen Durchmessern (z.B. von 4 – 30 mm), Befestigungsgewinde.

Quaderförmige Sensoren haben die in der Europanorm EN 60947 festgelegte Montagelochanordnung (identisch mit mechanischen Positions-Endschaltern).
Die aktive Fläche kann nach vorn, rechts, links, oben oder unten gerichtet sein; bei manchen Modellen in 15°-Schritten einstellbar.

Flächensensoren haben eine große Stirnfläche und damit einen großen Schaltabstand. Montagelochanordnung nach EN 60947.

Aufschraubbare Näherungssensoren können auf die vorgegebene Oberfläche geschraubt werden. Aktive Zone entweder nach oben oder nach vorn gerichtet.

Induktive Näherungssensoren

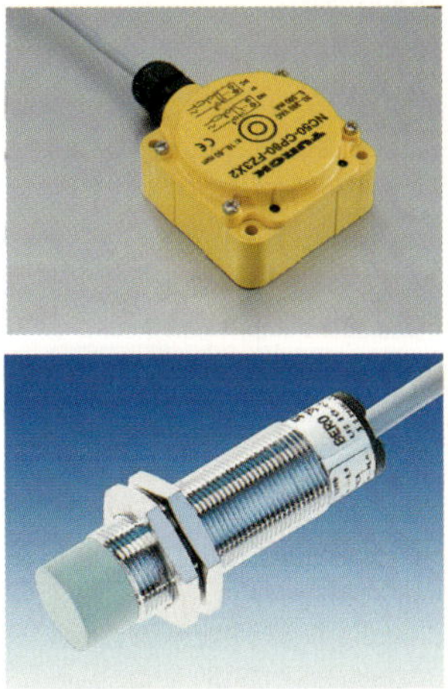

Schlitzförmige Näherungssensoren haben ein U-förmiges Gehäuse. Das elektromagnetische Wechselfeld wird zwischen zwei Spulen aufgebaut, die sich in den Schenkeln des U gegenüberstehen.

Wenn das Objekt in den Bereich zwischen den Spulen eintaucht (Schaltfahne), wird der Schaltvorgang ausgelöst.

Einbau von Näherungssensoren

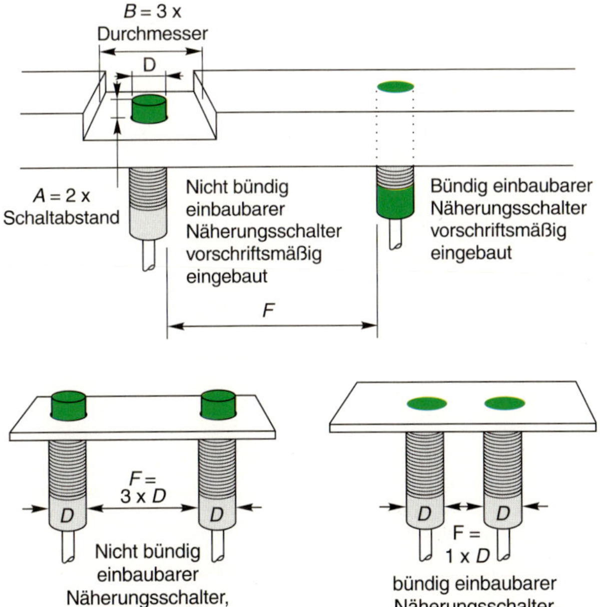

Nicht bündig einbaubarer Näherungsschalter, *F* muss 3 mal dem Gehäusedurchmesser entsprechen

bündig einbaubarer Näherungsschalter, *F* muss dem Gehäusedurchmesser entsprechen

Ringförmige Näherungssensoren sind als Ring ausgebildet, wobei das elektromagnetische Wechselfeld im Inneren des Ringes konzentriert ist.

Wenn sich ein metallisches Objekt in den Ring hineinbewegt, wird der Schaltvorgang ausgelöst.

Einbaubeispiele

Bündig eingebaute Sensoren sind mechanisch besser geschützt und unempfindlicher gegen Fehlbeeinflussungen. Die dafür notwendige Reduktion des seitlichen Feldes wird durch eine spezielle interne Abschirmung erreicht. Dies geschieht auf Kosten der Reichweite (nur 60 % des Schaltabstandes von Ausführungen für den nichtbündigen Einbau).

Gegenseitige Beeinflussung

Mindestabstände sind einzuhalten, um eine *gegenseitige Beeinflussung* der Sensoren auszuschließen.

Information

Elektrische Daten und Anschlüsse

Elektrische Ausführungen	**Code**	**Normsymbol**	**Prinzipschaltung/ Typische Daten**
Gleichspannung *10 V – 60 V*	*Zweidraht* *Z* *Z0, Z1, Z2* *verpolsicher* *Standard* *kurzschluss-fest*	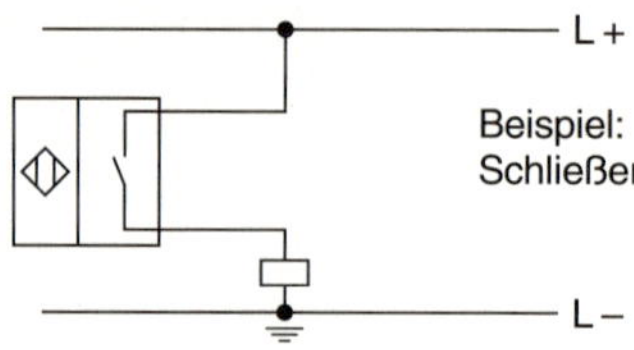 Beispiel: Schließer Z/ZO *Schließer; NO oder Öffner, NC*	*Basisreihe* *5 V / 4 – 100 mA* *Standardreihe* *4 V / 2 – 200 mA* *Reststrom* *0,7 mA* 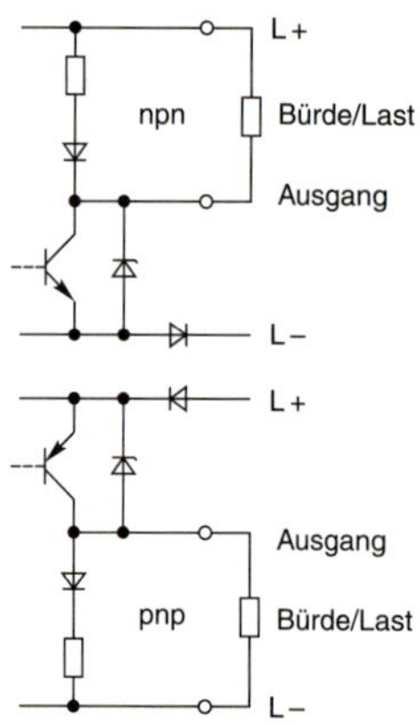
Basisreihe *10 V – 30 V* *100 mA* *Standardreihe* *10 V – 60 V* *200 mA*	*Dreidraht* *E, E0,* *E1, E2, E3* *kurzschluss-fest* *verpolsicher*	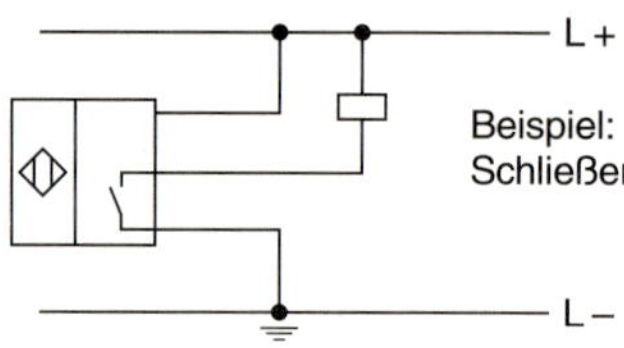 Beispiel: Schließer E/EO *Schließer; NO oder Öffner, NC*	*Daten wie Typ A*
	Vierdraht *A* *A2* *kurzschluss-fest* *verpolsicher*	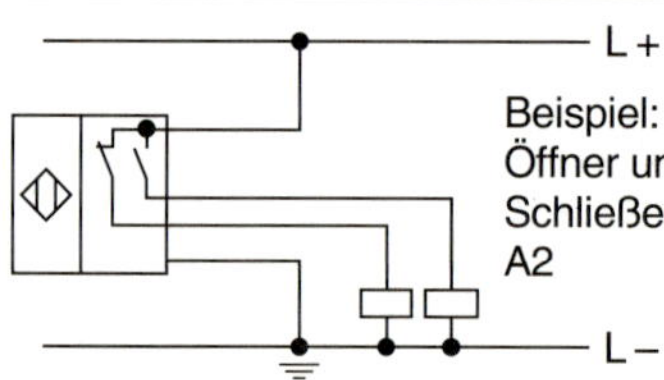 Beispiel: Öffner und Schließer A2 *Öffner, NC und Schließer, NO*	*Spannungsfall* *2,5 V* *Reststrom* *0,3 mA* *Betriebsstrom* *0 mA – 200 mA* *Leerlaufstrom* *20 mA*
Wechsel-spannung *20 V – 250 V*	*WS* *WÖ* *W* *W3*	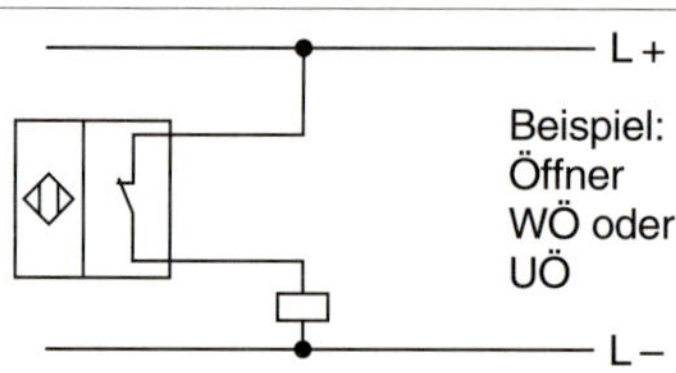 Beispiel: Öffner WÖ oder UÖ *Öffner, NC und Schließer, NO*	*Spannungsfall „ein“* *5 V* *Reststrom* *1 mA* *Betriebsstrom* *5 mA – 500 mA*
Allstrom *20 V – 250 VAC* *45 Hz – 65 Hz* *30 V – 300 VDC*	*US* *UÖ*		*Spannungsfall „ein“* *5 V* *Reststrom* *1,5 mA* *Betriebsstrom* *5 mA – 500 mA*
Gleichspannung *8 V*	*NAMUR* *N* *1N* *SN* *S1N* *EN 50227*	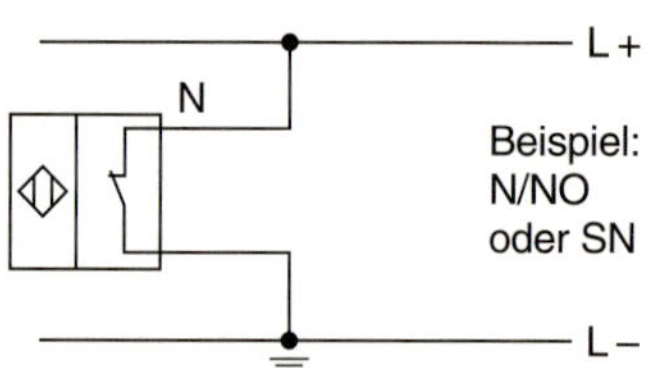 Beispiel: N/NO oder SN *Öffner, NC und Schließer, NO*	*Bemessungsspannung* *8 V* *Ausgangsstrom* *< 1 mA* *betätigt* *> 3 mA* *unbetätigt*

Information

Aderfarben und Steckerbelegung

Typ	*Funktion*	*Aderfarbe*	*Anschlussziffer*
2 Anschlüsse AC und 2 Anschlüsse DC Polung frei	*Schließer*	*jede Farbe[1)] außer Gelb, Grün oder Grün/Gelb*	*3 4*
	Öffner		*1 2*
2 Anschlüsse DC Polung beachten	*Schließer*	*+ Braun (BN) – Blau (BU)*	*1 4*
	Öffner	*+ Braun (BN) – Blau (BU)*	*1 2*
3 Anschlüse DC Polung beachten	*Schließer Ausgang*	*+ Braun (BN) – Blau (BU) Schwarz (BK)*	*1 3 4*
	Öffner Ausgang	*+ Braun (BN) – Blau (BU) Schwarz (BK)*	*1 3 2*
4 Anschlüsse DC Polung beachten	*Wechsler (öffnen, schließen) Schließer-Ausgang Öffner-Ausgang*	*+ Braun (BN) – Blau (BU) Schwarz (BK) Weiß (WH)*	*1 3 4 2*

[1)] Es wird empfohlen, dass beide Drähte die gleiche Farbe haben.

Die **Wechselspannungs-Näherungssensoren** enthalten zusätzlich zum Oszillator einen *Thyristor-Ausgangsverstärker* und werden in Reihe mit der Last (z.B. dem Schütz) betrieben.

Auch im gesperrten Zustand fließt systembedingt ein *Reststrom* über die Last. Dies ist besonders bei sehr hochohmigen Eingängen elektronischer Schaltungen zu beachten.

Außerdem tritt am Näherungssensor im *durchgesteuerten Zustand* ein *Spannungsfall* auf, was insbesondere im Kleinspannungsbereich von Bedeutung sein kann.

Bemessungsspannung	20 – 250 V
Netzfrequenz	45 – 65 Hz
Dauerstrom	≤ 500 mA
Reststrom	≤ 2,5 mA
Spannungsfall	≤ 5 V
Umgebungstemperatur	– 25 bis + 70°C

Wechselspannungs-Näherungssensor, Symbol

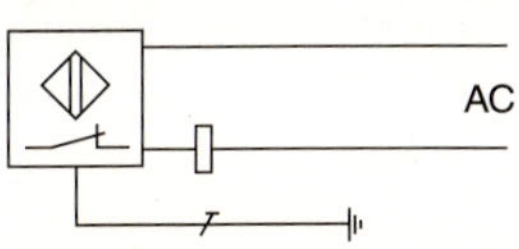

Gleichspannungs-Näherungssensor (Beispiel)

Bemessungsspannung	8 V DC
Stromaufnahme	
aktive Fläche frei	≥ 3 mA
aktive Fläche bedeckt	1 mA
Umgebungstemperatur	– 25 bis + 100°C

Gleichspannungs-Näherungssensor, Symbol

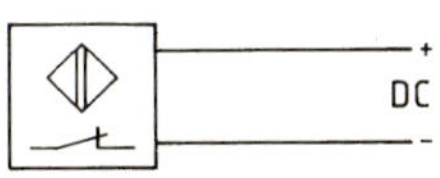

Es werden auch Näherungssensoren angeboten, bei denen der *Ausgangs-Signalzustand zwangsweise* „0“ wird, wenn im Näherungssensor ein Fehler auftritt.

Diese *Messwertaufnehmer* wurden vom *Technischen Überwachungsverein* (TÜV) nach den sicherheitstechnischen Forderungen für wichtige Schaltungen geprüft und zugelassen.

Information

Wichtige Daten und Begriffe

- **Schließerfunktion (NO)**
Der Ausgang ist bei unbedämpftem Näherungssensor gesperrt, bei bedämpftem Näherungssensor ist er durchgesteuert.

- **Öffnerfunktion (NC)**
Der Ausgang ist bei unbedämpftem Näherungszustand durchgesteuert, bei bedämpftem Näherungssensor ist er gesperrt.

- **Antivalente Funktion**
Beinhaltet Schließer- und Öffnerfunktion und entspricht einem Umschalter.

- **Bereitschaftsverzögerung**
Zeitdauer, die verstreichen darf, bis ein Näherungssensor nach dem Zuschalten der Betriebsspannung betriebsbereit ist.

- **Leerlaufstromaufnahme**
Eingangsstromaufnahme des Sensors, gemessen ohne Last.

- **Dauerstrom**
Maximaler Laststrom für Dauerbetrieb.

- **Kurzzeitstrom**
Strom, der beim Einschalten kurzzeitig auftreten darf, ohne den Sensor zu zerstören.

- **Reststrom**
Strom, der bei gesperrtem Sensor über die Last fließt.

- **Schaltfrequenz**
Höchstmögliche Anzahl der Schaltvorgänge pro Sekunde.

- **Einschaltimpulsunterdrückung**
Bei Anlegen der Betriebsspannung wird ein Fehlsignal des Ausganges unterdrückt.

- **Bemessungsspannung U_N**
Bei dieser Spannung werden die garantierten Betriebsdaten eingehalten.

- **Betriebsspannung U_b**
Spannungsbereich, in dem der Sensor arbeitet.

- **Spitzenspannung u_{BS}**
Absoluter Höchstwert der Spannung; bei Überschreitung dieses Wertes kann der Sensor zerstört werden.

- **Verpolschutz**
Ein falscher Spannungsanschluss führt nicht zur Zerstörung.

- **Mindestlaststrom**
Bei Zweidraht-Sensoren muss ein Mindeststrom fließen, da bei dessen Unterschreitung eine einwandfreie Funktion nicht gewährleistet ist.

- **Reihenschaltung**
Reihenschaltung ist möglich. Die maximale Anzahl der in Reihe zu schaltenden Sensoren wird durch den Spannungsfall je Sensor und die notwendige Betriebsspannung der Last bestimmt.

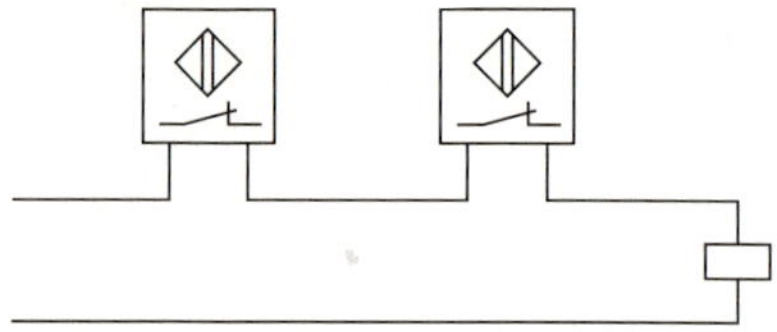

- **Parallelschaltung**
Parallelschaltung ist bedingt zulässig. Bei ungünstiger Schaltfolge (der zuerst bedämpfte Näherungssensor wird auch zuerst entdämpft) kann – bedingt durch die Bereitschaftsverzögerung – die Bürde kurzzeitig abfallen.
Die höchstmögliche Anzahl ist abhängig vom Haltestrom der Bürde.

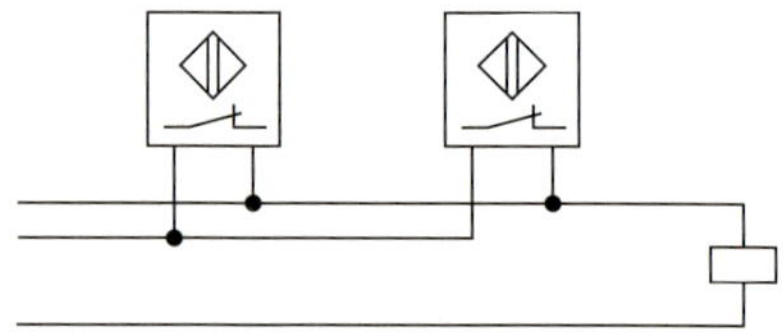

- **Bemessungsschaltabstand S_N**
Kennwert, bei dem weder Fertigungstoleranzen noch Temperatur- oder Spannungseinflüsse berücksichtigt werden.

- **Realschaltabstand S_r**
Wird bei Bemessungsspannung und 20 °C Umgebungstemperatur ermittelt.
Maximale Abweichung von S_N: ± 10 %.

- **Nutzschaltabstand S_U**
Wird in Abhängigkeit vom Temperatureinfluss angegeben; darf höchstens um ± 10 % vom Realschaltabstand abweichen.

- **Arbeitsschaltabstand S_a**
Innerhalb des Arbeitsschaltabstandes ist es sichergestellt, dass der Sensor im Bereich der zulässigen Betriebsbedingungen arbeitet. S_a liegt zwischen Null und dem geringsten Wert des Nutzschaltabstandes.

- **Reproduzierbarkeit R**
Die Reproduzierbarkeit gibt die Wiederholgenauigkeit des Nutzschaltabstandes an:
Bei zwei aufeinanderfolgenden Schaltvorgängen innerhalb einer Zeitspanne von 8 h; bei einer Umgebungstemperatur zwischen 15 °C und 30 °C und einer maximal um ± 5 % von der Nennspannung abweichenden Betriebsspannung.

Information

Abstandssensor

Es gibt nicht nur induktive Näherungssensoren, die sich durch einen *definierten Schaltabstand* zwischen Sensor und erfasstem leitfähigen Material auszeichnen. **Abstandssensoren** erzeugen eine dem *Abstand* zwischen Sensor und leitfähigem Material proportionale Spannung. Solche Sensoren eignen sich für **Abstandsmessungen**.

Kennlinie eines Abstandssensors

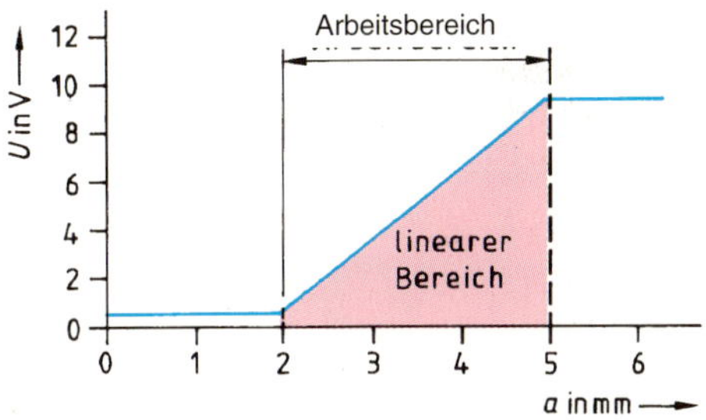

Magnetfeldsensoren

Magnetfeldsensoren erfassen die Abwesenheit von Magneten (Dauermagnete und Elektromagnete) bzw. von ferromagnetischen Objekten.

In der Automatisierungstechnik werden überwiegend *Dauermagnete* verwendet, da diese keine Energieversorgung benötigen.

Magnetfeldsensoren haben eine *größere Reichweite* und *kleinere Bauformen* als induktive Näherungssensoren. Außerdem können sie vollständig in einem Metallgehäuse gekapselt werden.

Magnetfeldsensor, Prinzip

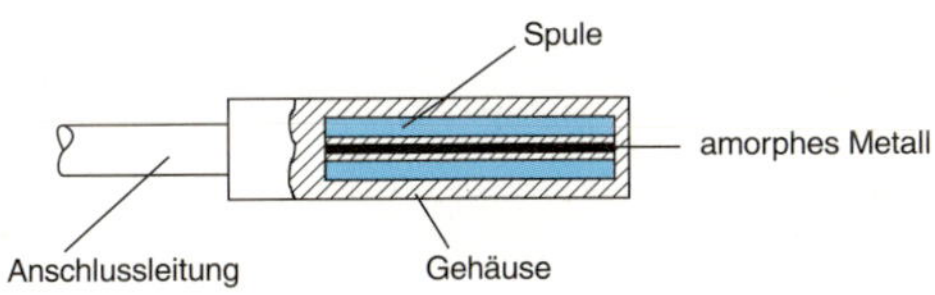

Gemessen und ausgewertet wird der **Scheinwiderstand der Spule**, der ganz wesentlich von der **Spuleninduktivität** bestimmt wird.

Die Spuleninduktivität hängt von der *Permeabilität* des Kernmaterials ab. Je stärker das überlagerte (äußere) Magnetfeld ist, umso geringer ist die Permeabilität, desto geringer der Scheinwiderstand der Spule.

Somit ist der Scheinwiderstand (die Impedanz) der Spule ein Maß für die Feldstärke des äußeren Magnetfeldes.

Wenn die Sensorspule mit einem konstanten Wechselstrom gespeist wird, ist die entstehende Spannung dem Scheinwiderstand der Spule proportional und damit ein Maß für die Feldstärke.

Schaltzone

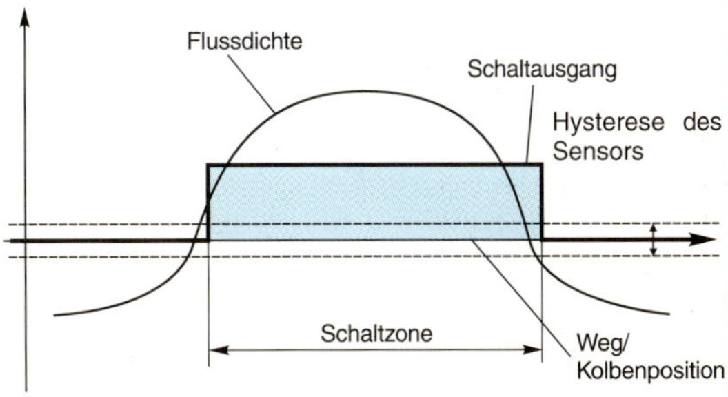

Magnetfeldsensoren für Hydraulikzylinder

Magnetfeldsensoren ermöglichen die Erfassung der Kolbenposition in Hydraulikzylindern aus ferromagnetischem Material (Stahlzylinder). Am Kolben wird ein *Magnetsystem* aufgebaut, das ein Magnetfeld in der Zylinderwand erzeugt. Der Sensor wird außen am Zylinder angebracht, die Position des Schaltpunktes kann durch Verschieben des Sensors geändert werden.

Ausgewertet wird der *Polaritätswechsel* des magnetischen Feldes. Durch den Verlauf der für den Sensor erfassbaren magnetischen Flussdichte *B* ergibt sich kein exakter Schaltpunkt, sondern eine *Schaltzone*. Solange der Kolben in der Schaltzone verweilt, liefert der Sensor ein *statisches* Ausgangssignal.

Lage und Breite der Schaltzone ist abhängig von der Zylinderwandstärke, den verwendeten Materialien, dem Aufbau und der Abmessung des Magnetsystems und der Kolbengeschwindigkeit.

Durch die Bewegung des Kolben-Magnetsystems werden in der Zylinderwand *Wirbelströme* hervorgerufen, die das vom Sensor erfasste Magnetfeld schwächen. Mit zunehmender *Kolbengeschwindigkeit* ergibt sich eine *Schaltpunktverschiebung* in Richtung der Kolbenbewegung.

Folgende Werte wurden für einen Zylinder mit Kolbendurchmesser 40 mm, Wandstärke 3 mm, Kolbengeschwindigkeit 0 – 0,5 m/s ermittelt:

Breite der Schaltzone:	typ. 50 mm
Schalthysterese:	typ. 5 mm
Reproduzierbarkeit:	typ 0,5 mm

Schalthysterese

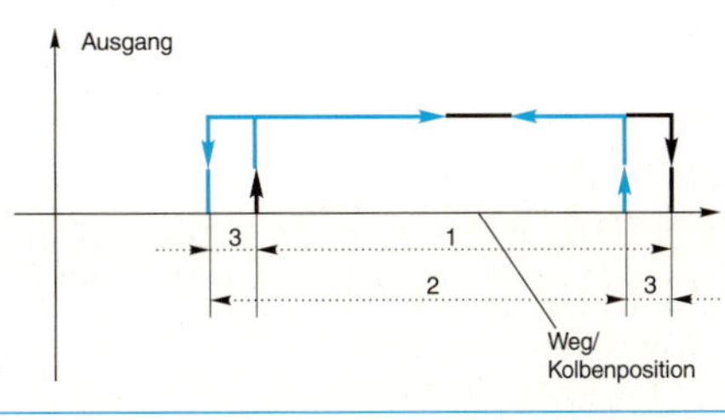

Information

Sensor auf Zylinder

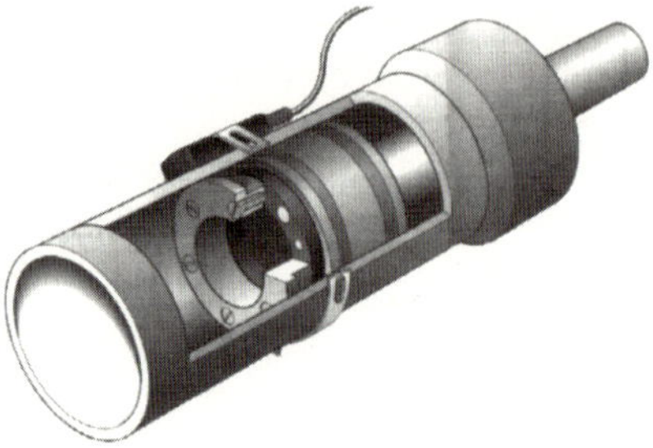

Schalthysterese (Bild Seite 483)

1. Schaltzone beim Ausfahren des Kolbens
2. Schaltzone beim Einfahren des Kobens
3. Schalthysterese (richtungsabhängige Schaltpunktverschiebung)

Reproduzierbarkeit
Abweichung der Schaltpunkte bei konstanter Kolbengeschwindigkeit.

Kapazitive Näherungssensoren

Das *aktive Element* des *kapazitiven Näherungssensors* ist eine scheibenförmige Sensorelektrode und eine becherförmige Abschirmung.

Diese beiden Elektroden bilden einen *Kondensator* mit der Grundkapazität C_0. Durch Annähern einer Schaltfahne an die Sensorfläche ändert sich die Kapazität um den Betrag ΔC.

Der Kondensator ist Bestandteil eines RC-Generators, dessen Ausgangsspannung von der wirksamen Kapazität $C = C_0 + \Delta C$ zwischen der Sensorelektrode und dem Schirmpotenzial abhängig ist.

Der *RC-Generator* schwingt auf, wenn der Abstand zwischen Schaltfahne und Kondensator einen bestimmten Wert unterschreitet. Die Generatorausgangsspannung wird gleichgerichtet, gefiltert, einer Störimpulsunterdrückung zugeführt und bildet dann das Ausgangssignal über die Endstufe.

Blockschaltbild eines kapazitiven Näherungssensors

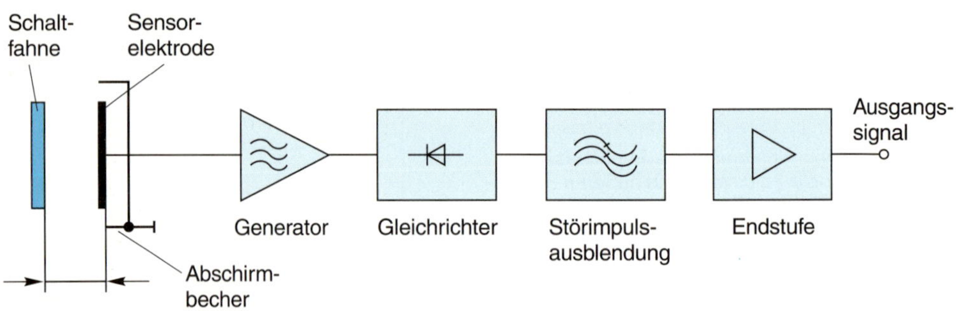

Für kapazitive Näherungssensoren kann ein genauer **Schaltabstand** nicht ohne exakte Kenntnis der Einsatzbedingungen angegeben werden. Zur Anpassung an die Betriebsbedingungen kann am Einstellpotentiometer der gewünschte Schaltabstand eingestellt werden.

Prinzip des kapazitiven Näherungssensors

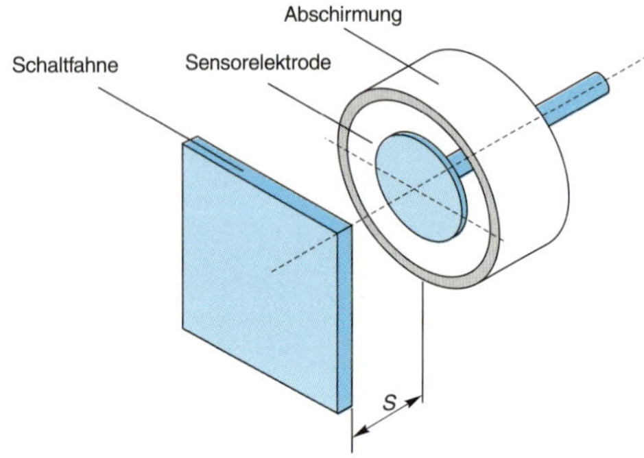

Symbol des kapazitiven Näherungssensors

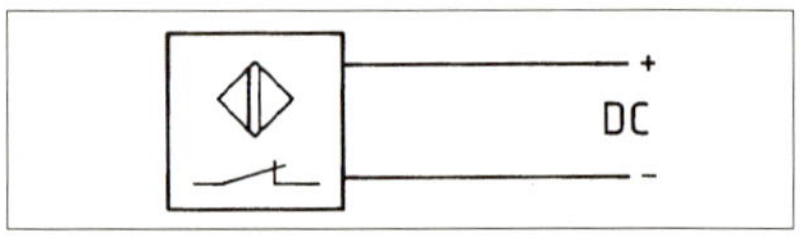

Unter Berücksichtigung der äußeren Störgrößen (z.B. wechselnde Umgebungstemperaturen, Luftfeuchtigkeit, Staub) sollte der Näherungssensor *nicht mit der höchsten Empfindlichkeit betrieben* werden, da der Störgrößeneinfluss mit der Empfindlichkeit zunimmt.

Information

Technische Daten, Beispiele

Schaltabstand S_n, Einbau	*15 mm, bündig*
PNP Antivalent	*CJ15+U1+A2*
NPN Antivalent	*CJ15+U1A*
AC Schließer/Öffner	
Arbeitsschaltabstand S_a [mm]	*0 – 15*
Betriebsspannung U_b [V]	*10 – 30*
Betriebsstrom I_L [mA]	*0 – 200*
Schaltfrequenz f [Hz]	*10*
Leerlaufstrom I_0 [mA]	*20*
Reststrom I_r [mA]	*–*
Kurzzeitstrom 20 ms, 0,1 Hz [mA]	*–*
Spannungsfall U_d [V]	*3*
Kurzschlussschutz	*taktend*
Verpolschutz	*verpolgeschützt*
Schaltzustandsanzeige	*LED, rot*
Umgebungstemperatur [°C]	*– 25 bis 70*
EMV gemäß	*EN 60947-5-2*
Schutzart nach IEC 60529	*IP 65*
Anschlussart	*Klemmraum*
Adernquerschnitt	*bis zu 2,5 mm²*

Schaltabstand und Beeinflussungsart

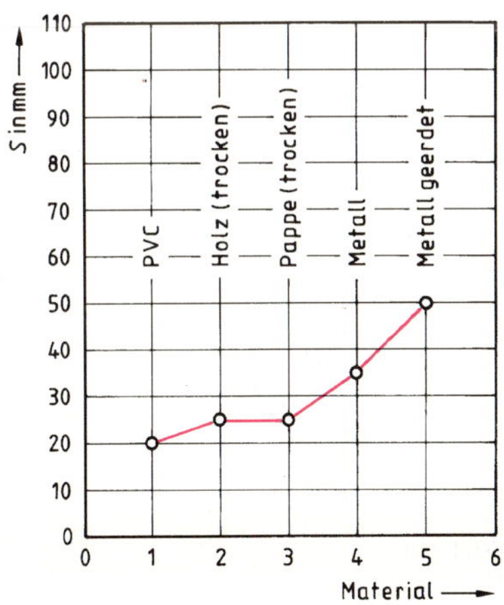

Die **NAMUR-Ausführungen** sind *eigensichere elektrische* Betriebsmittel (Zündschutzart Eigensicherheit). Die Höchstwerte für Spannung, Strom und Leistung sowie besondere Bedingungen sind der jeweiligen *Konformitätsbescheinigung* zu entnehmen.

Optische Wegaufnehmer

Das Grundprinzip *optischer Wegaufnehmer* ist einfach: Ein Rasterlineal mit einem Strichmuster bewegt sich durch einen Lichtstrahl. Dabei werden *Lichtimpulse* erzeugt, die *gezählt* werden können. Je mehr Zählimpulse, desto größer der zurückgelegte Weg.

Prinzip eines optischen Wegaufnehmers

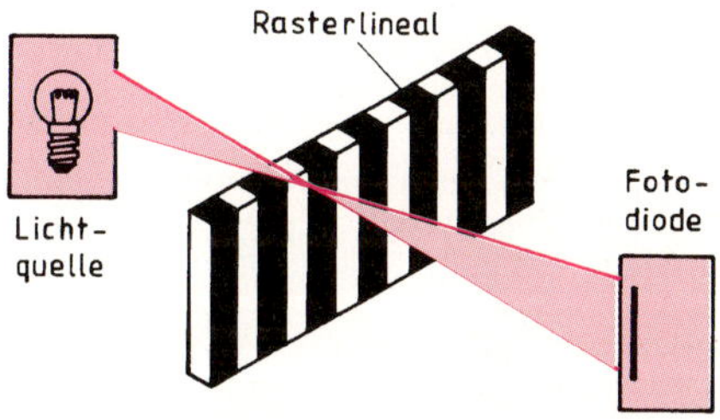

Man spricht von einem **inkrementalen Messverfahren**, da der Längenzuwachs durch einzelne Lichtimpulse dargestellt wird. Dabei kann die *Messgenauigkeit* nicht größer als die *Schrittweite* des Rasterlineals sein. Wenn eine hohe Genauigkeit gefordert wird, muss ein sehr fein geteiltes Raster verwendet werden. Abstände bis ca. 0,005 mm sind technisch möglich.

Bei **absoluten Messverfahren** finden *codierte* Rasterlineale Anwendung. Dabei wird jedem Schritt ein *binärer* Zahlenwert zugeordnet. Die Länge, die dabei gemessen werden kann, ist abhängig von der Anzahl der Abtastspuren auf dem Tasterlineal. Mit *n* Abtastspuren können 2^n voneinander unterscheidbare Längenpositionen angegeben werden.

2 Spuren → 2^2 = 4 Längenpositionen
3 Spuren → 2^3 = 8 Längenpositionen
4 Spuren → 2^4 = 16 Längenpositionen
5 Spuren → 2^5 = 32 Längenpositionen

Rasterlineal mit Dual-Code

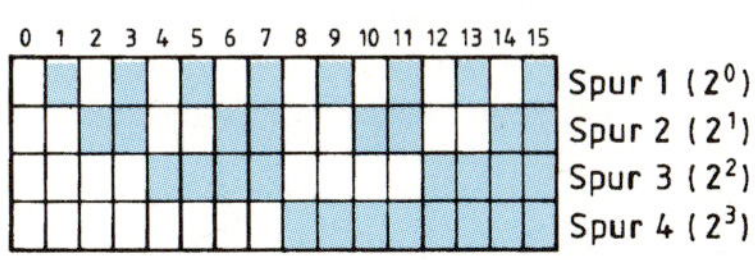

Der **Dualcode** ist ein *mehrschrittiger* Code. Von Schritt zu Schritt können sich *mehrere* Stellen ändern.

Information

Kapazitiver Näherungssensor, Anschlussbeispiele

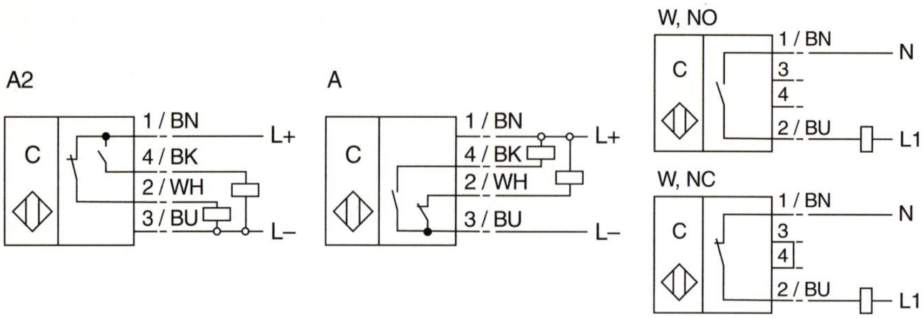

Entsprechend viele *Hell-Dunkel-Wechsel* müssen erfasst werden. Mehrschrittige Codes sind daher fehleranfällig.

Daher werden bevorzugt *einschrittige Codes* verwendet, bei denen sich von Schritt zu Schritt nur *eine* Stelle ändert. Ein Beispiel hierfür ist der *Gray-Code*.

Rasterlineal mit Gray-Code

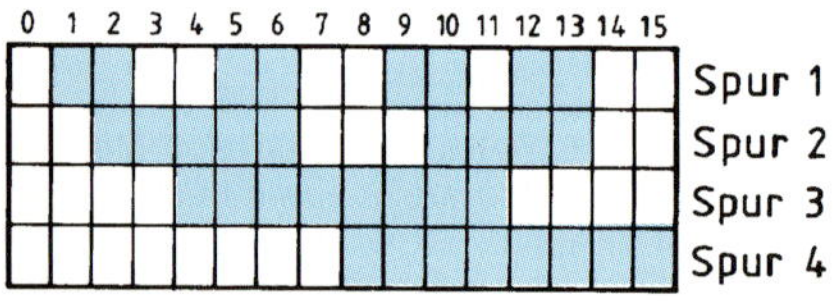

Dehnungsmessstreifen

Dehnungsmessstreifen (kurz DMS) wandeln mechanische Größen (Kraft, Druck, Drehmoment) in eine *elektrische Widerstandsänderung* um.

Oftmals besteht der DMS aus einem mäanderförmigen Gitter, das auf beiden Seiten durch Kunststoffschichten mechanisch geschützt ist.

Dehnungsmessstreifen werden auf das Messobjekt aufgeklebt (Spezialkleber). Die übertragenen Oberflächendehnungen bewirken eine Längenänderung des DMS und rufen eine *proportionale* Widerstandsänderung hervor.

Wenn auf einen Werkstoff Kräfte einwirken, werden *Dehnungen* und *Stauchungen* hervorgerufen. Es gilt folgender Zusammenhang:

$$F = \varepsilon \cdot E \cdot A$$

F Kraft N
ε Dehnung
E Elastizitätsmodul in N/mm^2
A Fläche in mm^2

Unter **Dehnung** versteht man das Verhältnis von Längenänderung Δl und Ausgangslänge l_0

$$\text{Dehnung} = \frac{\text{Längenänderung}}{\text{Ausgangslänge}} \qquad \varepsilon = \frac{\Delta l}{l_0}$$

Die Längenänderung Δl = 1 µm bei einer Ausgangslänge l_0 = 1 m wird 1 µD genannt.

$$1\,\mu\text{D} = 1\frac{\mu\text{m}}{\text{m}} = 10^{-6}$$

Die Dehnung bewirkt also eine Zunahme der Länge um Δl. Dies bedeutet gleichzeitig eine Verringerung des Durchmessers *d*. Der spezifische Widerstand ρ nimmt zu.

Dehnungsmessstreifen reagieren auf *Dehnungen* und *Stauchungen* in Richtung des Messgitters. Die Beanspruchung des Messobjektes lässt sich mit Hilfe des *Elastizitätsmoduls* und der *Empfindlichkeit* des Dehnungsmessstreifens (*k*-Faktor) bestimmen.

Der *k*-Faktor gibt an, wievielmal größer die Widerstandsänderung gegenüber der Dehnung bzw. Stauchung ist. Üblich sind *k*-Faktoren von 2 – 4.

Für die **Widerstandsänderung** gilt:

$$\frac{\Delta R}{R_0} = k \cdot \varepsilon$$

ΔR Widerstandsänderung durch Verformung
R_0 Widerstand vor der Verformung
k *k*-Faktor (Empfindlichkeit)
ε Dehnung

Übliche Werte für R_0 sind 120 Ω, 350 Ω, 600 Ω, 700 Ω.

• Folien-DMS

Folien-Dehnungsmessstreifen werden in verschiedenen Ausführungsformen und mit mehreren Messgittern für unterschiedliche Richtungen in einem Streifen hergestellt.

– Nennwiderstand R_0	120 Ω, 300 Ω, 350 Ω, 600 Ω
– Widerstandstoleranz $\Delta R/R_0$	0,2%
– Messlänge, aktive l	0,6 mm, 6 mm, 30 mm
– Empfindlichkeit k	2
– zulässiger Messstrom I_M	20 – 40 mA
– max. Speisespannung $U_{B\,max}$	2 – 20 V
– max. zulässige Dehnung in µD	80 000

Information

Folien-Dehnungsmessstreifen

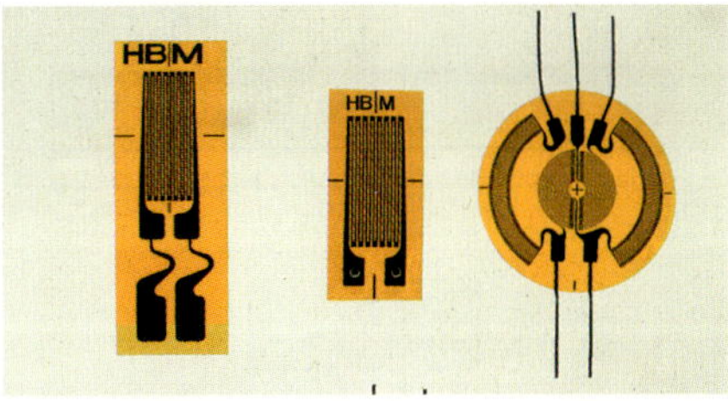

• Draht-DMS

Draht-Dehnungsmessstreifen eignen sich für Messungen mit höchster Genauigkeit. Das Messgitter besteht aus einem flach gewickelten dünnen Draht.

– Nennwiderstand R_0	120 Ω, 600 Ω,
– Widerstandstoleranz $\Delta R/R_0$	0,25 ... 0,5 %
– Messlänge, aktive l	3 mm, 6 mm, 150 mm
– Empfindlichkeit k	2
– zulässiger Messstrom I_M	10 – 40 mA
– max. Speisespannung $U_{B\,max}$	2 – 60 V
– max. zulässige Dehnung in µD	50 000

Draht-Dehnungsmessstreifen

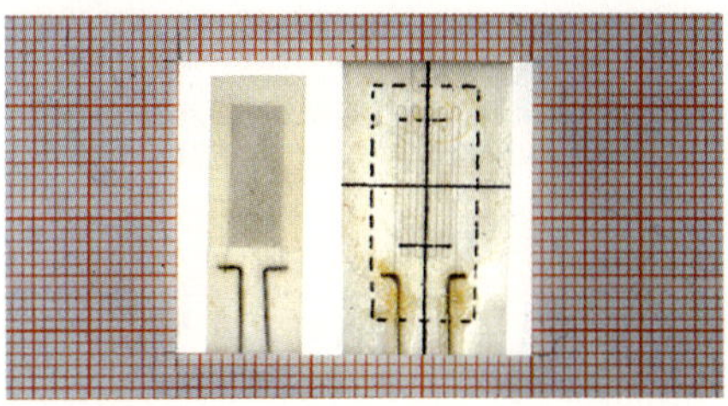

• Halbleiter-DMS

Wesentliches Kennzeichen von **Halbleiter-Dehnungsmessstreifen** ist ihre hohe Empfindlichkeit. Es können auch sehr kleine Dehnungen gemessen werden. Halbleiter-DMS bestehen aus einem dotierten Siliziumstreifen von etwa 0,02 mm Durchmesser.

– Nennwiderstand R_0	120 Ω, 600 Ω,
– Widerstandstoleranz $\Delta R/R_0$	0,5 %
– Messlänge, aktive l	1 mm, 5 mm
– Empfindlichkeit k	100 – 160
– zulässiger Messstrom I_M	10 – 20 mA
– max. Speisespannung $U_{B\,max}$	1 – 2 V
– max. zulässige Dehnung in µD	5 000

DMS werden zur Messung von *Kräften* und *Materialbeanspruchung* direkt am Messobjekt aufgeklebt. Außerdem sind sie wesentlicher Bestandteil von *Messwertaufnehmern.*

- *Druckaufnehmer* für Gase, Dämpfe oder Flüssigkeiten. Dabei wird die Verformung einer Membran erfasst.
- *Zug-/Druckaufnehmer*, z.B. Druckmessdosen für Füllstandsmessungen.
- *Drehmomentaufnehmer* zur Erfassung der Verdrehung (Torsion) einer Messwelle.

Messschaltungen

Wegen ihrer relativ geringen Widerstandsänderung werden Dehnungsmessstreifen in *Brückenschaltungen* eingesetzt. Dabei wird grundsätzlich zwischen *Halbbrücken-* und *Vollbrückenschaltung* unterschieden.

Halbbrückenschaltung mit zwei DMS

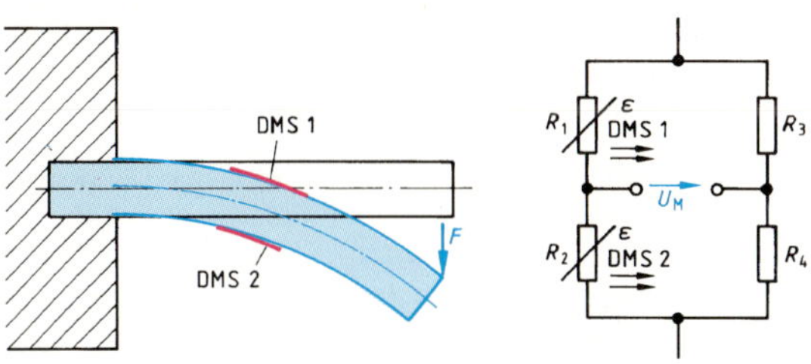

Vollbrückenschaltung mit vier DMS

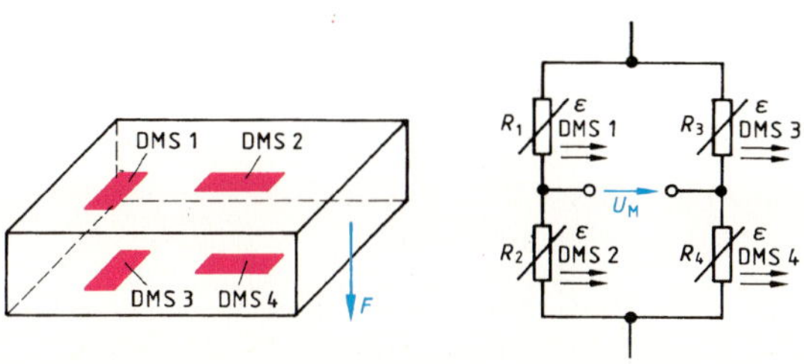

– Halbbrückenschaltung

Ein Brückenzweig besteht aus Dehnungsmessstreifen, die *beide* am Messobjekt angebracht sind. Der andere Brückenzweig besteht aus ohmschen Widerständen. Durch die Verwendung von zwei DMS werden Temperatureinflüsse weitgehend ausgeglichen.

Die Brückenschaltung wird verstimmt, wenn sich der Widerstand eines DMS ändert oder wenn sich beide DMS *gegensinnig* ändern.

Bei Biegung wird der DMS 1 gedehnt und der DMS 2 gestaucht. Die Brückenschaltung ist dann nicht mehr abgeglichen und an der Brückendiagonalen kann die Messspannung U_M abgegriffen werden.

Diese Messspannung wird verstärkt und zur Anzeige gebracht oder für Steuerungs- bzw. Regelungszwecke weiterverarbeitet.

Information

Gespeist wird die Brückenschaltung entweder mit Gleichspannung oder mit höherfrequenten Wechselspannungen (z.B. 5000 Hz). Wechselspannungen gewährleisten eine höhere Empfindlichkeit und vermindern die Auswirkungen von Fremdeinflüssen, wie z.B. magnetische Felder.

– Vollbrückenschaltung

Überwiegend werden bei DMS-Aufnehmern *Vollbrückenschaltungen* verwendet (Bild Seite 487).

Hierbei sind sämtliche vier Widerstände der Messbrücke Dehnungsmessstreifen. Der wesentliche Vorteil der Vollbrückenschaltung besteht in einer Erhöhung der Empfindlichkeit und der nahezu vollständigen *Temperaturkompensation.*

Es werden auch **selbstkompensierende DMS** angeboten. Die Widerstandszunahme infolge Temperaturdehnung wird durch einen *negativen Temperaturkoeffizienten* des Messgitters ausgeglichen.

Silizium-Drucksensor, Aufbau

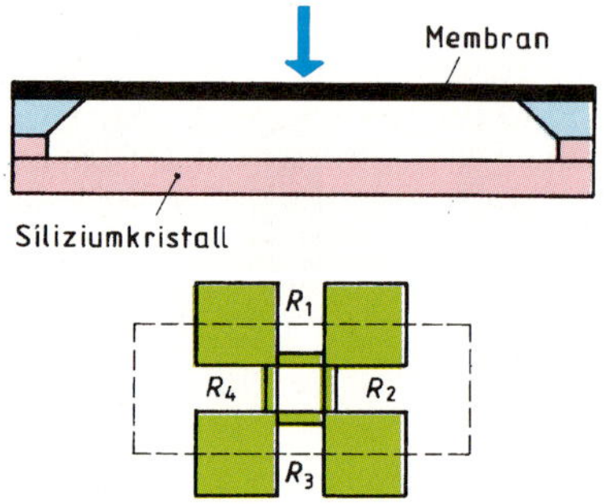

Dabei verformen sich die *beiden zu einem Brückenzweig gehörenden* Widerstände *gegenläufig* (Dehnung, Stauchung).

Drucksensoren

Bei den **Halbleiter-Drucksensoren** sind *zwei Typen* gebräuchlich:

Siliziumsensoren mit eindiffundierten bzw. implantierten Widerständen und Siliziumsensoren, bei denen die Siliziumelemente auf der Rückseite einer Edelstahlmembran befestigt sind. Im letzten Fall hat der Sensor keinen Kontakt mit dem Messmedium, was besonders bei aggressiven Medien vorteilhaft sein kann.

Beim **Silizium-Drucksensor** sind auf der Vorderseite eines Siliziumplättchens auf einer dünnen Membran exakt definierte Widerstandsbahnen hergestellt worden. Die vier Widerstände ($R_1 - R_4$) sind zu einer *Brückenschaltung* angeordnet.

Bei Durchbiegung der Membran werden zwei Widerstände *gestaucht* und zwei Widerstände *gedehnt.*

Silizium-Drucksensoren beruhen auf dem Prinzip der *Widerstandsänderung bei Druckänderung* und haben mindestens vier Anschlüsse.

Zwei Anschlüsse dienen der Spannungsversorgung, zwei Anschüsse der Messspannungsabnahme im Millivoltbereich, die jedoch verstärkt werden kann.

Wesentlich ist, dass die Messspannung in Abhängigkeit von der Durchbiegung der Membran, also vom Druck p, *linear* verläuft.

Beim **keramischen Drucksensor** wird die Messgröße Druck durch Auslenkung einer Membrane in ein *kapazitives Signal* umgewandelt. Ein Mikroprozessor steuert die Auswertung des elektrischen Signals. Unter Umständen wird der Systemdruck direkt mit einer *LED-Anzeige* am Gerät dargestellt.

Mit Hilfe von *Programmiertasten* können ohne anliegenden Systemdruck die Werte für Schaltpunkt, Hysterese, Schaltfrequenz eingestellt werden.

Aufbau eines keramischen Drucksensors

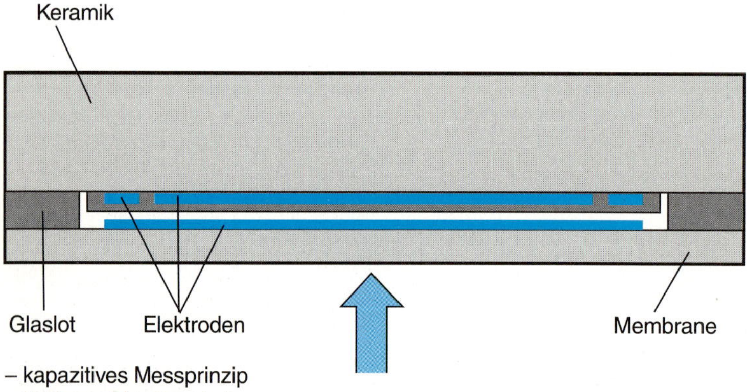

- kapazitives Messprinzip
- 0,01 mm Membranhub
- Werkstoff Keramik
- Elektrodenabstand 0,015 mm

Die *Hysterese* ist dabei die Differenz zwischen Schaltpunkt und Rückschaltpunkt: Einstellung z.B. zwischen 2 – 97 % des Messbereichsendwertes.

Information

Tachogeneratoren

Tachogeneratoren dienen zur *Erfassung der Drehfrequenz*, die im Allgemeinen in Umdrehungen pro Minute (1/min) angegeben wird. Sie werden in unterschiedlichen Baugrößen gefertigt, so dass sich ihr Anwendungsgebiet von leistungskräftigen Antrieben bis zu Mikromotoren erstreckt.

Zur Drehfrequenzerfassung arbeitet eine elektrische Maschine im *Generatorbetrieb*. Die vom Generator erzeugte elektrische Spannung ist über einen weiten Drehzahlbereich der Drehzahl proportional.

Je höher die Drehzahl, umso größer die erzeugte Spannung. Im Unterschied zu Generatoren zur großtechnischen Spannungserzeugung ist der *Tachogenerator* so auslegt, dass er den Anforderungen der Drehzahlerfassung genügt. Hierbei ist insbesondere eine hohe *Linearität* zwischen Drehfrequenz und Messspannung von Bedeutung.

Man unterscheidet bei Tachogeneratoren zwischen:

- Wechselstromgeneratoren
- Drehstromgeneratoren
- Drehstromgeneratoren mit Halbleitergleichrichter
- Gleichstromgeneratoren, bürstenlos
- Gleichstromgeneratoren mit Kommutator

Gleichstrom-Tachogeneratoren geben eine der Drehfrequenz proportionale *Spannung* ab, die z.B. mit analogen oder digitalen Messgeräten zur Anzeige gebracht werden kann.

Wechselstrom-Tachogeneratoren erzeugen eine sinusförmige Spannung, deren *Frequenz* der Drehfrequenz proportional ist.

Digitaler Drehfrequenzaufnehmer

Digitale Drehfrequenzaufnehmer erzeugen ein impulsförmiges Ausgangssignal, dessen *Frequenz* der Drehfrequenz proportional ist. Da sie *berührungslos* arbeiten, eignen sie sich besonders für folgende Anwendungsfälle:

- Die Messung soll praktisch belastungsfrei erfolgen.
- Digitale Anzeige, Übermittlung oder Verarbeitung gefordert.
- Ein großer Drehfrequenzbereich (sehr klein bis sehr groß) soll gemessen werden.

Digitale Drehfrequenzaufnehmer erzeugen bei jeder vollständigen Umdrehung des Messobjektes eine genau definierte Anzahl von Impulsen.

Je größer die Anzahl der Impulse pro Umdrehung, desto höher ist die Genauigkeit. Bis zu 10 000 Impulse je Umdrehung sind technisch möglich. Die Anzahl der Impulse kann durch *Zähler* ausgewertet werden.

Beim *Zählen* wird die Anzahl der Impulse in einer bestimmten Zeit ermittelt. Die *Impulsaufnahme* kann auf *unterschiedliche Weise* erfolgen.

Induktiver Tastkopf

Eine Magnetfeldänderung induziert in einer Spule eine elektrische Spannung. Die Spule ist auf einen Dauermagneten aufgebracht.

Die magnetischen Feldlinien des Dauermagneten durchsetzen den Luftraum in der Nähe des Dauermagneten.

Bewegt sich nun in unmittelbarer Nähe des Dauermagneten ein ferromagnetischer Körper (z.B. Welle) mit Erhebungen oder Vertiefungen, ändert sich der magnetische Fluss aufgrund der Veränderung des magnetischen Leitwertes. Dabei wird in der Spule eine elektrische Spannung induziert.

Kommt die Vertiefung in die Nähe des Magneten, wird der magnetische Leitwert wegen des zunehmenden Luftspaltes geringer. Damit wird auch der magnetische Fluss geringer. Die Abnahme des Flusses (negative Flussänderung) bewirkt eine *positive Induktionsspannung* in der Spule.

Wirkungsweise des induktiven Tastkopfes

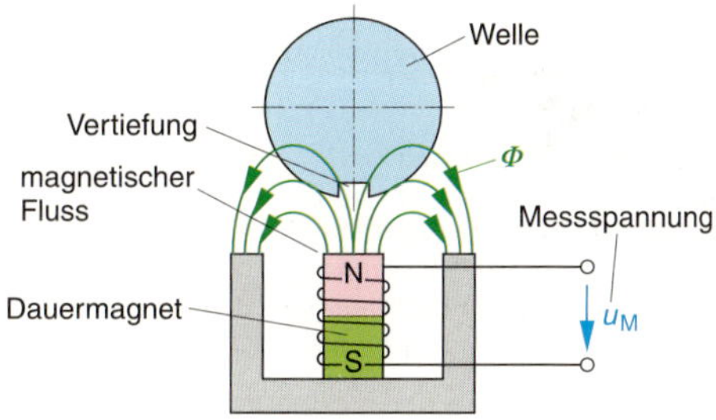

Magnetfluss und induzierte Spannung

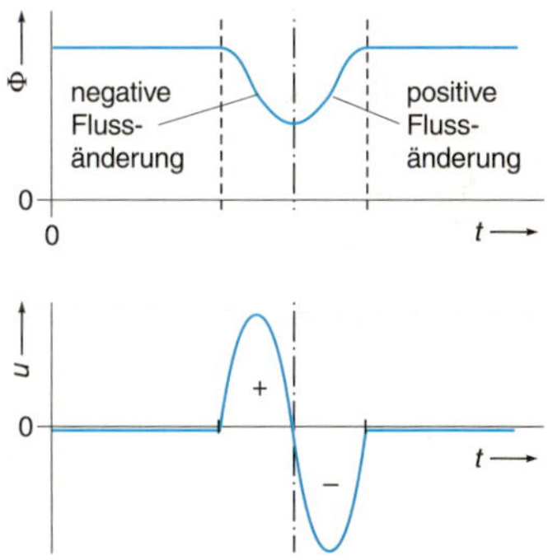

Optischer Drehzahlaufnehmer

Optische Drehzahlaufnehmer bestehen aus einer *Strahlungsquelle* und einem *optoelektrischen Bauelement*. Der Lichtstrahl wird von einer mit der Welle gekoppelten oder auf der Welle angebrachten Schlitzscheibe unterbrochen. Man spricht bei diesem Prinzip vom **Durchlichtverfahren**.

Das von der *Leuchtdiode* ausgesandte Licht belichtet den *Fototransistor*, wenn der Lichtstrahl der Leuchtdiode nicht unterbrochen wird. Die Lichtimpulse können *gezählt* werden, da sie eine Widerstandsänderung des Fototransistors bewirken.

Information

Drehfrequenzaufnehmer, Durchlichtverfahren

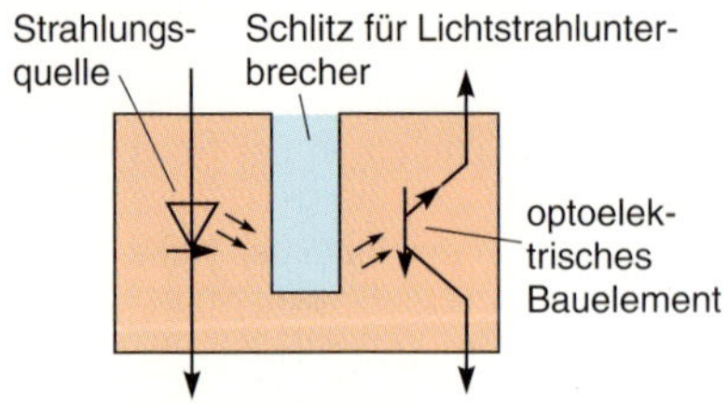

Drehfrequenzaufnehmer, Reflexlichtverfahren

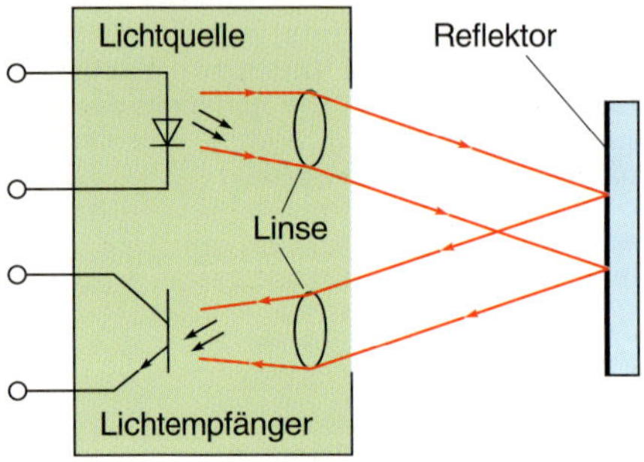

Neben dem Durchlichtverfahren findet auch das **Reflexlichtverfahren** Anwendung. Das ausgesandte Licht wird reflektiert und gelangt zu einem Lichtempfänger, der sich in unmittelbarer Nähe der Lichtquelle befindet.

Drehgeber

Drehgeber ermöglichen eine *genaue Positionierung*, was in vielen Bereichen der Industrieautomation notwendig ist.

Drehgeber wandeln die Drehbewegung entweder direkt über eine Kupplung am Motor oder über Ritzel und Zahlstange sowie Messräder in einen direkt zu verarbeitenden Messwert um. Nach ihrer Funktionsweise können Drehgeber in zwei *Hauptgruppen* eingeteilt werden:

- *Inkrementale Drehgeber*
- *Absolute Drehgeber*

Beide Systeme arbeiten mit einer verschleißfreien *optoelektrischen* Abtastung einer fest mit der Welle verbundenen Impulsscheibe. Durch hohe Impulszahlen lassen sich so Weg- oder Messstrecken auf mehr als 0,01 mm auflösen.

Anschlusshinweise

- *Nur abgeschirmte Leitung verwenden.*
- *Verbindungsstecker oder Klemmkästen mit Metallgehäuse verwenden.*
- *Gehäuse von Drehgeber, Stecker, Klemmkasten und Auswerteelektronik über den Schirm der Leitung miteinander verbinden.*
- *Schirm möglichst induktionsarm (kurz, großflächig) im Bereich der Leitungseinführung anschließen. Abschirmsystem mit Schutzerde verbinden.*
- *Anschlussleitungen getrennt von Störquellen (z.B. Motor-, Ventil- oder Magnetleitungen) verlegen. Ein Mindestabstand von 20 cm ist i. Allg. ausreichend.*
- *Maximale Leitungslänge 100 m bei 5 V, 200 m bei 10 – 30 V zwischen Drehgeber und Auswerteelektronik.*

Inkrementaler Drehgeber

Je Umdrehung wird eine bestimmte Anzahl von Impulsen abgegeben. Die Impulsanzahl ist ein Maß für den zurückgelegten Weg (Winkel oder Strecke). Auf einer Welle ist eine **Codierscheibe** fest montiert. Die Scheibe ist in einzelne Segmente aufgeteilt, die abwechselnd lichtdurchlässig bzw. lichtundurchlässig sind.

Eine *Leuchtdiode* (LED) strahlt ein parallel ausgerichtetes Lichtbündel aus, das sämtliche Segmente der Codierscheibe durchleuchtet. Von *Fotoelementen* wird das modulierte Licht empfangen. Eine Elektronik sorgt dafür, dass *Rechteckimpulse* am Ausgang ausgegeben werden.

Inkrementaler Drehgeber, Aufbau

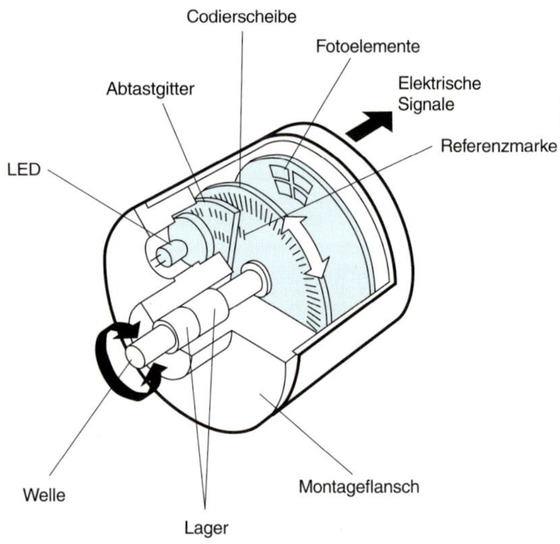

Sämtliche *inkrementale Drehgeber* haben standardmäßig *drei Ausgangssignale* (A, B, O-Index). Manche Ausführungen stellen außerdem noch die *invertierten* Ausgangssignale zur Verfügung.

Als *Anschlussspannung* können wahlweise 5 V DC oder 10 – 30 V DC geliefert werden. Die maximale *Schaltfrequenz* liegt bei 300 kHz.

Information

Absolute Winkelcodierer

Absolute Drehgeber geben zu jeder *Winkelstellung* einen definierten codierten Zahlenwert (Code) ab. Der Codewert steht direkt nach dem Einschalten zur Verfügung. Man unterscheidet zwischen *Singleturn-* und *Multiturn-Codegebern.*

- *Singleturn-Drehgeber*
  Eine mechanische Umdrehung (0 – 360°) wird in eine bestimmte Anzahl von Messschritten aufgeteilt. Nach einer Umdrehung wiederholen sich die Messwerte wieder.
  Die Anschlussspannung beträgt 10 – 30 V DC.

- *Multiturn-Drehgeber*
  Hier werden nicht nur *Winkelpositionen* erfasst, sondern auch *mehrere Umdrehungen* unterschieden. Innerhalb einer Umdrehung erfolgt die Erfassung nach dem Singleturn-Prinzip.
  Die Anzahl der Umdrehungen wird über permanentmagnetische Kreisteilungen erfasst, die über ein Getriebe miteinander verbunden sind. Die Abtastung erfolgt mit Hilfe von *Hall-Sensoren.*

Singleturn-Drehgeber, Prinzip

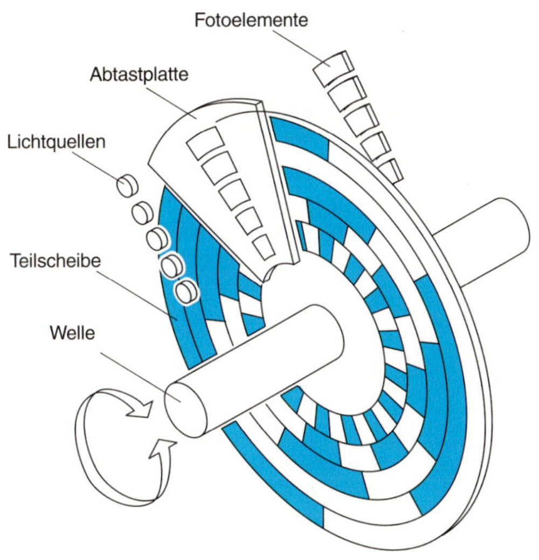

Codierung

Überwiegend wird der *Gray-Code* eingesetzt. Beim Übergang von einer Zahl auf die folgende wechselt immer nur *ein* Bit.

Die beim Gray-Code gelesene Bitkombination wird durch einen *Codewandler* (z.B. SPS-Baustein) in einen Binärcode umgewandelt und kann dann weiterverarbeitet werden.

SSI-Controller

Mit Hilfe eines *SSI-Controllers* können absolute Drehgeber mit *SSI-Schnittstelle* (**s**ynchron **s**erielles **I**nterface) an eine speicherprogrammierbare Steuerung angeschlossen werden.
Der Controller wandelt das *serielle Datenwort* im Gray-Code in eine parallele binär- oder BCD-codierte Information um.

Neben der gewünschten Drehrichtung des Drehgebers kann der Anwender eine frei wählbare Null-Position bestimmen. Der Controller übt zyklisch Kontrollfunktionen aus. Erkannt und gemeldet werden beispielsweise Leitungsbruch der Drehgeberleitung sowie Bedienungsfehler.

Multiturn-Abtastung

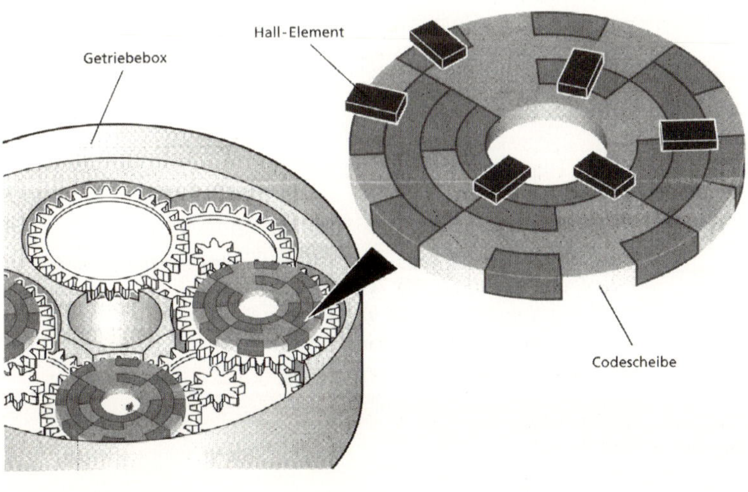

Rotationsdrehgeber können zur elektrischen Erfassung von mechanischen Positionen verwendet werden. Zum Beispiel bei Werkzeugrevolvern, Rundschlitten und Bohrköpfen.

Wesentliche Vorteile sind:
hohe mechanische Sicherheit, optische Grundstellungsanzeige zur schnellen und genauen Definition der Nullstellung des Rotationsgebers bei der Montage.
Wartungsfreier Langzeitbetrieb bei hoher Positioniergeschwindigkeit.

FB5: Eingabe der Aufträge – Aufträge bilden

```
Netzwerk: 1   Bausteinbearbeitung nur bei Automatik
        U     auto-betrieb              //Wenn kein Automatikbetrieb,
        SPBN  ma_4                      //überspringe den Baustein

Netzwerk: 2   Taster Schacht 1
        U     taster_schacht_1          //Wenn nur Taster für Schacht 1 betätigt,
        UN    taster_schacht_2
        UN    taster_schacht_3
        UN    taster_schacht_4
        SPBN  ma_1                      //überspringe nicht die folgenden Anweisungen
        L     MB22                      //Lade eingestellte Anzahl
        T     MB101                     //und speichere sie in MB101
        L     2                         //Lade 2 (dies ist die Position von Schacht 1)
        T     MB100                     //und speichere sie in MB100

Netzwerk: 3   Taster Schacht 2
ma_1:   UN    taster_schacht_1
        U     taster_schacht_2          //Wenn nur Taster für Schacht 2 betätigt,
        UN    taster_schacht_3
        UN    taster_schacht_4
        SPBN  ma_2                      //überspringe nicht die folgenden Anweisungen
        L     MB22                      //Lade eingestellte Anzahl
        T     MB101                     //und speichere sie in MB101
        L     3                         //Lade 3 (Position von Schacht 2)
        T     MB100                     //und speichere sie in MB100

Netzwerk: 4   Taster Schacht 3
ma_2:   UN    taster_schacht_1
        UN    taster_schacht_2
        U     taster_schacht_3          //Wenn nur Taster für Schacht 3 betätigt,
        UN    taster_schacht_4
        SPBN  ma_3                      //überspringe die folgenden Anweisungen
        L     MB22                      //Lade eingestellte Anzahl
        T     MB101                     //und speichere sie in MB101
        L     4                         //Lade 4 (Position von Schacht 3)
        T     MB100                     //und speichere sie in MB100

Netzwerk: 5   Taster Schacht 4
ma_3:   UN    taster_schacht_1
        UN    taster_schacht_2
        UN    taster_schacht_3
        U     taster_schacht_4          //Wenn nur Taster für Schacht 4 betätigt,
        SPBN  ma_4                      //überspringe die folgenden Anweisungen
        L     MB22                      //Lade eingestellte Anzahl
        T     MB101                     //und speichere sie in MB101
        L     5                         //Lade 5 (Position von Schacht 4)
        T     MB100                     //und speichere sie in MB100

Netzwerk: 6   Baustein-Ende
ma_4:   BE
```

Sprungfunktionen → 222, Merkerwort → 218

- Dieser Baustein wird nur im Automatikbetrieb bearbeitet.
- Eingegeben werden die Aufträge, die abgearbeitet werden sollen: Wie viele Tischplatten aus welchem Schacht?
- In Merkerbyte 22 (MB22) ist die *Anzahl* der Tischplatten gespeichert. Diese Information wird in MB101 übertragen, weil das Merkerwort MW100 als Zwischenspeicher für die Aufträge genutzt werden soll. Beachten Sie, dass MB101 Bestandteil von MW100 ist.
- In MB100 wird die *Schachtnummer*, aus dem die Plattenanzahl entnommen werden soll, gespeichert.
  Das Merkerwort MW100 enthält dann die zwei notwendigen Auftragsinformationen: *Schachtnummer* (MB100) und *Anzahl der Platten* (MB101).
- Da die Referenzposition des Wagens die Nummer 1 hat, gilt für die Schachtnummern: Schacht 1: Nr. 2, Schacht 2: Nr. 3, Schacht 3: Nr. 4 und Schacht 4: Nr. 5.

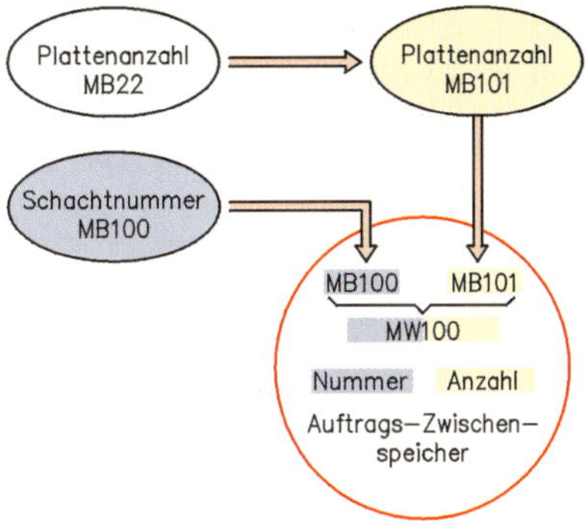

Vorbehaltlich eines *Programmtests* macht der Baustein einen funktionstüchtigen Eindruck.

FB6: Auftragsliste

```
FUNCTION_BLOCK FB6
begin
  //Bei Betätigen eines Tasters Daten aus MW100 (Auftrags-Zwischenspeicher) in das
  //nächste freie Datenwort übertragen
    if p_flanke_auftrags_taster & auto_betrieb & MW102 = 0 then MW102 := MW100;
       elsif p_flanke_auftrags_taster & auto_betrieb & MW104 = 0 then MW104 := MW100;
        elsif p_flanke_auftrags_taster & auto_betrieb & MW106 = 0 then MW106 := MW100;
         elsif p_flanke_auftrags_taster & auto_betrieb & MW108 = 0 then MW108 := MW100;
          elsif p_flanke_auftrags_taster & auto_betrieb & MW110 = 0 then MW110 := MW100;
    end_if;
  //MW102: Auftrag 1, MW104: Auftrag 2, MW106: Auftrag 3, MW108: Auftrag 4,
  //MW110: Auftrag 5
  //Auftragsliste aufrücken, wenn vorheriger Auftrag erledigt
    if MW102 = 0 then MW102 := MW104; MW104 := 0; end_if;
    if MW104 = 0 then MW104 := MW106; MW106 := 0; end_if;
    if MW106 = 0 then MW106 := MW108; MW108 := 0; end_if;
    if MW108 = 0 then MW108 := MW110; MW110 := 0; end_if;
  //Wenn Anzahl abgearbeitet ist, lösche auch Speicher für Tischplattenart
    if MB103 = 0 then MB102 := 0; end_if;
  //Bei Flanke vom Stornierungstaster Anzahl 1. Auftrag auf Null setzen
    if p_flanke_stornieren then MB103 := 0; end_if;
  //Wenn gewählter Schacht leer ist, setze Merker schacht_leer, ansonsten setze
  //diesen Merker auf Null
    if MB102 = 2 & NOT schacht_1_belegt then schacht_leer := 1;
       elsif MB102 = 3 & NOT schacht_2_belegt then schacht_leer := 1;
         elsif MB102 = 4 & NOT schacht_3_belegt then schacht_leer := 1;
          elsif MB102 = 5 & NOT schacht_4_belegt then schacht_leer := 1;
           else schacht_leer := 0;
    end_if,
END_FUNCTION_BLOCK
```

Strukturierter Text (SCL) → 246

Es sollen nacheinander *5 Aufträge* eingegeben werden können. Sämtliche Aufträge laufen über den Auftrags-Zwischenspeicher und werden in das nächste freie Datenwort übertragen.

1. auftrag_1 MW102
2. auftrag_2 MW104
3. auftrag_3 MW106
4. auftrag_4 MW108
5. auftrag_5 MW110

Wenn ein Auftrag abgearbeitet wurde, wird die Auftragsliste aufgerückt. Aktuell wird immer der Auftrag in MW102 bearbeitet.

Wenn der Auftrag abgearbeitet wurde (*n* Platten-transportiert), wird auch der Speicher für die Schachtnummer gelöscht. Beachten Sie hierbei, dass das Merkerwort MW102 (aktueller Auftrag) aus den Merkerbytes MB102 und MB103 besteht. MB103 = Anzahl, MB102 = Schachtnummer (Plattenart).

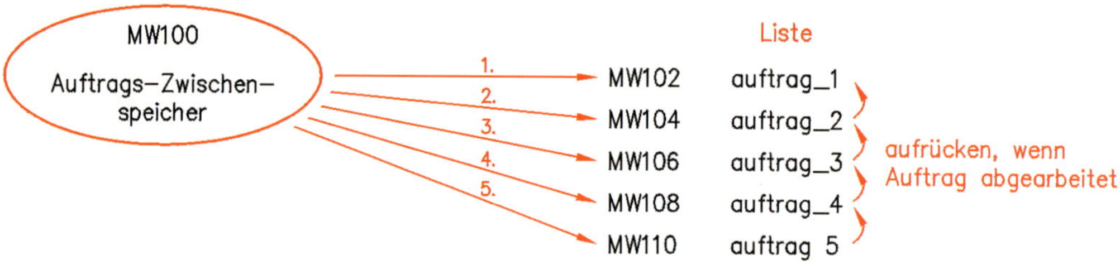

FB7: Aktuelle Position des Verfahrwagens, Merker für Automatik-Ablaufkette

Netzwerk: 1 Aktuelle Position – Vorwärts/Rückwärtszähler

```
U    WAGEN_LINKS            //Wagen fährt nach links
U    p_flanke_pos_erreicht  //Positionssensor Schacht
ZV   position_wagen         //Vorwärtszähler

U    WAGEN_RECHTS           //Wagen fährt nach Rechts
U    p_flanke_pos_erreicht  //Positionssensor Schacht
ZR   position_wagen         //Rückwärtszählen

U    p-flanke_ref_ok        //Referenzposition erreicht
L    C#1                    //Zählwert 1 Laden
S    position_wagen         //Zähler position_wagen setzen
```

Netzwerk: 2 Merker für die Automatik Ablaufkette

```
L    position_wagen         //Wenn Wagen an Position 1
L    1
==I
=    grundposition_winde    //dann ist er in Grundstellung

L    MB103                  //Wenn ein Auftrag ansteht
L    0
>I
U    auto_betrieb           //und Automatik-Betrieb gewählt ist
U    ref_ok                 //und Referenzposition angefahren ist
UN   schacht_leer           //und der gewählte Schacht nicht leer ist
=    abholung_start         //dann Start der Automatik_Ablaufkette

L    MB102                  //Wenn die gewählte Position
L    position_wagen         //von der aktuellen Position
-I
```

```
L    1
==I                           //eine Position entfernt ist
=    abholung_langsam         //starte Langsamfahrt
L    position_wagen           //Wenn bei Rechtslauf
L    2                        //die Position 2 erreicht ist
==I
=    langsam_rechts           //dann langsam fahren
L    MB102                    //Wenn gewählte Position
L    position_wagen           //gleich der aktuellen Position
==I
=    position_erreicht        //dann ist Schachtposition erreicht
ON   p-flanke_platte_abgelegt //Wenn Platten nicht abgelegt
ON   kette_ablegen            //oder Schrittkette nicht im Schritt „ablegen“
SPB  end                      //überspringe die folgenden Anweisungen
L    auftrag_1                //Nächsten Auftrag bearbeiten
L    1
-I
T    auftrag_1
end: BE
```

FB8: Handbetrieb

Netzwerk: 1 Sprung zum Programmende

```
UN   hand_betrieb             //Wenn nicht Handbetrieb gewählt
SPB  end                      //bearbeite diesen Baustein nicht
```

Netzwerk: 2 Verfahrwagen Rechtslauf

```
L    MB22                     //Abfrage BCD-Schalter
L    1                        //Wenn 1 gewählt
==I
U    schalter_hand            //und schalter_hand = 1
=    hand_rechts              //Verfahrwagen nach rechts
```

Netzwerk: 3 Verfahrwagen Linkslauf

```
L    MB22                     //Abfrage BCD-Schalter
L    2                        //Wenn 2 gewählt
==I
U    schalter_hand            //und schalter_hand = 1
=    hand_links               //Verfahrwagen nach links
```

Netzwerk: 4 Winde hoch

```
L    MB22                     //Abfrage BCD-Schalter
L    3                        //Wenn 3 gewählt
==I
U    schalter_hand            //und schalter_hand = 1
=    hand_winde_auf           //Winde hochfahren
```

Netzwerk: 5 Winde senken

```
L   MB22              //Abfrage BCD-Schalter
L   4                 //Wenn 4 gewählt
==I
U   schalter_hand     //und schalter_ hand = 1
=   hand_winde_ab     //Winde senken
```

Netzwerk: 6 Bausteinende

```
end: BE
```

Dieser Baustein ermöglicht ein Verfahren von Wagen und Winde im Handbetrieb. Durch Einstellung des BCD-Schalters (1 – 4) wird im Handbetrieb festgelegt, welche Verfahrbewegung stattfinden soll.

Problem:

Die Variable *schalter_hand* bewirkt in allen 4 Fällen die Verfahrbewegung entsprechend der Einstellung am BCD-Schalter.
Zum Beispiel: BCD-Schalter auf 3 eingestellt und *schalter_ hand* =„1“: Winde fährt hoch.

Sicherlich sollten die Verfahrbewegungen im *Tippbetrieb* erfolgen und *nicht* mit einem Schalter. Ein Taster wäre hierfür sicherlich sinnvoller (*taster_hand*). Dieser Taster ist bei der Planung des Bedienpultes nicht vorgesehen. Daher ist folgende Erweiterung sinnvoll:

Die Meldelampe HAND des Bedienpultes wird durch einen *Leuchttaster* HAND ersetzt. Für den Taster (*taster_hand*) wird natürlich ein SPS-Eingang benötigt. Hierzu wäre z.B. E4.4 noch frei.

Auch im Handbetrieb sollte nicht über die jeweiligen *Endlagen* (B1, B2, B3, B4) hinaus verfahren werden können. Diese Signalgeber, bzw. deren zugehörigen SPS-Eingänge, müssen in das Steuerungsprogramm einbezogen werden.

Zum Beispiel wie in der unten dargestellten Anweisungsliste gezeigt.

```
L   MB22
L   1
==I
U   taster_hand          //Taster für Handbetriebs-Verfahrbewegungen
U   wagen_rechts_pos     //TRUE, wenn Position noch nicht erreicht
=   hand_rechts          //Verfahrwagen nach rechts
```

FC3: Leuchtmelder

Netzwerk: 1 Meldung Automatikbetrieb

```
O  auto_betrieb
O
U  anfahr_merk_auto
U  blink_0_5s
=  MELD_AUTO
```

Netzwerk: 2 Meldung Handbetrieb

```
O  hand_betrieb
O
U  anfahr-merk_hand
U  blink_0_5s
=  MELD_HAND
```

Netzwerk: 3 Referenzfahrt durchgeführt

```
U  ref_ok
=  MELD_REFERENZ
```

Netzwerk: 4 Störung Antriebe

```
U  stoerung_antriebe
=  MELD_STOERUNG
```

Netzwerk: 5 Quittierung

```
U  stoerung_antriebe
U  blink_1s
=  MELD_QUITT
```

Netzwerk: 6 Meldung Referenzfahrt eingeleitet

```
U  ref_grundstellung
O
UN ref_ok
U  blink_1s
=  MELD_REF_EINGEL
```

Netzwerk: 7 Schacht ist leer

```
U  schacht_leer
U  blink_0_5s
=  MELD_SCHACHT_LEER
```

Netzwerk: 8 Meldelampe Schacht 1

```
L  MB102              //Wenn im aktuellen Auftrag
L  2                  //Schacht 1 gewählt
==I
O(                    //Oder
L  MB104              //in Auftrag 2
L  2                  //Schacht 1 gewählt
==I
U  blink_1s           //blinken
)
O(                    //Oder
L  MB106              //in Auftrag 3
L  2                  //Schacht 1 gewählt
==I
U  blink_1s           //blinken
)
O(                    //Oder
L  MB108              //in Auftrag 4
L  2                  //Schacht 1 gewählt
==I
U  blink_1s           //blinken
)
O(                    //Oder
L  MB110              //in Auftrag 5
L  2                  //Schacht 1 gewählt
==I
U  blink_1s           //blinken
)
=  MELD_ANF_SCHACHT_1
```

Netzwerk: 9 Meldelampe Schacht 2

```
L  MB102              //Schacht 2 ---> Position 3
L  3
==I
O(
L  MB104
L  3
==I
U  blink_1s
)
O(
L  MB106
L  3
==I
U  blink_1s
)
O(
L  MB108
L  3
==I
U  blink_1s
)
O(
L  MB110
L  3
==I
U  blink_1s
)
=  MELD_ANF_SCHACHT_2
```

Netzwerk: 10 Meldelampe Schacht 3

```
L   MB102           //Schacht 3 ---> Position 4
L   4
==I
O(
L   MB104
L   4
==I
U   blink_1s
)
O(
L   MB106
L   4
==I
U   blink_1s
)
O(
L   MB108
L   4
==I
U   blink_1s
)
U(
L   MB110
L   4
==I
U   blink_1s
)
=   MELD_ANF_SCHACHT_3
```

Netzwerk: 11 Meldelampe Schacht 4

```
L   MB102           //Schacht 4 ---> Position 5
L   5
==I
O(
L   MB104
L   5
==I
U   blink_1s
)
O(
L   MB106
L   5
==I
U   blink_1s
)
O(
L   MB108
L   5
==I
U   blink_1s
)
O(
L   MB110
L   5
==I
U   blink_1s
)
=   MELD_ANF_SCHACHT_4
```

Netzwerk: 12 Auftragsliste ist voll

```
L   auftrag_5
L   0
>I
=   MELD_LISTE_VOLL
```

Organisationsbaustein OB1:
Tischplattenlager mit 4 Schächten

Netzwerk : 1 Allgemeine Merker, Blinker, Betriebsarten
call ALLGEMEINES

Netzwerk : 2 Referenzfahrt
call REFERENZFAHRT, REF_DB

Netzwerk : 3 Wagen verfahren
call WAGEN_VERFAHREN, WAGEN_DB

Netzwerk : 4 Befehlsausgabe
call BEFEHLS_AUSGABE

Netzwerk : 5 Flankenbildung
call FLANKENBILDUNG, FLANKEN_DB

Netzwerk : 6 Eingabe der Stückzahl
call STUECKZAHL, ANZAHL_DB

Netzwerk : 7 Aufträge bilden
call AUFTRAEGE_BILD, AUFTRAGS_DB

Netzwerk : 8 Auftragsliste verwalten
call AUFTRAGS_LISTE, LISTEN_DB

Netzwerk : 9 Aktuelle Position des Wagens, Merker für AUTO-Kette
call IST_POSITION_WAGEN, POSITIONS_DB

Netzwerk : 10 Handbetrieb
call HANDBETRIEB, HAND_DB

Netzwerk : 11 Leuchtmelder
call LEUCHTMELDER

Symbol	Adresse	Datentyp
WAGEN_RECHTS	A8.0	BOOL
WAGEN_LINKS	A8.1	BOOL
NETZSCHUETZ_FU	A8.2	BOOL
WAGEN_SCHNELL	A8.3	BOOL
WINDE_AUF	A8.4	BOOL
WINDE_AB	A8.5	BOOL
MELD_AUTO	A9.0	BOOL
MELD_HAND	A9.1	BOOL
MELD_REFERENZ	A9.2	BOOL
MELD_STOERUNG	A9.3	BOOL
MELD_QUITT	A9.4	BOOL
MELD_REF_EINGEL	A9.5	BOOL
MELD_SCHACHT_LEER	A9.6	BOOL
MELD_ANF_SCHACHT_1	A9.7	BOOL
MELD_ANF_SCHACHT_2	A10.0	BOOL
MELD_ANF_SCHACHT_3	A10.1	BOOL
MELD_ANF_SCHACHT_4	A10.2	BOOL
MELD_LISTE_VOLL	A10.3	BOOL
VACUUM_PUMPE	A11.0	BOOL
VACUUM_VENTIL	A11.1	BOOL
REF_DB	DB1	FB1
WAGEN_DB	DB2	FB2
FLANKEN_DB	DB3	FB3
ANZAHL_DB	DB4	FB4
AUFTRAGS_DB	DB5	FB5
LISTEN_DB	DB6	FB6
POSITIONS_DB	DB7	FB7
HAND_DB	DB8	FB8
winde_oben	E1.0	BOOL
winde_unten	E1.1	BOOL
wagen_links_pos	E1.2	BOOL
wagen_rechts_pos	E1.3	BOOL
auslauf_frei	E1.4	BOOL
position_erreicht	E1.5	BOOL
platte_liegt_auf	E1.6	BOOL
steuerung_ein	E2.0	BOOL
not_aus_betaetigt	E2.1	BOOL
schalter_auto	E2.2	BOOL
schalter_hand	E2.3	BOOL
taster_referenz	E2.4	BOOL
taster_stornieren	E2.5	BOOL
taster_quitt	E2.7	BOOL

Symbol	Adresse	Datentyp
taster_schacht_1	E3.0	BOOL
taster_schacht_2	E3.1	BOOL
taster_schacht_3	E3.2	BOOL
taster_schacht_4	E3.3	BOOL
fehler_FU	E3.4	BOOL
mot_schutz_winde	E3.5	BOOL
mot_schutz_pumpe	E3.6	BOOL
schacht_1_belegt	E4.0	BOOL
schacht_2_belegt	E4.1	BOOL
schacht_3_belegt	E4.2	BOOL
schacht_4_belegt	E4.3	BOOL
taster_hand	E4.4	BOOL
REFERENZFAHRT	FB1	FB1
WAGEN_VERFAHREN	FB2	FB2
FLANKENBILDUNG	FB3	FB3
STUECKZAHL	FB4	FB4
AUFTRAEGE_BILD	FB5	FB5
AUFTRAGS_LISTE	FB6	FB6
IST_POSITION_WAGEN	FB7	FB7
HANDBETRIEB	FB8	FB8
ALLGEMEINES	FC1	FC1
BEFEHLS_AUSGABE	FC2	FC2
LEUCHTMELDER	FC3	FC3
G7_STD_3	FC72	FC72
null	M0.0	BOOL
eins	M0.1	BOOL
blink_1s	M0.2	BOOL
blink_0_5s	M0.3	BOOL
blink_2s	M0.4	BOOL
hand_betrieb	M0.5	BOOL
stoerung_antriebe	M0.6	BOOL
ref_ok	M0.7	BOOL
auto_betrieb	M1.0	BOOL
ref_grunstellung	M1.1	BOOL
kette_grundstellung	M1.2	BOOL
ref_winde_auf	M1.3	BOOL
ref_rechts	M1.4	BOOL
ref_links	M1.5	BOOL
merk_langs_rechts	M1.6	BOOL
merk_schnell_rechts	M1.7	BOOL
hand_rechts	M2.0	BOOL
mekr_langs_links	M2.1	BOOL
merk_schnell_links	M2.2	BOOL
hand_links	M2.3	BOOL
merk_winde_auf	M2.4	BOOL
hand_winde_auf	M2.5	BOOL
merk_winde_ab	M2.6	BOOL
hand_winde_ab	M2.7	BOOL

Symbol	Adresse	Datentyp	
merk_saugen	M3.0	BOOL	
abholung_start	M3.1	BOOL	
abholung_langsam	M3.2	BOOL	
langsam_rechts	M3.3	BOOL	
grundposition_winde	M3.4	BOOL	
hilfs_merk_flanke_1	M3.5	BOOL	
hilfs_merk_flanke_2	M3.6	BOOL	
hilfs_merk_flanke_3	M3.7	BOOL	
hilfs_merk_flanke_4	M4.0	BOOL	
hilfs_merk_flanke_5	M4.1	BOOL	
p_flanke_pos_erreicht	M4.2	BOOL	
p_flanke_ref_ok	M4.3	BOOL	
p_flanke_auftrags_taster	M4.4	BOOL	
p_flanke_platte_abgelegt	M4.5	BOOL	
p_flanke_stornieren	M4.6	BOOL	
schacht_leer	M4.7	BOOL	
kette_ablegen	M5.0	BOOL	
anfahr_merk_auto	M5.1	BOOL	
anfahr_merk_hand	M5.2	BOOL	
auftrags_zwischensp	MW100	INT	
auftrag_1	MW102	INT	
auftrag_2	MW104	INT	
auftrag_3	MW106	INT	
auftrag_4	MW108	INT	
auftrag_5	MW110	INT	
Cycle Execution	OB1	OB1	
TIME_TCK	SFC64	SFC64	read the System Time
blinkzeit_1	T1	TIMER	
blinkzeit_2	T2	TIMER	
blinkzeit_3	T3	TIMER	
blinkzeit_4	T4	TIMER	
blinkzeit_5	T5	TIMER	
blinkzeit_6	T6	TIMER	
abfallzeit_vacuum	T7	TIMER	
position_wagen	Z1	COUNTER	

Anwendung

1. Auf Seite 456 ist das geplante Bedienpult der Steuerung dargestellt.

Überprüfen Sie, ob hier Änderungen notwendig sind. Nehmen Sie diese Änderungen gegebenenfalls vor und dokumentieren Sie diese.

Beachten Sie dabei auch die Änderung bezüglich des Schalters „HAND-AUTO“. Änderungen müssen auch im Anschlussplan der SPS berücksichtigt werden.

2. Funktion FC1 (Seite 463):
Die Merker „null“ und „eins“ werden nicht im Programm benötigt.
Sie sind offensichtlich routinemäßig im Vorfeld programmiert worden, weil sie in vielen Programmen gute Dienste leisten.
Nennen Sie einige sinnvolle Anwendungen für diese Merker.

Erläutern Sie die Arbeitsweise der Blinkgeber.

Beschreiben Sie die Vorgehensweise, wenn die Blinkgeber durch Taktmerker ersetzt werden sollen.

Obgleich die Taktmerker programmiert wurden, blinken die Meldelampen nicht. Ein Programmfehler liegt dabei nicht vor.
Woran kann das liegen?

3. Die Referenzfahrt und die Verfahrbewegung des Wagens sind in der Programmiersprache GRAPH7 erstellt. Dies ist bei Verwendung der CPU 315 auch kein Problem.

Ändern Sie das Programm so, dass es auch auf einer CPU 314 ablauffähig ist.

4. Funktion FC2 (Seite 468):

Wie beurteilen Sie die Verwendung der Programmiersprache KOP?

Die Variable „not_aus_betaetigt" wird auf den Signalzustand „0" abgefragt. Ist das in Ordnung? Begründen Sie die Stellungnahme.

Welche Aufgabe hat die Verzögerungszeit in Netzwerk 7 bei der Vakuumpumpe?

5. Der Stopptaster und die Motorschutzeinrichtungen müssen noch in das Steuerungsprogramm eingebunden werden. Nehmen Sie diese Erweiterungen nun vor.

6. Programmstruktur:

```
OB1
 |
 |---FC1   Allgemeines
 |---FB1, DB1  Referenzfahrt
 |---FB2, DB2  Wagen verfahren
 |---FC2   Befehlsausgabe
 |---FB3, DB3  Flankenbildung
 |---FB4, DB4  Stückzahl Tischplatten
 |---FB5, DB5  Aufträge bilden
 |---FB6, DB6  Auftragsliste verwalten
 |---FB7, DB7  Aktuelle Wagenposition
 |---FB8, DB8  Handbetrieb
 |---FC3   Leuchtmelder
```

Wie beurteilen Sie diese Programmstruktur (auch in Bezug auf die Reihenfolge)?

Welche Bedeutung hat der Baustein FC2 (Befehlsausgabe) bei der Fehlersuche?
Möglicher Fehler: Die Winde fährt nicht hoch.
Beschreiben Sie genau die Vorgehensweise bei der Fehlersuche im Steuerungsprogramm.

Die Bausteine
- Stückzahl Tischplatten FB4
- Aufträge bilden FB5
- Auftragsliste verwalten FB6

dienen praktisch einem gemeinsamen Zweck: Anzahl und Art der anzuliefernden Tischplatten festzulegen und zu speichern.

Wie beurteilen Sie die folgende Struktur?

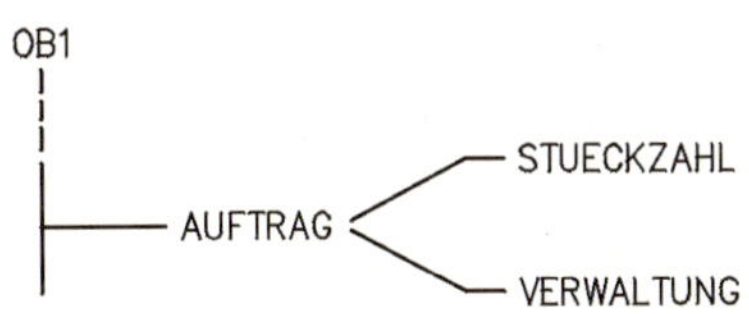

7. Das Programm ist zu testen. Dabei ist der Test des Gesamtprogramms mit Hilfe des Simulators wahrscheinlich zu unübersichtlich.

Sinnvoll ist es, die einzelnen Bausteine getrennt zu testen.

Beachten Sie dabei, dass mit Hilfe des Simulators auch Merker, Merkerbytes und Wortmerker auf den gewünschten Wert gebracht werden können.

So kann zum Beispiel zum Testen des Bausteins „REFERENZ" der Merker *kette-grundstellung* (M1.2) durch Anklicken des Bits 2 im Merkerbyte 1 auf den Signalzustand „1" gebracht werden. Sie verfahren bei den Merkern so, als hätten Sie Eingänge.

Auch Ausgänge können im Simulator von Hand gesetzt oder rückgesetzt werden (sofern sie nicht bereits durch das abgearbeitete Programm beeinflusst werden).

Testen Sie das Steuerungsprogramm.

8. Dokumentieren Sie das gesamte Projekt, wobei natürlich die geprüften Elemente der vorherigen Seiten genutzt werden können.

9. Beschreiben Sie die genaue Vorgehensweise bei der Inbetriebnahme. Fertigen Sie die notwendigen Protokolle an.

10. Sie sollen den Abteilungsleiter des Tischbaus in die Benutzung des Tischplattenmagazins einweisen.

Bereiten Sie sich schriftlich darauf vor.

11. Nach einiger Zeit wird der Wunsch an die Elektroabteilung herangetragen, ein Bedienpult für die Eingabe von Stückzahl und Plattenart unmittelbar am Arbeitsplatz im Tischbau zu haben.

Planen Sie die notwendigen Änderungen und ergänzen Sie die Dokumentation.

Information

Analogwertverarbeitung mit SPS

Die Signale von Tachogeneratoren, Füllstandsmessgeräten, Thermoelementen, Druckaufnehmern sind *analog*.

Auch solche Signale müssen mit *speicherprogrammierbaren Steuerungen* verarbeitet werden können.

Auch Drehfrequenzvorgaben für Elektromotoren können in analoger Form erfolgen. Hierzu muss die SPS einen analogen Spannungs- oder Stromwert an den Frequenzumrichter liefern. Die Drehfrequenz des Motors ist dann diesem Analogwert proportional.

Für solche Zwecke werden von den Steuerungsherstellern **Analogbaugruppen** mit *Analogeingängen* und/oder *Analogeingängen* angeboten.

Aufgabe der Elektrofachkraft ist es dabei, geeignete Baugruppen auszuwählen, anzuschließen und zu programmieren.

Die *Analogbaugruppen* verfügen über Analog/Digital- bzw Digital/Analog-Umsetzer mit unterschiedlicher **Auflösung**. Zum Beispiel 8 – 15 Bit und Vorzeichen.

Wenn die *Auflösung einer Baugruppe* weniger als 15 Bit beträgt, wird der Analogwert linksbündig in die Bits 0 bis 15 von Akkumulator 1 der CPU eingetragen. Die nicht besetzten niederwertigen Stellen werden mit „0“ beschrieben.

Bit 15 = *Vorzeichenbit* (VZ):
„0“: positive Zahl; „1“: negative Zahl

Analogausgabebaugruppe: ±20 mA, Digitalwert 12642

$$\text{Analogwert} = \frac{12642}{27648} \cdot 20\text{ mA} = 9{,}15\text{ mA}$$

Analogein-/Ausgabebaugruppe (Beispiel)

Analoge Ein- und Ausgänge; zum Anschluss analoger Sensoren und Aktoren.

- *4 Eingänge*
- *2 Ausgänge*
- *Auflösung*
  - *Eingänge 8 Bit*
  - *Ausgänge 8 Bit*
- *Messbereiche*
  0 – 10 V
  0 – 20 mA

Bereichsauswahl durch entsprechende Anschlüsse auf der Baugruppe.

Bit	15	14	13	12	11	10	9	8	7	6	5	4	3	2	1	0
Wertigkeit	VZ	2^{14}	2^{13}	2^{12}	2^{11}	2^{10}	2^{9}	2^{8}	2^{7}	2^{6}	2^{5}	2^{4}	2^{3}	2^{2}	2^{1}	2^{0}

Digitalisierter Analogwert (Digitalwert)

Bei Umrechnungen muss immer der Maximalwert bzw. Minimalwert des *Nennbereiches* verwendet werden (Tabelle siehe unten).

Analogeingabebaugruppe: ±10 V, Messwert 4,6 V

$$\text{Digitalwert} = \frac{4{,}6\text{ V}}{10\text{ V}} \cdot 27648 = 12718$$

Hat der Digitalwert einen *gebrochenen Anteil,* kann dieser nicht ausgewertet werden.

Analogausgabebaugruppe: 0 – 20 mA
Messwert 7,6 mA

$$\text{Digitalwert} = \frac{7{,}6\text{ mA}}{20\text{ mA}} \cdot 27648 = 10506$$

Analogbaugruppe, Anschlüsse

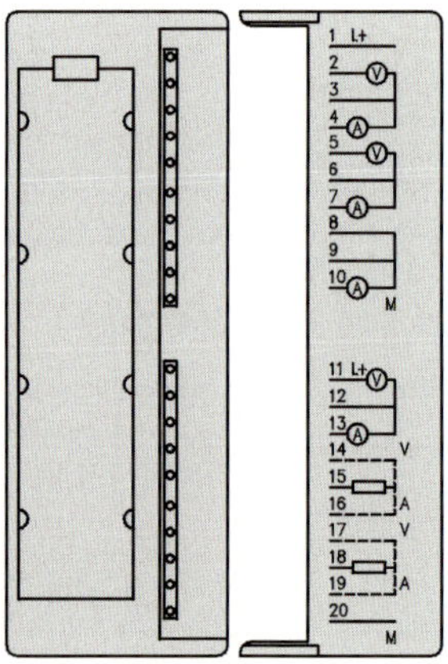

Strom- und Spannungsbereiche (Nennbereich)

±10 V	±10 mA	±20 mA	Digitalwert	1 – 5 V	0 – 20 mA	4 – 20 mA	Digitalwert
10,000	10,000	20,000	27648	5,0000	20,0000	20,000	27648
0,000	0,000	0,000	0	3,0000	10,0000	12,000	13824
–10,000	–10,000	– 20,000	– 27648	1,0000	0,000	4,000	0

Information

Technische Daten (Auswahl)

Eingänge	
Lastbemessungsspannung	*DC 24 V*
Eingabebereiche/ Eingangswiderstand	*0 – 10 V/100 kΩ* *0 – 20 mA/50 kΩ*
Zulässige Eingangsspannung für Spannungseingang	*max. 20 V*
Zulässiger Eingangsstrom für Stromeingang	*max. 20 mA*
Potenzialtrennung	*nein*
Auflösung	*8 Bit*

Ausgänge	
Ausgangsbereiche *• Spannungsausgänge* *• Stromausgänge*	 *0 – 10 V* *0 – 20 mA*
Bürdenwiderstand *• bei Spannungsausgängen* *• bei Stromausgängen* *• bei kapazitiver Last* *• bei induktiver Last*	 *min. 5 kΩ* *max. 0,3 kΩ* *max. 1 µF* *max. 1 mH*
Spannungsausgang *• Kurzschlussschutz* *• Kurzschlussstrom*	 *ja* *max. 11 mA*
Stromausgang *• Leerlaufspannung*	 *max. 15 V*
Auflösung	*8 Bit*

Beispiele

```
1. L  3000     //Konstante 3000 in Akku 1 laden
   T  PAW256   //Akkuinhalt zum Analogausgang
               //transferieren
```

Die Konstante 3000 wird in Akku 1 geladen und von dort aus zum Analogausgang PAW256 transferiert.

Spannungsausgang 0 – 10 V:
Am Analogausgang kann dann eine Spannung von etwa 1,1 V gemessen werden.

Stromausgang 0 – 20 mA:
Am Analogausgang kann ein Strom von etwa 2,2 mA gemessen werden.

```
2. L  PEW256   //Analogeingang lesen und Digital-
               //wert in Akku 1 laden
   L  2        //Konstante 2 in Akku 2 laden
   *I          //Akkuinhalte multiplizieren,
               //Ergebnis in Akku 1
   T  PAW256   //Akku 1 Inhalt zum Analogaus-
               //gang transferieren
```

Analogeingang und Analogausgang 0 – 10 V:

Spannung am Analogeingang PEW256:	3,4 V
Digitalwert Analogeingang:	9400
Digitalwert mit 2 multiplizieren:	18800
Spannung am Analogausgang PAW256:	6,8 V

3. Zweipunktregler zur Temperaturregelung:

Ein Temperaturfühler erfasst die Messgröße Temperatur z.B. über eine Widerstandsänderung.
Die Widerstandsänderung wird in eine Spannungsänderung umgewandelt, die im Bereich 0 – 10 V liegen sollte. Die Messspannung wird dem Analogeingang PEW256 zugeführt.

Da es sich beim Zweipunktregler um einen *schaltenden Regler* handelt, ist ein Analogausgang nicht erforderlich. Die Zustände EIN und AUS können mit einem Binärausgang dargestellt werden.

Zweipunktregler, Ein- und Ausgänge

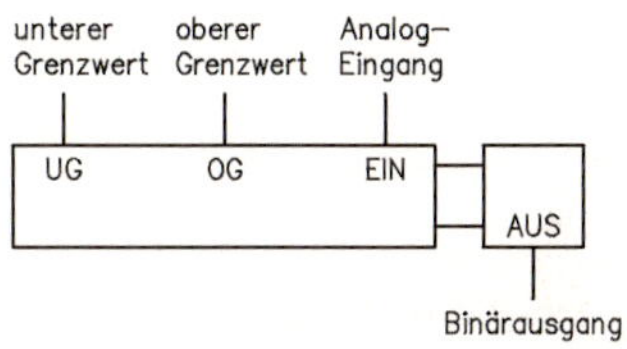

Annahme:

20 °C unterer Grenzwert (UG): Spannung 3,6 V
24 °C oberer Grenzwert (OG): Spannung 8,4 V

Bestimmung der Digitalwerte für 0 – 10 V:

UG 3,6 V: 9953
OG 8,4 V: 23224

Programmablaufplan

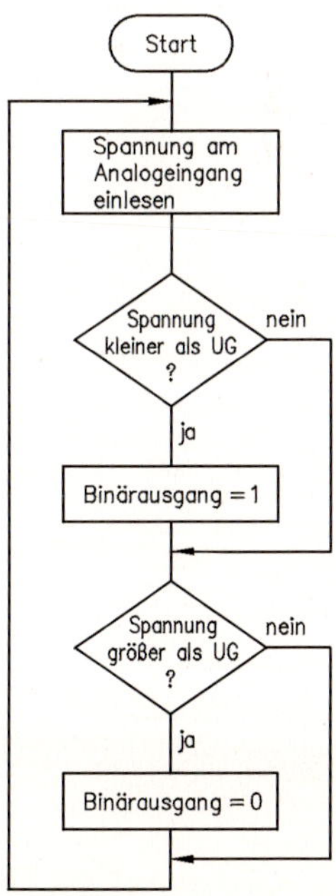

Information

Anweisungsliste (AWL)

```
       L     PEW256  //Spannung am Analogeingang einlesen
       L     9953    //UG einlesen
       <I            //Wenn Spannung < UG
       SPBN  m_00    //kein Sprung
       S     A4.0    //A4.0 einschalten; Binärausgang
m_00:  L     PEW256  //Spannung am Analogeingang einlesen
       L     23224   //OG einlesen
       >I            //Wenn Spannung > OG
       SPBN  m_01    //kein Sprung
       R     A4.0    //A4.0 ausschalten
m_01:  BE            //Baustein-Ende
```

Anschluss an die SPS

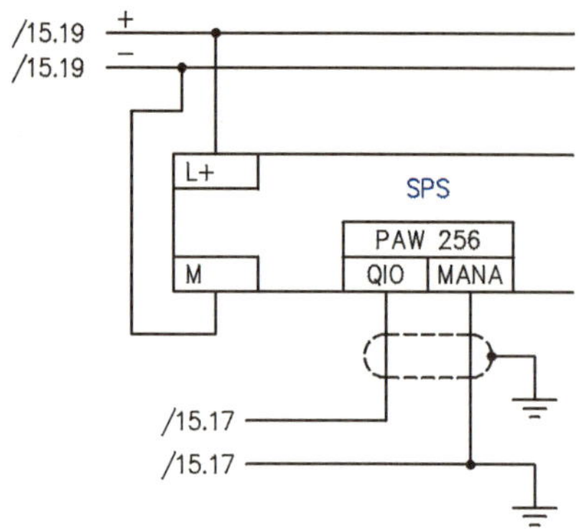

SCL

```
FUNCTION_BLOCK FB1          //Zweipunktregler
  var_input
    temperatur  : INT;      //Analogwert Temperatur
    OG          : INT;      //Oberer Grenzwert
    UG          : INT;      //Unterer Grenzwert
  end_var
  var_output
    HEIZUNG     : BOOL;     //Binärausgang Heizung
  end_var
  begin
    if temperatur < UG then HEIZUNG := 1; end_if;
    if temperatur > OG then HEIZUNG := 0; end_inf;
END_FUNCTION_BLOCK
```

Drehfrequenzvorgabe Frequenzumrichter

Dem Analogeingang eines Frequenzumrichters wird zwecks Drehfrequenzvorgabe eine Spannung zwischen 0 und 10 V vom Analogausgang PAW256 zugeführt.

$$10\,\text{V} \rightarrow n_{\text{max}} = 2910\,\frac{1}{\text{min}}$$

$$0\,\text{V} \rightarrow n = 0$$

- Solange die Integervariable *differenz* größer als 1 ist, soll der Motor mit der Drehfrequenz 1600 1/min arbeiten.
- Ist die Variable *differenz* = 1, soll die Drehfrequenz auf 340 1/min verringert werden.
- Bei *differenz* = 0 soll die Motordrehfrequenz ebenfalls Null sein.

Programmablaufplan auf Seite 505.

Digitalwerte ermitteln:

$1600\,\frac{1}{\text{min}}$	10 V	27648
$340\,\frac{1}{\text{min}}$	2,13 V	5889
$0\,\frac{1}{\text{min}}$	0 V	0

Anschluss an den Frequenzumrichter (Beispiel)

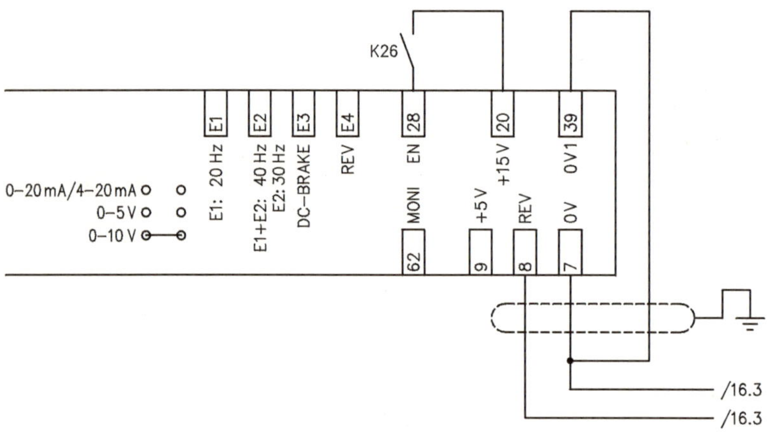

Information

Programmablaufplan

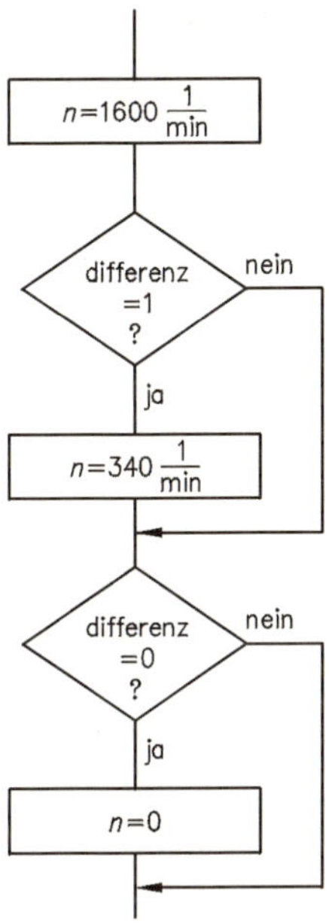

Anweisungsliste (AWL)

```
       L     27648         //Drehfrequenzvorgabe 1600 1/min
       T     PAW256        //an Analogausgang
       L     differenz     //Wenn differenz
       L     1             //gleich 1
       ==I
       SPBN  m_01          //dann kein Sprung
       L     5889          //Wenn kein Sprung
       T     PAW 256       //Drehzahlvorgabe 340 1/min
m_01:  L     differenz     //Wenn differenz
       L     0             //gleich Null
       ==I
       SPBN  m_02          //dann kein Sprung
       L     0             //Wenn kein Sprung
       T     PAW256        //Drehzahlvorgabe Null
m_02:  BE
```

SCL

```
PAW256 := 27648;                          //10 V an Analogausgang
if differenz = 1 then PAW256 := 5889;     //2,13 V an Analogausgang
end_if;
if differenz = 0 then PAW256 := 0;        //0 V an Analogausgang
end_if;
```

Fernwartung

Für die Wirtschaftlichkeit ist es von großer Bedeutung, *jederzeit* genaue *Informationen über den Zustand von Maschinen und Anlagen* zu erhalten, um bei Bedarf gezielt einwirken zu können.

Prinzip:
Maschinen und Anlagen alarmieren über *Telefax*, *E-Mail* oder *SMS* unterschiedliche Empfänger. Die Verbindung über Telefon (Punkt-zu-Punkt) hat folgende Vorteile:

- keine Gefahr durch Viren
- keine Firewalls
- Verbindung nur bei Bedarf
- keine Datenspionage

Alarmierungen mit *frei wählbaren Meldetexten* können (nacheinander) an mehrere Teilnehmer ausgegeben werden. Dabei kann der Empfänger die Meldung quittieren.

Anlagen- und Maschinenwerte können über *Sprachabruf* abgefragt werden. Digitale Ein- und Ausgänge sowie Analogwerte können beeinflusst werden. Dabei ist ein *Passwortschutz* selbstverständlich.

Funktionen (Auswahl)

- Auslösung von Meldungen Ereignissen
- Zählen von Ereignissen
- Messung und Meldung bei Triggerwerten
- Fernwirkungen und Steuern
- Analogwerte als Sprachfunktion

Sinnvoll:

- Alarm durch SMS
- Ausführliches Fax an Servicezentrale

Information

Fernwartung

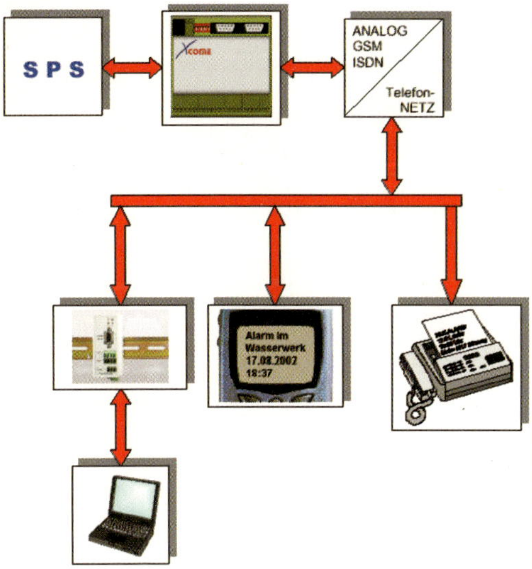

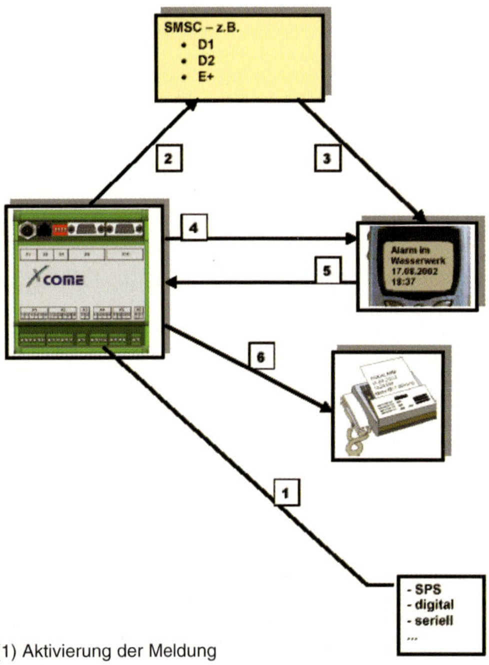

(1) Aktivierung der Meldung

(2) SMS zum Mobilfunkbetreiber übertragen

(3) Mobilfunkbetreiber überträgt zum Mobiltelefon

(4) Optional wird das Mobiltelefon direkt angewählt (Weckruf und Quittierungsbetrieb)

(5) Durch PIN-Eingabe wird am Meldesystem das Quittierungsrelais aktiviert

(6) Unabhängig hiervon wird die Faxalarmierung durchgeführt

Englisch

optisch
optical

optoelektrisch
optoelectric

absolut
absolute

Inkrement
increment

Dehnungs-messstreifen
strain gauge

Dehnung
expansion, elongation, stretch, strain

Folien-DMS
foil strain gauge

Halbleiter-DMS
semiductor strain gauge

Druckaufnehmer
pressure transductor, pressure gauge

Tachogenerator
tachogenerator

Tastkopf
probe

mehrgängig
multi-turn

einzelne Windung
single-turn

Zwischenspeicher
intermediate store, temporary store, buffer

Fernwartung
remote maintenance

Fernwartungs-einrichtung
remote support facility

Fernwirktechnik
remote control technique

Überwachung
monitoring, supervision, control

Konfiguration
configuration

Meldung
message

laden
load

übertragen
transfer

Ladebefehl
load instruction (command)

Transferbefehl
transfer instruction (command)

Maskieren
masking

Maskierungswort
masking word

ausblenden
mask out

Schiebebefehl
shift instruction

Schieberegister
shift register

Projektierung
project work

Zuverlässigkeit
reliability, dependability

Ausfallrate
failure rate

Frühausfall
early failure, wear-in failure

Zufallsausfall
random failure

Verschleißausfall
wear failure

Fehlerverteilung
flaw dislocation

Fehler-wahrscheinlichkeit
error probability

Verfügbarkeit
availability

Sicherheit
security

Fehlerart
type of fault

Redundanz
redundancy

Sicherheits-bestimmungen
safety regulations

Steckvorrichtung
plug and socket, plug-and-socket device

NOT-AUS
emergency stop

Risikoabschätzung
risk assesment

Information

Laden von Peripherie

Beim **Laden aus dem Peripheriebereich** werden die Eingabebaugruppen als *Peripherie-Eingänge* angesprochen.

Während der *Eingangs-Signalzustand* dem Wert am Anfang des Programmzyklus entspricht, wird von den Peripheriebaugruppen der aktuelle Wert geladen.

Beispiel

L PEW 0

	PEB1								PEB0							
PEW0	E1.7 2^{15}	2^{14}	2^{13}	2^{12}	2^{11}	2^{10}	2^{9}	E1.0 2^{8}	E0.7 2^{7}	2^{6}	2^{5}	2^{4}	2^{3}	2^{2}	2^{1}	E0.0 2^{0}

Beim Laden wird der Inhalt des angegebenen Wortes *rechtsbündig* in den Akku 1 geschrieben. Das *höher adressierte Byte* (EB1) steht dabei *ganz rechts* im Akku. Das *niedriger adressierte Byte* (EB0) steht *links* daneben.

Es findet also eine *Vertauschung* statt, was bei den *Stellenwertigkeiten* zu berücksichtigen ist.

	niedriger adressiertes Byte								höher adressiertes Byte							
Akku 1	2^{15}	2^{14}	2^{13}	2^{12}	2^{11}	2^{10}	2^{9}	2^{8}	2^{7}	2^{6}	2^{5}	2^{4}	2^{3}	2^{2}	2^{1}	2^{0}

E1.0 =„1“: Im Akku ist das Bit $2^0 = 1$ gesetzt
→Dezimalzahl 1

E1.7 =„1“: Im Akku ist das Bit $2^7 = 128$ gesetzt
→Dezimalzahl 128

E0.0 =„1“: Im Akku ist das Bit $2^8 = 256$ gesetzt
→Dezimalzahl 256

E0.7 =„1“: Im Akku ist das Bit $2^{15} = 32768$ gesetzt
→Dezimalzahl 32 768

Transferieren eines Wortes

Der Inhalt von Akku 1 wird zum angegebenen Operandenwort übertragen.

Das ganz rechts im Akku eingeschriebene Byte wird zum höher adressierten Byte, das links daneben liegende Byte zum niedriger adressierten Byte übertragen.

UW – UND-Wort (16 Bit)

UW verknüpft den Inhalt von Akku 1 mit Akku 2 bzw. einer Konstanten *bitweise* entsprechend der booleschen UND-Funktion.

Nur wenn die entsprechenden Bits von beiden zu verknüpfenden Wörtern „1“ sind, ist das Bit im *Ergebniswort* „1“. Das Ergebnis wird in Akku 1 gespeichert.

Beispiele

Akku 1 vor Ausführung von UW	0101	0101	1001	0010
Akku 2 oder Konstante	1111	0000	1111	0000
Ergebnis (Akku 1) nach UW	0101	0000	1001	0000

L MW20
L MW22
UW
T MW8

- *Inhalt von MW20 in Akku 1 laden*
- *Inhalt von Akku 1 in Akku 2 laden. Inhalt von MW22 in Akku 1 laden*
- *Inhalt von Akku 1 in Akku 2 bitweise UND-verknüpfen. Ergebnis in Akku 1 speichern*
- *Ergebnis in MW8 speichern (nach MW8 transferieren)*

L PEW 0
L 2#1111000000000000
UW
T MW90

- *PEW 0 in Akku 1 laden.*
- *Inhalt von Akku 1 in Akku 2 laden Konstante (16-Bit-Binärzahl 2#xxxx) in Akku 1 laden und bitweise UND verknüpfen. Ergebnis in Akku 1 speichern*
- *Ergebnis nach MW90 transferieren*

Maskieren

Von den 8 Bits 01011100 sollen *nur die 4 höherwertigen ausgewertet* werden. Die niederwertigen Bits sollen den Signalzustand „0“ annehmen.

L 2#01011100
L 2#11110000 //Maske
UW

	01011100	
∧	11110000	Maske
	01010000	Ergebnis

Information

Schiebefunktionen

Schiebefunktionen verschieben den Inhalt von Akkumulator 1 *bitweise* nach *links* oder *rechts*. Die hinausgeschobenen Bits gehen entweder verloren oder werden auf der anderen Seite des Wortes wieder übernommen (Ring).

Schiebefunktionen werden *unabhängig von Bedingungen* ausgeführt. Durch sie wird nur der Inhalt von Akkumulator 1 verändert.

Das *Statusbit A1* (→ 221) wird auf den Signalzustand des zuletzt herausgeschobenen Bits gesetzt.

Wortweises Schieben

Nur das *rechte Wort* des Akkumulators wird verändert; der Inhalt des linken Wortes bleibt unbeeinflusst.

Wortweises Schieben rechts

SRW n Um *n*-Bits wortweise nach rechts verschieben. Die frei werdenden Bits werden mit Nullen aufgefüllt.
n gibt die Anzahl der Bitstellen an, um die verschoben wird.

Beispiel

```
        0000 1010 1100 0000    Akkuinhalt vor Schiebefunktion
SRW 2
        0000 0010 1011 0000    Akkuinhalt nach Schiebefunktion

        2 Bit nach rechts →
```

Wortweises Schieben links

SLW n Um *n*-Bits wortweise nach links verschieben. Die frei werdenden Bits werden mit Nullen aufgefüllt.
n gibt die Anzahl der Bitstellen an, um die verschoben wird.

Beispiel

```
        0000 0010 0000 0000    Akkuinhalt vor Schiebefunktion
SLW 4
        0010 0000 0000 0000    Akkuinhalt nach Schiebefunktion

             ← 4 Bit nach links
```

Projektierung von Steuerungen

Ausgangspunkt der **Projektierung** ist die *Aufgabenstellung*, die mit der zu entwickelnden Steuerung bearbeitet werden soll. Auf der Grundlage dieser Aufgabenstellung wird eine präzise *Beschreibung der Aufgabenstellung* erstellt. Hieran schließt sich eine sorgfältige **Problemanalyse** an:

Mit welchen Bauelementen und welchen Funktionen kann das Problem schnell, zuverlässig und wartungsfreundlich gelöst werden?

- *Steuerungsprojektierung mit Schützen*
  1. *Erstellung des Stromlaufplanes*
  2. *Erstellung der Stückliste*
  3. *Verdrahtung der Steuerung*
  4. *Prüfung der Steuerungsfunktionen; evtl. Änderungen*
  5. *Aufstellung und Installation*
  6. *Inbetriebnahme*

- *Steuerungsprojektierung mit SPS*
  1. *Erstellung der Zuordnungsliste*
  2. *Erstellung der Stückliste für die Hardware*
  3. *Einbau und Anschluss der SPS*
  4. *Entwicklung der Software (des Steuerungsprogramms)*
  5. *Prüfung des Steuerungsprogramms; evtl. Änderungen*
  6. *Aufstellung und Installation*
  7. *Inbetriebnahme*

Die Punkte 3 und 4 können *gleichzeitig* bearbeitet werden.
Sowohl bei der Projektierung mit Schützen als auch mit SPS ist die Erstellung der **Steuerungsdokumentation** von großer Bedeutung.

Eine aussagekräftige Steuerungsdokumentation erleichtert die *Servicearbeiten* ganz wesentlich. Nur bei guter Dokumentation ist die Steuerung in wirtschaftlichem Rahmen zu warten, zu reparieren und zu erweitern.
Nachträgliche Änderungen sind unbedingt zu *dokumentieren*. Die **Dokumentation** muss stets auf dem aktuellen Stand gehalten werden.

Zuverlässigkeit von Steuerungen

Die *Zuverlässigkeit* von Steuerungen kennzeichnet die Fähigkeit, innerhalb vorgegebener Grenzen (technische Daten) über einen *bestimmten Zeitraum* hinweg die jeweiligen Anforderungen zu erfüllen.

Ein Maß für die Zuverlässigkeit ist die **Ausfallrate** Λ.

$$\Lambda = \frac{n}{N_0 \cdot t}$$

Information

Λ	Ausfallrate
n	Anzahl der Ausfälle in der Zeit t
N_0	Anfangsbestand
t	Zeitraum der Betrachtung

Ausfallrate

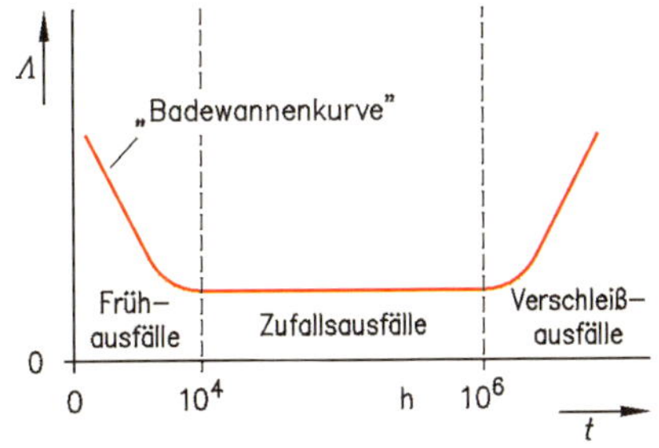

- *Frühausfälle*
  Verursacht durch Material- und Fertigungsfehler. Solche Fehler treten bereits kurz nach der Inbetriebnahme auf. Die Ausfallrate nimmt mit der Betriebszeit stark ab.
- *Zufallsausfälle*
  Hier bleibt die Ausfallrate praktisch konstant. Voraussetzung ist allerdings, dass die vorgeschriebenen technischen Grenzwerte nicht überschritten werden.
- *Verschleißausfälle*
  Mit zunehmender Betriebsdauer steigt die Ausfallrate (allerdings nicht sprunghaft). Das Ende der Betriebszeit wird angekündigt.

Fehlerverteilung bei SPS-Anlagen

Innerhalb der elektronischen Steuerung tritt nur ein geringer Fehleranteil auf (ca. 5 %). In der Regel ist der Fehler bei Signalgebern, Stellgeräten, Antrieben, Leitungsverbindungen usw. zu suchen.

Verfügbarkeit von Steuerungen

Verfügbarkeit ist die Wahrscheinlichkeit, ein System zu einem vorgegebenen Zeitpunkt in einem funktionsfähigen Zustand anzutreffen.

Fehlerverteilung in SPS-Anlagen

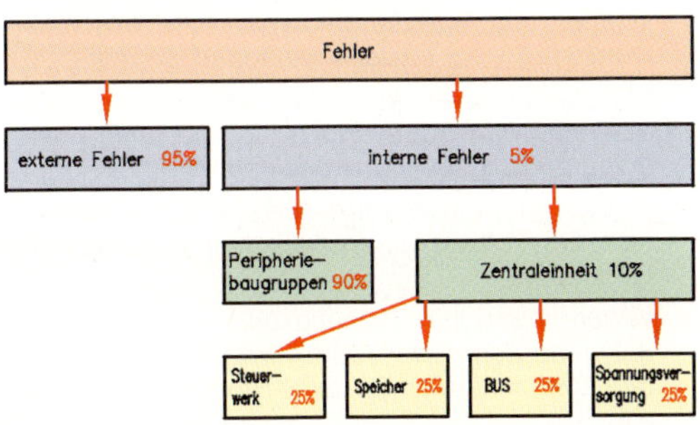

Verfügbarkeit von Steuerungen

Verfügbarkeit ist die Wahrscheinlichkeit, ein System zu einem vorgegebenen Zeitpunkt in einem funktionsfähigen Zustand anzutreffen.

Verfügbarkeit von Steuerungen

Eingabe Eingang	Verarbeitung Steuerung	Ausgabe Ausgang
„0"-Signal	Steuerung arbeitet fehlerfrei	kein Befehl
„1"-Signal		Befehl
„0"-Signal	aktiver Fehler	Befehl
„1"-Signal	passiver Fehler	kein Befehl

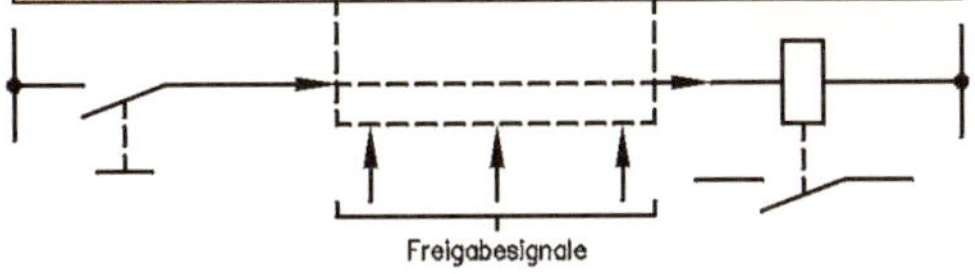

$$V = \frac{\text{MTBF}}{\text{MTBF} + \text{MTTR}}$$

V	Verfügbarkeit
MTBF	fehlerfreie Betriebszeit
MTTR	Ausfallzeit

Der *Idealwert* $V = 1$ (Verfügbarkeit $= 100\,\%$) ist nicht zu erreichen. Durch Einsatz von Steuerungen, die als *Auswahlsysteme* aufgebaut werden, kann der *Idealwert* nahezu erreicht werden. Bekannte Steuerungen sind:

- *Stand-by-Prinzipien*
- *2-von-3-Auswahlsysteme*
- *vierkanalige, sich gegenseitig kontrollierende Auswahlsysteme (bei höchsten Sicherheitsansprüchen)*

Auch durch *Verringerung der Ausfallzeiten* lässt sich die **Verfügbarkeit** erhöhen. Dazu eignen sich z.B. folgende Maßnahmen:

- *Vorratshaltung von Ersatzteilen*
- *Fehlerdiagnose an den Systemen*
- *Ausbildung des Bedienpersonals*

MTBF
Mean Time-Between-Failure; fehlerfreie Betriebszeit

MTTR
Mean Time-To-Repair; Ausfallzeit

Sicherheit von Steuerungen

Fehlerarten

Unterschieden wird zwischen **aktiven** und **passiven Fehlern**; sowie zwischen **gefährlichen** und **ungefährlichen Fehlern**.

Je nach der Aufgabenstellung einer Steuerung können *aktive* oder *passive Fehler gefährliche Auswirkungen* haben.

Information

- *Bei der Steuerung eines Antriebes führt ein aktiver Fehler zu einem unerlaubten Einschalten.*
- *Bei der Steuerung einer Meldefunktion verhindert ein passiver Fehler die Meldung eines gefährlichen Betriebszustandes.*

Überall dort, wo auftretende Fehler *große Materialschäden* oder sogar *Personenschäden* verursachen können (gefährliche Fehler), müssen Maßnahmen getroffen werden, die die Sicherheit der Steuerung erhöhen.

Sicherheitsmaßnahmen

Einkanaliger Aufbau

Bei einer *einkanalig* aufgebauten SPS stehen zur Erhöhung der Sicherheit nur begrenzte Maßnahmen zur Verfügung:

- *Programme oder Programmteile können mehrfach im Programmspeicher abgelegt und bearbeitet werden.*
- *Ausgänge können durch eine parallele Rückführung auf die Eingänge des gleichen Gerätes softwaremäßig überwacht werden.*
- *Diagnosefunktionen innerhalb der SPS, die beim Auftreten eines Fehlers die Ausgänge des Gerätes in einen definierten Signalzustand (meist „0") bringen.*
- *Programmflussmonitore (watch-dog-timer), die in vielen Baugruppen herstellerseitig eingebaut sind. Der Watch-dog ist eine Überwachungseinrichtung für den Prozessablauf.*

Funktionsgruppen dürfen nur durch gleichwertige Funktionsgruppen ersetzt werden. Es dürfen nur unveränderte Programme eingesetzt werden, die nach Inbetriebnahme und Prüfung als sicher erkannt wurden.

Mehrkanaliger Aufbau

Werden einkanalig aufgebaute Steuerungen den Sicherheitsanforderungen nicht gerecht, müssen die Steuerungen *mehrkanalig* aufgebaut werden. Man spricht dann auch von einem **redundanten Steuerungsaufbau**.

- *Zweikanalige Steuerungen*

Die beiden „Steuerungskanäle" überwachen sich gegenseitig. Die Auswertung der Ausgangsfehler erfolgt nach dem „2-von-2" oder „1-von-2-Prinzip". Zwei Automatisierungsgeräte sind gleich programmiert und arbeiten synchron.

Durch gegenseitige Überwachung werden Fehler erkannt, die zu entsprechenden Steuerungsreaktionen führen.

Bei diesem *Parallelbetrieb* werden zwei Möglichkeiten unterschieden:

- *Die gleiche Steuerungsaufgabe kann mit unterschiedlicher Hardware und unterschiedlicher Software bearbeitet werden. Diese Lösung wird als besonders sicher angesehen.*
- *Die Steuerungsaufgabe kann mit gleicher Hardware und gleicher Software bearbeitet werden. Dieser Parallelbetrieb wird als weniger sicher betrachtet.*

- *Mehrkanalige Steuerungen*

Durch Hinzufügen weiterer Kanäle können weitere Auswahlsysteme (z.B. 2-von-3-Auswahl) verwirklicht werden.

Parallelbetrieb

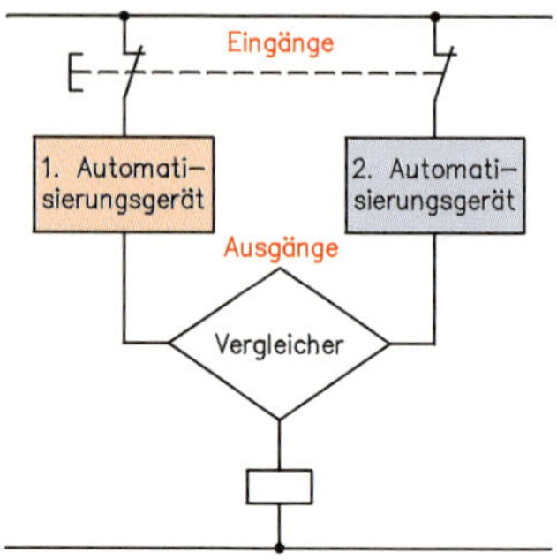

Elektromechanische und elektronische Steuerungen

Schütze und Relais ziehen nur an, wenn an ihren Spulen Spannung anliegt. Daher sind bei ihnen *aktive Fehler* unwahrscheinlicher als *passive Fehler*.

In elektronischen Schaltungen treten *aktive* und *passive Fehler* in gleichem Maße auf. So kann beispielsweise ein *Transistor* im Fehlerfall *dauernd leiten* oder *dauernd sperren*.

Bei Kenntnis und Beachtung dieser Eigenschaften kann die *Sicherheit von Steuerungen* erhöht werden:

- *Funktionen, die keine sicherheitstechnische Bedeutung haben, können elektronisch gesteuert werden.*
- *Funktionen mit sicherheitstechnischer Bedeutung werden mit herkömmlichen elektromechanischen Bauelementen aufgebaut.*

Sicherheitsbestimmungen

- *Gefährliche Zustände, durch die Menschen, Maschinen und Material gefährdet, bzw. beschädigt werden können, müssen verhindert werden.*
- *Maschinen dürfen nach Wiederkehr einer zuvor ausgefallenen Spannung nicht selbsttätig wieder anlaufen (z.B. nach Entriegelung eines Not-Aus).*
- *Fehler im Eingangsstromkreis (z.B. Drahtbruch oder Erdschluss) dürfen Ausschaltfunktionen nicht verhindern.*
- *Widersprüchliche Eingangsbefehle (links/rechts usw.) müssen durch Tasterverriegelung unterbunden und zusätzlich im SPS-Programm verriegelt werden.*

Information

- *Widersprüchliche Ausgangsbefehle (links/rechts usw.) müssen zusätzlich zum Programm auch an den Leistungsschützen verriegelt werden.*
- *Grenztaster dürfen nur einen Öffner und einen Schließer oder einen Wechsler haben. Der Wechsler muss über zwei getrennte Eingänge zur SPS geführt werden. Eine programmtechnische Negation des Signals ist in diesem Fall nicht erlaubt.*
- *Not-Aus-Einrichtungen und Sicherheitsgrenzschalter müssen auch bei Fehlern im Automatisierungsgerät wirksam bleiben und daher direkt an den Stellgeräten (z.B. Schützen) wirken.*
  Der Not-Aus muss nach Betätigung arretieren und darf nur vor Ort durch Lösen der Arretierung wieder einschaltbar sein. Danach darf die Maschine allerdings noch nicht wieder anlaufen.
- *Begrenzte Maschinenbewegungen müssen stets wegabhängig (auf keinen Fall zeitabhängig) gesteuert werden.*
  Bei Maschinenbewegungen ohne mechanischen Anschlag muss neben dem Grenztaster für Steuerungszwecke noch ein Sicherheitsgrenztaster mit mechanischer Zwangsöffnung vorhanden sein, der außerhalb der SPS wirksam ist.
- *Der Start einer Maschine darf nur erfolgen, wenn die Funktion aller Schutzvorrichtungen gewährleistet ist. Die korrekte Anlauffolge muss durch geeignete Verriegelungen eindeutig bestimmt sein.*

Betätigung des Not-Aus S0: Schütz K1 fällt ab; Spannungsversorgung der Ausgänge wird unterbrochen; Lastschütze Q1, Q2 fallen ab. Das gleiche gilt für B1 bis B4.

Beachten Sie besonders den Schließer von K1 vor dem Eingang E0.0.

Beschaltung einer SPS, vereinfachte Darstellung

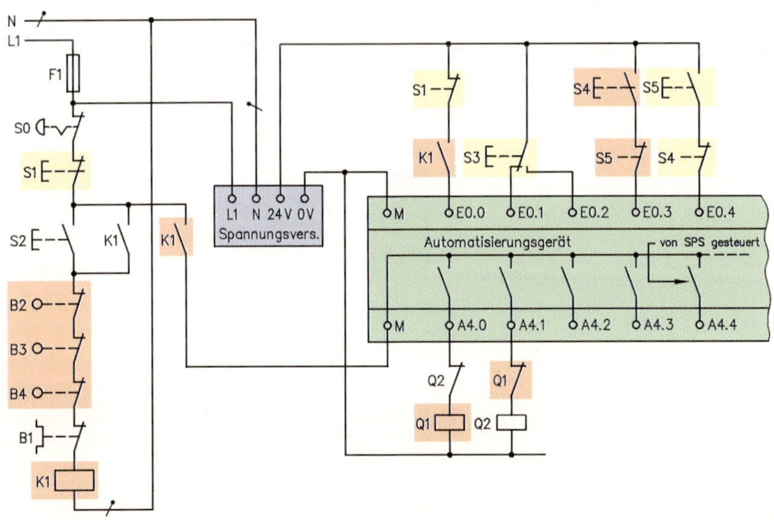

Da das Prozessabbild der Ausgänge z.B. bei Betätigung des Not-Aus erhalten bleibt, hat der Abfall von K1 die gleiche Wirkung für das Steuerungsprogramm wie eine Betätigung des Austasters S1.

Damit ist ein **selbsttätiger Wiederanlauf** nach Wiederkehr der Ausgangsspannung (K1 zieht wieder an) *auch programmtechnisch* ausgeschlossen.

Steuer- und Meldestromkreise

Unmittelbar ans Netz angeschlossene **Steuerstromkreise** dürfen *einpolig* geschaltet werden, wenn zur Spannungsversorgung ein Außenleiter und der *geerdete* N-Leiter benutzt werden.

Wird der Steuerstromkreis an *zwei Außenleitern* oder *einem Außenleiter* und einem *nicht geerdeten Neutralleiter betrieben*, muss er *zweipolig* geschaltet werden.

Steuerstromkreise

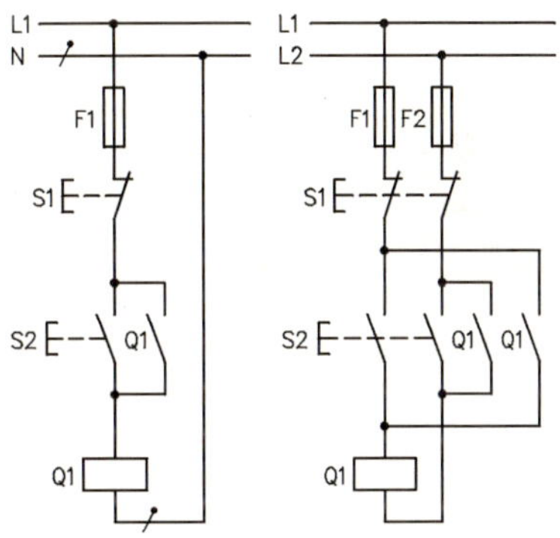

Steuerstromkreise müssen gegen *Kurzschlussströme* geschützt werden. In *geerdeten Steuerstromkreisen* darf der *geerdete Steuerleiter nicht abgesichert* werden.

Information

Kurzschlüsse können zur Zerstörung von Betriebsmitteln führen und Brandgefahr hervorrufen. *Erdschlüsse* können in geerdeten Steuerstromkreisen dem Kurzschluss vergleichbare Wirkungen hervorrufen. Hier wirkt dann auch das *Überstrom-Schutzorgan.*

In *ungeerdeten Steuerstromkreisen* hat ein *einfacher Erdschluss keine Folgen.* Ein solcher Fehler wird erkannt, wenn eine *Isolationsüberwachung* installiert ist. Dies ist allerdings zwingend erforderlich, da ein *Doppelerdschluss* z.B. zu einem *ungewollten Einschalten von Schützen* führen kann.

Ungewolltes Einschalten eines Schützes

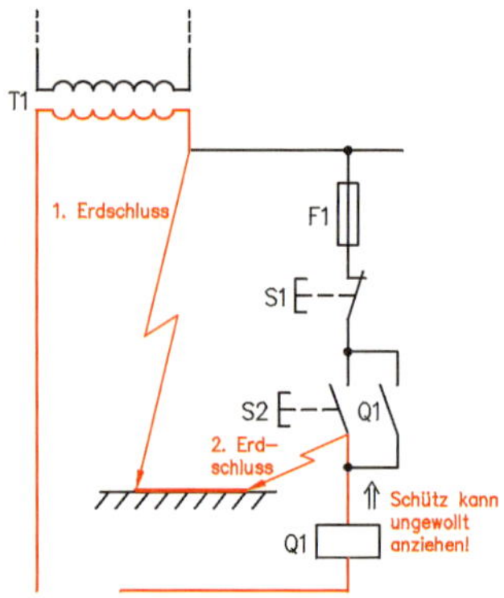

Ein *Körperschluss* kann durch eine *erhöhte Berührungsspannung* Gefährdungen des Bedienpersonals bewirken.

Leiterschlüsse können wie Doppelerdschlüsse zum ungewollten Einschalten von Schützen führen.

Das Auftreten von *zwei räumlich getrennten Erdschlüssen* wird durch *einseitige Erdung des Steuerstromkreises* oder durch *Isolationsüberwachung* unterbunden.

Steuerstromkreis, einseitig geerdet

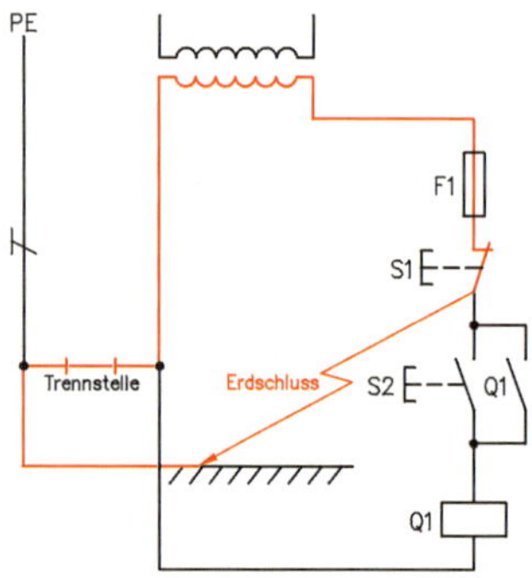

Wenn der Steuerstromkreis *geerdet* ist, wirkt ein Erdschluss wie ein *Kurzschluss.*

Das vorgeschaltete *Überstrom-Schutzorgan* löst dann aus.

Bei Steuerstromkreisen mit *Isolationsüberwachung* führt der erste Erdschluss zu einer *Meldung.* Der zweite Erdschluss bewirkt die Abschaltung.

Die *Erdverbindung* muss den gleichen Querschnitt wie die Leitung haben, in dem sich das Überstrom-Schutzorgan befindet. Weiterhin sollte in der Verbindung zwischen der geerdeten Seite des Steuerstromkreises und dem Schutzleiter eine *lösbare Verbindung* (Trennstelle) sein.

Bei *Wechselstrom-Steuerstromkreisen* sollte möglichst *nahe am Ende* der Sekundärwicklung geerdet werden; bei *Gleichstrom-Steuerkreisen hinter* der Gleichrichtung.

Steuertransformator

Steuerstromkreise müssen grundsätzlich *galvanisch* von den Hauptstromkreisen *getrennt* sein. Bei *Wechselstromkreisen* übernimmt diese Aufgabe ein *Steuertransformator* mit getrennten Wicklungen.

Bei *Gleichstromkreisen* übernimmt diese Aufgabe *ein Gleichrichter*, der von einem Steuertransformator mit getrennten Wicklungen gespeist wird oder Batterien, die von netzunabhängigen Ladegeräten gepuffert werden.

Die Versorgung für diese Betriebsmittel ist hinter der **Netz-Trenneinrichtung** (Hauptschalter) abzugreifen.

Steuerleitungen aus verschiedenen Quellen sollen nicht in derselben Umhüllung vorgelegt werden, damit vor allem *kapazitive Kopplungen* vermieden werden.

Steuertransformator

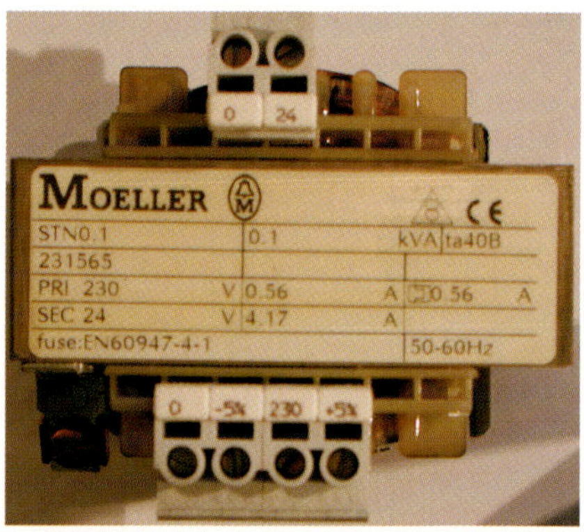

Auf einen *Steuertransformator* kann *verzichtet* werden:

- *Bei kleinen, einfachen Ausrüstungen (ein Motorstarter mit maximal zwei äußeren Steuergeräten).*
- *Bei Haushaltsmaschinen oder vergleichbaren Gebrauchs- und Arbeitsgeräten, die nicht nach IEC 60204-1 gebaut wurden.*
- *Z.B. bei Maschinen für die Gebäudeausrüstung.*

Information

Als *Steuertransformator* können verwendet werden:

- *Steuertransformatoren nach DIN EN 61558-2-2 (VDE 0570 Teil 2-2)*
- *Sicherheitstransformatoren nach DIN EN 61558-2-6 (VDE 0570 Teil 2-6)*
- *Transformatoren nach DIN EN 61558-2-17 (VDE 0570 Teil 2-17) in Schaltnetzteilen*

Vorteile des Steuertransformators

- *Begrenzung der Kurzschlussströme auf Werte, die für die eingesetzten Betriebsmittel unproblematisch sind.*
- *Spannungsspitzen aus dem Versorgungsnetz werden gedämpft.*
- *Der Hersteller kann die Steuerung ohne Rücksicht auf die Netzspannung beim Betreiber auf einheitliche und genormte Werte auslegen.*
- *Erhöhter Schutz gegen elektrischen Schlag.*

Steuertransformatoren müssen *getrennte Wicklungen* haben. Ihre Spannung soll sich bei Belastung nur wenig ändern. Die Bemessungs-Ausgangsspannung soll 250 V nicht überschreiten.

Die Ausgangsspannung darf unter Bemessungsbedingungen um nicht mehr als 5 % von der Bemessungsspannung abweichen. Steuertransformatoren sind mit Abgriffen für ±5 % der Bemessungsspannung ausgerüstet.

Speisung von Steuerstromkreisen

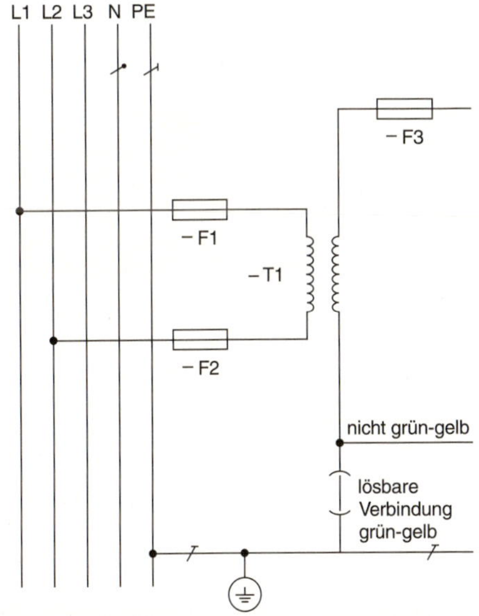

Näherungsweise Berechnung der *Leistung eines Steuertransformators*:

$S = 0{,}8 \cdot (S_H + S_{AM} + P_R)$

S Scheinleistung des Steuertransformators
S_H Halteleistung aller Schütze
S_{AM} Anzugsleistung des größten Schützes
P_R Leistung aller restlichen Verbraucher im Kreis

Der Steuerstransformator soll mit der *Netz-Trenneinrichtung* der Maschine bzw. Anlage ausgeschaltet werden.

Netz-Trenneinrichtungen werden an zentraler Stelle der Anlage eingebaut; z.B. im Schaltschrank. Im Allgemeinen werden Netz-Trenneinrichtungen ohne Last abgeschaltet. Der Schalter muss allerdings den *Bemessungsstrom* der Anlage sicher unterbrechen können.

Netz-Trenneinrichtungen mit Not-Aus-Funktion können die Maschine oder Anlage im Gefahrenfall sofort stillsetzen. Sie haben eine rote Handhabe mit gelber Unterlage.

Netz-Trenneinrichtung mit Schloss

Schaltkontakte von Schützen und Relais arbeiten nur dann sicher, wenn an der Spule die *0,85-fache bis 1,1-fache* Bemessungs-Betätigungsspannung anliegt.

Wenn für ein Schütz mit konstanter Halteleistung eine geringere Steuerspannung gewählt wird, nimmt der Spulenstrom zu. Damit steigt auch der Spannungsfall und die *zulässige Leitungslänge* wird geringer.

Längere Leitungen zu den Betriebsmitteln bedeuten auch eine *Erhöhung* der *Schleifenimpedanz* im Steuerstromkreis, wodurch sich die *Abschaltsicherheit* verringert.

Der Spannungsfall auf Steuerleitungen darf 5 % der Bemessungsspannung nicht überschreiten.

Information

Wenn an Schaltgeräten *Justierungen unter Spannung* notwendig sind, ist für die Steuerstromkreise *SELV* vorgeschrieben.

Anforderungen an Betriebsmittel

Einwandfreie Funktion bei

- 0,9 –1,1 Bemessungsspannung
- Frequenzabweichungen bis zu ±2 %
- Netzspannungseinbrüche von 15 % bis 10 ms (außer Leistungselektronik)
- Spannungsspitzen bis 200 % der Bemessungsspannung für 1,5 ms.
- Dauerhafte Abweichung von 5 % der Bemessungsspannung
- Umgebungstemperaturen von – 5 °C bis + 40 °C
- Leitungen mit eindrähtigen Leitern dürfen nur zwischen festmontierten und sich nicht bewegenden erschütterungsfreien Teilen verlegt werden. Ansonsten sind mehrdrähtige oder feindrähtige Leiter zu verwenden.

Schalteinrichtungen

• Netz-Trenneinrichtung

Abschließbare *Netz-Trenneinrichtungen* sind ein sicherer Schutz gegen Fehlschaltungen, unbedachte oder unbeabsichtigte Schalthandlungen.
Solche Netz-Trenneinrichtungen ermöglichen eine *allpolige Trennung* vom Netz.

Netz-Trenneinrichtung mit mechanischer Betätigung

- Die Handhabe darf nur eine AUS- und eine EIN-Stellung haben, die mit 0 und I gekennzeichnet sein muss.
- Eine sichtbare Trennstelle oder eine Stellungsanzeige ist erforderlich.
- Das Stellteil muss von außen betätigt werden können und die Farbe rot haben. Wenn die Netz-Trenneinrichtung gleichzeitig als *Not-Befehlseinrichtung* verwendet wird, müssen die roten Stellteile gelb unterlegt sein.
- Die Stellteile müssen in Aus-Stellung verschließbar sein.

Netz-Trenneinrichtung mit Fernschalter

- Muss zusätzlich zur Fernbedingung mit einem Stellteil für Handbetätigung ausgerüstet sein.
- Das Stellteil für Handbetätigung und die Fernbedienung müssen in Aus-Stellung abschließbar sein.
- Steckvorrichtungen sind als Netz-Trenneinrichtung zulässig, wobei unzulässiges Ziehen unter Last zu vermeiden ist. Steckvorrichtungen für kleine Maschinen haben Netz-Trenneinrichtungsfunktion. Eine Maschine ist „klein“, wenn sie über eine 16-A-Steckvorrichtung mit 230/400 V AC versorgt wird und eine maximale Leistung von 3 kW hat. Die Netz-Trenneinrichtung muss der Maschine oder deren Einheiten unmittelbar zugeordnet sein.

Not-Befehlseinrichtungen

Not-Befehlseinrichtungen haben die Aufgabe, *gefahrbringende Zustände* der Maschine oder Anlage *schnellstmöglich* zu beseitigen.
Dabei dürfen natürlich keine zusätzlichen Gefahren entstehen.

Es wird unterschieden zwischen

- *Not-Befehlseinrichtungen mit zusätzlicher Netz-Trenneinrichtungsfunktion*
- *Not-Befehlseinrichtungen im Steuerstromkreis*

Die Stellteile müssen rot, die Flächen hinter oder unter den Stellteilen gelb sein. Dadurch ist eine gute Erkennbarkeit gewährleistet. Als Stellteile sind **Pilz-Drucktaster** und **Reißleine** zulässig.

Pilz-Drucktaster

Reißleine

Bei Betätigung müssen *Not-Befehlseinrichtungen mechanisch* so *einrasten*, dass eine Inbetriebnahme erst dann wieder möglich ist, wenn von Hand entriegelt wurde.
Not-Befehlseinrichtungen müssen *leicht erreichbar und in ausreichender Anzahl vorhanden* sein. Ihre Kontakte müssen durch direkt wirkende mechanische Glieder *zwangsläufig geöffnet* werden.

In DIN EN 60204-1 (VDE 0113 Teil 1) sind die Anforderungen an eine *elektrische* **Not-Aus-Einrichtung** festgelegt.

Dabei macht die Bezeichnung „Einrichtung“ deutlich, dass hier *nicht nur ein Schalter* gemeint ist, sondern auch die *zugehörige Steuerschaltung, Verriegelung* usw.

Information

Der **Not-Aus-Befehl** erfordert stets die *Mitwirkung von Personen*, er ist *kein automatischer* Befehl.

Da Personen nicht entscheiden können, *was* im Gefahrenfall stillzusetzen ist, müssen *sämtliche* Bedingungen und Arbeitsabläufe stillgestzt werden, die *Gefahr* bedeuten können.

Manche Zustände müssen hingegen *fortbestehen*, um mögliche Gefahren zu beseitigen bzw. nicht entstehen zu lassen (Kühlung, Bremsung, Spannvorrichtung usw.)

VDE 0113 Teil 1 - DIN EN 60204-1

Für jede Maschine einschließlich ihrer elektrischen Ausrüstung ist eine Risikobetrachtung anzustellen. Hieraus ergeben sich dann die Anforderungen, die der der Sicherheit dienende Steuerstromkreis erfüllen muss.

Je höher die Risikostufe, desto höher der Steuerungsaufwand. So ist manchmal ein Schütz für den Sicherheitsstromkreis ausreichend, manchmal reicht auch eine Sicherheitskombination allein nicht aus.

Bei Problemen siehe EN 954 „Sicherheitsbezogene Teile von Spannungen".

Stillsetzen im Notfall
Prozess oder Bewegung willkürlich anhalten, der (die) gefahrbringend ist oder werden könnte.

Ingangsetzen im Notfall
Prozess oder Bewegung starten, um gefahrbringende Situationen zu beseitigen, zu verhindern oder zu begrenzen.

Ausschalten im Notfall
Handlung im Notfall, die dazu bestimmt ist, die elektrische Energieversorgung auszuschalten, falls ein Risiko durch elektrischen Schlag oder ein anderes Risiko mit elektrischem Ursprung besteht.

Einschalten im Notfall
Handlung im Notfall, die dazu bestimmt ist, in Notsituationen die Energieversorgung zu einem Teil einer Anlage einzuschalten (anders als zum Ingangsetzen).

Stoppsignal der Kategorie 0
Gesteuertes Stillsetzen durch sofortiges Abschalten der Energie zu den Antriebselementen.

Stoppsignal der Kategorie 1
Gesteuertes Stillsetzen, wobei die Energie zu den Antriebselementen beibehalten wird, um das Stillsetzen zu erreichen.
Energie wird erst dann durch elektromechanische Schaltelemente unterbrochen, wenn der Stillstand erreicht ist.

Stoppsignal der Kategorie 2
Gesteuertes Stillsetzen, wobei die Energie zu den Antriebselementen ansteht. Ist für Handlungen im Notfall ausgeschlossen.

Mechanische Sicherheitsvorkehrungen

Gefahrenstellen sollen möglichst durch *konstruktive* Maßnahmen vermieden werden. Wenn dies nicht möglich ist, muss eine *Absicherung* vorgesehen werden, die dem *Unfallrisiko* und den *maschinentechnischen Gegebenheiten* Rechnung trägt.

Im Allgemeinen kommen fest angebrachte **trennende Schutzeinrichtungen** wie Verkleidungen, Verdeckungen und Umzäunungen zur Anwendung. Möglich sind aber auch:

- *bewegliche trennende Schutzeinrichtungen mit Verriegelung und Zuhaltung.*
- *Schutzeinrichtungen mit Annäherungsreaktion; besonders berührungslos wirkende Schutzeinrichtungen (z.B. Lichtschranken, Lichtvorhänge).*
- *ortsbindende Schutzeinrichtungen, z.B. Zweihandschaltungen, Schaltplatten, Schaltmatten.*

Schutzgitter mit Grenztaster

Zweihandschaltung (beide Taster sind zu betätigen)

Sicherheitsgrenztaster mit Kurvenscheibe

Information

Verriegelung von Schutzeinrichtungen

Wenn bei einer laufenden Maschine eine *Schutzeinrichtung geöffnet* wird, so wird die *gefahrbringende Bewegung abgeschaltet* oder die Schutzeinrichtung kann durch **Zuhaltung** erst nach Stillsetzung der gefahrbringenden Bewegung geöffnet werden.

Besonders bei Anlagen, die *im gestörten Automatikbetrieb arbeiten*, haben sich häufig schwere Unfälle ereignet.

Durch Entfernen oder Öffnen von Schutzeinrichtungen wurden die Störquellen zugänglich. Nach Beheben der Störung lief die Maschine unerwartet an, da die Netz-Trenneinrichtung nicht ausgeschaltet und verriegelt wurde.

Zur Vermeidung derartiger Unfälle hat sich die Verwendung von **Verriegelungen mit und ohne Zuhaltung** der trennenden Schutzeinrichtung bewährt.

Zuhaltung

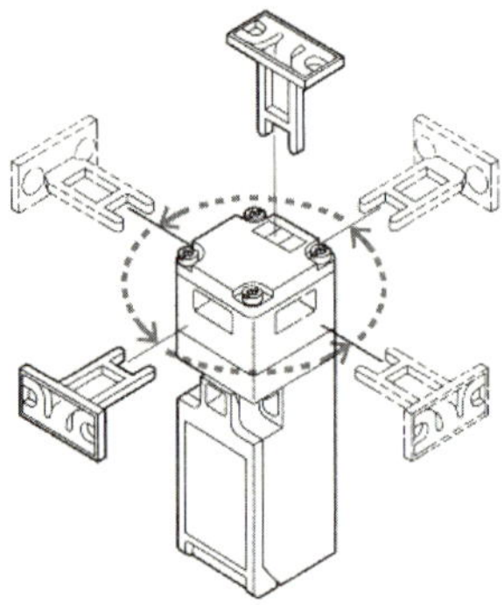

Verriegelung mit Grenztastern

Damit die *Umgehbarkeit* von Schutzeinrichtungen weitgehend ausgeschlossen wird, sind *zwangsläufig betätigte Grenztaster* sinnvoll. Auch Magnetschalter und induktiv wirkende Grenztaster sind möglich. In jedem Fall muss ein **Sicherheitsgrenztaster** verwendet werden.

Zeichen für Sicherheitsgrenztaster

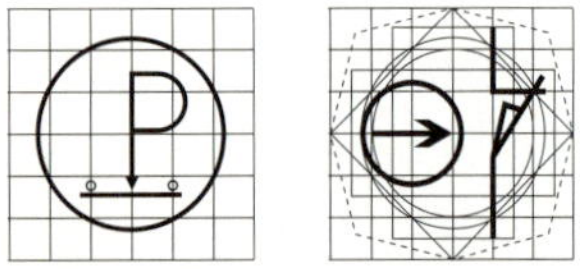

Zuhaltung, Sicherungen bei Nachlauf

Bis zum Stillstand der gefahrbringenden Bewegung werden die Schutzeinrichtungen zugehalten.

Das *Erfassen des Nachlaufens* kann über Bewegungs-Überwachungseinrichtungen oder Zeitfunktionen erfolgen.

Not-Aus-Schaltgeräte, Schutztürwächter

Der *Sicherheit dienende Stromkreise* müssen den Regeln VDE 0113/0693 und EN 60204-1 entsprechen. Hier wird gefordert:

- *Verwendung von erprobten Schaltungstechniken und Bauteilen*
- *Vorsehen von Redundanz*
- *Vorsehen von Funktionsprüfung*

Der *Not-Aus* muss als Stopp der Kategorie 0 oder der Kategorie 1 wirken. Er muss anhand der **Risikobewertung EN 954** der Maschine festgelegt werden. Dabei sind im Allgemeinen folgende **Fehlerbetrachtungen** zu berücksichtigen:

- *Zwei unabhängige zufällige Fehler treten nicht gleichzeitig auf.*
- *Falls als Folge eines Fehlers weitere Bauteile ausfallen, ist der erste Fehler und alle sich darauf ergebenden Fehler als einziger Fehler zu betrachten.*
- *Systematische Mehrfachausfälle werden als einzelne Fehler betrachtet.*

Bei *elektrischen bzw. elektronischen Bauteilen* sind folgende Fehler anzunehmen:

- *Kurzschluss oder Unterbrechung von Stromkreisen; z.B. Kurzschluss zum Schutzleiter oder zu einem blanken leitfähigen Teil, Unterbrechung von jedem Leiter.*
- *Kurzschluss oder Unterbrechung in einzelnen Bauteilen (z.B. Positionsschaltern).*
- *Nichtabfallen oder Nichtanziehen von elektromagnetischen Bauelementen (Schütze, Relais, Magnetventile).*
- *Nichtstarten oder Nichtstoppen von Motoren.*
- *Mechanisches Blockieren von bewegten Teilen (z.B. Positionsschaltern).*
- *Driften über die Toleranzwerte von analogen Bauelementen (z.B. Widerstände, Kondensatoren).*
- Fehler in der Gesamtfunktion oder in Teilfunktionen von programmierbaren Bauteilen (Worst-Case-Verhalten).

Risikokategorien

Verwendet werden dürfen nur *festverdrahtete elektromagnetische* Bauelemente. Die Auslösung darf nicht von einer Schaltlogik oder von der Übertragung von Befehlen über eine Datenverbindung abhängen.

Wesentlich ist das Prinzip der **Redundanz**, die Anwendung *von mehr als einem* Relais oder Schütz. Damit soll sichergestellt werden, dass bei Fehlverhalten ein anderes Relais verfügbar ist, um die Sicherheitsfunktion auszuführen.

Eine spezielle Verschaltung dieser Relais und die Anschlussmöglichkeit eines Starttasters bewirken eine *automatische Funktionsprüfung* beim Anlaufen.
Wenn anwendungsbedingt kein Ein- bzw. Ausschalten gegeben ist, muss die Funktionsprüfung in festgelegten Zeitabständen durchgeführt werden.

Information

Risikokategorien

Kategorie	**Kurzfassung der Anforderung**	**Systemverhalten**	**Wesentliches Prinzip zum Erreichen der Sicherheit**
B	*Die sicherheitsbezogenen Teile von Maschinensteuerungen und/oder ihre Schutzeinrichtung als auch ihre Bauteile müssen in Übereinstimmung mit den zutreffenden Normen so gestaltet, konstruiert, ausgewählt, zusammengestellt und kombiniert werden, dass sie den zu erwartenden Einflüssen standhalten können.*	*Wenn ein Fehler auftritt, kann er zum Verlust der Sicherheitsfunktion führen.*	*Überwiegend durch Auswahl von Bauteilen charakterisiert.*
1	*Die Anforderungen von B müssen erfüllt sein. Verwendung von sicherheitstechnisch bewährten Bauteilen und Prinzipien.*	*Wie für Kategorie B beschrieben, aber mit einer höheren sicherheitsbezogenen Zuverlässigkeit der Sicherheitsfunktionen.*	
2	*Die Anforderungen von B und die Verwendung sicherheitstechnisch bewährter Prinzipien müssen erfüllt sein. Die Sicherheitsfunktion muss in geeigneten Zeitabständen durch die Maschinensteuerung geprüft werden.*	*Das Auftreten eines Fehlers kann zum Verlust der Sicherheitsfunktion zwischen den Prüfungsabständen führen. Der Verlust der Sicherheitsfunktion wird durch die Prüfung erkannt.*	*Überwiegend durch Struktur charakterisiert.*
3	*Die Anforderungen von B und die Verwendung sicherheitstechnisch bewährter Prinzipien müssen erfüllt sein. Sicherheitsbezogene Teile müssen so gestaltet sein, dass: – ein einzelner Fehler in jedem dieser Teile nicht zum Verlust der Sicherheitsfunktion führt und – wann immer in angemessener Weise durchführbar, der einzelne Fehler erkannt wird.*	*Wenn der einzelne Fehler auftritt, bleibt die Sicherheitsfunktion immer erhalten. Einige, aber nicht alle Fehler werden erkannt. Eine Anhäufung unerkannter Fehler kann zum Verlust der Sicherheitsfunktion führen.*	
4	*Die Anforderungen von B und die Verwendung sicherheitstechnisch bewährter Prinzipien müssen erfüllt sein. Sicherheitsbezogene Teile müssen so gestaltet sein, dass: – ein einzelner Fehler in der Steuerung nicht zum Verlust der Sicherheitsfunktion führt und – der einzelne Fehler bei oder vor der nächsten Anforderung an die Sicherheitsfunktionen erkannt wird. Falls dies nicht möglich ist, darf eine Anhäufung von Fehlern dann nicht zum Verlust der Sicherheitsfunktion führen.*	*Wenn Fehler auftreten, bleibt die Sicherheitsfunktion immer erhalten. Die Fehler werden rechtzeitig erkannt, um einen Verlust der Sicherheitsfunktionen zu verhindern.*	*Überwiegend durch Struktur charakterisiert.*

Information

Technische Daten eines Not-Aus-Schaltgerätes

Elektrische Daten	
Versorgungsspannung	*AC: 24, 42, 48, 110, 115, 120, 230, 240 V* *DC: 24 V*
Toleranz	*85 – 110 %*
Leistungsaufnahme	*ca. 4,5 VA/2 W*
Spannung und Strom an Eingangs-, Start- und Rückführkreis	*24 V DC, 40 mA*
Ausgangskontakte	*3 Sicherheitskontakte (S),* *1 Hilfskontakt (Ö)*
Schaltvermögen nach *EN 60947-4-1, 10/91* *EN 60947-5-1, 10/91* *(DC13: 6 Schaltspiele/min)*	*AC1: 240 V/8 A/2000 VA* *DC1: 24 V/8 A/200 W* *AC15: 230 V/5 A; DC13: 24 V/4 A*
Kontaktabsicherung nach *EN 60947-5-1, 10/91*	*10 A flink oder 6 A träge*
Zeiten	
Anzugsverzögerung	*überwachter Start: max. 100 ms* *auto./ma. Start: max. 0,3 s*
Rückfallverzögerung	*bei NOT-AUS: max. 50 ms* *bei Netz-aus: max. 0,5 s*
Wiederbereitschaftszeit	*ca. 1 s*
Gleichzeitiger Kanal 1/2	∞
Überbrückung bei Spannungseinbrüchen	*ca. 25 ms*
Umweltdaten	
Umgebungstemperatur	*– 25 bis + 55 °C*
Mechanische Daten	
Max. Querschnitt des Außenleiters	*2 × 1,5 mm² oder 1 × 2,5 mm²* *Einzelleiter oder mehrdrähtiger Leiter mit Aderendhülse*
Abmessungen (H × B × T)	*87 × 45 × 121 mm*
Gewicht	*AC: 360 g, DC: 265 g*

Not-Aus-Schaltgerät

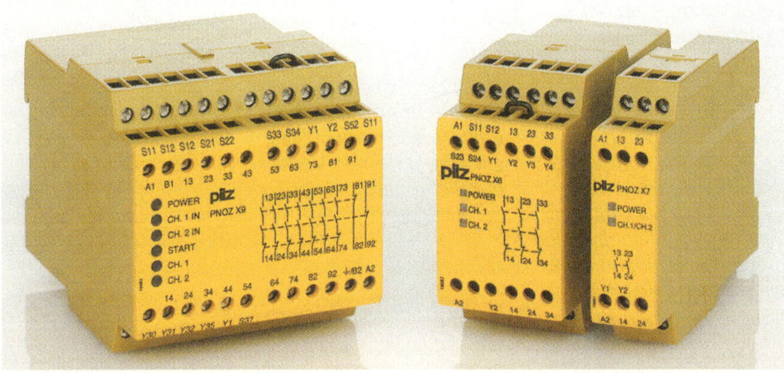

Information

Innenschaltbild eines Not-Aus-Schaltgerätes

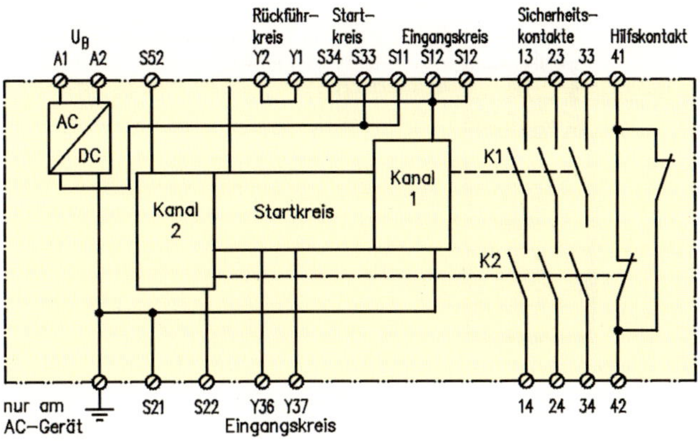

Kontaktvervielfachung
Die Ausgangskontakte können bei Bedarf durch externe Schütze mit zwangsgeführten Kontakten verstärkt bzw. vervielfacht werden.

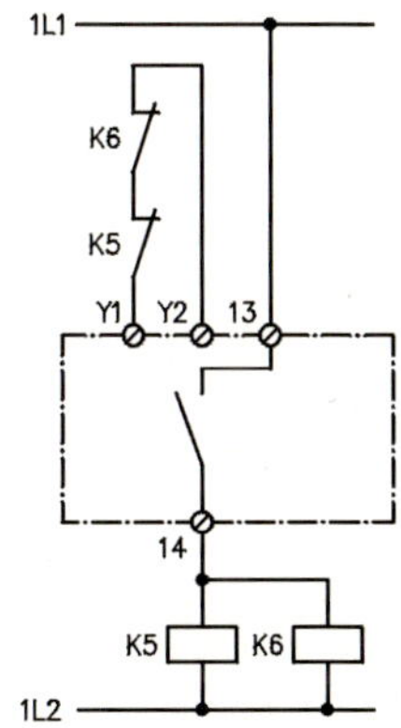

Beispiel 1
Einkanalige NOT-AUS-Beschaltung mit automatischem Start

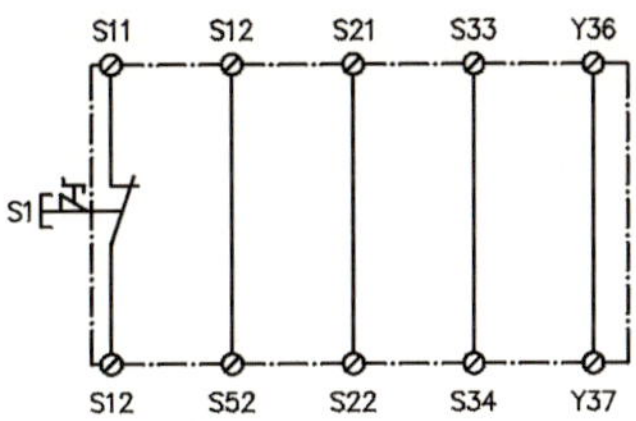

Beispiel 2
Einkanalige NOT-AUS-Beschaltung mit manuellem Start

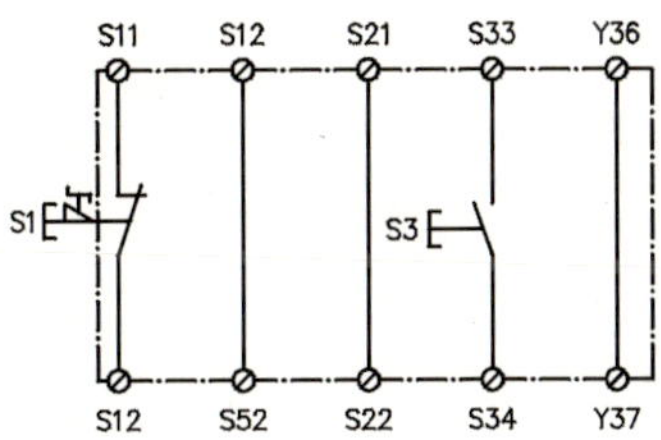

Beispiel 3
Zweikanalige NOT-AUS-Beschaltung ohne Querschlusserkennung mit überwachtem Start

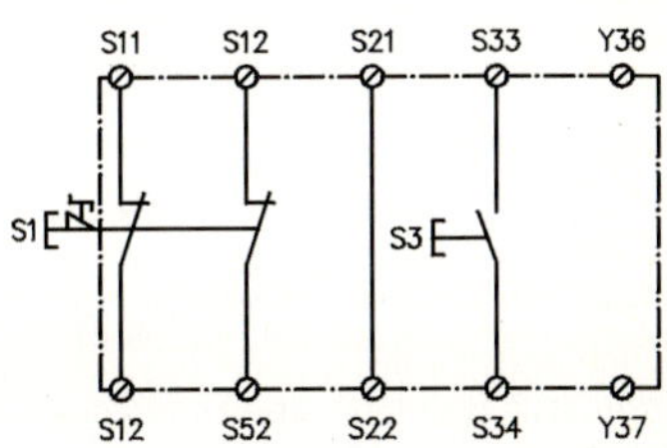

Beispiel 4
Einkanalige Schutztürsteuerung mit manuellem Start

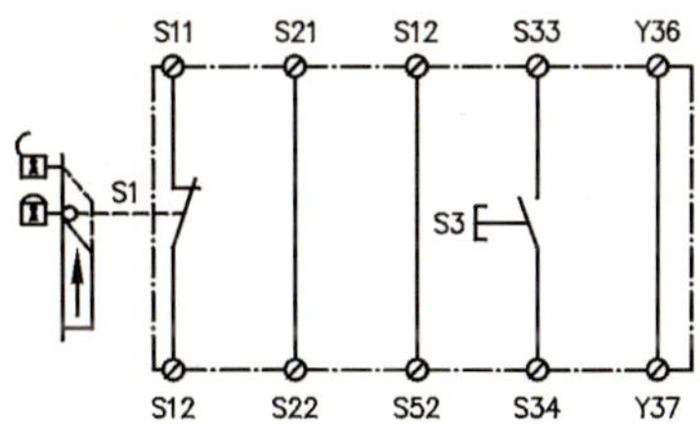

Beispiel 5
Zweikanalige Schutztürsteuerung ohne Querschlusserkennung mit automatischem Start

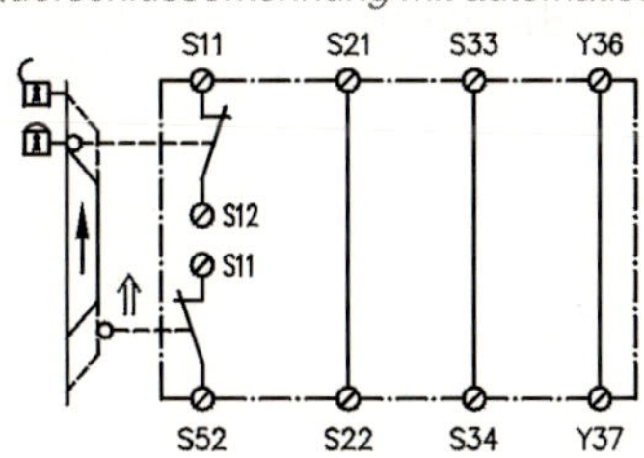

S1/S2: NOT–AUS– bzw. Schutztürschalter

S3: Starttaster

⇑ betätigtes Element

 Tür nicht geschlossen

 Tür geschlossen

Information

Magnetkraftverriegelung (Arbeitsstromprinzip)

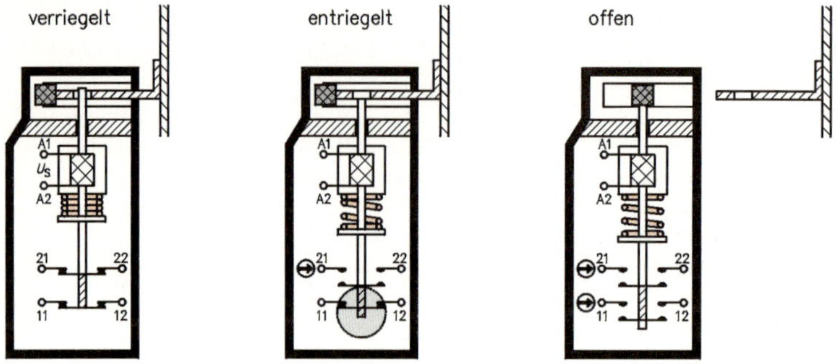

→ **Prozessschutz + Personenschutz mit separater Meldung der Türstellung**

Tür geschlossen + verriegelt	→ unter Spannung: Schneller Service bei Netzausfall und Drahtbruch möglich. Beide Kontakte geschlossen
Tür entriegeln	→ Spannung an Spule (A1, A2) abschalten, z.B. über Stillstandswächter, Freigabekontakt (21-22) öffnet
Tür öffnen	→ nur möglich, wenn entriegelt, Türstellungskontakt (11-12) öffnet
Tür offen	→ beide Kontakte in Offen-Stellung blockiert, auch bei Überlistungsversuchen mit einfachen Hilfsmitteln
Tür schließen	→ 3fach kodierter Betätiger hebt die Blockierung des Freigabekontaktes auf, Türstellungskontakt (11-12) schließt
Tür verriegeln	→ Spulenspannung anlegen: 1. Betätiger, verriegelt 2. Freigabekontakt geschlossen → Freigabe nur, wenn Tür verriegelt

Erdschlusssicherheit

Erdschlüsse in Steuerstromkreisen dürfen weder *zum unbeabsichtigten Anlaufen* noch zu *gefährlichen Maschinenbewegungen* führen. Auch das *Stillsetzen* von Maschinen darf durch Erdschlüsse nicht verhindert werden.

Ungeerdeter Betrieb

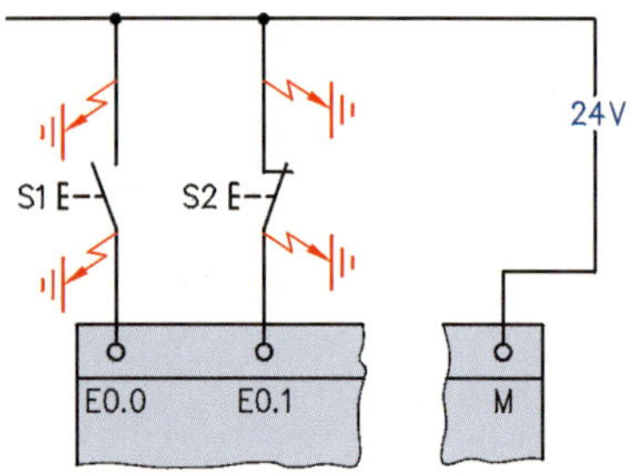

- *Zwei* Erdschlüsse am Taster S1: Ungewollte Einschaltung möglich.
- *Zwei* Erdschlüsse an Taster S2: Verhinderung des Ausschaltens möglich.

Geerdeter Betrieb

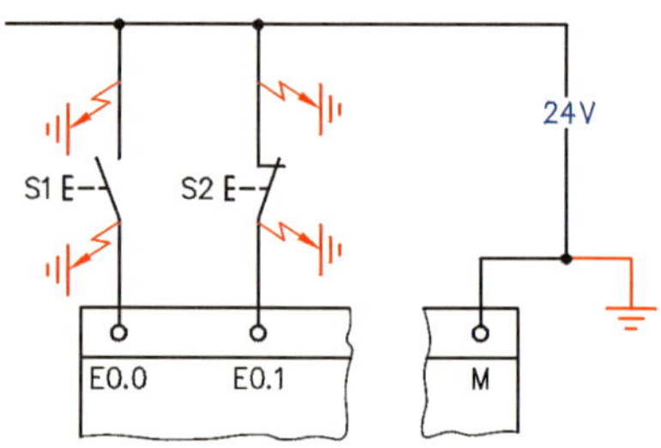

Ein *einziger* Erdschluss führt zu einem *Kurzschluss*, der zum *Ausschalten der Spannungsversorgung* führt. Ein gefährlicher Zustand kann dann nicht entstehen.

Drahtbruchsicherheit (DIN VDE 0113)

- *Einschalten* durch „1"-Signal
- *Ausschalten* durch „0"-Signal

Ausschalten muss i. Allg. *Vorrang* vor dem Einschalten haben.

Drahtbruchsicher:

- *Einschalten* erfolgt durch *Schließer* (Arbeitsstromprinzip)
- *Ausschalten* erfolgt durch *Öffner* (Ruhestromprinzip)

Zweihandverriegelungen

Anwendung findet diese Schaltung, wenn die *unbeabsichtigte Wiederholung* des Arbeitszyklus einer Maschine zu einer *Gefährdung des Bedienpersonals* führen könnte.

Für den *Start* des Arbeitszyklus ist eine Befehlsgabe *mit beiden Händen* erforderlich. Die Drucktaster müssen während der gesamten Dauer des Arbeitszyklus betätigt sein.

Information

Beide Hände müssen zur Betätigung der Drucktaster benötigt werden. Außerdem müssen die Drucktaster innerhalb einer kurzen Zeit betätigt sein. Vor dem Start eines neuen Arbeitszyklus müssen beide Taster losgelassen und erneut betätigt werden.

Sicherheits-Grenztaster

Wenn das „Überfahren" eines Endsignalgebers (z.B. Näherungssensor) zu einem gefährlichen Zustand führen kann (z.B. bei Laufkatzen), so ist jedem Grenztaster ein zusätzlicher **Sicherheits-Grenztaster** zuzuordnen.

Dabei wird ein *Öffnerkontakt* direkt in die Leitung zum Stellgerät (Hauptschütz) eingebaut.
Ein weiterer Öffnerkontakt kann die Betätigung des *Sicherheits-Grenztaster* an einen SPS-Eingang melden (Störungsmeldung).

Beschaltung einer SPS

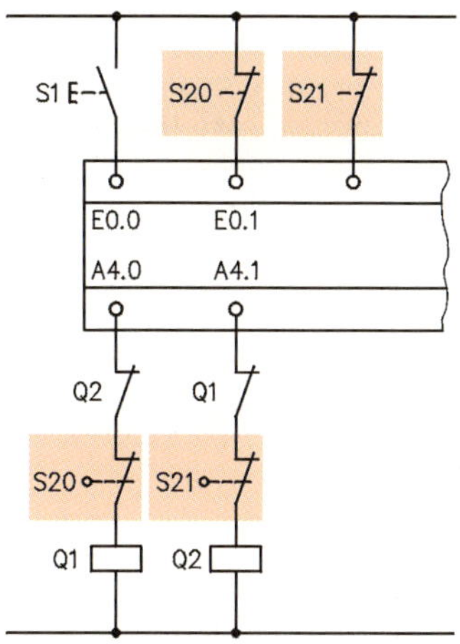

Englisch

Automatisierungstechnik
automation technique, automatic control engineering

Hierarchie
hierarchy

Datenübertragung
data transfer

dezentral
decentralized

Prozessdaten
prozess data

Prozessdatenbus
prozess data highway, PROWAY

Vielfachübertragung
multiplex

Multiplexbetrieb
multiplexing

Schnittstelle
interface

seriell
serial

Busleitung
bus line

Bus-Schnittstelleneinheit
bus interface unit, BIU

Bus-Sende-Empfänger
bus tranciever

Bustopologie
bus topology

Leistungselektronik
power electronics

Wechselrichter
inverter, d.c.-to-a.c. inverter (converter)

Gleichrichter
rectifier

Schalttransistor
switching transistor, transistor switch

Bremse
brake

Bremsenergie
braking energy

Rampe
ramp

Bremswiderstand
braking resistance

Bremswirkung
braking effect

Netzfilter
line filter, mains filter

Steuerplatine
control circuit board

Feldeffekttransistor
field-effect transistor, FET, unipolar transistor

Freilaufdiode
free wheel diode

dotieren
dope

Sperrrichtung
blocking direction

Durchlassrichtung
forward direction

P-Kanal
p-channel

N-Kanal
n-channel

Übertragungskennlinie
transfer characteristic

Steilheit
mutal conductance

Abschnüreffekt
pinch-off effect

Operationsverstärker
operational amplifier, op-amp

Differenzverstärker
instrumentation amplifier, long tailed pair

Gleichtakt
common mode

Gegentakt
push-pull, para phase

Verstärkerstufe
amplifier stage

bleibende Abweichung
offset

invertierender Verstärker
inverting amplifier

nichtinvertierender Verstärker
non-inverting amplifier

Impedanzwandler
impedance transformer

Integrierer
integrator

Differenzierer
differentiator

AD-Wandler
analog-digital converter, A-D converter

DA-Wandler
digital-to-analog converter, D/A converter

Codewandlung
code conversion

11.2 Frequenzumrichter auswählen und parametrieren

Auftrag

Am Anfang einer Produktionsstraße müssen Spanplatten von einem Stapel auf ein Transportband gelegt werden. Mit Hilfe von pneumatischen Saugnäpfen werden die Platten angehoben, die Verfahrbewegung wird durch einen Drehstrom-Asynchronmotor bewirkt.
Der Drehstrommotor hat die Bemessungsleistung $P = 1{,}1$ kW.

Da Sie später die Wartung der Anlage übernehmen sollen, müssen Sie sich mit den grundlegenden Funktionsprinzipien eines Frequenzumrichters vertraut machen.

- *Sie sollen den Frequenzumrichter für diese Anwendung auswählen.*
- *Sie erhalten auch den Auftrag, den FU zu montieren und die Parametrierung vorzunehmen.*
- *Die Parameter müssen Sie in einer Liste dokumentieren.*

Komponenten eines FU

Die **Leistungselektronik** eines FU besteht aus drei Funktionsblöcken:

- Einem *Gleichrichter*, der die (dreiphasige) Wechselspannung in eine pulsierende Gleichspannung umwandelt.
- Einem **Zwischenkreis**, der die pulsierende Gleichspannung glättet und stabilisiert.
- Einem **Wechselrichter**, der diese konstante Gleichspannung in eine dreiphasige Wechselspannung umwandelt, wobei die Frequenz und die Spannung variabel (verstellbar) sind.

Diese Hauptkomponenten können durch Aufbau und Wahl der Bauteile variieren:

- Der *Gleichrichter* kann ein *B2*- oder ein *B6-Gleichrichter* sein. Je nach dem, ob das speisende Netz einphasig oder dreiphasig ist.
- Der *Gleichrichter* kann aus *Dioden* oder *Thyristoren* bestehen. Bei einem *Diodengleichrichter* (ungesteuerter Gleichrichter) kann die Gleichspannung im Zwischenkreis nicht variiert werden. Besteht der *Gleichrichter aus Thyristoren* (gesteuerter Gleichrichter), kann die Zwischenkreisspannung durch *Phasenanschnitt* verstellt werden.

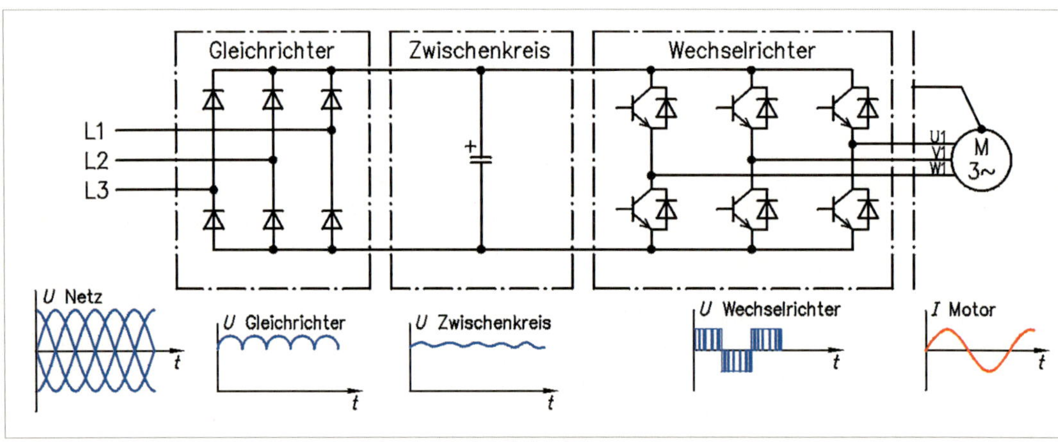

1 Komponenten der Leistungselektronik eines Frequenzumrichters

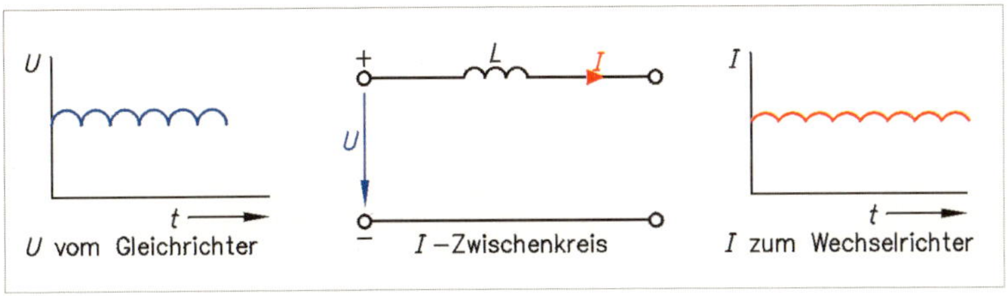

1 Stromglättung durch Längs-Induktivität

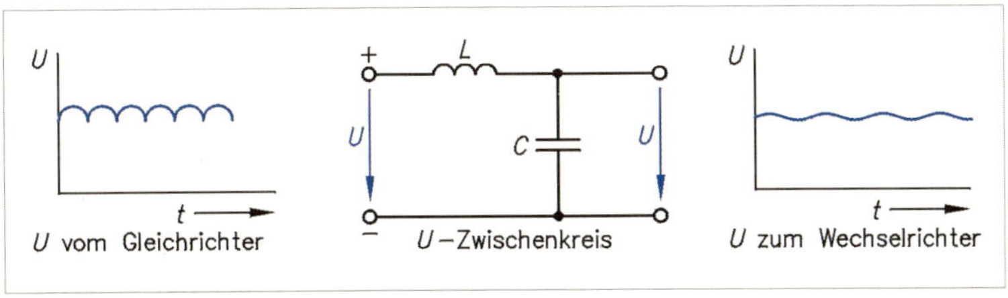

2 Spannungsglättung durch LC-Filter

Die **Gleichstrombremsung** (DC-Bremsung) kann also schnell zur Überhitzung des Motors führen.

Der Frequenzumrichter setzt die *Ausgangsfrequenz* herab (*Beispiel:* 50 Hz → 0 Hz, oder 70 Hz → 5 Hz).

Dies geschieht in einer definierten **Rampenzeit** (Bremsrampe,

Beispiel:
50 Hz → 0 Hz, $t_{Rampe} = 3\,s$).

Während der *Bremszeit* dreht der Motor schneller als vom FU vorgegeben, der Motor arbeitet als Generator.

- Der *Zwischenkreis* kann aus einer Spule (Induktivität) bestehen, die in Reihe geschaltet ist. Die Induktivität formt durch ihre Speicherwirkung die pulsierende Gleichspannung bei Belastung in einen geglätteten Strom um. Die Glättungswirkung nimmt mit zunehmendem Strom zu. Dieser Zwischenkreistyp wird daher nur bei FU für große Leistungen verwendet (I-Umrichter).
- Der *Zwischenkreis* kann aus einer Kombination von *Längs-Induktivität* und *Parallel-Kapazität* bestehen. Bei hoher Stromentnahme übernimmt die Induktivität die Glättungsfunktion, bei geringerer Belastung glättet der Kondensator die Spannung.
- Der Wechselrichter besteht in der Hauptsache aus 6 Schalttransistoren. Diese Transistoren können *bipolare* (NPN/PNP) *Transistoren* sein, *MOS-FET* oder *IGBT* (→ 536).

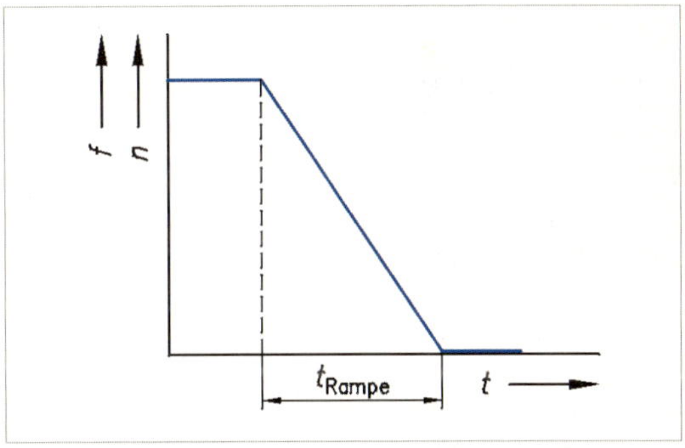

3 Bremsrampe

Zusatzkomponenten der Leistungselektronik

Bremsmodul (Bremschopper)

Mit einem FU können Drehstromasynchronmotoren *abgebremst* werden.

Eine *Gleichspannung* wird über zwei Motorzuleitungen an den Motor gelegt. Es entsteht ein konstantes, stillstehendes Magnetfeld im Ständer. Im rotierenden Läufer wird ein hoher Induktionsstrom induziert → Bremswirkung.

Die Bremsenergie wird im Läufer als Wärmeenergie umgesetzt, da die elektrische Energie aus dem Läufer nicht abgeführt werden kann.

Er speist jetzt die Bremsenergie als elektrische Energie in den Zwischenkreis des FU zurück. Dies wird durch die parallel zu den Schalttransistoren eingebauten Freilaufdioden ermöglicht.

Bei *sehr kurzen Bremszeiten* und *größeren Motorleistungen* steigt die Spannung im Zwischenkreis stark an.

Dieser Spannungsanstieg kann durch ein *Bremsmodul im Zwischenkreis* verhindert werden. Bei Spannungsanstieg wird der *Transistor* F1 angesteuert und die Bremsenergie wird im *Widerstand* R_B umgesetzt (Bild 1, Seite 524).

Bei größeren Motorleistungen wird ein **externer Bremswiderstand** an die dafür vorgesehenen Klemmen angeschlossen.

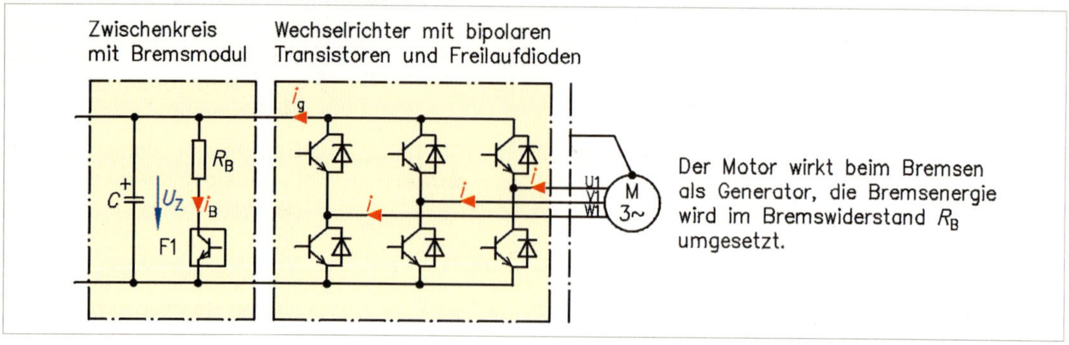

1 *Zwischenkreis mit Bremsmodul*

Netzfilter

Frequenzumrichter haben als *Eingangsstufe gesteuerte* oder *ungesteuerte Gleichrichter.*

Während des Betriebes wird der *Zwischenkreiskondensator* bei jeder Halbwelle nachgeladen. Dieser Nachladestrom ist *impulsförmig* mit hoher Amplitude. Diese nichtsinusförmige Belastung des Versorgungsnetzes verzerrt die Sinusform der Versorgungsspannung. Die Verzerrungen durch **Netzrückwirkung** müssen laut EN 61000 begrenzt werden.

Eine Möglichkeit, diese hohen Stromamplituden zu bedämpfen, sind **Drosseln**, die vor den Eingangsgleichrichter geschaltet werden.

In vielen Fällen werden diese Drosseln *extern* montiert, d.h. sie sind nicht Bestandteil des FU.

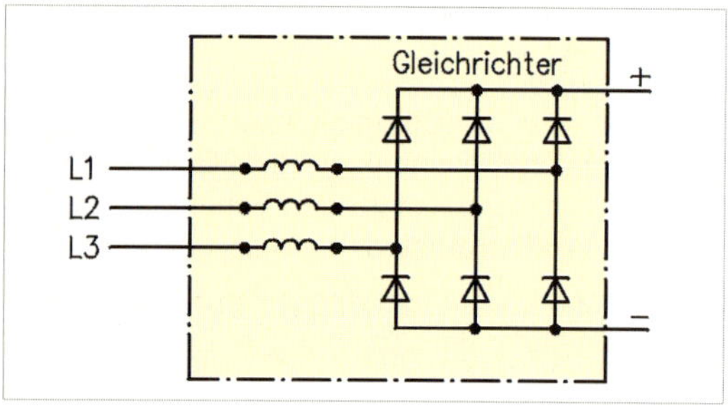

2 *Gleichrichter mit vorgeschalteten Netzdrosseln*

Steuerplatine

Die leistungselektronischen Komponenten des Frequenzumrichters werden von der *Steuerplatine* angesteuert und überwacht. Dazu befinden sich auf der Elektronikkarte *Mikroprozessoren* und *Speicherbausteine*. Entsprechende *Schnittstellen* ermöglichen es, den FU in ein *Bussystem* zu integrieren, bzw. den FU mit einem *externen PC* zu *programmieren* und zu *parametrieren.*

Die **Steuerplatine** (Bild 1, Seite 525) hat folgende Hauptaufgaben:

- *Ansteuerung der Wechselrichtertransistoren.*
- *Steuerung des Bremschoppertransistors.*
- *Ansteuerung der Thyristoren, wenn der Eingangsgleichrichter ein gesteuerter Gleichrichter ist.*
- *Thermische Überwachung des angeschlossen Motors und des FU.*
- *Überwachung von Spannungen und Strömen.*
- *Störungen erfassen und darstellen.*
- *Schutzfunktionen ausführen (abschalten, bremsen, begrenzen).*

Erzeugung der 3-phasigen Wechselspannung

Zur Erläuterung der Funktion wird als Beispiel ein Frequenzumrichter mit einer Eingangsspannung von 3×400 V/50 Hz gewählt, der Eingangsgleichrichter ist eine *ungesteuerte B6-Schaltung*, der Zwischenkreis eine *LC-Schaltung* (siehe Schaltplan Bild 2, Seite 525).

Der Kondensator C im Zwischenkreis stabilisiert die Spannung U_Z auf den Spitzenwert der Außenleiterspannung:

$$U_Z = \sqrt{2} \cdot U_L = \sqrt{2} \cdot 400\ \text{V} = 565\ \text{V}$$

Diese konstante Gleichspannung ist die *Eingangsspannung* des Wechselrichters.

Die Transistoren (IGBT mit integrierten Freilaufdioden) werden von der Steuerplatine mit entsprechenden Impulsen so angesteuert, dass an den Klemmen U – V – W ein Drehstromnetz entsteht, dessen Frequenz und Effektivspannung variabel sind (Bild 3, Seite 525).

Zur weiteren Erklärung wird angenommen: Die dreiphasige Wechselspannung hat ihren Maximalwert und eine Frequenz $f = 50$ Hz.

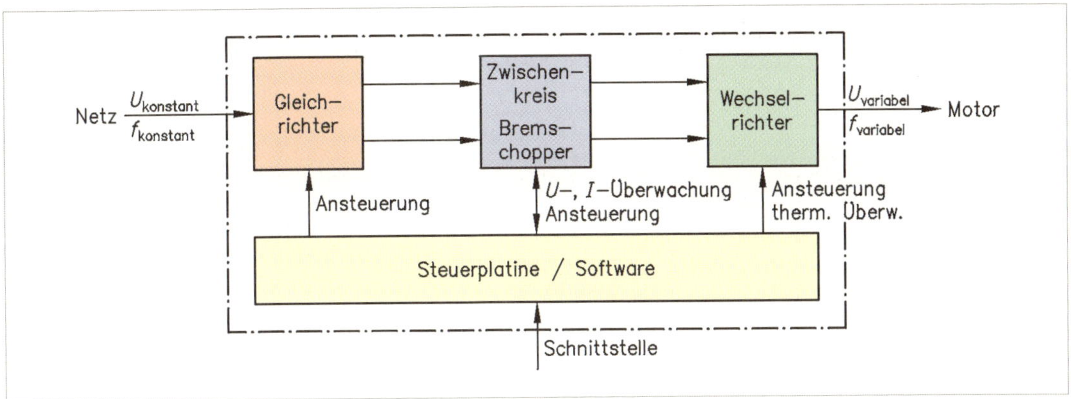

1 Funktionen der Steuerplatine

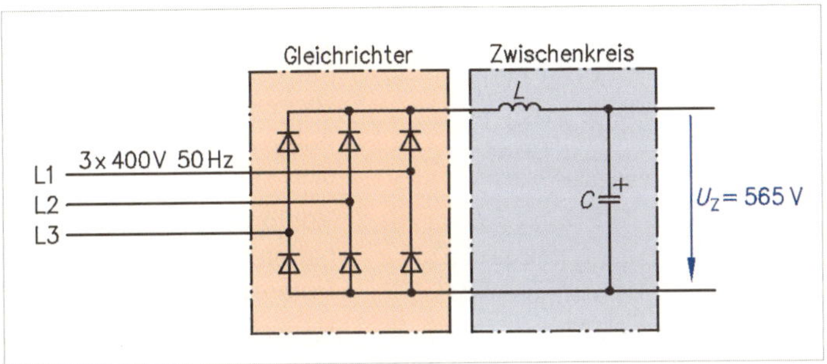

2 Spannung im Zwischenkreis

Zunächst wird das *Potenzial* an den Klemmen U, V und W betrachtet. Das Potential φ_U (an U) hat bei der Frequenz $f = 50\,\text{Hz}$ ($T = 20\,\text{ms} \mathrel{\hat{=}} \omega t = 2\pi \mathrel{\hat{=}} \alpha = 360°$) den in Bild 1, Seite 526 gezeigten Verlauf.

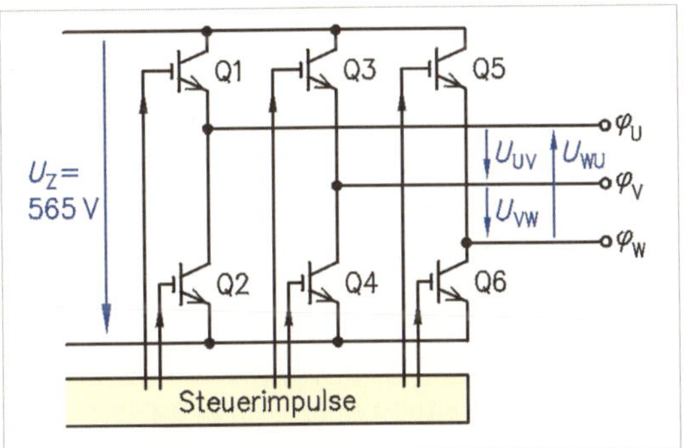

3 Wechselrichter mit IGBT

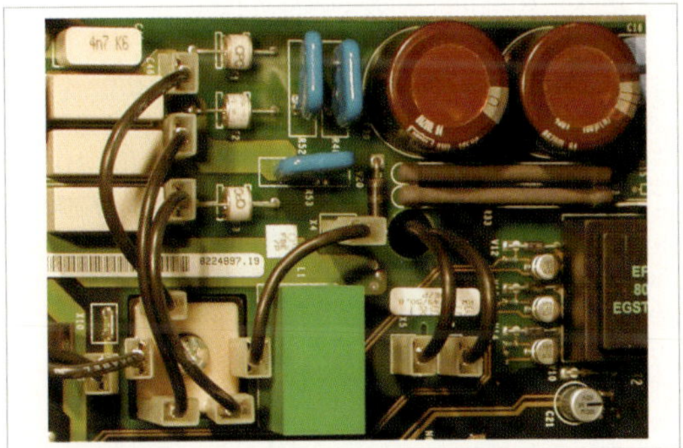

5 Gleichrichter mit Zwischenkreiskondensatoren

4 Wechselrichter-Transistoren

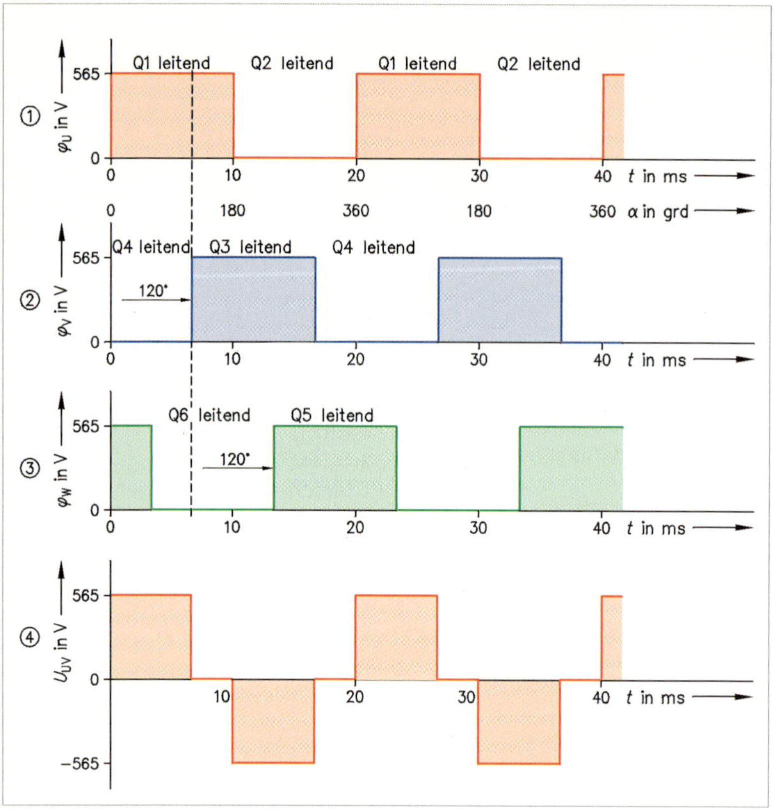

1 Potenziale an den Ausgangsklemmen, Außenleiterspannung

Es fließt somit ein Strom vom Zwischenkreiskondensator über den Transistor Q1 zum Motor, vom Motor über den Transistor Q4 zum Minuspol des Zwischenkreiskondensators.

Von $\alpha = 120^\circ$ bis $\alpha = 180^\circ$ haben U und V das gleiche Potenzial $\varphi_U = \varphi_V = 565$ V.

Von $\alpha = 180^\circ$ bis $\alpha = 300^\circ$ hat V ein positives Signal von $\varphi_V = 565$ V und U hat das Potenzial $\varphi_U = 0$ V.

Der Strom in der Zuleitung (U, V) fließt in umgekehrter Richtung, da die Spannung zwischen U und V sich umgekehrt hat.

Von $\alpha = 300^\circ$ bis $\alpha = 360^\circ$ haben U und V gleiches Potenzial $\varphi_U = \varphi_V = 0$ V.

In den Zuleitungen zum Motor fließt also ein Wechselstrom und zwischen den Außenleitern U – V – W liegen Wechselspannungen.

Transistor Q1 wird $t = 10$ ms angesteuert und legt an den Ausgang U das Potenzial $\varphi_U = +565$ V. Nach 10 ms wird Q1 gesperrt und Q2 für 10 ms angesteuert, das Potential an U beträgt dann $\varphi_U = 0$ V. Das Potenzial φ_V an V bekommt durch die Ansteuerung von Q3 und Q4 einen gleichen zeitlichen Verlauf, ist allerdings zeitlich um

$$\frac{T}{3} = \frac{20\,\text{s}}{3} = 6{,}67\,\text{ms}$$

verzögert (entspricht einer Phasenverschiebung $\alpha = 120^\circ$). Das Potenzial φ_W an W entsteht durch die Ansteuerung von Q5 und Q6 und ist gegenüber φ_V um 120° nacheilend verschoben.

Die in einem Zweig liegenden Transistoren (z.B. Q1 und Q2) dürfen natürlich nicht gleichzeitig niederohmig sein → Kurzschluss.

Entstehung der Außenleiterspannungen

Bei Betrachtung der Liniendiagramme für φ_U und φ_V erkennt man: Von $\alpha = 0^\circ$ bis $\alpha = 120^\circ$ hat U ein positives Potenzial von 565 V, V hat in diesem Bereich das Potenzial 0 V.

Es gelten folgende Zusammenhänge:

$$U_{UV} = \varphi_U - \varphi_V$$

und für die einzelnen Abschnitte.

von $\alpha = 0^\circ$ bis $\alpha = 120^\circ$: $\varphi_U - \varphi_V = 565\,\text{V} - 0\,\text{V} = 565\,\text{V}$

von $\alpha = 120^\circ$ bis $\alpha = 180^\circ$: $\varphi_U - \varphi_V = 565\,\text{V} - 565\,\text{V} = 0\,\text{V}$

von $\alpha = 180^\circ$ bis $\alpha = 300^\circ$: $\varphi_U - \varphi_V = 0\,\text{V} - 565\,\text{V} = -565\,\text{V}$

von $\alpha = 300^\circ$ bis $\alpha = 360^\circ$: $\varphi_U - \varphi_V = 0\,\text{V} - 0\,\text{V} = 0\,\text{V}$

Der zeitliche Verlauf der Spannung U_{UV} ist dargestellt im Diagramm 4, Bild 1.

Für die beiden anderen Leiterspannungen gelten dieselben Überlegungen:

$U_{VW} = \varphi_V - \varphi_W$ und $U_{WU} = \varphi_W - \varphi_U$

Sämtliche Leiterspannungen sind in Bild 1, Seite 527 dargestellt.

Diese „block“-ähnlichen Spannungsverläufe sind weit entfernt von einer sinusförmigen Spannung (siehe Diagramm). Der Motorstrom wäre ebenfalls nicht sinusförmig, dies führt zu *unruhigem Lauf* (Motorgeräusche) und hohen *Motorverlusten*.

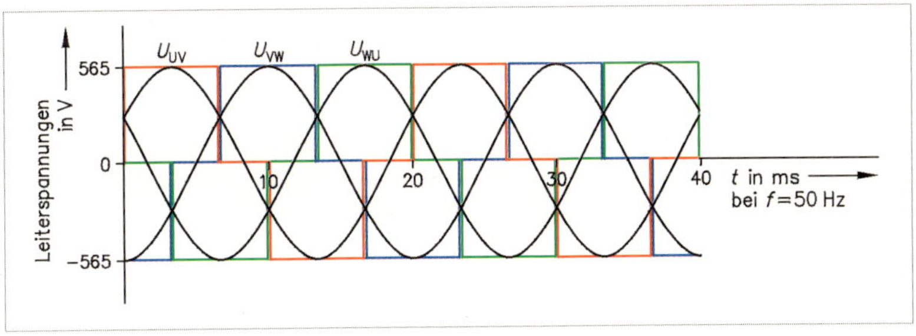

1 Leiterspannungen am Ausgang des FU

Sinusförmiger Strom durch Puls-Weiten-Modulation (PWM)

In den Wechselrichtern der Frequenzumformer werden *Transistoren* eingesetzt, die *hohe Schaltfrequenzen* zulassen (bis 20 kHz).

Dadurch wird es möglich, die „Spannungsblöcke" an den Ausgangsklemmen des FU aufzulösen. Durch *Pulsung der Spannungsblöcke* wird die Spannung am Ausgang in eine Folge schmalerer Einzelimpulse mit dazwischen liegenden Pausen zerlegt.

Durch die **Puls-Weiten-Modulation** wird ein *angenähert sinusförmiger* Motorstrom erreicht: Da der Motor eine Induktivität darstellt (Energiespeicher), *verzögern* sich *Stromanstieg* und *Stromabfall.*

Dieser Zusammenhang ist im nachstehenden Diagramm beispielhaft dargestellt.
Drei Oszillogramme für verschiedene Schaltfrequenzen verdeutlichen die Wirkung auf den Verlauf des Stromes.

Je größer die *Schalthäufigkeit* (Schaltfrequenz) während einer Periode, umso mehr nähert sich der Stromverlauf der *Sinusform* an.

Hier ist ein Kompromiss zu suchen:

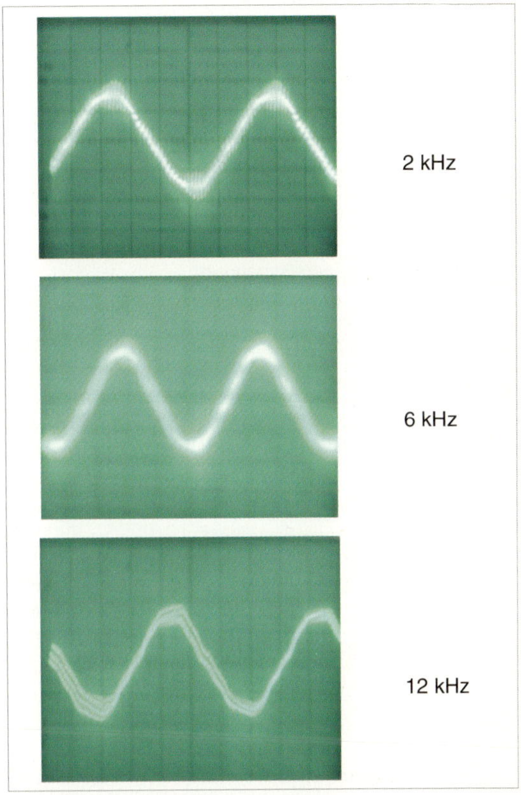

3 Strom bei unterschiedlichen Frequenzen

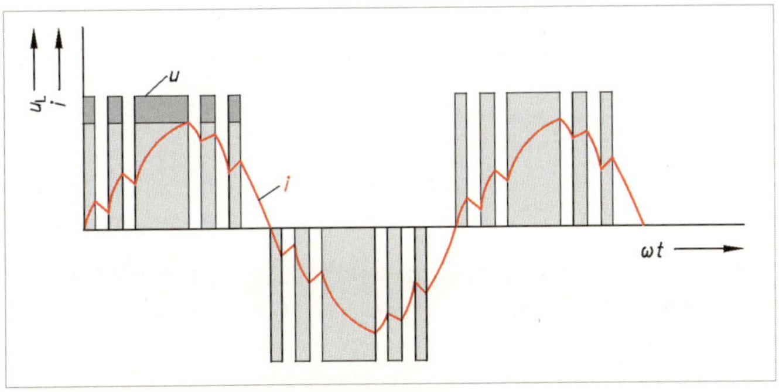

2 Wirkung der Puls-Weiten-Modulation auf den Stromverlauf

- Hohe Schaltfrequenz → geringe Verluste im Motor durch Oberschwingungen, geringe Motorgeräusche oder höhere Verluste in den Halbleiterbauteilen des Umrichters.
- Niedrige Schaltfrequenz → Motorgeräusche, höhere Motorverluste aber geringere Verluste im FU. Entsprechend geringere Erwärmung der Schalttransistoren.

Spannungsverstellung durch PWM

Beim Betrieb eines Drehstrommotors muss unterhalb der Bemessungs-Drehfrequenz (Bemessungsfrequenz) die Motorspannung abgesenkt werden.

Dazu gibt es innerhalb des FU verschiedene Möglichkeiten, von denen hier zwei vorgestellt werden:

- Die *Zwischenkreisspannung* wird durch einen Längstransistor, der als Chopper arbeitet, *variabel* gemacht.

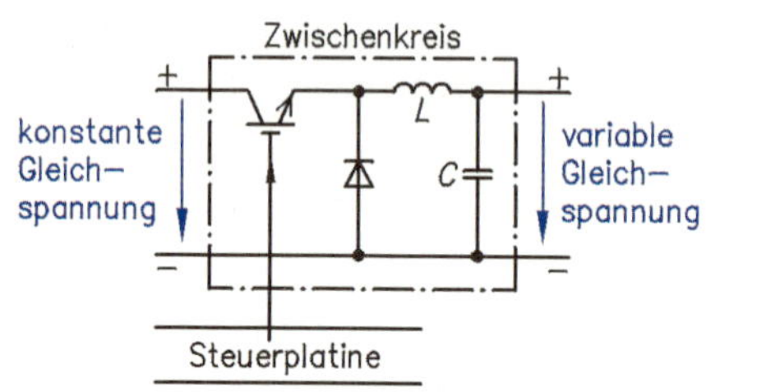

1 *Variable Zwischenkreisspannung*

- Die *Zwischenkreisspannung* bleibt konstant, der Effektivwert der Ausgangsspannung wird dadurch verändert, indem die Spannungsimpulse einer Periode durch den Wechselrichter in eine Folge von schmalen Einzelimpulsen zerlegt werden.
  Das Verhältnis von *Impulszeit* zur *Pausenzeit* bestimmt die Höhe der Ausgangsspannung. Bei niedrigen Frequenzen (lange Periodenzeiten) und kleinen Ausgangsspannungen kann dieses Verfahren zu *unrundem Motorlauf* führen.

Frequenz und Spannungsänderung durch den Wechselrichter

Der **Wechselrichter** erzeugt aus der konstanten Spannung des Zwischenkreises ein in Spannungshöhe und Frequenz veränderliches dreiphasiges Wechselspannungsnetz.

Die Transistoren des Wechselrichters arbeiten als Schalter und pulsen entsprechend der gewünschten Frequenz positive und negative Spannungen an die Motorwicklungen.

Die Änderung der Effektivspannung erfolgt durch *Puls-Weiten-Modulation.* Diese Zusammenhänge sind prinzipiell in Bild 1, Seite 529 dargestellt.

Drehzahlverstellung eines DASM mit Frequenzumrichter

Die Läuferdrehfrequenz eines Asynchronmotors hängt von drei Größen ab (→ 270):

- Polpaarzahl p
- Schlupf s
- Frequenz f der Motorspannung

Läuferdrehfrequenz:

$$n_2 = \frac{f_1 \cdot 60}{p}(1-s)$$

n_2	Läuferdrehfrequenz	1/min
f_1	Frequenz der Ständerspannung	Hz
p	Polpaarzahl	
s	Schlupf	%

Die Läuferdrehfrequenz n_2 ist der Frequenz der Motorspannung f_1 direkt proportional $n_2 \sim f_1$.

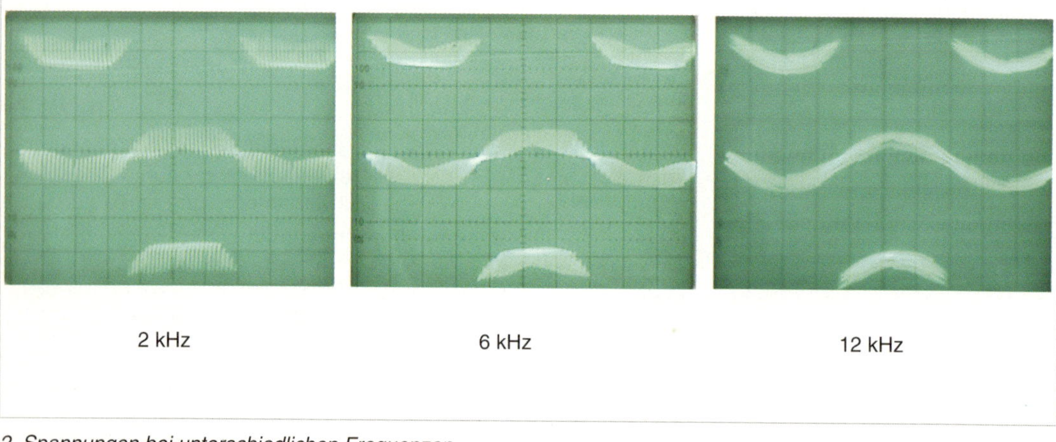

2 kHz 6 kHz 12 kHz

2 *Spannungen bei unterschiedlichen Frequenzen*

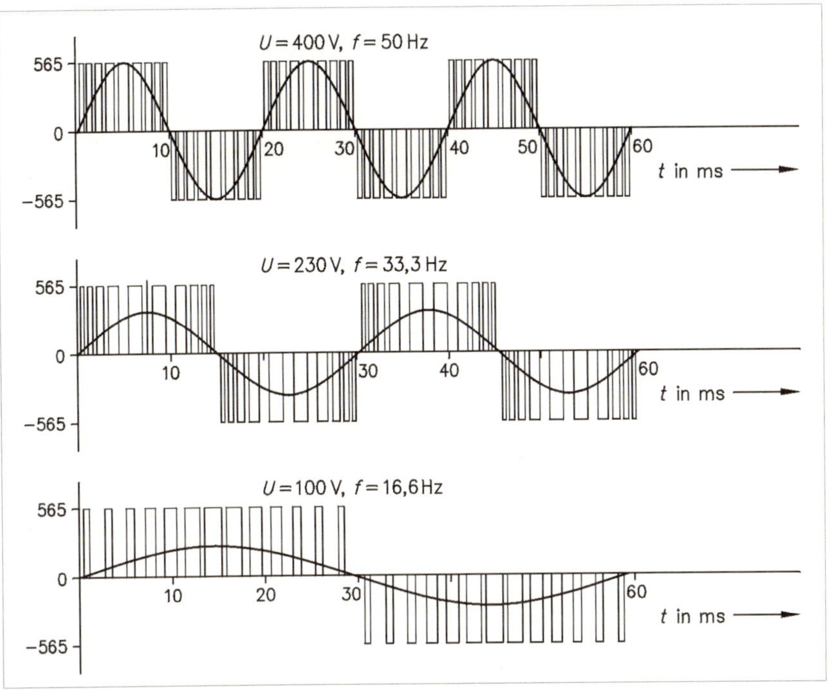

1 Frequenz- und Spannungsänderung durch den Wechselrichter

Das erforderliche, konstante Drehmomentverhalten eines Motors macht es notwendig, den Ständerstrom I_1 und damit den Magnetfluss Φ konstant zu halten.

Nimmt man die Ständerwicklung als reine Induktivität an ($R = 0$), dann ergibt sich:

$$I_1 = \frac{U_1}{2\pi \cdot f \cdot L}$$

(für einen Außenleiter).

Für das **Drehmoment** eines Asynchronmotors gilt allgemein:

$$M \sim \Phi \cdot I_2.$$

Φ	magnetischer Fluss im Motor	Vs
I_2	Strom in den Läuferstäben	A

Der Magnetfluss Φ ist abhängig vom *Ständerstrom* I_1.
Der Ständerstrom I_1 wiederum wird bestimmt vom *Scheinwiderstand* $Z = \sqrt{R^2 + X_L^2}$ des Motors.

Da der ohmsche Widerstand eines Drehstrommotors (Wicklungswiderstand eines 1-kW-Motors etwa 5–8 Ω) gering ist, kann man ihn für grundsätzliche Überlegungen vernachlässigen. Dann gilt $Z = X_L$.

Der *induktive Blindwiderstand* $X_L = 2\pi \cdot f \cdot L$ ist von der Frequenz abhängig. Dies bedeutet: Wird die Frequenz der speisenden Spannung durch einen FU herabgesetzt, so steigt umgekehrt proportional der Strom I_1 an.

Das Drehmoment steigt zwar über das Bemessungsmoment des Motors an, der zu hohe Strom im niedrigen Drehzahlbereich würde den Motor aber stark erwärmen und zerstören.

Man entnimmt der Formel $I_1 \sim \frac{U_1}{f_1}$:

Soll der Strom I_1 und sollen damit *Magnetfluss* und *Drehmoment* konstant bleiben, muss mit der Frequenz f_1 die Spannung U_1 *verändert* werden.

Daraus folgt: Wird durch einen Frequenzumrichter die Frequenz der Motorspannung unter die Nennfrequenz abgesenkt, muss die Spannung proportional verringert werden, um das Drehmoment konstant zu halten.

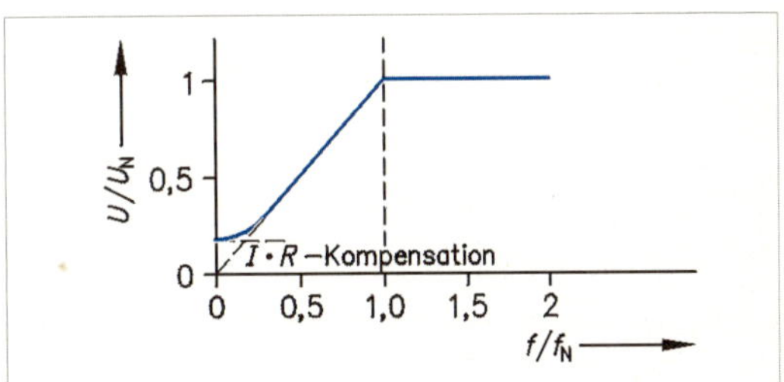

2 U/f-Kennlinie eines Frequenzumrichters

Im niedrigen Drehzahlbereich ($f < 15$ Hz) macht sich – vor allen Dingen bei kleineren Motoren – der Spannungsfall am ohmschen Widerstand bemerkbar (X_L wird klein wegen der geringen Frequenz).

Um den Magnetfluss konstant halten zu können, muss die *Spannung in diesem Bereich angehoben* werden.

Diese *Spannungsanhebung* nennt man $I \cdot R$-*Kompensation, Momentanhebung oder Boost,* wenn ein Losbrechmoment gefordert wird.

Da bei der Bemessungsfrequenz (z.B. 50 Hz) der Motor mit Bemessungsspannung (z.B. 400 V) betrieben wird, kann bei Frequenzen über 50 Hz die Spannung nicht mehr erhöht werden. Die Folge ist, dass bei zunehmender Frequenz der Blindwiderstand X_L ansteigt, der Strom I_1 abnimmt und damit auch das an der Motorwelle abnehmbare Drehmoment kleiner wird (Bild 1).

Aus dieser Überlegung ergibt sich: Soll ein Motor im Bereich über der Bemessungsdrehfrequenz betrieben werden, dann muss er gegenüber der Bemessungsleistung überdimensioniert werden.

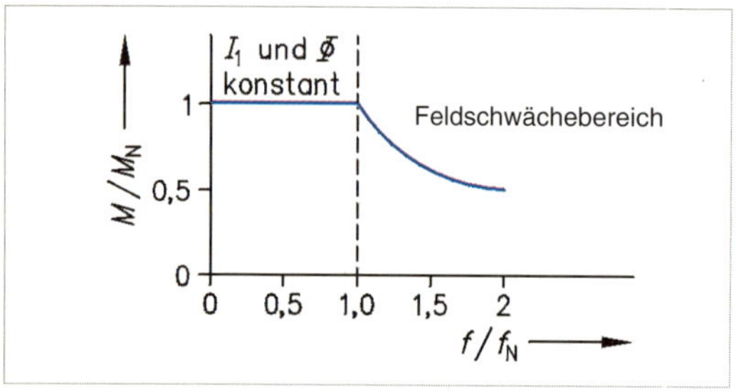

1 M/f-Kennlinie für einen FU

Englisch

Antriebsmotor
drive motor, driving motor

Störung
failure, fault, trouble, breakdown

Freigabe
release, clearing, opening

Verlustwärme
dissipation heat, waste heat

Schaltschrank
switchgear cabinet, switch cabinet, cubicle

Lüfter
ventilator, fan, blower

Anzugsmoment
initial torque, starting torque

Motorschutz
motor protection

Klemmbrett
connecting terminal plate

Steller
adjuster

Grenzwert
limit value

Laufzeit
delay (time), lag (time), transit time

Taktzeit
cycle time

Auswahl eines Frequenzumrichters

Auftrag

Sie haben die Aufgabe, für diesen Antrieb einen geeigneten Frequenzumrichter zu ermitteln. Dazu benötigen Sie Handbücher, Dokumentationen und Betriebsanleitungen verschiedener Hersteller.

Diese Unterlagen stehen in allen Fällen im Internet zur Verfügung.

Als erstes müssen wichtige *Angaben* und *Daten* der *anzutreibenden Maschine* gesammelt werden.

- *Welches Drehmoment benötigt die Maschine über den gesamten Drehzahlbereich?*

Das Drehmoment des Motors muss immer über dem Belastungsmoment liegen.

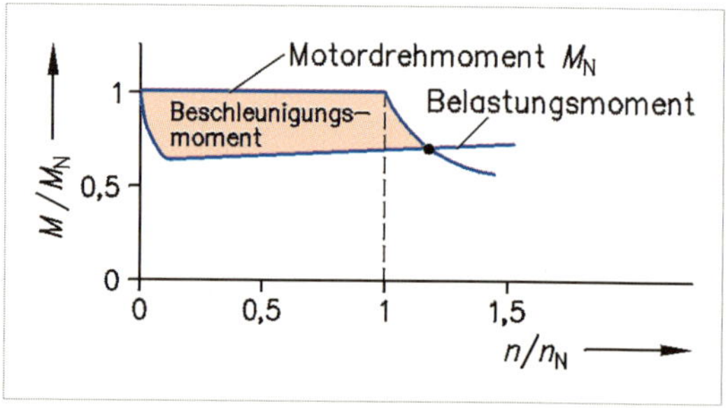

2 Drehmoment des Motors und der Belastung

Die Arbeitsmaschine benötigt ein *Anzugsmoment* von 6 Nm und ein Drehmoment von 5 Nm bei Nenndrehfrequenz des Motors.

Da der eingesetzte Motor ein Bemessungsmoment von M_N = 7,5 Nm hat (Motordatenblatt oder Tabellenbuch) ist ein Betrieb möglich. Auch *Laststöße* können noch durch das *Beschleunigungsmoment* aufgefangen werden.

Ein Betrieb der Anlage mit *einer* Drehfrequenz $n > 1{,}2\, n_N$ ist nicht möglich (Bild 2).

- *Welche Drehfrequenzen benötigt die anzutreibende Maschine?*

Für den Plattentransport werden Drehfrequenzen zwischen 100 und 1500 1/min benötigt. Ein Motor mit der Polpaarzahl $p = 2$ ist hier einsetzbar.

- *Sind Halte- und Bremsmomente erforderlich?*

Während der Zeit des Anhebens und Absetzens der Platten muss jede Verfahrbewegung gestoppt sein, eine Gleichstrombremsung während dieser Zeit ist erforderlich.

- *Welche Anlauf- und Bremsrampen müssen vorgesehen werden für diesen Antrieb?*

Da ein Schwanken der Last vermieden werden muss, sind längere Rampenzeiten vorzusehen.

- *Soll dieser Antrieb in eine übergeordnete Steuerung eingebunden werden?*

Da die Plattenzufuhr Anfang und somit Teil eines Produktionsablaufs ist, wird der Frequenzumrichter von einer übergeordneten Instanz über einen Datenbus oder digitale Eingänge (SPS) gesteuert.

Nach Ermittlung der wichtigsten (nicht vollständigen) Daten und Erfordernisse der Anlage kann anhand der Motordaten und weiterer Bedingungen (Bremsung, Netzfilter) der FU und evtl. Zubehör ausgesucht werden.

Für diese Anwendung würde sich ein FU mit folgenden elektrischen Daten ergeben:

Anschlussspannung	U_N = 400 V
Eingangsstrom	I_{IN} = 2,7 A
Ausgangsstrom	I_{2N} = 2,9 A
Ausgangsstrom max. (60 s)	I_{2max} = 4,5 A
Motorscheinleistung	S_N = 2,1 kVA
Motor-Wellenleistung	P_N = 1,1 kW
Wirkungsgrad (typ.)	η = 0,96

Begründen Sie, warum der Ausgangsstrom des FU größer als der Eingangsstrom ist.

Installation des FU

Nun soll der FU im Schaltschrank montiert werden.

Der Installateur ist für die Einhaltung der gültigen nationalen und örtlichen Sicherheitsbestimmungen verantwortlich!

Die *Betriebsanleitung* gibt genaue Anweisungen für die korrekte Montage des FU.

EMV → 117

Einige Hinweise zum *Anschluss* eines FU:

- *Motorzuleitungen dürfen eine bestimmte Länge (30 m) nicht überschreiten.*
- *Um die EMV-Emission der Motorzuleitung zu minimieren, müssen abgeschirmte Leitungen verwendet werden.*
- *Die Abschirmung muss mit dem Metallgehäuse des FU und dem Motor großflächig verbunden werden.*
- *Steuer- und Busleitungen müssen getrennt von den Motorteilungen verlegt werden.*
- *Steuerleitungen müssen generell abgeschirmt sein, die Abschirmung muss durch metallische Bügel mit den Metallgehäusen der Komponenten verbunden sein.*

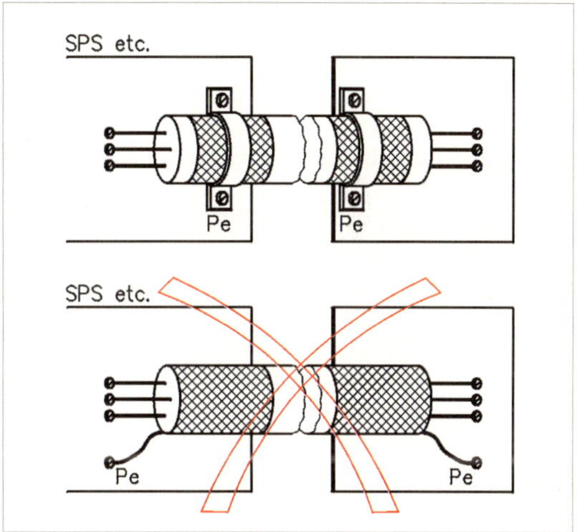

1 Anschluss der Abschirmung

Parametrierung des FU

Sie sollen den Frequenzumrichter für diese Anwendung parametrieren.

Dazu müssen Sie die Verfahrbewegungen und die Anfahr- und Bremsdynamik beachten. Weiterhin müssen Sie *Überwachungs-, Warn-, und Schutzfunktionen* programmieren. Zur Verfügung steht Ihnen in der Praxis die *Betriebsanleitung*, in der Sie die umfangreiche *Paramerliste* finden.

Auszüge aus dem Parametersatz

1 SPRACHAUSWAHL
Die Sprache im Display wird ausgewählt

2 BETRIEBSART
Auswahl Fern- oder vor Ort-Bedienung

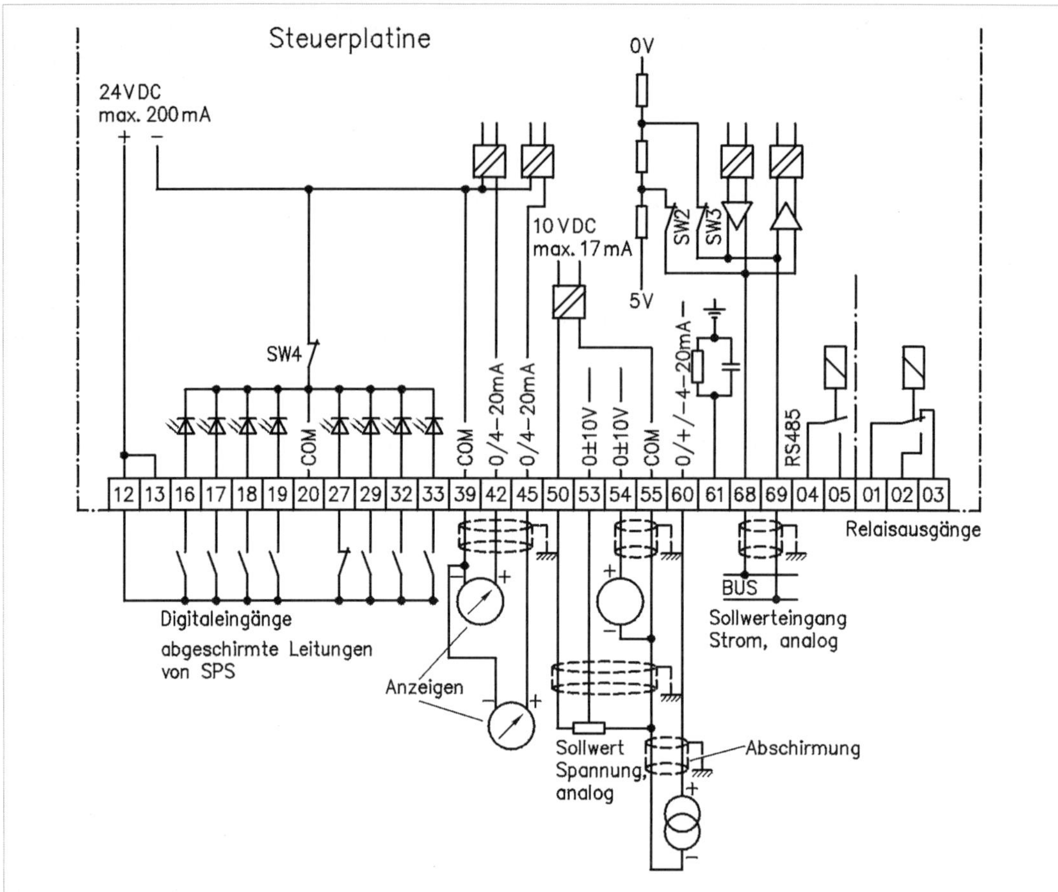

1 Anschluss der Steuerplatine

4 TASTER STOPP
Die Taste STOPP auf dem Bedienfeld kann freigegeben oder blockiert werden, STOPP-Befehl dann nur über Fernbedienung.

5 TASTER REVERS
Die Funktion Reversierung auf dem Bedienfeld kann freigegeben oder blockiert werden.

6 EINGABESPERRE
Die Dateneingabe über das Bedienfeld kann gesperrt werden.

9 KONFIGURATION
Interne Drehfrequenzregelung ohne Istwertrückführung oder Drehfrequenzregelung mit Istwertrückführung und PID-Regelung.

10 MOTORLEISTUNG
Typenschildleistung des Motors eingeben.

11 MOTORSPANNUNG
Bemessungsspannung für die Schaltungsart eingeben.

12 MOTORFREQUENZ
Bemessungsfrequenz einstellen.

13 MOTORSTROM
Den Motor-Bemessungsstrom einstellen; wird benötigt um Überlastung zu erkennen.

14 MOTORANPASSUNG
Diese Funktion ermittelt automatisch den Wirk- und Blindwiderstand des Motors.

15 SCHLUPFAUSGLEICH
Prozentualen Wert des Bemessungsschlupfes eingeben.

16 STARTVERZOEGERUNG
Ermöglicht eine Verzögerung des Anlaufzeitpunktes.

17 STARTFUNKTION
Auswahl des Zustandes in der Startverzögerungszeit (Bremsen oder Motorfreilauf).

18 STOPPFUNKTION
Hier kann eingestellt werden, ob der Motor nach STOPP freilaufen soll oder eine DC-Bremsung erfolgen soll.

19 FREQ.STOPPFUNKTION
Hier muss eingestellt werden, bei welcher Frequenz die STOPP-Funktion einsetzen soll.

20 DC-HALTESTROM
Prozentualen Wert des Motor-Bemessungsstromes eingeben.

21 DC-BREMSZEIT
Einstellen der Bremszeit in s.

22 THERM. MOTORSCHUTZ
Im Zusammenhang mit einem im Motor eingebauten Thermistor kann bei Überlastung eine Warnung oder Abschaltung programmiert werden.

23 RAMPE AUF
Beschleunigungszeit von 0 Hz auf die Motornennfrequenz (0,05 s – 3600 s).

24 RAMPE AB
Verzögerungszeit der Motor-Bemessungsfrequenz bis 0 Hz.

25 RAMPE Q-STOP
Hier kann eine Zeit für einen Schnellstopp eingestellt werden.

26 – 29 FESTSOLLWERT 1, 2, 3, 4
Die Festsollwerte werden als prozentualer Wert vom max. Sollwert eingegeben.

27 MOTORPHASENÜBERWACHUNG
Auf dem Display erscheint eine blinkende Warnmeldung, wenn die Überwachung gewählt wurde.

28 – 34 EING. 16 – 33 DIGITAL
In diesen Parametern können verschiedene Funktionen für die Eingänge 16 – 33 zugeordnet werden (z.B.: Start, Stopp, Reversierung, Festsollwert).

35, 36 AUSGANG 42 (45) D. oder A
Diese Ausgänge können als digitale oder analoge Ausgänge dienen; die Ausgänge können für verschiedene Meldungen verwendet werden (z.B.: FU bereit, Motor dreht, Störung etc.).

37 – 40 AUSG. RELAIS
Die Relaisausgänge können für Zustandsmeldungen programmiert werden.

41 TAKTFREQUENZ
Durch Änderung der Taktfrequenz können Motorgeräusche verringert werden.

Der *Antrieb für den Plattentransport* soll folgende Eigenschaften haben:

- Der Antrieb wird durch eine SPS ferngesteuert.
- In der Startphase – Anheben der Platten – muss eine DC-Bremsung den Antrieb blockieren (5 s). (Referenzpunkt).
- Die Anfahrt soll möglichst stoßfrei erfolgen, daher soll eine Anfahrrampe von 2 s vorgesehen werden.
- Die Verfahrbewegung soll mit einer Motordrehzahl von 600 U/min erfolgen.
- Ein Sensor leitet über die SPS die Bremsrampe ein (3 s).
- Während die transportierte Platte abgelegt wird, soll eine DC-Bremsung den Antrieb blockieren (5 s).

Nach Ablauf der Bremszeit, muss die Drehrichtung reversiert werden. Die Rampenzeiten können kurz sein (0,5 s), die Drehzahl des Motors kann 1500 U/min betragen

Der Motor hat folgende Bemessungsdaten:

$P_N = 1{,}1\,\text{kW}$ (Wellenleistung)

$n_N = 1470\,\text{U/min}$

$I_N = 2{,}9\,\text{A}$ bei 400 V Δ

$M_N = 7{,}5\,\text{Nm}$

$\cos\varphi = 0{,}81$

Überlastung des Motors und Ausfall eines Außenleiters sollen durch optische Signale angezeigt werden.

Anhand dieser Angaben soll der FU *parametriert* werden.

Dokumentation der Parametrierung
(Alle nicht geänderten Parameter des gesamten Parametersatzes behalten ihre Werkseinstellungen.)

Nr.	Parameter	Werkseinstellung	Einstellung
1	SPRACHAUSWAHL	Englisch	Deutsch
2	MOTORANPASSUNG	Aus	Ein
3	BETRIEBSART	Fernbedienung	Fernbedienung
4	TASTER STOPP	Ein	Aus
5	TASTER REVERS	Aus	Aus
6	EINGABESPERRE	Ein	Aus
7	KONFIGURATION	Drehzahlregelung ohne Istwertrückführung	Werkseinstellung
8	MOTORLEISTUNG	keine Angabe	1,1 kW
9	MOTORSPANNUNG	keine Angabe	400 V
10	MOTORSTROM	keine Angabe	2,9 A
11	SCHLUPFAUSGLEICH	keine Angabe	5 %
12	STARTVERZOEGER.	0 s	5 s
13	STARTFUNKTION	Motorfreilauf	DC-Halten
13	STOPPFUNKTION	Motorfreilauf	DC-Haltebremse
14	FREQ.STOPPFUNKTION	0 Hz	2 Hz
15	DC-HALTESTROM	50 %	80 %
16	DC-BREMSZEIT	10 s	5 s
17	THERM.MOTORSCHU.	Kein Motorschutz	Abschaltung
18	EIN.53ANALOG	Ohne Funktion	Thermistor
19	EIN.53 SKAL-MIN	0,0 V	10 V
20	RAMPE AUF 1	0,5 s	2 s
21	RAMPE AB 1	0,5 s	3 s
22	RAMPE Q-STOPP	0,5 s	0,5 s
23	FESTSOLLWERT 1	0,0 %	40 %
24	FESTSOLLWERT 2	0,0 %	100 %
25	MOTOR PH.UEBERW	Aktiv	Aktiv
26	EING. 16 DIGITAL	ohne Funktion	Start
27	EING. 17 DIGITAL	ohne Funktion	Stopp
28	EING. 18 DIGITAL	ohne Funktion	Start + Reversierung
29	EING. 19 DIGITAL	ohne Funktion	Schnell-Stopp
30	EING. 27 DIGITAL	ohne Funktion	Festsollwert 1 (Hin)
31	EING. 29 DIGITAL	ohne Funktion	Festsollwert 2 (Rück)
32	AUS.42 D.ODER A	ohne Funktion	Digital-Ausgang 24 V FU betriebsbereit
33	AUSG. 1–3 RELAIS	ohne Funktion	Störung
34	TAKTFREQUENZ	2 kHz	5 kHz

Fachgespräch vorbereiten

Auftrag

Ihr Ausbilder gibt Ihnen den Auftrag, den Einsatz von Frequenzumrichtern zu beurteilen.

Sie sollen die Vorzüge und Schwächen von Frequenzumrichtern im betrieblichen Einsatz zusammentragen und dabei verschiedene Aspekte berücksichtigten:

- *Technische Möglichkeiten*
- *Sicherheitsaspekte*
- *EMV-Probleme*
- *Wirtschaftlichkeit.*

Anschließend führen Sie mit Ihrem Ausbilder ein Fachgespräch zu diesem Thema.

Technische Möglichkeiten des FU

- Mit einem Spannungs- (0 – 10 V) oder Stromsignal (4 – 20 mA) kann die Ausgangsfrequenz eines FU stufenlos gesteuert werden und damit die Drehfrequenz des angeschlossenen Motors.
  Der Schlupf von Asynchronmotoren, der im unteren Drehfrequenzbereich hohe Werte annimmt, kann durch entsprechende Parametrierung ausgeglichen werden.
- Der FU stellt durch Spannungssteuerung (U/f-Kennlinie) im Bereich $n = 0$ bis $n = n_N$ ein konstantes Drehmoment zur Verfügung.
  Durch Parametrierung kann das Anlaufmoment (Losbrechmoment) um den Faktor 1,6 (standardmäßig) erhöht werden.
- Die Hochlaufzeit (Anfahrrampe) ist einstellbar, dies ermöglicht ein ruckfreies und schonendes Anfahren von Maschinen und Anlagen. Verzögerungszeiten beim Abbremsen (Bremsrampe) haben den gleichen positiven Effekt.
- Durch Heruntersteuern der Ausgangsfrequenz des FU ist kontrolliertes Bremsen des angeschlossen Motors möglich. Der Motor geht dabei in den generatorischen Betrieb. Die Bremsenergie *kann* als elektrische Energie in das Versorgungsnetz zurückgespeist werden.
- Durch DC-Bremsung kann bei Motorstillstand ein Haltemoment erzeugt werden.
- Drehrichtungsumkehr (Reversierung) ist durch eine veränderte Ansteuerung der Wechselrichtertransistoren möglich.
- Der FU ermöglicht ohne weitere Beschaltung (Istwerterfassung) eine Regelung der Drehfrequenz und des Drehmomentes.
- Ein mit einem FU betriebener Drehstrommotor entnimmt dem speisenden Netz keine induktive Blindleistung ($\cos\varphi = 1$). Die für die Magnetisierung erforderliche Blindleistung liefert der Zwischenkreiskondensator.

Zu beachten ist aber:

- Der FU entnimmt dem Netz einen mit hochfrequenten Oberschwindungen belasteten Pulsstrom. Dies erfordert zusätzliche vorzuschaltende Netzfilter, um Netzrückwirkungen zu vermeiden. Eine eventuell vorhandene Zentralkompensation muss dann – bei starker Belastung des Netzes mit Oberschwindungen – verdrosselt werden.
- Die Motorzuleitungen führen hochfrequente Ströme (Taktfrequenz überlagert die Grundschwindung). Dies führt zu kapazitiven Störströmen innerhalb der Motorzuleitungen. Damit diese Ströme nicht zu groß werden, sollen die Motorzuleitungen nicht zu lang werden (max. 25 – 30 m).
- Um die Funkstörabstrahlung klein zu halten, müssen die Motorzuleitungen abgeschirmt werden. Die Schirmung muss an beiden Leitungsenden gut geerdet werden.
- Motorzuleitungen müssen getrennt von Signalleitungen verlegt werden, um kapazitive und induktive Einkopplungen in die Signalleitungen zu vermeiden (EMV-Vorschriften sind zu beachten).
- Um die Immunität der Datenleitungen gegen Einkopplungen zu gewährleisten, müssen ebenfalls geschirmte Leitungen verwendet werden. Die Schirmung von Datenleitungen darf nur an einem Leitungsende geerdet werden.
- Wird eine FU vom Netz getrennt, können zugängliche Kontakte noch sehr hohe Spannungen führen (bis 600 V).
- Installation, Parametrierung und Wartung von FU darf nur von gut ausgebildeten und ständig geschulten Fachkräften erfolgen.

Sicherheitsaspekte

Frequenzumrichter können eine Reihe von Überwachungs- und Sicherheitsfunktionen erfüllen. Nachfolgend sind die wichtigsten aufgeführt:

- Der FU erkennt den Ausfall eines Außenleiters, wahlweise kann dies zu einer Meldung des Fehlers führen oder zur Abschaltung.
- Über- oder Unterspannungen im Zwischenkreis werden erkannt, der FU startet den Motor nicht.
- Kurzschluss, Überlastung oder Erdschluss der Motorzuleitung führen zu einer Fehlermeldung bzw. zur Abschaltung.

- Überlastung und unzulässige Erwärmung des Motors werden überwacht.
- Der Anstieg der Kühlkörpertemperatur des FU über 70 °C wird gemeldet oder kann zur Abschaltung führen.

Wirtschaftliche Aspekte

- Der Wirkungsgrad moderner FU ist größer als 95 %.
- Antriebe mit FU verursachen keinen Blindstrom im Netz, Kompensation ist daher nicht erforderlich.
- Die Motorleistung muss möglicherweise höher gewählt werden, wenn der Antrieb über Nenndrehzahl angetrieben werden soll.
- Soll der Motor mit kleinen Drehzahlen laufen, muss eventuell eine Fremdbelüftung vorgesehen werden.

Information

Feldeffekttransistor

Die Leistungselektronik hat die elektrische Antriebstechnik stark verändert und dabei viele Möglichkeiten geschaffen, Gleich-, Wechsel- und Drehstrommotoren den Erfordernissen der betrieblichen Praxis anzupassen.

So können z.B. Drehstrommotoren mit Hilfe von Frequenzumrichtern in ihrer Anwendung erheblich variiert werden (Drehzahl, Drehmoment, Rampen, Bremsen).

Die zentrale Baugruppe eines Frequenzumrichters ist dabei ein Wechselrichter. Im kleinen bis mittleren Leistungsbereich werden Wechselrichter mit **Feldeffekttransistoren** oder **IGBT** aufgebaut.

Wechselrichter mit Feldeffekttransistoren (MOS-FET), die Freilaufdioden sind häufig integriert

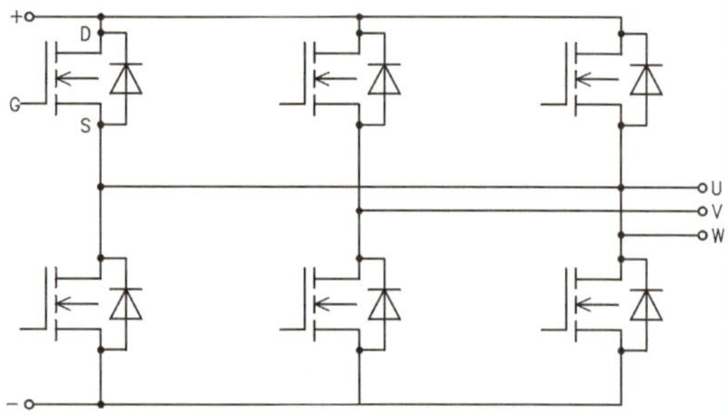

Wechselrichter mit IGBT und integrierten Freilaufdioden

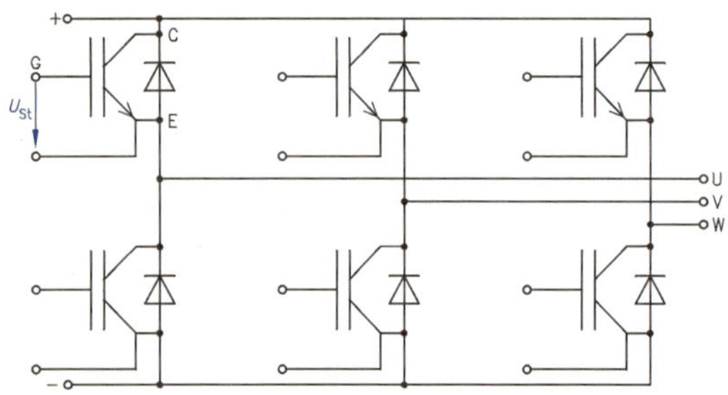

Nachfolgend wird in elementarer Weise das Funktionsprinzip der Feldeffekt-Transistoren dargestellt.

Der **IGBT** (Insulated-Gate-Bipolar-Transistor) besteht aus der Kombination eines bipolaren PNP-Leistungstransistors mit einem MOS-FET.

Der Drainstrom des MOS-FET steuert dabei die Kollektor-Emitter-Strecke des Leistungstransistors.

Beim IGBT werden die Vorteile des Feldeffekttransistors (z.B. sehr geringe Steuerleistung) mit den Vorteilen des bipolaren Transistors (z.B. Ausschaltverzögerungszeit) kombiniert.

Aufbau und Wirkungsweise von Feldeffekttransistoren

Für den **N-Kanal-J-FET** wird als Basismaterial P-dotiertes Silizium verwendet. In mehreren Produktionsschritten wird in dieses Substrat ein Kanal eingebettet, der aus N-dotiertem Silizium besteht, darüber wird eine Zone mit stark P-dotiertem Silizium eingebracht (siehe Schnittzeichnung eines J_FET, Seite 537).

An den Berührungsflächen der P- und N-dotierten Schichten bilden sich durch Ladungsträgeraustausch (Rekombination) hochohmige Sperrschichten → Sperrschicht-FET.

Die Enden des N-Kanals werden mit Anschlüssen versehen, diese Elektroden bezeichnet man D = **Drain** und S = **Source**. Die stark dotierte P-Zone und das P-Substrat werden miteinander verbunden, die Anschlusselektrode wird G = **Gate** genannt.

Wird an die N-Kanal-Elektroden D und S eine Spannung gelegt, so fließt ein Strom durch diese Strecke.

Die Ladungsträger, die den Strom durch den N-Kanal führen, sind nur freie Elektronen (negative Ladungsträger).

Weil am Ladungsträgertransport durch den Transistor nur *eine* Ladungsträgerart beteiligt ist (Elektronen), nennt man diese Transistoren *unipolar*.

Information

N-Kanal-Sperrschicht-FET (Schnitt-Darstellung) ohne äußere Spannungen

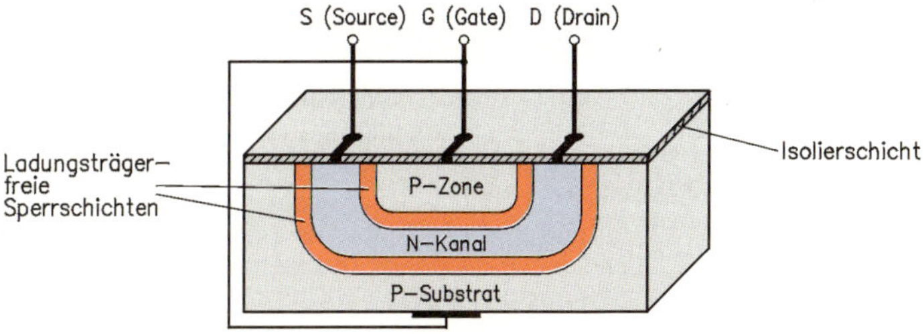

N-Kanal-Sperrschicht-FET

P-Kanal-J-FET

Legt man an die Anschlüsse Gate und Source eine Spannung ($-U_{GS}$: Minuspol an G und Pluspol an S), dann werden den P-dotierten Zonen (Substrat und Gate-Zone) positive Ladungsträger entzogen.

Dem N-Kanal werden über die Source-Elektrode negative Ladungsträger entzogen. Beide Sperrschichten werden breiter, die PN-Übergänge (Dioden) sind in Sperrrichtung geschaltet.

Durch diese Ladungsverschiebungen (es fließt kein nennenswerter Strom über die Sperrschichten) bilden sich in den Sperrschichten starke elektrische Felder. In diesen Feldern befinden sich keine freien Ladungsträger.

Die PN-Übergänge sind in Sperrrichtung geschaltet. Die elektrischen Felder E beeinflussen den Kanalquerschnitt

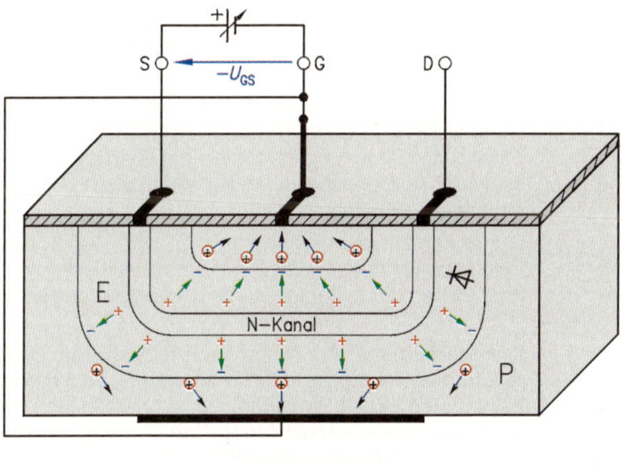

Mit zunehmender Spannung $-U_{GS}$ dehnt sich das elektrische Feld immer mehr aus, die *Sperrzonen werden breiter*, der *Querschnitt des N-Kanals nimmt ab*. Wird der Kanal enger, steigt der Widerstand der Drain-Source-Strecke.

Bei einer bestimmten Spannung $-U_{GS}$ berühren sich die Sperrzonen, der N-Kanal ist *gesperrt*, der Transistor ist zwischen Drain und Source *hochohmig*.

Zusammenfassend lässt sich feststellen:

- Die Drainstromsteuerung bei Feldeffekttransistoren erfolgt durch das elektrische Feld der Gatespannung. Es fließt kein Gatestrom. Die Widerstandsänderung des N-Kanals erfolgt leistungslos.
- Der Kanal eines J-FET hat bei einer Steuerspannung $U_{GS} = 0$ V die größte Leitfähigkeit.
- Ein P-Kanal-J-FET benötigt zur Steuerung des Drainstroms eine positive Gatespannung.

Kennlinien und Kennwerte eines J-FET in Source-Schaltung

In der Source-Schaltung ist die Source-Elektrode Bezugspunkt für die Eingangsspannung und die Ausgangsspannung.

Beträgt die Eingangsspannung $U_{GS} = 0$ V, fließt der größtmögliche Drainstrom I_D für eine bestimmte Drain-Source-Spannung. (Bei positiver Gatespannung würde der Drainstrom zwar weiter ansteigen, es würde aber ein Gatestrom fließen, was dem Sinn eines Feldeffekt-Transistors widerspricht).

Nimmt die Steuerspannung $-U_{GS}$ zu, wird der Kanal zunehmend schmaler, der Strom I_D nimmt ab.

Strom und Spannungen beim N-Kanal-J-FET

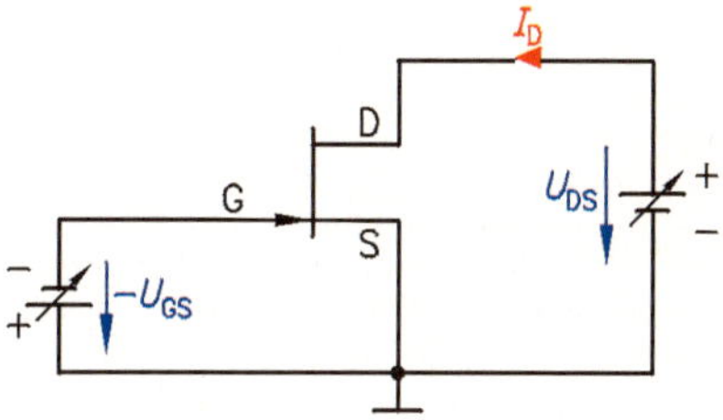

Information

Eingangs- oder Übertragungskennlinie

Eingangsgröße des J-FET in Source-Schaltung ist die *Gate-Sourcespannung* U_{GS}. Es fließt kein Gatestrom, folglich gibt es nur eine Eingangsgröße.

Die *Ausgangsgrößen* sind die Spannung U_{DS} und der Strom I_D.

Eingangskennlinie

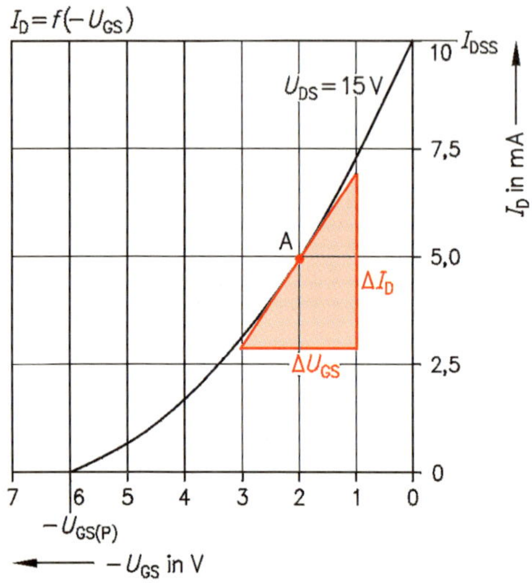

Die Eingangskennlinie zeigt den Zusammenhang zwischen der Eingangsgröße U_{GS} und der Ausgangsgröße I_D: ($I_D = f(-U_{GS})$), sie wird daher auch **Übertragungskennlinie** genannt.

- $U_{GS(P)}$: Die Gate-Source-Spannung, bei der die Sperrzonen ihre maximale Ausdehnung haben, der „Strom Kanal" ist abgeschnürt.
  Es fließt bei vorhandener Drain-Source-Spannung nur noch ein sehr geringer Reststrom I_D von einigen Mikro-Ampere.
- I_{DSS}: Der größtmögliche Drainstrom bei $U_{GS} = 0$ V.
- Die **Steilheit** S der Eingangskennlinie ist eine wichtige Kenngröße für Feldeffekt-Transistoren:

  $S = \Delta I_D / \Delta U_{GS}$ in A/V

  Die Steilheit S gibt an, um wie viel Ampere der Kanalstrom sich pro Volt in verschiedenen Punkten der Kennlinie ändert.
  Die Steilheit bestimmt die **Verstärkung** des Transistors, dies kann dem nachfolgenden Beispiel entnommen werden.

Ausgangskennlinie

Die Ausgangskennlinie zeigt die Abhängigkeit des Drainstroms I_D von der Drain-Source-Spannung U_{DS}: ($I_D = f(U_{DS})$).

Erhöht man die Spannung U_{DS} bei einer eingestellten Gatespannung U_{GS} (z.B. $U_{GS} = 0$ V), von 0 V beginnend, steigt der Strom I_D proportional mit der Spannung an. Der Kanal wirkt wie ein ohmscher Widerstand. Dieser steile Bereich der Kennlinie wird daher „ohmscher Bereich" genannt.

Wird U_{DS} weiter erhöht, steigt der Drainstrom ab einer bestimmten Spannung U_{DSsat} praktisch nicht mehr an, die Ausgangskennlinie verläuft fast waagerecht.

Der Grund hierfür ist: Zwischen dem N-dotierten Kanal und der Gate-Zone, sowie zwischen dem N-Kanal und dem P-dotierten Substrat haben sich ohne äußere Spannung an den PN-Übergängen ladungsträgerfreie Bereiche gebildet.

Ladungsträgerfreie Bereiche

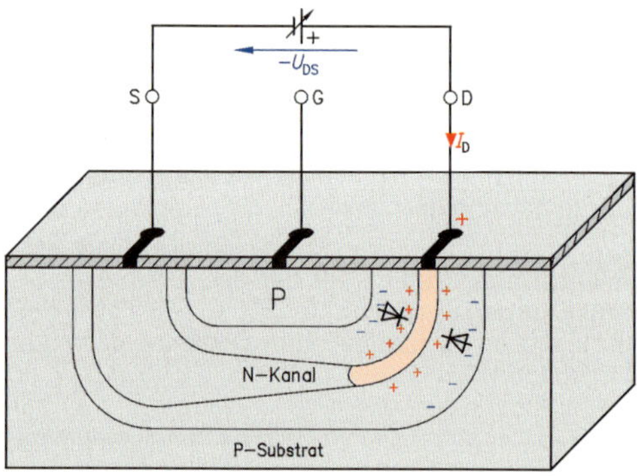

Ist die Gatespannung $U_{GS} = 0$ V, hat der Kanal die größtmögliche Ausdehnung.

Der Strom I_D durch den Kanal müsste bei steigender Spannung U_{DS} kurzschlussartig sehr hohe Werte annehmen, da nur der geringe Kanalwiderstand im Stromkreis liegt. Da aber an der Drain-Elektrode der Pluspol der Spannungsquelle anliegt, sind die Sperrschichten im Bereich des Drainanschlusses in Sperrrichtung geschaltet.

Mit zunehmender Spannung U_{DS} wird somit der Drainbereich immer positiver, die Sperrschichten immer breiter, der leitfähige Kanal wird immer enger.

Der Strom durch den Kanal kann folglich trotz steigender Spannung zwischen Drain und Source einen bestimmten Wert (Sättigung) nicht übersteigen, da die steigenden Spannung den Kanal immer stärker abschnürt → **Abschnürbereich**.

Ein wichtiger Grenzwert des FET ist die **höchstzulässige Kanalspannung** U_{DSmax}, bei der die Sperrschichten in Rückwärtsrichtung durchschlagen und der Transistor zerstört wird.

- Der Kanalstrom I_D verändert sich im Bereich kleiner Drainspannungen (U_{DS}: 0 – 1 V) nach dem ohmschen Gesetz:
  Steigt die Spannung U_{DS}, steigt der Strom I_D proportional (ohmscher Bereich).

Information

Ausgangskennlinie

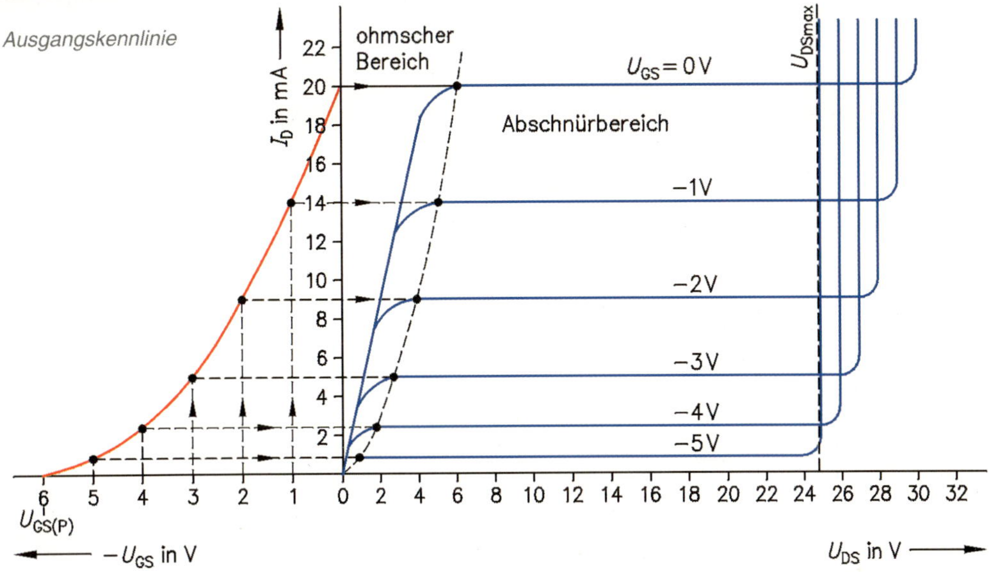

- Im Bereich von Drainspannungen (U_{DS} > 1 V), wird der Strom I_D (fast) nicht von U_{DS} beeinflusst (Abschnürbereich).
- Für jede Gatespannung $-U_{GS}$ ergibt sich eine eigene Kennlinie, so dass sich für die Ausgangsgrößen eine Kennlinienschar ergibt.
- Die Ausgangskennlinien zeigen: Ist der Kanal durch eine negative Gatespannung bereits verengt, setzt die Abschnürung durch die Drainspannung früher ein.
- Der Drainstrom wird somit hauptsächlich von der Gatespannung bestimmt.

Die *Arbeitspunkte* der Verstärkerschaltung werden mit einer *negativen Vorspannung* an der Gate-Elektrode festgelegt.

Die Arbeitspunkte müssen in Bereichen liegen, in denen sowohl die Eingangskennlinie als auch die Ausgangskennlinie *linear* verlaufen (Seite 540).

Der Arbeitspunkt A1 wird mit der Spannung U_{GS} = –1,5 V eingestellt. Der Drainstrom I_D verursacht am Widerstand R_D den Spannungsfall

$$U_{RD} = I_D \cdot R_D = 3{,}75\,\text{mA} \cdot 2\,\text{k}\Omega = 7{,}5\,\text{V}.$$

Es gilt:

$$U_B = U_{RD} + U_{DS}$$

Verstärkerschaltung mit einem J-FET

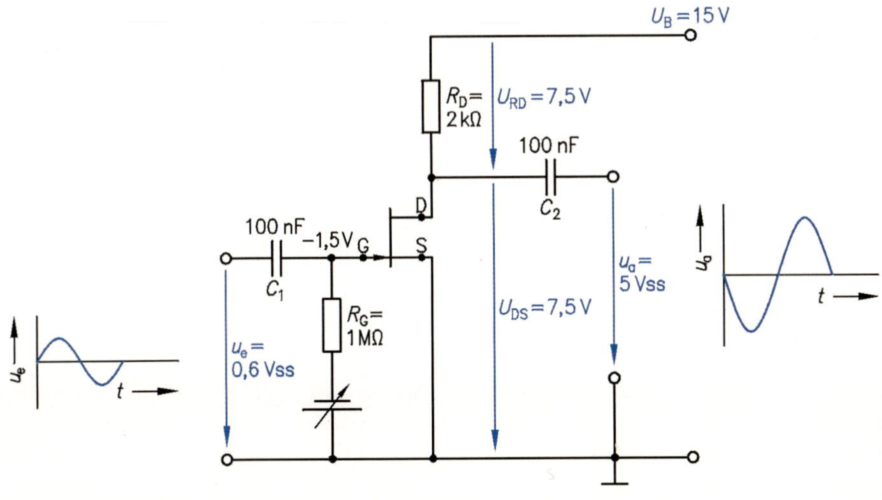

Information

Arbeitspunkte der Verstärkerschaltung

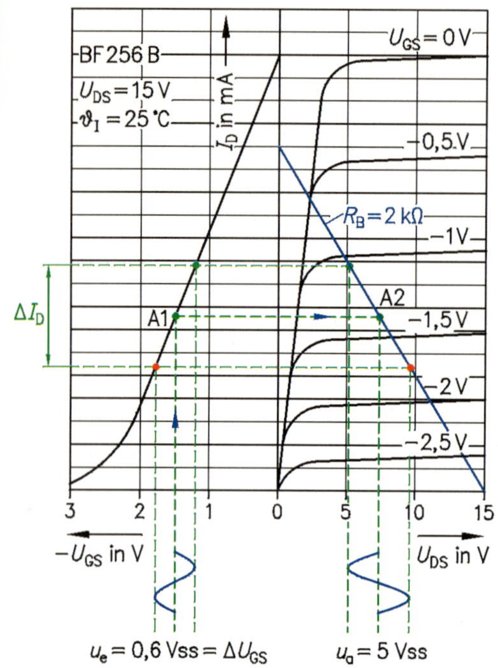

$U_{DS} = U_B - U_{RD}$

$U_{DS} = 15\,V - 7{,}5\,V = 7{,}5\,V$

Der Arbeitspunkt A2 teilt die Betriebsspannung in gleiche Teile: $U_{RD} = U_{DS} = 7{,}5\,V$

Der negativen Gatespannung ist die Wechselspannung $u_e = 0{,}6\,Vss$ überlagert. Die Eingangsspannung u_e verändert den Drainstrom I_D und damit die Ausgangsspannung u_a.

Die **Spannungsverstärkung** ergibt sich zu

$$V_U = \frac{u_a}{u_e} = \frac{5\,V}{0{,}6\,V} = 8{,}3$$

Die Spannungsverstärkung ist abhängig von der Steilheit S der Eingangskennlinie $I_D = f(-U_{GS})$.

Je steiler die Kennlinie, umso größer ist die Verstärkung: $S \sim V_U$.

Die Spannungsverstärkung wird außerdem von der Größe des Widerstandes R_D bestimmt: Je flacher die Kennlinie für R_B verläuft, umso größer ist die Verstärkung: $R_D \sim V_U$.

Für den Leerlauf gilt für die Verstärkung

$$V_U = S \cdot R_D$$

S	Steilheit	$\frac{A}{V}$
R_D	Drainwiderstand	$\Omega = \frac{V}{A}$

Berechnung für die Schaltung (Seite 539)

$$S = \frac{\Delta I_D}{\Delta U_{GS}} = \frac{2{,}5\,mA}{0{,}6\,V} = 4{,}16\,\frac{mA}{V}$$

$$R_D = 2\,k\Omega$$

$$V_U = S \cdot R_D$$

$$V_U = 4{,}16\,\frac{mA}{V} \cdot 2\,k\Omega$$

$$V_U = 8{,}3$$

Operationsverstärker

Obwohl die digitale Datenverarbeitung mittlerweile den größten Bereich der Steuerungs- und Regelungstechnik abdeckt, sind die Analogbausteine „Operationsverstärker" (OP) aus der Elektronik in diesem Bereich nicht wegzudenken.

OPs dienen dabei z.B. zur *Anpassung* von analogen Signalen (Verstärker), zur *Signalumwandlung* (Analog-Digital-Wandler), weiterhin können sehr einfach viele Grundschaltungen der Steuerungs- und Regelungstechnik durch äußere Beschaltung von OP realisiert werden.

Operationsverstärker

Innere Schaltung eines OP, vereinfacht

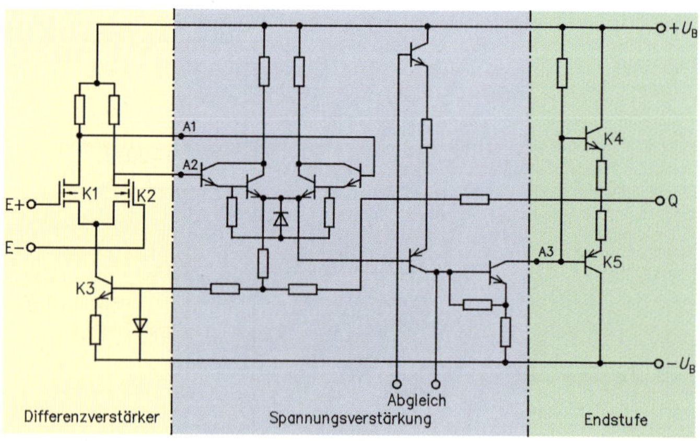

Information

Operationsverstärker sind integrierte Bausteine mit ca. 20 – 50 internen Dioden- und Transistorfunktionen.

Die Wirkungsweise der einzelnen Transistoren ist nicht in jedem Fall sofort durchschaubar, dies ist für den Anwender auch nicht erforderlich.

Der Praktiker muss wissen, welche Funktionen ein OP durch *äußere Beschaltung* bekommt, wie man einen OP *abgleicht* und welche *Einsatzmöglichkeiten* sich dadurch ergeben.

Grundlegende Kenntnisse über die *Funktionsweise* eines OP sind dafür aber unbedingt erforderlich.

Aufbau und Grundprinzip eines Operationsverstärkers

Jeder OP besteht grundsätzlich aus drei Funktionsstufen:

- Die Eingangsstufe ist ein *Differenzverstärker* mit zwei Eingängen und zwei Ausgängen.
- Es folgt eine Spannungsverstärkerstufe, die von den Ausgangssignalen des Differenzverstärkers angesteuert wird.
- Die letzte Stufe ist eine Gegentaktendstufe mit einem NPN- und einem PNP-Transisitor.

Blockschaltbild eines Operationsverstärkers

Schaltung des Differenzverstärkers

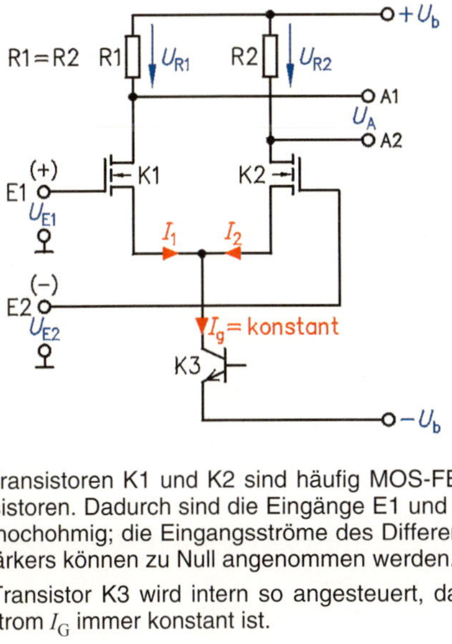

Die Transistoren K1 und K2 sind häufig MOS-FET-Transistoren. Dadurch sind die Eingänge E1 und E2 sehr hochohmig; die Eingangsströme des Differenzverstärkers können zu Null angenommen werden.

Der Transistor K3 wird intern so angesteuert, dass der Strom I_G immer konstant ist.

Differenzverstärker werden mit einer Betriebsspannung versorgt, die *symmetrisch um den Massepunkt* (0 V) liegt, z.B. ±15 V.

Funktion:

- Sind die Eingangsspannungen U_{E1} und U_{E2} exakt gleich groß (z.B. E1 und E2 sind gebrückt) und K1 und K2 zeigen genau gleiches Betriebsverhalten, dann sind die Ströme I_1 und I_2 gleich groß.
  Die Spannungen an R_1 und R_2 sind ebenfalls gleich groß und damit die Potenziale an A1 und A2. Die Ausgangsspannung U_A ist = 0.
  Diesen Betriebszustand nennt man **Gleichtakt**.
- Ist die Eingangsspannung U_{E1} größer als U_{E2}, ist der Strom I_1 größer als I_2. Jetzt ist das Potenzial an A2 größer als an A1.
  Zwischen den Ausgängen liegt die Spannung $\varphi_{A1} - \varphi_{A2} = -\Delta U_R$. Die Spannungsverstärkung ergibt sich zu
  $$V = \frac{\Delta U_A}{\Delta U_E}.$$
- Ist U_{E2} größer als U_{E1}, ist die Richtung der Spannung umgekehrt: $\varphi_{A1} - \varphi_{A2} = +\Delta U_A$.
  Man erkennt: Nur wenn am Eingang eine Spannungsdifferenz ΔU_E auftritt, kann am Ausgang eine verstärkte Spannungsdifferenz ΔU_A auftreten.
  Der beschriebene *Gleichtakt* ist in der Praxis nicht erreichbar, da die Eingangstransistoren niemals absolut identisch sind.
  Dass die Richtung der Spannung sich umkehren lässt, wird bereits dadurch deutlich gemacht, dass die Eingänge mit unterschiedlichen Vorzeichen versehen sind.

Die Verstärkerstufe

Die Ausgänge A1 und A2 der Eingangsstufe steuern im Spannungsverstärker-Block zum Teil weitere *Differenzverstärker* an.
Der Ausgang A3 (Schaltung Seite 540) steuert die *Leistungsendstufe* an.

Funktion der Gegentaktendstufe

Eine Gegentaktendstufe besteht aus zwei komplementären Transistoren, d.h. einem NPN- und einem PNP-Transistor.

Mit einem negativen Signal wird der PNP-Transistor (K5) aufgesteuert und der Ausgang über einen Widerstand an $-U_B$ gelegt. Liegt kein negatives Signal an A3, wird über den Basiswiderstand Transistor K4 aufgesteuert und der Ausgang Q wird positiv.

Der *Ausgangswiderstand* der Endstufen liegt zwischen 30 Ω bis 100 Ω. Den Endstufen kann in der Praxis je nach Typ (Datenblatt!) ein Strom zwischen 20 mA bis 70 mA entnommen werden.

Fast alle OP haben eine innere Beschaltung, die den Strom begrenzt und das IC vor Kurzschlüssen schützt.
Der große Vorteil einer *Gegentaktendstufe* ist, dass der OP direkt als *Wechselspannungsverstärker* verwendet werden kann.

Information

Schaltzeichen des Operationsverstärkes

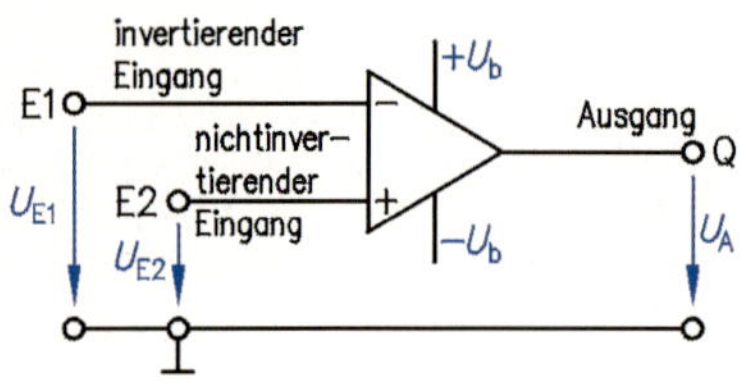

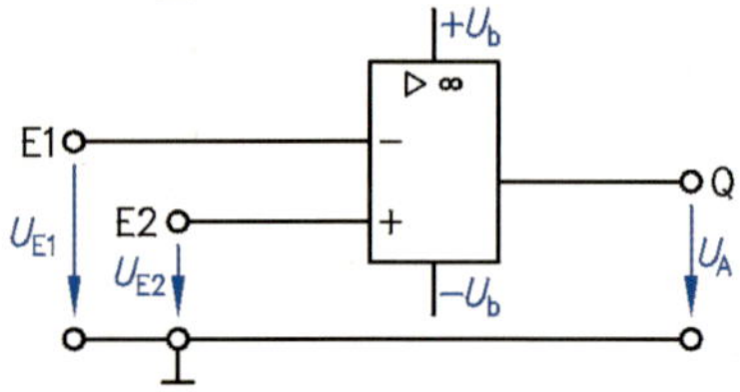

Die Spannungsversorgung $+U_B, -U_B$ wird üblicherweise nicht dargestellt.

Die Bezeichnungen + (nichtinvertierender Eingang) und – (invertierender Eingang) geben an, wie sich eine angelegte Spannung an den Eingängen auf den Ausgang auswirkt.

Folgendes gilt:

- Ist der +-Eingang *positiver* als der –-Eingang, dann ist der Ausgang *positiv*.
- Ist der –-Eingang *positiver* als der +-Eingang, dann ist der Ausgang *negativ*.

Der unbeschaltete Operationsverstärker

Durch die Spannungsverstärker-Stufe werden bei OP *sehr hohe Verstärkungen* erreicht, je nach Typ bis zu 100 000-fache Verstärkung der Eingangsspannung $U_D = U_{E1} - U_{E2}$.

Daraus folgt: Jede kleinste Spannungsdifferenz zwischen den Eingängen führt zur vollen Aussteuerung (Übersteuerung) des OP, d.h. der Ausgang Q hat $+U_B$ oder $-U_B$.

Ein- und Ausgangsspannungen sind dabei *auf Masse (0 V) bezogen.*

Beispiel:
Ein OP hat die Betriebsspannung $U_B = \pm 15$ V; der OP hat eine Leerlaufverstärkung (ohne Beschaltung) von $V_0 = 10^5 = 100\,000$.

$$V_0 = \frac{U_A}{U_{E1} - U_{E2}} = \frac{U_A}{U_D}$$

$$U_D = \frac{U_A}{V_0} = \frac{15\text{ V}}{10^5} = 0{,}15\text{ mV}$$

Ist die Eingangsspannung U_{E1} am invertierenden Eingang E1 um 0,15 mV positiver als U_{E2} an E2 (U_D ist positiv), dann hat der Ausgang Q die Ausgangsspannung $U_A = -15$ V gegen Masse.

Ist der Eingang E2 um 0,15 mV positiver als der Eingang E1 (U_D ist negativ), dann liegt am Ausgang Q die Spannung $U_A = +15$ V gegen Masse.

Dieser Zusammenhang ist im nachfolgenden Diagramm dargestellt.

Übertragungskennlinie des OP im Leerlauf

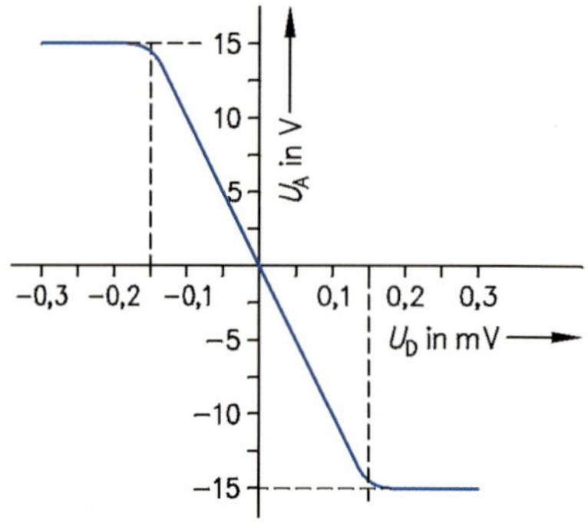

Vereinfacht kann man sagen, jede Spannung $U_D \neq 0$ führt zur vollen Aussteuerung $\pm U_B$ des OP am Ausgang.

Die dargestellte **Übertragungskennlinie** zeigt, dass bei $U_D = 0$ die Ausgangsspannung U_A ebenfells 0 ist.

Dies ist in der Praxis wegen der Bauteiltoleranzen normalerweise nicht der Fall. Zumeist tritt bei $U_D = 0$ eine geringe Ausgangsspannung U_A auf.

Diese Abweichung der Ausgangsspannung von 0 V bei $U_D = 0$ V muss in der Regel *kompensiert* werden.

Dazu gibt es zwei Möglichkeiten:

1. An einem Eingang wird eine *verstellbare Spannung* gelegt und so eingestellt, dass die Ausgangsspannung $U_Q = 0$ ist. Die Spannung U_0 nennt man **Offsetspannung**.

Offsetabgleich eines OP

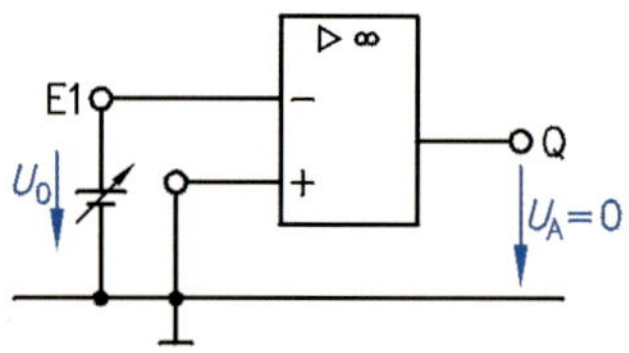

2. Viele Operationsverstärker besitzen zwei spezielle Abgleichanschlüsse (siehe Schaltbild, Seite 540). Mit Hilfe eines externen Potentiometers kann der **Offset-Abgleich** vorgenommen werden.

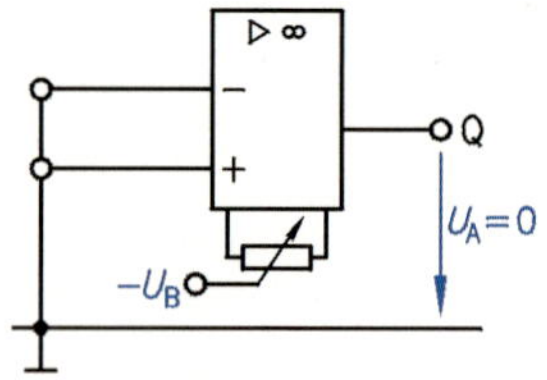

Information

Kenndaten von Operationsverstärkern

Nach den bisherigen Überlegungen lassen sich für Operationsverstärker folgende *ideale Kenndaten* beschreiben:

- Eingangswiderstand ∞ (unendlich)
- Eingangsstrom 0
- Leerlaufverstärkung V_0 ∞
- Eingangsoffsetspannung 0
- Ausgangswiderstand 0
- Ausgangsstrom ∞

Das nachstehende **Datenblatt** (Auszug) gibt Auskunft über die *realen Kenndaten.*

Absolute Maximum Ratings

	LM741
SupplyVoltage	±22 V
Power Dissipation	500 mW
Differential Input Voltage	±30 V
Input Voltage	±15 V
Output Short Circuit Duration	Continuous
Operating Temperatur Range	−55 °C to +125 °C
Storage Temperature Range	−65 °C to +150 °C
Junction Temperature	150 °C

Electrical Characteristics

Parameter	*Conditions*	*Min*	*Typ*	*Max*	*Units*
Input Offset Voltage	$T_A = 25\,°C$ $R_a \leq 10\,k\Omega$ $R_a \leq 50\,\Omega$		1.0	5.0	 mV mV
Input Resistance	$T_A = 25\,°C,\ V_a = \pm 20\,V$	0.3	2.0		MΩ
Output Short Circuit Current	$T_A = 25\,°C$		25		mA
Large Signal Voltage Gain	$T_A = 25\,°C,\ R_L \geq 2\,k\Omega$	20	200		V/mV

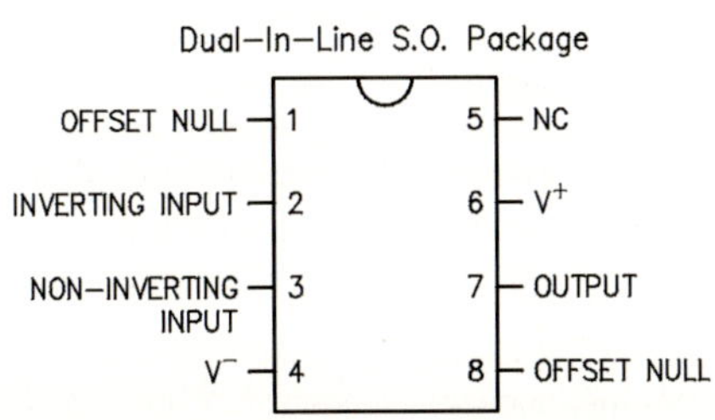

Grundschaltungen mit Operationsverstärkern

1. Invertierender Verstärker

Beim invertierenden Verstärker liegt das Eingangssignal über einem Widerstand R_1 zwischen dem Minus-Eingang E1 und Masse (0 V). Der Plus-Eingang liegt direkt auf Masse. Vom Ausgang Q wird über einen Widerstand R_2 das Ausgangssignal auf den invertierenden Eingang E1 zurückgekoppelt.

Invertierender Verstärker

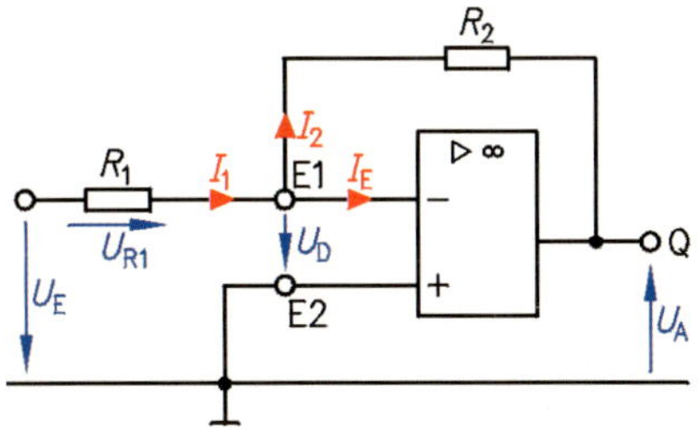

Folgende *Eigenschaften des OP* sind bekannt:

- Die Eingangsstufe des OP ist ein Differenzverstärker.
- Der Eingang des OP ist sehr hochohmig, I_E kann als 0 angenommen werden.

Information

Funktion der Schaltung:

Der OP ist immer bestrebt, die Spannung U_D zu Null werden zu lassen. Solange U_D nicht 0 V ist, wird der Ausgang Q weiter nach Plus oder Minus aufgesteuert.

Da ein Teil der Ausgangsspannung *zurückgekoppelt* wird, kann der OP diesen eingeschwungenen Zustand $U_D = 0$ erreichen.

Bei $U_D = 0$ hat der Eingang E1 das gleiche Potenzial wie der Eingang E2 → E1 = *virtueller Massepunkt*, 0 V.

Die Eingangsspannung U_E liegt nun nicht nur am Eingang der Schaltung, sondern in gleicher Höhe an R_1.

$U_E = U_{R1}$

Damit kann der Strom I_1 berechnet werden:

$$I_1 = \frac{U_E}{R_1} = \frac{U_{R1}}{R_1}.$$

Wenn die Spannung U_E *positiv* ist (wie in der Schaltung eingezeichnet), fließt der Strom I_1 in den Knotenpunkt E1. Da der Strom I_E als 0 angenommen werden kann, muss der Strom I_1 als Strom I_2 über R_2 weiter fließen.

$I_1 = I_2$

Damit ein Strom I_2 von E1 (0 V) über R_2 fließen kann, muss der Ausgang Q negativ sein. Der Strom I_2 fließt also in den Ausgang des OP nach $-U_B$.

Sind R_1 und R_2 gleich groß, fließt ein gleich großer Strom durch gleich große Widerstände.

Es gilt dann $U_E = -U_A$.

Die **Spannungsverstärkung** ist dann $V = -\frac{U_A}{U_E} = 1$.

Ist der *Rückkoppelwiderstand* R_2 größer als R_1, dann muss der Ausgang des OP negativer werden, damit durch R_2 der gleiche Strom fließen kann wie durch R_1.

Allgemein gelten folgende Beziehungen:

$$I_1 = I_2$$

$$I_1 = \frac{U_E}{R_1};\ I_2 = \frac{U_A}{R_2} \rightarrow \frac{U_E}{R_1} = -\frac{U_A}{R_2} \rightarrow$$

$$\frac{U_A}{U_E} = -\frac{R_2}{R_1} = V;\ U_A = -U_E \cdot V.$$

Die **Spannungsverstärkung** V wird also durch das Verhältnis der Widerstände R_1 und R_2 bestimmt.

Der *Eingangswiderstand* der Schaltung ist nicht sehr hoch, nämlich gleich R_1. Zudem ist der Innenwiderstand der Signalquelle mit dem Widerstand R_1 in Reihe geschaltet und beeinflusst damit die Verstärkung.

Zur Signalverstärkung verwendet man für die Widerstände R_1 und R_2 Werte zwischen 10 kΩ und 100 kΩ.

Der nichtinvertierende Verstärker

Diese Verstärkerschaltung hat einen *sehr hohen Eingangswiderstand*, da das Eingangssignal direkt auf den nichtinvertierenden Eingang des OP gelegt wird.

Ein Teil des Ausgangssignals wird auf den invertierenden Eingang zurückgekoppelt.

Nichtinvertierender Verstärker

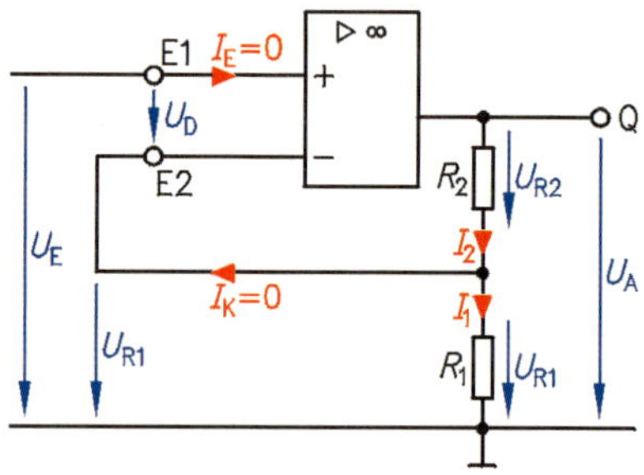

Annahme: Die Eingangsspannung U_E ist positiv (siehe Spannungspfeil U_E).

Funktion der Schaltung:

- Die Eingangsströme können als Null angenommen werden.
- Wegen der hohen Differenzverstärkung ist im eingeschwungenen Zustand $U_D \approx 0$ (einige µV).
- Die rückgekoppelte Spannung U_{R1} an E2 muss also positiv sein und gleich groß wie U_E; $U_E = U_{R1}$.
- Die verstärkte Ausgangsspannung U_A setzt sich zusammen aus $U_{R1} + U_{R2}$.
- Der Strom I_2 durch R_2 ist gleich groß wie I_1 durch R_1 ($I_K = 0$).

Für die **Spannungsverstärkung** V ergibt sich folgender Zusammenhang:

$I_K = 0;\ I_1 = I_2;\ U_D = 0;\ U_E = U_{R1}$

$$V = \frac{U_A}{U_E} = \frac{R_1 + R_2}{R_1} = 1 + \frac{R_2}{R_1}$$

Für die *Ausgangsspannung* ergibt sich:

$$U_A = U_E\left(1 + \frac{R_2}{R_1}\right)$$

An dieser Formel erkennt man, egal welche Werte R_1 und R_2 annehmen, die Ausgangsspannung U_A kann nie kleiner werden als die Eingangsspannung U_E.

Impedanzwandler

Messwertaufnehmer und Sensoren der Regelungstechnik haben häufig einen *hohen Innenwiderstand.*

Werden solche *aktiven Sensoren* mit einem Strom belastet, geht die Klemmenspannung sehr stark zurück bzw. bricht ganz zusammen.

Beispiel: Ein Näherungssensor soll an den Klemmen 10 V/20 mA abgeben können, d.h. der *Lastwiderstand* beträgt $R_L = 500\,\Omega$.

Wenn ein solcher Sensor eine Quellenspannung von 10 V liefert und einen Innenwiderstand von 5 kΩ hat, ergeben sich folgende Verhältnisse:

Information

Sensor mit Lastwiderstand

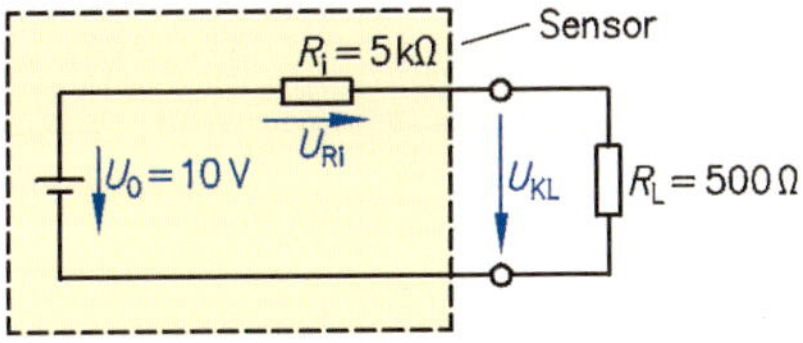

Die *Klemmenspannung* beträgt

$$U_{KL} = \frac{U_0}{R_i + R_L} \cdot R_L = \frac{10\,V}{5500\,\Omega} \cdot 500\,\Omega = 0{,}91\,V$$

Es könnte ein maximaler Strom von

$$I = \frac{U_{KL}}{R_L} = \frac{0{,}91\,V}{500\,\Omega} = 1{,}8\,mA$$

entnommen werden.

Dieses Problem lässt sich mit einem OP als Impedanzwandler lösen.

Bekanntlich haben OP einen hohen Eingangswiderstand ($I_E = 0$) und einen geringen Ausgangswiderstand ($I_A = 0 \cdots 70\,mA$).

Wird der hochohmige Sensor auf den Eingang geschaltet, so wird er nicht mit einem Strom belastet und liefert daher an den Klemmen $U_{KL} = U_0 = 10\,V$.

Operationsverstärker als Impedanzwandler

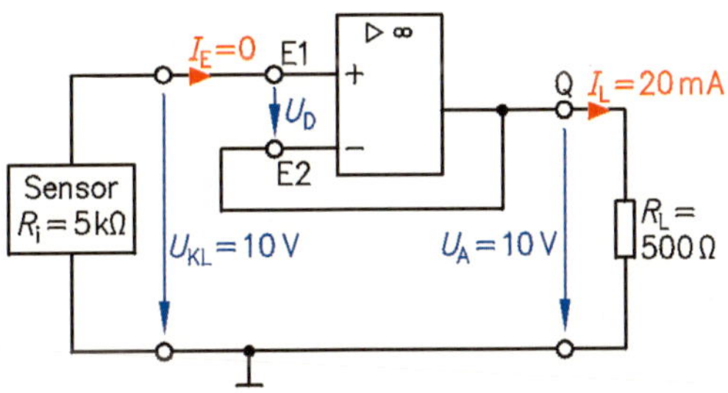

Damit die Differenzspannung $U_D \approx 0$ wird, muss die gesamte Ausgangsspannung auf den invertierenden Eingang zurückgekoppelt werden.

Wenn $U_D \approx 0$, dann muss $U_A = U_E$ sein.

Am Ausgang steht die Spannung $U_A = 10\,V$ zur Verfügung. Da der Ausgang niederohmig ist, kann der geforderte Strom $I = 20\,mA$ entnommen werden.

Es gilt:

$$U_A = U_E, \text{ bzw } V_U = \frac{U_A}{U_E} = 1$$

Operationsverstärker als Integrierer

Zum Verständnis der elektronischen Regelungstechnik ist die Kenntnis einer weiteren OP-Schaltung von großer Wichtigkeit (Regelungstechnik → 577).

Bei dieser Schaltung wird das Ausgangssignal über eine Kondensator C auf den invertierenden Eingang zurückgekoppelt.

Operationsverstärker als Integrierer

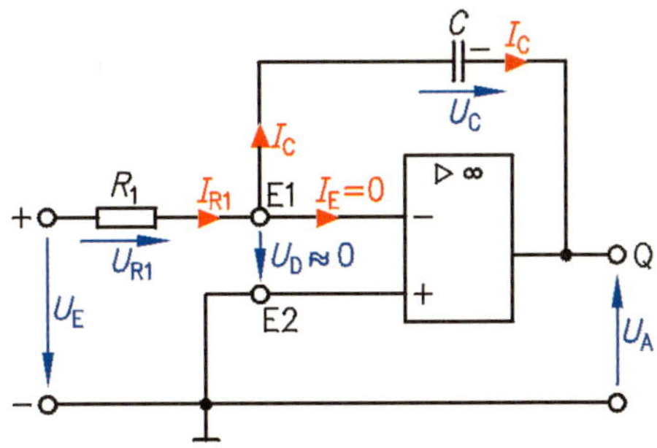

Wiederum steuert der OP den Ausgang Q so, dass an E1 das gleiche Potenzial entsteht wie an E2 → $U_D \approx 0$.

Weitere Funktion:

- Ist die Spannung U_E positiv (wie eingezeichnet), dann wird der Ausgang Q negativ aufgesteuert (invertierender Verstärker, siehe Spannungspfeil U_A).
- Es fließt ein Strom über R_1 (I_{R1}) auf den Kondensator C (I_C) und lädt diesen auf.
  $I_C = I_{R1}$, da $I_E = 0$.
- Ist das Eingangssignal eine konstante Spannung, so liegt an R_1 ebenfalls eine konstante Spannung. Es gilt wieder: $U_E = U_{R1}$, da E1 Massepotenzial hat.
- Liegt an einem Widerstand eine konstante Spannung, so fließt ein konstanter Strom durch den Widerstand → $I_{R1} = I_C$ = konstant.
- Wird ein Kondensator mit einem Konstantstrom geladen, so steigt die Kondensatorspannung linear an, d.h. $\frac{\Delta U_C}{\Delta t}$ (Steigung) ist konstant.
- U_C ist gleich U_A, aber gegenphasig (180°).
- Eine konstante Eingangsspannung $+U_E$ oder $-U_E$ führt nach einer bestimmten Zeit – in Abhängigkeit von R_1 und C – zur Ansteuerungsgrenze $U_A = +U_B$ oder $-U_B$.

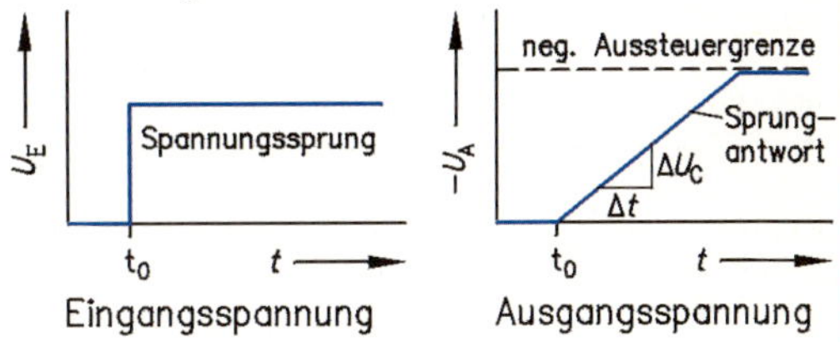

$$\frac{\Delta U_C}{\Delta t} = \frac{\Delta U_A}{\Delta t} = U_1 \cdot \frac{1}{R_1 \cdot C}$$

- Je größer R_1 oder C ist, umso langsamer (umso geringer ist die Steigung) steigt die Ausgangsspannung an.

Information

Differenzierer

Das Eingangssignal U_E gelangt über den Kondensator C an den invertierenden Eingang E1. In der Rückkopplung liegt ein Widerstand R.

OP als Differenzierer

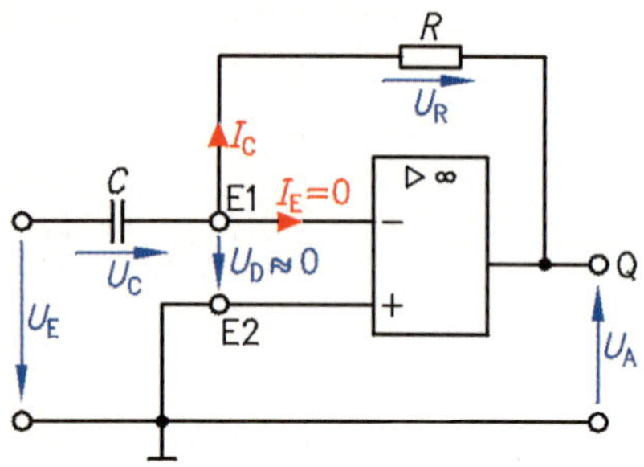

Da E1 wieder Massepotenzial annimmt, wird bei einer konstanten Eingangsspannung U_E der Kondensator nach einem kurzen Ladeimpuls die Spannung $U_C = U_E$ annehmen. Es fließt kein Strom über den Rückkoppelwiderstand R. Die Spannung an R und am Ausgang Q ist Null.

Eingangs- und Ausgangsspannung am Differenzierer

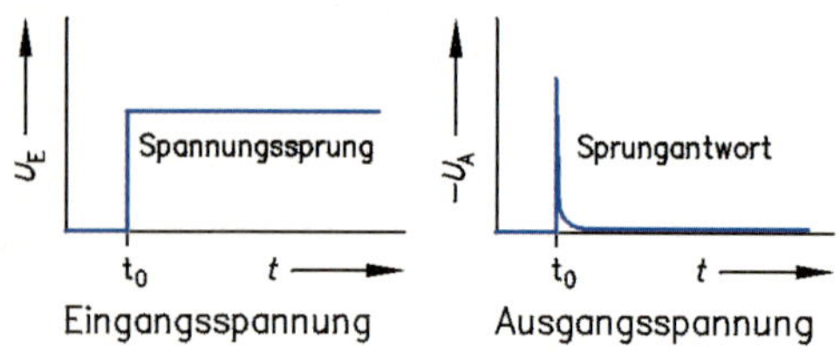

Verändert sich das Eingangssignal U_E, so lädt oder entlädt sich der Kondensator C. Dieser Lade- bzw. Entladestrom fließt in gleicher Stärke durch den Widerstand R und verursacht an ihm eine Spannung U_R.

Die Spannung U_R ist gleich der Ausgangsspannung U_A. Wird der Kondensator geladen, ist die Ausgangsspannung U_A negativ, wird der Kondensator entladen, ist U_A positiv.

Man erkennt: Der Differenzierer liefert nur dann ein Ausgangssignal, wenn die Eingangsspannung sich ändert.

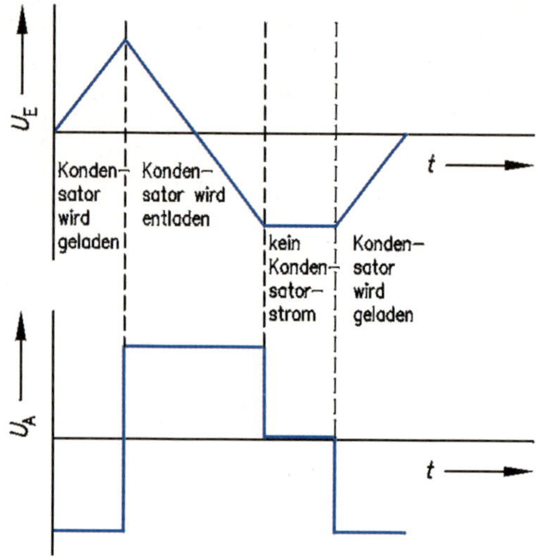

AD-/DA-Wandler

Steuerungen (SPS) als auch Kleinsteuerungen besitzen **Analogeingänge** und **Analogausgänge**.

An die Analogeingänge können Messfühler angeschlossen werden, die zur Steuerung bzw. Regelung von elektrischen Anlagen erforderlich sind.

Beispiele:

Thermofühler → Heizungsanlage
Drucksensor → Kompressoranlage
Fotoelement → Beleuchtungsanlage

Die Sensoren liefern durch entsprechende Beschaltung genormte Signale. Zum Beispiel:

Spannung: 0 – 10 V
Strom: 4 – 20 mA

Die **analogen Signale** bilden dabei einen bestimmten Wertebereich der zu überwachenden Größe ab, z.B.

Temperatur: 20 °C → 0 V; 100 °C → 10 V
Druck: 1000 mbar → 4 mA; 5 mbar → 20 mA

Digitale Steuerungen können diese Spannungs- oder Stromsignale in dieser *analogen Form* nicht verarbeiten, sie müssen mit Hilfe von *Wandler-Schnittstellen* umgesetzt werden.

Zwischen dem Analogeingang und der digitalen Verarbeitung des Signals muss also ein **Analog-Digital-Wandler** (ADC, Analog-Digital-Converter) geschaltet werden.

Information

AD-Wandler

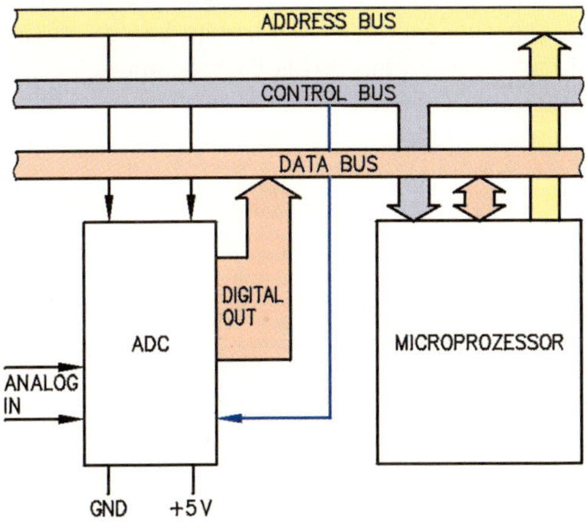

Blockschaltbild eines AD-Wandlers (ADC)

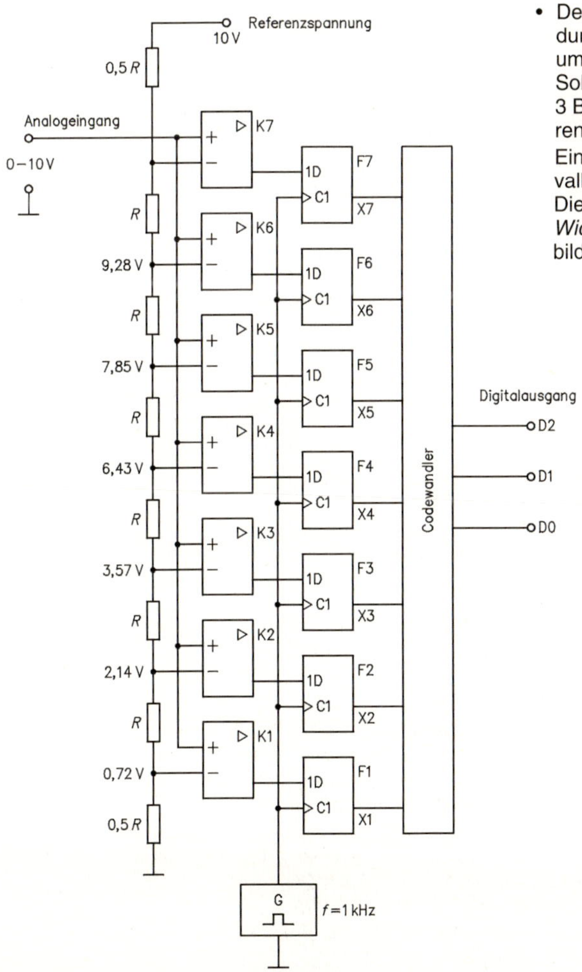

Analog-Digital-Wandler ADC

Das Blockschaltbild zeigt einen **ADC mit Komparatoren** (K1 – K7), *flankengesteuerten Flip-Flops* (F1 – F7) und einen *Codewandler*.

- Ein **Komparator** ist ein *Spannungsvergleicher*. Komparatoren haben einen *nichtinvertierenden* Eingang (+) und einen *invertierenden* Eingang (–). Funktion dieser Schaltungen (Operationsverstärker): Ist die Spannung am (+)-Eingang größer als am (–) -Eingang, ist die Ausgangsspannung gleich der Betriebsspannung des Komparators (z.B. 5 V). Ist die Spannung am (+)-Eingang kleiner als am (–) -Eingang, ist die Ausgangsspannung Null.
- Ein **D-Flip-Flop** ist ein taktzustandsgesteuerter Umschalter. Die am Eingang 1D (D = delay = verzögert) liegende Information (5 V oder 0 V) wird vom Flipflop erst dann übernommen und am Ausgang Q ausgegeben, wenn die *positive Flanke des Taktimpulses* an C1 (C = Clock) eintrifft. Dieses Signal bleibt jetzt bis zum nächsten Taktimpuls gespeichert.
- Der **Codewandler** setzt die eintreffenden Signale durch logische Verknüpfungen in den Dualcode um.
  Soll eine analoge Spannung in einen Dualcode mit 3 Bit gewandelt werden, dann muss eine Referenzspannung, die gleich groß wie die maximale Eingangsspannung (z.B. 10 V) ist, in $2^3 = 8$ Intervalle aufgeteilt werden.
  Dies geschieht durch eine *Reihenschaltung von Widerständen*, die die entsprechenden Potenziale bildet.

Erläuterung der Funktion des ADC an einem Beispiel

Am Analogeingang des ADC liegt eine sich zeitlich verändernde Spannung.

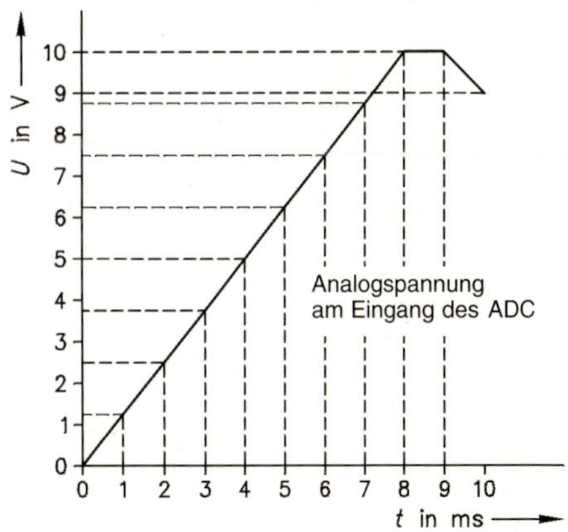

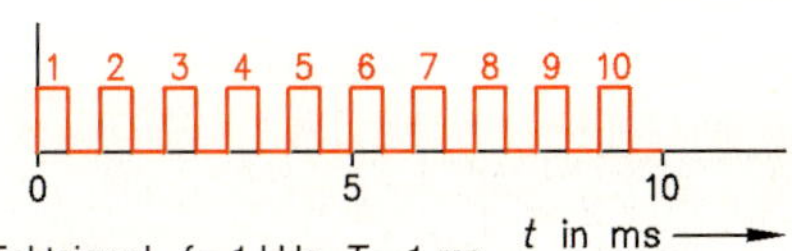

Taktsignal, $f = 1$ kHz, $T = 1$ ms

Information

Die Eingangsspannung steigt bei 0 V beginnend an und erreicht nach 1 ms $U = 1{,}25$ V. Am Komparator K1 ist dann der (+)-Eingang positiver als der (–) -Eingang, K1 liefert am Ausgang ein H-Signal (5 V). Alle anderen Komparatoren liefern am Ausgang $L = 0$ V.

Mit dem zweiten Takt des Taktgebers G wird bei $t = 1$ ms diese Signalkombination in die Speicher F1 – F7 übernommen und an den Ausgängen X1 – X7 ausgegeben.

Der Codewandler liefert am Ausgang die Digitalsignale D2 = 0, D1 = 0, D0 = 1. Dies ergibt die Dualzahl 001.

Die Spannung steigt weiter an und erreicht nach 2 ms $U = 2{,}5$ V. Der zweite Komparator K2 schaltet um und liefert am Ausgang H-Signal.

Mit dem dritten Takt des Taktgebers wird diese neue Signalkombination in die Flip-Flops übernommen und an den Codewandler gelegt. Am Eingang des Codewandlers steht die Signal-Kombination: 0000011. Der Codewandler liefert am Ausgang durch entsprechende Verknüpfung die Dualzahl 010.

Der weitere Verlauf der A-D-Wandlung kann der nachfolgenden Tabelle entnommen werden.

Zeit t in ms	*Analoge Spannung in V*	*Takt $f = 1$ kHz*	*Dig. Ausgangssignal Dualcode*
0	*0*	*1*	*000*
1	*1,25*	*2*	*001*
2	*2,5*	*3*	*010*
3	*3,75*	*4*	*011*
4	*5*	*5*	*100*
5	*6,25*	*6*	*100*
6	*7,5*	*7*	*101*
7	*8,75*	*8*	*110*
8	*10*	*9*	*111*
9	*10*	*10*	*111*
10	*9*	*11*	*110*

Man erkennt an diesem Beispiel:

Die **Auflösung** bei einem *3-Bit Wandler* ist sehr grob. Die *Stufigkeit* des hier dargestellten Wandlers im Spannungsbereich 0 – 10 V beträgt 1,25 V.

Eine *höhere Auflösung* (z.B. 8 Bit) erfordert einen *höheren Schaltungsaufwand.*

Für eine **8-Bit Wandlung** wären $2^n - 1 = 2^8 - 1 = 255$ Komparatoren erforderlich.

Die *Stufigkeit* beträgt bei einem 8-Bit-Wandler

$$\frac{10\,\text{V}}{256} = 39\,\text{mV},$$

d.h. die kleinste Spannungsänderung, die erfasst werden kann, beträgt 39 mV.

Da sich Analogsignale zeitlich ändern, müssen sie in möglichst *kurzen Zeitabständen* abgetastet werden. Im beschriebenen Beispiel wird das Analogsignal in Abständen von 1 ms ($f = 1$ kHz) erfasst.

Je größer die **Abtasthäufigkeit** (*Sampling rate*), umso genauer ist die Abbildung der *Analogspannung* als Dualzahl.

Zum Datenblattauszug:

1. In welchem Bereich darf die Referenzspannung liegen?
2. In welchem Bereich darf die analoge Eingangsspannung liegen?
3. Welche Betriebsspannung benötigt das ADC-IC?
4. Welche Wirkungen haben Logik-Signale an den Pins CS und RD?
5. Wie viel Bit hat der Datenbus an der dieser ADC angeschlossen werden kann?
6. In welcher Stufigkeit kann eine Analogspannung abgetastet werden, wenn gilt: U_{ref} = max. Betriebsspannung?

PIN CONFIGURATION

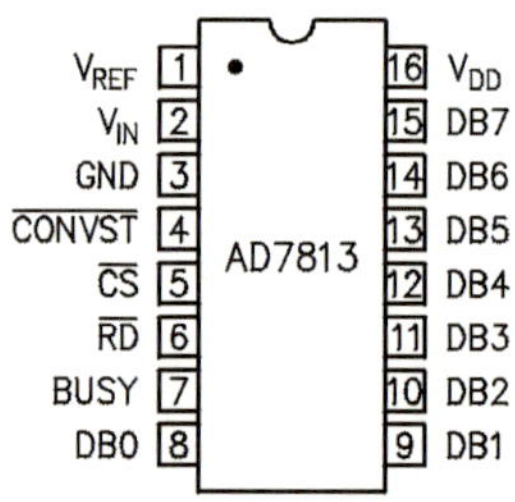

PIN FUNCTION DESCRIPTIONS

Pin No.	**Mnemonic**	**Description**
1	V_{REF}	*Reference Input, 1.2 V to V_{DD}.*
2	V_{IN}	*Analog Input, 0 V to V_{REF}.*
3	*GND*	*Analog and Digital Ground.*
4	$\overline{\textit{CONVST}}$	*Convert Start. A low to high transition on this pin initiates a 1 µs pulse on an internally generated $\overline{\text{CONVST}}$ signal. A high-to-low transition on this line initiates the conversion process if the internal CONVST signal ist low. Depending on the signal on this pin at the end of a conversion, the AD7813 automatically powers down.*
5	$\overline{\textit{CS}}$	*Chip Select. This is a logic input. $\overline{\text{CS}}$ is used in conjunction with $\overline{\text{RD}}$ to enable outputs.*
6	$\overline{\textit{RD}}$	*Read Pin. This is a logic input. When $\overline{\text{CS}}$ is low and $\overline{\text{RD}}$ goes low, the DB7 – DB0 leave their high impedance state and data is driven onto the data bus.*
7	*BUSY*	*ADC Busy Signal. This is a logic output. This signal goes logic high during the the conversion process.*
8 – 15	*DB0 – DB7*	*Data Bit 0 to 7. These outputs are three-state TTL-compatible.*
16	V_{DD}	*Positive power supply voltage, + 2.7 V to + 5.5 V.*

Information

Digital-Analog-Wandler, DAC

In einem Regelkreis soll die Regelgröße (z.B. Drehzahl, Druck, Helligkeit) konstant gehalten werden.

Dazu muss das Stellglied (Frequenzumrichter, gesteuerter Gleichrichter, Dimmer) mit Hilfe einer Stellgröße den Energiefluss zur Regelstrecke verändern können.

Regelstrecke

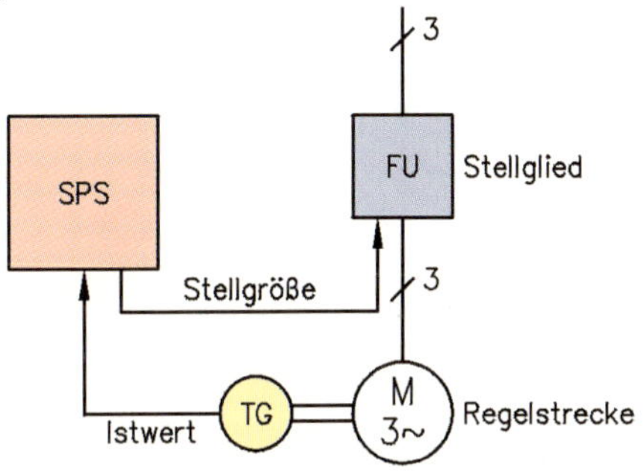

Die Stellgröße ist häufig ein *analoges Signal.* Die SPS (bzw. Kleinsteuerung) muss also einen *analogen Ausgang* besitzen, um ein Spannungssignal 0 – 10 V oder ein Stromsignal 4 – 20 mA ausgeben zu können.

Die *Schnittstelle* muss die digitalen Signale der CPU in ein analoges Signal umwandeln. Diese Aufgabe übernimmt ein **Digital-Analog-Wandler** (DAC).

Der *digitale Datenbus* hat z.B. eine Breite von 4 Bit. Es können $2^4 = 16$ Signal-Kombinationen auftreten (0000 – 1111). Ein H-Signal auf einer Datenleitung steuert den zugeordneten Transistor K0 – K3 an.

Prinzipschaltung einer Digital-Analog-Wandlung

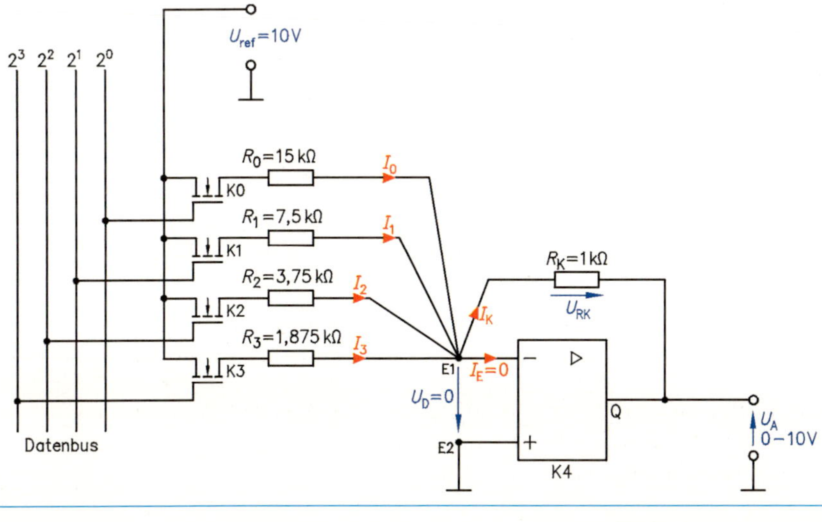

Damit wird eine Festspannung $U_{ref} = 10$ V an den zugehörigen Eingangswiderstand $R_0 - R_3$ gelegt.

Die Eingangswiderstände sind dual abgestuft:

$$R_0 = \frac{15\,\text{k}\Omega}{2^0} = 15\,\text{k}\Omega$$

$$R_1 = \frac{15\,\text{k}\Omega}{2^1} = 7{,}5\,\text{k}\Omega$$

$$R_2 = \frac{15\,\text{k}\Omega}{2^2} = 3{,}75\,\text{k}\Omega$$

$$R_3 = \frac{15\,\text{k}\Omega}{2^3} = 1{,}875\,\text{k}\Omega$$

Allgemein gilt:

$$R = R_0;\ R_0 = \frac{R}{2^0};\ R_1 = \frac{R}{2^1};\ R_2 = \frac{R}{2^2};\ R_3 = \frac{R}{2^3}$$

Folglich fließen durch die Widerstände Ströme, die der Stellenwertigkeit einer Dualzahl folgen:

$R_0 \rightarrow 1 \cdot I$
$R_1 \rightarrow 2 \cdot I$
$R_2 \rightarrow 4 \cdot I$
$R_3 \rightarrow 8 \cdot I$

Der *Operationsverstärker* (→ 540) arbeitet als Summationsverstärker: Der Eingangsstrom I_E des Operationsverstärkers K4 kann zu Null angenommen werden.

Da K4 als *Differenzverstärker* arbeitet, ist die Spannung zwischen den Eingängen E1 und E2 immer Null. Daraus ergibt sich, dass der Knotenpunkt E1 das gleiche Potenzial wie E2 (Masse, 0 V) hat.

Information

Beispiel 1

Die niederwertigste Datenleitung (2^0) führt H-Signal, die anderen Datenleitungen L-Signal. Der Transistor K0 schaltet, R_0 liegt somit an $U_{ref} = 10\,V$. Durch R_0 fließt der Strom

$$I_0 = \frac{U_{ref}}{R_0} = \frac{10\,V}{15\,k\Omega} = 0{,}67\,mA.$$

Der Strom I_0 fließt als Strom I_K durch den Koppelwiderstand R_K in den negativ aufgesteuerten Ausgang Q des Operationsverstärkers (Versorgungsspannung $\pm U_B$ von K4 ist nicht eingezeichnet).

Die Spannung an R_K ergibt sich zu

$$U_{RK} = I_K \cdot R_K = 0{,}67\,mA \cdot 1\,k\Omega = 0{,}67\,V$$

Die Spannung an R_K ist gleich groß wie die Spannung am Ausgang (Q gegen Masse):

$$U_{RK} = U_A$$

Damit die Spannung U_A positiv wird, muss sie noch invertiert werden (siehe Spannungspfeil U_A).

Beispiel 2

Zusätzlich zur Datenleitung 2^0 hat das zweite Bit (2^1) H-Signal. R_1 wird ebenfalls an $U_{ref} = 10\,V$ gelegt. Durch R_1 fließt der Strom

$$I_1 = \frac{U_{ref}}{R_1} = \frac{10\,V}{7{,}5\,k\Omega} = 1{,}33\,mA.$$

Die beiden Ströme I_0 und I_1 fließen in den Knotenpunkt E1. Es gilt dann

$$I_K = I_0 + I_1 = 0{,}67\,mA + 1{,}33\,mA = 2\,mA.$$

Dieser Strom I_K verursacht an R_K die Spannung

$$U_{RK} = I_K \cdot R_K = 2\,mA \cdot 1\,k\Omega = 2\,V.$$

Den kompletten Zusammenhang zwischen der Signalkombination auf dem Datenbus und der Ausgangsspannung U_A kann man der Tabelle entnehmen.

An der Darstellung auf Seite 551 (Ausgangsspannung) erkennt man die *Stufigkeit* der analogen Ausgangsspannung.

$$\text{Stufigkeit: } U_{Stufe} = \frac{U_A}{2^n - 1} = \frac{10\,V}{2^3 - 1} = 0{,}67\,V$$

Diese Stufigkeit kann durch eine *höhere Auflösung* verringert werden.

Beispiel

Der Datenbus hat eine Breite von 8 Bit.

$$\text{Stufigkeit: } U_{Stufe} = \frac{U_A}{2^n - 1} = \frac{10\,V}{255} = 39{,}2\,mV$$

Die Ausgangsspannung wird bei 8 Bit Auflösung in 256 Spannungsebenen je 39,2 mV unterteilt.

1. Dimensionieren Sie die Eingangswiderstände eines DAC für eine 8 Bit-Auflösung.
2. Ermitteln Sie die Stufigkeit der Ausgangsspannung eines 16 Bit DAC.
Siehe Auszüge aus dem Datenblatt (Anlage 3)
3. Welche analogen Ausgangssignale liefert der DAC?
4. Berechnen Sie die Stufigkeit des Ausgangssignals.
5. Welche Funktion hat der IC-Eingang CLK?

	Datenbus	*Ströme in mA*					*U_A in V*
Z	*$2^3\,2^2\,2^1\,2^0$*	*I_3*	*I_2*	*I_1*	*I_0*	*I_K*	*$I_K \cdot R_K$*
1	*0 0 0 0*	*0*	*0*	*0*	*0*	*0*	*0*
2	*0 0 0 1*	*0*	*0*	*0*	*0,67*	*0,67*	*0,67*
3	*0 0 1 0*	*0*	*0*	*1,33*	*0*	*1,33*	*1,33*
4	*0 0 1 1*	*0*	*0*	*1,33*	*0,67*	*2*	*2*
5	*0 1 0 0*	*0*	*2,67*	*0*	*0*	*2,67*	*2,67*
6	*0 1 0 1*	*0*	*2,67*	*0*	*0,67*	*3,33*	*3,33*
7	*0 1 1 0*	*0*	*2,67*	*1,33*	*0*	*4*	*4*
8	*0 1 1 1*	*0*	*2,67*	*1,33*	*0,67*	*4,67*	*4,67*
9	*1 0 0 0*	*5,33*	*0*	*0*	*0*	*5,33*	*5,33*
10	*1 0 0 1*	*5,33*	*0*	*0*	*0,67*	*6*	*6*
11	*1 0 1 0*	*5,33*	*0*	*1,33*	*0*	*6,67*	*6,67*
12	*1 0 1 1*	*5,33*	*0*	*1,33*	*0,67*	*7,33*	*7,33*
13	*1 1 0 0*	*5,33*	*2,67*	*0*	*0*	*8*	*8*
14	*1 1 0 1*	*5,33*	*2,67*	*0*	*0,67*	*8,67*	*8,67*
15	*1 1 1 0*	*5,33*	*2,67*	*1,33*	*0*	*9,33*	*9,33*
16	*1 1 1 1*	*5,33*	*2,67*	*1,33*	*0,67*	*10*	*10*

Information

Ausgangsspannung eines 4-Bit-DA-Wandlers

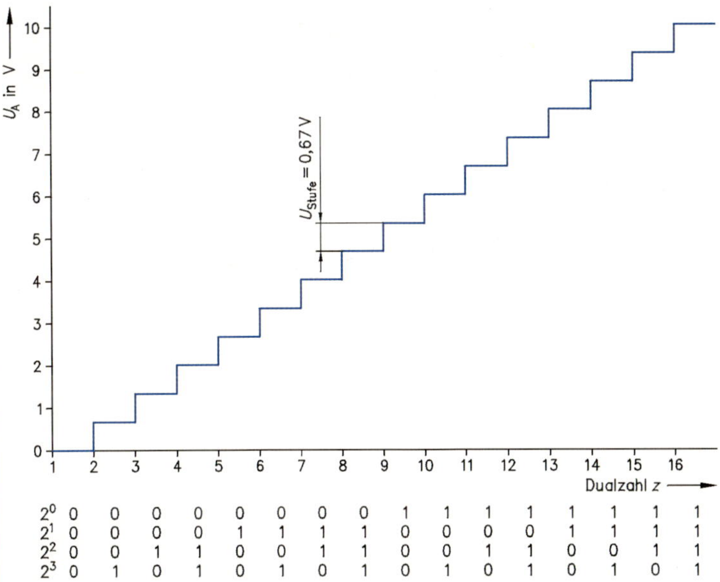

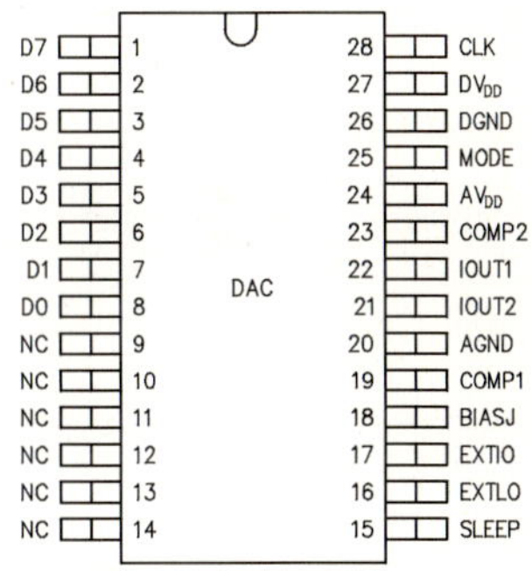

Terminal Functions

TERMINAL		I/O	DESCRIPTION
NAME	NO.		
AGND	20	I	Analog ground return for the internal analog circuitry
AV_{DD}	24	I	Positive analog supply voltage (3 V to 5.5 V)
BIASJ	18	O	Full-scale output current bias
CLK	28	I	External clock input. Input data latched on rising edge of the clock.
COMP1	19	I	Compensation and decoupling node, requires a 0.1 µF capacitor to AV_{DD}.
COMP2	23	I	Internal bias node, requires a 0.1 µF decoupling capacitor to AGND.
D[7:0]	[1:8]	I	Data bits 0 through 7. D7 is most significant data bit (MSB), D0 is least significant data bit (LSB)
DGND	26	I	Digital ground return for the internal digital logic circuitry
DV_{DD}	27	I	Positive digital supply voltage (3 V to 5.5 V)
EXTIO	17	I/O	Used as external reference input when internal reference is disabled (i.e., EXTLO = AV_{DD}). Used as internal reference output when EXTLO = AGND, requires a 0.1 µF decoupting capacitor to AGND when used as reference output.
EXTLO	16	O	Internal reference ground. Connect to AV_{DD} to disable the internal reference source
IOUT1	22	O	DAC current output. Full scale when all input bits are set 1
IOUT2	21	O	Complementary DAC current output. Full scale when all input bits are 0
MODE	25	I	Mode select. Internal pulldown. Mode 0 is selected if this pin is left floating or connected to DGND. See timing diagram.
NC	[9:14]	N	No connection
SLEEP	15	I	Asynchronous hardware power down input. Acitve High. Internal pulldown. Requires 5 µs to power down but 3 ms to power up.

11.3 Torsteuerungen

Auftrag

Sämtliche Tore des Betriebsgebäudes sollen auf SPS umgestellt und später über ein Bussystem miteinander verbunden werden. Der Zustand der Tore (AUF, ZU) soll auf einem Monitor visualisiert werden.

Eine zentrale Torsteuerung soll möglich sein.

Der Auftrag besteht zunächst darin, für die Tore der Laderampe und für die Hallentore ein SPS-Programm zu erstellen. Die zugehörigen Stromlaufpläne wurden Ihnen vom Meister ausgehändigt.

Betriebsgelände mit Toren und Schranken

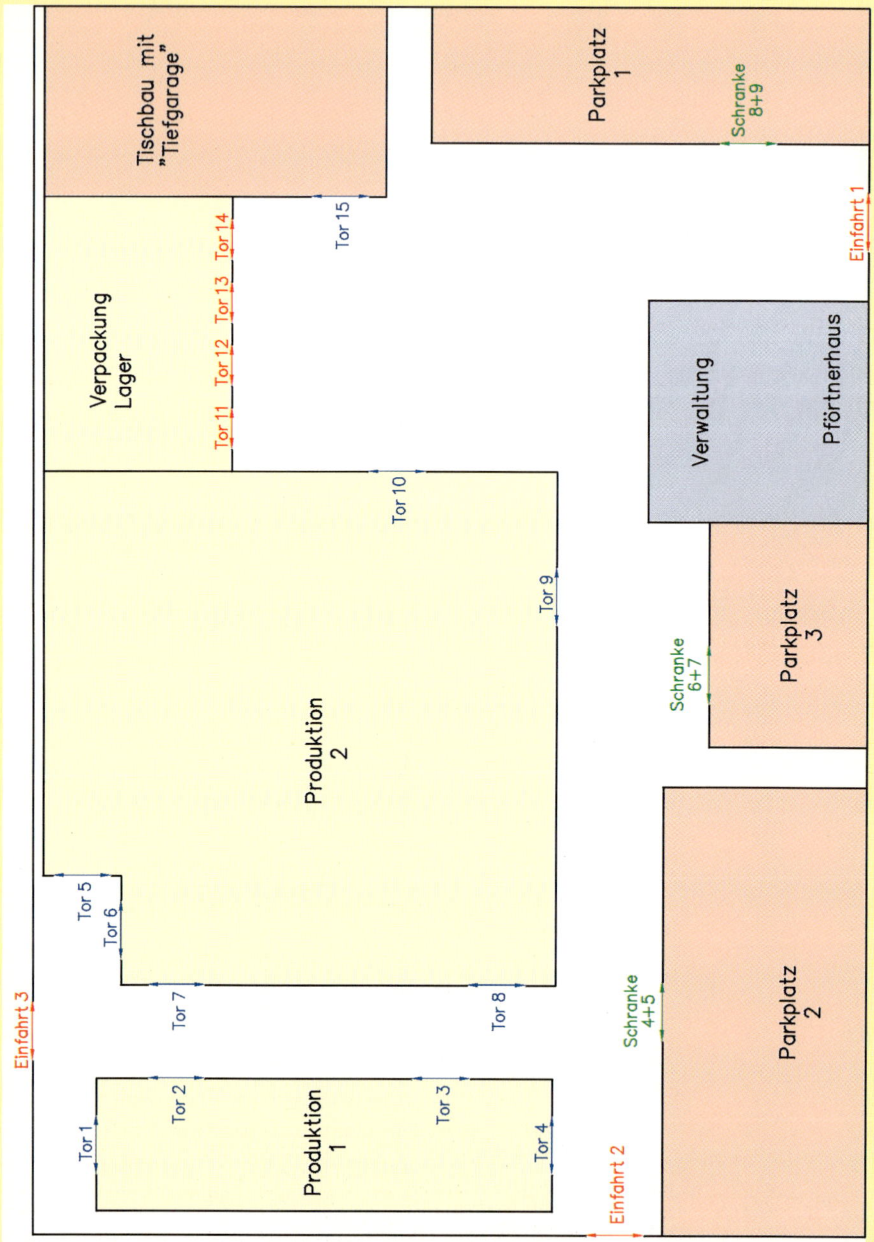

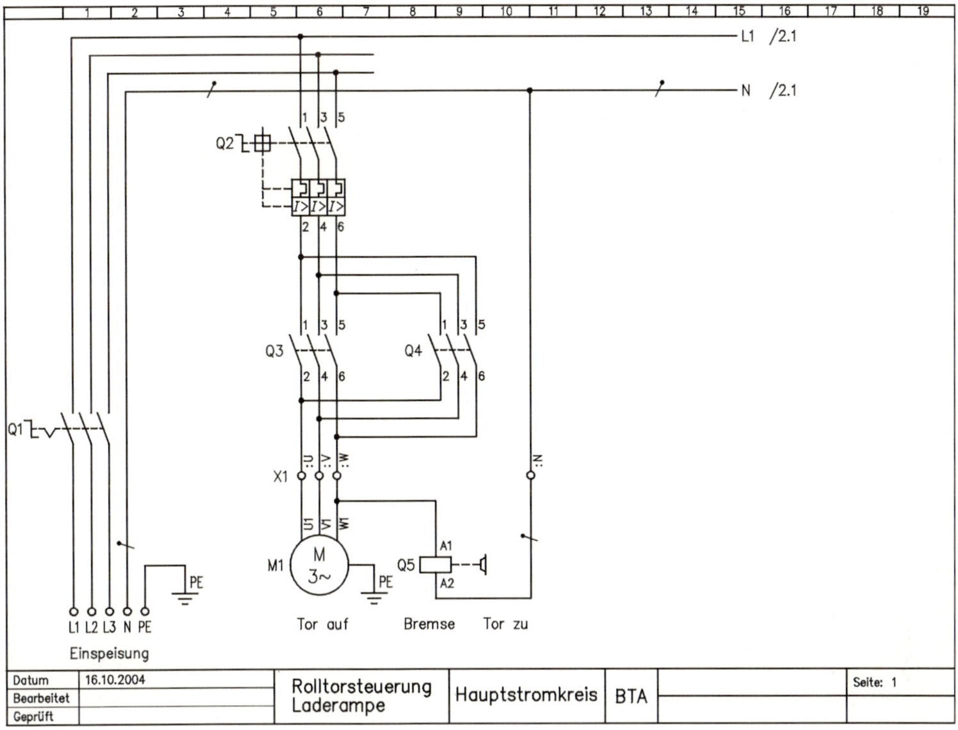
L1 /2.1
N /2.1
Q2
Q3
Q4
Q1
X1
M1
M 3~
Q5
A1
A2
PE
L1 L2 L3 N PE
Einspeisung
Tor auf
Bremse
Tor zu
Datum 16.10.2004
Bearbeitet
Geprüft
Rolltorsteuerung Laderampe
Hauptstromkreis
BTA
Seite: 1

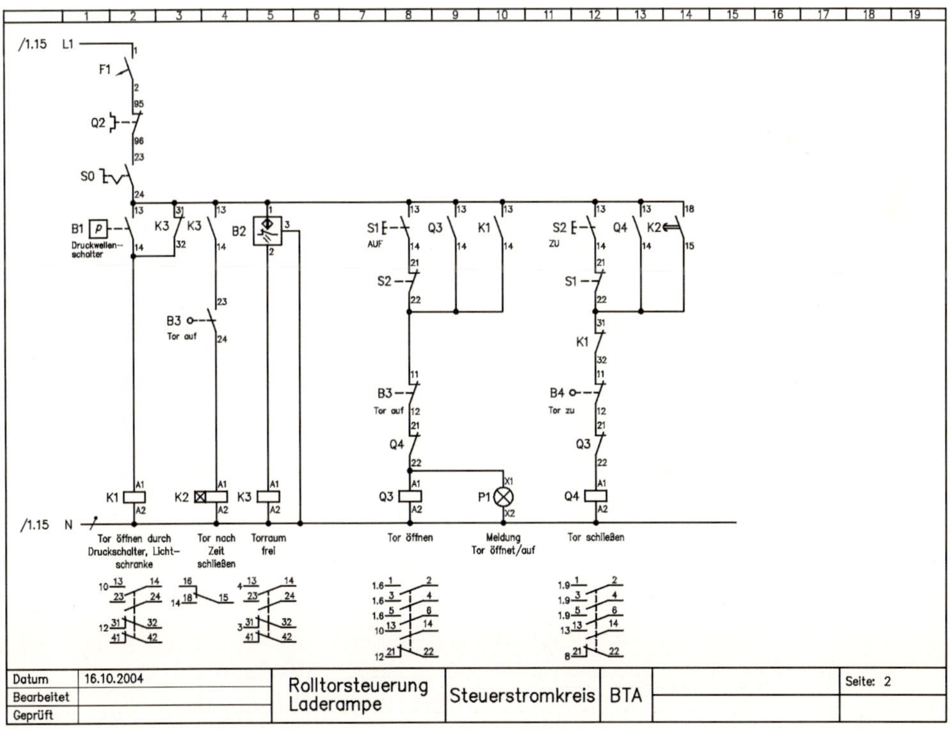
/1.15 L1
F1
Q2
S0
B1 Druckwellen-schalter
K3
B2
B3 Tor auf
S1 AUF
S2
Q3
K1
S2 ZU
Q4
K2
S1
K1
B3 Tor auf
Q4
B4 Tor zu
Q3
K1
K2
K3
Q3
P1
Q4
/1.15 N
Tor öffnen durch Druckschalter, Licht-schranke
Tor nach Zeit schließen
Torraum frei
Tor öffnen
Meldung Tor öffnet/auf
Tor schließen
Datum 16.10.2004
Bearbeitet
Geprüft
Rolltorsteuerung Laderampe
Steuerstromkreis
BTA
Seite: 2

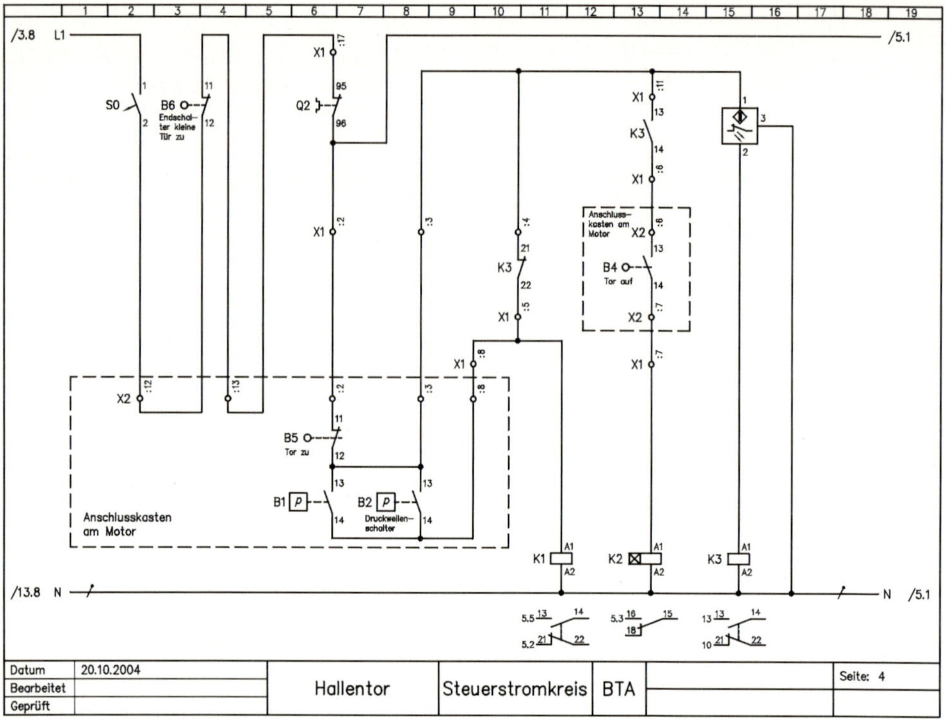
/3.8 L1
/5.1
S0
B6
Endschalter kleine Tür zu
Q2
K3
X1
X2
Anschlusskasten am Motor
B4
Tor auf
B5
Tor zu
B1
B2
Druckwellenschalter
Anschlusskasten am Motor
K1
K2
K3
/13.8 N
N /5.1
Datum
20.10.2004
Bearbeitet
Geprüft
Hallentor
Steuerstromkreis
BTA
Seite: 4

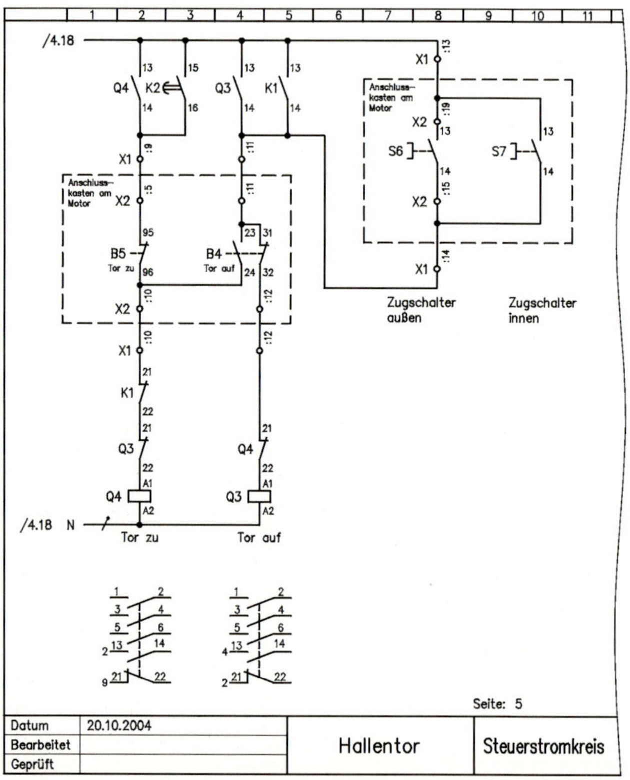
/4.18
Q4
K2
Q3
K1
X1
X2
Anschlusskasten am Motor
B5
Tor zu
B4
Tor auf
S6
S7
Zugschalter außen
Zugschalter innen
/4.18 N
Tor zu
Tor auf
Seite: 5
Datum
20.10.2004
Bearbeitet
Geprüft
Hallentor
Steuerstromkreis

Beachten Sie, dass der *Hauptstromkreis* für die *Rolltore der Laderampe* und für die *Hallentore* identisch ist. Aus Platzgründen wird er deshalb nur einmal dargestellt.

Anwendung

1. *Rolltorsteuerung Laderampe*
Wie funktioniert die Bremse Q5?
Welche Aufgabe hat die Lichtschranke B2?
Unter welchen Voraussetzungen kann die Zeit K2 ablaufen?
Was passiert, wenn die Zeit abgelaufen ist?

Wenn das Tor beim Schließen auf ein Hindernis läuft, wird der Druckwellenschalter B1 betätigt.
Welche Folgen hat das in der Steuerung?
Sie betätigen S1 und das Tor öffnet sich. Während der Toröffnung betätigen Sie S2, um das Tor zu schließen. Was ist die Folge? Ist dies sinnvoll?
Was wäre zu tun, wenn Sie dies für nicht sinnvoll halten?

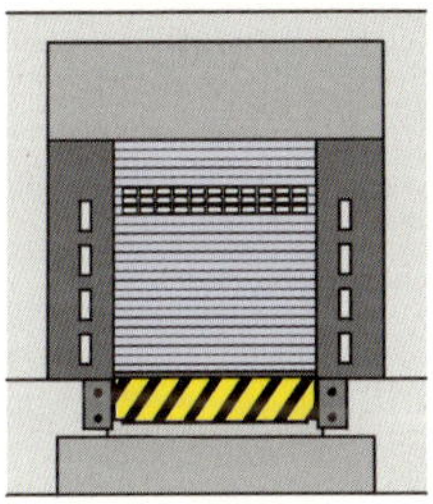

2. *Hallentor*
Welche Aufgabe hat B6?
Zwischen den Klemmen X2 : 6 und X2 : 7 ist ein Schließer von B4 montiert.
Ist das korrekt? Müsste das nicht ein Öffner sein?
Vor den Druckwellenschaltern B1 und B2 ist ein Öffner von B5 geschaltet (an Klemme X2 : 2). Welche Aufgabe hat dieser Öffner? Könnte auf diesen Öffner verzichtet werden?
Wenn einer der beiden Zugschalter S6, S7 betätigt wird, öffnet sich das Tor.
Kann es nur nach Ablauf der Zeit K2 automatisch wieder geschlossen werden?

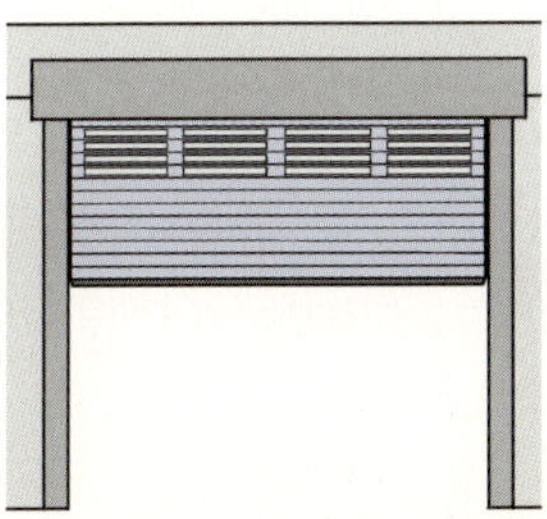

SPS-Programm für Rolltor Laderampe

Für die derzeit 4 Laderampen wird die Torsteuerung viermal benötigt. Daher wird ein *Funktionsbaustein* erstellt, von dem *4 Instanzen* gebildet werden. Bei weiteren Laderampen kann auf diesen Funktionsbaustein erneut zurückgegriffen werden.

FB: Torsteuerung-Laderampe

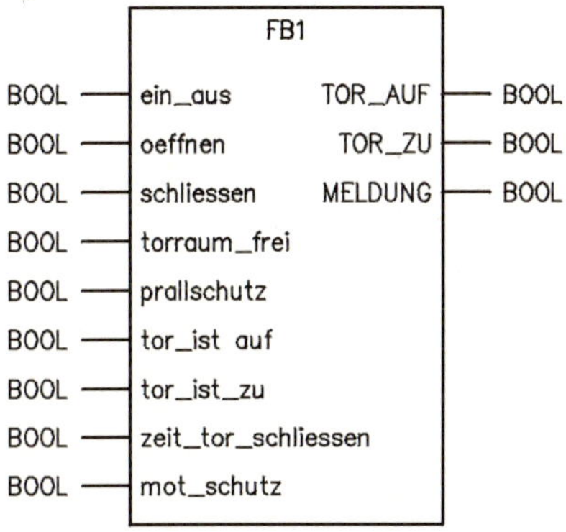

Anwendung

Erstellen Sie den FB quellorientiert in der Programmiersprache AWL.

Testen Sie den erstellten Baustein.

Warum erfolgt die Zeitvorgabe für das automatische Schließen des Tores nicht im Baustein selbst?

Englisch

Aktor
actuator

Arbeitsstromprinzip
open circuit principle

Aufwärtszähler
up counter

Abwärtszähler
down counter

Ausschalt-verzögerung
breaking operation delay

Blinkgeber
flasher

Codierung
encoding

Dateiformat
file format

Datenleitung
data transfer line

Datenübertragung
data transmission

SPS-Eingang
PLC input

Eingangssignal
input signal

Ausgangssignal
output signal

SPS-Programm für Hallentor

Hierfür liegt bereits ein SPS-Programm vor, das eventuell als Vorlage für die Erstellung des *FB 2: Hallentor* verwendet werden kann.

Funktionsbaustein → 186, Instanzbildung → 190

Netzwerk : 1 Antrieb Tor auf

Das Tor wird geöffnet, wenn ein Druckwellenschalter betätigt ist oder der Torraum nicht mehr frei ist, so lange das Tor noch nicht geschlossen ist.
Ist das Tor geschlossen, kann es durch einen Seilzugschalter geöffnet werden.

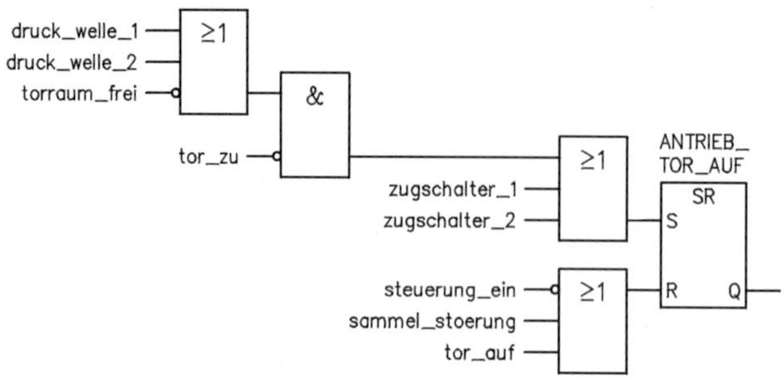

Netzwerk : 2 Antrieb Tor zu

Das Tor wird geschlossen, wenn die Zeit abgelaufen ist oder ein Zugschalter betätigt wird. Voraussetzung ist allerdings, dass der Torraum frei ist, keine Störung anliegt und kein Druckschalter betätigt ist.

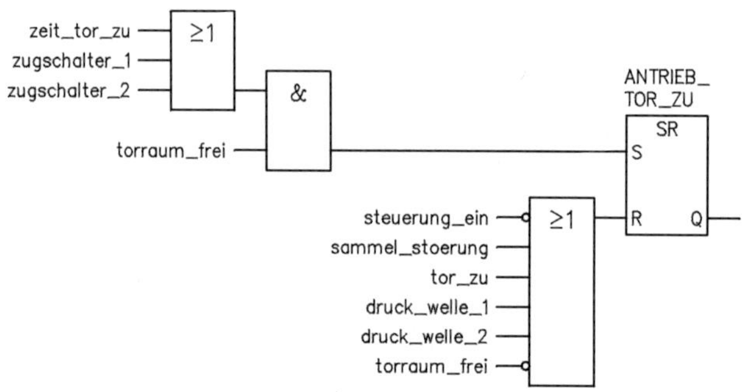

Netzwerk : 3 Tor automatisch schließen

Wenn der Torraum durchgehend frei ist, schließt das Tor innerhalb der projektierten Zeit automatisch.

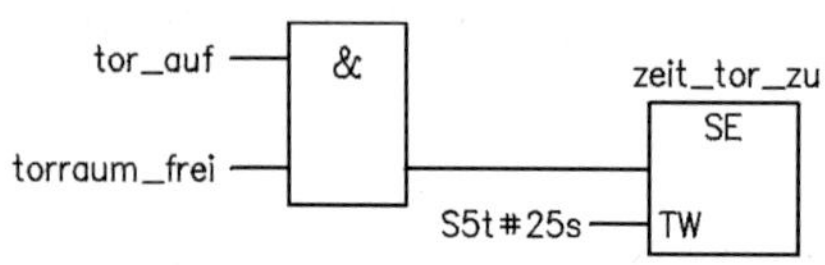

Netzwerk : 4 Sammelstörung

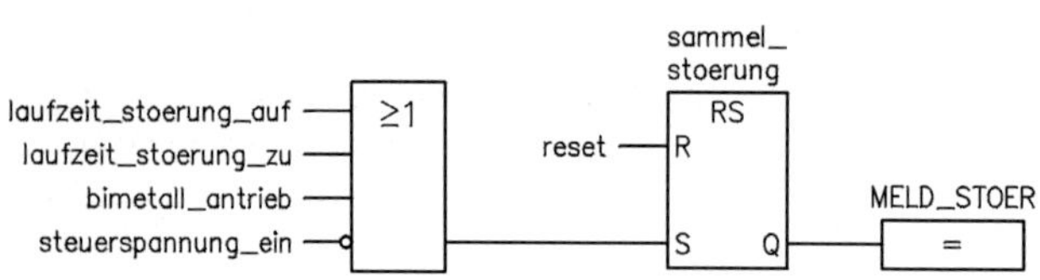

Zeitfunktionen (SPS) → 176

Netzwerk : 5 Laufzeitstörung Tor auf

Wenn der Antrieb länger als die parametrierte Zeit eingeschaltet ist, erfolgt eine Störungsmeldung.

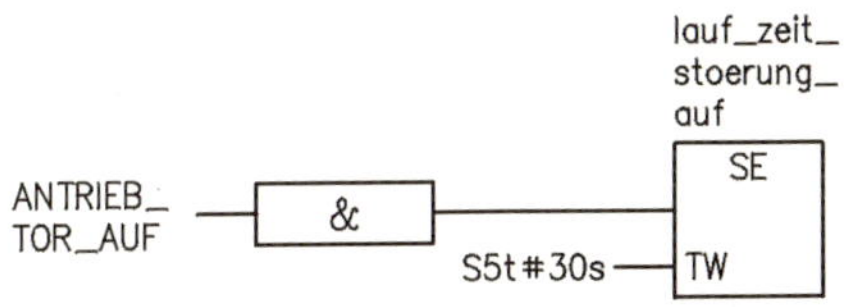

Netzwerk : 6 Laufzeitstörung Tor zu

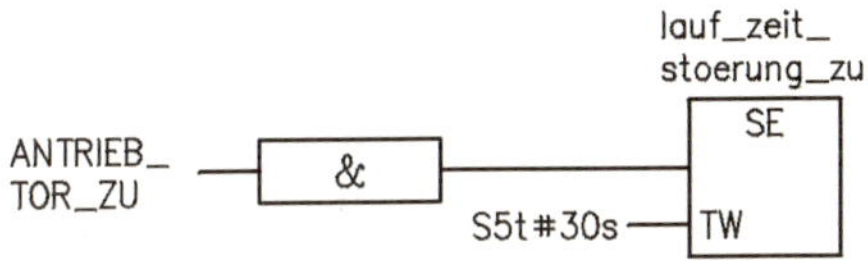

Anwendung

Der Funktionsplan ist im OB1 programmiert und wird von Ihrem Meister sehr zurückhaltend beurteilt.

Er händigte Ihnen diesen FUP mit der unmissverständlichen Bemerkung „Arbeitsgrundlage“ aus.

Ihr Auftrag besteht darin, einen Funktionsbaustein für die Betriebstore zu erstellen und zu testen.

Die Instanzen dieses FBs können für die jeweiligen Betriebstore eingesetzt werden.

Bezüglich der Programmiersprache erhalten Sie dabei keine Vorgaben.

Einzig GRAPH7 scheidet aus, da dies möglicherweise in Zusammenhang mit der eingesetzten CPU Schwierigkeiten machen könnte.

Selbstverständlich ist die Arbeit sorgfältig zu dokumentieren.

Parkschrankensteuerung

Auftrag

Auf dem Firmengelände sind drei Parkplätze, die jeweils mit Schranken für die Ein- und Ausfahrt ausgerüstet werden sollen. Dabei sind die drei Schrankensysteme vollkommen identisch.

Der Abteilungsleiter der Elektrowerkstatt händigt Ihnen die Pläne der Schrankensteuerung mit Bitte um Überprüfung aus.

Die Seiten 1 und 2 enthalten allgemeine Informationen und liegen nicht bei.

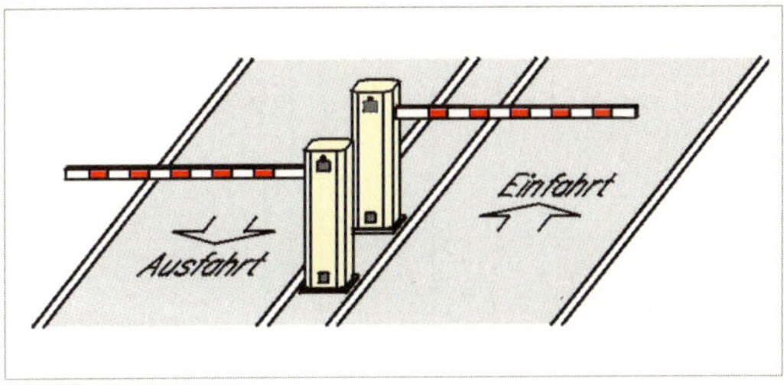

1 Parkschranke

Organisationsbaustein OB1

Netzwerk : 1 Stoerungsbaustein

CALL stoerung //Funktion Stoerung

Netzwerk : 2 Schrankenantriebe

CALL antriebe //Funktion Antriebe

Netzwerk : 3 Zaehler Parkplatzbelegung

CALL vor_rueck_zaehler //CTUD

Netzwerk : 4 Meldelampen

CALL meldungen

FC1: Stoerung

Netzwerk : 1 Laufzeitstoerung, Eingangsschranke oeffnen

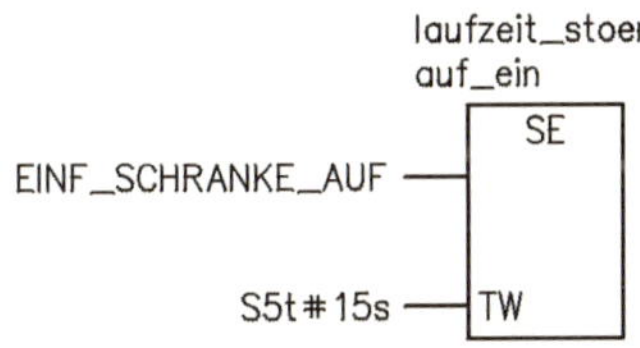

Netzwerk : 2 Laufzeitstoeung, Eingangsschranke schließen

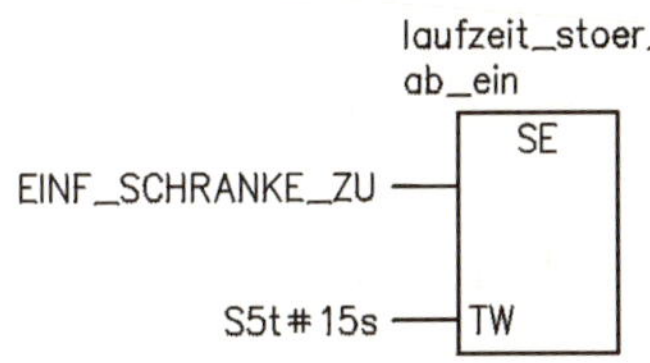

Netzwerk : 3 Laufzeitstoerung Ausgangsschranke oeffnen

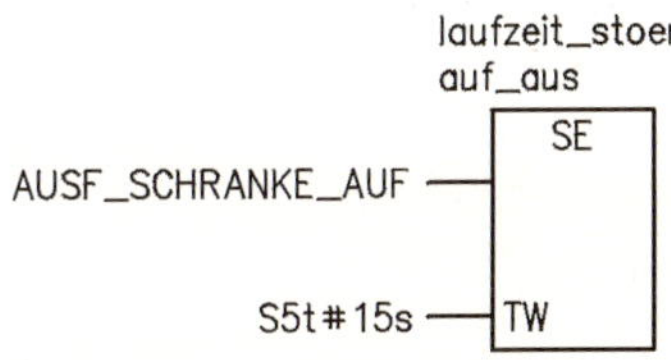

Symboltabelle Parkschrankensteuerung → 562

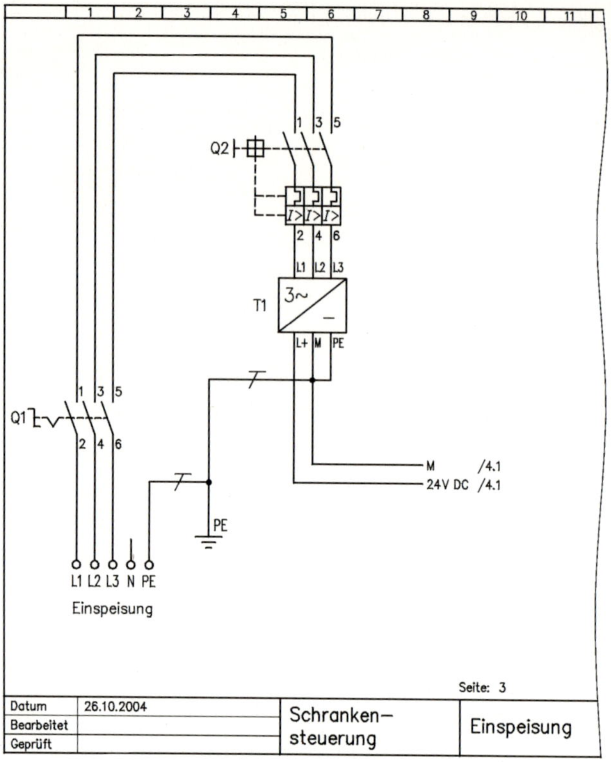
1 2 3 4 5 6 7 8 9 10 11
Q2
1 3 5
2 4 6
L1 L2 L3
T1
3~
L+ M PE
Q1
1 3 5
2 4 6
M /4.1
24V DC /4.1
PE
L1 L2 L3 N PE
Einspeisung
Seite: 3
Datum 26.10.2004
Bearbeitet
Geprüft
Schranken–
steuerung
Einspeisung

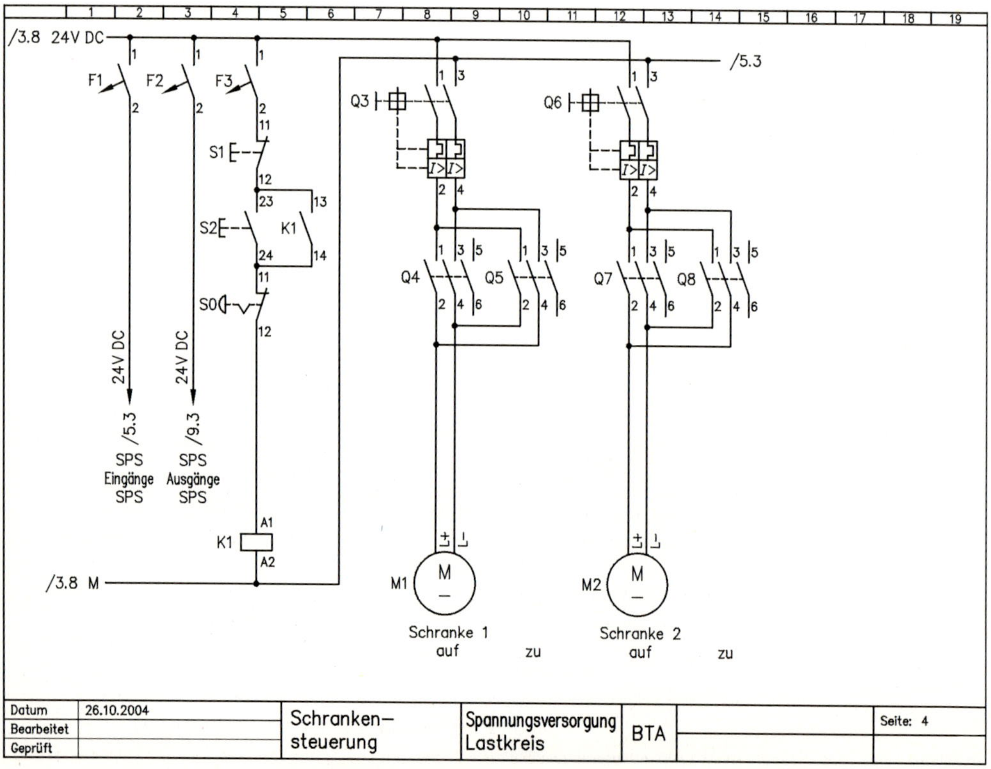
1 2 3 4 5 6 7 8 9 10 11 12 13 14 15 16 17 18 19
/3.8 24V DC
/5.3
F1 F2 F3
S1
S2
K1
S0
Q3
Q6
Q4 Q5
Q7 Q8
24V DC
24V DC
/5.3
/9.3
SPS
Eingänge
SPS
SPS
Ausgänge
SPS
K1
A1
A2
/3.8 M
M1
M2
Schranke 1
auf
zu
Schranke 2
auf
zu
Datum 26.10.2004
Bearbeitet
Geprüft
Schranken–
steuerung
Spannungsversorgung
Lastkreis
BTA
Seite: 4

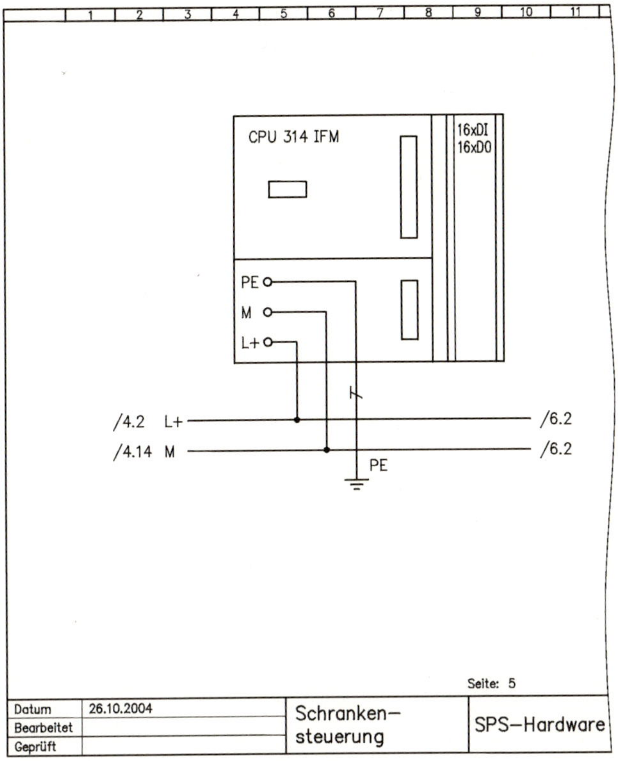
CPU 314 IFM
16xDI
16xDO
PE
M
L+
/4.2 L+
/4.14 M
/6.2
/6.2
PE
Seite: 5
Datum 26.10.2004
Bearbeitet
Geprüft
Schranken-
steuerung
SPS–Hardware

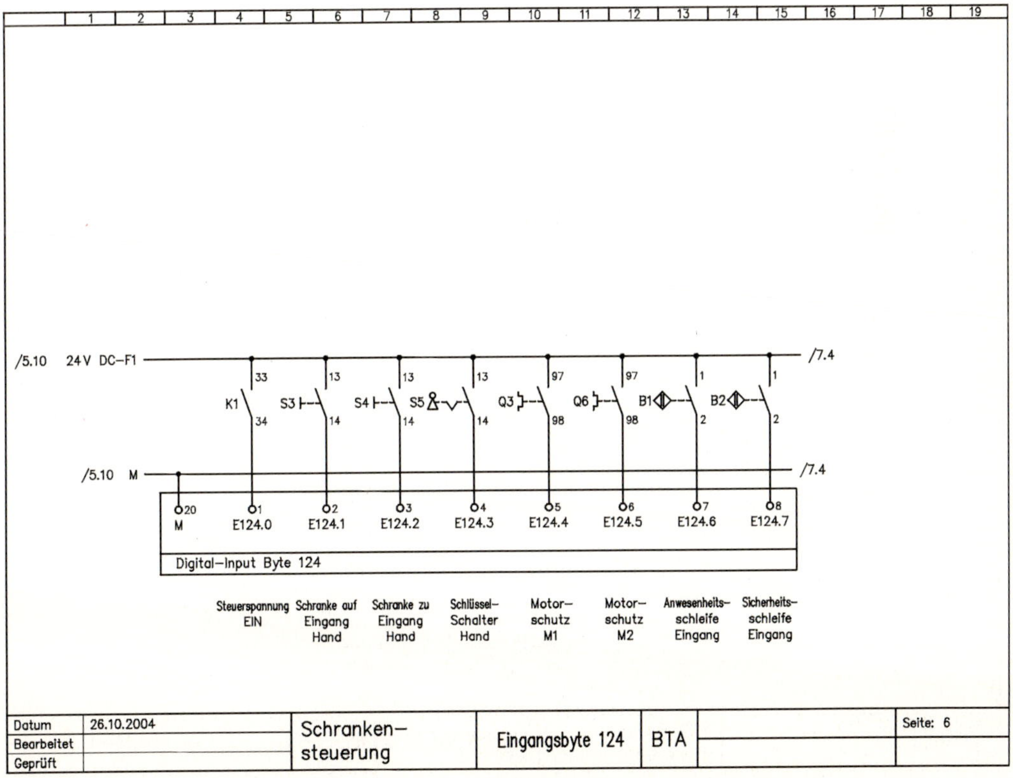
/5.10 24 V DC–F1
/7.4
K1 S3 S4 S5 Q3 Q6 B1 B2
/5.10 M
/7.4
M E124.0 E124.1 E124.2 E124.3 E124.4 E124.5 E124.6 E124.7
Digital–Input Byte 124
Steuerspannung EIN
Schranke auf Eingang Hand
Schranke zu Eingang Hand
Schlüssel-Schalter Hand
Motor-schutz M1
Motor-schutz M2
Anwesenheits-schleife Eingang
Sicherheits-schleife Eingang
Datum 26.10.2004
Bearbeitet
Geprüft
Schranken-
steuerung
Eingangsbyte 124
BTA
Seite: 6

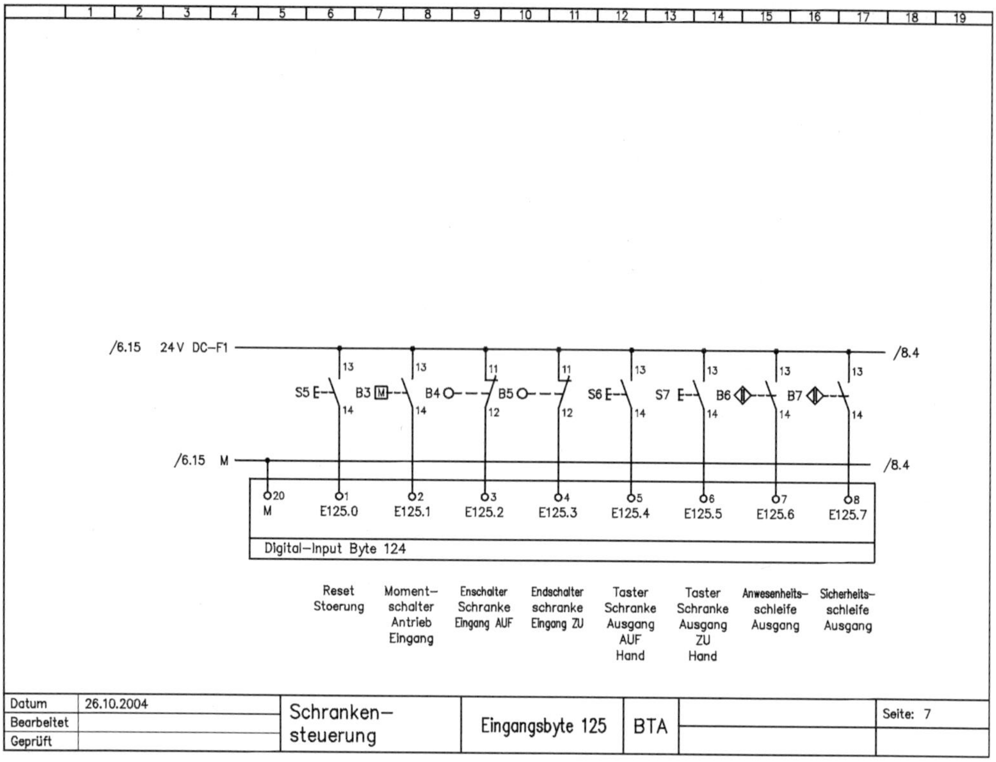

/6.15 24 V DC-F1
/8.4
S5 B3 B4 B5 S6 S7 B6 B7
/6.15 M
/8.4
M E125.0 E125.1 E125.2 E125.3 E125.4 E125.5 E125.6 E125.7
Digital-Input Byte 124
Reset Stoerung
Moment-schalter Antrieb Eingang
Enschalter Schranke Eingang AUF
Endschalter schranke Eingang ZU
Taster Schranke Ausgang AUF Hand
Taster Schranke Ausgang ZU Hand
Anwesenheits-schleife Ausgang
Sicherheits-schleife Ausgang
Datum 26.10.2004
Bearbeitet
Geprüft
Schranken-steuerung
Eingangsbyte 125
BTA
Seite: 7

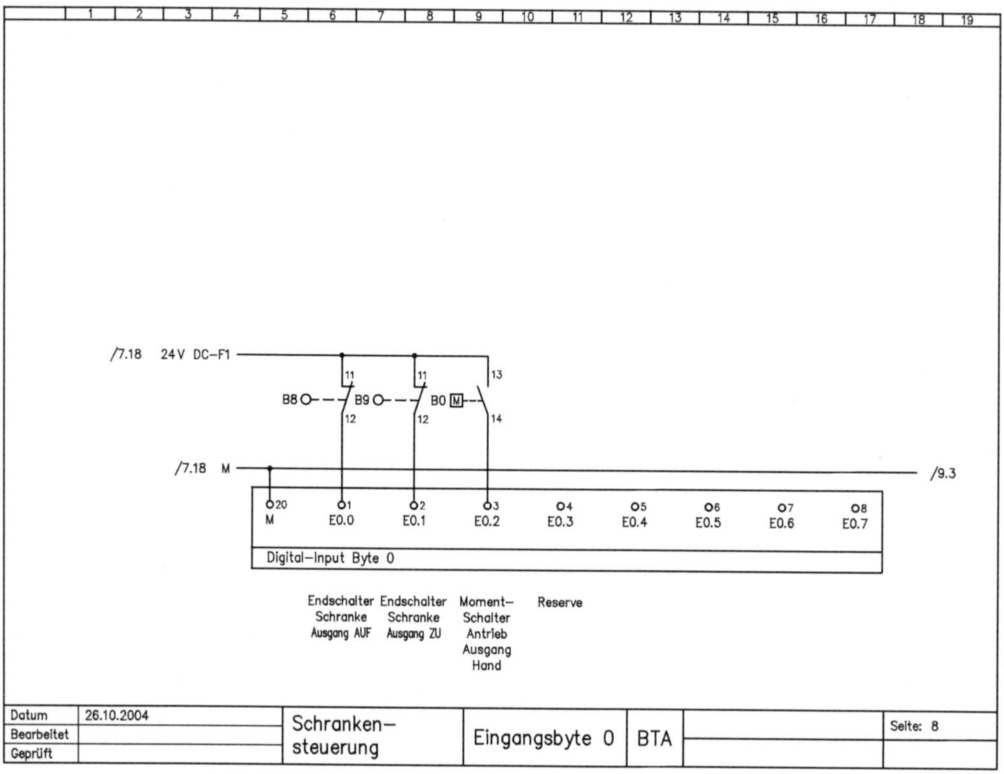

/7.18 24 V DC-F1
B8 B9 B0
/7.18 M
/9.3
M E0.0 E0.1 E0.2 E0.3 E0.4 E0.5 E0.6 E0.7
Digital-Input Byte 0
Endschalter Schranke Ausgang AUF
Endschalter Schranke Ausgang ZU
Moment-Schalter Antrieb Ausgang Hand
Reserve
Datum 26.10.2004
Bearbeitet
Geprüft
Schranken-steuerung
Eingangsbyte 0
BTA
Seite: 8

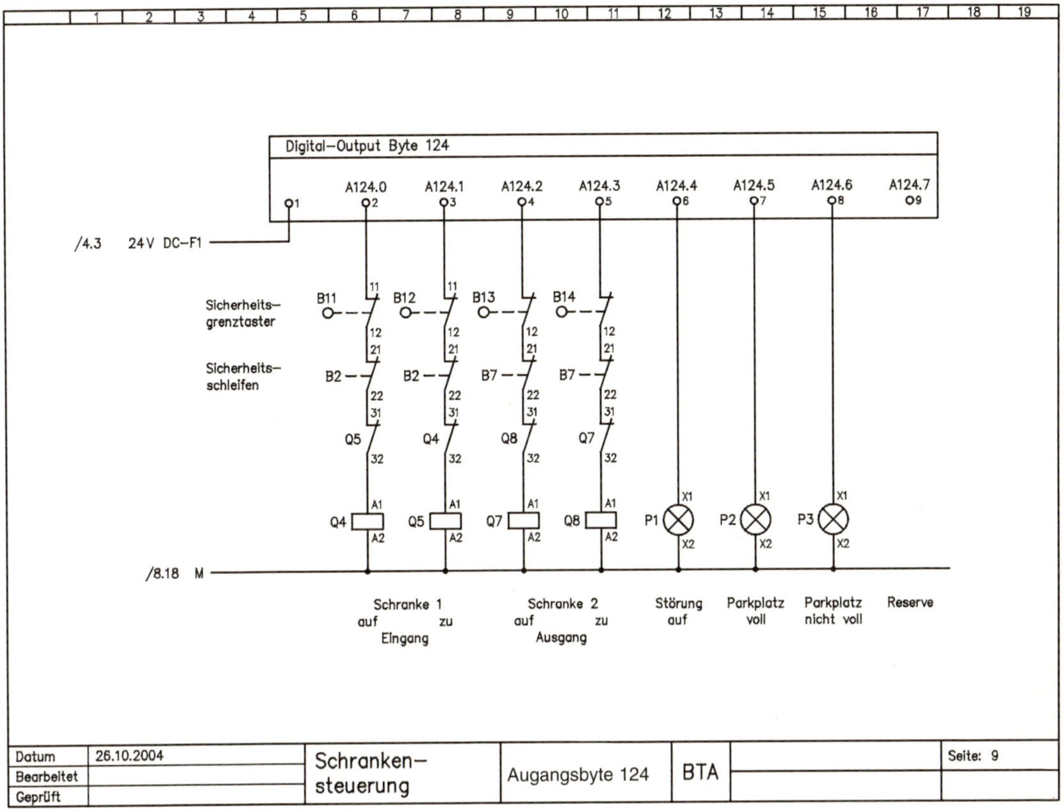

Netzwerk : 4 Laufzeitstoerung Ausgangsschranke schliessen

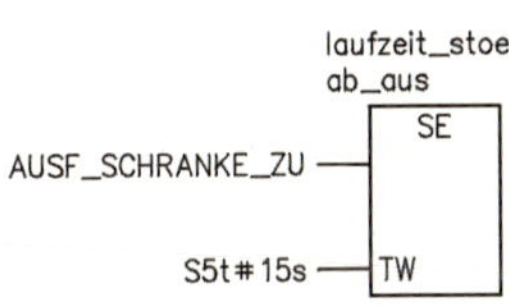

Netzwerk : 5 Stoerung Eingang

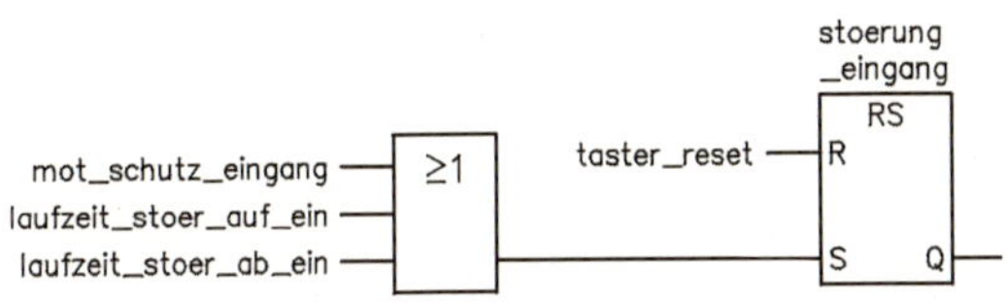

Netzwerk : 6 Stoerung Ausgang

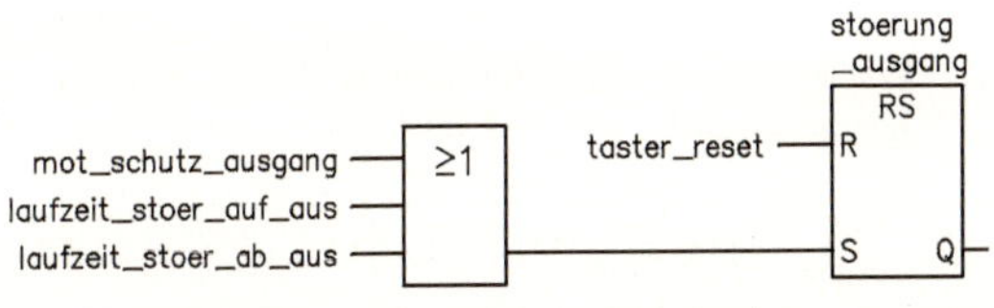

Netzwerk : 7 Sammelstoerung

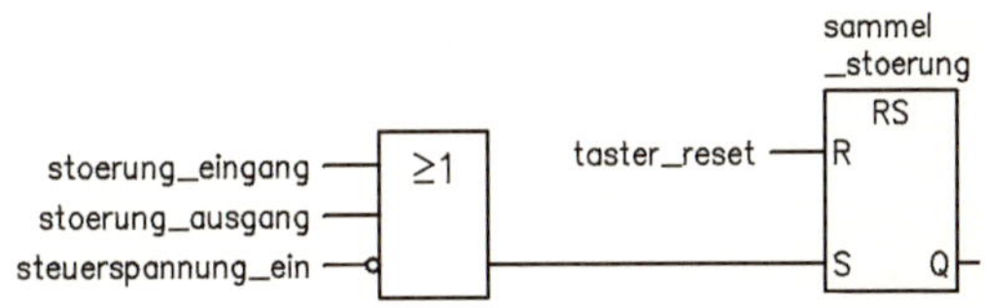

Netzwerk : 8 Momentstoerung Einfahrtschranke

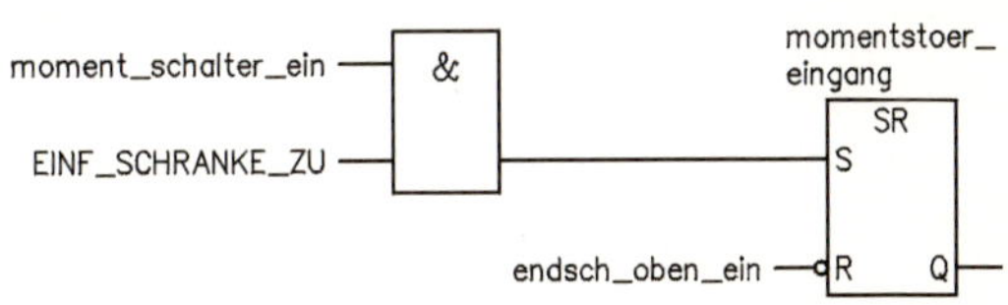

Netzwerk : 9 Momentstoerung Ausfahrtschranke

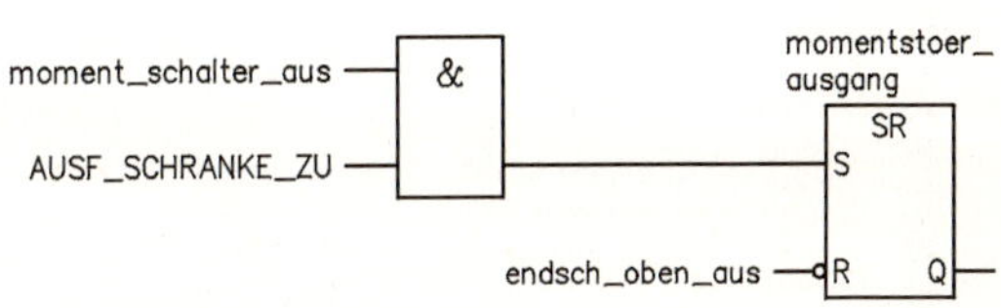

Symboltabelle der Parkschrankensteuerung

Symbol	Adresse	Datentyp	Kommentar
EINF_SCHRANKE_AUF	A124.0	BOOL	Schranke EINFAHRT öffnen
EINF_SCHRANKE_ZU	A124.1	BOOL	Schranke EINFAHRT schließen
AUSF_SCHRANKE_AUF	A124.2	BOOL	Schranke AUSFAHRT öffnen
AUSF_SCHRANKE_ZU	A124.3	BOOL	Schranke AUSFAHRT schließen
ML_STOERUNG	A124.4	BOOL	Meldelampe Störung
SIGNALLAMPE_VOLL	A124.5	BOOL	Parkplatz voll
SIGNALLAMPE_LEER	A124.6	BOOL	Parkplatz nicht voll
steuerspannung_ein	E124.0	BOOL	Steuerspannung ist eingeschaltet
tast_eingang_auf	E124.1	BOOL	Taster: Eingangsschranke öffnen
tast_eingang_zu	E124.2	BOOL	Taster: Eingangsschranke schließen
schluessel_handbetr	E124.3	BOOL	Schlüsselschalter Handbetrieb
mot_schutz_eingang	E124.4	BOOL	Motorschutz Schranke Eingang Parkplatz
mot_schutz_ausgang	E124.5	BOOL	Motorschutz Schranke Ausgang Parkplatz
anwesenheitsschleife_ein	E124.6	BOOL	Anwesenheitsschleife Eingang Parkplatz
sicherheitsschleife_ein	E124.7	BOOL	Sicherheitsschleife Eingang Parkplatz
taster_reset	E125.0	BOOL	Resettaster
moment_schalter_ein	E125.1	BOOL	Momentschalter Eingang Parkplatz
endsch_oben_ein	E125.2	BOOL	Endschalter Schranke oben, Eingang
endsch_unten_ein	E125.3	BOOL	Endschalter Schranke unten, Eingang
tast_ausgang_auf	E125.4	BOOL	Taster: Ausgangsschranke öffnen
tast_ausgang_zu	E125.5	BOOL	Taster: Ausgangsschranke schließen
anwesenheitsschleife_aus	E125.6	BOOL	Anwesenheitsschleife Ausgang Parkplatz
sicherheitsschleife_aus	E125.7	BOOL	Sicherheitsschleife Ausgang Parkplatz
endsch_oben_aus	E0.0	BOOL	Endschalter Schranke oben, Ausgang
endsch_unten_aus	E0.1	BOOL	Endschalter Schranke unten, Ausgang
moment_schalter_aus	E0.2	BOOL	Momentschalter Ausgang Parkplatz
sammel_stoerung	M0.0	BOOL	Sammelstoerung
stoerung_eingang	M0.1	BOOL	Störung Eingangsschranke
stoerung_ausgang	M0.2	BOOL	Störung Ausgangsschranke
momentstoer_eingang	M0.3	BOOL	Moment Eingangschranke überschritten
momentstoer_ausgang	M0.4	BOOL	Moment Ausgangsschranke überschritten
hilfs_merk_flanke_1	M1.0	BOOL	Hilfsmerker Flanke 1
flanke_zaehlen_vor	M1.1	BOOL	Flanke vorwärtszählen
hilfs_merk_flanke_2	M1.2	BOOL	Hilfsmerker Flanke 2
flanke_zaehler_rueck	M1.3	BOOL	Flanke rückwärtszählen
parkplatz_voll	M2.0	BOOL	Parkplatz besetzt
autos_auf_parkplatz	MW10	INT	Anzahl der Fahrzeuge auf dem Parkplatz
laufzeit_stoer_auf_ein	T1	TIMER	Laufzeitstörung Schranke auf, Eingang
laufzeit_stoer_ab_ein	T2	TIMER	Laufzeitstörung Schranke zu, Eingang
laufzeit_stoer_auf_aus	T3	TIMER	Laufzeitstörung Schranke auf, Ausgang
laufzeit_stoer_ab_aus	T4	TIMER	Laufzeitstörung Schranke zu, Ausgang
zeit_schranke_ab_ein	T5	TIMER	Zeit, nach der Eingangsschranke schließen soll
zeit_schranke_ab_aus	T6	TIMER	Zeit, nach der Ausgangsschranke schließen soll

Anwendung

1. Schrankensteuerung–Einspeisung (Seite 3):

Worum handelt es sich bei T1? Welche Gleichrichterschaltung wird vermutlich eingesetzt? Welche Farben müssen die auf dieser Seite dargestellten Leitungen haben? Warum wird der N-Leiter nicht benötigt?

Was bedeutet die Leiterbezeichnung M? Warum ist der M-Leiter mit Erde verbunden?

Ist die Erdverbindung fachgerecht?

2. Schrankensteuerung–Lastkreis (Seite 4):

Welche Aufgabe hat das Schütz K1?

Kann bei den Motorstromkreisen M1 und M2 auf Schmelzsicherungen verzichtet werden?

Wie wird die Drehrichtung eines Gleichstrommotors geändert? Um welche Gleichstrommotoren handelt es sich hier?

Die Seitenangaben beziehen sich hier auf die Schaltpläne.

FC2 : Antriebe

Netzwerk : 1 Schranke Einfahrt AUF

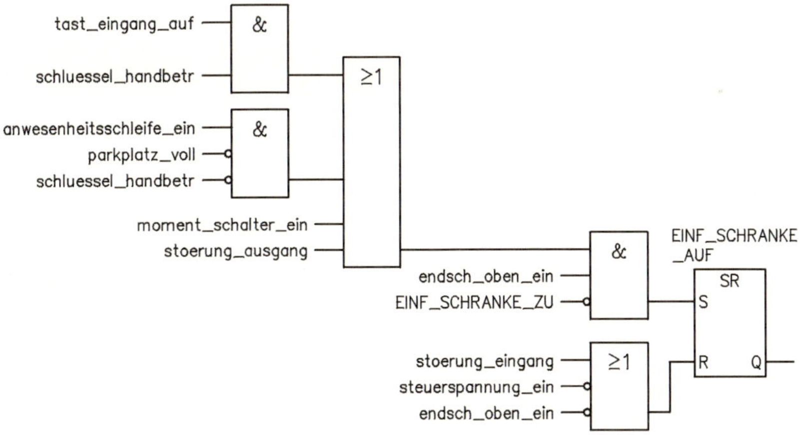

Netzwerk : 2 Schranke Einfahrt ZU

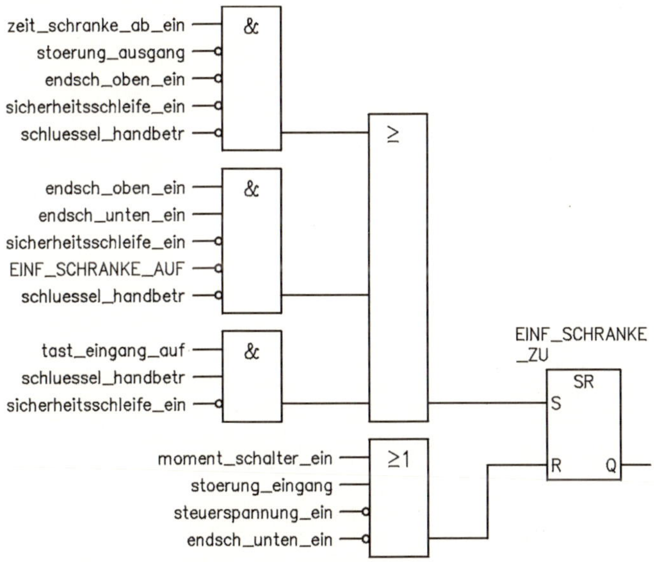

Netzwerk 3 : Zeit - Schranke Einfahrt ZU

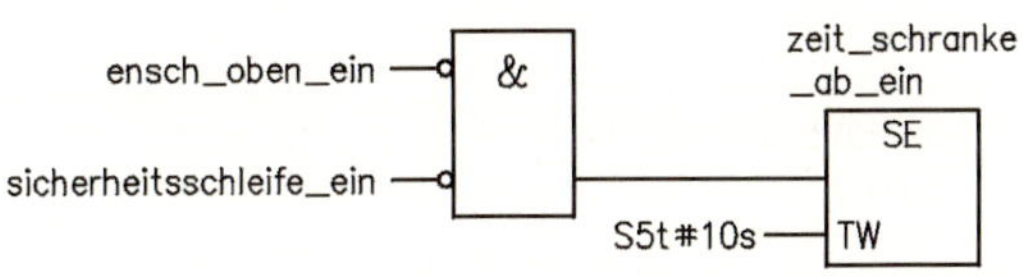

Funktion → 186

Netzwerk : 4 Schranke Ausfahrt AUF

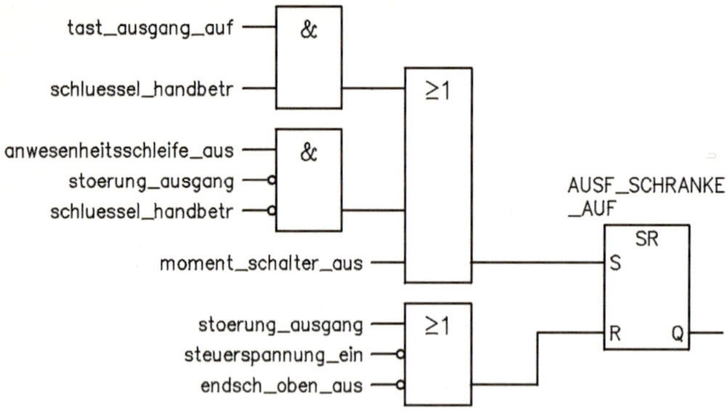

Netzwerk : 5 Schranke Ausfahrt ZU

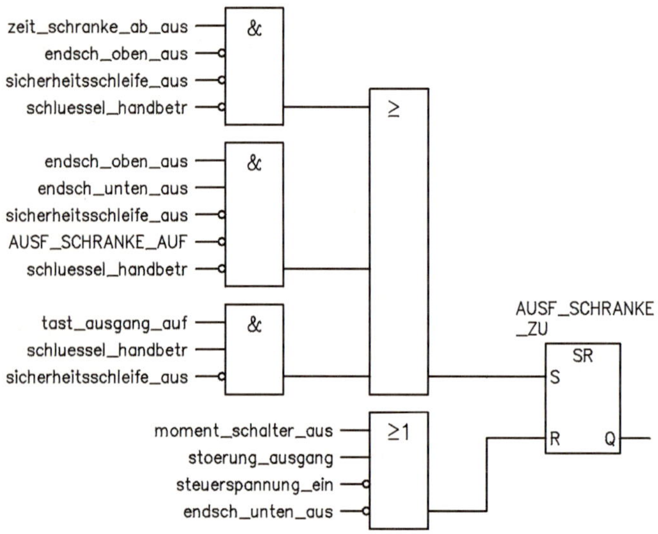

Netzwerk : 6 Zeit - Schranke-Ausfahrt ZU

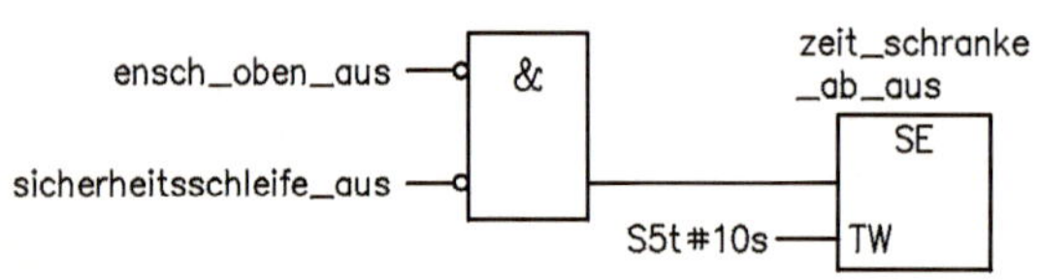

Anwendung

3. Schrankensteuerung–Eingangsbyte 124 (Seite 6): Eingang E124.0:

Welche Aufgabe hat K1 hier?

Sind die Motorschutzeinrichtungen (E124.4 und E124.5) überhaupt in das Steuerungsprogramm einbezogen worden? Tragen Sie dies bitte eventuell nach.

4. Welche Aufgabe haben die Momentschalter?

5. Schrankensteuerung–Ausgangsbyte 124 (Seite 9): Wozu dienen die Sicherheitsgrenztaster B1 bis B14?

Annahme: Beim Öffnen der Schranke an der Parkplatzeinfahrt wird der Sicherheitsgrenztaster B11 betätigt. Das Schütz Q4 fällt ab. Der Eingang A124.0 hat unverändert den Signalzustand „1“.

Wie kann die Schrankensteuerung wieder in Betrieb genommen werden?

FC3: Parkplatzbelegung

Netzwerk : 1 Fahrzeuge zählen und mit max. Parkplätzen vergleichen

```
      ON  flanke_zaehlen_vor      //Wenn nicht Flanke vorwärts zählen
      O   schluessel_handbetr     //oder Schlüsselschalter auf Handbetrieb
      SPB ma_1                    //überspringe zählen
      L   autos_auf_parkplatz     //Zählwert um 1 erhöhen
      INC 1
      T   autos_auf_parkplatz
ma_1: ON  flanke_zaehlen_rueck    //Wenn nicht Flanke rückwärts zählen
      O   schluessel_handbetr     //oder Schlüsselschalter auf Hand
      SPB ma_2                    //überspringe zählen
      L   autos_auf_parkplatz     //Zählwert um 1 erniedrigen
      DEC 1
      T   autos_auf_parkplatz
ma_2: L   autos_auf_parkplatz
      L   60                      //Anzahl der Parkplätze
      >   I
      =   parkplatz_voll
```

Netzwerk : 2 ***Flanke vorwärts zählen***

```
UN endsch_unten_ein
FP hilfs_merk_flanke_1
=  flanke_zaehler_vor
```

Netzwerk : 3 Flanke rückwärts zählen

```
UN endsch_unten_aus
FP hilfs_merk_flanke_2
=  flanke_zaehlen rueck
```

FC4: Meldelampen

Netzwerk : 1 Störungslampe

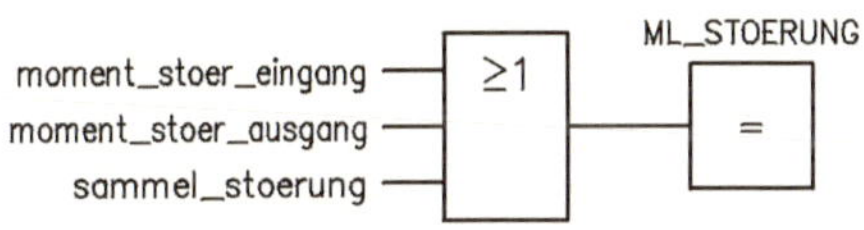

Netzwerk : 2 Signallampe: Parkplatz voll oder ausser Betrieb

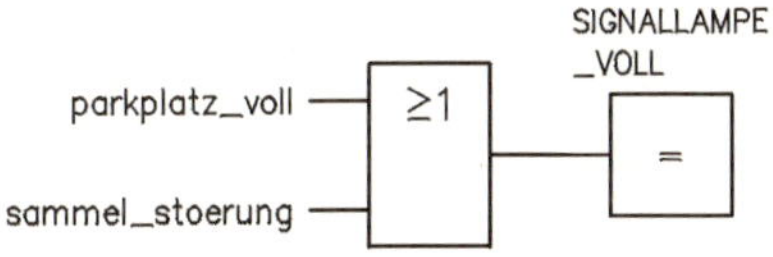

Netzwerk : 3 Signallampe Parkplatz frei

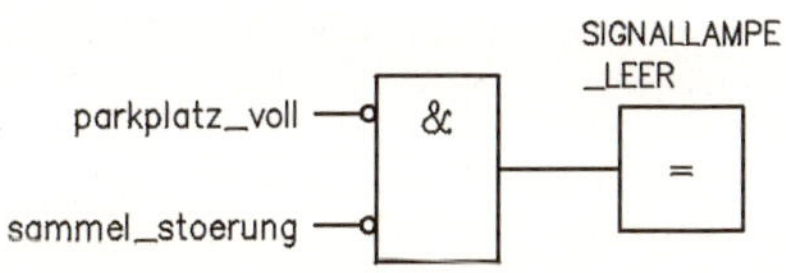

Anwendung

6. Im OB1 werden nur Funktionen (FC) aufgerufen. Trotz der symbolischen Namen ist das daran erkennbar, dass kein Instanz-DB angegeben ist.
Funktionen haben „kein Gedächtnis".
Darf der Baustein „Zähler" (vor_rueck_zaehler) als Funktion programmiert werden? Oder muss hier ein FB eingesetzt werden?

7. Überprüfen Sie das Steuerungsprogramm und testen Sie es.
Könnte die Funktion *antriebe* in der Programmiersprache GRAPH7 erstellt werden? Was wäre gegebenenfalls dabei zu beachten?

8. Sie sollen die Funktion FC3 in der Programmiersprache SCL quellorientiert erstellen.
Skizzieren Sie zuvor den Programmablaufplan.
Erstellen Sie die SCL-Quelle.
Testen Sie das Programm, nachdem Sie es aussagekräftig dokumentiert haben.

9. Nachdem alle Überprüfungen vorgenommen wurden, erstellen Sie die Gesamtdokumentation der Schrankensteuerung.

10. Sie werden gebeten, einen Fachvortrag „Schrankensteuerung" vorzubereiten und durchzuführen. Anwesend sind dabei der Leiter der Elektroabteilung sowie mehrere Auszubildende aus den Bereichen Elektrotechnik und Mechatronik.
Stellen Sie die auszuhändigenden Unterlagen zusammen.
Bereiten Sie den Fachvortrag in freier Rede vor, indem Sie moderne Präsentationshilfsmittel einsetzen.
Bereiten Sie sich auf eventuelle fachliche Fragen der Zuhörer vor.

Flanken → 214, Laden und Transferieren → 217, Arithmetische Fubktionen → 219, Vergleichsfunktionen → 220

Information

Regelungstechnik

In verschiedensten Produktionsprozessen erfolgen unterschiedliche Energieumsetzungen.

Beispiele

- Prozesswärme wird benötigt, um Klebstoffe verarbeiten zu können (elektrische Energie wird in Wärmeenergie umgesetzt).
- Die Produktionsmaschinen werden mit Elektromotoren angetrieben (elektrische Energie wird in mechanische Energie umgewandelt).
- Warmwasser wird zu Reinigungszwecken benötigt (fossile Energie wird zu Wärmeenergie) usw.

Ihr Ausbilder erläutert Ihnen, dass viele dieser Systeme (Heizungen, Antriebe, etc.) mit einer **Regelung** ausgestattet sind.

Die Gründe für diesen erhöhten technischen Aufwand liegen nach Aussage des Meisters hauptsächlich in der *verbesserten Produktqualität*, der *erhöhten Produktivität* der Arbeitsprozesse und der *Energieeinsparung*.

Viele *moderne Antriebssysteme* (Frequenzumrichter, Servo-Systeme) und auch die SPS besitzen daher integrierte **digitale Regler**, die durch entsprechende *Parametrierung* und *Programmierung* die jeweiligen Erfordernisse der Antriebe in Bezug auf Konstanz der Betriebsbedingungen erfüllen.

Der Unterschied zwischen Steuerung und Regelung an einem Beispiel

Am Anfang einer Produktionsstraße befindet sich ein Umsetzer, der Spanplatten von einem Stapel auf ein Transportband legt.

Die Hub- und Absetzarbeit wird pneumatisch erledigt, die Transportbewegung erfolgt durch einen Elektromotor. Diese Transportbewegung muss in einer bestimmten *Taktzeit* durchgeführt werden.

Wird der Antriebsmotor von einem *Frequenzumrichter* angesteuert, lässt sich die Taktzeit durch die Einstellung der Drehfrequenz exakt bestimmen.

Wenn keine *äußeren* oder *systembedingten Störungen* auftreten, wird die eingestellte Verfahrzeit eingehalten. Treten veränderte Bedingungen auf (schwerere Lasten, erhöhte Reibung in Getrieben und anderen Antriebskomponenten, Spannungsschwankungen etc.), wird der Schlupf des Antriebsmotors zunehmen und die geforderte Zeit für die Transportbewegung kann nicht mehr eingehalten werden.

Dieses Problem kann gelöst werden, indem der Antrieb überdimensioniert wird. Der Motor liefert dann ein so hohes Drehmoment, dass er bei unterschiedlichen Belastungen oder äußeren Störungen eine konstante Drehzahl erbringt. In diesem Fall genügt eine **Steuerung** des Antriebs, eine Überwachung und eventuelle Korrektur der Drehfrequenz ist nicht erforderlich.

Das gewünschte *zeitliche Verhalten der Ausgangsgröße* (Drehfrequenz) wird dann durch ein *Programm* (Eingangsgröße der Steuerung) vorgegeben, ohne dass eine *Rückführung der Ausgangsgröße* erfolgt: Man spricht dann von einer **offenen Wirkungskette**.

Prinzip einer Steuerung

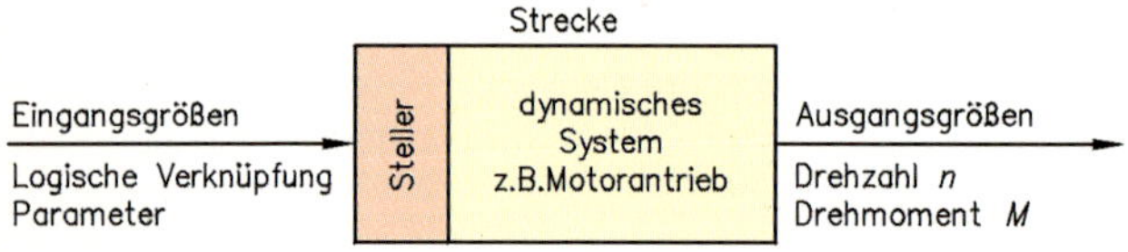

Programmierbarer Fahrzyklus:
Die Eingangsgrößen bestimmen allein das Fahrmuster

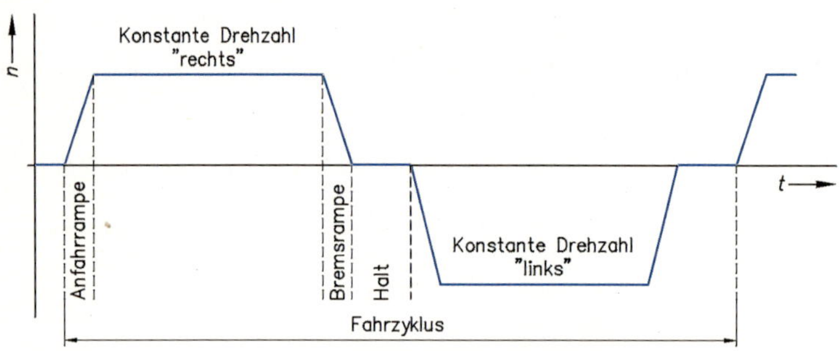

Information

Blockschaltbild einer Steuerung

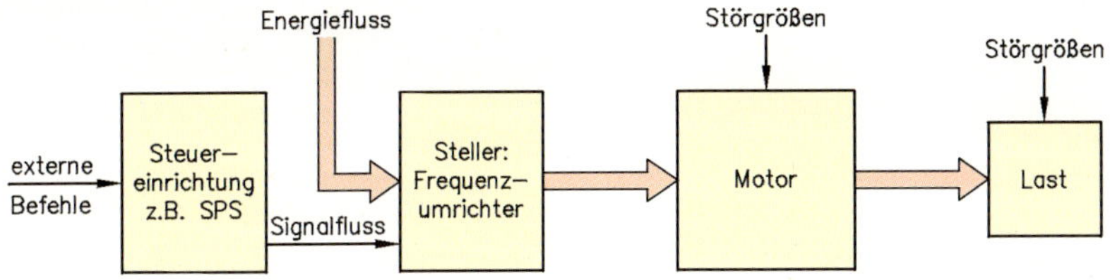

Voraussetzungen für den *Einsatz einer Steuerung:*

- Das System ist überschaubar und berechenbar in seinem Verhalten. Im Beispiel: Einzelantrieb mit Asynchronmotor.
- Die äußeren Störungen halten sich in Grenzen und können vom System aufgefangen bzw. ausgeglichen werden. Hier: Belastungsschwankungen, Spannungsschwankungen.

Nach diesen Überlegungen erkennt man:
Der Einsatz einer „einfachen" Steuerung wird erkauft mit einem *überdimensionierten Antrieb* (höhere Investitionskosten), der einen entsprechend *höheren Energieeinsatz* verursacht (höhere Energiekosten) und einer verbleibenden *Unsicherheit im Betriebsverhalten* (bei Überschreiten der Toleranzschwelle der äußeren Störungen).

Der Begriff „Steuern" für das hier dargestellte Beispiel besagt also: Das SPS-Programm bestimmt allein die Drehzahl des Antriebs.

Die DIN 19226 besagt dazu allgemein:

Unter „Steuern" versteht man... „einen Vorgang in einem System, bei dem eine oder mehrere Größen als Eingangsgrößen andere Größen aufgrund der dem System eigentümlichen Gesetzmäßigkeiten beeinflussen".

Eine **Regelung** in produktionstechnischen Systemen (Antriebe, Heizungen, etc) ist also erforderlich:

- Wenn es produktionstechnisch unabdingbar ist, dass die Ausgangsgröße eines Systems einen vorgegebenen Wert konstant beibehält (Drehzahl eines Antriebs, Temperatur einer Heizung, etc).
- Wenn das Verhalten und die Beeinflussung des Systems nicht genau bekannt ist (unbekanntes Verhalten kann nicht programmiert werden). Beispiel: In einem Laborraum soll die Temperatur konstant gehalten werden. Das sporadische Öffnen der Türen wäre eine starke äußere Störung und würde die Temperatur sinken lassen.

Regelkreis, Blockschaltbild

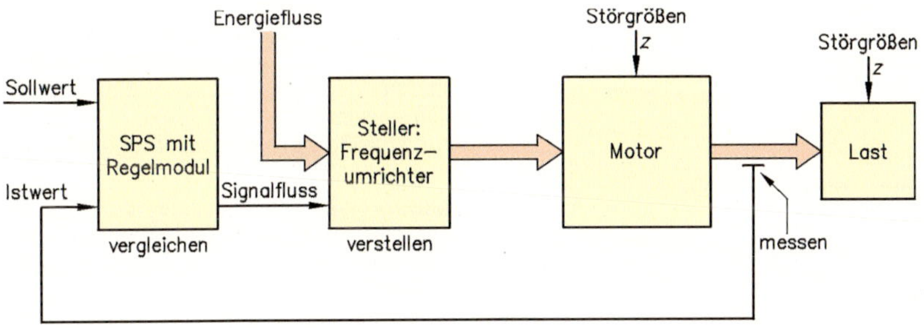

Komponenten und Größen im Regelkreis

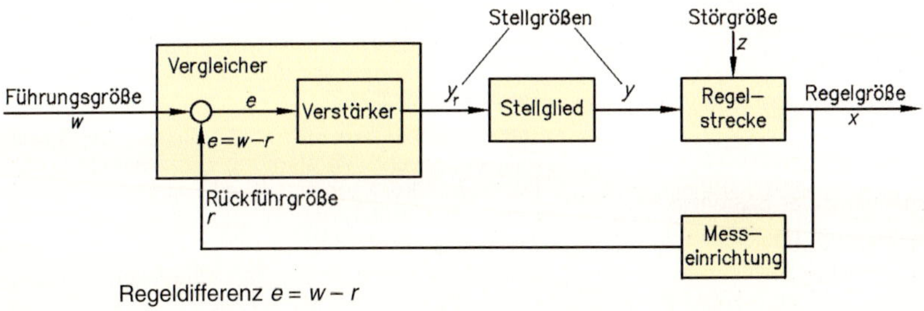

Regeldifferenz $e = w - r$

Frequenzumrichter → 524

Information

- Wenn die Störgrößen erheblich sind und technisch nicht ausgeglichen oder beseitigt werden können. Beispiel: Die Drehzahl eines Fräskopfes muss unbedingt eine bestimmte, konstante Drehzahl haben. Belastungsschwankungen (mehr oder weniger Material wird abgenommen) werden die Drehzahl des Antriebs stark beeinflussen, wenn er nicht überdimensioniert ist.

In den oben beschriebenen Fällen ist somit ein Eingreifen immer dann erforderlich, wenn die Raumtemperatur nicht der voreingestellten Temperatur entspricht, bzw. die tatsächliche Drehzahl des Antriebs nicht der geforderten Drehzahl entspricht.

Zurück zum Beispiel *Motorantrieb für eine Fräse:*

Wird der leistungsmäßig angepasste Motor zunehmend mit einem *Lastmoment* belastet (Fräskopf geht tiefer in das Material), so wird sich ohne Eingriff die Drehzahl n des Antriebs deutlich verringern.

Um die Drehzahl des Motors *konstant* zu halten, muss dem Motor mehr Strom zugeführt werden, um ein erhöhtes Drehmoment zu erzeugen und damit die Drehzahl wieder zu erhöhen.

Vor den Motor muss also ein „Stromventil" geschaltet sein, das variabel bei Bedarf auf- und zugefahren werden kann. Das „Stromventil" braucht aber eine Information, wann es auf- bzw. zufahren soll.

Der Motor hat für den Arbeitsvorgang „Fräsen" eine vorgegebene Drehzahl.

Diese wird voreingestellt und ist die **Solldrehzahl** n_s. An der Motorwelle kann die tatsächliche Drehzahl n_i **(Istdrehzahl)** gemessen werden. Dies kann z.B. mit einem Tachogenerator erfolgen, der eine Spannung abgibt, die der Drehzahl proportional ist.

Werden nun die Solldrehzahl und die Istdrehzahl als Spannung abgebildet
$n = 0 \rightarrow U = 0\,\text{V}$, $n = n_{max} \rightarrow U = 10\,\text{V}$,

so lassen sich die Spannungen *vergleichen* (subtrahieren).

Die *Spannungsdifferenz* kann dann das „Stromventil" ansteuern. Ist die *Solldrehzahl größer als die Istdrehzahl* $\rightarrow U_s - U_i > 0$ V (die Spannungsdifferenz ist also positiv), dann muss das „Stromventil" *aufsteuern*.

Die Istdrehzahl wird erhöht bis $n_i = n_s$ ist und die Spannungsdifferenz $U_d = 0$ wird. Ist die Istdrehzahl größer als die Solldrehzahl $\rightarrow$ Spannungsdifferenz negativ, das „Stromventil" muss *zusteuern*, die Drehzahl wird abgesenkt bis $n_i = n_s$.

Regeln geschieht also in einem ständigen Kreisprozess (Beispiel Motor):

- **Messen** der Istdrehzahl
- **Vergleichen** der Solldrehzahl mit der Istdrehzahl
- **Verstellen** des „Stromventils" zum Angleichen der Istdrehzahl an die Solldrehzahl.
- Messen der Istdrehzahl usw.

DIN 19226 sagt dazu allgemein:

„Regeln... ist ein Vorgang, bei dem eine Größe, die zu regelnde Größe, *Regelgröße*, fortlaufend erfasst, mit einer anderen Größe, der Führungsgröße, verglichen und im Sinne einer Angleichung an die *Führungsgröße* beeinflusst wird. Kennzeichen für das Regeln ist der geschlossene Wirkungsablauf, bei dem die Regelgröße x im Wirkungsweg des Regelkreise fortlaufend sich selbst beeinflusst."

Komponenten und Größen des Regelkreises

Regelkreis nach DIN (Darstellung Seite 567).

Begriffe und Formelzeichen im Regelkreis

- Die **Regelstrecke** ist die Komponente im Regelkreis, die beeinflusst werden soll, um eine Größe (die **Regelgröße**) möglichst konstant zu halten. Beispiel: Der Umsetzer mit Antriebsmotor ist die Regelstrecke, die Drehzahl des Antriebs ist eine Regelgröße. Daraus folgt:
- Die **Regelgröße** x ist die Größe, die so beeinflusst werden soll, dass sie möglichst dem Sollwert entspricht. Beispiel: Die Drehzahl des Motors soll auch bei äußeren Störungen möglichst die vorgegebene Solldrehzahl beibehalten.
- Die **Führungsgröße** w ist die Größe, die von außen vorgegeben wird. Beispiel: Mit einem Potentiometer wird eine Spannung von 0 – 10 V eingestellt. Dieser Spannungsbereich entspricht einem Drehzahlbereich zwischen 0 – 3000 1/min. Die Führungsgröße bestimmt somit den **Sollwert** x_S.
- Die **Rückführgröße** r entsteht durch die Messung der Regelgröße am Ausgang der Regelstrecke. Häufig muss der gemessene Istwert der Regelgröße noch angepasst werden, damit er mit der Führungsgröße vergleichbar wird. Beispiel: Der Istwert der Motordrehzahl (Regelgröße) wird mit einem Tachogenerator ermittelt. Die Tachospannung muss jedoch an die Spannung der Führungsgröße (0 – 10 V) angepasst werden.
- Die **Regeldifferenz** e ergibt sich aus der Differenz von Führungsgröße und Rückführgröße: $e = w - r$. Die Regeldifferenz soll in einem gut abgestimmten Regelkreis Null sein.
- Der **Regler** hat zwei Funktionen: Bildung der Regeldifferenz e und Verstärkung der Regeldifferenz. Der Verstärker kann eine Kombination aus Proportional-, Integral- oder Differentialverstärker sein. (→ Seite 577). Der Regler liefert als Ausgangssignal die **Stellgröße** y_R, die das Stellglied ansteuert.

Information

- Das **Stellglied** ist der Regelstrecke vorgeschaltet, es verstellt in Abhängigkeit von der **Stellgröße** y_R den Energiefluss durch die Regelstrecke.
  Beispiel: Ein Frequenzumrichter als Stellglied kann die Frequenz und/oder den Motorstrom variieren, so dass die Drehzahl gleich der Solldrehzahl bleibt.
- Die **Stellgröße** y ist der Energiestrom, der dosiert vom Stellglied der Regelstrecke zugeführt wird.
  Beispiel: Der Frequenzumrichter liefert eine variable Frequenz und/oder einen veränderlichen elektrischen Strom.
- **Störgrößen** z können auf alle Komponenten des Regelkreises einwirken, hauptsächlich sind es die Belastungsschwankungen, die an der Arbeitsmaschine auftreten.
  Beispiel: Eine Fräse fährt vom Leerlauf in den Bearbeitungsvorgang.

Die hier im Regelkreis dargestellten und beschriebenen *Einzelkomponenten eines Reglers* sind in modernen Antriebssystemen *integriert* vorhanden.

Mit einem *Frequenzumrichter* bzw. einem *Servoumrichter* ist es möglich, einen Regelkreis aufzubauen.

Soll z.B. der Antriebsmotor eine **Stromregelung** erhalten, um hohe Anlaufströme zu vermeiden, so kann der Motorstrom intern im Frequenzumrichter erfasst werden und mit einem digital eingestellten und im Speicher abgelegten Maximalstrom verglichen werden. Die Endstufe des Frequenzumrichters wird dann so angesteuert, dass Stromspitzen vermieden werden.

Die Regelkreiskomponenten Vergleicher, Verstärker (= Regler) und das Stellglied sind in der Baugruppe „Frequenzumrichter" integriert. Der Verstärker kann über die Software parametriert werden.

Parameter können online mit dem Frequenzumrichter eingestellt werden

ID	Name	Einstellung 1	Einstellung 2	Einheit
100	Konfiguration	Mit rückführung pid	Mit schlupfkomp.	
101	Momentenkennl.	Konst.moment	Konst.moment	
102	Motorleistung	0,37	0,37	kW
103	Motorspannung	230	230	V
104	Motorfrequenz	50	50	Hz
105	Motorstrom	2,08	2,08	A
106	Motor nenndrehz.	1400	1400	RPM
107	Motoranpassung	Motoranpassung aus	Motoranpassung aus	
108	Statorwiderstand	********	********	Ohm
109	Stator reactanz	********	********	Ohm
117	Resonanz dämpf.	0	0	%
119	Startmoment hoch	0,0	0,0	s
120	Startverzögerung	0,0	0,0	s
121	Startfunktion	Zeitverz. motorfr.	Zeitverz. motorfr.	
122	Stoppfunktion	Motorfreilauf	Motorfreilauf	
123	Freq.stoppfunkt.	0,1	0,1	Hz
126	Dc-bremszeit	10,0	10,0	s
127	Dc-br.startfreq.	0,0	0,0	Hz
128	Therm. motorschu	Kein motorschutz	Kein motorschutz	
130	Startfrequenz	0,0	0,0	Hz

Soll die Drehzahl des Antriebsmotors geregelt werden, dann muss die an der Motorwelle erfasste Drehzahl angepasst (z.B. 0 – 10 V, oder 4 – 20 mA) und einem Analogeingang des Frequenzumrichters zugeführt werden. Intern wird dieser Analogwert digitalisiert und mit dem vorgegebenen Sollwert verglichen. Der Regler wird so eingestellt, dass ein optimales Regelverhalten erreicht wird.

Um einen Regelkreis *optimal einstellen* zu können, muss das Verhalten der Regelkreiskomponenten bei verschieden Betriebsbedingungen und Zustandsänderungen bekannt sein und richtig beurteilt werden.

- Die *Führungsgröße* w wird geändert
  (z.B. die Solldrehzahl eines Antriebs soll von $n_s = 2000\,\text{min}^{-1}$ sprunghaft auf $n_s = 3000\,\text{min}^{-1}$ geändert werden).
  Welches Ausgangssignal muss dann der Regler liefern, damit die Führungsgrößenänderung möglichst schnell zu dem neuen Sollwert der Regelgröße führt?
- Der Regler und das Stellglied liefern eine sprunghafte Änderung der *Stellgröße* y.
  Wie reagiert dann die Regelstrecke auf diesen Eingangsgrößensprung?

Zunächst soll das mögliche *zeitliche Verhalten von Regelstrecken* dargestellt werden.
Dabei wird angenommen, dass sich die Stellgröße y *sprunghaft* ändert.

Zeitverhalten von Strecken

Um das *Zeitverhalten von Strecken* zu untersuchen, wird das **Sprungantwortverfahren** angewandt.

Beispiel: Ein Motorantrieb (Fräse) wird unter normalen Arbeitsbedingungen betrieben. Die Eingangsgröße y (der Strom I) und die Ausgangsgröße x (Drehzahl n) werden gemessen.

Zum Zeitpunkt t_0 wird die Eingangsgröße y *sprunghaft* verändert (Sprungfunktion), die Änderung der Ausgangsgröße x wird aufgenommen und ergibt die **Sprungantwort**.

Information

Prinzip des Sprungantwortverfahrens

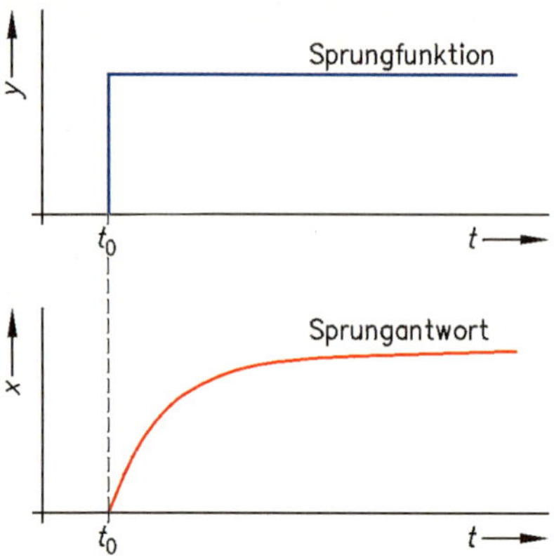

Folgende *Fragen zum zeitlichen Verhalten von Regelstrecken* lassen sich mit der *Sprungantwort* klären:

- Hat die Strecke eine **Totzeit** T_t? Totzeit bedeutet: Die Ausgangsgröße der Strecke reagiert mit einer *Zeitverzögerung* auf den Eingangssprung.

Sprungantwort einer Regelstrecke mit Totzeit

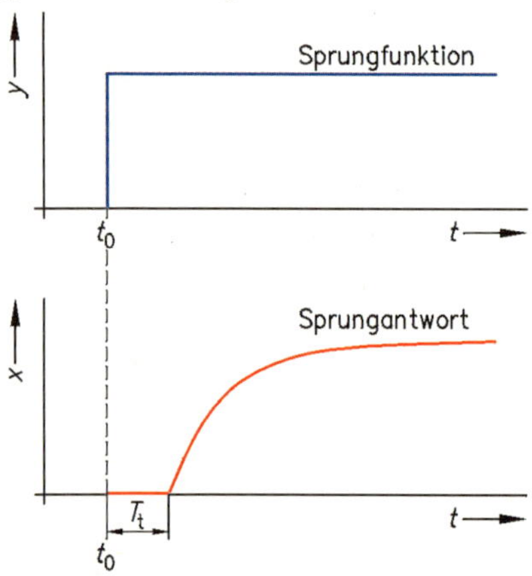

- Hat die Strecke einer **Verzugszeit** T_u? Verzugszeit bedeutet: Nach dem Eingangssprung reagiert die Strecke zunächst mit geringfügiger Änderung der Ausgangsgröße.

- *Sprungantwort einer Regelstrecke mit Verzugszeit*

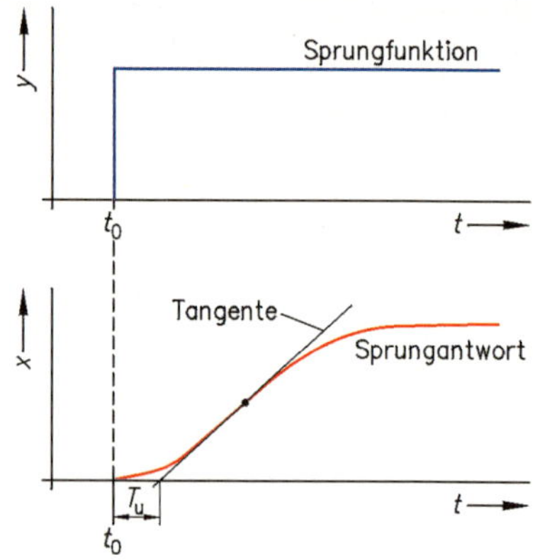

- Erreicht die Ausgangsgröße bei vorhandener Stellgröße y einen stabilen Endzustand?

Sprungantwort einer Regelstrecke mit Ausgleich

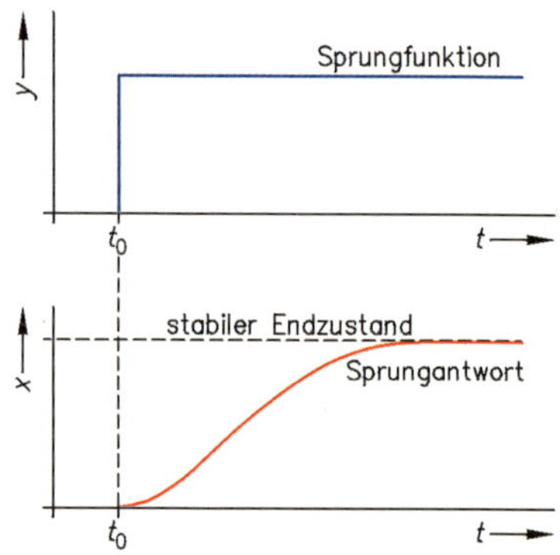

- Zeigt die Strecke *Schwingverhalten*?
Es können **Überschwingungen** auftreten, dann erreicht die Strecke nach einem Einschwingvorgang den neuen Beharrungszustand.

Sprungantwort mit Einschwingvorgang

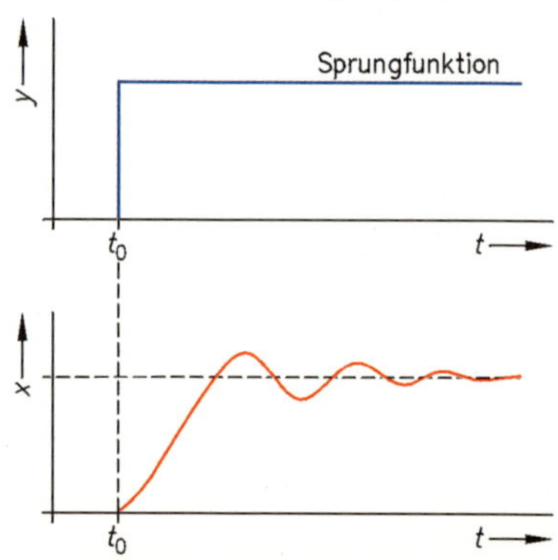

Information

- Wie groß ist der **Proportionalbeiwert K_{PS}** der Strecke? K_{PS} gibt an, welche Ausgangsgrößenänderung eine Eingangsgrößenänderung erzeugt?
  $K_{PS} = \Delta x / \Delta y$.

Proportionalbeiwert einer Regelstrecke
Δy verursacht Δx

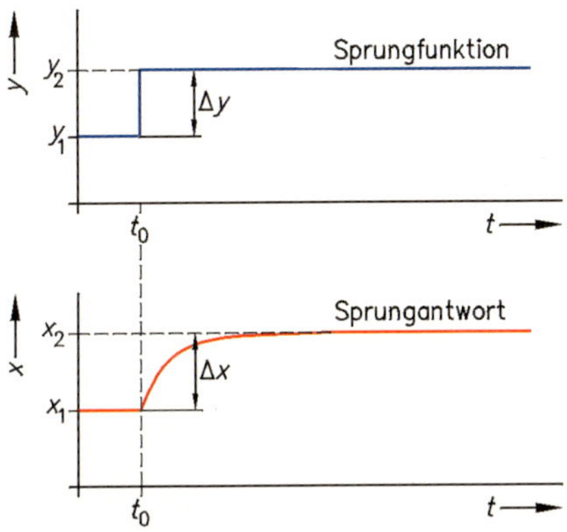

- Wie schnell verläuft die Angleichung der Ausgangsgröße an einen neuen Beharrungszustand nach einem Stellgrößensprung? Dieses Zeitverhalten kann durch die **Zeitkonstante** T oder durch die **Ausgleichszeit** T_g ausgedrückt werden.

Zeitverhalten von Regelstrecken

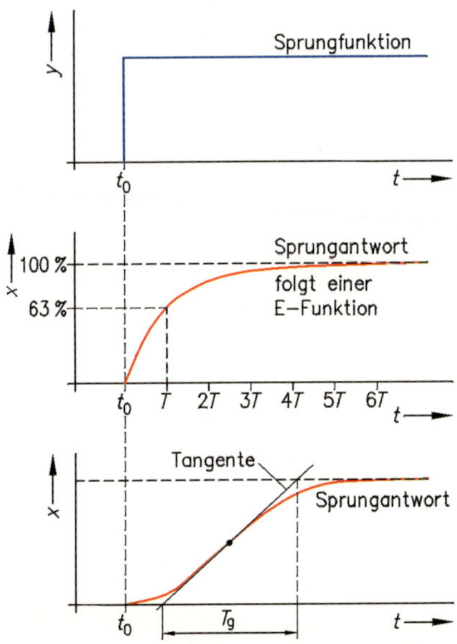

Strecken ohne Ausgleich

Manche technischen Systeme (Strecken) der betrieblichen Praxis haben die Eigenschaft, dass nach dem Zuschalten der Stellgröße y die Ausgangsgröße x ständig zunimmt und *keinen definierten Endzustand* erreicht.

Beispiel: Ein Flüssigkeitsbehälter ohne Abfluss (Abflussventil geschlossen) wird von einem Zuflussrohr befüllt. Das Stellglied (Ventil) beeinflusst die Stellgröße y (Wasserstrom). Die Ausgangsgröße x des Systems „Flüssigkeitsbehälter" ist der Flüssigkeitsstand im Behälter.

Wird das Ventil geöffnet, so liegt eine Stellgröße y vor und der Füllstand wird linear zunehmen. Nach einer bestimmten Zeit ist der Behälter gefüllt und läuft danach über. Es stellt sich also kein regelungstechnisch sinnvoller Endzustand ein.

Sprungantwort einer Regelstrecke
ohne Ausgleich, I-Strecke

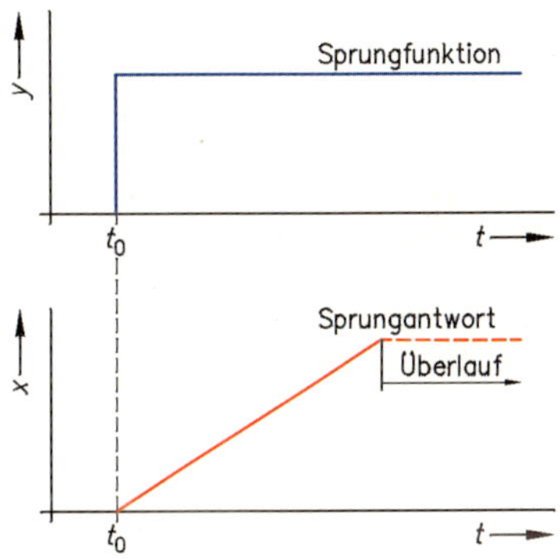

Systeme, die dieses Verhalten zeigen, nennt man **I-Strecken**. Der Buchstabe I steht dabei für Integral und bedeutet eine mathematische Operation.

In diesem Fall bedeutet es, dass die konstante Eingangsgröße der Strecke (die Stellgröße y, gleichbleibende Zuflussmenge), eine linear zunehmende Ausgangsgröße x (Behälterfüllstand) verursacht.

Eine konstante Größe wird durch die Regelstrecke zu einer linear zunehmenden Größe (Integration).

Eine wichtige Kenngröße für diese Strecken ist der **Integrierbeiwert**

$$K_I = \frac{\Delta x}{\Delta y \cdot \Delta t}$$

K_I gibt die Steigung der Ausgangsgröße x an: $\frac{\Delta x}{\Delta t}$.

Im Beispiel: Wie schnell steigt der Wasserstand im Behälter pro zugeflossener Teilmenge Δy?

Undefinierte Endzustände stellen sich bei *I-Strecken* ebenfalls ein, wenn auf eine, sich im Gleichgewicht befindliche I-Strecke, eine *Störgröße* einwirkt.

Information

Beispiel: Ein Flüssigkeitsbehälter wird befüllt. Dabei wird gleichzeitig die gleiche Flüssigkeitsmenge entnommen. Es stellt sich ein stabiler Gleichgewichtszustand ein, d.h. der Flüssigkeitsstand im Behälter bleibt konstant.

Diese Gleichgewicht wird gestört:

- Zuflussmenge ≠ Abflussmenge, so werden sich Endzustände einstellen, die regelungstechnisch keine Bedeutung haben:
- Zuflussmenge > Abflussmenge → Überlaufen des Behälters,
- Zuflussmenge < Abflussmenge → Leerlaufen des Behälters

Füllen eines Behälters (I-Strecke)

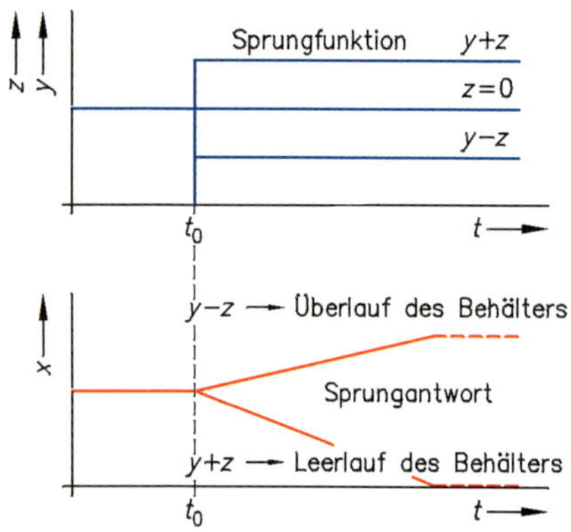

Ähnliches Verhalten wie eine Behälterfüllung zeigen z.B. Transportbänder, Förderschnecken.

Wenn die transportierte Gütermenge die Ausgangsgröße x des Systems ist, so wird normalerweise die transportierte Menge sich *proportional* zur Zeit verhalten (I-Strecke).

Allerdings treten bei diesen Transportsystemen häufig *Totzeiten* auf, da die Förderbänder, Rohrsysteme leerlaufen können. Werden sie wieder in Betrieb gesetzt, braucht es eine bestimmte Zeit, bis das Transportgut am Ende des Systems angelangt ist.

Transportband als Beispiel für eine I-Strecke mit Totzeit

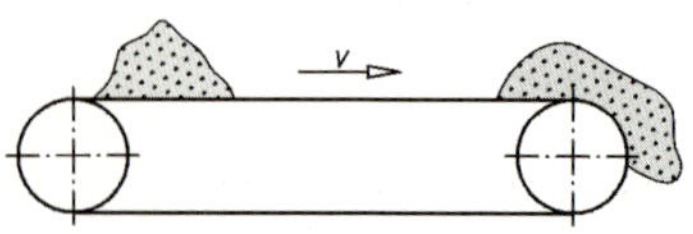

Regelstrecke mit Ausgleich, Blockdarstellung

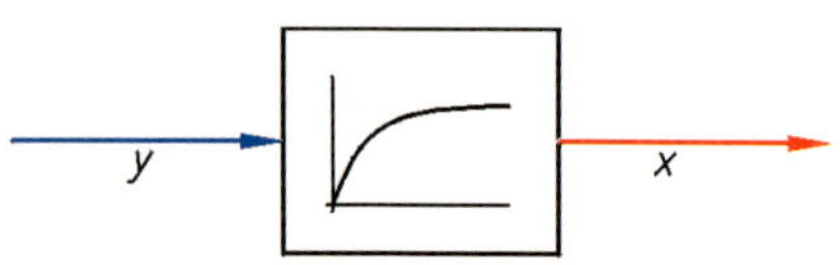

Regelstrecke mit Totzeit

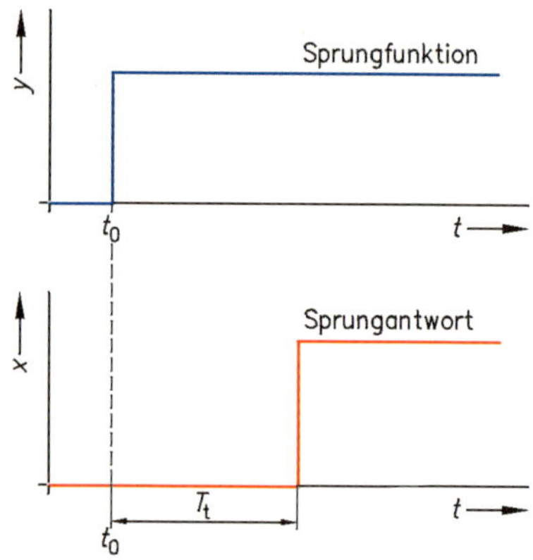

Strecken mit Ausgleich

- Schaltet man einen Drehstrommotor mit der Polpaarzahl $p = 1$ ein, so wird sich nach kurzer Zeit die Enddrehzahl an der Welle einstellen.
  Nach dem Einschalten hat sich also nach kurzer Zeit ein *stabiler Endzustand* bzw. **Beharrungszustand** eingestellt. Die Drehzahl kann nicht weiter ansteigen.
- Soll die Temperatur in einem Raum durch Zuschalten einer Heizung angehoben werden, so wird sich nach einer gewissen Zeit eine neue Endtemperatur einstellen.
  Dieser Gleichgewichtszustand wird sich einstellen, wenn die aus dem Raum entweichende Wärmeenergie genau gleich groß ist wie die durch die Heizung zugeführte Energie.
  Auch in diesem Beispiel stellt sich nach dem Ändern der Stellgröße (Wärmestrom) ein neuer Beharrungszustand an der Strecke ein.

Strecken, die nach Änderung der Stellgröße y oder nach dem Einwirken einer Störgröße einen neuen Beharrungszustand erreichen, nennt man Strecken mit Ausgleich.

Ermitteln und beschreiben lässt sich das *Zeitverhalten von Strecken mit Ausgleich* wieder mit dem *Sprungantwortverfahren.* Mit Hilfe dieses Verfahrens kann man sehr einfach den *Proportionalitätsfaktor* bzw. die **Streckenverstärkung** K_{PS} ermitteln. K_{PS} gibt an, um wie viel sich die Ausgangsgröße x bei einer Änderung der Stellgröße y ändert.

$$K_{PS} = \frac{\Delta x}{\Delta y}.$$

Beispiel: DerMotorstrom I wird durch ein vorgeschaltetes Stellglied $I_1 = 5$ A auf $I_2 = 7$ A erhöht.

Dadurch ergibt sich nach kurzer Zeit eine Drehzahländerung von $n_1 = 1500$ min^{-1} auf $n_2 = 1700$ min^{-1}

Information

Der *Proportionalitätsfaktor* K_{PS} ergibt sich dann zu:

$$K_{PS} = \frac{\Delta x}{\Delta y} = \frac{n_2 - n_1}{I_2 - I_1} = \frac{1700\,\text{min}^{-1} - 1500\,\text{min}^{-1}}{7\,\text{A} - 5\,\text{A}}$$

$$= \frac{200\,\text{min}^{-1}}{2\,\text{A}} = 100\,\frac{\text{min}^{-1}}{\text{A}}.$$

Proportionalitätsfaktor K_{PS}

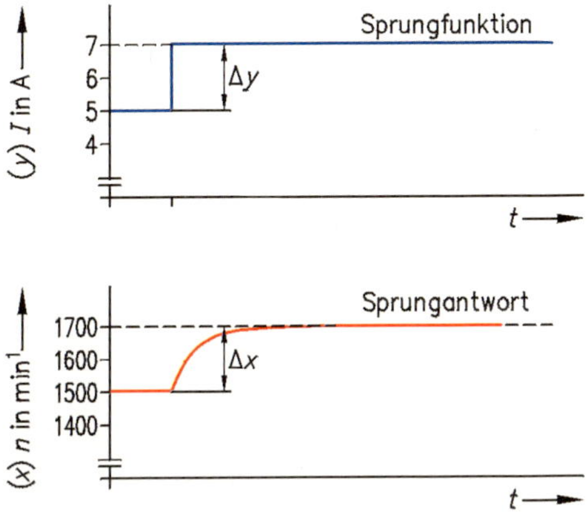

Strecken ohne Speicher

Betrachtet man *steuerbare Halbleiterbauteile* als Strecken (z.B. den bipolaren Transistor) so könnte man den Steuerstrom (Basisstrom) als Stellgröße y und den Arbeitsstrom (Kollektorstrom) als Ausgangsgröße x betrachten.

Eine Änderung des Basisstroms ΔI_B (Δy) würde *ohne Zeitverzögerung* eine Änderung des Kollektorstromes ΔI_C (Δx) bewirken.

Der *Proportionalbeiwert* K_{PS} entspricht damit dem dynamischen Stromverstärkungsfaktor β des Transistors.

$$K_{PS} = \beta = \frac{\Delta I_C}{\Delta I_B} = \frac{\Delta x}{\Delta y}$$

Strecken ohne Speicher

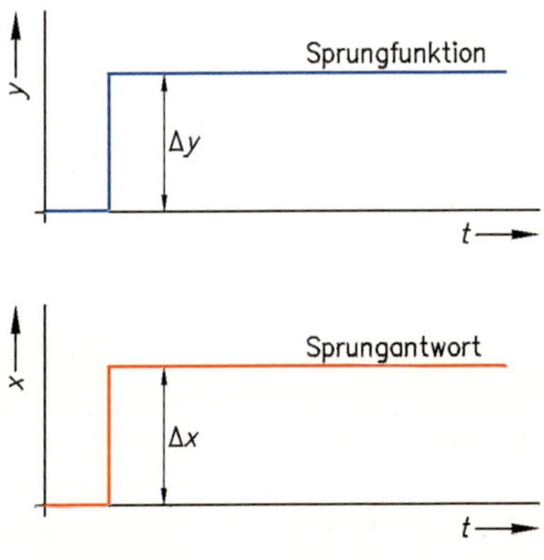

Da keine Energie oder Masse im Transistor gespeichert werden kann und damit das Entstehen der Ausgangsgröße verzögern könnte, folgt die Ausgangsgröße zeitlich unmittelbar der Eingangsgröße.

Strecken mit diesem Verhalten werden als **PT_0-Strecken** bezeichnet.

P bedeutet dabei: Die Ausgangsgröße x ändert sich um den Proportionalitätsfaktor K_{PS}, wenn sich die Eingangsgröße y ändert.

T_0 bedeutet es tritt in der Strecke keine Zeitverzögerung auf, es ist kein Speicher vorhanden.

PT_0-Strecken haben nur den Kennwert $K_{PS} = \frac{\Delta x}{\Delta y}$

Strecken mit einem Speicher

Elektromotoren kleiner Leistung zeigen etwa folgendes Anlaufverhalten:

Wird der Strom (Stellgröße y) eingeschaltet, sorgt der Anlaufstrom für ein starkes Anzugsmoment. Das vom Motor erzeugte Drehmoment übersteigt erheblich das Lastmoment, die Drehzahl steigt steil an.

Mit abnehmendem Motorstrom bis zum Bemessungsstrom nähert sich das Motormoment immer mehr dem Lastmoment, der Motor kann nicht mehr so stark beschleunigen.

Nach einer bestimmten Zeit stellt sich ein Gleichgewicht ein: Motormoment = Lastmoment, die Enddrehzahl ist erreicht.

Der Motor hat durch diesen Beschleunigungsvorgang Bewegungsenergie *gespeichert*.

Zeitkonstante T einer PT_1-Strecke

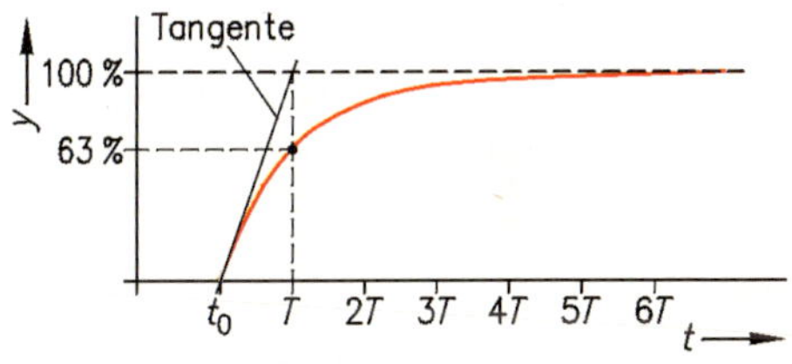

Strecken mit *einem* Energiespeicher nennt man PT_1-Strecken. Die Sprungantwort dieser Streckenart ähnelt einer *e*-Funktion, die vom Ladevorgang eines Kondensators bekannt ist.

Kennwerte einer **PT_1-Strecke** sind:

- Der Proportionalbeiwert $K_{PS} = \frac{\Delta x}{\Delta y}$.
- Die Zeitkonstante T, die konstruktiv aus der Sprungantwort ermittelt werden kann.

Die Zeitkonstante T gibt die Zeit an, in der die Ausgangsgröße (z.B. die Drehzahl eines Motors) ca. 63 % ihres neuen Beharrungswertes erreicht hat. Nach Ablauf von ca. 5 Zeitkonstanten ist der neue Endwert erreicht.

Information

Strecken mit mehreren Speichern (Strecken höherer Ordnung)

Viele in der betrieblichen Praxis vorkommenden dynamischen Systeme haben *mehr als einen* Energiespeicher.

Große Produktions- und Werkzeugmaschinen haben beim Anlauf bzw. bei einer Drehzahländerung große Trägheitsmomente zu überwinden. Dies führt dazu, dass bei einer Stellgrößenänderung Δy die Drehzahländerung Δx zunächst sehr klein ist.

Sind die Trägheitsmomente der Maschine überwunden, geht die Sprungantwort in einen linearen Verlauf über. Im weiteren Verlauf nähert sich die Drehzahl langsam der Enddrehzahl (Beharrungszustand).

Die Kennlinie ist also im Anfangsbereich stark gebogen (überproportionaler bzw. progressiver Verlauf). Dies deutet darauf hin, dass Energie in das System fließt (gespeichert wird), die nur wenig zur Beschleunigung des Antriebs beiträgt.

Im weiteren Zeitablauf der Sprungantwort geht die Kennlinie in einen unterproportionalen (degressiven) Verlauf über. Bewegungsenergie wird gespeichert.

Kennlinien dieser Art haben einen markanten Punkt, den so genannten **Wendepunkt**.
In diesem Punkt geht die Kennlinie vom progressiven Verlauf in den degressiven Verlauf über. Der Wendepunkt spielt für die Ermittlung des Streckenverhaltens eine wichtige Rolle.

PT_n-Strecke mit Verzugszeit T_u und Ausgleichszeit T_g (Motor)

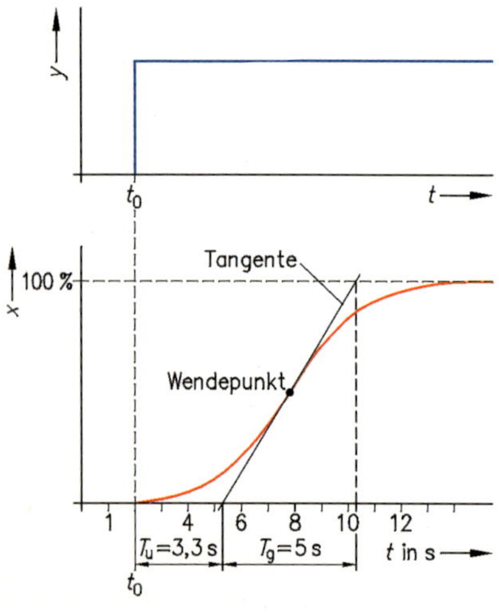

Betrachtet man eine Werkstatt als Wärmestrecke, so wird man bei der Aufnahme einer Sprungantwort feststellen, dass diese Strecke viele (*n*) Energiespeicher hat.
Man kann sich gut vorstellen, dass bei einem Stellgrößensprung (die Solltemperatur wird z.B. von 10 °C auf 18 °C hochgestellt) zunächst viel Wärmeenergie in die Ausrüstungsgegenstände der Werkstatt fließt.

Erst danach wird die Raumtemperatur deutlich ansteigen. Die Steigung der Sprungantwort ist am Anfang sehr gering, die **Verzugszeit T_u**, die Zeit in der sich die Ausgangsgröße trotz vorhandener Eingangsgröße kaum ändert, ist sehr groß.

Man kann also feststellen: Je größer die *Verzugszeit*, umso mehr Speicher hat das System. Zu Ende der Kennlinie (vor dem Erreichen des neuen Beharrungszustandes) kann die zugeführte Energie, die Raumtemperatur nur noch wenig ansteigen lassen, weil die entweichende Energie wegen des starken Temperaturgefälles von innen nach außen immer mehr zunimmt.

Sprungantwort einer PT_n-Strecke (Raumheizung)

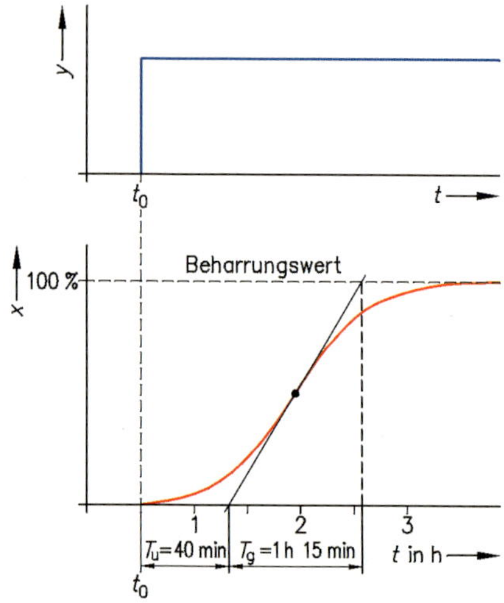

Strecken mit doppelt gebogener Sprungantwort sind folglich Systeme mit zwei oder mehr Speichern: PT_2-, PT_3- ... PT_n-Strecken.

T_2 bedeutet:
Zeitverzögerung durch *zwei* Energiespeicher.

T_n bedeutet:
Zeitverzögerung durch n Energiespeicher.

Die **Verzugszeit T_u** und die **Ausgleichszeit T_g** lassen sich grafisch aus der Sprungantwort ermitteln.

An den Wendepunkt der Sprungantwort wird eine *Tangente* gezeichnet. Die Schnittpunkte der Tangente mit den Anfangs- und Endwerten der Ausgangsgröße markieren die Zeitabschnitte T_u und T_g.

Die *Ausgleichszeit* T_g ist ein Maß für die Schnelligkeit, mit der die Ausgangsgröße (z.B. Drehzahl eines Motors) ihrem neuen Beharrungswert zustrebt.

Kennwerte einer PT_n-Strecke sind somit:

- Der Proportionalbeiwert $K_{PS} = \frac{\Delta x}{\Delta y}$
- Die Verzugszeit T_u
- Die Ausgleichszeit T_g

Information

Sollen PT_n-Strecken geregelt werden, so gilt:

Je mehr Speicher eine Strecke beinhaltet, umso träger ist das dynamische System und umso schwieriger ist die Strecke zu regeln.

Damit wird deutlich: Soll eine Regelung erfolgreich sein und nicht dem Zufall überlassen bleiben, muss die Sprungantwort der (Regel-) Strecke bekannt sein, damit die richtige Regeleinrichtung ausgewählt und diese korrekt eingestellt werden kann.

Regler

Regler haben die Aufgabe, die Führungsgröße w mit der Rückführgröße r zu vergleichen, die auftretende Differenz e zu verstärken und als Stellgröße y_R am Ausgang zur Verfügung zu stellen.

Regler werden sinnvollerweise eingeteilt nach der Art des Ausgangssignals:

- **Unstetige Regler**
  Bei diesen Reglern kann das Ausgangssignal (zugleich Stellgröße) nur zwei (Zweipunktregler) oder drei (Dreipunktregler) Werte annehmen.
  Beispiel
  Zweipunktregler: „Ein“ oder „Aus“, 0 V oder 10 V.

Mögliches Ausgangssignal eines Zweipunktreglers

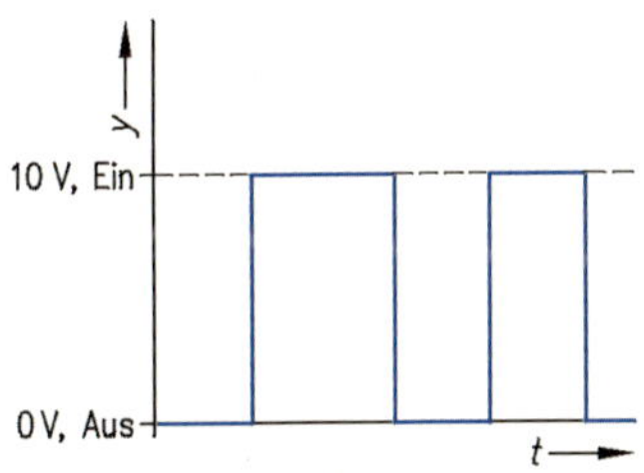

- **Stetige Regler**
  Bei diesen Reglern kann die Stellgröße y_R jeden beliebigen Wert innerhalb eines Stellbereichs annehmen.
- Im Stellbereich 0 – 10 V kann die Stellgröße jeden Wert annehmen.

Mögliches Ausgangssignal eines stetigen Reglers

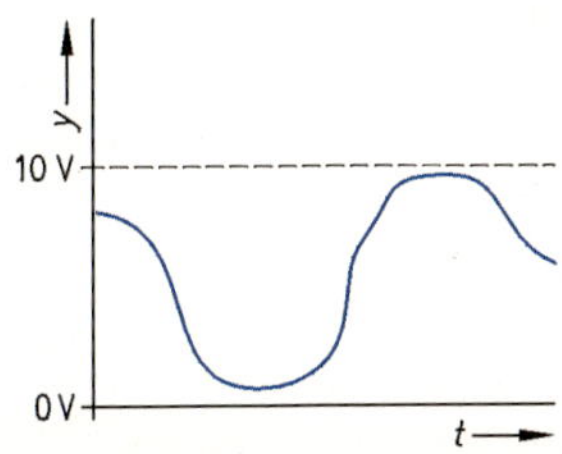

Unstetige Regler (Zweipunktregler)

In vielen Praxisanwendungen ist es nicht erforderlich, dass der Istwert der Regelgröße kontinuierlich exakt dem Sollwert entspricht.

Beispiele:

- Die Spitze eines Lötkolbens soll eine Temperatur von 350 °C haben (Sollwert). Es ist aber tolerierbar, wenn der Istwert 5 °C über oder unter dem Sollwert liegt.
- Ein Luftdruckkessel soll einen Druck von 8 bar haben. Eine Toleranz von 1 bar ist in den meisten Fällen hinnehmbar.

Beide hier genannten Beispiele sind PT_1-Strecken mit relativ großen Zeitkonstanten.

Zweipunktregler eignen sich dann, wenn gewisse Schwankungen zwischen einem oberen und einem unteren Grenzwert zulässig sind, dafür müssen die Strecken aber ein ausreichendes *Energiespeichervermögen* besitzen.

Hauptanwendungsgebiet für Zweipunktregler sind daher *Temperaturregelungen* für Räume, Schaltschränke, Heizplatten usw.

Schaltdifferenz eines Zweipunktreglers

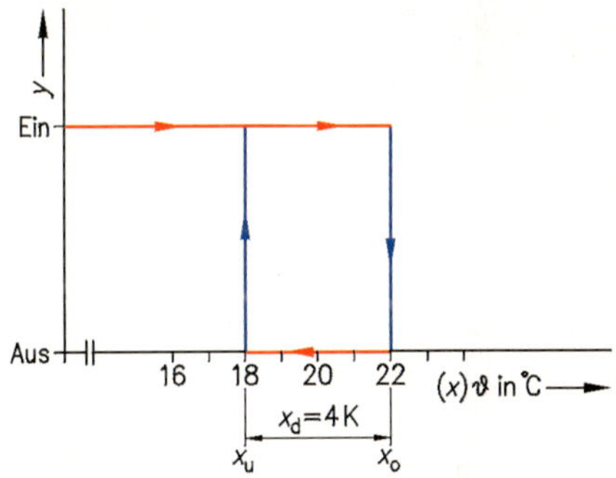

Blockdarstellung eines Zweipunktreglers

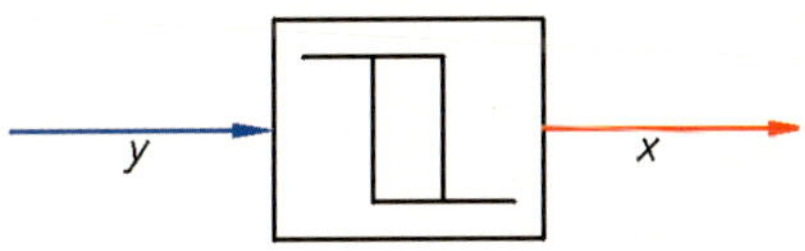

Prinzip der *Zweipunktregelung* am Beispiel einer Schaltschrankheizung:

Der Thermostat im Schaltschrank wird auf 20 °C eingestellt (Sollwert). Der Thermostat enthält einen Bimetallschalter, der durch Federdruck so eingestellt ist, dass er bei 22 °C einen Kontakt öffnet und damit die Heizung abschaltet.

Werden 18 °C unterschritten, schließt der Bimetallkontakt und die Heizung wird wieder eingeschaltet.

Im Mittel liegt die Schaltschranktemperatur dann bei 20 °C.

Information

Temperaturregelung mit Zweipunktregler

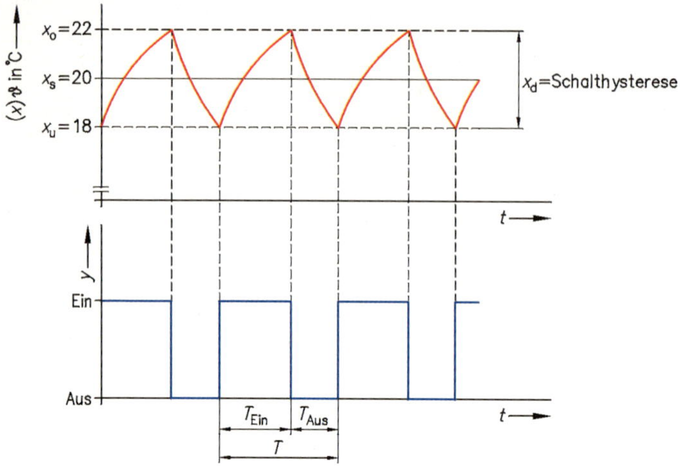

Der *obere Schaltpunkt* x_o (Ausschalten) liegt im Beispiel 2 °C über dem Sollwert x_s, der *untere Schaltpunkt* x_u liegt 2 °C unter dem Sollwert Es ergibt sich die für Zweipunktregelungen charakteristische Schaltdifferenz x_d:

$$x_d = x_o - x_u$$

Diese Schaltdifferenz wird auch **Schalthysterese** genannt (siehe Blockschaltbild).

Die **Schaltfrequenz** eines Zweipunktreglers wird bestimmt von der Zykluszeit T des Reglers. Die Zykluszeit T setzt sich zusammen aus der Einschaltzeit T_{Ein} und der Ausschaltzeit T_{AUS}.

$$f = \frac{1}{T}, \quad T = T_{Ein} + T_{Aus}, \quad f = \frac{1}{T_{Ein} + T_{Aus}}$$

Die **Schalthysterese** eines Zweipunktreglers bestimmt die Schaltfrequenz des Reglers: Eine große Schalthysterese hat eine kleine Schaltfrequenz zur Folge. Wird die Schaltdifferenz verringert, erhöht sich die *Schalthäufigkeit*.

Der Zweipunktregler hat im Bereich seiner Anwendungsmöglichkeiten wesentliche Vorteile:

- Während der Einschaltzeit wird der Wärmestrecke die volle Leistung zugeführt, daher erfolgt eine schnelle Ausregelung der Ausgangsgröße.
- Einfacher Aufbau und einfache Einstellung des Regelkreises. Als Stellglied kann ein Relais oder Schütz eingesetzt werden.
- Preisgünstig, da in vielen Anwendungsfällen (bei Temperaturregelung) ein Bimetallregler eingesetzt werden kann, der Temperaturfühler, Vergleicher, Regler und Stellglied zugleich ist.
- Werden elektronisch aufgebaute oder als Programmmodul vorhandene Zweipunktregler eingesetzt, können Schalthysterese und Schaltfrequenz den Erfordernissen leicht angepasst werden.

Schalthysterese und Schaltfrequenz

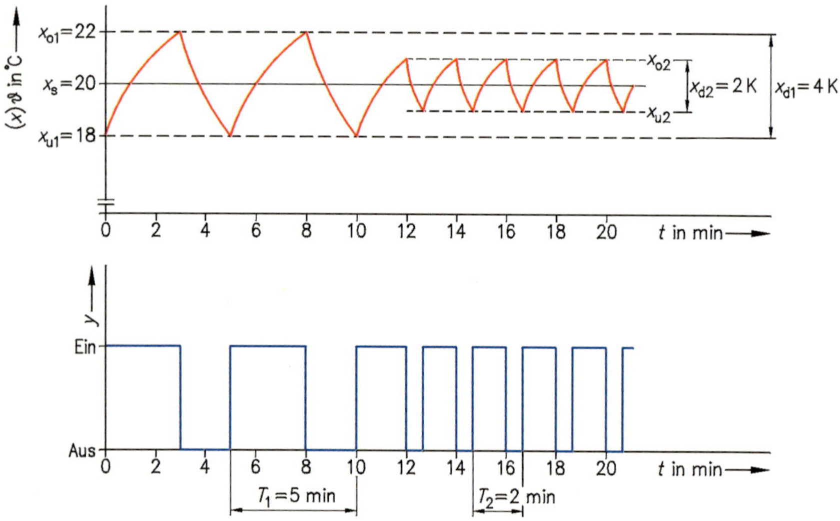

Information

Stetige Regler

Stetige Regeleinrichtungen eignen sich dazu, den Istwert einer Regelgröße nach einer Störung in kürzester Zeit genau wieder an den Sollwert anzugleichen.

Dazu muss der Regler in der Lage sein, aus einer Regeldifferenz e eine Stellgröße y_R zu bilden, die jeden beliebigen Wert innerhalb eines Stellbereichs (z.B. 4 – 20 mA oder 0 – 10 V) annehmen kann.

Prinzipschaltbild eines Reglers

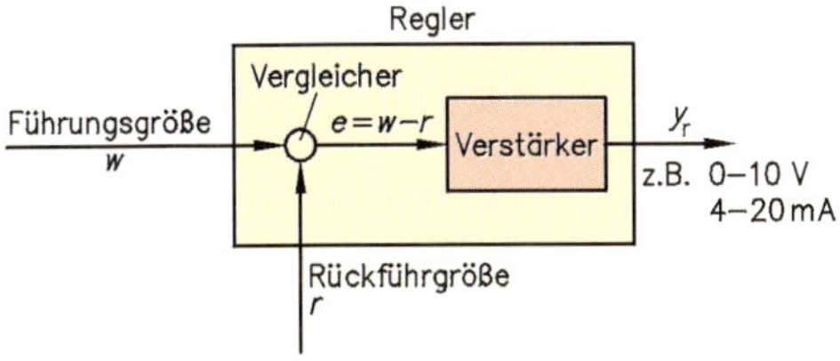

Zur Beschreibung und Erklärung des *Übertragungsverhaltens* von Reglern eignet sich wieder das **Sprungantwortverfahren**.

Das Eingangssignal des Reglerverstärkers ist die *Regeldifferenz* e. Will man das **Übertragungsverhalten** ermitteln, so muss das Eingangssignal sprunghaft verändert werden und gleichzeitig das Ausgangssignal gemessen werden.

Proportional-Regler (P-Regler)

Beispiel: Die Drehzahl eines Drehstrommotors soll geregelt werden. *Stellglied* ist ein Frequenzumrichter.

Zur Regelung soll ein interner *P-Regler* benutzt werden. Als Sollwert wird über ein externes Potentiometer eine Drehzahl $n = 2000\,\text{min}^{-1}$ eingestellt. Die Führungsgröße w beträgt 6 V (Einheitssignal 0 – 10 V) → $n = 2000\,\text{min}^{-1}$.

Sprungantwort eines P-Reglers

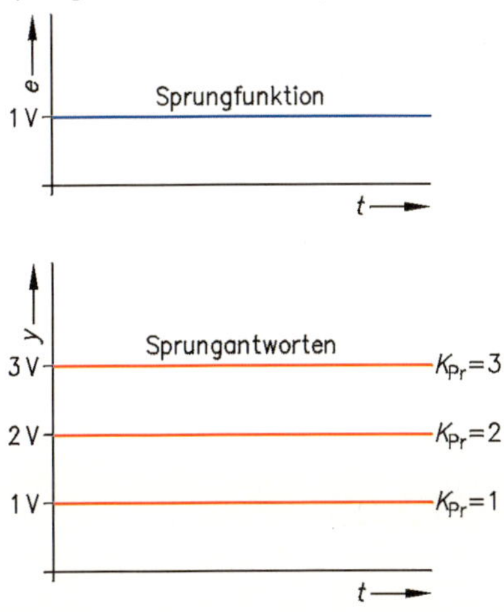

Hat die Drehzahl an der Motorwelle den Sollwert erreicht ($n = 2000\,\text{min}^{-1} \rightarrow r = 6$ V), wird die Regeldifferenz $e = w - r = 0$.

Ein **P-Regler** ist ein Proportional-Verstärker, d.h. das Eingangssignal e wird um einen einstellbaren Faktor K_{PR} verstärkt.

Ist nun das Eingangssignal $e = 0$, muss auch das Ausgangssignal $y_R = 0$ sein, da für den *Regelverstärker* gilt: $y_R = K_{PR} \cdot e$.

Wird die Stellgröße y_R jedoch zu Null, wird der Motor heruntergefahren. Dadurch wird aber sofort $e \neq 0$ und der Regler verstärkt wieder die entstandene Regeldifferenz. Man erkennt aus diesen Überlegungen:

- P-Regler können eine Regeldifferenz e nicht zu Null ausregeln, die *verbleibende Regeldifferenz* wird aber umso kleiner, je größer K_{PR} eingestellt wird.
- Wird der *Verstärkungsfaktor* K_{PR} aber zu groß eingestellt, besteht die Gefahr, dass der Regelkreis um den Sollwert *schwingt*.
  Die große Verstärkung verursacht bei einer positiven Regeldifferenz ein Überschreiten des Sollwertes, was dazu führt, dass die Rückführgröße r größer wird als die Führungsgröße w.
  Der Regelverstärker erzeugt daraus wiederum eine zu große negative Stellgröße, die zum Unterschreiten der Regelgröße führt.
- Der *Arbeitspunkt* des Reglerausgangs muss richtig eingestellt werden, d.h., wenn die Regeldifferenz $e = 0$ ist, darf die Stellgröße y_R nicht zu Null werden, sondern muss den geforderten Wert zur Erzeugung des Sollwertes liefern.
  Beispiel: Die Stellgröße hat einen Wertebereich y_R: 0 – 10 V, für die Drehzahl $n = 2000\,\text{min}^{-1}$ benötigt das Stellglied $y_R = 5$ V.
  Für die Stellgröße gilt dann: $y_R = 5\,\text{V} \pm K_{PR} \cdot e$.
- P-Regler reagieren unverzögert auf Störgrößen und sind daher *schnelle Regler*.

Blockschaltbild eines P-Reglers

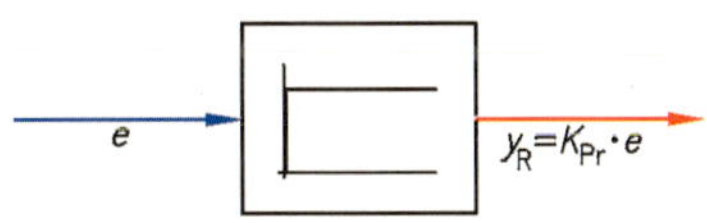

P-Regler mit invertierendem Operationsverstärker

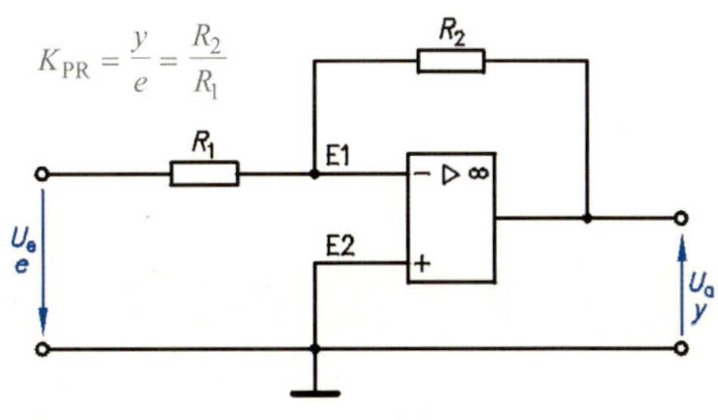

Information

Integral-Regler (I-Regler)

Die Sprungantwort und damit die Funktion eines I-Reglers lässt sich gut an der elektronischen Nachbildung eines I-Reglers erläutern.

Ein Operationsverstärker, der als Rückkopplung einen Kondensator hat, wirkt als **Integrierer**.

Eine konstante Eingangsspannung bewirkt eine *linear ansteigende* Ausgangsspannung. Liegt eine linear ansteigende Spannung am Eingang, erzeugt der Ausgang eine *quadratisch ansteigende* Spannung.

Operationsverstärker, Schaltung als I-Regler

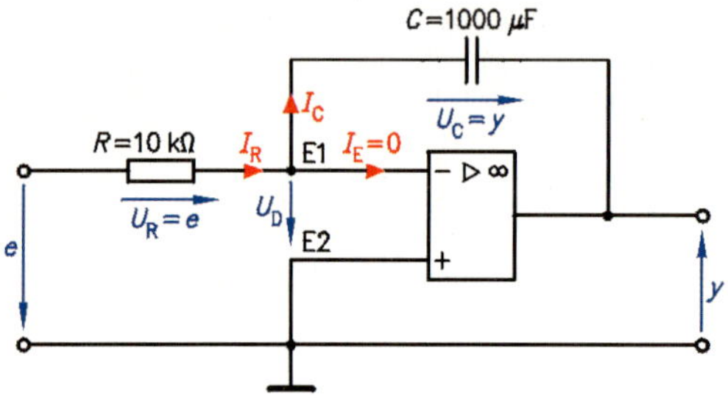

Sprungantwort eines I-Reglers

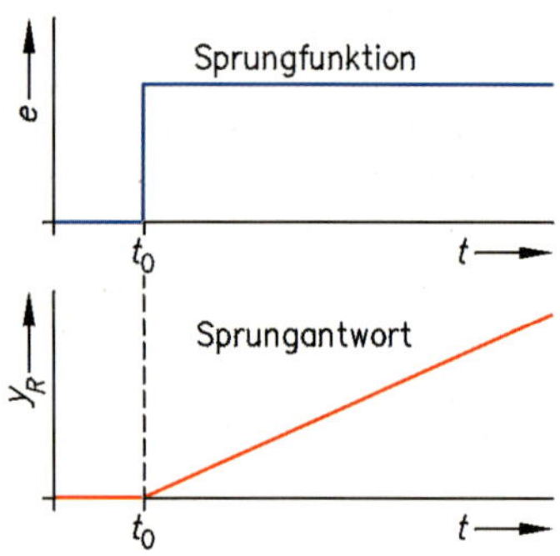

Anstiegsantwort eines I-Reglers

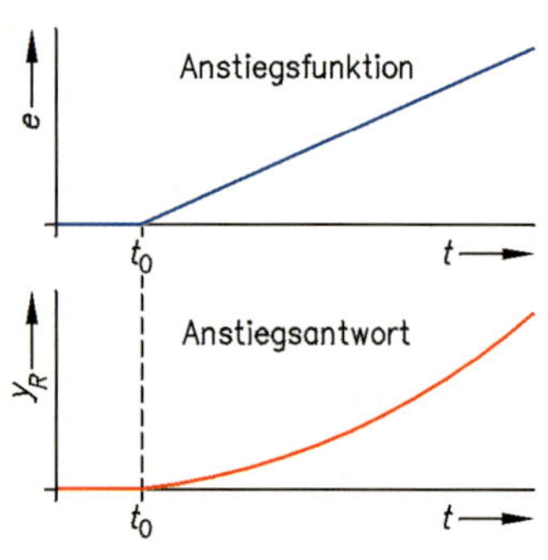

Funktion: Der Operationsverstärker steuert die Eingänge durch die Rückkopplung so, dass die Differenzspannung U_D zwischen E1 und E2 zu Null wird.

Daraus folgt, dass der Eingang E1 Massepotenzial hat (virtueller Massepunkt). Liegt am Eingang der Schaltung die konstante Spannung $U_e = e$, so liegt an R ebenfalls die Spannung $U_e = e$.

Die konstante Spannung an R hat einen konstanten Strom I_R zur Folge. Da der Eingangsstrom des Operationsverstärkers als Null angenommen werden kann, ist $I_R = I_C$.

Der Kondensator C wird also mit einem Konstantstrom geladen, die Kondensatorspannung steigt linear bis zur Begrenzung an. Die Kondensatorspannung entspricht der Ausgangsspannung, da beide Spannungen auf Massepotenzial bezogen sind.

Blockschaltbild eines I-Reglers

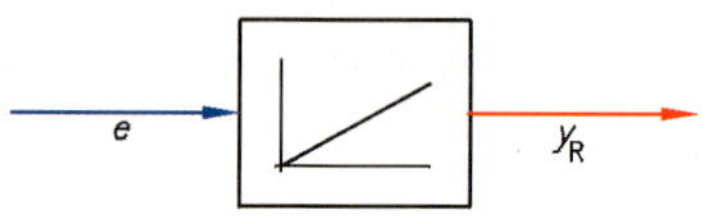

Es ergeben sich folgende Zusammenhänge zwischen Eingangsgröße e und der Ausgangsgröße y:

$$T_I = R \cdot C \quad \text{in s}$$

T_I ist dabei die **Integrierzeit**. Die Zeit, die die Ausgangsspannung $\Delta U_a = \Delta y$ benötigt, um den selben Wert zu erreichen, um den sich die Eingangsspannung $\Delta U_e = \Delta e$ verändert hat.

R und C bestimmen also, mit welcher Geschwindigkeit dieser Vorgang abläuft:
Großes $R \rightarrow$ kleiner Strom $\rightarrow$ geringere Aufladung pro Zeit.

Bildet man den Kehrwert der Integrierzeit, so erhält man die Geschwindigkeit der Stellgrößenänderung dividiert durch den Eingangssprung Δe:

$$K_I = \frac{1}{T_I} = \frac{1}{R \cdot C} = \frac{\Delta y}{\Delta t \cdot \Delta e} = \frac{v_y}{\Delta e} \text{ in } s^{-1} \quad \left(\frac{\Delta y}{\Delta t} = v_y\right)$$

K_I Integrierbeiwert 1/s

Die *Kennlinie des I-Reglers* zeigt:

Verglichen mit dem P-Regler ist der I-Regler ein *langsamer Regler*. Die Stellgröße y nimmt zu, solange ein konstantes Eingangssignal e anliegt, verringert sich das Eingangssignal, wird auch die Steigung des Ausgangssignals abnehmen.

Wird die *Regeldifferenz* (das Eingangssignal) zu Null, bleibt das Ausgangssignal konstant, da der Kondensator das Ausgangssignal speichert.

I-Regler können also eine Störgröße komplett ausregeln, es tritt *keine bleibende Regeldifferenz* auf.

Information

Sprunganwortverfahren zur Ermittlung von T_I

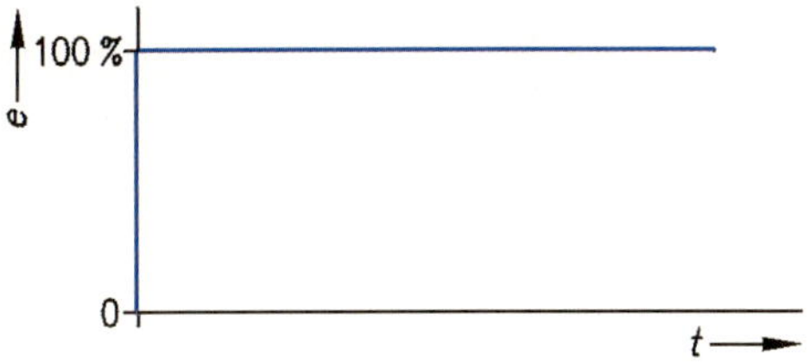

Die Steilheit der Regelkennlinie wird durch K_I bestimmt

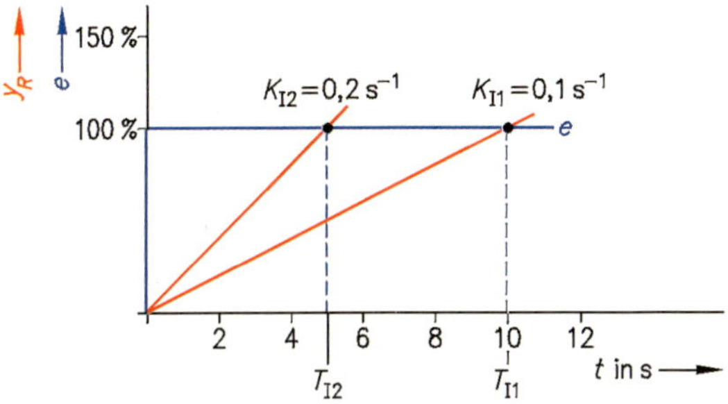

Mit Hilfe der Formel ergibt sich:
Die Änderung der Stellgröße y kann durch Verändern der Integrierzeit T_I, bzw. durch Verstellen des Integrierbeiwertes K_I beeinflusst werden:

$\Delta y = K_I \cdot \Delta e \cdot \Delta t.$

Die *Steilheit der Reglerkennlinie* und damit die *Stärke des Regeleingriffs* kann an der Regeleinheit eingestellt werden.

Prinzipiell ist der I-Regler ein langsam eingreifender Regler, der somit als alleiniger Regler für Regelstrecken mit großen Zeitkonstanten und mehreren Energiespeichern nicht geeignet ist.

Vor den invertierenden Eingang eines Operationsverstärkers ist ein Kondensator C geschaltet.

Vom Ausgang auf den invertierenden Eingang bildet ein ohmscher Widerstand die Rückkopplung. Am Eingang liegt die Spannung (U_e = Regeldifferenz e).

Ist die Eingangsspannung U_e konstant (Gleichspannung), liegt dieselbe Spannung am Kondensator C, denn an E1 hat sich Massepotenzial eingestellt wegen $U_D = 0$ V.

Es fließt im eingeschwungenen Zustand kein Ladestrom in den Kondensator und damit kein Strom durch den Rückkoppelwiderstand R. Fällt an R keine Spannung ab, muss die Ausgangsspannung U_a (Stellgröße y) ebenfalls 0 V sein.

Erst wenn die Regeldifferenz e sich ändert, lädt oder entlädt sich der Kondensator; dieser Lade-, oder Entladestrom fließt auch durch den Widerstand R und verursacht während dieser Zeit einen Spannungsfall. Dieselbe Spannung ist am Ausgang als Stellgröße y verfügbar.

Untersuchung eines *D-Reglers* mit dem **Sprungantwort-Verfahren**:
Nur im *Einschaltmoment* liefert der D-Regler einen kurzen Impuls (Kondensator wird widerstandsfrei geladen), danach ist die Ausgangsspannung Null, obwohl eine Regeldifferenz e am Eingang liegt.

Legt man eine *linear ansteigende Spannung* an den Eingang eines D-Reglers, so gibt der Ausgang eine konstante Spannung aus.

Die *Höhe der Ausgangsspannung* ist abhängig von der *Steilheit der Eingangsspannung* $\frac{\Delta e}{\Delta t}$, somit von der Stärke des Ladestromes i_c.

Differential-Regler (D-Regler)

Auch die Funktionsweise eines Differentialreglers lässt sich gut an einer elektronischen Nachbildung erklären.

Operationsverstärkerschaltung als D-Regler

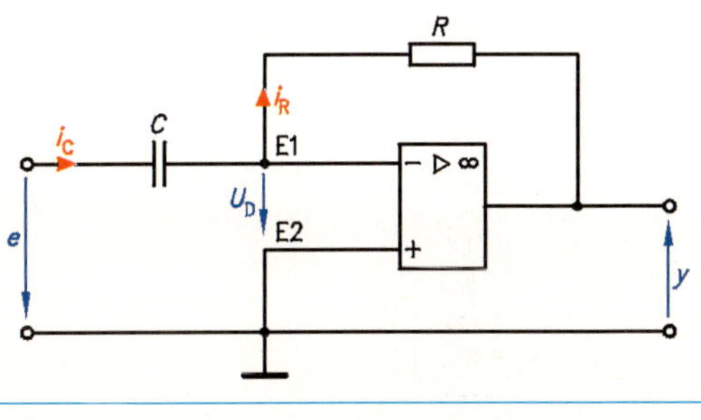

D-Regler, Sprungantwort

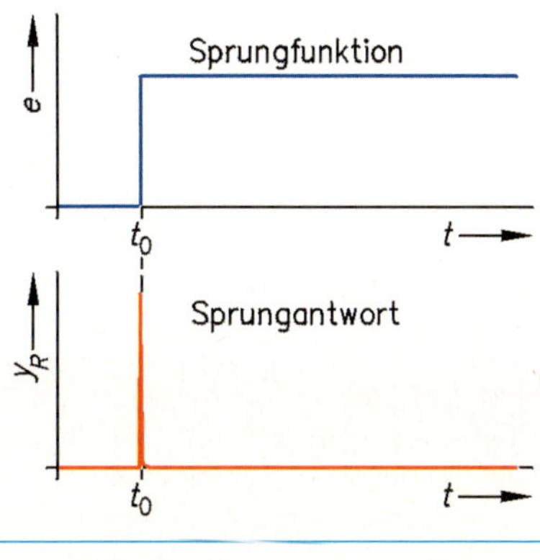

Information

D-Regler, Anstiegsantwort

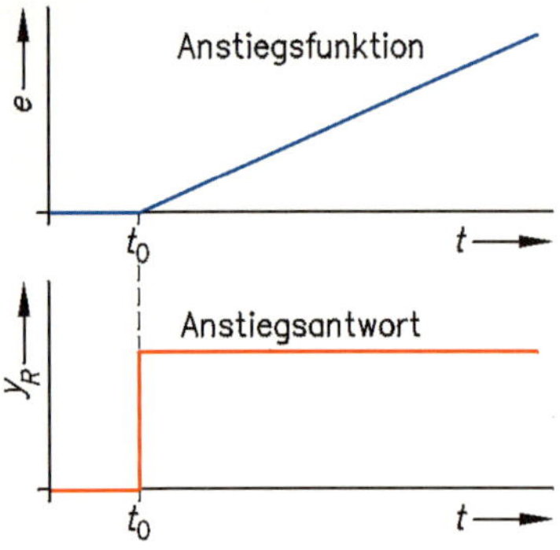

D-Regler, Blockdarstellung

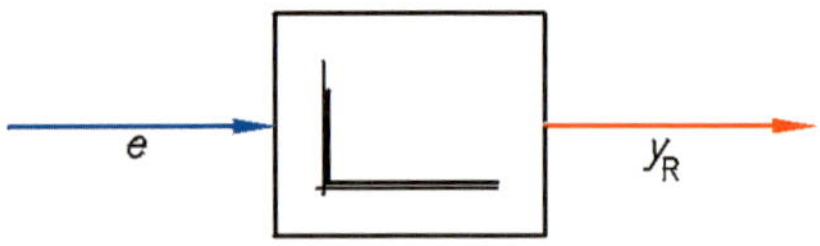

Die Ausgangsgröße y wird also von der Änderungsgeschwindigkeit der Eingangsgröße e bestimmt:

$$v_e = \frac{\Delta e}{\Delta t}$$

Außerdem von den Bauteilen R und C. Wird C größer, kann ein größerer Ladestrom fließen, der am Rückkoppelwiderstand einen höheren Spannungsimpuls verursacht.

Für Δy ergibt sich dann:

$$\Delta y = R \cdot C \cdot \frac{\Delta e}{\Delta t}$$

$R \cdot C$ nennt man die **Differenzierzeit** T_D oder auch den **Differenzierbeiwert** K_D. Dann ergibt sich:

$$\Delta y = K_D \cdot \frac{\Delta e}{\Delta t}$$

K_D ist an der Regeleinheit einstellbar.

D-Regler sind nicht allein einsetzbar, denn sie liefern *kein Signal,* wenn die Regeldifferenz e = *konstant* ist. In Kombination mit anderen Reglerarten sind sie aber sinnvoll einsetzbar.

Kombination der verschiedenen Reglerarten

Wie in den bisherigen Darstellungen der einzelnen Reglerarten deutlich wurde, haben die Regler in ihrer „Reinform“ Vor- und Nachteile:

- *P-Regler:* schneller Regler, kann nicht ausregeln, neigt zu Schwingungen.
- *I-Regler:* langsamer Regler, kann die Regeldifferenz vollständig ausregeln.
- *D-Regler:* stark eingreifender Regler bei schnellen Änderungen der Regeldifferenz, liefert keine Stellgröße bei $e = 0$.

Durch eine *Kombination der Reglerarten* können die Nachteile der Einzelregler zum großen Teil ausgeglichen werden. Die am häufigsten in der Praxis vorkommenden *Reglerkombination* sind *PI-Regler* und *PID-Regler*.

PI-Regler

Die Stellgröße y_R eines *PI-Reglers* ergibt sich aus der Summe der beiden Ausgangsgrößen:

$$y_R = y_P + y_I = K_{PR} \cdot e + K_I \cdot \Delta e \cdot \Delta t$$

Man kann sich dabei einen PI-Regler als *Parallelschaltung eines P-Reglers mit einem I-Regler* vorstellen.

Entstehung des Ausgangssignals eines PI-Reglers

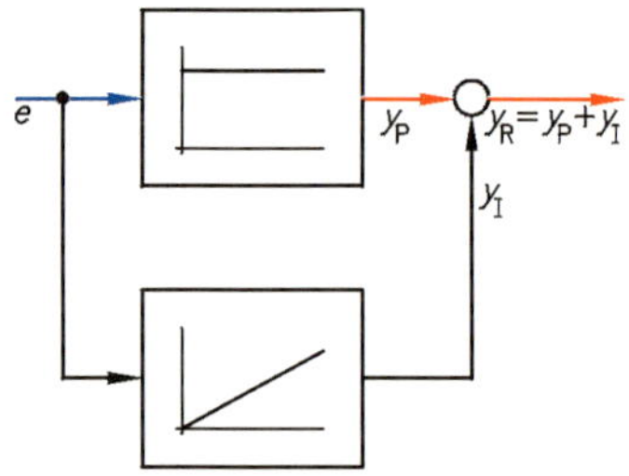

PI-Regler, Blockdarstellung

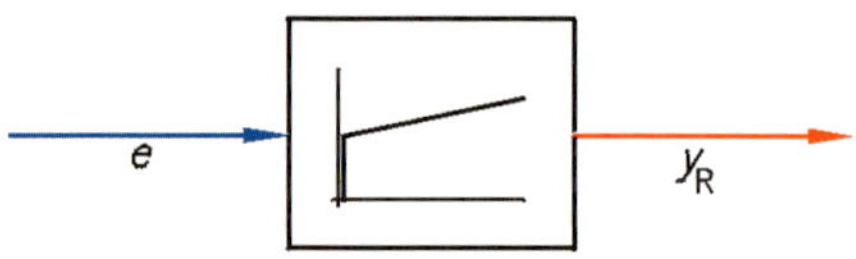

Einstellparameter sind:

$K_{PR} = \frac{y}{e}$ und die *Nachstellzeit* T_n.

Die **Nachstellzeit** T_n ist die Zeit, die ein reiner *I-Regler* benötigen würde, um die *gleiche Stellgrößenänderung* zu erreichen, die ein *P-Regler* unmittelbar bei Eintreten einer Regeldifferenz liefern würde. T_n bestimmt also die *Steilheit* des I-Anteils der Stellgröße y.

Sprungantwort eines PI-Reglers

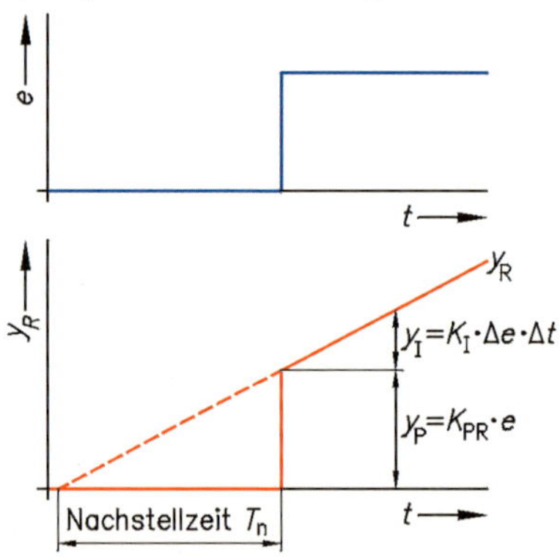

Information

Operationsverstärkerschaltung als PI-Regler

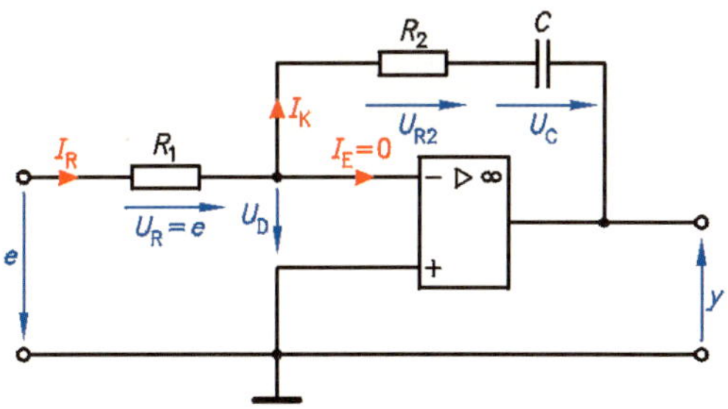

Die Spannung an R_2 ist der *P-Anteil.*
Die Spannung an C ist der *I-Anteil* der Ausgangsspannung (Stellgröße y).

Der *PI-Regler* vermeidet also die *Nachteile* der Einzelregler und vereinigt die *Vorteile* der beiden Reglerarten: schnelles Regeln durch den P-Regler und vollständiges Ausregeln durch den I-Regler.

PD-Regler

Ein *PD-Regler* besteht aus der *Parallelschaltung eines P-Reglers mit einem D-Regler.*

Beim Auftreten einer Störgröße greift der *D-Anteil* zu Anfang sehr stark in die Anregelung ein, dieser Anteil klingt sehr schnell ab und es wirkt dann nur noch der P-Anteil. Es tritt beim PD-Regler allerdings eine **bleibende Regeldifferenz** auf.

Der Anfangsanteil der Stellgröße wird durch die Vorhaltzeit T_v beschrieben.

Durch die *D-Zuschaltung* gelingt es, *bei sich ändernder Regeldifferenz, schneller* eine bestimmte Stellgröße zu erhalten. Ohne D-Aufschaltung wäre diese Stellgröße erst nach der *Vorhaltezeit* T_v durch den *P-Anteil* erreicht worden.

Entstehung des Ausgangssignals eines PD-Reglers

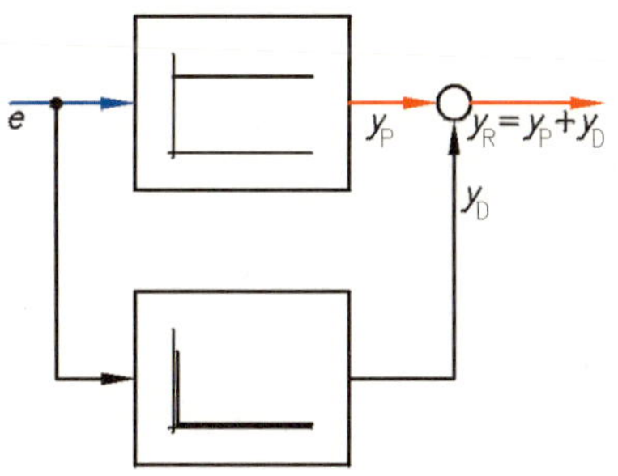

Sprungantwort eines PD-Reglers

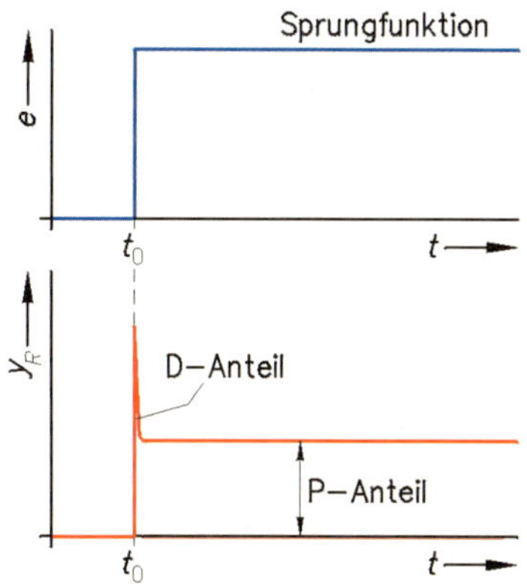

Anstiegsantwort eines PD-Reglers

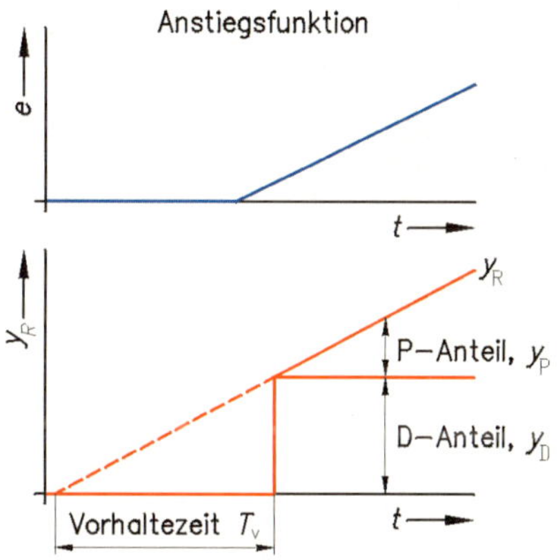

Der *P-Anteil* des Ausgangssignals ergibt sich durch

$$K_P = \frac{R_2}{R_1}$$

der *D-Anteil* wird bestimmt durch

$$K_D = R_2 \cdot C \cdot \frac{\Delta e}{\Delta t}$$

Operationsverstärker als PD-Regler

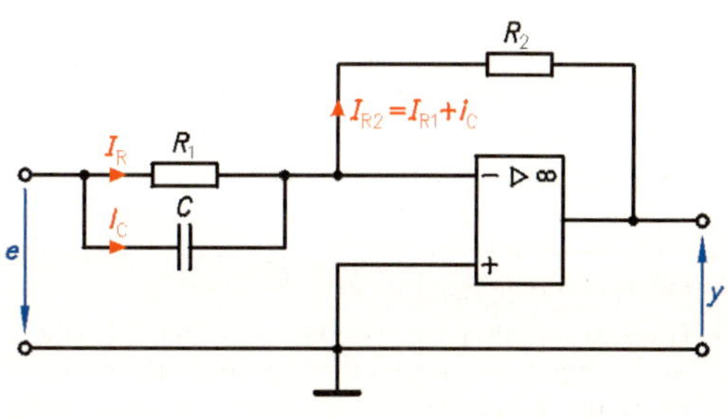

Information

PID-Regler

Das Ausgangssignal y_R eines PID-Reglers setzt sich aus folgenden Komponenten zusammen:

- y_P: Proportional-Anteil
- y_I: Integral-Anteil
- y_D: Differential-Anteil

$$y_R = y_P + y_I + y_D = K_{PR} \cdot e + K_I \cdot \Delta e \cdot \Delta t + K_D \cdot \frac{\Delta e}{\Delta t}$$

Der *PID-Regler* bietet bei Einsatz aller drei Komponenten folgende Vorteile:

- Der *P-Anteil* sorgt für eine schnelle Anregelung.
- Der *I-Anteil* regelt die Regeldifferenz vollständig aus.
- Der *D-Anteil* greift sehr stark in die Anregelung bei plötzlichen Störeinflüssen auf die Regelstrecke ein.

Entstehung des Ausgangssignals eines PID-Reglers

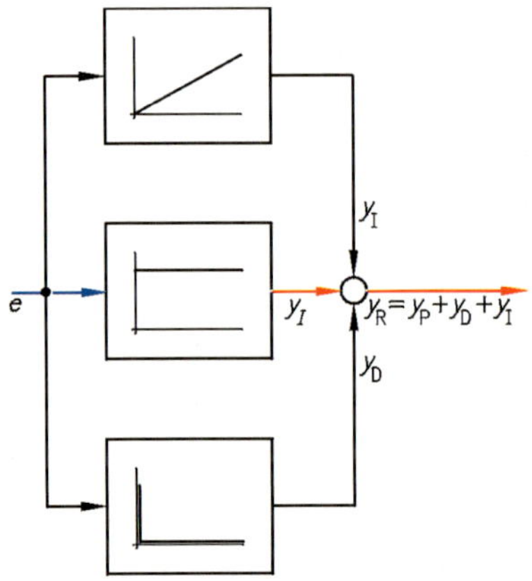

PID-Regler, Blockdarstellung

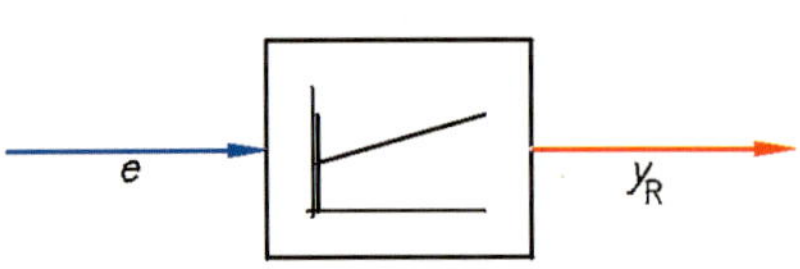

Operationsverstärkerschaltung als PID-Regler

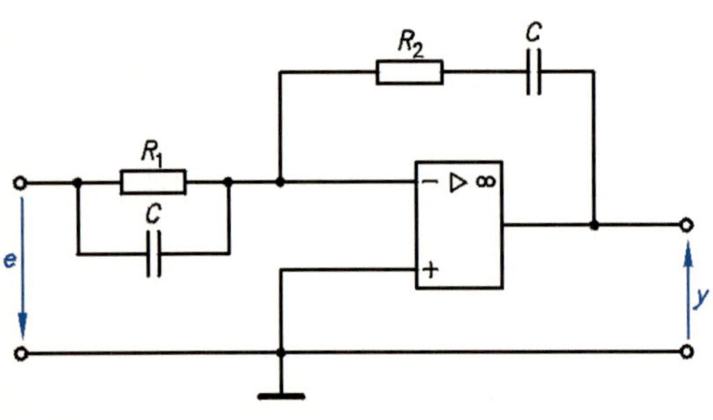

Sprungantwort eines PID-Reglers

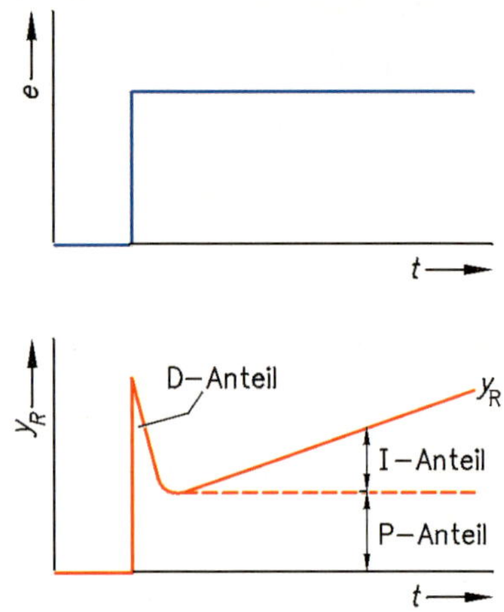

Anstiegsantwort eines PID-Reglers

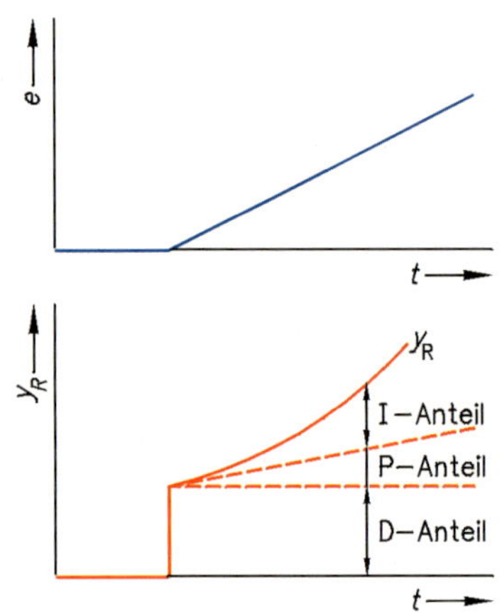

Regelkreis

Hauptbestandteile eines *Regelkreises* sind die *Regelstrecke* und die *Regeleinrichtung*.

Ausgangsgröße der Regeleinrichtung ist die Stellgröße y, die zugleich Eingangsgröße der Regelstrecke ist.

Ausgangsgröße der Regelstrecke ist die Regelgröße x, die über die Rückführgröße r wieder die Stellgröße y beeinflusst.

Durch diese Rückkopplung bildet der Regelkreis ein *schwingungsfähiges System*, d.h., die Regelgröße kann unter bestimmten Umständen periodisch um den Sollwert schwingen.

Dabei können *gedämpfte, ungedämpfte* oder sogar *angefachte Schwingungen* entstehen.

Information

Schwingungen im Regelkreis

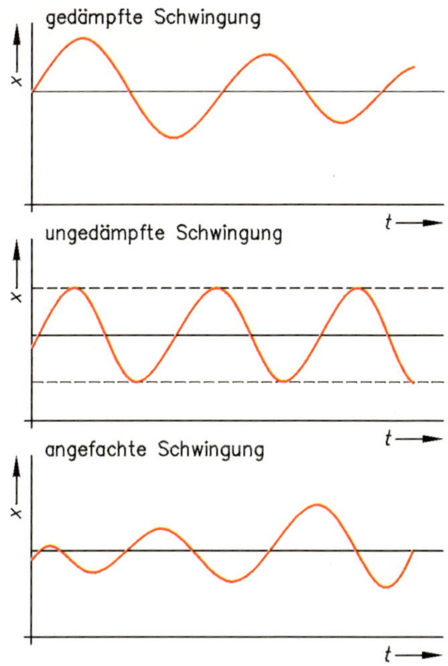

Der *Zweck einer Regeleinrichtung* ist es, Störgrößen, die auf die Regelstrecke einwirken, schnellstmöglich auszuregeln, ohne dass dadurch unerwünschte Schwingungen auftreten.

Als **optimale Regelung** gilt, wenn die Regelgröße nach einer Störgrößeneinwirkung so ausgeregelt wird, dass sie um etwa 20 % überschwingt und höchstens noch zweimal um den Sollwert schwingt.

Optimaler Einschwingvorgang

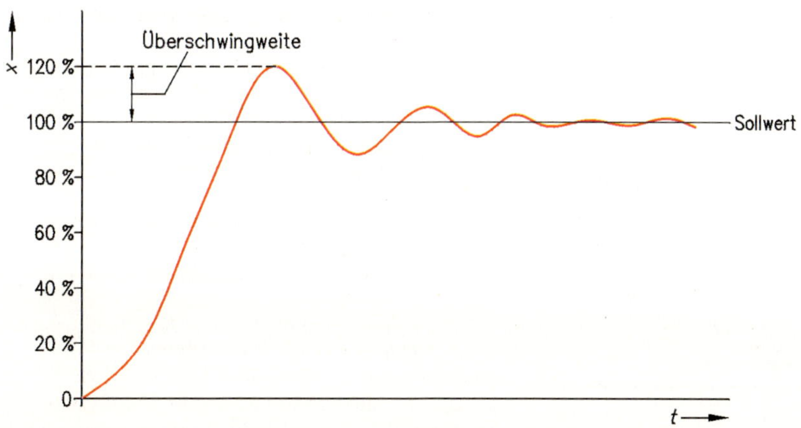

Optimierung eines Regelkreises nach Ziegler-Nichols

Dieses Verfahren ist besonders dann anwendbar, wenn die Daten der Regelstrecke (Verzugszeit T_u, Ausgleichszeit T_g und Totzeit T_t) nicht bekannt sind.

Ziegler und Nichols empfehlen nach vielen Praxisversuchen folgende, als Faustregel zu betrachtende *Einstellmethode*:

- Ein PID-Regler wird so eingestellt, dass er nur als P-Regler wirkt ($T_n = \infty$, $T_v = 0$).
- K_{PR} wird so klein eingestellt, dass der Regelkreis mit Sicherheit stabil ist.
- K_{PR} wird dann so lange vergrößert, bis eine ungedämpfte Schwingung mit kleinster Amplitude auftritt.
- Der Regelkreis befindet sich an der Stabilitätsgrenze; die Proportionalverstärkung an diesem Punkt wird *kritische Verstärkung* K_{PRkrit} genannt.
- Die Schwingungen werden aufgezeichnet und die Periodendauer T_{krit} ermittelt.
- Mit den ermittelten Werten K_{PRkrit}, T_{krit} und den Werten aus nachfolgender Tabelle kann ein *PID-Regler eingestellt* und der *Regelkreis optimiert* werden.

Übertragungsverhalten der Regeleinrichtung	K_{PR}	T_n	T_v
P	0,5 K_{PRkrit}	–	–
PI	0,45 K_{PRkrit}	0,85 T_{krit}	–
PD	1,25 K_{PRkrit}	–	0,12 T_{krit}
PID	0,6 K_{PRkrit}	0,5 T_{krit}	0,12 T_{krit}

11.4 Regelung parametrieren

Auftrag

Der Drehstrommotor des Plattenumsetzers wird mit einem Frequenzumrichter angetrieben. Der Frequenzumrichter ist für diese Anwendung parametriert und einsatzbereit.

Der Frequenzumrichter hat intern eine Regeleinrichtung zur Drehmoment- und Drehzahlregelung.

Ihr Ausbilder gibt Ihnen den Auftrag, anhand der Betriebsanleitung zu überprüfen, ob die Drehzahlregelung korrekt parametriert ist (z.B. Werkseinstellung).

Bei einer Vor-Ort-Besichtigung haben Sie festgestellt, dass die Drehzahl des Motors erfasst wird und als Analog-Istwert (Spannung 0 – 10 V) auf den Frequenzumrichter zurück geführt wird.

Auszug aus der Betriebsanleitung

PID für die Drehzahlregelung

Istwert

Das Istwertsignal muss an eine Klemme des Frequenzumrichters angeschlossen werden. Anhand der nachstehenden Übersicht kann entschieden werden, welche Klemme zu benutzen ist und welche Parameter zu programmieren sind.

Istwertart	*Klemme*	*Parameter*
Puls	*32*	*306*
Puls	*33*	*307*
Istwert Puls/U		*329*
Spannung	*53*	*308, 309, 310*
Strom	*60*	*314; 315; 316*

Sollwert

Es kann ein *Mindest-* und ein *Höchstsollwert* eingestellt werden (Parameter 204 und 205).
Wenn einer oder mehrere *Festsollwerte* gewünscht werden, so lassen sich diese am einfachsten direkt in den Parametern 215 bis 218 einstellen.

Wenn ein *Festsollwert* gewünscht wird, kann dieser entweder ein *Analog-* oder ein *Pulssollwert* sein.

Wenn *Strom als Istwertsignal* benutzt wird, kann als *Analogsollwert* nur Spannung benutzt werden.

Anhand der nachstehenden Übersicht kann entschieden werden, welche Klemme zu benutzen ist und welche Parameter zu programmieren sind.

Sollwertart	*Klemme*	*Parameter*
Puls	*17 oder 29*	*301 oder 305*
Spannung	*53 oder 54*	*308, 309, 310 oder 311, 312, 313*
Strom		*314, 315, 316*

Differentiator (D-Regler), Verstärkungsgrenze

Kommt es in einer Anwendung zu sehr schnellen Änderungen *des Soll- oder Istwertes, so kann der Differentiator schnell zum Überschwingen neigen.*

Je schneller sich die Regelabweichung ändert, umso höher fällt auch die Verstärkung des Differentiators aus.

Die *Verstärkung des Differentiators* kann daher begrenzt werden, so dass sowohl eine vernünftige Differentiationszeit bei langsamen Änderungen als auch eine angemessene Verstärkung bei schnellen Änderungen eingestellt werden kann.

Dies erfolgt im Parameter 443 *Drehzahl PID Differentiator Verstärkungsgrenze.*

Tiefpassfilter

Sofern beim Istwertsignal (z.B. vom Tachogenerator) *Rippelströme* bzw. *-spannungen* auftreten, können diese mit Hilfe eines *Tiefpassfilters* gedämpft werden. Für das Tiefpassfilter muss eine passende Zeitkonstante eingestellt werden.

Diese Zeitkonstante ist ein Ausdruck für eine *Eck-Frequenz* der Rippel, die beim Istwertsignal auftreten.

Ist das Tiefpassfilter auf 0,1 Sek. eingestellt, so ist die Eckfrequenz 10 RAD/Sek., was

$(10/2 \cdot \pi) = 1{,}6$ Hz

entspricht. Dies führt dazu, dass alle Ströme/Spannungen, die um mehr als 1,6 Schwingungen pro Sekunde schwanken, herausgefiltert werden.

Es wird also nur ein Istwertsignal geregelt, das mit einer Frequenz von unter 1,6 Hz schwankt. Die passende Zeitkonstante ist in Parameter 421, *Drehzahl PID Tiefpassfilterzeit* zu wählen.

Frequenzumrichter → 524

Optimierung des Drehzahlreglers

Die *Grundeinstellungen* sind nun vorgenommen worden, so dass jetzt nur noch eine *Optimierung der Proportionalverstärkung, der Integrationszeit und der Differentiationszeit* (Parameter 440, 441, 442) aussteht.

Dies kann bei den meisten Anwendungen durch die nachstehenden Anweisungen geschehen.

1. Motor starten

2. Parameter 440 (Proportionalverstärkung) auf 0,3 einstellen und anschließend erhöhen, bis das Istwertsignal gleichmäßig zu schwingen beginnt. Danach den Wert verringern, bis das Istwertsignal stabilisiert ist. Dann die Proportionalverstärkung um 40 – 60 % senken.

3. Parameter 441 (Integrationszeit) auf 20 s einstellen und den Wert anschließend herabsetzen, bis das Istwertsignal gleichmäßig zu schwingen beginnt. Die Integrationszeit erhöhen, bis sich das Istwertsignal stabilisiert und anschließend um 15 – 50 % erhöhen.

4. Parameter 442 wird nur bei sehr schnellen Systemen verwendet (Differentiationszeit). Der typische Wert ist das Vierfache der eingestellten Integrationszeit. Der Differentiator sollte nur benutzt werden, wenn Proportionalverstärkung und Integrationszeit optimal eingestellt sind.

ACHTUNG!

Bei Bedarf kann Start/Stopp mehrfach aktiviert werden, um eine konstante Schwankung des Istwertsignals zu erzielen.

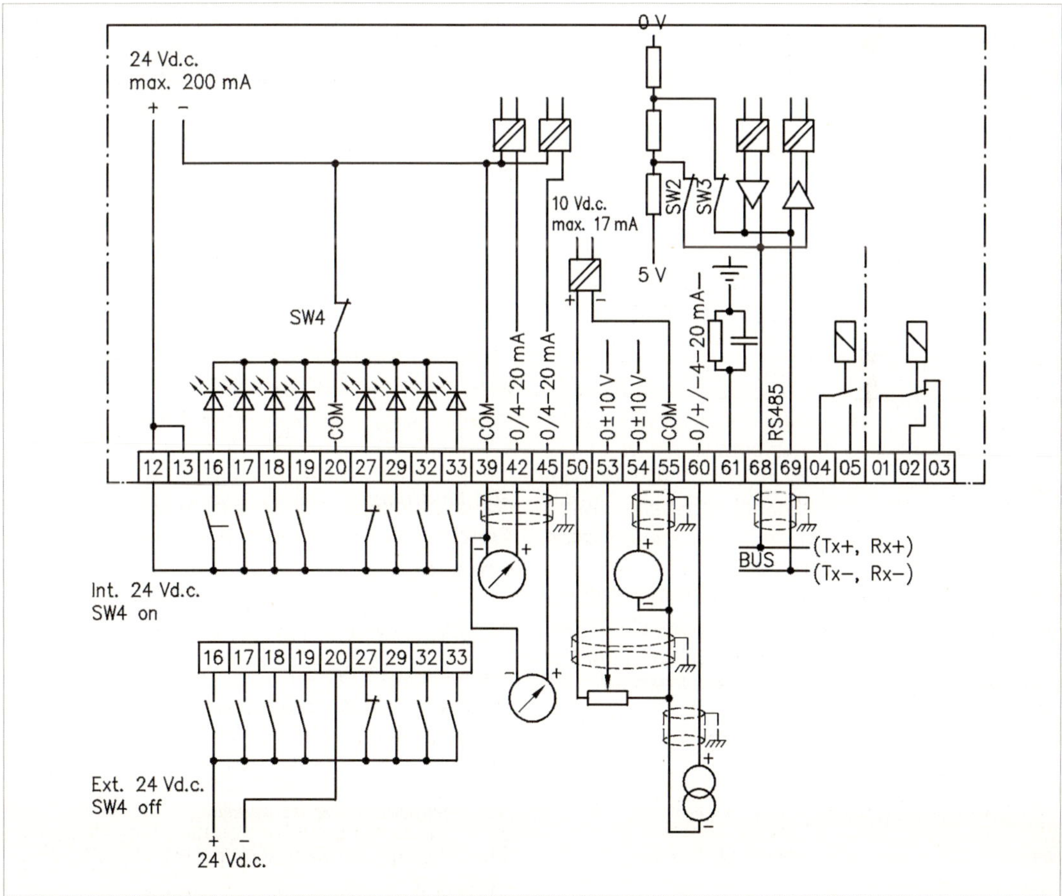

1 *Klemmen-Anschlussplan des Frequenzumrichters*

Auszug aus der Parameterliste (* = Werkseinstellung)

100 Konfiguration

Wert:

Drezahlregelung ohne Istwertrückführung (MIT SCHLUPFKOMP.) *(0)*

Drehzahlregelung mit Istwertrückführung (MIT RUECKFUEHR.-PID) *(1)*

Drehmomentregelung ohne Istwertrückführung (DREHMOMENT-REGELUNG) *(2)*

Drehmomentregelung mit Drehzahlrückführung (DREHMOM. GESCHW.) *(3)*

ID	Name	Einstellung 1	Einstellung 2	Einheit
100	Konfiguration	Mit rückführung-pid	Mit schlupfkomp.	
101	Momentenkennl.	Konst.moment	Konst.moment	
102	Motorleistung	0,37	0,37	kW
103	Motorspannung	230	230	V
104	Motorfrequenz	50	50	Hz
105	Motorstrom	2,08	2,08	A
106	Motor nenndrehz.	1400	1400	RPM
107	Motoranpassung	Motoranpassung aus	Motoranpassung aus	
108	Statorwiderstand	********	********	Ohm
109	Stator reactanz	********	********	Ohm
117	Resonanz dämpf.	0	0	%
119	Startmoment hoch	0,0	0,0	s
120	Startverzögerung	0,0	0,0	s
121	Startfunktion	Zeitverz. motorfr.	Zeitverz. motorfr.	
122	Stoppfunktion	Motorfreilauf	Motorfreilauf	
123	Freq.stoppfunkt.	0,1	0,1	Hz
126	Dc-bremszeit	10,0	10,0	s
127	Dc-br.startfreq.	0,0	0,0	Hz
128	Therm. motorschu	Kein motorschutz	Kein motorschutz	
130	Startfrequenz	0,0	0,0	Hz

1 Einstellung der Parameter mit dem Frequenzumrichter

Funktion

In diesem Parameter kann der FU den jeweiligen Bedingen angepasst werden. Dies vereinfacht die Anpassung an eine gegebene Anwendung.
Alle Parameter, die für die angewählte Konfiguration nicht benötigt werden, sind ausgeblendet (nicht aktiv). Durch Wechseln zwischen den verschiedenen Anwendungskonfigurationen wird eine stoßfreie Übertragung (nur Frequenz) gewährleistet.

Beschreibung der Auswahl

Bei Auswahl von Drehzahlregelung ohne Istwertrückführung [0] ergibt sich eine normale Drehzahlsteuerung (ohne Istwertsignal) mit automatischem Schlupfausgleich, so dass bei variabler Belastung die Drehzahl konstant gehalten wird. Die Ausgleichsfunktionen sind aktiv, können aber nach Bedarf abgewählt werden.
Bei Auswahl von Drehzahlregelung mit Istwertrückführung [1] werden volles Haltemoment bei 0 U/Min sowie eine höhere Drehzahlgenauigkeit erreicht. Es muss ein Istwertsignal vorhanden und der PID-Regler eingestellt sein.

203 Sollwert-/Istwertbereich

Wert:

Min - Max (MIN – MAX) ** (0)*
- Max - + Max (- MAX - + MAX) *(1)*

Funktion:

In diesem Parameter wird festgelegt, ob das Sollwertsignal und das Istwertsignal positiv sein sollen oder sowohl positiv als auch negativ sein können. Die Mindestgrenze kann ein negativer Wert sein, es sei denn, in Parameter 100 wurde Drehzahlregelung mit Istwertrückführung [1] programmiert. Es sollte Min bis Max [0] gewählt werden, wenn in Parameter 100 Drehzahlregelung mit Istwertrückführung gewählt wurde.

Beschreibung der Auswahl:

Wählen Sie den gewünschten Bereich.

204 Minimaler Sollwert (Bild 1, Seite 587)

Wert:

- 10.000,00 - Ref_{MAX} ** 0,00 U/min*

Funktion:

Der minimale Sollwert kann durch die Summe aller Sollwerte (ggf. Minussollwerte) nicht unterschritten werden.

Beschreibung der Auswahl:

Nur aktiv, wenn Parameter 203 auf Min bis Max [0] eingestellt ist.

Stellen Sie den gewünschten Wert ein.

205 Maximaler Sollwert

Wert:

$SOLLW._{MIN}$ - 10.000 *3.000 U/min

Funktion:

Der maximale Sollwert kann durch die Summe aller Sollwerte nicht überschritten werden.

Beschreibung der Auswahl:

Stellen Sie den gewünschten Wert ein. Die Einheit richtet sich nach der in Parameter 100 gewählten Konfiguration.

Drehzahlregelung ohne Istwertrückführung	Hz
Drehzahlregelung mit Istwertrückführung	U/Min.
Drehmomentregelung ohne Istwertrückführung	Nm
Drehmomentregelung mit Drehzahlrückführung	Nm

ID	Name	Einstellung 1	Einstellung 2	Einheit
200	Freq.ber.+drehr.	132 hz beide richt.	132 hz eine richt.	
201	Min. frequenz	0,0	0,0	Hz
202	Max. frequenz	132,0	132,0	Hz
203	Sollwertbereich	Min bis max	Min bis max	
204	Min-sollwert	0,000	0,000	
205	Max-sollwert	3.000,000	50,000	
206	Rampenverlauf	Linear	Linear	
207	Rampe auf 1	3,00	3,00	s
208	Rampe ab 1	3,00	3,00	s
209	Rampe auf 2	3,00	3,00	s
210	Rampe ab 2	3,00	3,00	s
211	Rampe jog	3,00	3,00	s
212	Rampe q-stopp	3,00	3,00	s
213	Frequenz jog	10,0	10,0	Hz
214	Sollwert-funkt.	Add. zum sollwert	Add. zum sollwert	
215	Festsollwert 1	100,00	0,00	%
216	Festsollwert 2	30,00	0,00	%
217	Festsollwert 3	0,00	0,00	%
218	Festsollwert 4	0,00	0,00	%

1 Eiinstellung der Grenz- und Sollwerte (Ausschnitt)

ID	Name	Einstellung 1	Einstellung 2	Einheit
302	Eing.18 digital	Start	Start	
303	Eing.19 digital	Reversierung	Reversierung	
304	Eing.27 digital	Reset and coast inv.	Reset and coast inv.	
305	Eing.29 digital	Festdrehzahl (jog)	Festdrehzahl (jog)	
307	Eing.33 digital	Ohne funktion	Ohne funktion	
308	Eing.53 analog	Istwert	Sollwert	
309	Ein.53 skal-min	0,0	0,0	V
310	Ein. 53 skal-max	10,0	10,0	V
314	Eing.60 analog	Ohne funktion	Ohne funktion	
315	Ein.60 skal-min	0,0	0,0	mA
316	Ein. 60 skal-max	20,0	20,0	mA

1 Parametrierung der Ein- und Ausgänge (Ausschnitt)

215 Festsollwert 1
216 Festsollwert 2
217 Festsollwert 3
218 Festsollwert 4

Wert:

-100,00 % bis +100,00 % des Sollwertbereichs * 0,00 %

Funktion:

In den Parametern 215 – 218 können vier Festsollwerte programmiert werden. Der Festsollwert kann als prozentuale Angabe des Wertes $Sollwert_{MAX}$ eingegeben werden. Diese Sollwerte können addiert werden.

Beschreibung der Auswahl:

Programmieren Sie den/die Festsollwert(e), die wählbar sein sollen. Die Auswahl der Festsollwerte erfolgt durch Aktivierung der Klemmen 16, 17, 29, 32 oder 33. Siehe Schaltplan, Seite 585.

309 Klemme 53, Min.-Skalierung

Wert:

0,0 - 10,0 Volt *0,0 Volt

Analogeingänge	Klemme Nr.	53 Spannung	54 Spannung	60 Strom
Wert:	**Parameter**	**308**	**311**	**314**
Ohne Funktion	(OHNE-FUNKTION)	(0)	*(0)	(0)
Sollwert	(SOLLWERT)	*(1)	(1)	*(1)
Istwertsignal	(ISTWERT)	(2)	–	(2)
Thermistor	(THERMISTOR)	(4)	(3)	–

Funktion:

Mit diesem Parameter wird der Signalwert eingestellt, der dem minimalen Sollwert (Einstellung in Parameter 204) entspricht. Auf Klemme 53 wird der Istwert geführt und mit dem Sollwert verglichen.

Beschreibung der Auswahl:

Stellen Sie den gewünschten Spannungswert ein.

438	Pid anti windup	Wirksam	Wirksam	
439	Pid-start freq.	0,0	0,0	Hz
440	Pid p-verstärk.	0,01	0,01	
441	Pid integr. zeit	9.999,99	9.999,99	s
442	Pid diff. zeit	0,00	0,00	s
443	Pid diff. verst.	5,0	5,0	
444	Pid filter zeit	0,02	0,02	s
445	Fangschaltung	Blockiert	Blockiert	
451	Steuersollwert	100	100	%
452	Reglerband	10,0	10,0	%
455	Freq.ber. ueberw	Wirksam	Wirksam	
456	Bremssp.red.	0	0	V

1 Reglereinstellung (Ausschnitt)

310 Klemme 53, Max.-Skalierung

Wert:

0,0 - 10,0 V **10,0 Volt*

Funktion:

Mit diesem Parameter wird der Signalwert eingestellt, der dem maximalen Sollwert (Einstellung in Parameter 205) entspricht.

Beschreibung der Auswahl:

Stellen Sie den gewünschten Spannungswert ein.

440 Drehzahl PID Proportionalverstärkung

Wert:

0,0 - 10,00 **0,01*

Funktion:

Die Proportionalverstärkung gibt an, um wie viel Mal die Regelabweichung zwischen Sollwert- und Istwertsignal verstärkt werden soll.
Zusammen mit Drehzahlregelung mit Istwertrückführung (Parameter 100) anzuwenden.

Beschreibung der Auswahl:

Bei hoher Verstärkung wird eine schnelle Regelung erreicht. Ist die Verstärkung jedoch zu hoch, so kann die Drehzahl durch Übersteuerung instabil werden.

441 Drehzahl PID Integrationszeit

Wert:

0,01 - 9999,99 Sek. (AUS) **AUS*

Funktion:

Der Integrator bewirkt eine steigende Verstärkung bei einer konstanten Regelabweichung zwischen Sollwert- und Istwertsignal.
Je größer die Abweichung, umso schneller ist der Anstieg der Verstärkung. Die Integrationszeit ist die Zeit, die der Integrator braucht, um die gleiche Verstärkung wie die Proportionalverstärkung zu erzielen.
Zusammen mit Drehzahlregelung mit Istwertrückführung (Parameter 100) anzuwenden.

Beschreibung der Auswahl:

Bei kurzer Integrationszeit wird eine schnelle Regelung erreicht. Die Zeit kann jedoch auch zu kurz werden, was zu einer Instabilität des Prozesses bei Übersteuerung führen kann. Ist die Integrationszeit lang, so kann es zu großen Abweichungen vom gewünschten Sollwert kommen, da der Regler lange braucht, um eine Regelabweichung auszuregeln.

442 Drehzahl PID Differentiationszeit

Wert:

0,00 (AUS) - 10,00 Sek ** 0,0 Sek.*

Funktion:

Der Differentiator reagiert auf eine konstante Regelabweichung nicht. Er erzeugt nur dann eine Verstärkung, wenn sich die Regelabweichung ändert. Je schneller sich die Regelabweichung ändert, umso kräftiger die Verstärkung seitens des Differentiators. Die Verstärkung ist proportional zur Geschwindigkeit mit der sich die Regelabweichung ändert. Zusammen mit Drehzahlregelung mit Istwertrückführung (Parameter 100) anzuwenden.

Beschreibung der Auswahl:

Bei langer Differentiationszeit wird eine schnelle Regelung erreicht. Die Zeit kann jedoch auch zu lang werden, was zu einer Instabilität des Prozesses bei Übersteuerung führen kann.

443 Drehzahl PID Differentiations-Verstärkungsgrenze

Wert:

5,0 - 50,0 **5.0*

Funktion:

Es besteht die Möglichkeit, für die Verstärkung des Differentiators eine Grenze einzustellen. Die Verstärkung des Differentiators steigt bei schnellen Änderungen, weshalb eine Begrenzung der Verstärkung nützlich sein kann. Auf diese Weise wird eine reale Differentiatorverstärkung bei langsamen Änderungen und eine konstante Differentiatorverstärkung bei schnellen Änderung der Regelabweichung erreicht. Zusammen mit Drehzahlregelung mit Istwertrückführung (Parameter 100) anzuwenden.

Beschreibung der Auswahl:

Gewünschte Grenze für die Differentiatorverstärkung wählen.

444 Drehzahl PID Tiefpassfilterzeit

Wert:

0,01 - 10,00 **0,01 Sek.*

Funktion:

Welligkeiten (Rippel) des Istwertsignals werden durch das Tiefpassfilter gedämpft, um ihren Einfluss auf die Regelung zu mindern. Dies kann u.a. dann ein Vorteil sein, wenn das Signal mit vielen Funkstörungen behaftet ist.
Zusammen mit Drehzahlregelung mit Istwertrückführung (Parameter 100) anzuwenden.

Beschreibung der Auswahl:

Wählen Sie die gewünschte Zeitkonstante (τ). Wird z.B. eine Zeitkonstante τ von 100 ms programmiert, so ist die Eckfrequenz des Tiefpassfilters 1/0,1 = 10 RAD/Sek., was (10/2 π) = 1,6 Hz entspricht. Der PID-Regler wird daher nur ein Istwertsignal regeln, das mit einer Frequenz von unter 1,6 Hz schwingt.

Parametrierungsbeispiel

Für die Anwendung „Plattenumsetzer“ mit einem Drehstrom-Asynchronmotor als Antrieb, könnte im Parametersatz des Frequenzumrichters folgende Programmierung erfolgen:

- Parameter 100: „1“, Drehzahlregelung mit Istwertrückführung
- Für die Anwendung „Plattenumsetzer“ werden zwei Drehzahlen benötigt:
  - Hinfahrt mit Last: 1000 U/min
  - Rückfahrt ohne Last: 3000 U/min
- Parameter 203: „0“, Bereich MIN – MAX
- Parameter 204: „0“ U/min, minimaler Sollwert
- Parameter 205: „3000 U/min“, maximaler Sollwert
- Parameter 215: „100“ % von $Sollwert_{\mathrm{MAX}}$, Festsollwert auf Eingang 16
- Parameter 216: „30“ % von $Sollwert_{\mathrm{MAX}}$, Festsollwert auf Eingang 17
- Parameter 308: „2“, Istwert als Spannung an Klemme 53
- Parameter 309: „0,0“ Volt $\rightarrow$ 0 U/min
- Parameter 310: „10“ Volt $\rightarrow$ 3000 U/min
- Parameter 440: „0,01“, K_{PR}, Werkseinstellung, dieser Wert muss im Probelauf eingestellt werden
- Parameter 441: „9999,99“ (Aus), T_{n}, Werkseinstellung, evtl. ändern im Probelauf
- Parameter 442: „0,00“ (Aus), T_{v}, Werkseinstellung, evtl. ändern im Probelauf
- Parameter 444: „0,01“ s, Zeitkonstante τ, Werkseinstellung

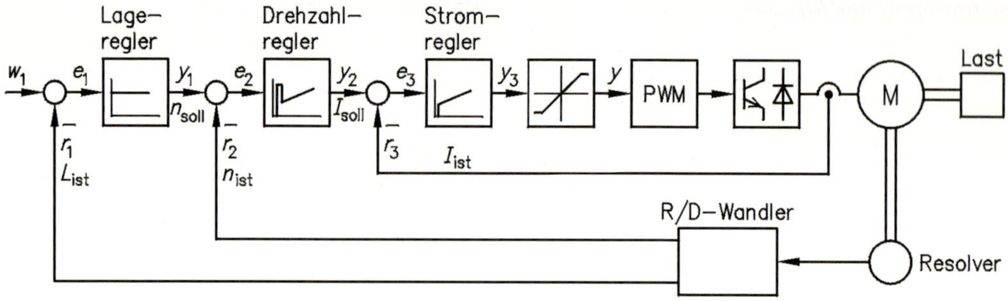

1 *Regelungsstruktur eines Servoantriebes*

Folgeregelungen

Die Anwendung „Umsetzer" könnte auch mit einem **Servoantrieb** ausgestattet werden. Servoantriebe sind mit einem **Resolver** ausgestattet, die Istwerte bezüglich der Lage und der Drehzahl liefern.

Um ein für diese Anwendung angemessenes *Führungsverhalten* zu erreichen, ist es sinnvoll, mehrere Regler hintereinander zu schalten. Dabei wird dem *Lageregler* ein *Drehzahl-* und ein *Stromregler* unterlagert (Bild 1).

Die **Führungsgröße** des Servoreglers ist ein externer Sollwertgeber. Die **Regeldifferenz** e_1 aus dem *Positions-Sollwert* w_1 (Führungsgröße) und dem *Positions-Istwert* r_1 (Rückführgröße) ist die Eingangsgröße des Positionsreglers. Der Positionsregler ist ein reiner *P-Regler*.

Der Positionsregler liefert am Ausgang die erforderliche Soll-Drehzahl (y_1 oder n_{soll}) des Servomotors. Soll- und Istwert der Drehzahl werden im untergeordneten *Drehzahlregler* verglichen. Der Drehzahlregler ist ein *PID-Regler*.

Die Ausgangsgröße des Drehzahlreglers ist der Strom-Sollwert. Dieser wird wiederum verglichen mit dem Strom-Istwert. Der Stromregler ist ein *PI-Regler*. Dem Stromregler ist ein Strombegrenzungsglied nachgeschaltet, das den Strom auf einen *einstellbaren Maximalwert* begrenzt.

Englisch

Regelung
automatic control, control process

Regelkreis
control loop, closed-loop network, control circuit, control system

Steuerung
control system, control

Störgröße
disburbance variable

Regelgröße
controlled value, controlled variable

Regelgüte
control performance, regulating quality

Führungsgröße
reference input

Regelstrecke
open-loop control system, controlled system

Regeldifferenz
system deviation

bleibende Regelabweichung
steady-state deviation

Rückführung
feedback

Regler
regulator

Stellgröße
regulated quantity, correcting variable

Stellglied
regulated unit, actuator, regulating element

Sprungantwort
step response

Sprungfunktion
step function response

Ausgleich
compensation

P-Regler
proportional control

Regelung mit Totzeit
dead-zone control

Zweipunktregelung
on-off control

Handregelung
manual control

Sollwert
set-point, set value

Istwert
actual value, feedback value

PI-Regler
proportional-integral control, PI control

PD-Regler
proportional-derivate control, PD control

PID-Regler
propotional-integral-derivative control, PID control

Ausgleichszeit
balancing time

Verzugszeit
distortion time

stetig
steady-state, continuous

Optimierung
optimization

11.5 Anbindung der Betriebstore an die Zentralsteuerung

Auftrag

Die einzelnen Betriebstore werden jeweils durch eine separate SPS gesteuert. Dies soll nun geändert werden.

Hierzu werden die Tore an den PROFIBUS angeschaltet und sollen zentral überwacht (Monitor eines Personal-Computers) und auch zentral gesteuert werden können.

Die Torsteuerungen des gesamten Betriebes soll von einer Zentralsteuerung übernommen werden.

Der momentane Zustand der Tore (offen/geschlossen) ist zu visualisieren. Ein zentraler Eingriff in die Steuerung jedes einzelnen Tores ist zu ermöglichen.

Die Vorgehensweise soll exemplarisch an einem Tor gezeigt werden. Dies kann dann auf sämtliche Tore des Betriebsgeländes sinngemäß übertragen werden.

Vorgehensweise:

- *Die CPU durch die Baugruppe ET 200M ersetzen.*
- *Die ET 200M mit Hilfe einer Zweidraht-Profibusleitung mit dem Bus des Zentralsteuerung verbinden.*
- *Die Ein- und Ausgänge entsprechend der gewünschten Parametrierung beschriften.*

Information

Dezentrales Peripheriegerät ET 200M

Modulares Peripheriegerät der Schutzart IP 20. Erschließt das Peripheriespektrum der S7 300 für den PROFIBUS-DP.

- Maximaler Adressraum
  128 Byte Eingänge
  128 Byte Ausgänge
- Potenzialtrennung
- Max. Übertragungsrate 12 Mbit/s
- Zentrale und dezentrale Auswertung der Diagnosedaten

Aufbauarten

- Aufbau mit Busverbindern. Wechseln von Baugruppen während des Betriebes nicht möglich.
- Aufbau mit aktiven Busmodulen. Wechseln von Baugruppen während des Betriebes ist möglich.
- Ausbaubar mit maximal 8 Peripheriebaugruppen

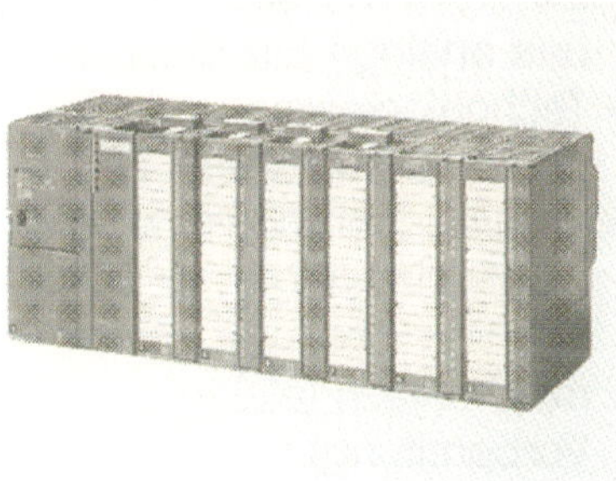

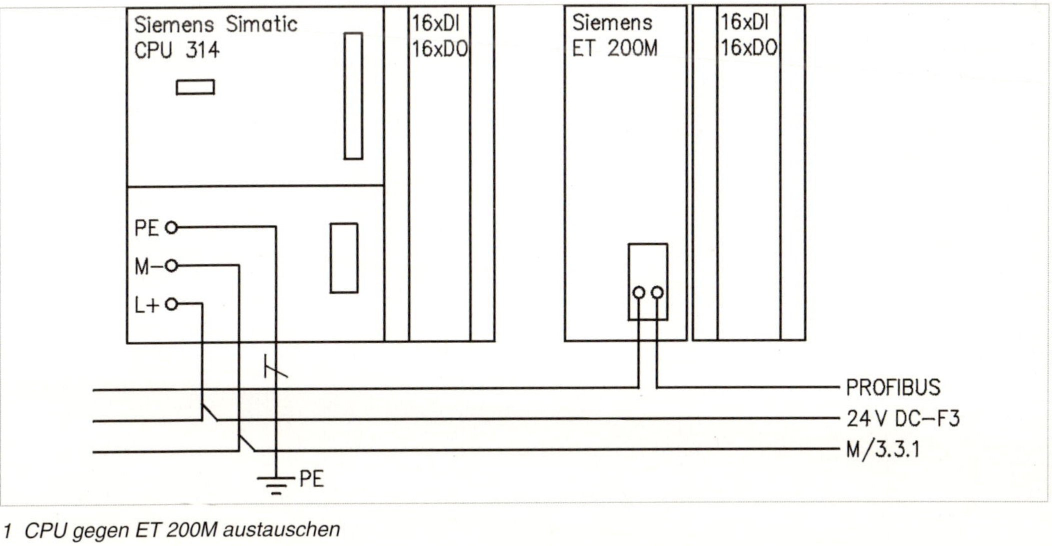

1 *CPU gegen ET 200M austauschen*

POFIBUS-DP → 609, Bustechnik → 608

1. Projekt „Zentralsteuerung“ öffnen.

2. *Hardwarekonfiguration* öffnen.

Ist bereits ein Bus vorhanden, können die Schritte 3 bis 8 übersprungen werden.

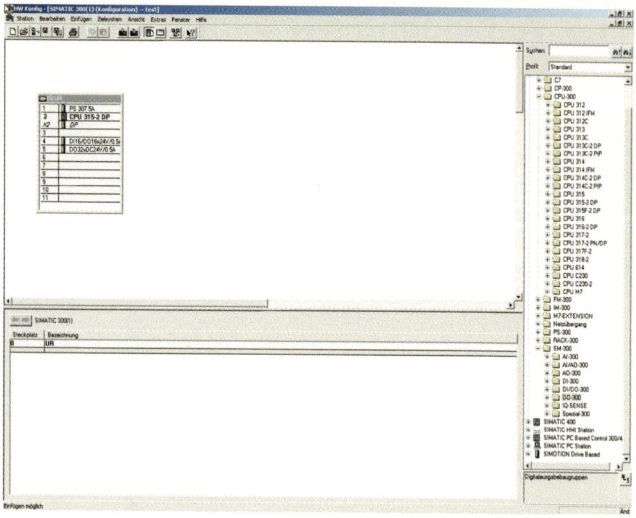

3. *Objekteigenschaften* von DP-Modul öffnen.

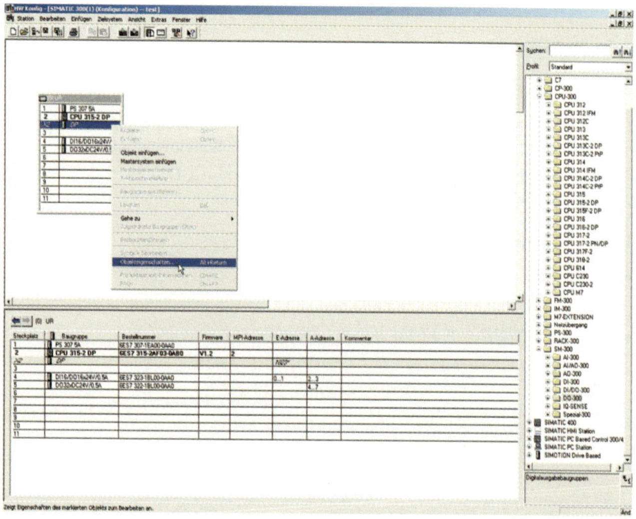

4. *Eigenschaften* der Schnittstelle öffnen.

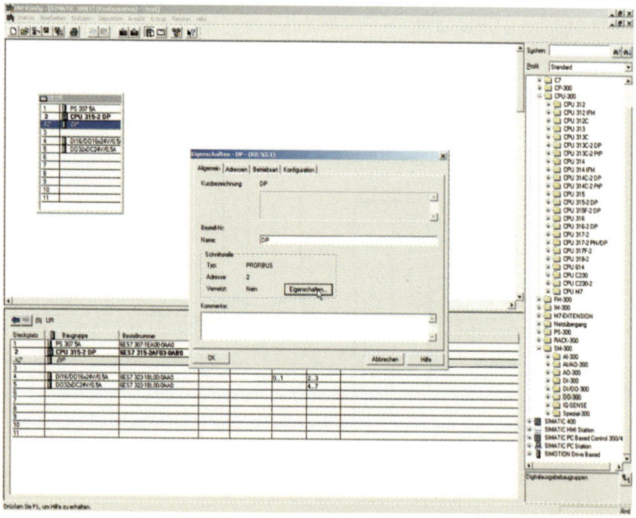

5. Unter *Parameter* einen neuen Bus hinzufügen (vorgegebene Einstellungen können beibehalten werden).

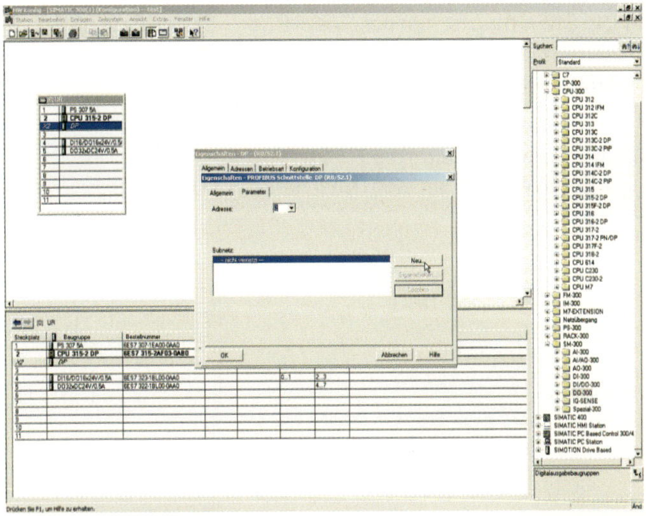

6. Durch OK bestätigen.

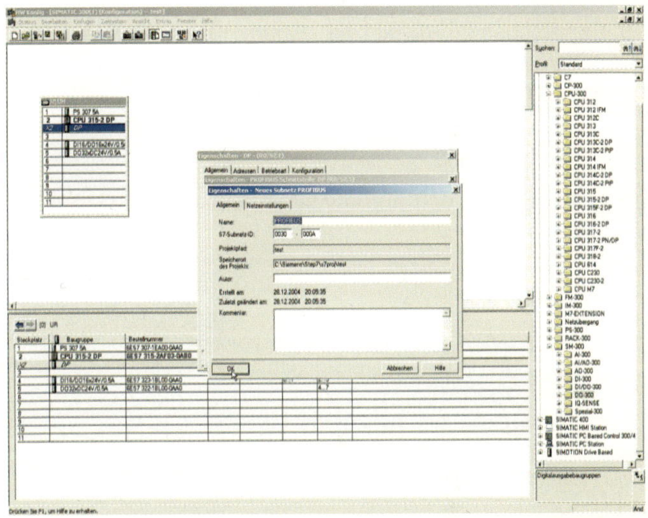

7. Der neue Bus erscheint im Fenster *Eigenschaften*; dort muss er ausgewählt werden.

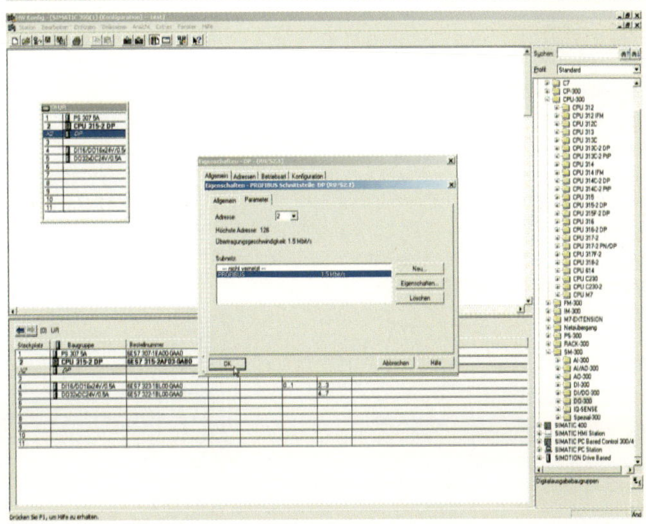

8. Die Steuerung ist nun mit einem Bus verbunden (dies wird in der Hardwarekonfiguration angezeigt).

9. Im Hardwarekatalog die ET 200M auswählen und an den Bus heranziehen.

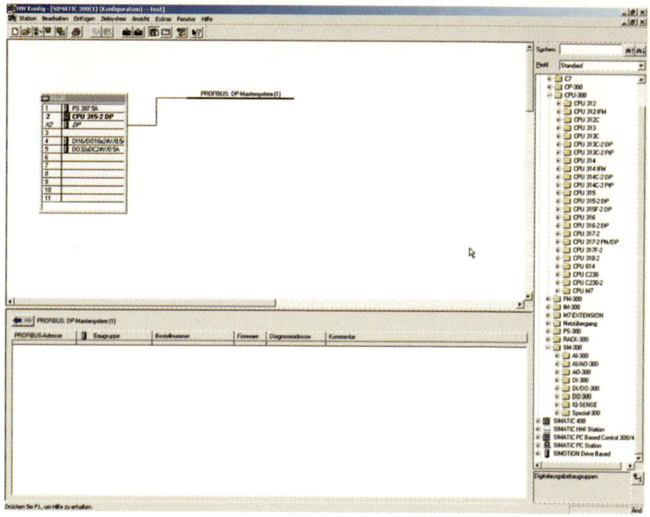

10. Es erscheinen direkt die *Eigenschaften* der ET 200M; nun wird die *PROFIBUS-Adresse* eingestellt.

Jede Busadresse darf nur einmal verwendet werden.

11. *Eigenschaften* durch OK bestätigen.

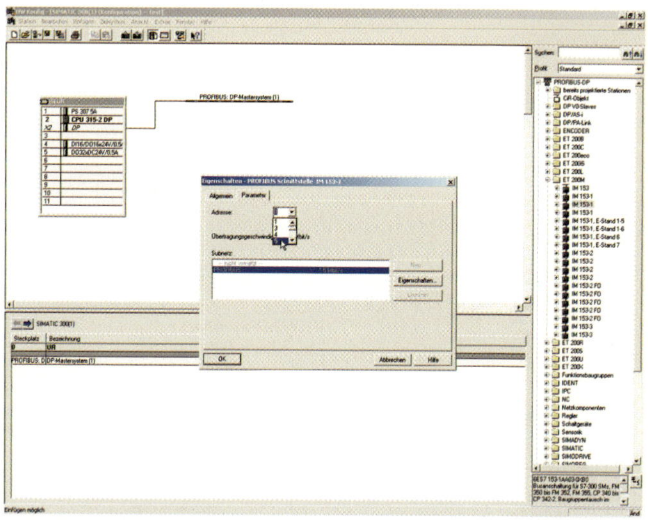

12. Um die Ein-/Ausgangsbaugruppe einzufügen, auf die ET 200M klicken.

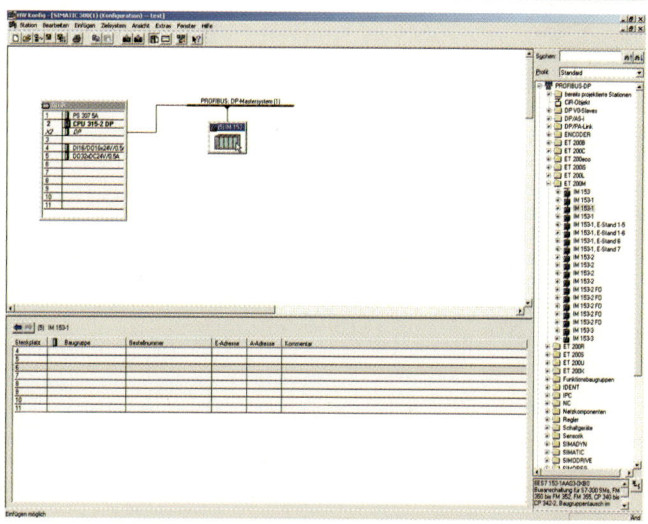

13. Aus dem *Hardwarekatalog* die *Ein-/Ausgabebaugruppe* auswählen und in das Stationsfenster der ET 200M ziehen.

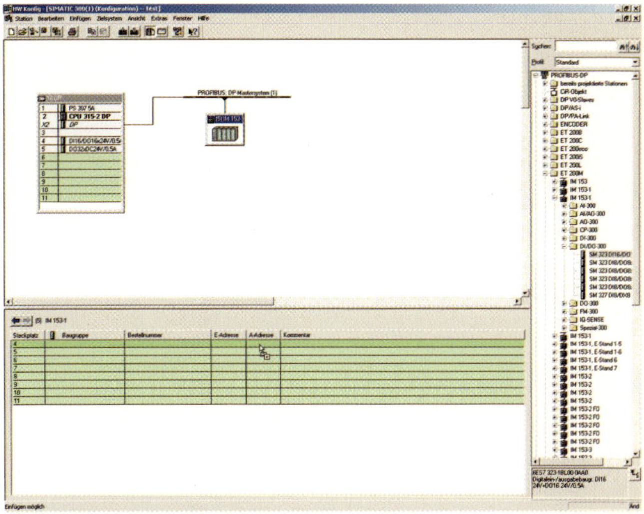

14. Die Baugruppe erscheint im *Stationsfenster* der ET 200M.

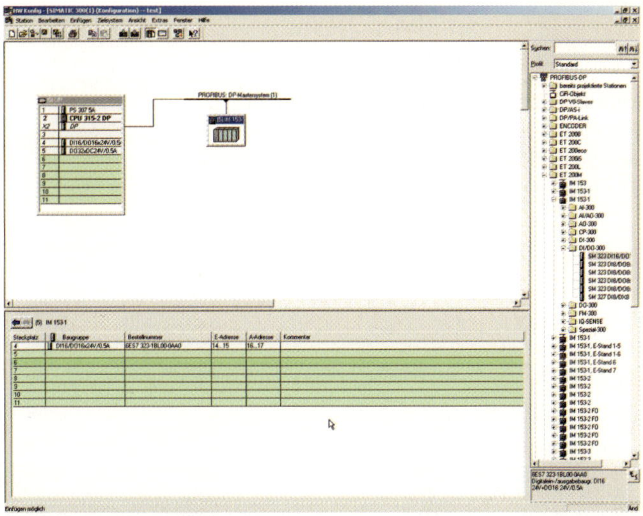

15. In den *Eigenschaften* der Baugruppe werden nun die *Adressen* der Ein- und Ausgänge parametriert.

Bei der Parametrierung ist darauf zu achten, dass sich die Adressen nicht mit anderen, an diesem Bus hängenden Teilnehmern, überschneiden.

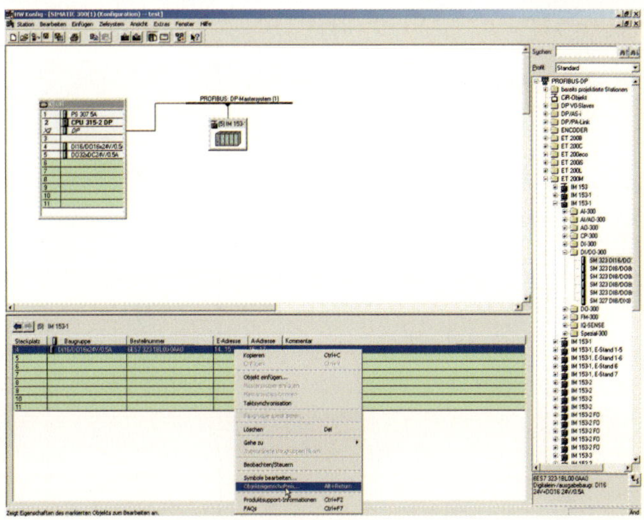

16. Durch OK bestätigen

17. Speichern und in die Steuerung übertragen

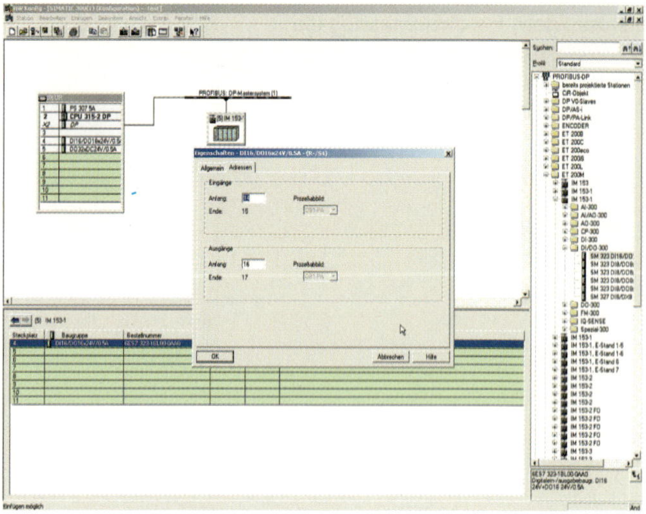

Der Teilnehmer ist nun an den Bus angeschlossen. Die parametrierten Eingänge können im Programm verwendet werden.

Visualisierung

Mit Hilfe des Projektierungswerkzeuges **ProTool** sollen nun die Tore und Parkplatzschranken des Betriebsgeländes visualisiert werden.

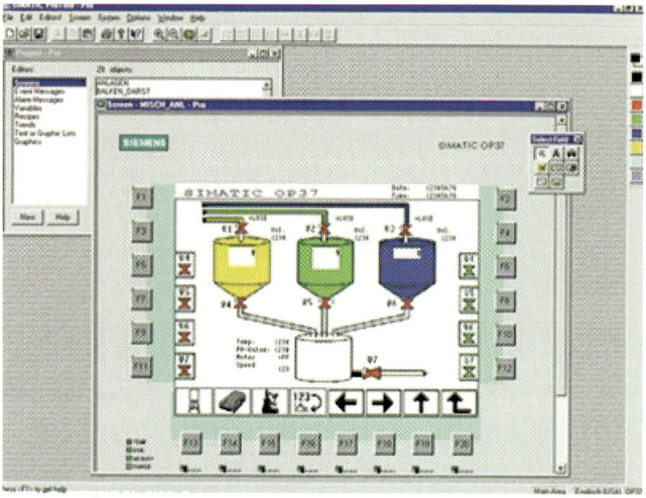

Im Simatic-Manager *Projekt* auswählen

Neues Projekt einfügen → Simatic OP.

Doppelklick auf ProTool-Symbol → ProTool wird geöffnet; es erscheint der *Projekt Assistent.*

(OP: Operator Panel)

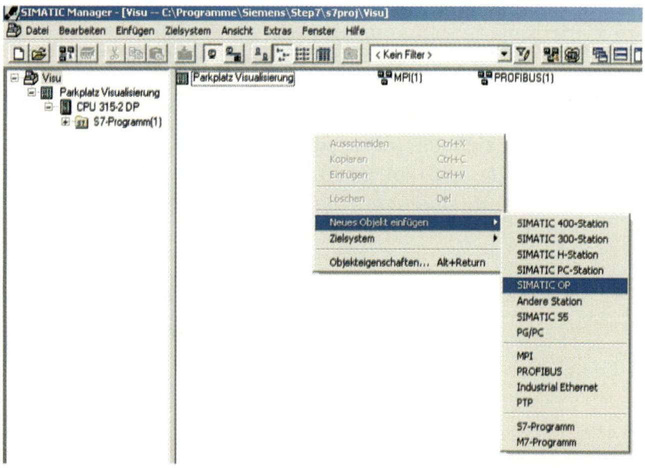

Unter *Windows basierende Systeme PC* auswählen.

Passende Auflösung auswählen

Auf *Fertigstellen* klicken.

→ Das ProTool-Projekt erscheint.

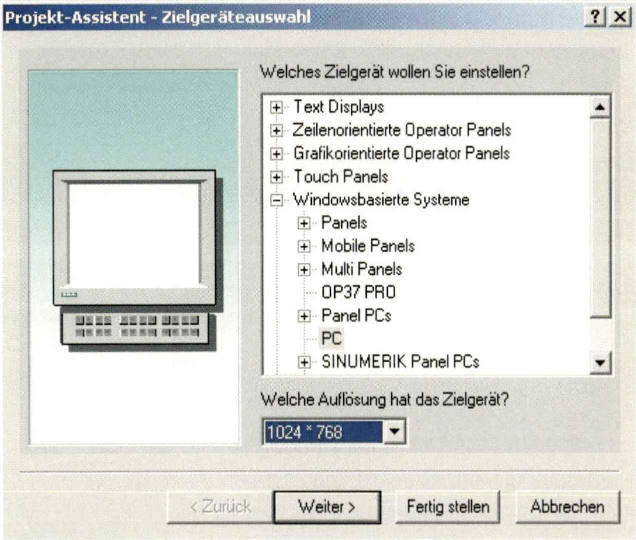

Erstellen von Bildern:

Im Fenster *Bilder:*

Rechte Maustaste → *Bild einfügen*.

Es erscheint das leere Bild.

Erstellen von Schaltflächen (Schalter/Taster):

Im Bild rechte Maustaste drücken.

Objekt einfügen → Schaltfläche

Objekt im Bild wie gewünscht platzieren.

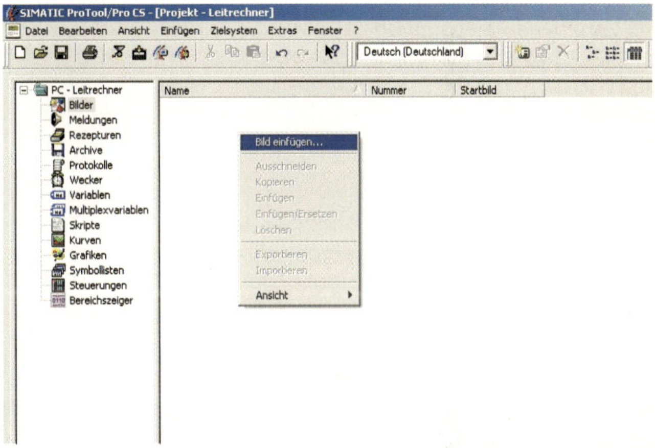

Es erscheint das Fenster *Eigenschaften*.

Unter *Allgemein* Text eingeben.

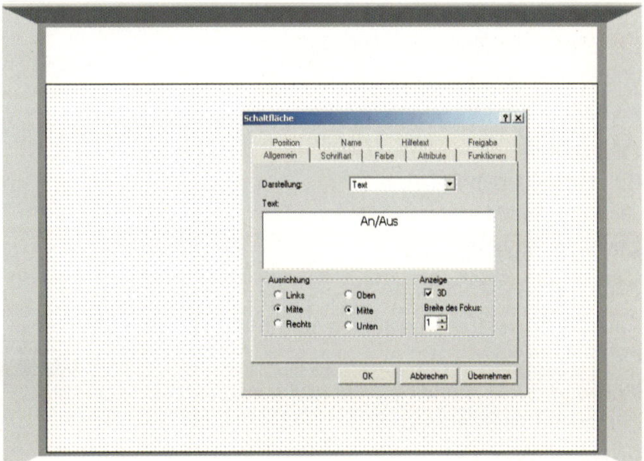

Um die Funktion eines Schalters (1/0) zu realisieren ist folgendes notwendig:

Funktionen anwählen → *Objektanwahl*

Bits bearbeiten

Bit setzen-rücksetzen (Doppelklick)

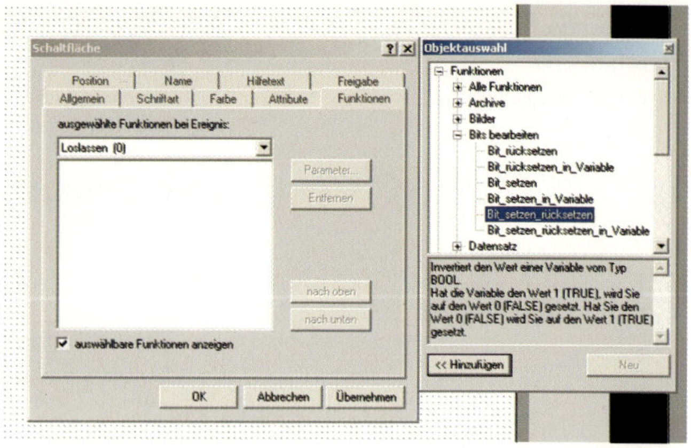

Es erscheint das *Parameter* Menue.

Hier muss die *Variable*, die das Signal von ProTool weitergibt, erstellt werden.

In der Regel wird für die Kommunikation ein *Datenbaustein* verwendet.

→ *Variable erstellen durch*

→ *Blauer Pfeil Menü öffnen*

→ *Neu*

Fenster *Eigenschaften von Variablen* erscheint.

Unter *Allgemeines* Namen eingeben.

Datenbaustein und Adresse eingeben.

Der Datenbaustein muss auch im SPS-Programm erstellt und mit den selben Adressen versehen werden.

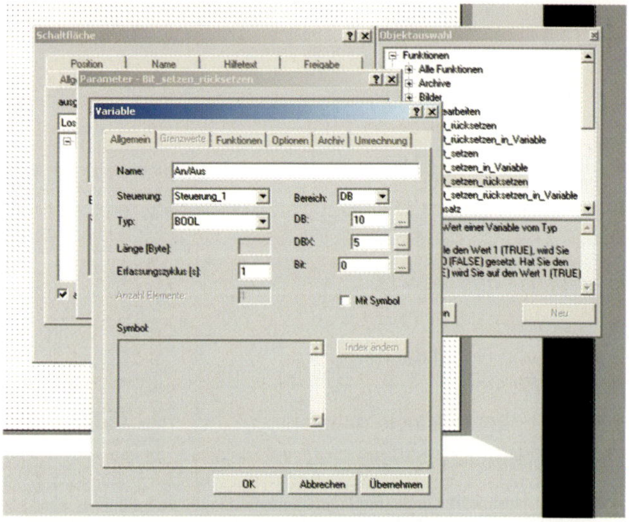

Nach Betätigung von OK kann der Zustand des Schalters im DB ausgelesen werden.

Erstellen einer Zustandsfläche zum Anzeigen von Schaltzuständen:

Im Bild rechte Maustaste drücken.

Objekt einfügen → *Zustandsfläche*
Es erscheint das Fenster *Zustandsfläche*.

Die anzuzeigende Variable auswählen.

Allgemein → *Variablenname*

Passende Variable auswählen und mit OK bestätigen.

Nun wird der Zustand des Schalters im Zustandsfenster angezeigt.

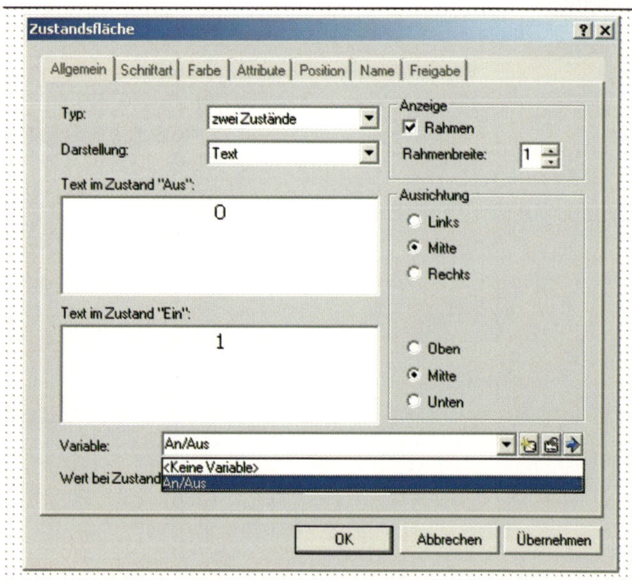

Erstellen von Bildern mit Gebäude, Symbolen, Grafiken.

Gezeichnet wird wie in einem CAD-Programm.

In der unteren Symbolleiste gewünschtes Symbol auswählen.

Dann zeichnen.

Zuerst den Hintergrund und die Symbole zeichnen, danach die Schaltflächen hinzufügen.

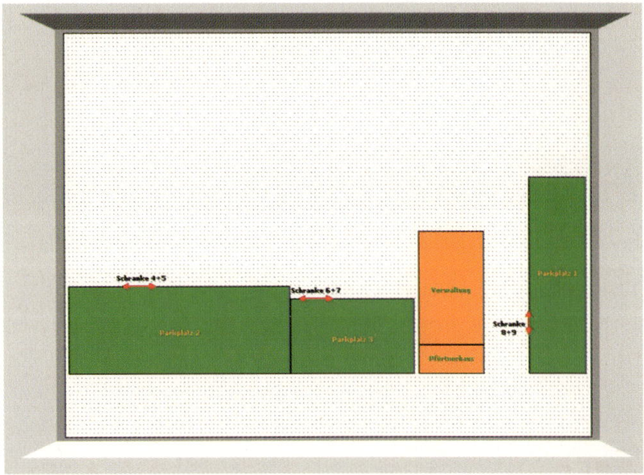

Erstellen einer Schaltfläche:

Vorgehensweise wie bei der Erstellung eines Schalters.

Im Bild die rechte Maustaste drücken

Objekt einfügen → *Schaltfläche*
Es erscheint das Fenster.

Unter *Allgemein* Text der Schaltfläche eingeben.

Dann unter *Funktionen*

→ *Objektauswahl*

→ Bilder: *Bildauswahl fest*
Es erscheint das Parameterfenster.

Unter *Bildname* wird das gewünschte Bild ausgewählt und mit OK bestätigt.

Fertig!

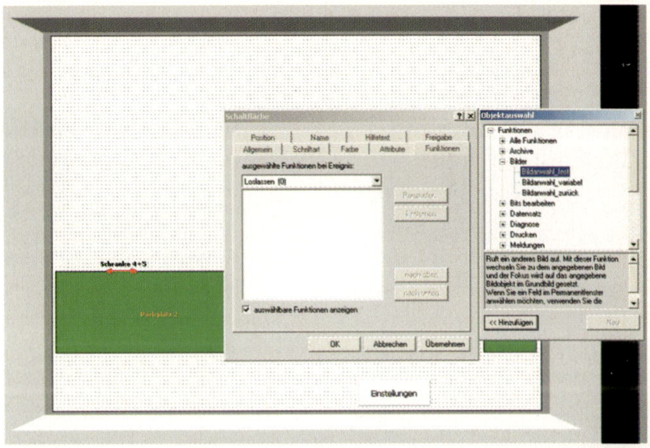

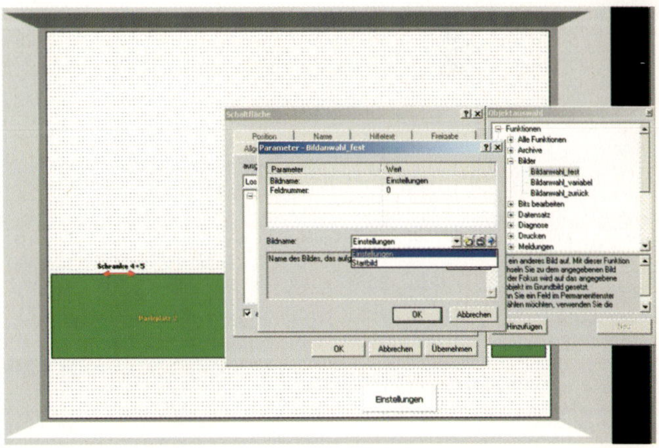

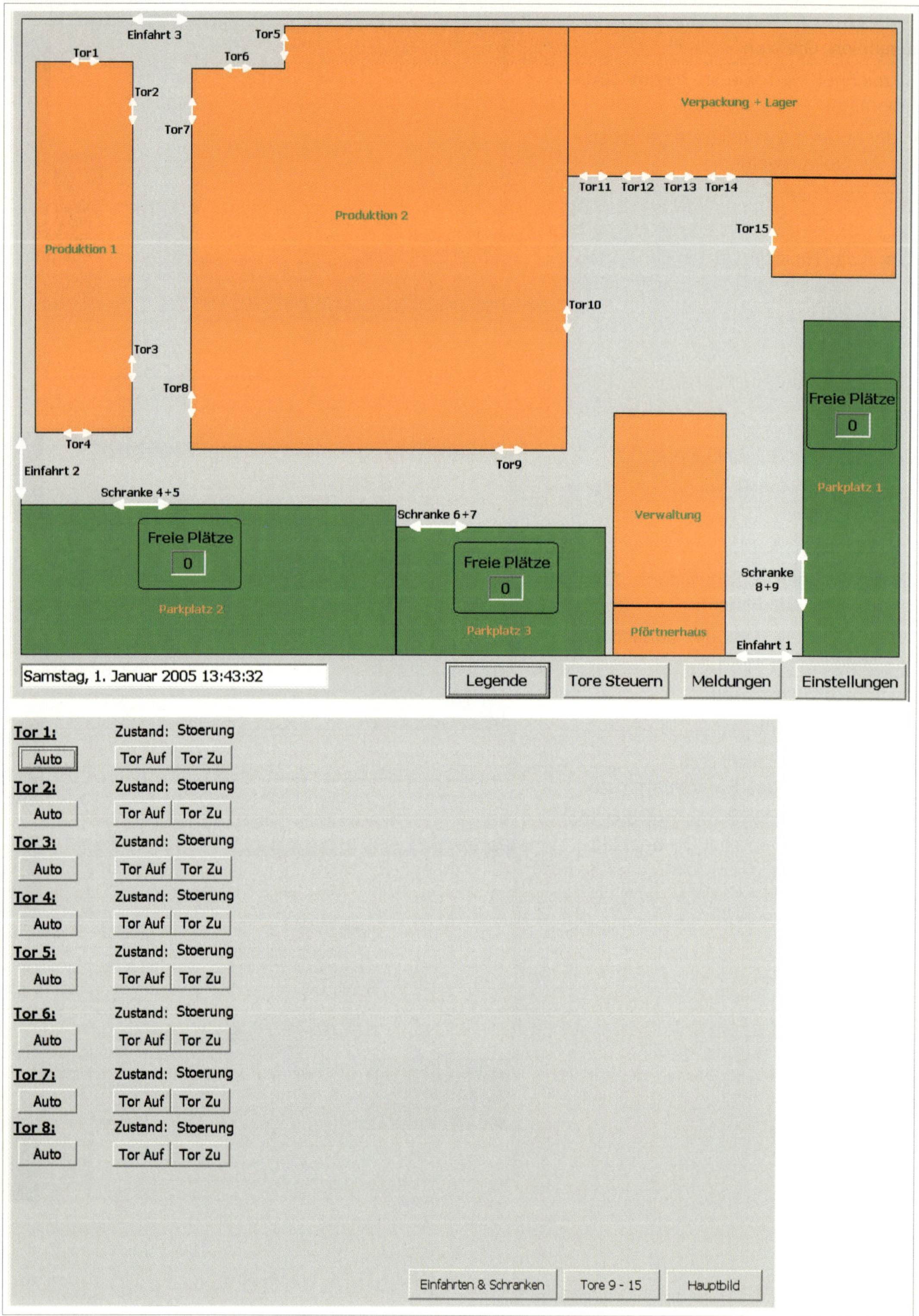

1 Zentrale Steuerung und Überwachung der Tore und Schranken des Betriebsgeländes

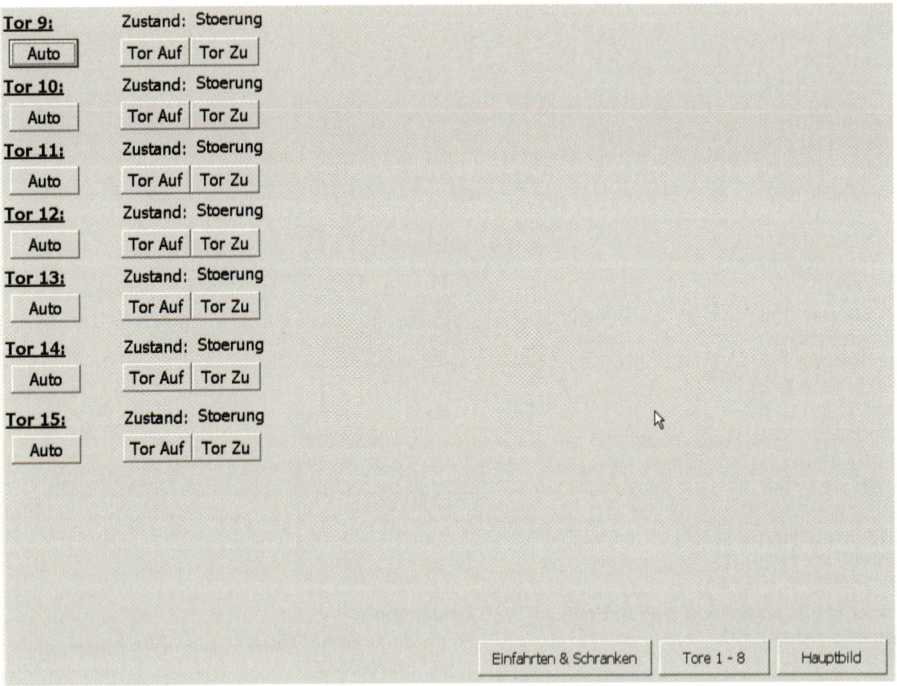

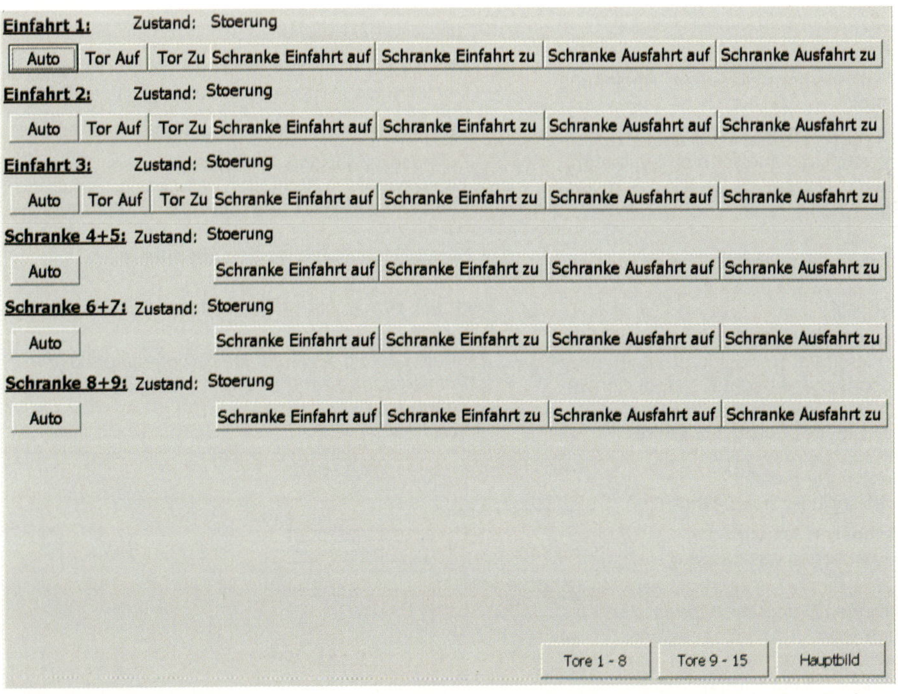

1 Zentrale Steuerung und Überwachung der Tore und Schranken des Betriebsgeländes (Fortsetzung)

Information

Hierarchieebenen der Automatisierungstechnik

Damit in größeren Unternehmen die Informationsströme verarbeitet werden können, werden unterschiedliche **Hierarchieebenen** gebildet. Der Informationstausch erfolgt innerhalb der Ebenen und zwischen den einzelnen Ebenen.

In den *oberen Ebenen* mit komplexen Rechnersystemen sind *große Datenmengen* mit unkritischen Reaktionszeiten, großen Teilnehmerzahlen und erhebliche Ausdehnung der Netzwerke zu verarbeiten.

In den *unteren Ebenen* sind geringe Datenmengen mit hohem Nachrichtendurchsatz und kleineren Teilnehmerzahlen zu verarbeiten.

Hierarchieebenen

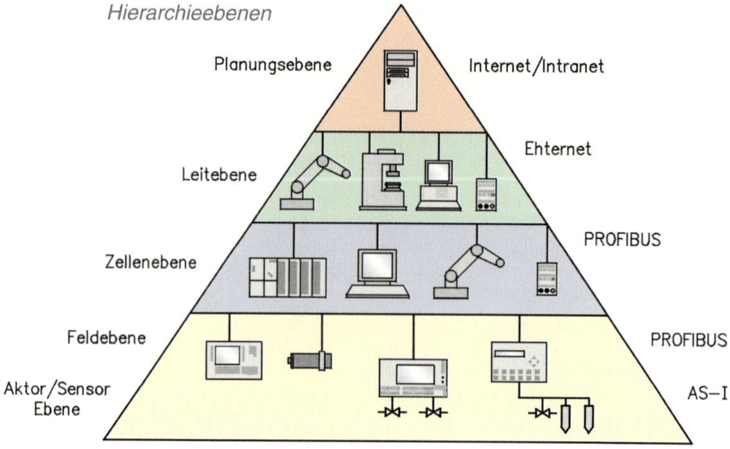

Bei zumeist geringer Netzausdehnung stehen **Echtzeitanforderungen** im Vordergrund.

- **Planungsebene**
- – Datenauswertung des Produktionsprozesses
- – Auftragsplanung
- – Fertigungsplanung
- **Leitebene**
- – Koordination einzelner Produktionsbereiche
- – Prozessleitrechner
- – Rechner für Projektierung, Diagnose, Bedienung und Protokollierung
- **Zellenebene**
- – Kommunikation zwischen intelligenten Systemen
- – Verbindung einzelner Fertigungszellen (z.B. von SPS gesteuert)
- **Feldebene**
- – Programmierbare Geräte zum Steuern, Regeln oder Überwachen
- – Daten der Sensor-/Aktor-Ebene werden ausgewertet
- – Zwecks Anbindung an übergeordnete Systeme werden größere Datenmengen mit kritischen Reaktionszeiten übertragen
- **Aktor-/Sensorebene**
- – Bestandteil der Feldebene
- – Der technische Prozess wird über einfache Feldgeräte wie Sensoren und Aktoren mit der Steuerung verbunden
- – Schnelle, zyklische Aktualisierung der Ein- und Ausgangsdaten steht im Vordergrund; Aktualisierungszeit deutlich geringer als Zykluszeit der Steuerung
- – Kurze Nachrichten werden übertragen

Datenübertragung

Der *Informationsaustausch* ist in der Automatisierungstechnik von zentraler Bedeutung. Fragen wie:

- Hat der Transportschlitten seine Endposition erreicht?
- Hat der Motor die gewünschte Drehfrequenz erreicht?
- Wurde der Stopptaster betätigt?
- Ist der Pneumatikzylinder ausgefahren?

bedürfen einer schnellen Antwort, um entsprechende Reaktionen auszulösen.

Bei der *herkömmlichen Datenübertragung* ist jeder Sensor und jeder Aktor über „eigene Leitungen" mit der Steuerung verbunden. Die Folge ist eine Vielzahl von Leitungen und eine unübersichtliche Verdrahtung.

Dies gilt schon bei relativ einfachen Automatisierungslösungen.

Zentrale Lösung der Automatisierungsaufgabe (zentrale Intelligenz), *zentrale* Anschaltung der Ein- und Ausgänge.

Herkömmliche Datenübertragung

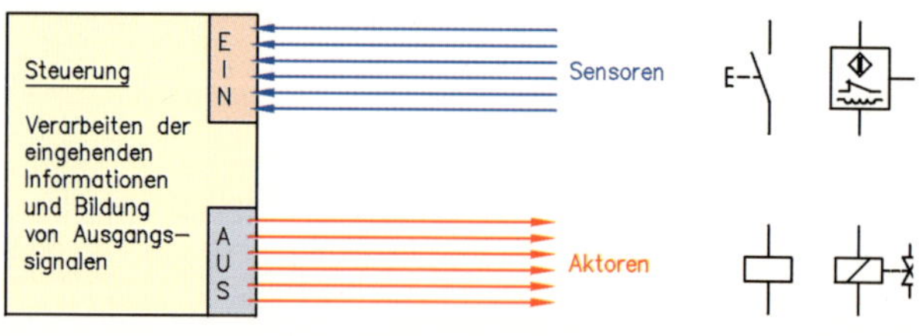

Information

Nun kann die *zentrale Intelligenz* beibehalten werden, die Anschaltung der Aktoren und Sensoren erfolgt allerdings *dezentral*. Man spricht dann von einer **Ringbusstruktur**.

Ringbusstruktur, zentrale Intelligenz

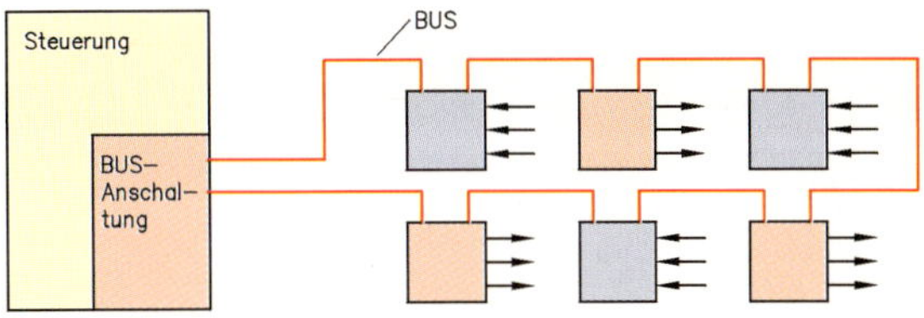

Dezentrale Automatisierungsstrukturen erfordern eine *zuverlässige Datenübertragung* zwischen den einzelnen Steuerungen (Automatisierungsgeräten) zu den Bedien- und Darstellgeräten.

Eingriffe „von oben" bis in das Automatisierungsgerät der untersten Ebene sind notwendig, damit Stellglieder und Aktoren angesteuert werden können.

Außerdem müssen *Anwenderprogramme übertragen* werden können, damit eine leichte Inbetriebnahme oder Produktionsänderung möglich ist.

Es ist also eine *Datenübertragung über größere Entfernungen* notwendig. Dabei muss der Datentransport mit *hoher* **Übertragungssicherheit** *in beiden Richtungen* möglich sein.

Im Allgemeinen werden **Prozessdatenverarbeitungsbusse** (PDV-Busse) eingesetzt; im Gegensatz zu den lokalen Netzwerken, die z.B. in der Büroautomatisierung von Bedeutung sind.

Bei **PDV-Bussen** erfolgt der Datenaustausch in einem geordneten Zyklus mit Aufruf und Quittierung. Dadurch werden Datenübertragungen mit **Echtzeitverhalten** möglich.

Linienbusstruktur, dezentrale Intelligenz, dezentrale E-/A-Anschaltung

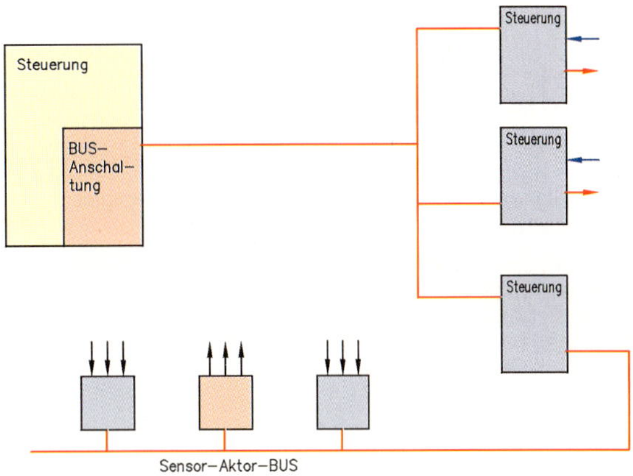

Die *Datenübertragung in dezentralen Automatisierungssystemen* arbeitet i. Allg. mit **bitseriellen Datenschienen**.

Dabei sind folgende Punkte von großer Bedeutung:

- Welche *Automatisierungsstruktur* ist vorteilhaft und wie viele Teilnehmer lassen sich anschließen?
- Mit welcher *Sicherheit* erfolgt die Datenübertragung?
- Welche *Entfernungen* können maximal überbrückt werden?
- Ist die *Übertragungsgeschwindigkeit* ausreichend?

Die **busorientierte Datenübertragung** hat sich bei dezentralen Automatisierungslösungen als vorteilhaft erwiesen. Viele Teilnehmer können bei großen Entfernungen kostengünstig angeschlossen werden.

Stern-Strukturen haben Vorteile bei *konzentrierten* Automatisierungsstrukturen. Sie sind im Nahbereich (< 1 km) kostengünstig einsetzbar.

Der *Stern* wird i. Allg. *prozessnah* installiert, während der *Bus* eher in *übergeordneten Ebenen* anzutreffen ist.

Punkt-zu-Punkt-Verbindungen können als Grenzfälle der Stern- bzw. Busstruktur auftreten. Verbreitet sind sie jedoch in der Anwendung zu einem zentralen Leitrechner für Planungs- und Optimierungsaufgaben.

Koppelsysteme der Automatisierungstechnik

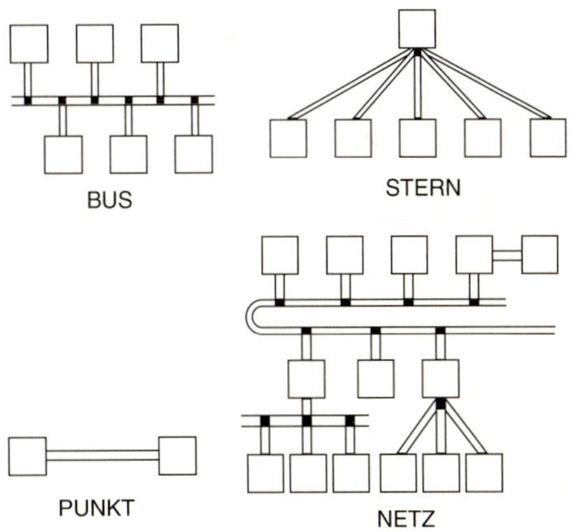

Bus-, Stern- und Punkt-zu-Punkt-Verbindungen werden Koppelsysteme genannt. Kombinationen der Koppelsysteme ermöglichen den Aufbau von Netzen.

Von den Koppelsystemen wird eine sichere Datenübertragung erwartet. Unerkannte Fehler können katastrophale Folgen haben. Für hohe Störfestigkeit in rauher Industrieumgebung sorgen abgeschirmte Leitungen, die für Störeinstreuungen von 15 kV ausgelegt sind. *Glasfaserleitungen* bei starken Störungen.

Information

Bei der Datenübertragung in *Bussystemen* ist von großer Bedeutung, welcher Sender mit welchem Empfänger verbunden ist.
Den *Sender* nennt man auch *Datenquelle* (kurz Quelle), den *Empfänger Datensenke* (kurz Senke).

Die gesamte Information wird **Telegramm** genannt.

Jedes Bussystem hat einen **Bus-Controller**, der den einzelnen angeschlossen Stationen die Sendeerlaubnis erteilt.

Anders formuliert: Der *Bus-Controller* stellt die gerade benötigte *Leitungsverbindung* zwischen Quelle und Senker her. Hierbei unterscheidet man verschiedene Möglichkeiten:

- **Zeitmultiplex-Verfahren**

Der Bus wird zeitlich nacheinander (in einem festen Zeitraster) für den Datenaustausch zwischen den einzelnen Stationen zu Verfügung gestellt.

Nachteil: Der Bus wird den Stationen auch dann zugeteilt, wenn überhaupt kein Bedarf besteht. Das Zeitmultiplex-Verfahren ist ein *bedarfsunabhängiges* Verfahren.

Das Bussystem kann wesentlich besser genutzt werden, wenn der Bus den beteiligten Stationen *nur bei Bedarf zugeteilt* wird. Wollen gleichzeitig mehrere Stationen senden, muss der *Bus-Controller* die zeitliche Abfolge festlegen.

- **Token-Passing**

Die Station A sendet über das Bussystem eine Information an Station D. Station D erhält das Senderecht. Wenn diese Station ihr Telegramm abgeschickt hat, wird das Senderecht an Station C mit einem Token weitergegeben. Anschließend gibt Station C das Senderecht mit einem Token an Station B weiter.

Token-Passing

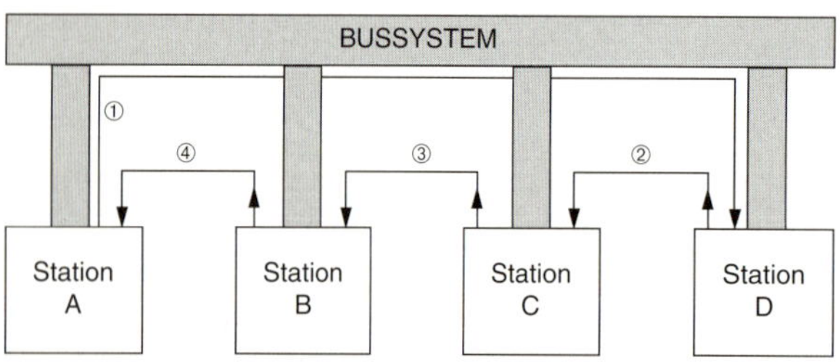

Token: engl.: Zeichen/Signal
passing: engl.: vorübergehen

Bei diesem Verfahren muss es immer einen *übergeordneten Busmaster* geben, der die Token-Verwaltung übernimmt.

Die Station, die augenblicklich das Token hält, ist zu diesem Zeitpunkt der Busmaster. Nur der Busmaster hat *Zugriffsrechte* auf den Bus.

Nachteil: Je mehr Stationen angeschlossen sind, umso länger wird die Zeit, das Token zu erhalten.

- **Flying Master**

Von einer übergeordneten *Leitstation* aus kann jede Station eine *Buszuteilung* erhalten. Hat Sie diese Zuteilung erhalten, übernimmt die Station die Master-Funktion über das Bussystem.

Nach erfolgter Datenübertragung wird die Master-Funktion an die Leitstation zurückgegeben.

Man spricht von einem **Master-Slave-Verfahren**. Zu einem bestimmten Zeitpunkt beherrscht nur der Master den Bus. Er leitet den Datenverkehr ein, indem er selbst sendet oder die angeschlossenen Slaves zum Senden veranlasst.

Schnittstellen

Schnittstellen haben die Aufgabe, informationsverarbeitende Systeme miteinander und mit der Peripherie zu verbinden.

- **Prozessschnittstellen**
  Zuständig für den Informationsaustausch zwischen Automatisierungsgeräten und Prozess.
- **Systemschnittstellen**
  Zuständig für den Informationsaustausch innerhalb eines Systems; z.B. von einem Automatisierungsgerät zu einem Monitor oder Drucker.

Da die Datenübertragung grundsätzlich *parallel* oder *seriell* erfolgen kann, wird zwischen *parallelen* und *seriellen Schnittstellen* unterschieden.

- **Parallele Schnittstelle**
  Bei der parallelen Datenübertragung werden z.B. 8 Bit (=1 Byte) *gleichzeitig* übertragen. Dadurch wird eine hohe *Übertragungsgeschwindigkeit* (Übertragungsrate) ermöglicht.

  Bei großeren Entfernungen zwischen Sender und Empfänger ist allerdings keine störungsfreie Übertragung gewährleistet.
  Anwendung: Druckerübertragung zu Druckern oder Datenaustausch zwischen Computern.

Parallele Datenübertragung, Prinzip

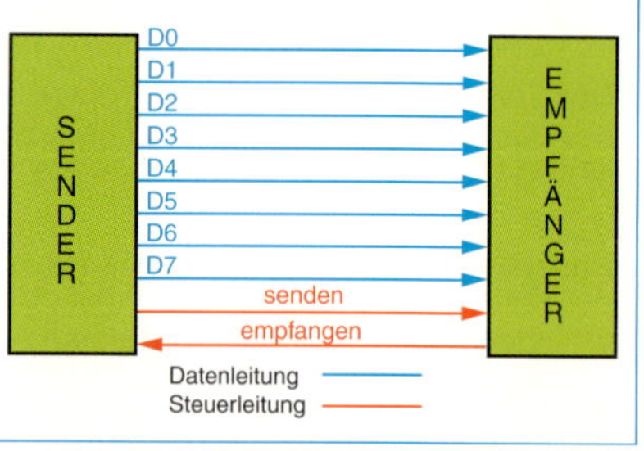

Information

Beachten Sie die blau eingezeichneten Leitungen. Das jeweils nächste Byte darf erst dann gesendet werden, wenn das vorhergehende vom Empfänger übernommen wurde. Dies ermöglicht die beiden **Handshake-Leitungen** „senden“ und „empfangen“.

Beschaltung der parallelen Schnittstelle

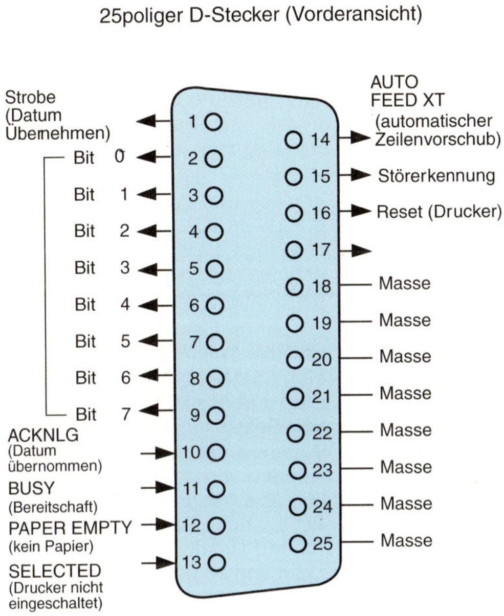

Beim Personal Computer ist die parallele Schnittstelle in der Regel für den Druckeranschluss gedacht. Die Datenleitungen sind nur *Signalausgänge*. Über die Steuerleitungen empfängt der Computer Meldungen wie „Drucker nicht bereit“, „kein Papier“ usw.

- **Serielle Schnittstelle**

Bei größeren Entfernungen wird die **serielle Datenübertragung** bevorzugt angewendet. Der Inhalt eines 8-Bit-Speichers wird dabei *bitweise* ausgegeben. Zuerst Bit D0, dann D1 und zuletzt Bit D7.

Vor der Ausgabe eines Bytes wird stets ein *Startbit* (LOW-Bit) gesendet. An das Byte-Ende werden ein oder zwei *Stoppbits* (HIGH-Bit) angehängt.

Serielle Datenübertragung, Prinzip

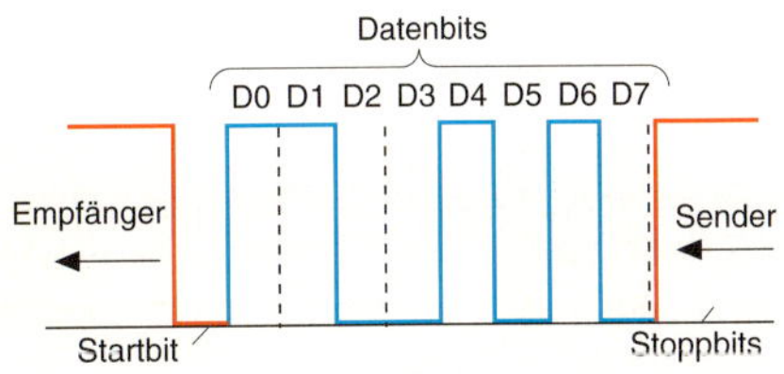

Damit bei der *seriellen Datenübertragung* ein großer *Nutz-Störabstand* besteht, werden spezielle Schnittstellen verwendet, die bei Übertragung eines HIGH-Bits z.B. –15 V und bei einem LOW-Bit + 15 V an die Leitung legen. Am Empfänger werden die Pegel wieder auf HIGH = 5 V und LOW = 0 V gebracht. 30 m lassen sich so sicher überbrücken.

Für größere Entfernungen kann eine **20-mA-Stromschleife** verwendet werden, wenn es nicht auf hohe Übertragungsraten (gesendete Bits pro Sekunde) ankommt.

Der Sender schickt einen *Konstantstrom* von 20 mA an den Empfänger, der im Eingang einen Optokoppler hat. Sendet der Empfänger den Strom, wird die LED im Optokoppler leuchten. Der Fototransistor wird niederohmig, am Kollektor geht die Spannung gegen Null.

Daten werden über TxD *gesendet* und über RxD *empfangen*. Über diese Leitungen lässt sich in Verbindung mit der GND-Leitung (ground) ein *Handshake* (Rückmeldung der Ausführung) verwirklichen.

Wenn der Empfänger keine neuen Daten mehr aufnehmen kann, sendet er das Steuerzeichen XOFF (Ausschaltsteuerzeichen). Kann er wieder Daten übernehmen, sendet er das Steuerzeichen XON (Einschaltsteuerzeichen). Der beschriebene Vorgang ist ein *Software-Handshake*.

Mit Hilfe von zwei weiteren Leitungen ist ein *Hardware-Handshake* möglich. Über *CTS* wird dem Empfänger mitgeteilt, dass der Sender Daten bereitstellt. Über *RTS* fordert der Empfänger den Sender auf, die Daten zu übermitteln.

Für die *serielle Datenübertragung in der Automatisierungstechnik* wird oftmals die *RS-485-Schnittstelle* verwendet. Sie dient z.B. für die Verbindungen zwischen einem Bussystem und den verschiedenen Stationen.

RS-485-Schnittstelle

Stift-Nr.	*Signal*	*Bedeutung*
1	*Shield*	*Schirm*
2	*RP*	*Hilfsenergie*
3	*RxD/TxD-P*	*Empfang/Sende-Daten-P*
4	*CNTR-P*	*Steuersignal-P*
5	*DGND*	*Bezugspotenzial für Daten*
6	*VP*	*Positive Versorgungsspannung*
7	*RP*	*Hilfsenergie*

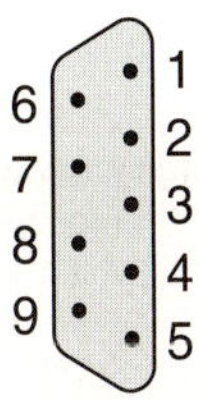

Information

Serielle Datenübertragung

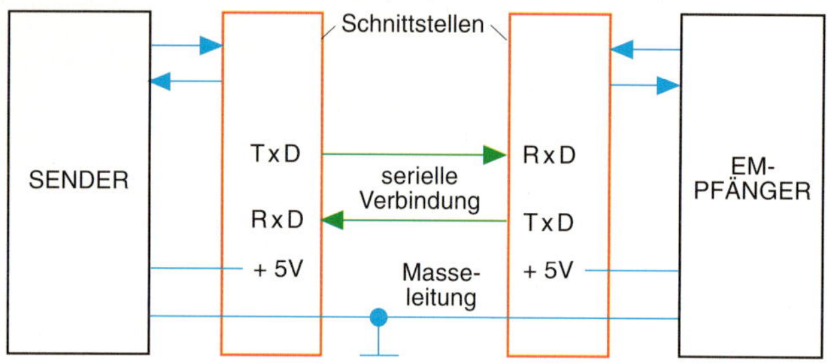

Serielle Datenübertragung mit Stromschleife

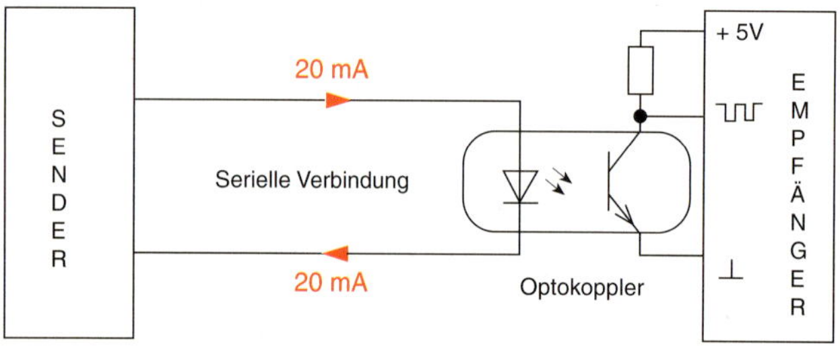

Ethernet

Das *Ethernet* ist das mit Abstand am weitesten verbreitete Kommunikationssystem in der Informationstechnik. Auch bei *Automatisierungslösungen* im industriellen Bereich hat das Ethernet Bedeutung.

Das **Echtzeit-Ethernet** stellt für jeden Teilnehmer festgelegte Zeitschlitze zur Verfügung. Damit kann eine – allerdings von der Anzahl der Busteilnehmer abhängige – *Bus-Zykluszeit* garantiert werden.
Damit ist **Echtzeitvernetzung** von Steuerungen und die Ankopplung von dezentralen I/Os zu erfüllen. Auch Querverbindungen zwischen den Teilnehmern sind möglich.

Echtzeitverhalten
Hierunter wird das zeitlich vorherbestimmbare Verhalten einer Steuerung oder eines Datenbusses verstanden.

Kennzeichen des Ethernet

- Sämtliche Teilnehmer haben gleiche Rechte.
- Die Teilnehmer überwachen den Bus und senden, wenn dieser frei ist.
- Ist er nicht frei, stoppt der Teilnehmer die Sendung und versucht es nach einer gewissen Zeit erneut. Diese Pausenzeiten sind unterschiedlich lang.
- Die Teilnehmeradressierung erfolgt durch eine 6 Byte breite Adresse.
- Die Daten werden paketweise verschickt; in Gruppen aufgeteilt und mit einem Kopf versehen. Paketlänge bis zu 1500 Byte-Nutzdaten. Der Paketkopf umfasst die Quell- und Zieladressen der Nutzdaten.
- Jeder Busteilnehmer liest die gesendeten Daten. Der Busteilnehmer mit der passenden Adresse kann mit den Daten arbeiten.
  Ausnahme: Switched Ethernet und Sternstrukturen mit HUB.
- Ethernet überprüft nicht, ob der Empfänger die Daten tatsächlich erhalten hat. Es wird ein Übertragungsweg zur Verfügung gestellt, allerdings keine Sicherungsmaßnahmen, die Sender oder Empfänger Datenverfälschungen mitteilen.
- Ethernet-Teilnehmer senden nach dem **CSMA/ CD-Verfahren**.
  Carrier **S**ense **M**ultiple **A**cces/**C**ollision **D**etect
  Wenn ein Teilnehmer Daten transferieren möchte, stellt er zunächst fest, ob ein anderer Teilnehmer Daten überträgt (carrier sense). Trifft das zu, wird der Vorgang abgebrochen und in unregelmäßigen Zeitabständen wiederholt.
  So lange, bis die Leitung frei ist.

Nun werden die Daten übertragen.
Jeder Netzteilnehmer überprüft nun den Kopf des Datenpaketes daraufhin, ob „er gemeint ist". Wenn die Adressen des Teilnehmers und der gesendeten Daten übereinstimmen, werden die Daten empfangen.
Wenn dabei ein anderer Teilnehmer sich Buszugang verschafft, kommt es zu einer *Daten-Kollision.* Der sendende Teilnehmer bricht seine Sendung dann sofort ab und sendet ein Störsignal (Kollisionsinformation) auf den Bus. Innerhalb von zufällig gebildeten Zeitabständen werden die Sendeversuche wiederholt.

Das CSMA/CD-Verfahren ermöglicht *kein Echtzeitverhalten.*

Soll Echtzeitverhalten erreicht werden, sind folgende Verfahren möglich:

- **Hub**

Ein *Hub* ist ein zentraler Punkt bei sternförmigen Netzwerken. Jeder Teilnehmer wird mit dem Hub verbunden; *nicht direkt* mit einem anderen Teilnehmer.

Dieses System ist kein Bus sondern ein Netz in Sternstruktur. In diesem Netz läuft dann auch kein Ethernet Protokoll mit CSMA/CD mehr ab.

Information

Aufbau eines Ethernet-Telegramms

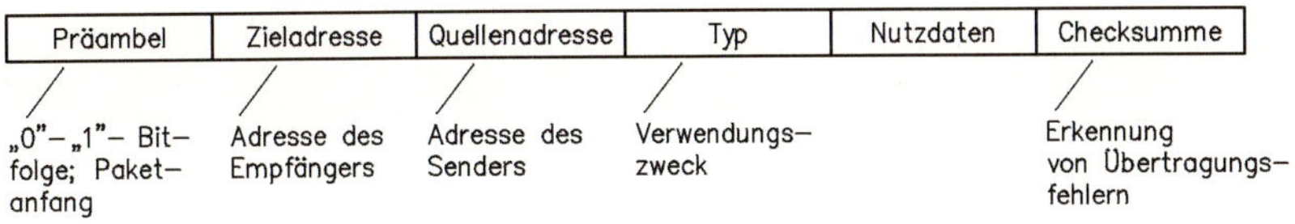

- **Switched Ethernet**

Ein **Switch** verbindet immer nur die Teilnehmer, die gerade Informationen austauschen wollen. Für die gerade gewählte Verbindung stellt das Netz dann seine volle Leistung zur Verfügung.

Durch einen Switch wird der Teil des Ethernet vom Rest des Netzes abgetrennt, der die Daten in *Echtzeit* transportieren soll.

Den Sendern werden definierte Sendezeitpunkte und Sendezeiträume zugewiesen. Außerdem kontrolliert der Switch den Datenaustausch zwischen dem „Echtzeitnetz" und dem übrigen Netz um die Störungsfreiheit der Echtzeitdaten sicherzustellen.

- **Zeitstempel**

Sämtliche Echtzeit-Teilnehmer haben synchron laufende Uhren. Eine „Mutteruhr" im Switch synchronisiert diese Uhren.

Jedes Datenpaket wird von den Teilnehmern mit einem *Zeitstempel* versehen. D.h. jedes Paket beinhaltet eine Information darüber, zu welchem Zeitpunkt es entstanden ist. Damit wird eine Abarbeitungsreihenfolge möglich. Informationen, die früher entstanden, werden auch früher gesendet.

Der *Vorteil*, Ethernet unter *Echtzeitbedingungen* einzusetzen, liegt darin, dass alle Daten einer Maschine oder Anlage, die in andere Bereiche des Unternehmens transportiert werden sollen, im Ethernet-Format bleiben können. Da Ethernet sehr weit verbreitet ist, ist dies von großer Bedeutung.

Ethernet

Netz nach internationalem Standard IEE 802.3 ausgelegt für den industriellen Bereich.

- *Schnelle Inbetriebnahme durch einfachste Anschlusstechnik.*
- *Hohe Flexibilität, da bestehende Anlagen ohne Rückwirkungen erweitert werden können.*
- *Nahezu unbegrenzte Kommunikationsleistung.*
- *Vernetzung unterschiedlicher Anwendungsbereiche wie Büro und Fertigung.*
- *Kommunikation durch Kopplungsmöglichkeiten über ISDN oder Internet.*
- *Investitionssicherheit durch die ständige kompatible Weiterentwicklung.*
- *Sehr hohe Übertragungsgeschwindigkeit.*

Aufbau eines Ethernet-Frame

Präambel:
7 Bytes zur Synchronisation und 1 Byte zur Startbegrenzung

Zieladresse:
Adresse der Zielstation

Sendeadresse:
Adresse der sendenden Station

Längenfeld, Typenfeld:
Gibt die Länge des nachfolgenden Datenfeldes an

Datenfeld:
Umfasst die zu übertragenden Nutzdaten

Blockprüfsumme:
Prüfverfahren zur Erkennung von Bitfehlern

Aufbau eines Ethernet-Frame

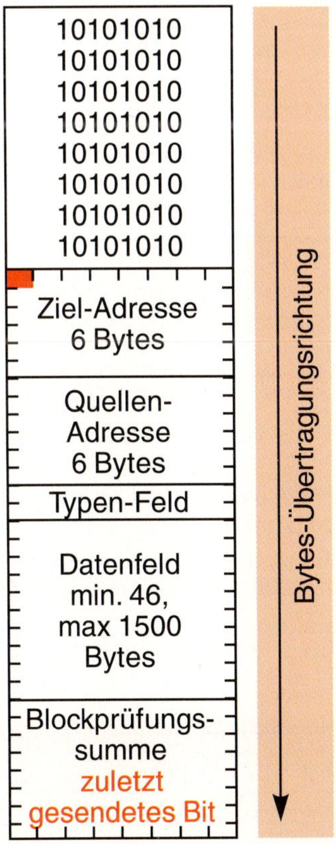

Information

AS-Interface

Das **AS-Interface (ASI)** ermöglicht im untersten Feldbereich den Verzicht auf die umfangreiche Parallelverdrahtung der Sensoren und Aktoren. Der sich dadurch zwangsläufig ergebende Leitungsbaum kann durch eine einfache **Zweidraht-Leitung** ersetzt werden.

ASI-Zweidrahtleitung

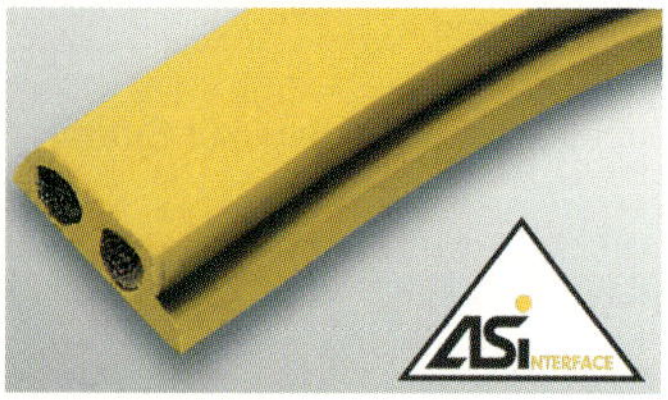

Die **AS-Interface-Leitung** bietet durch die mechanisch codierte Profilleitung einen *Verpolungsschutz*.

ASI ist ein **Single-Master-System**. Pro Leitungsstrang gibt es nur *einen Master*, der den Datenaustausch steuert. Er ruft *nacheinander* alle *Slaves* auf und wartet auf Antwort.

ASI benutzt *konstante Nachrichtenlängen.* Ein Master kann alle angeschlossenen Slaves in maximal 5 ms abfragen und die Daten aktualisieren.

Über die AS-Interface-Leitung kommuniziert der Master mit den Teilnehmern (Sensoren, Aktoren). Das verwendete *Übertragungsverfahren* **Polling-Verfahren mit einem Master** ermöglicht eine hohe Betriebssicherheit.

Die *Abfolge der Aufrufe* bestimmt der Master.
Die **Slaves** werden mit steigender Adressierung angesprochen und im zyklischen Normalbetrieb des Masters ständig wiederholt. Erkennt der Master einen Fehler, wird die Nachricht wiederholt.

Datenübertragungsgeschwindigkeit: 167 KBit

Eine *Datenaustauschphase* kann mindestens 31 **Telegramme** übertragen. Eine Verdoppelung der Netzteilnehmer ist technisch möglich.

Leistungsdaten (Beispiel)

- Maximal 31 Teilnehmer mit 4 Bit E/A-Nutzdaten
- Maximal 124 E/A Sensoren und Aktoren
- Maximale Zykluszeit 5 ms
- Ungeschirmte Zweidrahtleitung ($2 \times 1{,}5\,mm^2$) für Daten und maximal 2 A Hilfsenergie pro Strang
- Versorgungsspannung 30 V DC. Das Datenübertragungssignal wird aufmoduliert. Zusätzliche Einspeisung der Hilfsenergie mit 24 V DC ist möglich
- Anschluss der Komponenten in Durchdringungstechnik
- Slave-Module benötigen keinen Prozessor und somit keine Software
- Spezielle AS-I-Sensoren und -Aktoren mit direkt integrierten AS-I-Chips werden angeboten
- Maximale Leitungslänge 100 m bzw. 300 m mit Repeater
- Aufbau mit Linien-, Stern- oder Baumstruktur

Busankopplung

Aufbau einer ASI-Nachricht

ST	Startbit
SB	Steuerbit
A4-A0	Adresse des Slaves (5 Bit)
I4-I0	Information von Master an Slave (5 Bit)
I3-I0	Information von Slave an Master (4 Bit)
PB	Paritätsbit
EB	Endebit

Das *Startbit* ST markiert den Start eines Masteraufrufs (ST = 0). Das *Paritätsbit* gewährleistet, dass die Summe der „1" im Masteraufruf gerade ist. Dadurch erkennt der Slave, ob die Übertragung fehlerfrei erfolgte. Das *Endebit* EB markiert das Ende des Masteraufrufs (EB = 1).

Projektierung

- Den Slaves werden mit Hilfe des Projektierungsgerätes eindeutige Adressen zugewiesen
- Datenleitung verlegen und sämtliche Slaves anschließen
- Energieversorgung sicherstellen.
- Falls notwendig, zusätzliche Hilfsenergieversorgung anschließen
- Sensoren an die M12 Stecker für die AS-I-Slaves anschließen und diese auf die Slaves montieren
- Der AS-I-Strang ist betriebsbereit und die Kommunikationsbaugruppe kann eingerichtet und parametriert werden

Aufbau einer ASI-Nachricht

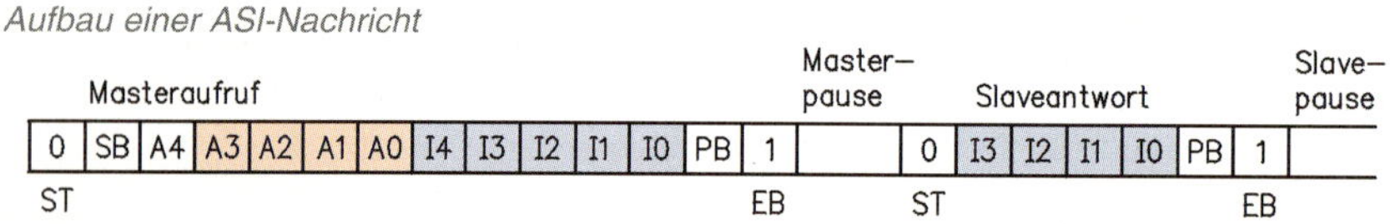

Information

Kommunikationsbaugruppe

Masteranschluss für S7-300 an AS-Interface
Ansteuerung von bis zu 31 Slaves
Platzbedarf: 1 Steckplatz

Anschlussmöglichkeit für die AS-Interface-Profilleitung über Standard-Frontstecker

- Schlüsselschalter der CPU auf STOP stellen
- Kommunikationsbaugruppe in den Projektierungsmodus bringen (SET-Taster betätigen)
  Die Anzeige CM leuchtet, die erkannten Slaves werden an den Diagnose-LEDs angezeigt.
  Auch im Projektierungsmodus können nachträgliche Slaves hinzugefügt oder entfernt werden. Neue Slaves werden erkannt und aktiviert.
- SET-Taster betätigen, LED CM erlischt; geschützter Betrieb.
- CPU wieder auf RUN-P schalten.

Kommunikationsprozessor

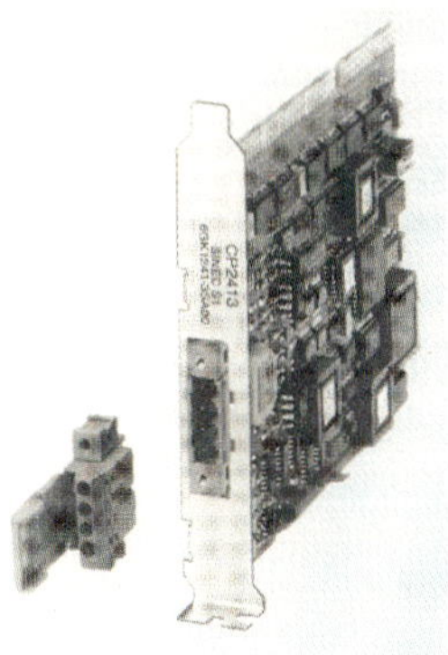

PROFIBUS-DP

Schnelle, *zyklische* Kommunikation bei *kleinen Datenmengen.* Einsetzbar auch für *anspruchsvolle Kommunikationsaufgaben*, wie etwa den *Datenaustausch intelligenter Automatisierungsgeräte* untereinander.

Es wird zwischen **aktiven Teilnehmern** (Master) und **passiven Teilnehmern** (Slaves) unterschieden.
Das **PROFIBUS-Zugriffsverfahren** ist „Token Passing mit unterlagertem Master-Slave."

Nur *aktive Teilnehmer* erhalten das Token, also das *Senderecht.* Dieses Token wird innerhalb einer vorgegebenen Zeit von einem aktiven Teilnehmer zum nächsten weitergegeben.
Wenn ein Teilnehmer ausgefallen oder neu hinzugekommen ist, wird das sofort erkannt.

Passive Teilnehmer erhalten *kein Senderecht.* Sie werden direkt von der *Masterbaugruppe*, der sie zugeordnet sind, angesprochen.

Sämtliche Netzteilnehmer müssen auf die *gleiche Übertragungsrate* eingestellt werden.

Struktur des PROFIBUS

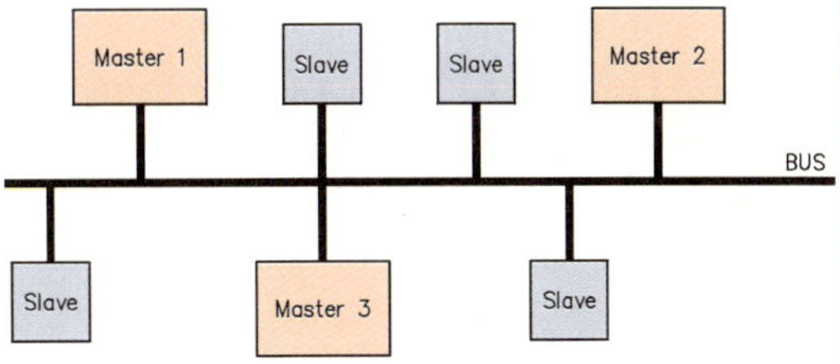

Abarbeitung in strenger Reihenfolge der einzelnen Master.

Der Master behält den Token für eine festgelegte Zeitspanne. In dieser Zeitspanne arbeitet er zuerst seine mit hoher Priorität versehenen Botschaften ab. Danach bearbeitet er die zyklischen Daten gemäß der internen Pollingliste. Schließlich werden die azyklischen Botschaften mit niedriger Priorität abgearbeitet.

Wenn danach noch Zeit vor der Token-Übergabe an den nächsten Master vorhanden ist, wird die **Life-List** der angeschlossenen Busteilnehmer erstellt. Dazu werden alle angeschlossenen Stationen angepollt.

Fast sämtliche Botschaften müssen durch *Quittierung an den Sender* bestätigt werden.

Da oftmals aber nur *ein* Master pro Bussegment verwendet wird, entfällt das zeitaufwändige Token Verfahren. Dann ist ausschließlich das *schnelle zyklische Polling* erforderlich (Echtzeitbetrieb).

Ein Bussegment besteht aus maximal 32 Feldgeräten. Die Länge des Bussegments hängt von der eingestellten Übertragungsgeschwindigkeit ab.

Übertragungs-geschwindigkeit Kbit/s	***max. Leitungslänge m***
9,6	*1200*
19,2	*1200*
45,45	*1200*
93,75	*1200*
187,5	*1000*
500	*400*
1500	*200*
3000	*100*
6000	*100*
12000	*100*

Am Anfang und Ende eines Segmentes müssen **Abschlusswiderstände** geschaltet werden.

Diese *Abschlusswiderstände* sind in den meisten Steckvorrichtungen bereits eingebaut und müssen *durch Schalterbetätigung eingelegt* werden.

Information

	Internationaler Standard	Anwendungen	Typische Busteilnehmer	Max. Anzahl Teilnehmer	Max. Datenvolumen je Slave	Reaktionszeit	Ausdehnung	Übertragungsmedium	Typ Schutzart
PROFIBUS_DP	EN 50170	Feldbus 20 – 30 Teilnehmer	Binäre und analoge Feldgeräte: Antriebe, Ventile. Dezentrale Peripheriegeräte: Operator Panel, Programmiergeräte	127	244 Byte	1,0 ms (12 Mbit/s) 5 ms (1,5 Mbit/s)	Max. 90 km	Geschirmte Zweidrahtleitung der Lichtwellenleiter	IP 20 bis IP67
PROFIBUS_PA	EN 50170	eigensicherer Feldbus bis 10 Teilnehmer	Messwertumformer, Ventile, Regler	31	244 Byte	100 ms (31,25 Kbit/s)	Max. 90 km	Geschirmte Zweidrahtleitung	EX i
PROFIBUS_FMS	EN 50170	kleine Zellennetze bis 10 Teilnehmer	Programmiergeräte, PC, SPS, Feldgeräte	127	244 Byte	60 ms (1,5 Mbit/s)	Max. 90 km	Geschirmte Zweidrahtleitung oder Lichtwellenleiter	IP20 bis IP 67
AS-Interface	pr EN 50295	Aktor-Sensor-Interface 20 bis 30 Teilnehmer	Binäre Sensoren oder Aktoren, Verbraucherabzweige	31	4 Bit Eingänge 4 Bit Ausgänge	5 ms	Max. 300 km	Ungeschirmte Zweidrahtleitung	IP20 bis IP67

DP: Dezentrale Peripherie
PA: Prozess-Automatisierung
FMS: Feldbus Message Spezifikation

Durch den Einsatz von **Repeatern** kann der PROFIBUS erweitert werden.

Repeater ermöglichen

- den Anschluss von mehr als 32 Busteilnehmern,
- die Überbrückung größerer Entfernungen (Übertragungsgeschwindigkeit).

Maximal können 126 Stationen mit den Adressen 0 – 125 eingesetzt werden. Allerdings reduziert jeder Repeater die maximale Anzahl der Stationen je Bussegment.

Der Repeater hat als *passiver Busteilnehmer* aber keine PROFIBUS-Teilnehmeradresse. Dadurch hat er *keinen Einfluss* auf *Gesamtzahl* der am Bus angeschlossenen Stationen.

Information

PROFIBUS, Segmentierung

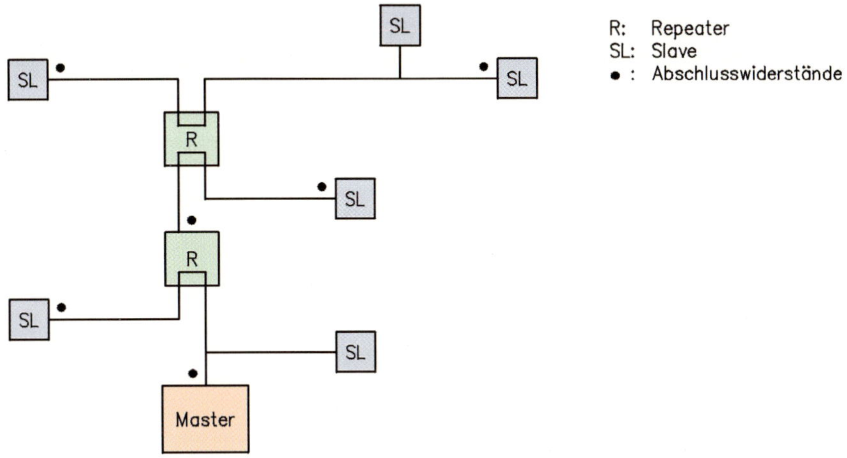

Übertragungstechnik

Möglich sind *elektrische* und *optische* Datenübertragung.

- **Elektrisches Netz**

Verwendet wird *gedrillte, geschirmte Zweidrahtleitung.* Die *RS-485-Schnittstelle* arbeitet mit Spannungsdifferenzen.

Die Teilnehmer werden über ein *Busterminal* oder einen *Busanschlussstecker* an den Bus angeschlossen. Die *Übertragungsrate* ist stufenweise zwischen 9,6 Kbit/s bis 1,5 Mbit/s einstellbar.

Für *extrem zeitkritische Anwendungen* sind zusätzlich Übertragungsraten von 3,6 und 12 Mbit/s möglich.

Aufbau eines Bussystems mit zwei Bussegmenten und angekoppeltem AS-Interface

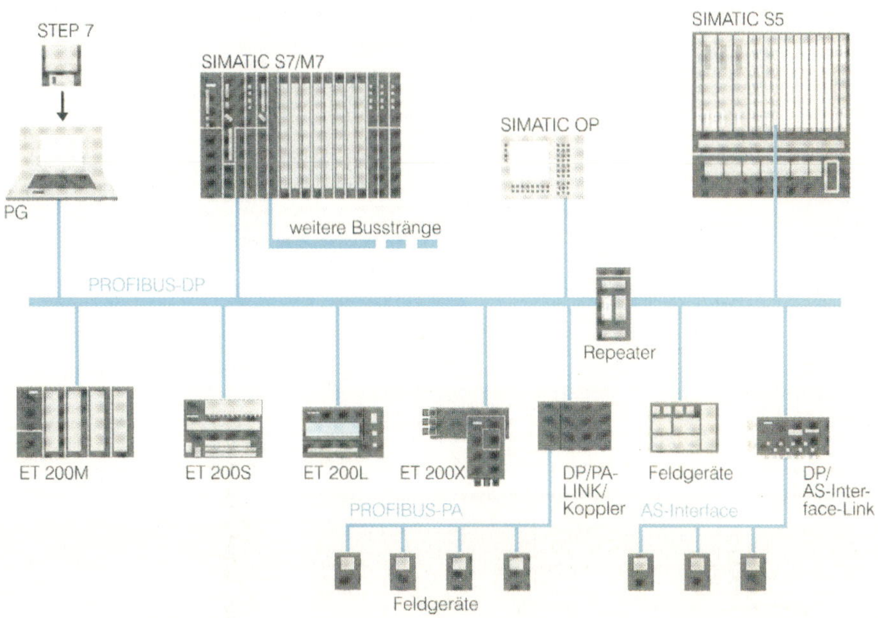

Information

Wenn ein *Bussegment* aus zwei Teilstücken zusammengesetzt werden muss, werden die Adern niederohmig über Klemmen und die Schirme großflächig verbunden.

- **Optisches Netz**

Bus mit *Lichtwellenleiter*. Vorteile:

- unempfindlich gegen elektromagnetische Beeinflussung
- geeignet für große Reichweiten
- galvanische Trennung

Mit **Optical Link Modulen** (OLM) wird ein optisches Netz in Linien-, Ring- und Sternstruktur aufgebaut.

Der maximale Abstand zwischen zwei OLMs kann bis zu 15 km betragen.

Die *Übertragungsrate* ist stufenweise von 9,6 Kbit/s bis 1,5 Mbit/s einstellbar. In speziellen Fällen kann sie 12 Mbit/s betragen.

Endgeräte mit RS-485-Schnittstelle können über ein **Optical-Bus-Terminal** (OBT) angeschlossen werden.

Der maximale Abstand zwischen zwei Teilnehmern beträgt bei Plastik-Lichtwellenleitern 50 m.

Mit Hilfe von **Infrared Link Module** (ILM) können einzelne oder mehrere Slaves oder Slave-Segmente drahtlos gekoppelt werden.

- **Gemischtes Netz**

Gemischte Strukturen aus elektrischem und optischem Netz sind möglich. Der Übergang wird durch den OLM realisiert.

Bei der Kommunikation zwischen den Teilnehmern gibt es keinen Unterschied zwischen der Zweidraht-Technik und Fiber-Optic-Technik.

Es dürfen maximal 127 Teilnehmer an das PROFIBUS-Netz angeschlossen werden.

Hybrides Zugriffsverfahren

- *Token-Passing*
- *Master-Slave*

Hybrides Buszugriffsverfahren bei PROFIBUS

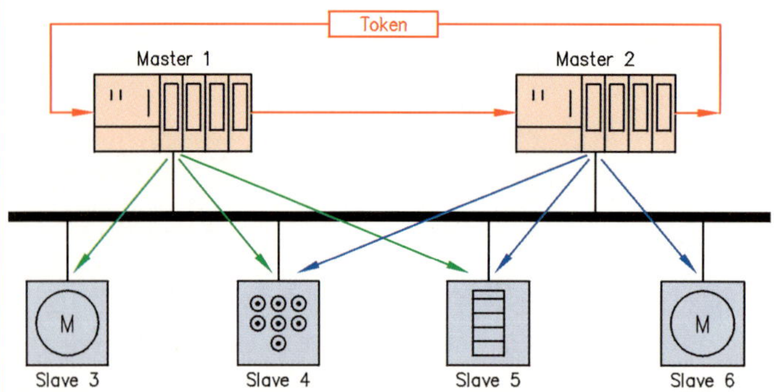

Der Token wird von Master zu Master weitergereicht.

Der Master, der den Token besitzt, kann auf den Bus zugreifen und mit den Busteilnehmern kommunizieren.

Dies bietet zwei wesentliche Vorteile:

- *Intelligente Busteilnehmer erhalten ausreichend Zeit, ihre Kommunikationsaufgaben durchzuführen (Token-Passing).*
- *Der Datenaustausch zwischen den intelligenten Busteilnehmern und der einfachen Prozessperipherie erfolgt unter Echtzeitbedingungen (Master/Slave).*

Telegrammaufbau

Es werden komplette Zeichenpakete (nicht einzelne Zeichen) übertragen. Der Aufbau dieser Zeichenpakete ist standardisiert (Seite 613).

SYN	Busruhe (mind. 33 Bit)
SD2	Start-Delimiter 2; Startbyte
LE	Längenbyte
LEr	Längenbyte Wiederholung
DA	Zieladresse
SA	Quelladresse
FC	Funktionscode
DAT	Datenbits
FCS	Frame Check Sequenz
ED	Ende-Delimiter
TR	Mindestverzögerung (8 Bit)
START	Startbit
D7–DO	Datenbits
PAR	Parität
STOP	Stoppbit

Damit der PROFIBUS beispielsweise 4 – 8 Bit Daten senden kann, wird ein *Telegramm* von 154 Bit benötigt.

Das bedeutet, der PROFIBUS ist als *Sensor-Aktor-Bus* sehr unwirtschaftlich.

Information

Telegrammaufbau beim PROFIBUS

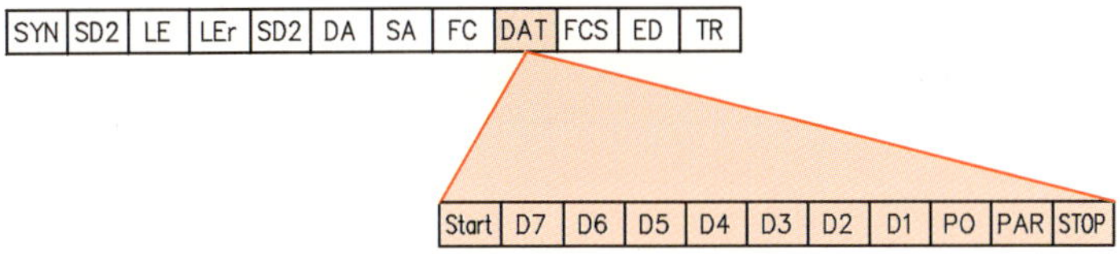

Profibus – Inbetriebnahme

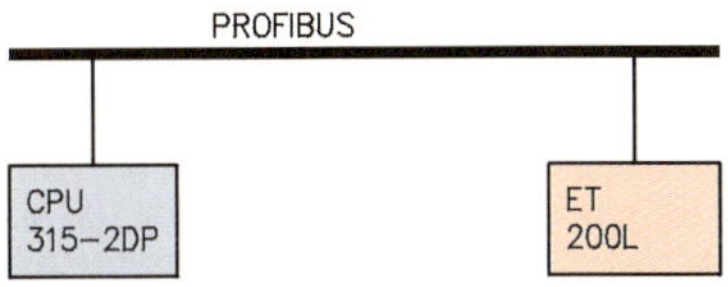

ET200L – Dezentrale Peripherie mit 16 digitalen Ein- und Ausgängen

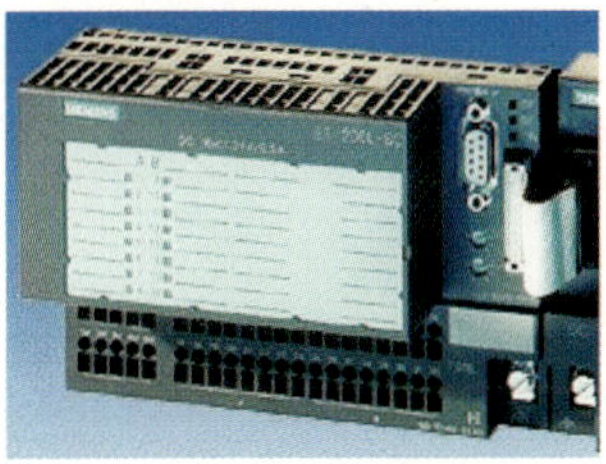

Das ET200L besteht aus einem *Terminalblock* und einem *Elektronikblock*. Der Terminalblock nimmt den Elektrotechnikblock auf. Er trägt die Verdrahtung, so dass beim Tausch des Elektronikblocks keine Leitungen gelöst werden müssen.

Die *Elektronikblöcke* enthalten digitale Ein- und Ausgabekanäle. Verfügbar sind:

- *16 DI mit 16 digitalen Eingängen*
- *16 DO mit 16 digitalen Ausgängen 0,5 A*
- *32 DI mit 32 digitalen Eingängen*
- *32 DO mit 32 digitalen Ausgängen 0,5 A*
- *16 DI/16 DO mit jeweils 16 digitalen Ein- und Ausgängen 0,5 A*

Die **Stationsadresse** wird auf dem Elektronikblock über *Drehkodierschalter* eingestellt. Eine Einstellungsänderung wird erst bei Spannungswiederkehr übernommen.

Wird das ET200L am Ende eines Bussegments eingesetzt, muss dort ein Busanschlussstecker mit *Abschlusswiderstand* eingesetzt werden.

Auf die Ein- und Ausgänge des ET200L kann vom Anwenderprogramm des Automatisierungsgerätes zugegriffen werden, wie auf die Ein- und Ausgänge des Zentralgerätes.

Elektronikblöcke (Digitaleingaben)

Anzahl der Eingänge	***16***
Potenzialtrennung *zwischen den Kanälen* *zwischen den Kanälen und PROFIBUS –DP*	 *nein* *ja*
Eingangsspannung U_E *• Nennwert* *• für Signal „0"* *• für Signal „1"*	 ***DC 24 V*** *– 30 bis + 5 V* *+13 bis 30 V*
Eingangsstrom bei Signal „1" typ.	*5 mA*
Verzögerung der Eingänge	*2 bis 4,5 ms*
Übertragungsrate max.	*1,5 Mbit/s*
Leitungslänge max.	*1000 m*
Terminalblock	*TB 16L*

- Neues Projekt in Step 7 anlegen und *Projektnamen* (z.B. PROFIBUS) vergeben:
- Projektnamen markieren;
  Einfügen → Subnetz → PROFIBUS

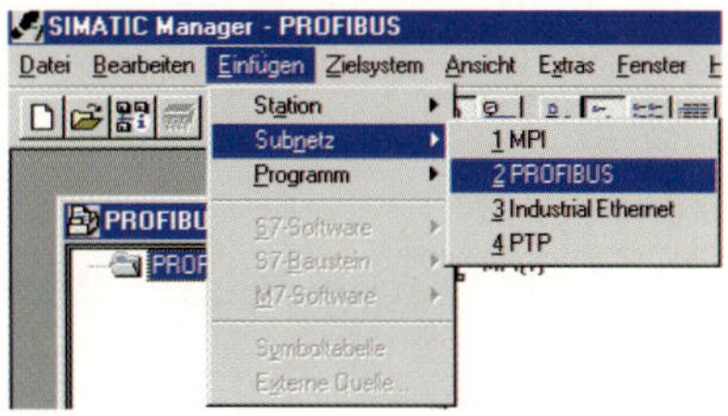

- Projektnamen markieren;
  Einfügen → Station → SIMATIC 300-Station

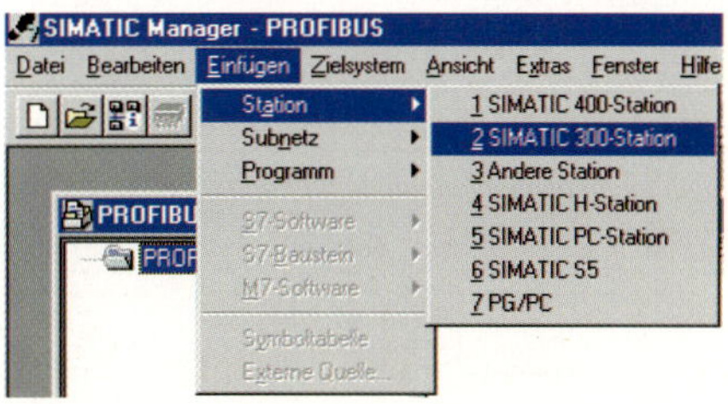

Information

- Hardwarekonfiguration öffnen (Doppelklick auf *Hardware*)

- Profilschiene wählen;
  SIMATIC 300 → RACK 300 → Profilschiene
  Die Konfigurationstabelle für Rack 0 wird angezeigt.

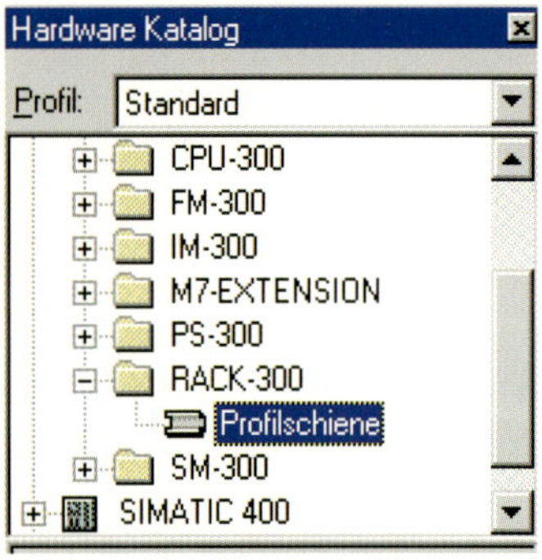

- Aus dem Hardwarekatalog (SIMATIC 300) werden nun die gewünschten Baugruppen ausgewählt und in die Konfigurationstabelle eingefügt.
  Der CPU wird eine PROFIBUS-Adresse zugeordnet. Veränderungen durch *Eigenschaften*.
  Rechts der CPU erscheint das so genannte *Mastersystem*, an dem die PROFIBUS-Slaves angebunden werden können.

- Modul ET200L aus Hardwarekatalog PROFIBUS-DP zum Mastersystem ziehen. Adresse vergeben. Die Ein- und Ausgangsadressen der ET200L können durch Doppelklick auf die entsprechenden Ein- und Ausgangsmodule geändert werden.

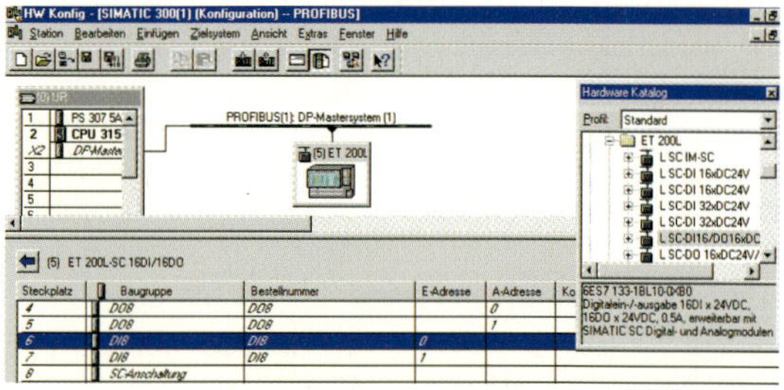

- Konfigurationstabelle speichern, übersetzen und in die SPS laden (SPS im STOPP-Modus).

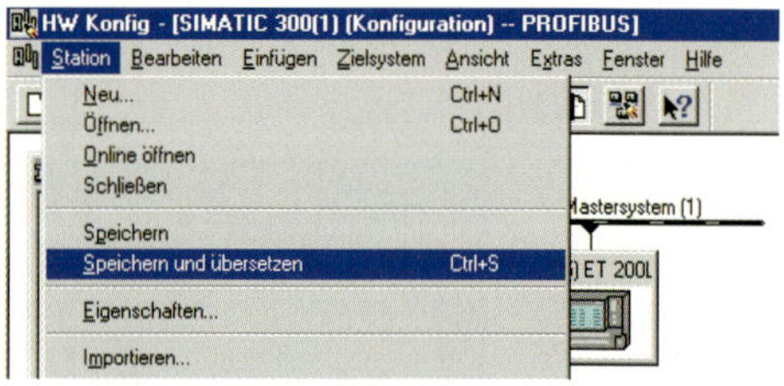

- Teilnehmeradresse der CPU im MPI-Netz anwählen. Wenn nur eine CPU vorhanden ist, kann die Vorgabe mit OK übernommen werden.

Nun kann mit S7 in bekannter Weise ein Steuerungsprogramm eingegeben werden, das die Konfiguration nutzt.

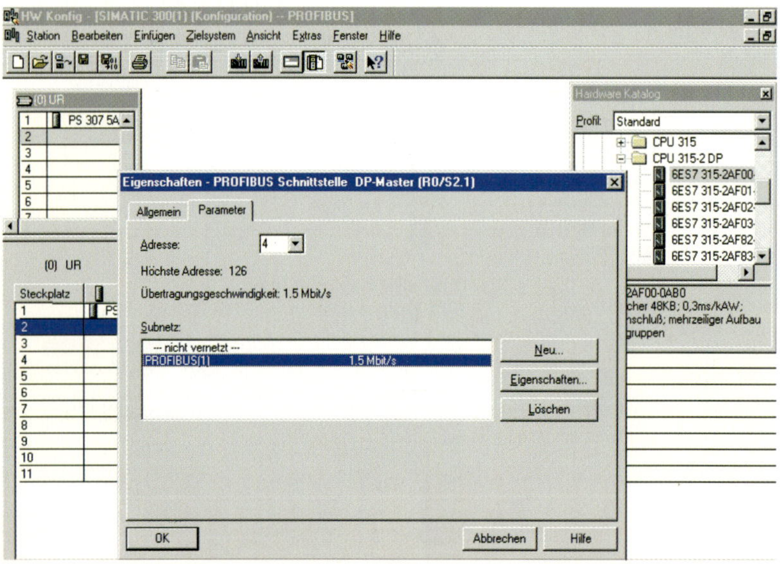

12 Elektrotechnische Anlagen planen und realisieren

12.1 Der betriebliche Auftrag

Auftrag

Zum Schutz gegen mechanische Beschädigungen erhalten die Tischbeine einer bestimmten Produktionsserie an den Enden Schutzkappen aus Metall oder Kunststoff.

Je nach Art des Tischbeins können diese Schutzkappen einen runden oder rechteckigen Querschnitt haben.

Ihre Höhe ist in beiden Fällen gleich. Dabei sind folgende Kappen notwendig:

- *Metall eckig (verchromt)*
- *Metall rund (verchromt)*
- *Kunststoff eckig*
- *Kunststoff rund*

Die Kappen werden den Produktionsorten aus einem Magazin über Transportbänder zugeführt. Dabei rutschen die Kappen auf eine Positioniereinrichtung, die pneumatisch gehoben und abgesenkt werden kann, um dort von einem pneumatisch wirkenden Greifer auf das Transportband des jeweiligen Produktionsortes gesetzt zu werden.

Jeder Arbeitsauftrag besteht aus 4 Schutzkappen (für 4 Tischfüße).

Bei laufender Produktion stellt sich heraus, dass bei falscher Füllung der einzelnen Magazine nicht immer 4 gleiche Kappen den Produktionsort erreichen.

Wenn zum Beispiel 4 runde Kunststoffkappen angefordert werden und dabei fehlerhaft eine eckige Kappe angeliefert wird, so führt das stets zu Problemen. Außerdem sammelt sich im Laufe der Zeit viel Ausschuss an den einzelnen Produktionsorten an, der dann in der Regel nicht mehr genutzt wird.

Daher sollen die „fehlerhaften Kappen" automatisch erkannt und über ein gesondertes Band als Ausschuss (zur späteren Verwendung) gesammelt werden.

Sie erhalten den Auftrag, hierfür eine Lösung zu erarbeiten.

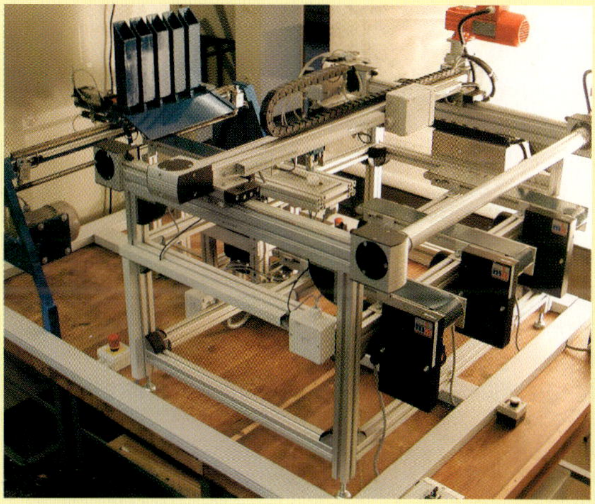

Übersicht der gesamten Anlage

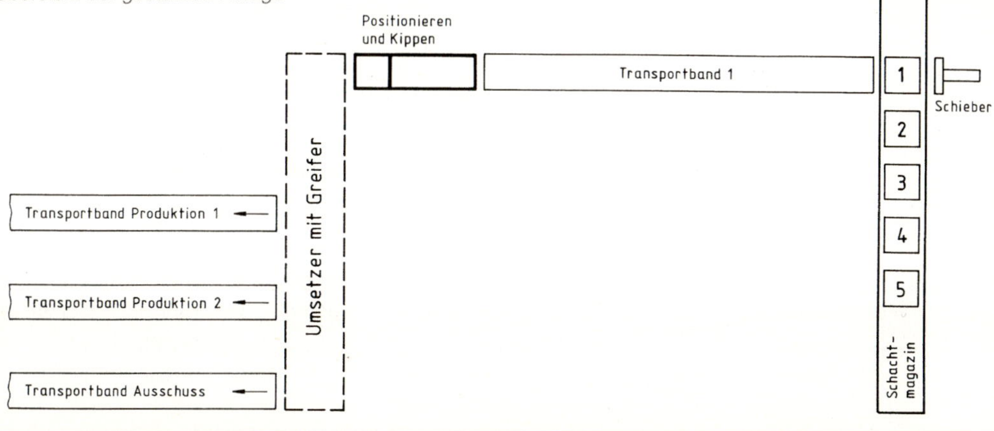

Analyse

Ausgangszustand

Auf Anforderung am Produktionsort werden $n \cdot 4$ Kappen der gewünschten Form und des gewünschten Materials zum Arbeitsplatz angeliefert. Der Mitarbeiter wählt Art und Menge, um danach die notwendigen Kappen zu erhalten.

Dabei kommt es zu *Fehllieferungen*. An den Produktionsorten „sammelt" sich der „Ausschuss" nicht verwendeter Kappen.

Teilauftrag

Der „Ausschuss" soll frühzeitig erkannt und vom pneumatischen Greifer auf ein Transportband gesetzt werden, das zu einem Sammelbehälter führt.

Die Nachlieferung des dann am Produktionsort fehlenden Teils ist nicht Gegenstand dieses Teilauftrages.

Zielzustand

Ziel des Arbeitsauftrages ist es, eine funktionsfähige, automatische Ausschusserkennung dem Abteilungsleiter des Tischbaus zu übergeben.

Mögliche Problemlösung

Folgende Erkennung ist notwendig:

- Kappe *rund* und aus *Metall*
- Kappe *rund* und aus *Kunststoff*
- Kappe *eckig* und aus *Metall*
- Kappe *eckig* und aus *Kunststoff*

Diese Erkennung muss mit der jeweiligen *Anforderung* des Produktionsortes verglichen werden. Zum Beispiel 4 runde Kappen aus Kunststoff.

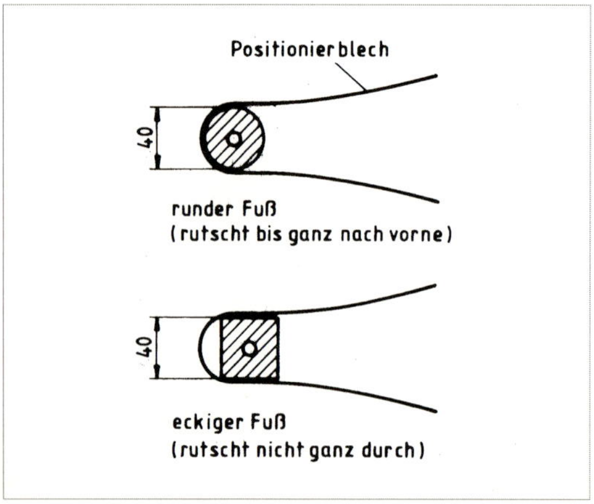

1 Positionierung der runden und eckigen Kappen

Die *Metallkappen* können durch einen *induktiven Näherungssensor* erkannt werden. Zur Erkennung der *Werkstückform* fällt die Entscheidung in Absprache mit dem Meister auf ein „Positionierblech", bei dem *runde Kappen bis nach vorne* und *eckige Kappen nicht bis nach vorne* rutschen.

Dabei ist aber unbedingt zu beachten, dass der *pneumatische Greifer* beide Formen problemlos greifen kann.

Die *Werkstückform* wird durch zwei *Refexions-Lichttaster* erkannt, die so zu positionieren sind, dass einer nur *runde Kappen* und der andere nur *eckige Kappen erfassen kann.*

Die Kappenerkennung soll in der *Positioniereinrichtung* erfolgen, da dort die notwendige Sensorik am einfachsten angebracht werden kann.

Planung der einzelnen Arbeitsschritte

Da auch metalltechnische Arbeiten anfallen, muss die Metallabteilung einbezogen werden.

Mit dem Abteilungsleiter Tischbau ist zu klären, wann die Anlage für die notwendigen Arbeiten stillgesetzt werden darf (und wie lange dies dauert).

Die *Planung* ist auf Seite 617 dargestellt.

Dem Abteilungsleiter Tischbau interessiert besonders die *Maschinenstillstandszeit,* während der die Umrüstung vorgenommen wird. Nach Absprache mit der Metallabteilung wird diese auf 4 Stunden festgesetzt. Daraufhin wird die Entscheidung getroffen, dass diese Arbeiten während der Betriebsruhe durchgeführt werden.

Unterlagen beschaffen

- *SPS-Programm*
  Der für die SPS-Programmierung zuständige Mitarbeiter händigt Ihnen den Programmausschnitt für die Positioniereinrichtung (Kippe) aus. Die Kippe kann pneumatisch gehoben und gesenkt werden.
  Außerdem teilt er Ihnen mit, dass die Variable

  aktuelles_magazin MW66 INT

  die Nummer des momentan gültigen Magazins enthält.

aktuelles_magazin	= 1:	rund, Metall
	= 2:	rund, Kunststoff
	= 3:	eckig, Metall
	= 4:	eckig, Kunststoff

Magazin 5 ist zur Zeit nicht belegt.

Planung der Arbeitsschritte

Anfangszustand siehe Seite 616

Metalltechnische Arbeiten (Metallabteilung)

Sensorplatte fertigen
Positionsblech fräsen, bohren, senken;
Informationen über Sensoren von Elektroabteilung

Sensorplatte montieren

Elektrotechnische Arbeiten

Unterlagen beschaffen
Schaltpläne, Pneumatikpläne, SPS-Programm

Sensoren bestellen
Material bereitstellen (Lager)

Klemmkasten X16 öffnen
- ausreichende Reserveklemmen?
- ausreichende Reserveadern zum Schaltschrank?
- ausreichende Einführungsmöglichkeiten in Klemmkasten X16?

Noch genügend freie SPS-Eingänge vorhanden?
Evtl. Montage einer weiteren Eingangsbaugruppe möglich?

Programm erstellen und testen (Simulation)

Sensoren montieren und anschließen

Anschluss im Schaltschrank

Programm laden und testen

Zielzustand siehe Seite 616

Zur Verdeutlichung:
Wenn an einem Produktionsort runde Kappen aus Metall angefordert werden, dann wird das Magazin 1 angefahren. Aus diesem Magazin (*aktuelles_magazin* = 1) werden *ausschließlich runde Metallhülsen* erwartet. Was in diesem betrieblichen Auftrag zu überprüfen ist.

Weiterhin erhalten Sie vom Programmierer folgende Informationen und Unterlagen:

Bild 1, Seite 619 zeigt den *Pneumatikplan* der Positioniereinrichtung („Kippe“).

KIPPE_HOCH	*A21.0*	*BOOL*	*Zylinder Kippe ausfahren*
KIPPE_RUNTER	*A21.1*	*BOOL*	*Zylinder Kippe einfahren*
wkst_auf_kippe	*E5.7*	*BOOL*	*Lichtschranke: Fuß hat Kippe erreicht, NO*
kippe_oben_sens	*E16.6*	*BOOL*	*Positionsschalter: Kippe ist oben, NO*
kippe_unten_sens	*E16.7*	*BOOL*	*Positionsschalter: Kippe ist unten, NO*

Das Eingangsbyte EB17 hat noch die Eingänge E17.1 – E17.7 als Reserve.

Funktionsbaustein FB4: Positioniereinheit (Kippe)

Baustein: FB4 Positioniereinheit ("Kippe")

```
Wenn die Lichtschranke B16 (NO) von einem Fuss unterbrochen wird,
senkt sich die Kippe (Zylinder fährt ein). Hat der Zylinder seine
eingefahrene Endposition erreicht, fährt er sofort wieder aus.
Die Kippe fährt dann wieder nach oben.
```

Netzwerk: 1 Zylinder einfahren (Kippe senken)

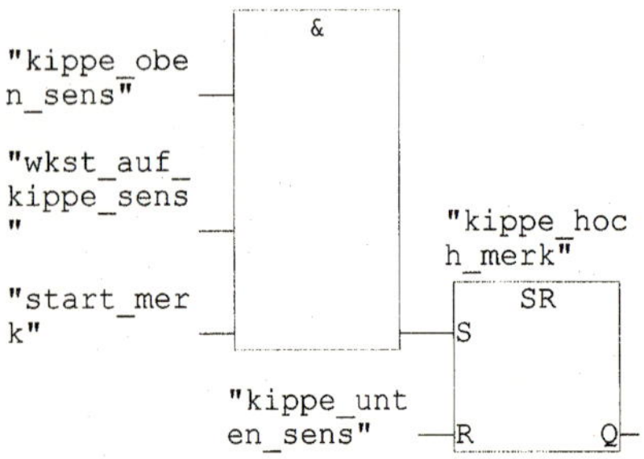

Netzwerk: 2 Zylinder ausfahren (Kippe heben)

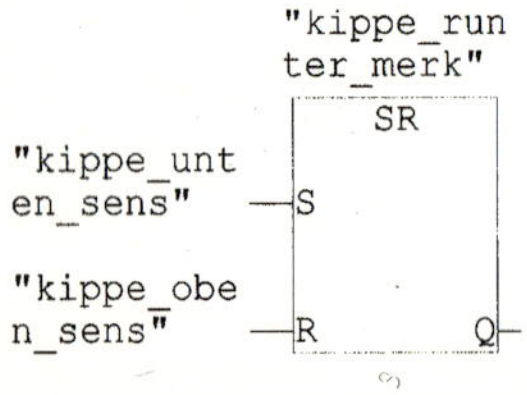

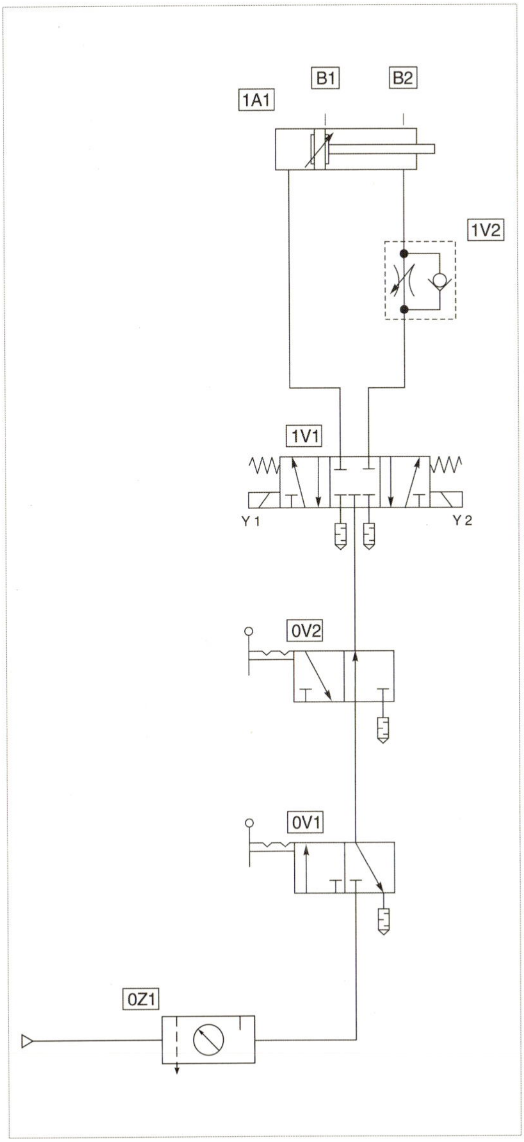

1 Pneumatikplan der „Kippe“

Klemmkasten X16

Es stehen genügend *Klemmen* und *Reserveadern* zur Verfügung. Außerdem verfügt der Klemmkasten noch über genügend Einführungen (Bild 2).

Sensoren bestellen

Benötigt werden zwei *Reflexions-Lichttaster* und ein *induktiver Näherungssensor.*

- *Reflexionslichttaster*
  Bauform M12, Messing, vernickelt

Tastweite/Reichweite	*150 cm (einstellbar mit Potentiometer)*
Ausgangsstrom	*max. 200 mA*
Kabel	*2 m, 3 × 0,34 mm²*
Ausgang	*PNP, hellschaltend*

- *Induktiver Näherungsschalter*
  Bauform M12 × 35, bündig, Messing, vernickelt

Bemessungs-Schaltabstand	*2 mm*
Belastbarkeit	*200 mA*
Leitung	*2 m, 3 × 0,25 mm²*
Schaltelementfunktion	*NO, pnp*

Sensorplatte fertigen (Metallabteilung)

Der Leiter der Metallabteilung erhält von Ihnen die Information, dass die drei einzubauenden Sensoren mit einem *M12-Gewinde* ausgestattet sind.

Darüber hinaus liegt die Fertigung der Sensorplatte (Bild 1, Seite 620) in der Verantwortung der Metallabteilung. Dies gilt auch für die spätere Montage.

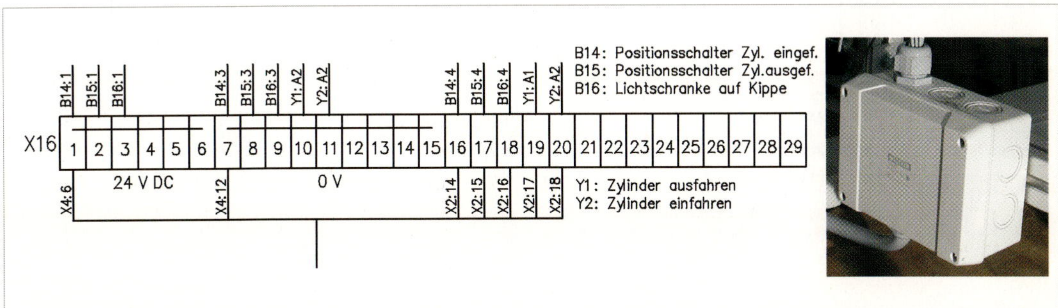

2 Klemmkasten X16

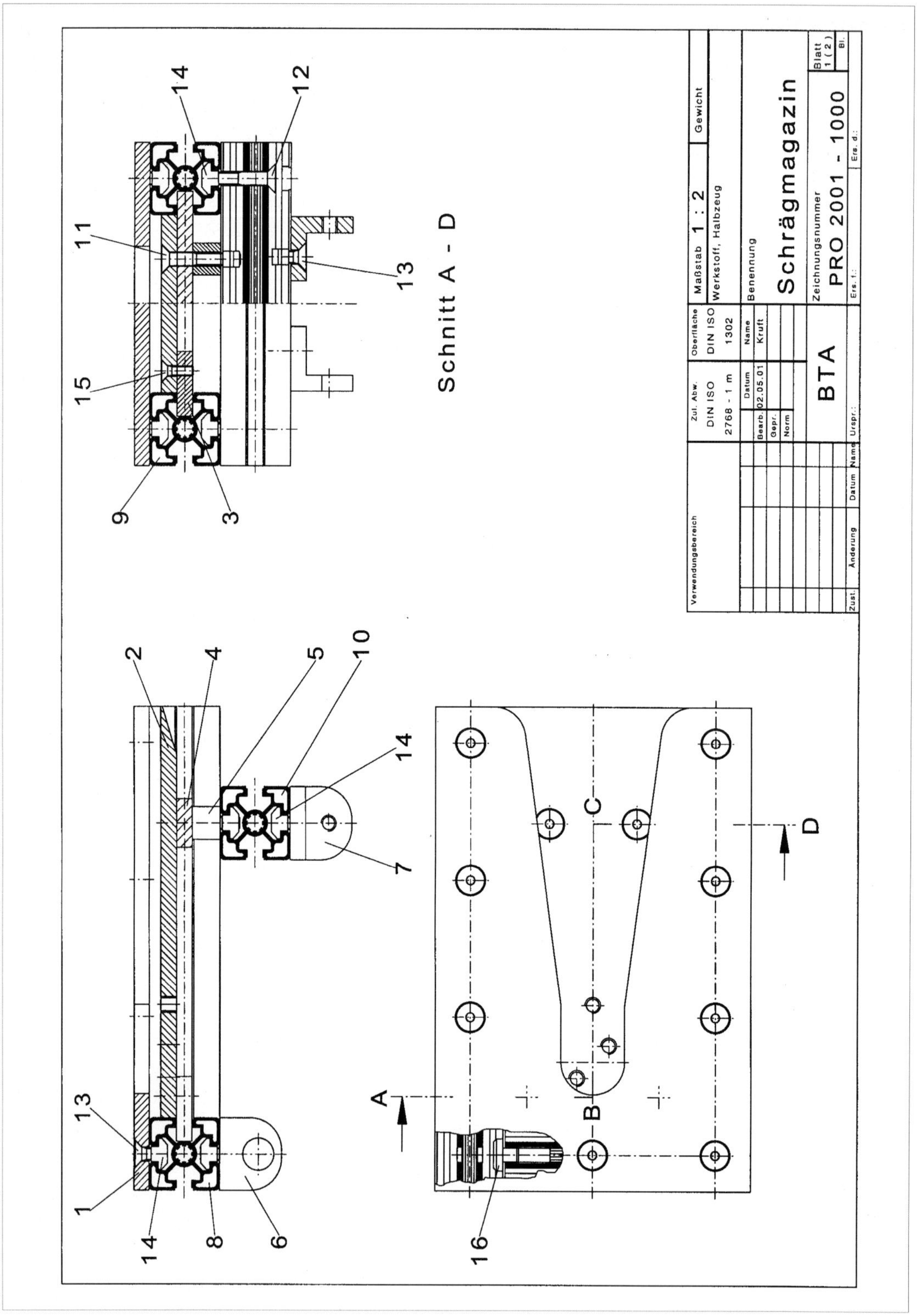

1 Schrägmagazin mit Sensorplatte

Ressourcen klären

- Ausreichende Anzahl an Reserveklemmen X16 und Schaltschrank X2.
- Ausreichende Anzahl von Reserveadern zwischen X16 und X2.
- Ausreichende Einführungsmöglichkeiten in den Klemmkasten X16.
- Es stehen noch 6 unbenutzte SPS-Eingänge zur Verfügung.

Programm erstellen

Zuordnung der drei Sensoren zu den SPS-Eingängen

B17	*E18.1*	*fuss_rund_sens*
B18	*E18.2*	*fuss_eckig_sens*
B19	*E18.3*	*fuss_metall_sens*

Späterer SPS-Anschluss erforderlich.

Die Erkennung der gelieferten Kappe erfolgt im Funktionsbaustein FB5. Dort wird die Kippe ja ohnehin schon gesteuert.

Da sich für die Werkstückerkennung die Programmiersprache AWL gut eignet, wird im FB5 (FUP) die Funktion FC10 (Werkstückerkennung) aufgerufen. Ansonsten wird FB5 nicht verändert.

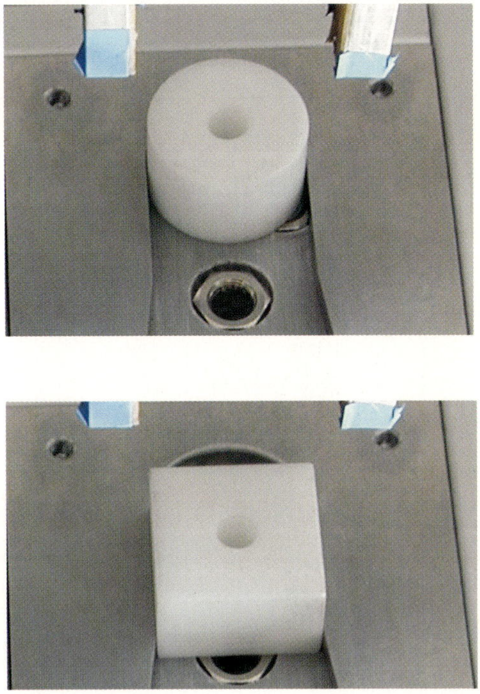

2 Kappen auf der Sensorplatte

Funktion FC10 – Werkstückerkennung

Die Werkstückerkennung (Kappe) soll nur erfolgen, wenn sich die Kippe hebt. Dadurch wird gewährleistet, dass das zu erkennende Werkstück in Position liegt.

Sensorplatte montieren, Sensoren einbauen

Nachdem die Metallabteilung die Sensorplatte montiert hat, werden die Sensoren eingebaut. Dabei ist auf bündigen Einbau zu achten, damit die Kappe problemlos bis zum Anschlag rutschen kann.

Anschluss im Schaltschrank

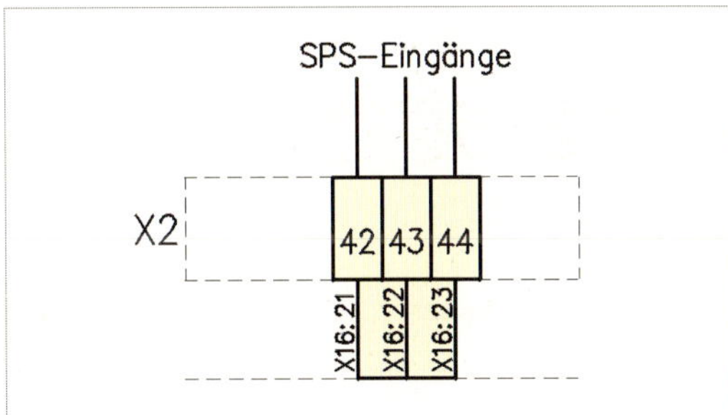

3 Erweiterung im Schaltschrank

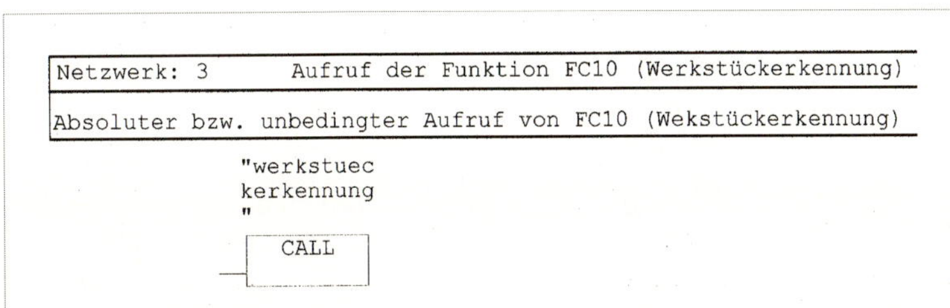

1 Aufruf der FC10 im FB 5

```
Baustein: FC10   Erkennung von Form und Material (Werkstückerkennung)

Die Erkennung soll nur erfolgen, wenn sich die Kippe hebt.
Dadurch wird gewährleistet, dass sich das zu erkennende Werkstück
in Position befindet.


Netzwerk: 1      Programmbearbeitung nur, wenn sich die Kippe hebt

      U      "KIPPE_HOCH"
      SPBN   m_01

Netzwerk: 2      Rund und aus Kunststoff

      U(
      U      "fuss_rund_sens"
      UN     "fuss_metall_sens"
      UN     "fuss_eckig_sens"
      )
      SPBN   m_02

      L      1
      T      "werkstk_erkennung_merk"  //Werkstückerkennung auf Kippe MW118

Netzwerk: 3      Eckig und aus Kunststoff

m_02: U(
      UN     "fuss_rund_sens"
      UN     "fuss_metall_sens"
      U      "fuss_eckig_sens"
      )
      SPBN   m_03

      L      2
      T      "werkstk_erkennung_merk"

Netzwerk: 4      Rund und aus Metall

m_03: U(
      U      "fuss_rund_sens"
      U      "fuss_metall_sens"
      UN     "fuss_eckig_sens"
      )
      SPBN   m_04
```

FC 10 ist nicht komplett dargestellt.

Sensoren anschließen

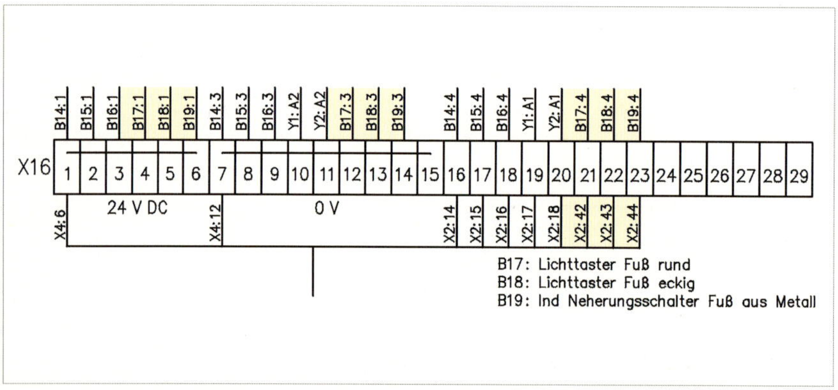

1 Anschluss der Sensoren in Klemmkasten X16

Programm laden/testen

Dieser Arbeitsschritt muss verschoben werden, da er nur im Beisein einer Fachkraft ausgeführt werden sollte (→ 643).

Anwendung

1. Schätzen Sie ab, welche Zeit der elektrische Teil des betrieblichen Auftrages (ohne Programm laden/testen) in Anspruch nehmen dürfte.

Welche Kosten würden dadurch entstehen?

2. Wie würden Sie vorgehen, wenn der Klemmkasten X16 über keine ausreichenden Reserven verfügen würde?

3. Funktion FC10 (Seite 622):

a) Erläutern Sie genau die Wirkungsweise des Programms. Ergänzen Sie FC 10.
b) Erfüllt es die gestellten Anforderungen?
c) Sie werden gebeten, für die Dokumentationsunterlagen einen Programmablaufplan zu erstellen.

4. Es ist zwar nicht Bestandteil des betrieblichen Auftrages. Wenn die FC10 arbeiten soll: in welchen Programmteilen müssen dann ebenfalls Änderungen vorgenommen werden.
Nur Beschreibung, keine Programmierung!

5. Sie haben die Sensoren entsprechend Ihrem betrieblichen Auftrag angeschlossen, das Programm aber noch nicht geladen.

Beschreiben Sie, wie Sie den korrekten Anschluss der Sensoren dennoch prüfen können.

Information

Pneumatik

Pneumatische Anlagen bestehen aus den Elementen

- Verdichter
- Druckluftspeicher
- Wartungseinheit
- Ventile
- Arbeitselemente

Diese werden durch *Leitungen* miteinander verbunden, die als *Rohre* oder *Schläuche* ausgeführt sein können.

Für den Betriebstechniker sind besonders die Ventile und Arbeitselemente von Interesse.

Pneumatikventile

Mit Hilfe von Pneumatikventilen werden Druck, Durchfluss, Start, Ende bzw. Richtung der Druckluft gesteuert und geregelt. Man unterscheidet:

- *Wegeventile*
- *Sperrventile*
- *Druckventile*
- *Stromventile*
- *Absperrventile*

Von besonderem Interesse sind die *Wegeventile*.

Wegeventile beeinflussen die *Richtung* der Druckluft. Ihre Bezeichnung besteht aus zwei Zahlen, wobei die *erste Zahl* die *Anzahl der steuerbaren Anschlüsse* und die *zweite Zahl* die *Anzahl der Schaltstellungen* angibt.

Pneumatische Anlage

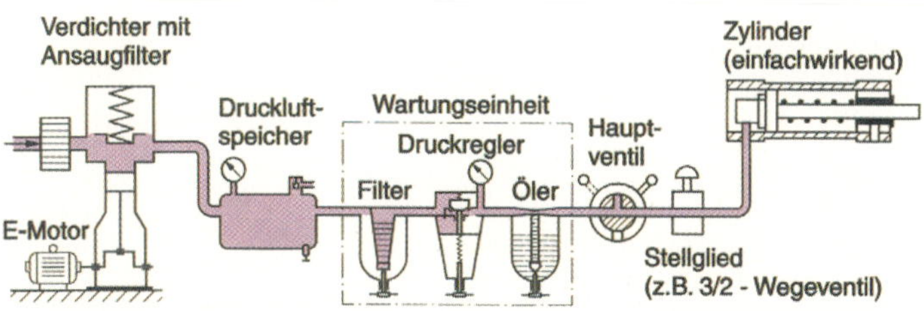

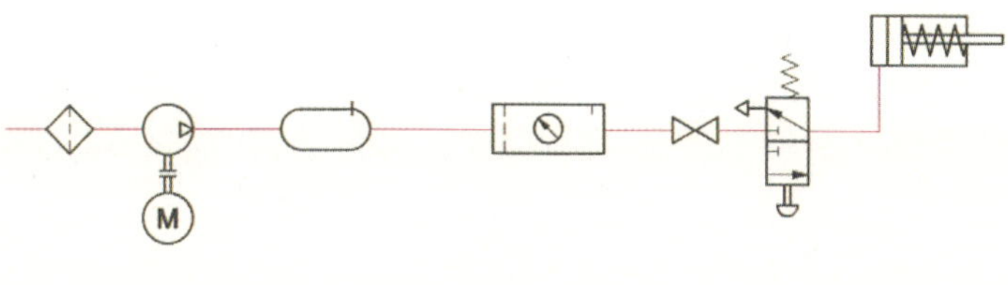

Beispiel

3/**2**-Wegeventil

3 steuerbare Anschlüsse
2 Schaltstellungen

Information

Druckluftspeicher

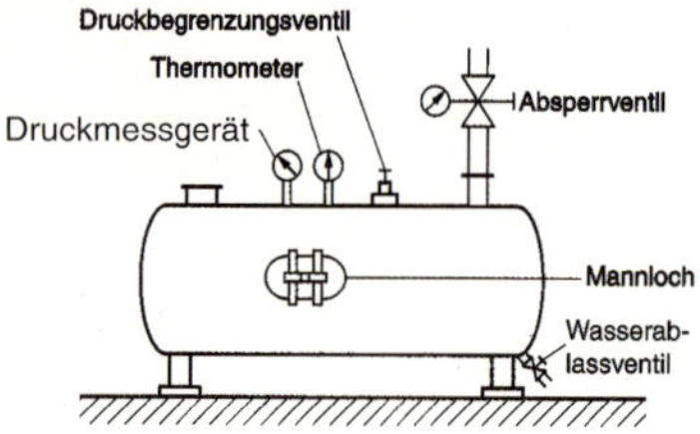

Ventilanschlüsse (DIN ISO 5599)

Anschlussbezeichnung mit Zahlen:

1	Druckzufuhr
2, 4, 6	Arbeitsleitungen
3, 5, 7	Entlüftungen
10, 12, 14	Steuerleitungen

Pneumatikventil, Anschlussbezeichnung

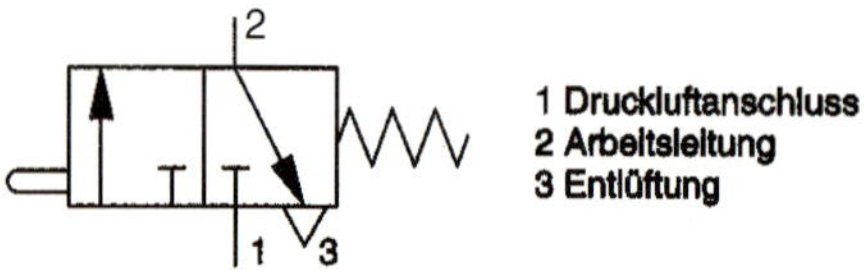

Elektromagnetisch betätigtes Ventil

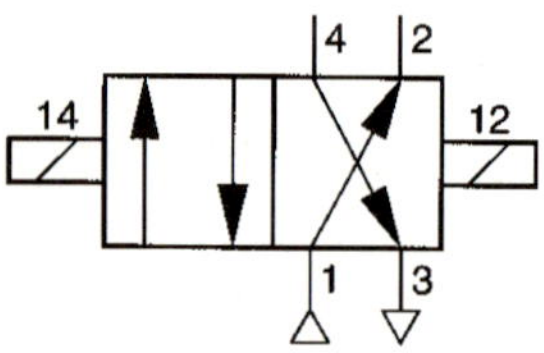

Betätigungsarten der Wegeventile

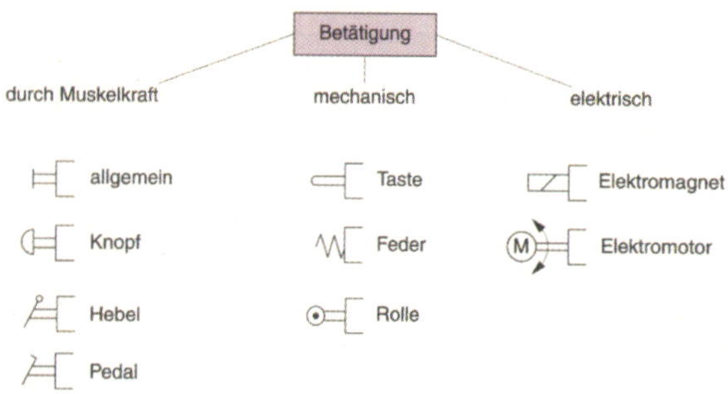

Beispiele für Wegeventile

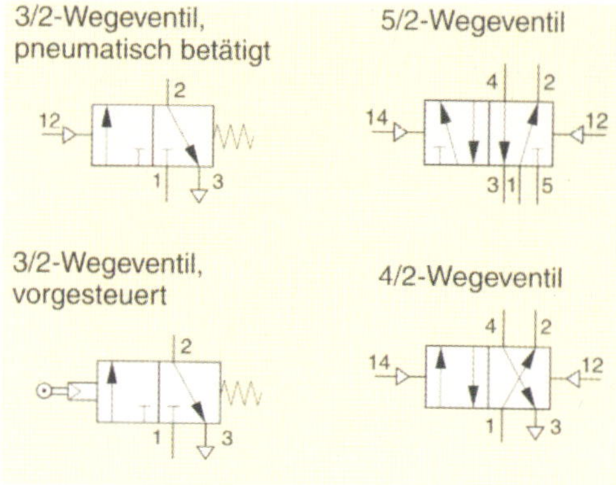

Arbeitsweise eines 3/2-Wegeventils

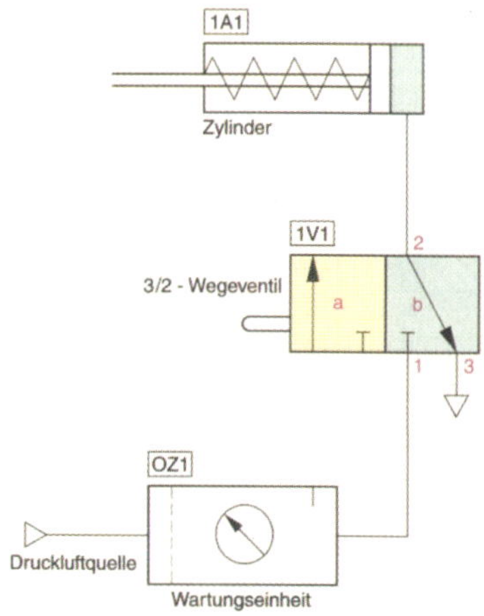

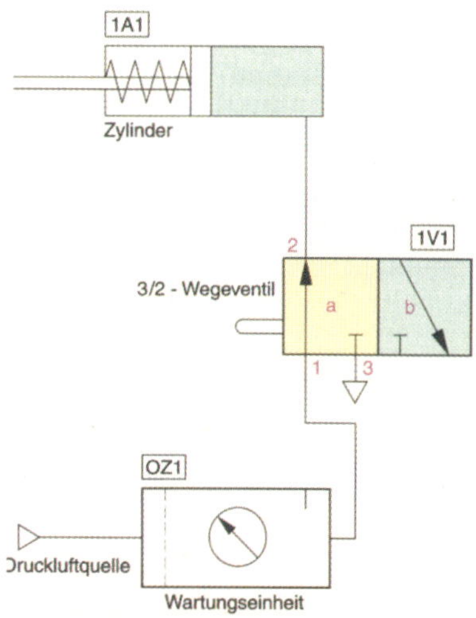

Information

Arbeitsweise eines 5/3-Wegeventils

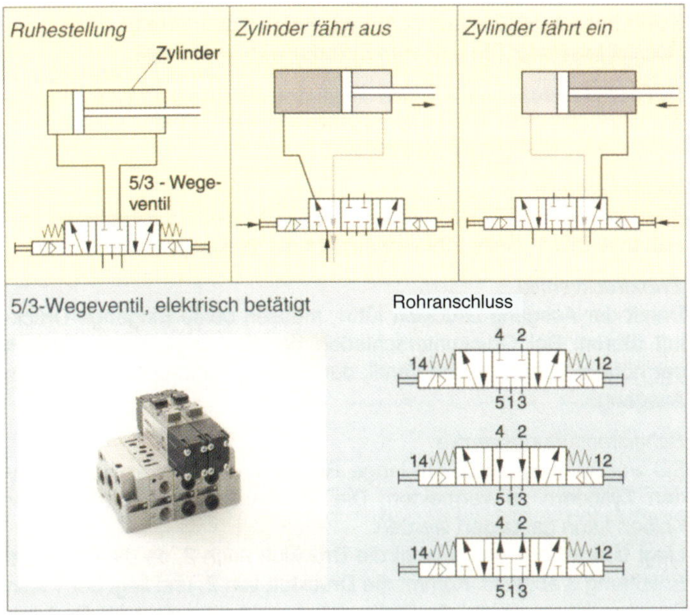

- **Zuluftdrosselung:**
  Luft *zum* Zylinder wird gedrosselt.
- **Abluftdrosselung:**
  Luft *vom* Zylinder wird gedrosselt.

Drosselrückschlagventile sollen möglichst *direkt am Pneumatikzylinder* angeordnet werden.

Bei *doppeltwirkendem* Zylinder wird die *Abluftdrosselung bevorzugt* eingesetzt (ruckarmer Betrieb).

Drosselrückschlagventil
Möglichkeiten der Drosselung

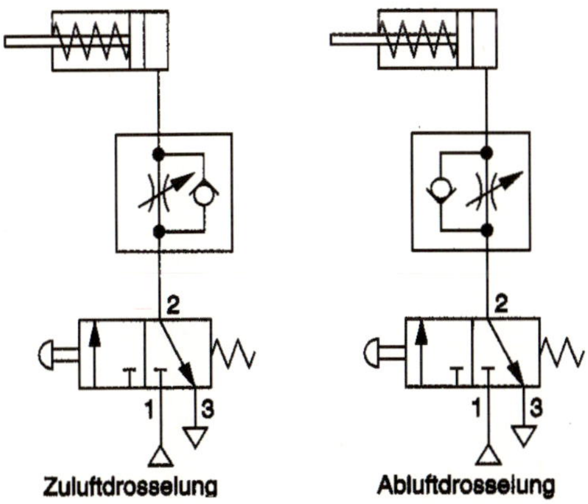

Drosselrückschlagventile schließen über das Rückschlagventil die Luft in einer Richtung ab. Die Luft kann jetzt über eine **einstellbare Drossel** (Querschnittsveränderung) strömen. In Gegenrichtung hat die Luft freien Durchgang.

Verwendung:
Regulierung der *Geschwindigkeit* von Pneumatikzylindern.

Pneumatikzylinder

Bauarten von Pneumatikzylindern: Seite 626.

Endlagendämpfung

Die Endlagendämpfung ermöglicht ein *sanftes Anfahren der Endlagen* des Zylinders (Bild 1, Seite 626).

Kurz vor Ende des Hubes taucht der Dämpfungszapfen (1) in die Zylinderbodendichtung (2) ein.

Dadurch wird verhindert, dass die Restluft aus einem Dämpfungsraum (3) direkt über den Anschluss (4) austreten kann.

Die sich verdichtende Restluft nimmt dabei Energie auf, die Bewegungsenergie nimmt ab.

Der erhöhte Druck wird über die Bohrung (5) und die Drosselschraube (6) abgebaut.

Als Anfahrhilfe in Gegenrichtung sorgt das Rückschlagventil (7) für freien Durchgang. So kann der Kolben schnell aus seiner Endlage herausgefahren werden.

Wartungseinheit

Druckluftverunreinigungen in Form von Feuchtigkeit, Rost und Schmutzpartikeln führen in vielen Fällen zu Störungen in der Druckluftanlage sowie zur Zerstörung der pneumatischen Elemente.

Daher muss die Druckluft aufbereitet werden, bevor sie in die Druckluftanlage gelangt. Dies erfolgt mit Hilfe einer *Wartungseinheit*, die aus einem *Druckluftfilter*, *Druckregelventil* und *Druckluftöler* besteht.

Information

Pneumatikzylinder

Bauart	*Verwendung*	*Symbol*
Einfachwirkender Zylinder	*Rückhub durch Feder Spannen, Auswerfen, Heben, Pressen*	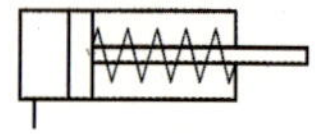
Doppeltwirkender Zylinder	*Arbeitsfunktion auch im Rücklauf*	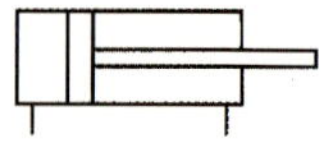
mit beidseitiger Endlagendämpfung		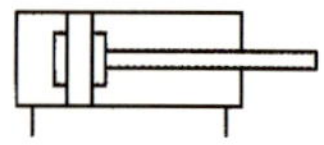
Zylinder mit Endlagendämpfung, beidseitig einstellbar	*Bei großen Massen*	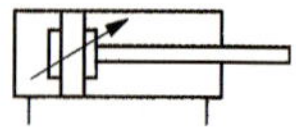
Zylinder mit beidseitiger Kolbenstange	*Gute Führung der Kolbenstange, daher auch seitliche Belastung möglich*	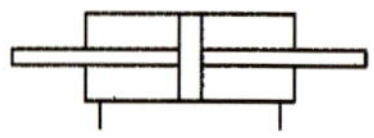
Tandemzylinder	*Bei großen Kräften*	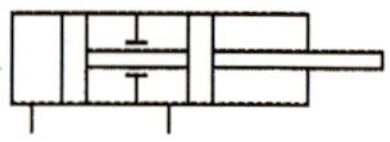
Drehzylinder	*Drehbewegungen zum Wenden und Biegen*	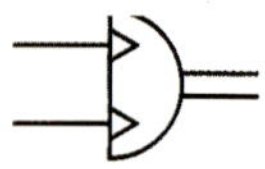

Endlagendämpfung, einstellbar

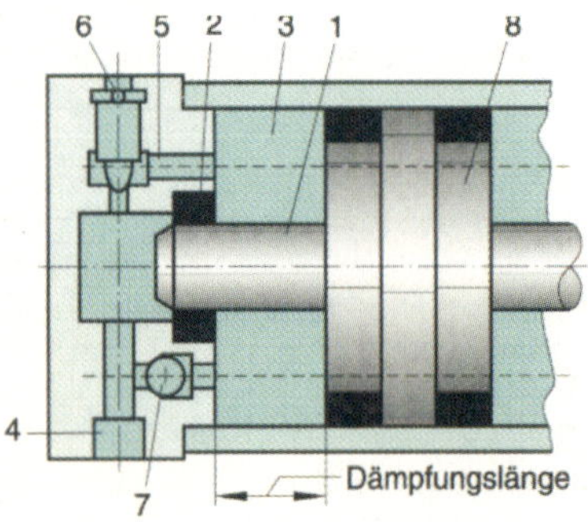

1: Dämpfungszapfen
2: Dichtung des Zylinderbodens
3: Dämpfungsraum
4: Anschluss
5: Bohrung
6: Drosselschraube
7: Rückschlagventil
8: Kolben

Wartungseinheit, Symbol

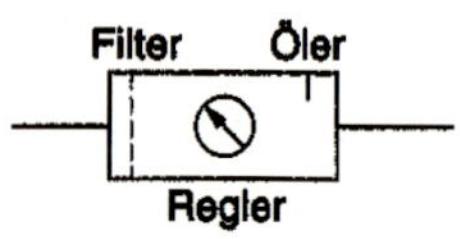

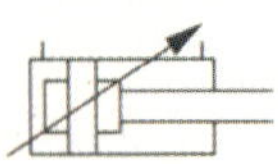

Schaltzeichen eines doppeltwirkenden Zylinders mit beidseitig einstellbarer Endlagendämpfung

Information

Qualitätsmanagement

Nach einer amerikanischen Untersuchung gehen einer Firma von 100 unzufriedenen Kunden 90 Kunden verloren. Jeder unzufriedene Kunde gibt seine Kritik an mindestens 10 bis 20 Personen weiter.

Aus dieser Studie können die Unternehmen aller Größenordnungen den Schluss ziehen, dass die **Qualität** in den gesellschaftlichen und wirtschaftlichen Prozessen eine wachsende Bedeutung erhält.

Qualität ist die Gesamtheit von Merkmalen einer Einheit bezüglich ihrer Eignung, festgelegte und vorausgesetzte Erfordernisse zu erfüllen.

Die *Führungsmethode* eines Unternehmens, welche die *Qualität* unter Mitwirkung aller Mitarbeiter in den Mittelpunkt stellt, um zufriedene Kunden und einen langfristigen Geschäftserfolg zu erzielen, wird **Qualitätsmanagement** genannt.

Das Qualitätsmanagement (QM) legt die Qualitätspolitik fest und bringt sie auch zur Ausführung. Dabei setzt das Management die Möglichkeiten der

- *Qualitätsplanung*
- *Qualitätslenkung*
- *Qualitätssicherung*
- *Qualitätsverbesserung*

ein.

Qualitätsplanung

Die *Qualitätsplanung* umfasst alle Tätigkeiten, mit denen Qualitätsforderungen und Qualitätsziele festgelegt werden.

Dazu gehören auch die erforderlichen *Ablauf-* und *Zeitplanungen* der einzelnen Maßnahmen. Von großer Bedeutung ist hier die *Zehnerregel der Fehlerkosten.* Dabei werden die drei Phasen *Planung und Entwicklung* des Produktes, *Fertigung und Prüfung* sowie *Nutzen* beim Kunden unterschieden.

Zehnerregel der Fehlerkosten

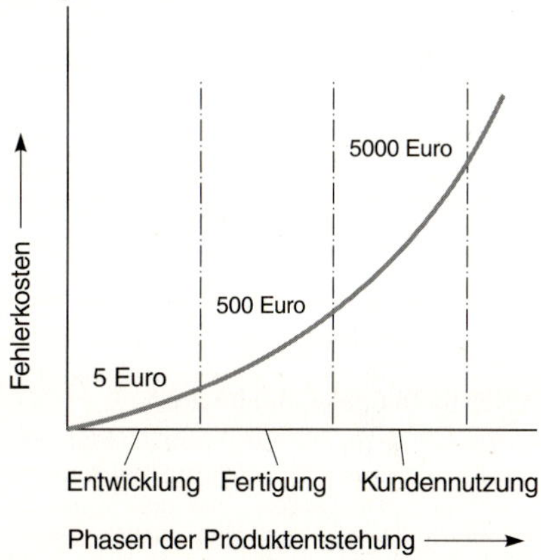

Während z.B. ein *Toleranzfehler* an einem Einzelteil beim Konstruieren ohne nennenswerte Mehrkosten korrigiert werden kann (Radieren in der Zeichnung oder Ändern am CAD-Bildschirm), treten bereits 10-fach höhere Kosten auf, wenn der Fehler erst während der Produktion des Teils bemerkt wird. Führt dieser Fehler zu Montageproblemen bzw. Funktionsbeeinträchtigungen am Fertigprodukt oder sogar zu Rückrufaktionen, entstehen oftmals sehr hohe Kosten.

Je früher ein Fehler entdeckt und beseitigt wird, umso mehr Kosten können eingespart werden.

Eine wichtige Methode ist hierbei die **Fehler-Möglichkeits- und Einfluss-Analyse (FMEA)**, die in der *Konstruktion* und auch im *Fertigungsprozess* durchgeführt wird und möglicherweise auftretende Fehler so rechtzeitig erkennen soll, dass *Maßnahmen zur Fehlerverhütung* noch wirksam werden können.

Dabei arbeiten Fachleute aus verschiedenen Abteilungen zusammen (Konstruktion, Fertigung, Arbeitsvorbereitung, Qualitätssicherung), listen alle möglichen Fehler auf und bewerten sie mit der **Risikoprioritätszahl**.

Qualitätslenkung

Bei der *Qualitätslenkung* handelt es sich um Arbeitstätigkeiten, welche die *Qualitätsanforderungen dauerhaft erfüllen* sollen.

Sie umfassen im Wesentlichen die Beseitigung von *Schwachstellen* und die *Prozessüberwachung*, z.B. mit Prozessregelkarten. Von Bedeutung sind hier die **5-M-Größen**, die jedes Ergebnis eines Unternehmens prägen:

- *Menschen*
  (Qualifikation, Motivation)
- *Maschinen*
  (Anlagen und Einrichtungen)
- *Material*
  (Werkstoffeigenschaften, Abmaße)
- *Methoden*
  (Arbeitsfolge, Prüfbedingungen)
- *Mitwelt*
  (Umwelt mit Licht, Lärm, Staub, Temperatur)

Da alle diese Größen sehr eng zusammenhängen und aufeinander bezogen sind, kann man sie auch in Form eines **Qualitätsregelkreises** darstellen, der nach DIN 55 350 genormt ist (Seite 628).

Die *Qualitätssicherung* befasst sich mit der **Dokumentation** *aller Tätigkeiten*, mit dem Ziel, beim Kunden ein angemessenes Vertrauen zu schaffen, dass die *Qualitätsanforderungen* erfüllt werden.

Zur **Qualitätsverbesserung** gehören alle Maßnahmen, die ergriffen werden, um die Wirksamkeit von Tätigkeiten und Prozessen zu erhöhen, damit sich beim Kunden Zufriedenheit einstellt.

Information

Qualitätsregelkreis

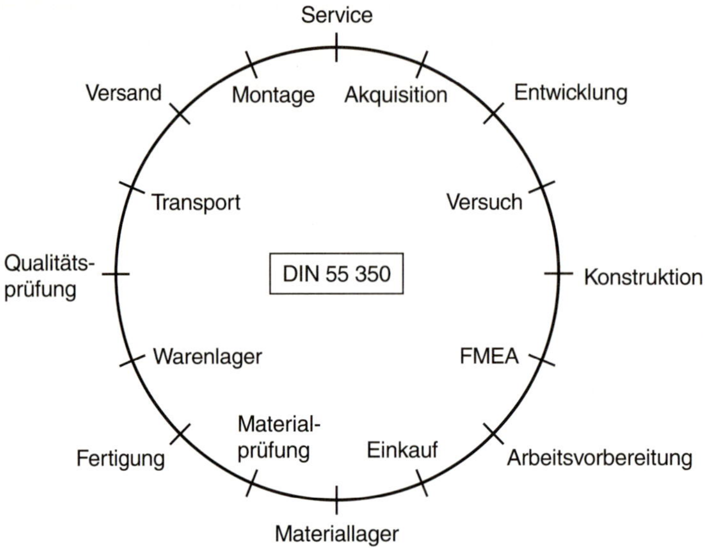

TÜV
Technischer Überwachungsverein

DGQ
Deutsche Gesellschaft für Qualität

TÜV CERT
TÜV-Zertifizierungsgesellschaft

Akquisition
Werbung von Kunden durch Vertreter

Dazu zählen *neue Messgeräte, Qualifikation des Prüfpersonals, Erstellen eines Qualitätssicherungs-Handbuches,* Erwerb eines *Zertifikates* durch ein *Qualitätsaudit* usw.

Audit
Beurteilung der Wirksamkeit des Qualitäts-Sicherungssystems.

Dokumentation
Zusammenstellung; Systematisierung von Unterlagen jeder Art über ein Thema zur Erläuterung des Sachverhaltes.

Normen zum Qualitätsmanagement

Grundlage aller Aussagen zur Qualität sind heute die Normen nach DIN EN ISO 9000 bis 9004, die seit 1987 die Anforderungen an die Qualitätssicherung festlegen.

Dabei führt die Norm *DIN EN ISO 9000* die Elemente auf, die ein **Qualitätsmanagementsystem** beinhalten muss, um ein *Zertifikat* von einer staatlich geprüften Stelle zu bekommen (TÜV, DGQ, CERT).

Zentrales Dokument ist dabei das *Qualitätssicherungs-Handbuch*, in dem die Qualitätsziele und alle betrieblichen Abläufe dokumentiert sein müssen.

Die weiteren Normen *DIN EN ISO 9001 bis 9004* befassen sich mit bestimmten Bereichen der Entwicklung, Produktion und des Vertriebs.

Wird das Produkt nur *vertrieben*, greift die Norm *DIN EN ISO 9003*, wird es zusätzlich auch *gefertigt*, gilt *DIN EN ISO 9002.*

Liegen alle Tätigkeiten *von der Entwicklung bis zum Vertrieb* eines Produktes in *einer* Hand, muss *DIN EN ISO 9001* zugrunde gelegt werden.

Qualitätsprüfung

Die *Qualitätsprüfung* stellt fest, in welchem Maße ein Produkt die Qualitätsanforderungen erfüllt. Dabei bedient sie sich verschiedener Methoden. Eine wichtige Grundlage ist die *statistische Auswertung*, die heute in vielen Betrieben durchgeführt wird.

Die Statistik befasst sich mit der zahlenmäßigen Erfassung von Massenvorgängen.

So ist die Fertigung in der heutigen Produktion oft auch ein Massenvorgang und wird mit statistischen Methoden untersucht.

Zunächst stellt sich die Frage, wie das statistische Material erfasst werden soll.

Unterschieden werden hierbei die **100-Prozent-Prüfung** und die **Stichprobenprüfung**.

Bei der *100-Prozent-Prüfung* werden *alle Einheiten* eines *Fertigungsloses* überprüft, was natürlich sehr zeit- und kostenaufwändig und auch nicht immer frei von Fehlern ist.

Diese Art der Prüfung wird bei Bauteilen vorgeschrieben, die eine *lebenswichtige Funktion* erfüllen müssen, z.B. Bremsen im Kraftfahrzeug (ABS), Teile von Personenaufzügen, Luftfahrtindustrie.

Bei der *Erhebung von Stichproben* wird hingegen eine *große Anzahl* von Werkstücken durch die Auswertung von daraus entnommenen *Stichproben* (nach DIN 40 080 genormt) beurteilt.

Dabei kann die Stichprobe nach Gutdünken oder nach dem Zufallsprinzip (Wahrscheinlichkeitsauswahl) entnommen werden. Für die Ermittlung der Stichprobengröße gibt es mathematische Formeln.

Information

Liegt die Anzahl der Werkstücke unter 30, werden wenige Stichproben entnommen, liegt sie über 30, werden viele Stichproben entnommen.

Natürlich ergibt sich mit *steigender Anzahl der Stichproben* ein immer *genaueres Bild* der wirklichen Verhältnisse.

Auswertung der Stichprobe

Die erfassten Daten der Stichprobe werden in einer **Urliste** in der Reihenfolge notiert, wie sie gemessen wurden.

Diese Urliste dient als Grundlage für die weiteren statistischen Untersuchungen. Gewöhnlich wird man dann die Messwerte nach ihrer Größe ordnen, um *Maximal- und Minimalwert* und die *Spannweite* zu erfassen.

Interessant ist es auch zu wissen, in welcher *Häufigkeit* die einzelnen Messwerte vorkommen. Dazu wird eine *Strichliste* erstellt, die mit dem Minimalwert beginnt. Mit Hilfe von Strichen werden dann die ermittelten Werte erfasst.

Histogramm

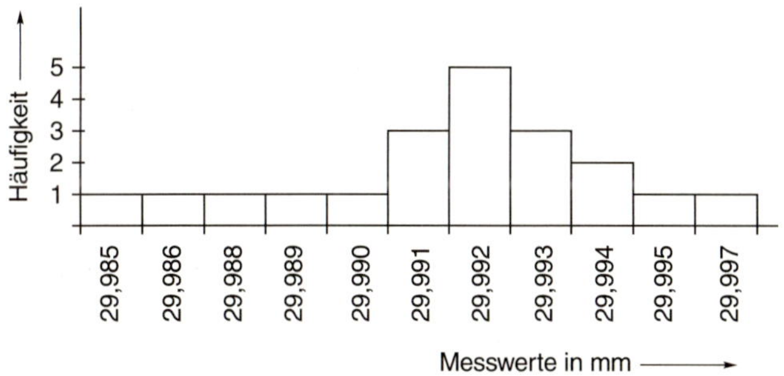

Normalverteilung

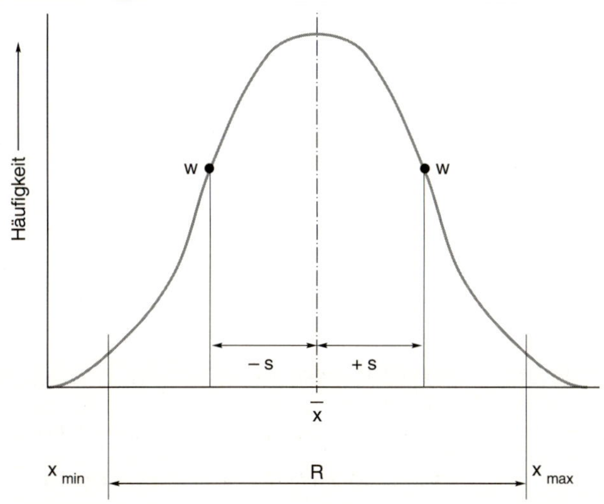

Die Verteilung kann z.B in Form eines *Balkendiagramms* aufgezeichnet werden, das in der Messtechnik als **Histogramm** bezeichnet und bei vielen Messwerten, die in den Computer eingegeben werden, von einem Drucker ausgedruckt wird.

Es fällt auf, dass in dem *Histogramm* eine Kurve verborgen liegt, die den Namen *Glockenkurve* oder **Normalverteilung** trägt.

Aus dieser Kurve können nun der **Mittelwert** $\bar{x}$ und die **Standardabweichung** *s* abgelesen werden.

Der Mittelwert gibt den Durchschnitt der Messwerte einer Stichprobe an.

Statistische Prozesslenkung

Der englische Begriff lautet „statistical process control" und wird SPC abgekürzt. Es handelt sich dabei um die Feststellung der Fähigkeiten eines Prozesses vor Serienbeginn und um die serienbegleitende Prozessüberwachung und Prozesslenkung.

Unter dem Begriff *Prozess* versteht man die Gesamtheit der an der Herstellung eines Produktes beteiligten Elemente, wie z.B. Maschinen, Einrichtungen, Rohmaterial, Personal und Arbeitsmethoden.

Die SPC wird in die Maschinenfähigkeits- und in die Prozessfähigkeitsuntersuchung unterteilt. Die *Maschinenfähigkeitsuntersuchung* ist nur auf die *Fertigungsgenauigkeit* der Maschine beschränkt. Sie wird vorwiegend für die Abnahme von Werkzeugmaschinen eingesetzt und mit dem *Maschinenfähigkeitsindex* C_m beschrieben.

Liegt C_m über dem Wert 1,33, dann gilt die Maschinenfähigkeit als nachgewiesen.

Die *Prozessfähigkeitsuntersuchung* umfasst den *gesamten Fertigungsprozess* und gibt Auskunft darüber, ob die vom Kunden vorgegebenen Qualitätsanforderungen eingehalten werden können.

Diese Untersuchung muss daher auch immer *vor Beginn der Serienfertigung* abgeschlossen sein. Mit dem *Prozessfähigkeitsindex* $C_p > 1,33$ gilt auch dieser Prozess als nachgewiesen und geeignet.

Prozessregelkarten, die auch *Qualitätsregelkarten* genannt werden, sind ein Hilfsmittel der Qualitätslenkung von Prozessen und werden vorwiegend in der *industriellen Serienproduktion* verwendet. Sie dienen der Überwachung eines Prozesses und sollen sicherstellen, dass die Merkmalswerte der Produkte innerhalb vorgegebener Grenzen liegen.

Information

Die *Prozessregelkarte* ist ein Formblatt zur grafischen Darstellung von Messwerten, die bei der Prüfung einer fortlaufenden Reihe von Stichproben anfallen.

Diese Karten werden meistens *vor Ort* vom Bediener geführt, der zu festgelegten Zeiten eine vorher definierte Anzahl von *Stichproben* entnimmt und ausmisst.

Aus diesen Messwerten errechnet er dann die *statistischen Kennwerte* (Mittelwert und Spannweite) und markiert sie mit Kreuzen in der Regelkarte.

Durch Verbinden der Kreuze ergibt sich ein *Kurvenverlauf*, dem man gewisse Aussagen zuordnen kann, z.B. ob der Prozess abdriftet, ob ein Trend vorliegt, ob Perioden vorhanden sind, oder ob ein *RUN* festzustellen ist.

In die *Prozessregelkarte* werden *obere* und *untere Grenzwerte* (OGW, UGW) und *obere* und *untere Eingriffsgrenzen* (OEG, UEG) eingetragen.

Die Grenzwerte dürfen auf keinen Fall überschritten werden, da sie meist mit den Toleranzgrenzen identisch sind.

Läuft der Prozess über die Grenzwerte hinaus, dann wird bereits *Ausschuss* produziert. Daher muss der Bediener spätestens dann Gegenmaßnahmen ergreifen, wenn die meist roten Eingriffsgrenzen erreicht sind.

Diese Maßnahmen können z.B. Auswechseln von Werkzeugen, Änderung der Werkstückspannung oder Begutachtung des Rohmaterials sein.

Die *Qualitätsregelkarte mit natürlichem Verlauf* zeigt einen Prozess, der *unter Kontrolle ist* und ohne Eingriff weitergeführt werden kann.

Qualitätsregelkarte mit natürlichem Verlauf

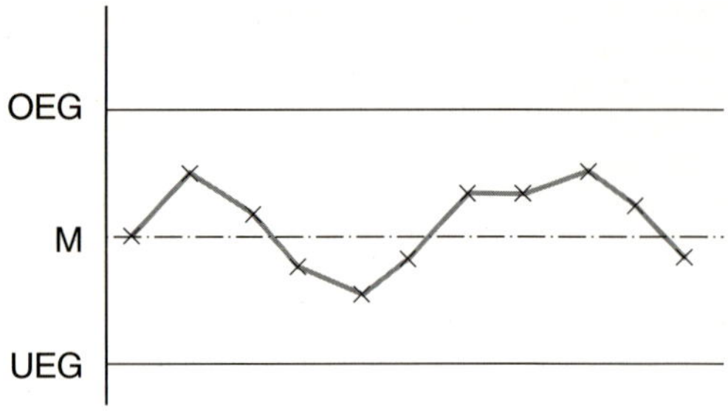

Qualitätsregelkarte mit Trend

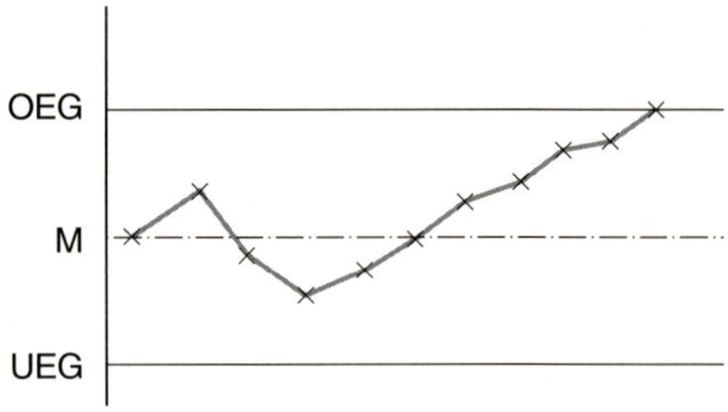

Bei der *Qualitätsregelkarte mit Trend* liegt ein *Trend* vor und die obere Eingriffsgrenze (OEG) wird überschritten. Dieser Trend deutet auf einen Verschleiß des Werkzeugs hin (7 Werte zeigen eine steigende Tendenz), so dass der Prozess unterbrochen werden muss.

Prozessregelkarten sind ideal für messbare Merkmale (Variablenprüfung); sie können aber auch für zählbare Merkmale (Attributprüfung) von Produkten eingesetzt werden. Daher ist es wichtig, aus der Vielzahl der Regelkarten die richtige auszuwählen.

Projektbearbeitung

„Ein Projekt ist ein Vorhaben, das im Wesentlichen durch die Einmaligkeit der Bedingungen... gekennzeichnet ist." (DIN 69901)

„Ein Projekt ist ein einmaliges Vorhaben mit besonderer Bedeutung, mit klar definierten Aufgabenstellungen, mit fixiertem Anfang und Ende, mit einem festgeschriebenen Kostenrahmen und einem verantwortlichen Projektleiter." (VDI)

Hauptmerkmale des Projektes sind also:

- Einmaligkeit, Einzigartigkeit
- Zielorientiert
- Anfang und Ende sind definiert
- Erfordernis von Zeit, Kosten und Ressourcen
- Verantwortlichkeit eines Einzelnen (Projektleiter)

Ziele setzen
Probleme erkennen
Lösungsansätze verstehen

Informationen
- *beschaffen*
- *verstehen*
- *bewerten*
- *bereitstellen*

Arbeitsunterlagen
- beschaffen
- festlegen
- bereitstellen

Information

Projektinitiierung (erster Schritt eines Projektes)
- Ziele festlegen
- Projektrahmen erarbeiten
- Projektauftrag erteilen

Projektziele
- müssen erreichbar sein
- widerspruchsfrei sein
- überprüfbar sein (Zeit, Qualität, Kosten)

Projektrahmen

- *Kosten*
  Preisbudget stellt Obergrenze des Projektes dar. Einzelkosten sind bei Projektbeginn kaum absehbar.
- *Ergebnisse*
  Jeder Projektabschnitt hat klare Ergebniserwartungen. Dies dient vor allem der Kontrolle. Zwischenergebnisse der Projektbearbeitung (Projektphasen) werden in Milestone-Besprechungen vorgestellt und bewertet.
- *Zeitplanung*
  Die einzelnen Projektphasen werden bestimmten Zeitabschnitten zugeordnet. Zumindest sollte die maximale Länge der einzelnen Projektphasen Beachtung finden (Aufmerksamkeitsspanne).
- *Personal*
- *Zuständigkeiten*
- *Risiken*
  Projektphasen, die als besonders risikoreich eingeschätzt werden, sind nach einer sorgfältigen Risikoanalyse zu dokumentieren.
  – Benennung des Risikos
  – Einschätzung der Wahrscheinlichkeit
  – Vorsorgemaßnahmen festlegen
  – Puffer zwecks Schadensbegrenzung einbauen

Zeitmanagement
- Sämtliche Aktivitäten auflisten
- Länge der Aktivitäten (realistisch) einschätzen
- Pufferzeiten einbauen
- Prioritäten der Aktivitäten festlegen
- Nachkontrolle durchführen

Zeitmanagement

Projektauftrag

Am Ende der Projektinitiierung werden sämtliche Informationen in einem Referenzdokument (Projektanfrage) dokumentiert.

- Wer ist der Auftraggeber?
- Wer ist der Projektleiter?
- Was sind die Projektziele?
- Welche Kosten sind geplant?
- Zeitplanung und Projektphasen
- Personalbedarf
- Zuständigkeiten
- Mit welchen Risiken ist zu rechnen?

Bei umfangreichen Projekten kann die Übersichtlichkeit durch Verwendung von **Phasen** gesteigert werden (Seite 632).

Projektorganisation- und Projektplanung

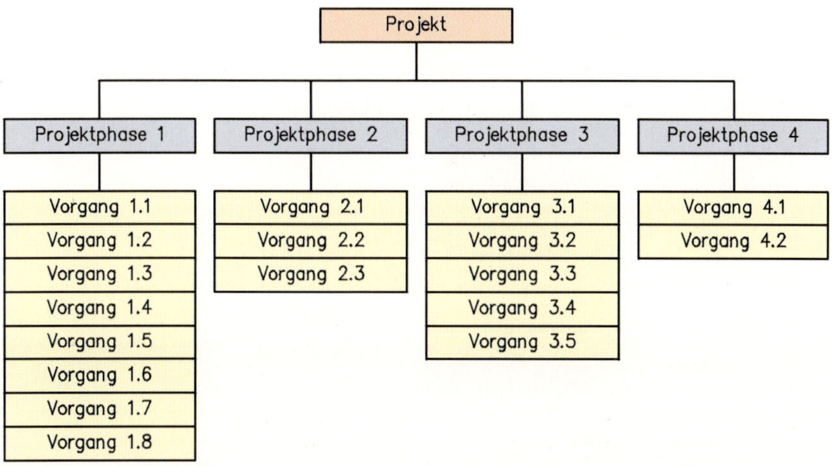

Information

Projektplanung mit Phasen

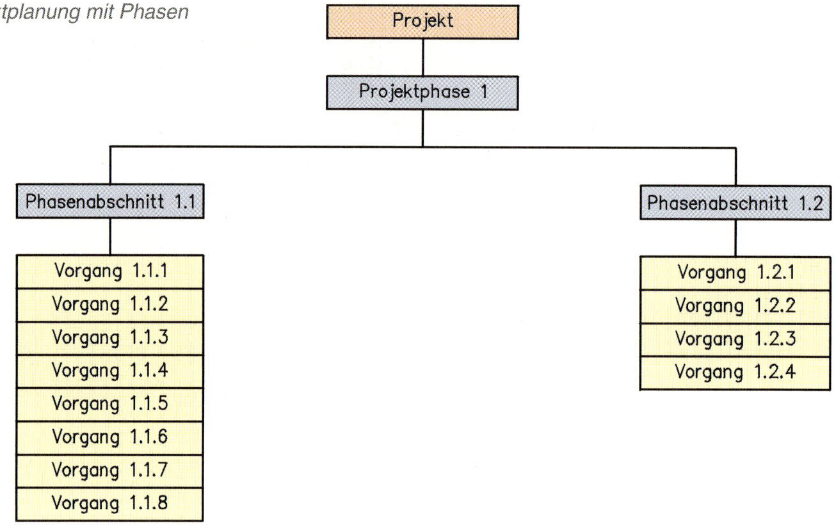

Abhängigkeit zwischen Vorgängen

Bestimmte Vorgänge können nur nacheinander, andere Vorgänge können parallel zueinander ablaufen.

Folgende Beziehungen sind möglich:

- **EA** (Ende-Anfang)
  Ein Vorgänger kann nur beginnen, wenn sein Vorgänger beendet ist.

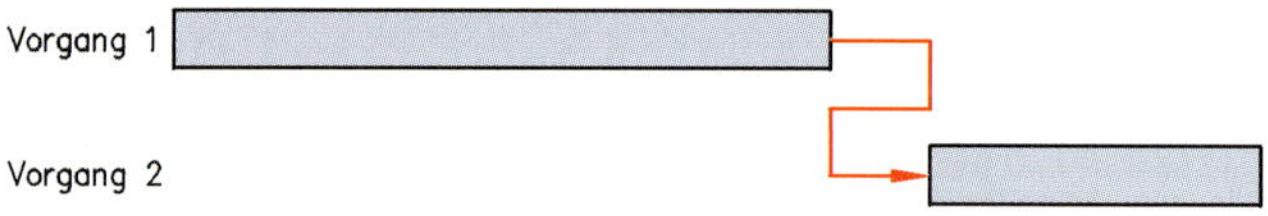

- **AE** (Anfang-Ende)
  Ein Vorgang endet erst, wenn sein Vorgänger begonnen hat. Kommt in der Praxis nur selten vor.

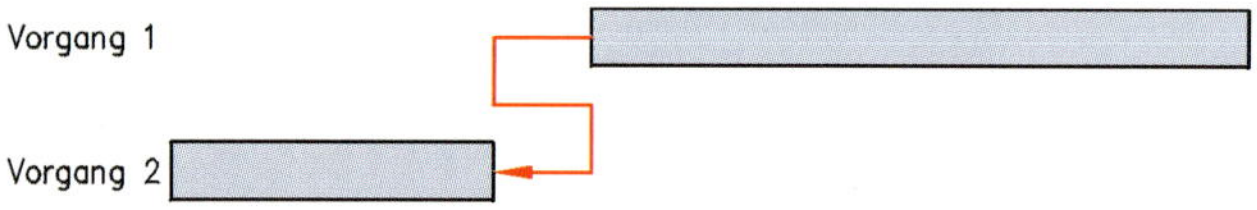

- **EE** (Ende-Ende): *Ein Vorgang kann erst enden, wenn sein Vorgänger endet.*

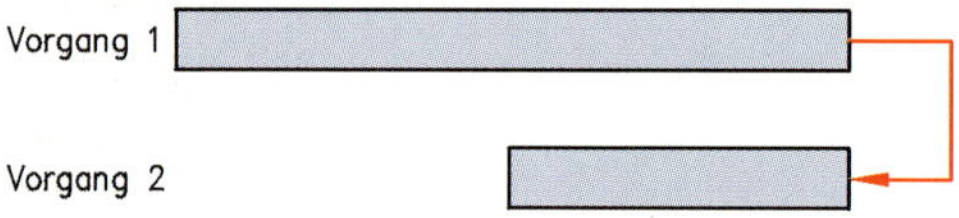

- **AA** (Anfang-Anfang): *Ein Vorgang beginnt, wenn sein Vorgänger beginnt.*

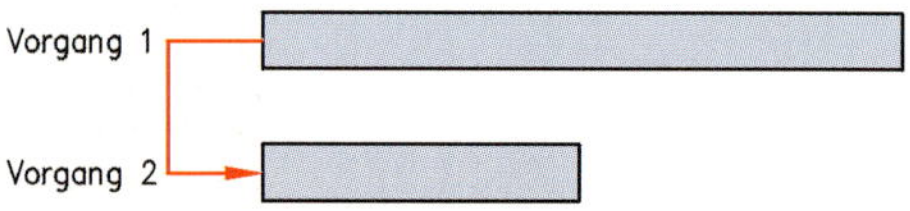

Information

Projektdarstellung mit Balkendiagramm

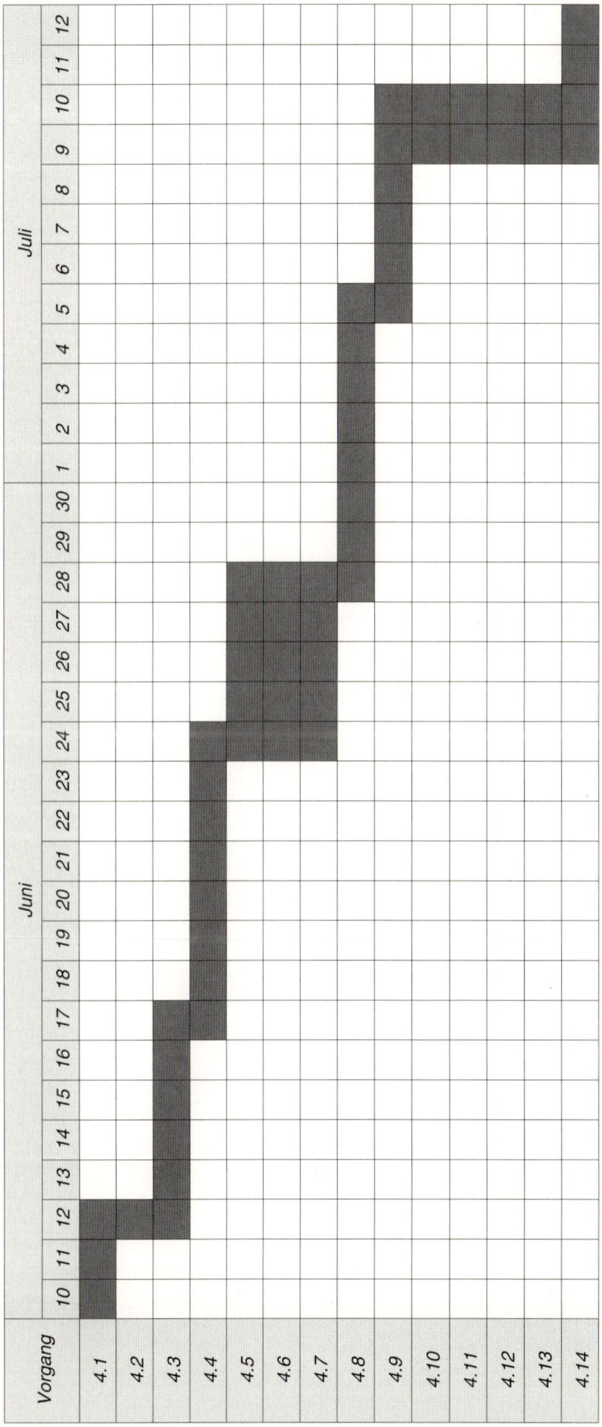

Projektbewertung

Planung, Ablauf und Ergebnisse müssen kritisch geprüft (gewertet) werden. Bei Folgeprojekten können diese Erfahrungen zu einer Qualitätsverbesserung führen.

Grundsätzlich ist jedes Projekt zu beenden, ob es nun erfolgreich war oder nicht.

Dokumentation

- **Technische Dokumentation**
  Produktbegleitende Benutzerinformation
- *Interne Dokumentation*
  Zum Beispiel Anweisungen des Unternehmens an die Mitarbeiter, Konstruktions- und Fertigungsunterlagen, Pflichtenhefte und Dokumente der Qualitätssicherung.
- *Externe Dokumentation*
  Benutzerinformationen (Betriebsanleitungen, Gebrauchsanweisungen, Hinweise).

Beispiele für Dokumentationsarten

Werbeprospekt	*Informationen vor allem mit werblichem Inhalt, angereichert mit technischen Daten*
Produktinformation	*Ausführliche Informationen über das Produkt mit umfangsreichen technischen Daten, keine Werbeaussagen*
Datenblatt	*Beschreibung eines bestimmten Produktes mit umfangreichen technischen Daten*
Kurzanleitung	*Anweisungen sind direkt umsetzbar und einzelschrittorientiert; geringer Umfang*
Gebrauchsanleitung	*Anwendungsorientierte Anleitung für einfache Systeme mit geringem Bedienaufwand*
Bedienungsanleitung	*Lernanleitung mit Produkten mit mittlerem bis hohem Bedienaufwand (benutzerorientiert); auch Aufstell- und Inbetriebnahmeanleitung, evtl. Behebung kleiner Fehler*
Betriebsanleitung	*Lernanleitung für Produkte mit umfangreichem Bedienaufwand (produktorientiert); auch Installations- und Inbetriebnahmeanleitungen, Wartungs- und Pflegehinweise*

Information

Auszug aus einer Betriebsanleitung

Drehstrommotoren / Asynchrone Servomotoren

Zusatz zur Betriebsanleitung

Motor/Bremsmotor DT/ET56..+/BMG

Ausgabe: 06 / 2001
1052 0503 / DE

2 Inspektion / Wartung

2.1 Inspektions- / Wartungsarbeiten Bremse BMG02

Belagträgerdicke messen, Bremse BMG02 wechseln

Der Zustand des Belagträgers wird durch Messen der Belagträgerdicke ermittelt. Ist die minimale Belagträgerdicke unterschritten, muss die Bremse BMG02 gewechselt werden (→ Bild 3). Der Arbeitsluftspalt kann nicht nachgestellt werden.

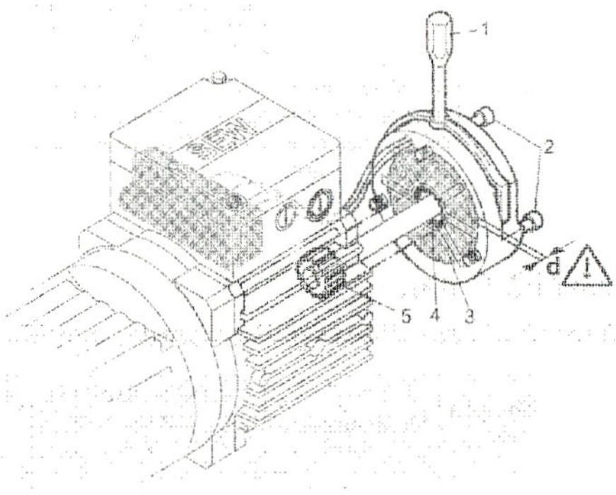

50345AXX

Bild 3: Bremse BMG02 wechseln

1. **Motor und Bremse spannungslos schalten und gegen unbeabsichtigtes Einschalten sichern**
2. Handhebel (1) (bei Ausführung mit Handlüftung) herausschrauben, Lüfterhaube und Lüfter demontieren
3. Schrauben (2) lösen und Bremse komplett mit Lüftbügel (bei Ausführung mit Handlüftung) abnehmen
4. Dicke "d" des Belagträgers (3) messen:

Bremse Typ	Dicke des Belagträgers [mm]		max. Bremsmoment [Nm]
	max.	min.	
BMG02	6	5.4 5.6	0.8 1.2

5. **Wird die minimale Belagträgerdicke unterschritten, muss die Bremse komplett gewechselt werden.**
6. Bremse komplett auf Motor stecken:
   - darauf achten, dass die Verzahnung des Belagträgers (4) in die Verzahnung des Mitnehmers (5) greift
   - elektrische Verbindungskabel der Bremse durch das B-Lagerschild und den Motorinnenraum in den Klemmenkasten führen
7. Bremse mit Schrauben (2) wieder am B-Lagerschild montieren
8. Lüfter und Lüfterhaube wieder montieren, Handhebel (1) (bei Ausführung mit Handlüftung) wieder einschrauben

Information

Mögliche Dokumentationsinhalte

- **Anleitungen**
  Zusammenbau
  Aufstellung
  Montage
  Installation
  Inbetriebnahme
  Bedienung
  Pflege
  Wartung
  Fehlersuche
  Reparatur
  Entsorgung

- **Beschreibungen**
  Produktbeschreibung
  Leistungsbeschreibung
  Funktionsbeschreibung

- **Aufforderungen**
  Sicherheitshinweise
  Warnungen
  Beschränkungen

- **Listen und Pläne**
  Wartungsplan
  Prüfanweisung
  Checkliste
  Ersatzteile
  Zubehör
  Technische Daten
  Selbsthilfe
  Fehlermeldungen
  Fachwörterverzeichnis

- **Darstellungen**
  Fotos
  Strichzeichnungen
  Detailzeichnungen
  Explosionsdarstellungen
  Diagramme
  Tabellen
  Blockschaltbilder
  Anschlusspläne
  Symbole

Es macht zum Beispiel einen wesentlichen Unterschied, ob die Dokumentation von einer *Elektrofachkraft* oder von einem *technischen Laien* verstanden werden muss.

Zum Beispiel hat das Einfluss auf die Verwendung von *Fachbegriffen* und *Sicherheitsmaßnahmen*.

Beispiel für eine übersichtlich aufgebaute Firmendokumentation

4

Näherungsgeber

Gebertyp	Montage	Zum Anbau an	Signal	Versorgung [V]
NV11	Radial an Lüfterhaube	Drehstrommotoren DT/DV	1 Puls A-Spur	10 ... **24** ...65
NV21			1 Puls A+B-Spur	
NV12			2 Pulse A-Spur	
NV22			2 Pulse A+B-Spur	
NV16			6 Pulse A-Spur	
NV26			6 Pulse A+B-Spur	

Resolver

Resolvertyp	Montage	Zum Anbau an	Signal	Versorgung [V]
RH1M	Hohlwelle	– Synchrone Servomotoren CM	Resolversignale 2-polig	7
RH1L		– Synchrone Brems-Servomotoren		

Einfache Inbetriebnahme durch elektronisches Leistungsschild

Synchroner Servomotor CM mit Inkrementalgeber

Asynchroner Servomotor CT mit Absolutwertgeber AV1H

Drehstrommotor

Näherungsgeber

Dokumentationsgestaltung

- **Form einer Dokumentation**
  – Seitenformat
  – Seitengestaltung (einspaltig, zweispaltig, usw.)
  – Schriftgröße

- **Inhalt einer Dokumentation**
  Wesentliche Fragestellungen:
  – Wer liest diese Dokumentation?
  – Warum wird sie gelesen?
  – Welche Voraussetzungen haben die Leser?
  – Nach welchen Kriterien wird die Dokumentation beurteilt?

Information

Erstellung einer Dokumentation

1. Problemstellung analysieren und Problemlösung planen

- *Welches Problem (welche Probleme) sind aus welchen Gründen zu lösen?*
- *Was ist besonders wichtig, was ist weniger wichtig?*
- *Welche personelle Unterstützung ist zur Problemlösung notwendig?*
- *Rangfolge und Reihenfolge der Probleme erarbeiten; Grobstruktur*
- *Zeitplanung erarbeiten*
- *Bewertungskriterien (zur Bewertung der Problemlösung) erarbeiten.*

Ergebnisse dieser Phase:

– Arbeitsfassung einer Gliederung (vorläufig)
– Zeitplanung

2. Informationsbeschaffung (sammeln, sichten, ordnen, auswerten)

- *Welche Informationen werden benötigt?*
- *Welche Informationen sind vorhanden, welche müssen noch beschafft werden?*
- *Wie können die Informationen beschafft werden?*
- *Nach welchen Kriterien werden die Informationen geordnet?*
- *Sind noch Informationslücken vorhanden? Wie können sie geschlossen werden?*

Ergebnisse dieser Phase:

– Benötigte Informationen liegen vor (betriebsinterne Unterlagen, Fachzeitschriften, Fachbücher, Dokumentationen von Fremdfirmen, Internet).
– Die Informationen wurden gesichtet und nach Brauchbarkeit geordnet.
– Jede Information ist bei Bedarf schnell auffindbar.

3. Manuskript der Dokumentation gestalten

- *Endgültige Gliederung entwerfen (Feingliederung)*
- *Benötigte grafische Elemente (Zeichnungen, Fotos) zusammenstellen, Tabellen erstellen.*
- *Prägnante Überschriften formulieren.*
- *Einleitungen noch einmal überdenken und eventuell überarbeiten.*
- *Inhaltsverzeichnis und eventuell andere Verzeichnisse erstellen; zum Beispiel Verzeichnisse von Abbildungen, Begriffen und Tabellen.*
- *Korrektur lesen (lassen).*
- *Korrekturen und Anregungen einarbeiten.*

Ergebnisse dieser Phase:

– Die Arbeitsfassung der Dokumentation ist erstellt.
– Texte, Bilder, Tabellen usw. sind korrigiert.

4. Gestaltung der Dokumentation

- *Den äußeren Aufbau der Dokumentation endgültig festlegen.*
- *Aufbau der Dokumentation gestalten.*
- *Eventuell notwendige Feinkorrekturen durchführen.*

Mögliche Bewertungskriterien einer Dokumentation

- Angemessene Gliederung
- Angemessenes Erscheinungsbild (einheitliches Erscheinungsbild)
- Vollständigkeit
- Angemessene Darstellung der Inhalte (Zielgruppe)
- Zeichnungen, Fotos, Tabellen Protokolle angemessen
- Sachliche Richtigkeit

Ausschnitt aus einer Dokumentation (Muster)

Nr	Arbeitsschritt	Zeit geplant in Stunden	Zeit benötigt in Stunden
1	Arbeitsplanung, Arbeitsvorbereitung Einarbeitung in die Arbeitsunterlagen, Materialbeschaffung, Einrichtung des Arbeitsplatzes	2	2
2	Installation der Hydrauliksteuerung	3,5	4
3	Montage der Endschalter	0,5	0,25
4	Montage der Beschickereinheit	1	1
5	Montage des Schutzgitters	1	1,5
6	Montage der Sicherheits-Lichtschranke	1	1
7	Verlegen der Leitungen, Anschluss der elektrischen Betriebsmittel	4	5
8	Laden des SPS-Programms	1	0,5
9	Einstellen, Prüfen und Inbetriebnahme	3	3
10	Dokumentation des Auftrages	12	11
	Phase 1 Projektstart / Phase 2 Projektdurchführung / Phase 3 Projektabschluss	**Zeit gesamt** in Stunden: 29	29,25

Information

Dokumentation eines betrieblichen Auftrages

Für diese (möglicherweise prüfungsrelevante) Dokumentation gelten die voran stehenden Aussagen der „professionellen Dokumentation“ uneingeschränkt.

Natürlich macht es aber einen Unterschied, ob professionelle technische Dokumentationen von Fachkräften erstellt werden, oder ob ein angehender Facharbeiter seinen betrieblichen Auftrag dokumentieren muss.

Daher soll auf einige „typische Fehler“ hingewiesen werden, die den Gesamteindruck einer möglicherweise technisch einwandfreien Dokumentation trüben können.

Gliederung
Techniker verwenden wahrscheinlich die *dezimale Teilung.*

1 Auftragsbeschreibung

1.1 Anfangszustand

1.2 Zielzustand

1.3 Zeitplanung

1.3.1 Geplante Zeit

1.3.2 Abweichung von der Zeitplanung (begründet)

Abstand beachten; je höherwertiger die Dezimale, umso größer der Abstand zum Folgetext. Dies muss in der gesamten Dokumentation einheitlich sein.

Keinen Punkt hinter der letzten Ziffer der Dezimale setzen.

Gezogene Zeilen vermeiden
Wortabstände sollen möglichst einheitlich sein.
Dies kann umso schwieriger werden, je größer die gewählte Schriftgröße ist. Vor allem gilt dies bei zweispaltigem Seitenaufbau. Dann kann es sinnvoll sein, statt Blocksatz Ausrichtung links zu wählen.

Blocksatz (Schriftgröße 10 Punkt)
Zuerst wird der Deckel von Klemmkasten X16 durch Herausdrehen von 4 Schrauben entfernt. Dann wird überprüft, ob noch eine ausreichende Anzahl von Klemmen zur Verfügung steht.

Blocksatz (Schriftgröße 9 Punkt)
Zuerst wird der Deckel von Klemmkasten X16 durch Herausdrehen von 4 Schrauben entfernt. Dann wird überprüft, ob noch eine ausreichende Anzahl von Klemmen zur Verfügung steht.

Aurichtung links (Schriftgröße 9 Punkt)
Zuerst wird der Deckel von Klemmkasten X16 durch Herausdrehen von 4 Schrauben entfernt. Dann wird überprüft, ob noch eine ausreichende Anzahl von Klemmen zur Verfügung steht.

Statt der Schriftfarbe 100 % schwarz wirkt häufig 60 – 70 % schwarz weniger „aufdringlich“. Probieren Sie es einfach aus.

70 % schwarz
Zuerst wird der Deckel von Klemmkasten X16 durch Herausdrehen von 4 Schrauben entfernt. Dann wird überprüft, ob noch eine ausreichende Anzahl von Klemmen zur Verfügung steht.

60 % Schwarz
Zuerst wird der Deckel von Klemmkasten X16 durch Herausdrehen von 4 Schrauben entfernt. Dann wird überprüft, ob noch eine ausreichende Anzahl von Klemmen zur Verfügung steht.

Schriftgröße und Zeilenabstand müssen harmonieren
Der Zeilenabstand sollte stets größer als die Schriftgröße sein. Zum Beispiel:

Schriftgröße 10 Punkt, Zeilenabstand 12 Punkt.
Nur dann ist ein ansprechendes Erscheinungsbild gegeben.

Schriftgröße 9 Punkt, Zeilenabstand 9 Punkt
Zuerst wird der Deckel von Klemmkasten X16 durch Herausdrehen von 4 Schrauben entfernt. Dann wird überprüft, ob noch eine ausreichende Anzahl von Klemmen zur Verfügung steht.

Schriftgröße 9 Punkt, Zeilenabstand 10 Punkt
Zuerst wird der Deckel von Klemmkasten X16 durch Herausdrehen von 4 Schrauben entfernt. Dann wird überprüft, ob noch eine ausreichende Anzahl von Klemmen zur Verfügung steht.

Auch die gestaffelten *Überschriftengrößen* müssen an den Text angepasst werden. Und zwar so, dass sich ein harmonisches Bild ergibt.

Absatzabstand beachten
Der Abstand zwischen zwei Absätzen muss stets größer als der Zeilenabstand sein.

Wenn ein „Gedankengang“ abgeschlossen ist, bilden Sie einen neuen Absatz. Zu lange Textpassagen sind schwierig zu lesen und noch schwieriger zu verstehen.

Information

Verständlichkeit des Textes

Bilden Sie kurze Sätze. Mehr als ein Komma in einem Satz nach Möglichkeit vermeiden. Besser noch als Satzformulierungen sind Aufzählungen mit vorangestellten Blickfangelementen oder Aufzählungsziffern.

Schlecht:
Zuerst wird der Deckel von Klemmkasten X16 durch Herausdrehen von 4 Schrauben entfernt. Dann wird überprüft, ob noch eine ausreichende Anzahl von Klemmen zur Verfügung steht. Von den 29 Klemmen wurden bisher nur 20 benutzt, so dass für die Erweiterung noch 9 Klemmen vorhanden sind. Das ist ausreichend. Danach wird geprüft, ob noch Reserveadern in der Leitung zwischen X16 und Schaltschrank zur Verfügung stehen. Dies ist ebenfalls der Fall. Da der elektrische Anschluss momentan noch nicht vorgenommen werden kann, wird der Deckel wieder aufgesetzt und festgeschraubt.

Ein erster Schritt zur Steigerung der Verständlichkeit wäre die Bildung von sinnvollen Absätzen. Technische Vorgänge können jedoch auch stichwortartig aufgelistet werden, was der Verständlichkeit ganz wesentlich dient.

Besser:

- Deckel von X16 entfernen, Schrauben sicher verwahren
- Von 29 Klemmen sind 20 benutzt, ausreichende Reserve
- Reserveadern in ausreichender Anzahl vorhanden
- Deckel wieder aufsetzen und festschrauben

Ein Foto könnte diesen Vorgang noch zeigen.

Strukturelemente (→ 639)

Vor der Gestaltung der Dokumentation werden die benötigten *Strukturelemente* entwickelt. *Ein* Strukturelement ist der *Grundtext*. Weitere Elemente können sein:

– *Vorsicht, Achtung*
„Die Sicherheitsüberprüfung am Schaltschrank wurde nach VDE 0113 unter der Aufsicht eines Facharbeiters durchgeführt."

„Beim Bohren Schutzbrille tragen"

– *Hinweis*
„Der Hauptschalter muss so gewählt werden, dass er alle Verbraucher schalten kann."

„Bei Farb- und Querschnittswahl der Leitungen wurde das Pflichtenheft berücksichtigt."

– *Arbeitspläne, Tabellen*
Auch hierbei auf einheitliche Form im gesamten Projekt achten.

– *Bildunterschriften*
Zum Beispiel:
1 Zusätzlicher Näherungsschalter

Die Voranstellung von Abb. möglichst vermeiden.

Dokumentationsanhang

In den Anhang nur aufnehmen, was zur Durchführung des dokumentierten betrieblichen Auftrages erforderlich ist.

Werden vorgegebene Pläne verwendet, dann die *auftragsbedingten* Änderungen z.B. mit einem Marker hervorheben.

Präsentation

Die Erstellung einer *Dokumentation* ist eine relativ anonyme Handlung. Dies gilt nicht für die *Präsentation*, bei der die Leistung sofort „öffentlich" wird. Aber auch hier gibt es „Strategien", die eine erfolgreiche Präsentation ermöglichen.

Die Präsentation eines *Technikers* hat sicherlich einen *technischen Inhalt*. Dabei ist davon auszugehen, dass der *Inhalt* (der Fachinhalt) der Präsentation keinerlei Probleme bereiten dürfte. Zumal dann nicht, wenn die Präsentation den *gleichen Inhalt* wie die zuvor erstellte Dokumentation hat.

Außerdem ist davon auszugehen, dass die Präsentation vor *Fachpublikum* (Prüfer) gehalten wird. Verwendete *Fachbegriffe* müssen dann nicht in jedem Einzelfall erläutert werden (eventuell aber auf Nachfrage).

Rahmenbedingungen einer Präsentation

1. Welches Thema?
2. Welche Zuhörer?
3. Welcher Raum?
4. Welche Medien stehen zur Verfügung oder sind einsetzbar?
5. Wie lang darf (soll) die Präsentation sein?
6. Ist mit einer anschließenden Diskussion (mit einem Fachgespräch) zu rechnen?

Vorbereitung der Präsentation

Wie oben bereits erwähnt, liegt der Präsentationsinhalt fest. Sollte dies nicht der Fall sein, gelten die gleichen Handlungen wie bei der Erstellung einer Dokumentation.

Es kann wohl davon ausgegangen werden, dass noch keine große Präsentationserfahrung vorhanden ist. Dann kann folgende Vorgehensweise sinnvoll sein:

- *Den geplanten Vortrag schriftlich niederlegen und ausdrucken. Ein relativ breiter Rand und ein großer Zeilenabstand erleichtert spätere handschriftliche Korrekturen und Ergänzungen.*

Information

Strukturelemente einer Dokumentation (von einem Auszubildenden erstellt)

3.3.3 Ausrichten und Montage der Führungswellen

Geplante Zeit: *1,0 Std.*
Benötigte Zeit: *1,0 Std.*

Für das Ausrichten und Montieren der Führungswellen wurde ein Montageplan erstellt. Die benötigten Bauteile können der Stückliste 1 entnommen werden.

Die Führungswellen wurden mit einer Maschinenwasserwaage ausgerichtet.

Die Arbeiten wurden nach dem erstellten Montageplan durchgeführt.

Stückliste 1 (A8-S.24)

Montageplan 2 (A7-S.21)

3.4 Elektrische Montage

3.4.1 Vorbereiten des Schaltschrankes

Geplante Zeit: *1,0 Std.*
Benötigte Zeit: *1,0 Std.*

Der Schaltschrank ist laut Installationsplan und Arbeitsplan 3 vorbereitet worden und wurde anschließend lackiert.

Arbeitsplan 3 (A6-S.17)

Installationsplan (A9-S.27-28)

Hinweis

Bei der Auswahl des Schaltschrankes ist darauf zu achten, dass eine Platzreserve gewährleistet ist.

3.4.2 Bestücken des Schaltschrankes

Geplante Zeit: *0,25 Std.*
Benötigte Zeit: *0,25 Std.*

Die Bauteile des Schaltschrankes können der Stückliste 1 entnommen werden. Es war darauf zu achten, dass alle Bauteile fest montiert wurden.

Stückliste 2 (A8-S.25)

3.4.3 Verdrahtung des Schaltschrankes

Geplante Zeit: *1,75 Std.*
Benötigte Zeit: *1,75 Std.*

Bei der Verdrahtung sind folgende Regeln zu befolgen:

- ✓ Adern und Leitungen nicht beschädigen
- ✓ Aderendhülsen korrekt pressen
- ✓ Alle Klemmen fest anzeihen
- ✓ Auf saubere Verlegung der Leitungen achten

Bei der Installation des Schutzleiters war darauf zu achten, dass die LOGO selbst keinen Schutzleiter hat und somit das Minus-Potenzial zusätzlich geerdet werden musste.

Außerdem musste die Zweihandbedienung hardwaremäßig durch ein Zweihandrelais erfolgen.

Die Verdrahtung erfolgte nach Schaltplan 1.

Schaltplan 1 (A9-S.29-32)

Hinweis

Der Hauptschalter muss so gewählt sein, dass er alle sich in Betrieb befindenden Verbraucher schalten kann. Bei der Farben- und Querschnittswahl der Leitungen wurde ebenfalls das Pflichtenheft berücksichtigt.

3.4.4 Prüfen des Schaltschrankes

Geplante Zeit: *0,25 Std.*
Benötigte Zeit: *0,25 Std.*

Der Schaltschrank wurde nach den angegebenen Punkten im Prüfprotokoll am Messtisch überprüft. Zur Spannungsversorgung des Schaltschranks wurde eine 3 x 1,5 mm^2 Gummischlauchleitung mit Schutzkontaktstecker angeschlossen.

Prüfprotokoll (A10-S.44)

Achtung

Die Sicherheitsüberprüfung am Schaltschrank wurde nach VDE 0113 unter der Aufsicht eines Facharbeiters durchgeführt.

Information

Der Ausschuss soll frühzeitig erkannt werden. Ein pneumatischer Greifer setzt Ausschuss-Elemente auf ein Transportband, das zu einem Sammelbehälter führt.

Die Nachlieferung des dann am Produktionsort fehlenden Teils ist nicht Gegenstand dieses Teilauftrages.

Raum für spätere Notizen

- Die Präsentation ist eine *sprachliche Leistung. Deutliche Aussprache* ist eine Grundvoraussetzung. Hierzu gehört auch eine angemessene Betonung. Wie wichtig die *Betonung* ist, macht ein Beispiel deutlich:
  „Der Meister hat nicht gesagt, dass Du faul bist!"

Abhängig von der *Betonung*, hat dieser Satz ganz unterschiedliche Bedeutung.
Einige Beispiele hierzu, wobei die Unterstreichung das betonte Wort hervorhebt.

„Der Meister hat nicht gesagt, dass Du faul bist!"

Der Meister nicht, aber...

„Der Meister hat nicht gesagt, dass Du faul bist!"

Gesagt nicht, aber durch Mimik mitgeteilt.

„Der Meister hat nicht gesagt, dass Du faul bist!"

Du nicht, aber Dein Kollege.

„Der Meister hat nicht gesagt, dass Du faul bist!"

Nicht faul, aber manchmal unzuverlässig.

Sie sehen, welche Bedeutung die *richtige Betonung* hat.

Ihren schriftlich niedergelegten Text können Sie nun diesbezüglich bearbeiten. *Unterstreichen* Sie einfach alle Wort, die Sie *besonders betone*n möchten.

Der Ausschuss soll frühzeitig erkannt werden. Ein pneumatischer Greifer setzt Ausschuss-Elemente auf ein Transportband, das zu einem Sammelbehälter führt.

Die Nachlieferung des dann am Produktionsort fehlenden Teils ist nicht Gegenstand dieses Teilauftrages.

Probieren Sie es aus. Sprechen Sie den Text laut mit Betonung.

Wenn Sie Ihren Präsentationstext so bearbeitet haben, sprechen Sie ihn einige Male laut und deutlich.

Danach sprechen Sie ihn noch einmal auf Band.

Dies hat *zwei* Vorteile:

Einmal können Sie den Vortrag sprachlich noch weiter verbessern, zum anderen lernen Sie ihn im Lauf der Zeit mühelos auswendig.
Ein nicht zu unterschätzender Vorteil, wenn man bedenkt, dass die Vortragssituation eine nervliche Belastung darstellt und man (vorübergehend) „aus dem Tritt kommen kann". Zum Beispiel durch eine Zwischenfrage.

„Ein Bild sagt mehr als 1000 Worte"

Das Bild (der persönliche Eindruck des Betrachters) ist sehr viel stärker als eine noch so gute wörtliche Beschreibung.

Eine gute Präsentation kann sich also keinesfalls auf das gesprochene Wort beschränken (der Begriff *Präsentation* verdeutlicht das ja auch schon).

Dem Zuhörer (Prüfer) muss die Information durch *visuelle Unterstützun*g vermittelt werden. Hierzu eignen sich vor allen:

- Aussagekräftige Fotos (aber nur solche)
- Technische Zeichnungen (oder Ausschnitte hiervon)
- Technologieschemata
- Diagramme, Kennlinien
- Gegebenenfalls Arbeitspläne
- Besonders wichtige Hinweise (z.B. Sicherheitshinweise)
- Reale Objekte, wenn sie nicht zu groß sind und dem Verständnis dienen.

Auf keinen Fall darf die Präsentation eine „Bildershow" sein, die den Zuhörer vom gesprochenen Wort abhält. In der *sinnvollen Beschränkung* liegt der Erfolg.

Suchen Sie unter diesen Kriterien die Visualisierungsmittel aus und ordnen Sie diese dem bereits geschriebenen Text zu: Wann soll welches Bild erscheinen?

Information

Noch besser als eine ausführliche Textbeschreibung ist folgende eine grafisch unterstützte Informationsübermittlung.

Klemmkasten X16

29 Klemmen vorhanden
20 Klemmen benutzt

⇓

9 Klemmen frei

Schaltschrankleitung hat ausreichende Reserven

Stichwortkartei (Muster)

Ortsbegehung Vis. 12 Foto Klemmkasten

- Reserveklemmen?
- Reserveadern?

Die *Gestaltung der Stichworte* kann nur als grobes Denkmuster angesehen werden. Sie ist sicherlich stark abhängig von der Thematik und vor allem von den Bedürfnissen des Vortragenden.

Mit einer solchen **Stichwortkartei** verlieren Sie niemals den „roten Faden".

Auch Unterbrechungen oder unvorhergesehene Ereignisse während der Präsentation können Sie nicht mehr schrecken. Auch nach Minuten wissen Sie dann noch genau, wie es weitergeht.

Begrüßung

Die Kopfbedeckung ist abgenommen, Sie betreten den Präsentationsraum. Wenn Sie Ihren Standort erreicht haben, schauen Sie die Zuhörer ruhig an und begrüßen Sie. Zum Beispiel:

„Guten Morgen, mein Name ist... und ich bin Auszubildender der Firma..."

Einleitung

Vermeiden Sie Einleitungen wie:

„Nun muss ich Ihnen etwas über meine betrieblichen Auftrag erzählen."

Schläfern Sie die Zuhörer nicht gleich ein. Im Gegenteil, wecken Sie sie auf. Zum Beispiel durch direkte Benennung der Problemsituation.

„Vagabundierende Tischfußkappen an den Produktionsorten sind auf Dauer unerträglich!"

Der Zuhörer wird sich fragen um was geht es dem jetzt? Was kommt danach? Eventuell sogar: Bin ich im richtigen Vortrag? Sehr gut; jedenfalls ist er nun auf konzentriertes Zuhören eingestellt.

Grundsätzlich dient die *Einleitung* der Kontaktaufnahme mit den Zuhörern. Ihre wesentliche Aufgabe ist die *Einführung* in das Problem, die Begründung des Themas usw. Da die Einleitung wahrscheinlich die Phase der größten Nervenanspannung ist (was man dem Vortragenden aber nicht anmerken sollte), sollten Sie sie im wahrsten Sinne des Wortes *auswendig* lernen.

Schluss

Auch diese Phase der Präsentation verdient besondere Beachtung. Der hierbei vermittelte Eindruck bleibt den Zuhörern am stärksten im Gedächtnis, was starken Einfluss auf eine eventuelle Bewertung haben kann.

Also keinesfalls die Präsentation wie folgt beenden:

- *Das war´s, danke!*
- *So, ... !*
- *Ich bin am Ende!*
- *Noch Fragen?*
- *Mehr weiß ich nicht!*

Information

Zum Schluss sollten Sie die wesentlichen Ergebnisse noch einmal kurz zusammenfassen. Eventuell Folgerungen hieraus ziehen und falls möglich – einen Ausblick geben.

Besser wäre zum Beispiel:
„Sie haben sich nun einen Eindruck vom Ablauf meines betrieblichen Auftrages verschaffen können. Ich stehe Ihnen nun für eine Diskussion (ein Fachgespräch) zu Verfügung."

Tipps am Rande

- Es handelt sich um eine Präsentation (eine Prüfung), keinen Diskobesuch.
  Die Kleidung sollte angemessen sein.
- Kaugummis sollten vor Betreten des Präsentationsraumes entsorgt werden; ähnliches gilt für Rauchwaren.
- Alkoholische Getränke dienen nicht der Beruhigung.
- Eine gewisse Nervenanspannung kann förderlich sein. Wenn sie zu groß wird, können große Probleme (bis zum Präsentationsabbruch) auftreten.
  Dabei kann es hilfreich sein, sich die Präsentationsbedingungen (Raum, Medien, Zuhörer) vor der Durchführung immer wieder vorzustellen. Sie immer wieder geistig zu durchleben. Eine „bekannte Situation" ist weniger problematisch.
- Lernen Sie die Einleitung auswendig. Der Einstieg ist dann geschafft, was sicherlich beruhigend wirkt und dem weiteren Ablauf förderlich ist.
- Nehmen Sie Blickkontakt mit den Zuhörern auf. Bedenken Sie dabei alle Zuhörer etwa gleichmäßig. Wenn es Sie belastet, müssen Sie die Zuhörer dabei gar nicht sehen – nur hinsehen.
- Bleiben Sie am Präsentationsort stehen, wenn sich keine zwingende Notwendigkeit zum Ortswechsel ergibt (z.B., um etwas zu zeigen). Ein „Tigergang" wirkt stark störend auf die Zuhörer.
- Wohin mit den Händen? Sicherlich gehören sie nicht in die Hosentasche(n). Das Problem ist relativ leicht lösbar: Denken Sie an die Stichwortkarten. Sie erfüllen auch den Zweck, dass eine Hand schon sinnvoll „belegt" ist.
  Die andere Hand „bedient" eine möglichst drahtlose Maus bei Powerpoint-Präsentationen bzw. einen Laserpointer o.ä.

Englisch

Ausgangszustand
initial state

Zielzustand
target state

Auftrag
job

Arbeitsschutzbestimmungen
safety regulations

Maschinenteil
machine part, mechanical part

Stillstandszeit
outage

Klemmenanschluss
clamp terminal

Klemmenkasten
terminal box, lead box, conduit box

Klemmleiste
terminal strip, connection block

Klemmenverbindung
terminal connection

Fertigung
fabrication, manufacture, production

Fertigungsablauf
production method

Einführung
entry

laden
load

testen
check out

Fachkraft
expert

Pneumatik
pneumatics

Pneumatikzylinder
pneumatic cylinder

Ventil
valve

Ventil, vorgesteuert
servo-controlled valve

Wegeventil
distributing valve, way valve

Sperrventil
lock valve

Druckventil
pressure control valve

Absperrventil
shut-off valve

Drosselventil
throttle valve

Rückschlagventil
check valve

Endlagendämpfung
end position cushioning

doppelwirkend
double-acting

Qualitätssicherung
quality assurance

Qualitätsnorm
quality standard

Qualitätsaudit
quality audit

Qualitätsprüfung
quality checking

Stichprobe
random sample, sample

Projektierung
project work

Betriebsanleitung
operating instructions, instruction manual

Instandsetzung
repair, reconditioning

Fehler
defect, trouble

Fehlerbeseitigung
trouble shooting

fehlerfrei
ready for operation

Fehlerquelle
source of error

Wartung
maintenance, servicing

Wartungsanleitung
maintenance instruction

Wartungsplan
maintenance schedule

Überprüfung
check

13 Elektrotechnische Anlagen in Stand halten und ändern

13.1 Anlage Fußzufuhr in Stand setzen

Auftrag

Die Anlage „Tischfußzufuhr“ ist mittlerweile fertiggestellt. Der Programmteil „Nachlieferung“ wurde von einer Fachkraft in Ergänzung des betrieblichen Auftrages (→ 615) „eingebaut“.

Für jedes Ausschussteil wird nun ein weiterer Fußschutz gleicher Art nachgeliefert. Nun soll die gesamte Anlage getestet werdet.

Dabei stellt sich heraus:

1. Die Reflexions-Lichttaster erfassen den Tischfußschutz nicht.

2. Der Greifer fährt bereits abwärts, wenn noch kein Tischfußschutz auf der Kippe liegt.

3. Die Spannungsversorgungsplatinen im Schaltschrank werden ungleichmäßig belastet.

Sie werden beauftragt, die Fachkraft bei der Reparatur zu unterstützen.

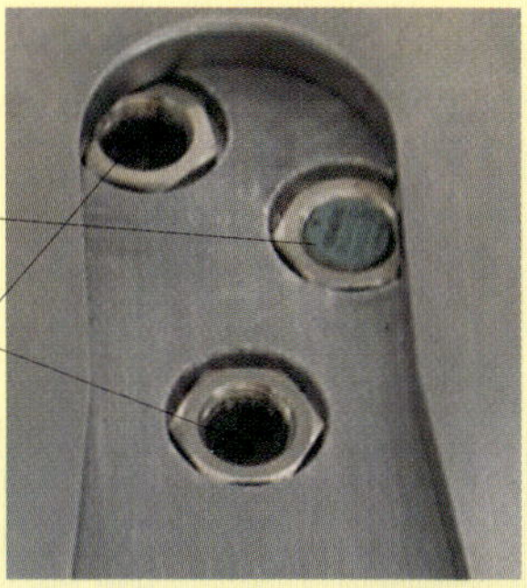

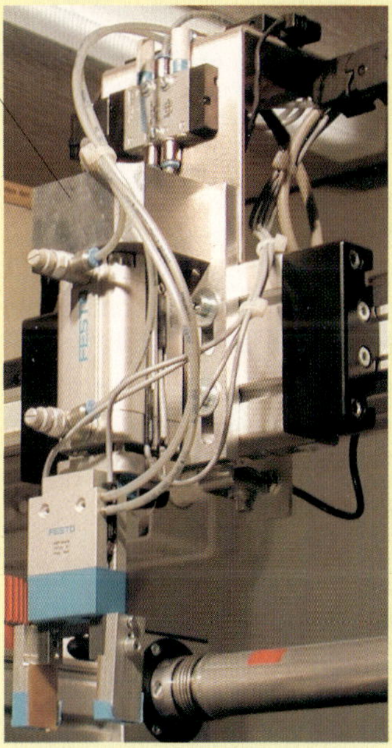

1. Problem:
Die Reflexlichttaster erfassen das Objekt nicht.

- *Überprüfung der Funktion*
  Sie halten die Hand über die Reflexions-Lichttaster: Die eingebaute LED leuchtet. Ebenso leuchtet die LED am zugeordneten SPS-Eingang.

Die Sensorik scheint also in Ordnung zu sein. Liegt der Fehler im Steuerungsprogramm?

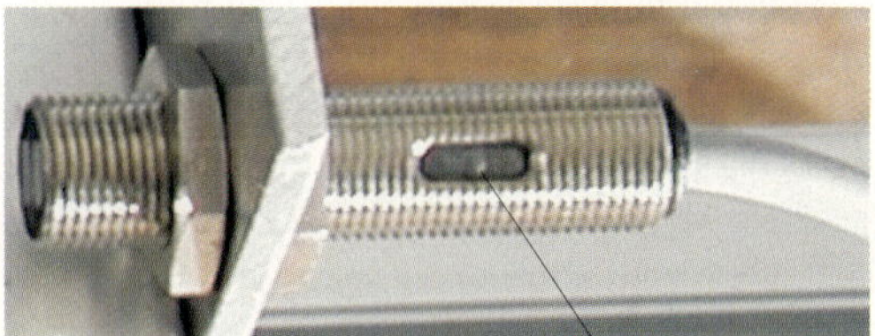

1 LED an den Sensoren

Bevor dies geprüft wird, kommen Sie auf die Idee, einen Fußschutz auf die Kippe zu setzen.

Ein *Reflexions-Lichttaster* müsste nun den Signalzustand „1“ liefern. Das ist nicht der Fall.

Das Werkstück wird nicht erkannt. Der zugehörige SPS-Eingang erhält nicht den Signalzustand „1“.

Dies scheint zunächst merkwürdig.

Wenn Sie das Werkstück ein wenig anheben, leuchtet die eingebaute LED auf und der zugeordnete SPS-Eingang führt „1“-Signal.

Nun schauen Sie sich den Reflexions-Lichttaster genau an. Sie erkennen Sender und Empfänger ganz deutlich.

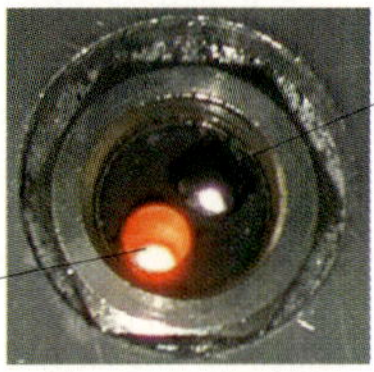

1 Reflexions-Lichttaster

Damit ist die Ursache dieses Fehlers klar: Da der Reflexions-Lichttaster *bündig* mit der Oberfläche der Kippe eingebaut ist, kann der Sender kein Licht aussenden, das vom Empfänger aufgenommen werden kann.

Dies erklärt auch, warum schon bei leicht angehobenem Werkstück der Lichttaster einwandfrei funktioniert.

Der Fehler ist erkannt.

• *Behebung des Fehlers*

Zwischen Reflexions-Lichttaster und Werkstück muss zumindest ein so großer *Abstand* bestehen, dass der Lichtstrahl ausgesandt, reflektiert und empfangen werden kann. Dies ist damit praktisch ein mechanisches Problem.

Der Lichttaster muss tiefer in die Kippe eingebaut werden. Da die Stärke der Kippe nicht groß genug ist, kann kein ausreichender Halt des Sensors gewährleistet werden.

Zur Stabilisierung wird deshalb eine 10-mm-Mutter auf die Unterseite der Kippe geklebt, deren zusätzliche Gewindegänge dem Sensor ausreichenden Halt geben.

Dies ist natürlich bei *beiden Lichttastern* notwendig. Der *induktive Näherungssensor* macht keine Probleme.

2. Problem:

Der Greifer fährt bereits abwärts, wenn noch kein Tischfuß auf der Kippe liegt

Dies ist nicht in Ordnung. Wenn der Greifer sich senkt, ist bereits entschieden, welches Werkstück (Form und Material) auf der Kippe liegt. Wenn kein Werkstück auf der Kippe liegt, soll sich der Greifer nicht abwärts bewegen. Auch hier ist zunächst an ein Problem im Steuerungsprogramm zu denken. Es wird also die Dokumentation des Steuerungsprogramms herangezogen.

Die *Dokumentation* macht ersichtlich, dass in FB9: *„Prüfstation, Ausschuss, Freigabe zum Greifen“* ein *Freigabemerker* für den Greifvorgang programmiert wurde. Der Merker hat den symbolischen Namen *freigabe_greifer_merk*.

```
Baustein: FB9   Prüfstation, Ausschuss,

Netzwerk: 1        Ausschuss

      O      "werkstk_nio_merk"
      S      "ausschuss_merk"
      U      "step_13"
      R      "ausschuss_merk"

Netzwerk: 2        Freigabe Greifen

      O      "fuss_rund_sens"
      O      "fuss_eckig_sens"
      O      "fuss_metall_sens"
      UN     "kippe_oben_sens"
      S      "freigabe_greifen_merk"

      UN     "fuss_rund_sens"
      UN     "fuss_eckig_sens"
      UN     "fuss_metall_sens"
      UN     "greifer_oben_sens"
      R      "freigabe_greifen_merk"
      R      "werkstk_io_merk"
      R      "werkstk_nio_merk"
```

1 Dokumentationsausschnitt FB9

Die *Freigabe des Greifers* erfolgt nur (laut Programm), wenn ein Werkstück auf der Kippe liegt. Dies funktioniert aber so nicht.

Sie schauen sich die *Sensoren der Kippe* noch einmal genauer an.

Obgleich kein Werkstück auf der Kippe liegt leuchten die Dioden der Reflexlichttaster. Eine Kontrolle im Schaltschrank zeigt, dass auch die zugehörigen SPS-Eingänge „1“-Signal führen.

Auch der Merker *freigabe_greifen_merk* hat den Signalzustand „1“.

Wenn Sie die Hand in ausreichendem Abstand zwischen Lichttaster und Greifer halten, nehmen die Reflexions-Lichttaster den Signalzustand „0“ an.

Sie machen sich mit der *Funktionsweise* eines *Reflexions-Lichttasters* noch einmal vertraut.

Das Licht des Senders trifft auf ein Objekt und wird dort reflektiert. Ein Teil davon gelangt zu dem im gleichen Gerät befindlichen Empfänger.
Bei genügender Empfangsstärke schaltet der Ausgang. Die Tastweite hängt von der Größe und Farbe des Objektes sowie von dessen Oberflächenbeschaffenheit ab. Sie kann mit dem eingebauten Potentiometer verändert werden.

1 Einstellung der Tastweite mit Potentiometer

Sie nehmen also Veränderungen am Potentiometer vor; dies zeigt nicht den gewünschten Erfolg.

Die Reflexionslichttaster erfassen das glänzende Aluminiummaterial des Greifers. Sobald der Greifer über der Kippe steht, schalten die Reflexionslichttaster ungewollt.

Zum Test kleben Sie die *reflektierenden Stellen* am Greifersystem mit dunklem Isolierband ab. Die LED in den Positionsschaltern erlöschen, obwohl der Greifer direkt über der Kippe steht.

Die Anlage funktioniert nun einwandfrei.

Natürlich ist das Abkleben mit Isolierband nur eine vorübergehende Lösung. Das ist keine fachgerechte Reparatur.

Der *Dokumentation* der Anlage liegt das *Datenblatt* der eingebauten Reflexions-Lichttaster bei. Hier machen Sie sich noch einmal kundig. Dabei stellen Sie fest, dass die *Tastweite* der eingebauten Sensoren 150 cm beträgt.

- *Tastweite 150 cm einstellbar mit Potentiometer*

Die *Tastweite* ist wesentlich zu groß, da der Abstand zwischen Kippe und Greifer nur ca. 35 cm beträgt. Selbst die Veränderung der Potentiometereinstellung kann dann nicht den gewünschten Erfolg bringen.

Die Reflexionslichttaster müssen *ausgetauscht* werden. Bei sonst gleicher Bauform und gleichen technischen Daten werden Lichttaster mit einer *Tastweite* von 30 cm bestellt. Dann wird die Potentiometereinstellung wirken und das Problem lösen.

3. Problem
Die Spannungsversorgungsplatinen im Schaltschrank werden ungleichmäßig belastet.

Die 24-V-Spannungsversorgung der Anlage erfolgt über 3 Transformatoren und 3 Platinen, die der Gleichrichtung und Stabilisierung dienen.

2 Spannungsversorgung im Schaltschrank

3 Längsregler auf der Platine

Sicherlich ein wenig verwunderlich, dass kein kompaktes Spannungsversorgungsgerät installiert ist. Wie sich dies entwickelt hat, ist nicht mehr nachvollziehbar und ganz gewiss nicht die Aufgabe des Servicetechnikers.

Es zeigt sich folgende Situation:
Die drei parallel geschalteten Spannungsversorgungssysteme werden ungleichmäßig belastet. Dies zeigt sich vor allem an der stark unterschiedlichen Erwärmung der drei Transistoren auf den Platinen.

• *Mögliche Vorgehensweise:*
Vor der Parallelschaltung sind die drei Spannungsversorgungen jeweils zweipolig abgesichert.

1 Zweipolige Absicherung der Spannungsversorgung

Durch die Sicherungen wird immer nur *eine* Spannungsversorgung in Betrieb genommen. Die abgegebene Gleichspannung wird mit einem Multimeter gemessen. Dabei ergeben sich folgende Werte:

- Spannungsversorgung 1: $U = 24{,}8$ V
- Spannungsversorgung 2: $U = 34{,}2$ V
- Spannungsversorgung 3: $U = 24{,}6$ V

2 Spannungsmessung am Netzteil

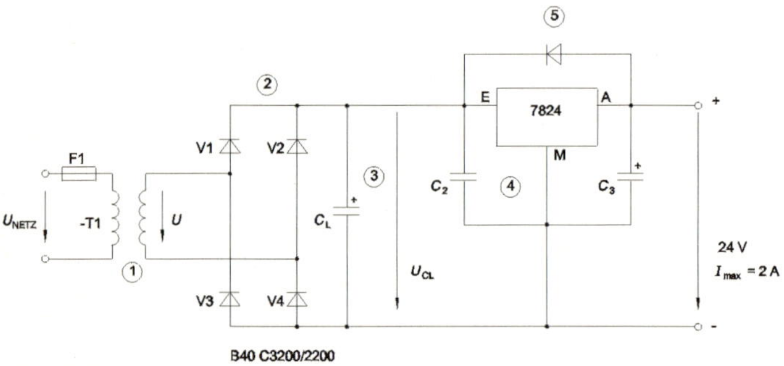

4 Schaltung der Spannungsversorgungs-Platine

Auf jeder Platine befindet sich ein *Trimmpotentiometer* mit dem die Höhe der Gleichspannung eingestellt werden kann.

Dies wird auch bei der Platine der Spannungsversorgung 2 versucht, bringt aber keinen Erfolg.

3 Trimmpotentiometer auf der Platine

Der Fehler muss auf der Platine zu finden sein, zumal die Ausgangsspannung der drei Transformatoren (Wechselspannung) gleich groß ist. Der Transformator ist als Fehlerursache also auszuschließen.

Es wird vermutet, dass der *Längsregler* auf der Platine defekt ist. Er wird ausgetauscht. Danach stelt sich eine Ausgangsspannung von 29,6 V ein, die aber mit dem Trimmpotentiometer auf 24,6 V eingestellt werden kann.

Die anschließende Testphase zeigt, dass sich nun praktisch eine gleiche Belastung der drei Spannungsversorgungen einstellt. Die Erwärmung der drei Transistoren ist ebenfalls gleichmäßig.

Das Problem ist behoben.

Information

Fehlersuche

Fehlersuche muss immer *systematisch* sein. Ein unüberlegtes Ausprobieren nach dem „Prinzip" *Versuch und Irrtum* ist zu vermeiden.

Besonders bei der Fehlersuche ist Erfahrung von unschätzbarem Wert. Aber auch der erfahrene Techniker wird systematisch vorgehen. Dem Anfänger bleibt ohnehin nichts anderes übrig. Ein einfaches Beispiel soll dies verdeutlichen:

Fehler: Die Kippe senkt sich nicht. Sie wird pneumatisch bewegt.

Mögliche Fehlerquellen:

- *Steuerungsprogramm* (unwahrscheinlich, wenn es zuvor funktioniert hat)
- *Sensorik* (Positionsschalter, Ventile, Druckluftversorgung)
- *Elektromechanik* (Koppelrelais, Hilfsschütz usw.)
- *Spannungsversorgung*

Mögliche Vorgehensweise:

- Pneumatik in Ordnung?

– Druckluft vorhanden?

– Leuchtet die LED am Ventil, das den Pneumatikzylinder steuert? Wenn ja, erhält das Ventil einen Steuerbefehl.
Die Steuerung arbeitet also bis zum Ventil einwandfrei. Dann sind Ventil und/oder Pneumatikzylinder als Fehlerursache zu vermuten. Handsteuerung des Ventils betätigen: Wenn nun der Zylinder einwandfrei arbeitet (sich also die Kippe senkt), ist ein Defekt des Ventils zu vermuten.

  Ein ganz übler Fehler ist der Defekt der *Freilaufdiode* bei Pneumatikventilen; Durchschlag der Diode. Kommt zwar selten vor, ist aber natürlich nicht auszuschließen.

– Leuchtet die LED am Ventil nicht, kann ein Defekt von Ventil oder Zylinder wahrscheinlich ausgeschlossen werden (Freilaufdiode siehe oben). Der Fehler ist dann in der „vorgelagerten" Steuerung zu vermuten.
Dann wird geprüft, ob der zugehörige SPS-Eingang den Signalzustand „1" führt (LED an Ausgangsbaugruppe und/oder Spannungsmessung). Wenn dies der Fall ist, liegt der Fehler in der Signalübertragung zwischen SPS und Pneumatikventil (Koppelrelais, Leitungen, Bus).
Wenn dies nicht der Fall ist (LED leucht nicht) ist entweder die Ausgangsbaugruppe oder deren Spannungsversorgung defekt oder das Steuerungsprogramm ist fehlerhaft.

– Wenn das Steuerungsprogramm fehlerhaft ist, kann folgende Vorgehensweise sinnvoll sein:

Baustein FB20: Ausgabe der Befehle öffnen

Hier interessiert das Netzwerk für die Steuerung der Kippe.

Netzwerk 1: Kippe hoch/runter

```
U  "not_aus"
UN "KIPPE_RUNTER"
U  "Kippe_hoch_merk"
=  "KIPPE_HOCH"

U  "not_aus"
UN "Kippe_hoch"
U  "kippe_runter_merk"
=  "KIPPE_RUNTER"
```

Mit Hilfe eines Programmiergerätes (PG) können nun Status und VKE der einzelnen Variablen und Anweisungen beobachtet werden.
Dadurch kann geprüft werden, warum die UND-Funktion nicht das Ergebnis „1" liefern kann.
Möglicherweise, weil der Status des Merker-Operanden *kippe_runter_merk* „0" ist.
Dann ist zu prüfen, in welchem Baustein die Variable *kippe_runter_merk* beschrieben (W; Write) wird.

Hierzu muss nicht lange in der Dokumentation gesucht werden. Bei angeschlossenem Programmiergerät über

Extras → Referenzdaten → Anzeigen

wird in der *Querverweisliste* übersichtlich angezeigt, in welchem Baustein (oder in welchen Bausteinen) die Variable *kippe_runter_merk* gesetzt (geschrieben W) wird. Die Angabe R (Read) bedeutet übrigens, dass die Variable gelesen wird.

Die Variable *kippe_runter_merk* wird im FB4: „Positioniereinheit (Kippe)" *beschrieben (W)*; also logisch bearbeitet.
Hier wird nun getestet, warum der Merker nicht auf den Signalzustand „1" gebracht werden kann. Auch hierzu die *Testfunktion* des PG verwenden.

Möglicher Ablauf bei Instandsetzungsarbeiten

- *Störung wird gemeldet*
- *Möglichst genaue Fehlerbeschreibung (Auswirkung des Fehlers)*
- *Ortsbesichtigung und Zustandsanalyse*
- *Eingrenzung des Fehlerortes*
- *Fehlersuche*
- *Fehlerbeseitigung*
- *Funktionsprüfung und Inbetriebnahme*
- *Änderung dokumentieren*

Instandhaltung sind Maßnahmen zur *Erhaltung* und *Wiederherstellung* von technischen Systemen oder Anlagen. *Instandhaltungsmaßnahmen* sind:

- Wartung
- Pflege
- Überprüfung
- Instandsetzung

Information

Inspektion / Wartung
Inspektions- und Wartungsintervalle

8

8 Inspektion / Wartung

- Verwenden Sie nur Original-Ersatzteile entsprechend der jeweils gültigen Einzelteilliste!
- Bei Austausch der Bremsspule die Bremsenansteuerung immer mit austauschen!
- Motoren können beim Betrieb sehr heiß werden - Verbrennungsgefahr!
- Hubwerksantriebe sichern oder absenken (Absturzgefahr)
- Vor Beginn der Arbeiten Motor und Bremse spannungslos schalten und gegen unbeabsichtigtes Wiedereinschalten sichern!

8.1 Inspektions- und Wartungsintervalle

Gerät / Geräteteil	Zeitintervall	Was ist zu tun?
Bremse BMG02, BR03, BMG05-8, BM15-62	• **Bei Einsatz als Arbeitsbremse:** Mindestens alle 3000 Betriebsstunden[1]	Bremse inspizieren • Belagträgerdicke messen • Belagträger, Belag • Arbeitsluftspalt messen und einstellen • Ankerscheibe • Mitnehmer/Verzahnung • Druckringe
	• **Bei Einsatz als Haltebremse:** Je nach Belastungsverhältnissen alle 2 bis 4 Jahre[1]	• Abrieb absaugen • Schaltkontakte inspizieren, ggf. wechseln (z. B. bei Abbrand)
Motor	• **Alle 10 000 Betriebsstunden**	Motor inspizieren: • Kugellager prüfen, ggf. wechseln • Wellendichtring wechseln • Kühlluftwege reinigen
Motor mit Rücklaufsperre		• Fließfett der Rücklaufsperre wechseln
Tachogenerator		• Inspektion / Wartung wie beiliegende Betriebsanleitung
Antrieb	• Unterschiedlich (abhängig von äußeren Einflüssen)	• Oberflächen- / Korrosionsschutzanstrich ausbessern oder erneuern

1) Verschleißzeiten werden durch viele Faktoren beeinflusst und können kurz sein. Die erforderlichen Inspektions-/Wartungsintervalle müssen individuell gemäß den Projektierungsunterlagen (z. B. "Antriebe projektieren") vom Anlagenersteller berechnet werden.

Wartung/Pflege

Maßnahmen zur *Minderung von Abnutzung und Verschleiß* von Bauteilen und Baugruppen. Zum Beispiel die Prüfung von Schmiermitteln, Säubern von Oberflächen oder Justierarbeiten.

Die notwendigen Wartungsarbeiten sind dem **Hersteller-Wartungsplan** zu entnehmen.

Der Wartungsplan gibt die **Wartungsintervalle** an, beschreibt die *Durchführung der Wartung* und fordert die *Dokumentation* der Wartungsarbeiten.

Überprüfung

Prüfung und *Bewertung* des *Verschleißes* von Bauteilen und Baugruppen. Es handelt sich um einen Vergleich des *Istzustandes* mit dem gewünschten (geforderten) *Sollzustand.* Dies geschieht in festgelegten *Zeitintervallen.*

Fehlermanagement

- Fehlererkennung
- Fehlerbeschreibung
- Fehlereingrenzung
- Fehlerbehebung
- Ursachenanalyse zur Fehlervorbeugung

Information

Instandhaltung technischer Syteme

Die **Investitionskosten** für Werkzeugmaschinen sind in den letzten Jahren stetig gestiegen. Ein *Nutzungsausfall eines technischen Systems* stellt somit einen erheblichen Kostenfaktor dar.

Aus diesem Grund ist es das Ziel von *Instandhaltungsmaßnahmen,* die Maschine in Bezug auf Funktion und Qualität produktionsfähig zu erhalten.

Oft übernimmt eine *eigenständige Instandhaltungsabteilung* in einer Firma diese Aufgaben. Sie ist auch für eine sinnvoll abgestimmte Ersatzteilhaltung verantwortlich.

Die Instandhaltung eines technischen Systems muss den Sollzustand bewahren oder wiederherstellen und den Istzustand beurteilen.

Die häufigste Ursache der **Abnutzung einer Maschine** ist der Verschleiß durch Reibung. Daneben können Materialermüdung, Überlastung des Werkstoffes sowie Korrosion Abnutzungsursachen sein.

In der Betriebswirtschaftslehre hat sich hier der Begriff *Abnutzungsvorrat* eingebürgert.

Das **Abnutzungsdiagramm** zeigt die Verhältnisse.

Die Bauteile einer neuen Maschine haben einen bestimmten Abnutzungsvorrat (z.B. 100 %).

Der **Verschleiß** im Laufe der Betriebsdauer ist von Bauteil zu Bauteil unterschiedlich.

Zu den Zeitpunkten t_1 und t_2 werden bei der **Inspektion** die *Ist-Zustände* festgestellt.

Im *Punkt 0* ist der Zeitpunkt erreicht, an dem der gesamte **Abnutzungsvorrat** aufgebraucht ist und das Bauteil wahrscheinlich ausfällt. Es muss nun eine **Instandsetzung** erfolgen, die eine gewisse Zeit dauert, in der die Maschine meist stillsteht, und die oft hohe Kosten verursacht.

Durch Einbau eines neuen Teils wird wieder ein gewisser Abnutzungsvorrat zur Verfügung gestellt.

Ist dabei die technische Entwicklung in der Zwischenzeit fortgeschritten, so kann es sein, dass z.B. durch verbesserte Werkstoffe dieser neue Abnutzungsvorrat gegenüber der Ausgangssituation auf über 100 % ansteigt.

In der Praxis ist es jedoch wichtig, es gar nicht erst zum Ausfall des Bauteils kommen zu lassen, weil dadurch hohe Kosten auftreten. Also wird vor Erreichen einer **Mindestqualitätsanforderung** eine Instandsetzung durchgeführt, die man **vorbeugende Instandsetzung** nennt.

Inspektion

Störungen und Schäden an technischen Systemen kündigen sich häufig vorher an, beispielsweise hohe Laufgeräusche von Kugellagern, sehr starke Erwärmung einzelner Elektromotoren usw.

Diese Anzeichen müssen vom *Maschinenbediener* wahrgenommen werden. Eine wichtige Möglichkeit dafür ist die **Inspektion**, welche Informationen über den Istzustand einer Anlage liefert.

Die Daten müssen laufend gesammelt und ausgewertet werden. Sie dienen dazu, Schwachstellen an den Maschinen zu ermitteln und zu beseitigen, was beispielsweise auch die Umkonstruktion oder Verbesserung eines Bauteils beinhaltet.

Die **Intervalle** zwischen den einzelnen Inspektionen hängen grundsätzlich vom Verschleißverhalten und der Bedeutung des Bauteils für die gesamte Anlage ab. Sie werden durch **Herstellerempfehlungen** festgelegt, beruhen aber oft auch auf eigenen Betriebserfahrungen und sind im **Inspektionsplan** festgehalten.

Wichtig ist dabei, darauf zu achten, ob im *Einschicht-* oder *Mehrschichtbetrieb* gearbeitet wird, denn beim *Mehrschichtbetrieb* (zwei oder sogar drei Schichten) verkürzen sich die Inspektionsintervalle auf die Hälfte oder sogar auf ein Drittel der Zeit.

Abnutzungsdiagramm

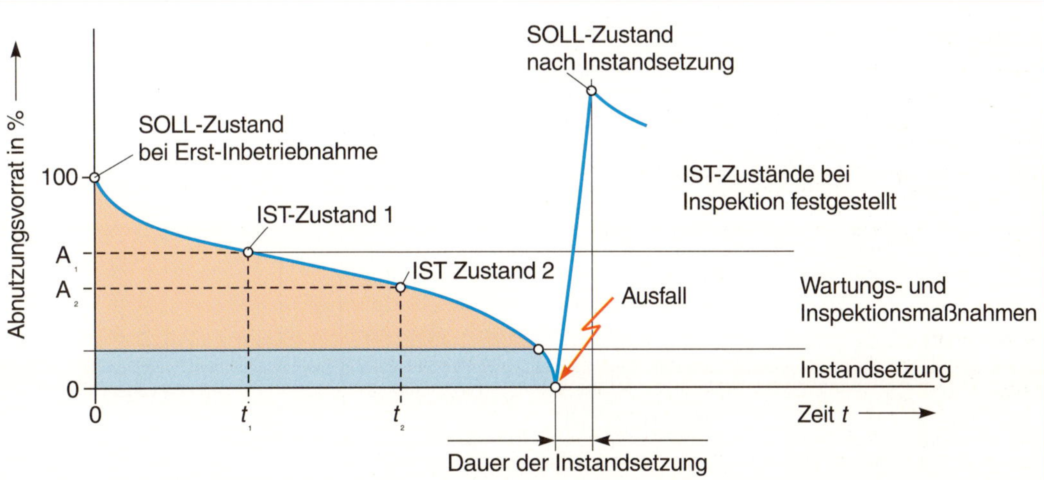

Information

Instandsetzung

Um den Produktionsprozess nicht zu stark zu beeinträchtigen, ist eine sinnvolle **Planung der Instandsetzung** erforderlich, wozu auch technische Diagnoseverfahren, Qualifikation der Facharbeiter und Umkonstruktionen zu zählen sind.

Nach der Instandsetzung ist ein **Schadensbericht** zu erstellen, der die durchgeführten Arbeiten, den Zeitpunkt und besondere Vorkommnisse (z.B. Abweichungen von den Empfehlungen des Maschinenherstellers) enthalten muss.

Im Wesentlichen werden drei Instandsetzungsmaßnahmen unterschieden:

Ausfallbedingte Instandsetzung
In diesem Fall wird die Instandsetzungsmaßnahme erst dann eingeleitet, wenn die Maschine oder Anlage ausgefallen ist. Die *Nachteile* dieser Strategie liegen auf der Hand:

- *Instandsetzungsarbeiten unter starkem Zeitdruck*
- *Hohe Ausfallkosten, wenn beispielsweise benötigte Ersatzteile nicht verfügbar sind*

Als *Vorteil* ist lediglich der geringe Planungsaufwand zu nennen.

Zustandsbedingte Instandsetzung
Bei der Inspektion von Anlagen und Maschinen wird deren Zustand beurteilt. Das kann aufgrund von Erfahrungen der Facharbeiter geschehen, aber auch mit Hilfe exakter *Diagnoseverfahren* durchgeführt werden.

In diesem Fall sind die Instandsetzungsmaßnahmen *exakt planbar*, die Anlage hat eine hohe Verfügbarkeit, und die Lebensdauer der Bauteile wird gut genutzt.
Dem stehen jedoch hohe Kosten für Inspektion und technische Diagnostik (nur von qualifiziertem Personal durchführbar) entgegen.

Vorbeugende Instandsetzung
Diese Instandsetzung wird unabhängig vom Zustand der Abnutzung eines Maschinenteils nach einer bestimmten Laufzeit, einer Produktionsmenge oder einem genauen Kalendertermin durchgeführt.

Die *vorbeugende Instandsetzung* ist von großer Bedeutung, weil zum einen die *Qualitätsanforderungen* an die herzustellenden Produkte und damit an die Werkzeugmaschinen ständig steigen und sich zum anderen diese vorbeugenden Maßnahmen aufgrund zunehmender Rechnerunterstützung einfach und genau planen lassen.

Rechtzeitig vor Erreichen der **Mindestqualitätsanforderung** wird ein Termin für die vorbeugende Instandsetzung festgelegt, wobei die Werkzeugmaschine bzw. Anlage wieder in den *Sollzustand* versetzt werden soll.

Nach mehrmaligen diesbezüglichen Instandsetzungsarbeiten erreicht man jedoch die **Grenze der Nutzungsdauer** auch anderer Aggregate der Maschine, wodurch die Kosten für die Instandsetzung immer höher werden und die Fertigung auf der Maschine damit unwirtschaftlicher wird.

Die *Vorteile* dieser Art der Instandsetzung sind überzeugend:

- *exakte Planung der Instandsetzungsarbeiten*
- *gute Abstimmung mit der Produktion*
- *weniger unvorhergesehene Ausfälle*
- *hohe Verfügbarkeit der Anlage*

Dem stehen jedoch ein *großer Ersatzteilbedarf*, eine schwierige Datenbeschaffung und oft eine geringere Nutzung der Lebensdauer vieler Bauteile gegenüber.

Vorbeugende Instandsetzung

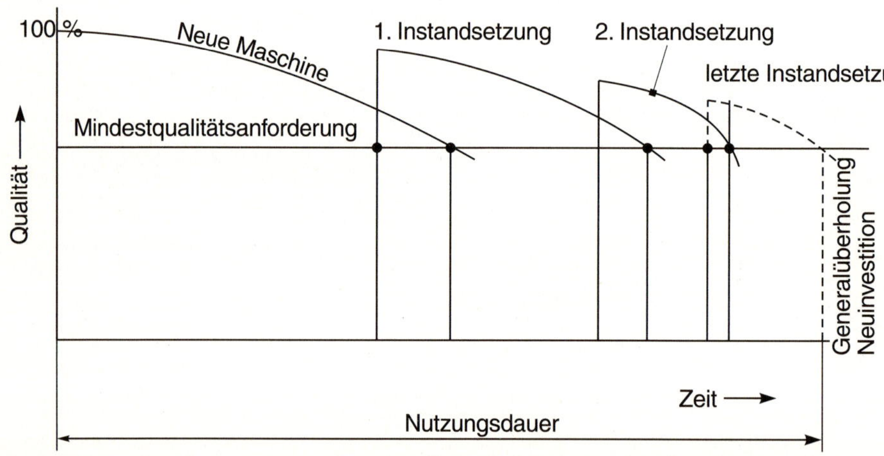

Information

Diagnose von Fertigungssystemen

Die ständige Kontrolle des gesamten Fertigungssystems wird *Diagnose* genannt. Sie bezieht sich auf die Überprüfung aller Komponenten der Anlage auf Dauer gesehen, z.B. das Maschinengestell, die Antriebe, die Übertragungselemente und Messsysteme, die Steuerung.

Dadurch werden die *Dauergenauigkeit* der Fertigung sichergestellt und die *Verfügbarkeit* des Systems erhöht.

Durch die Diagnose ist es möglich, Aussagen darüber zu treffen, wie lange die Maschine die geforderte Genauigkeit erfüllen wird. Die *Instandhaltung* ist dadurch in der Lage, geeignete organisatorische Maßnahmen für die Instandsetzungsarbeiten und die Ersatzteilbeschaffung zu planen, wodurch längere, unvorhergesehene Stillstandszeiten der Fertigungssysteme vermieden werden.

Periodische Diagnose

Sie wird in *festgelegten Zeitintervallen* vorgenommen und beinhaltet beispielsweise allgemeine Funktionstests vor Schichtbeginn, wie Überprüfung der Motorkennwerte, der CNC-Steuerung, der Endschalter, der Druckluft, der Schmierung für die Führungen.

Dabei ist es oft möglich, die Störungsursache auf dem Bildschirm der Maschine im Klartext anzuzeigen, so dass mit Hilfe von Fehlersuchanleitungen eine Behebung erfolgen kann.

Mögliche Störungsursachen

In der *Mechanik:*

- kein Öl im Druckbehälter
- Druckschalter defekt
- Schmierpumpe baut keinen Druck auf

In der *Elektrik:*

- Schmierpumpenmotor defekt
- Motorschutzschalter hat ausgelöst
- Schütz zieht nicht an
- Leitung defekt

In der *Elektronik:*

- Ausgabebaustein defekt
- Eingabebaustein defekt

Die Vielfalt der möglichen Störungsursachen gibt einen Eindruck, welche Abteilungen bei der Fehlersuche und Behebung der Störung beteiligt sein können.

Diagnose auf Anforderung

Bei unvorhergesehenen Ausfällen einer Anlage, ohne dass die Ursachen bekannt sind, muss eine Diagnose gestartet werden, für die in der Regel zunächst der Maschinenbediener zuständig ist.

Kann dieser den Fehler nicht finden, wird das betriebsinterne Wartungspersonal angefordert, dem neben der Ausbildung und Erfahrung noch geeignete Hilfsmittel (beispielsweise Testgeräte) zur Verfügung stehen.

Führen diese Maßnahmen auch nicht zum Erfolg, muss man sich an den Maschinen- bzw. Steuerungshersteller wenden, der einen Servicetechniker schicken kann.

Störungsbeseitigung

Mögliche Vorgehensweise bei der Störungsbeseitigung im mechanischen Anlagenteil:

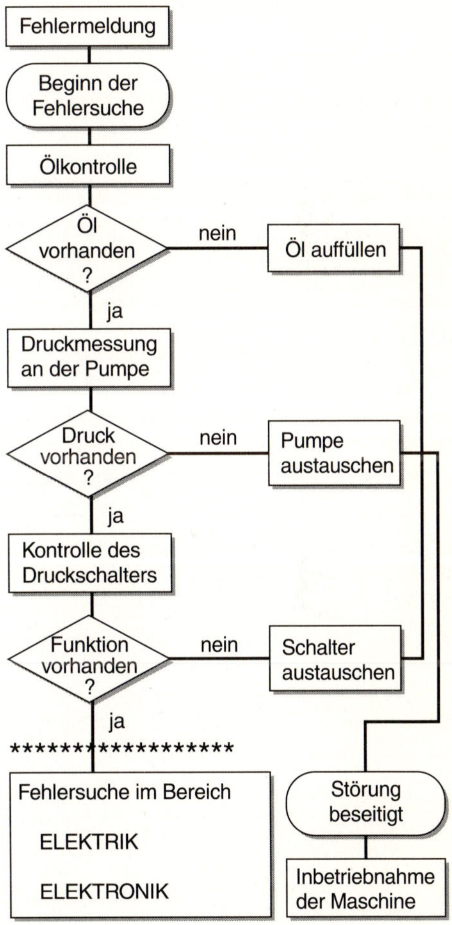

Information

Fehlersuche bei Kurzschlussläufermotoren

Auswirkung	Möglicher Fehler	Maßnahmen
Motor läuft nicht an; kein Geräusch zu hören	Keine Spannung; mindestens zwei Außenleiter unterbrochen	Überstromschutzorgane, Zuleitungen und Klemmen prüfen
Starke Brummgeräusche; Motor läuft nicht an	Ein Außenleiter unterbrochen Zu hohes Gegendrehmoment Läufer liegt einseitig am Blechpaket an	Überstromschutzorgane und Leitungen kontrollieren Motor abkuppeln und im Leerlauf prüfen Lager kontrollieren
Motor läuft bei normalem Geräusch unter Last nicht hoch	Gegendrehmoment zu hoch Zu niedrige Netzspannung	Antrieb prüfen (Motor im Leerlauf) Spannungsmessung
Motor arbeitet im Leerlauf einwandfrei, läuft aber unter Last nicht hoch	Ein Außenleiter nach Anlauf des Motors unterbrochen Kurzschlussstäbe im Läufer defekt	Zuleitung prüfen Läufer ausbauen und überprüfen
Starke Erwärmung des Motors schon im Leerlaufbetrieb	Falsche Schaltung der Ständerwicklung (z.B. Dreieck statt Stern) Netzspannung zu hoch Mangelhafte Kühlung (z.B. durch verstopfte Luftwege) Falsche Drehrichtung des Motors (wenn Lüfterrad nur für eine Drehrichtung geeignet; schräggestellte Lüfterflügel)	Schaltung korrigieren Netzspannung, Leerlaufstrom prüfen reinigen Lüfterrad und Drehrichtung kontrollieren
Starke Erwärmung des Motors bei Belastung	Überlastung des Motors Spannung zu hoch oder zu niedrig Einphasiger Lauf des Motors Am Ständer schleifender Läufer	Stromaufnahme messen Strom und Spannung messen Unterbrechung in der Zuleitung beheben Luftspalt kontrollieren
Örtliche Erwärmung in der Ständerwicklung	Windungsschlüsse	Ständerwicklung erneuern lassen

Fehlersuche bei Gleichstrommotoren

Auswirkung	Möglicher Fehler	Maßnahmen
Motor läuft im Leerlauf nicht an	Ankerzuleitung unterbrochen Ankerspulen verbrannt oder kurzgeschlossen Mangelhafter Bürstendruck Erregerwicklung unterbrochen	Zuleitung und Klemmen prüfen Neue Wicklung Bürsten erneuern, Bürstenauflage und Bürstenstellung prüfen Unterbrechung beseitigen
Motor ruckt beim Anlaufen	Unterbrechung im Anlasser Ankerwicklung hat Windungsschluss Lamellenschluss im Stromwender	Unterbrechung beseitigen Neue Wicklung Stromwender reparieren
Motor ist nicht belastungsfähig	Kurzschluss in der Zuleitung Motor ist überlastet Zu hoher Spannungsfall	prüfen Stromaufnahme messen Größerer Zuleitungsquerschnitt

Information

Gleichstrommotoren (Fortsetzung)

Auswirkung	Möglicher Fehler	Maßnahmen
Zu starke Erwärmung des Motors	Motor ist überlastet Motor wird unzureichend gekühlt Wicklungsschluss in Anker- oder Erregerwicklung	Spannung und Stromstärke prüfen, Überlastung beseitigen Luftwege reinigen, Kühlung verbessern Wicklungen prüfen und ggf. reparieren
Bei Belastung des Motors tritt Funkenbildung (Bürstenfeuer) auf	Stromwender ist unrund Stromwenderoberfläche ist verschmutzt Rillenbildung auf der Stromwenderoberfläche Lamellenisolation steht vor Zu geringer Bürstendruck Mangelhafter Kontakt zwischen Bürsten und Halter Bürsten stark abgenutzt (liegen nicht richtig auf) Bürstenkante ist gesplittert Einzelne Lamellen des Stromwenders haben einen Schluss	Stromwender egalisieren reinigen (Lappen, der mit Benzin getränkt ist) Stromwender glätten Isolation ausfräsen Bürstendruck nachstellen Schrauben anziehen, Klemmbügel fest aufsetzen Bürsten auswechseln (nur die gleiche Sorte verwenden) Bürstenkante leicht brechen Stromwender entgraten, Kanten der Lamellen brechen
Einzelne Bürsten feuern stark	Schlechte Kontaktgabe	Kontaktgabe prüfen und verbessern
Sämtliche Bürsten feuern stark	Schlechte Kontaktgabe Ungleiche Stromverteilung	Kontaktgabe prüfen und verbessern Wendepolluftspalt auf Gleichmäßigkeit prüfen
Ziehfeuer	An Lamellen oder Bürsten springen Schmutzteilchen ab und glühen auf	Stromwender und Bürsten reinigen, evtl. Bürstensorte nach Rücksprache mit dem Hersteller ändern
Bei höherer Belastung tritt starkes Bürstenfeuer auf	Motor ist überlastet	Belastung prüfen
Eine Stromwenderlamelle ist geschwärzt	Leiterbruch	Wicklung instandsetzen

Mechanische Fehler

Auswirkung	Möglicher Fehler	Maßnahmen
Motor läuft unruhig bei Belastung mit der Arbeitsmaschine; der entkuppelte Motor läuft ruhig	Fehler in den Übertragungsteilen oder an der angetriebenen Maschine Bei Riementrieb Riemenzug zu groß Fundamentabsenkung Bei Zahnradtrieb Mangelhafte Auswuchtung	Kraftübertragung und Antriebselemente prüfen, Ausrichtung kontrollieren Riemenzug nachlassen Eventuell Spannrolle einbauen Maschinensatz neu ausrichten Antrieb ausrichten Nachwuchten
Motor läuft auch ohne Belastung mit der Arbeitsmaschine unruhig	Lagerschaden Gelockerte Befestigungsschrauben Windungsschluss Mangelhafte Auswuchtung von Kupplungs- oder Riemenscheiben	Lager austauschen Schrauben nachziehen Wicklung austauschen nachwuchten

Information

Mechanische Fehler (Fortsetzung)

Auswirkung	*Möglicher Fehler*	*Maßnahmen*
Lager erwärmen sich zu stark	*Kühlwasser- oder Ölmangel* *Öl ist ungeeignet* *Lagerspiel zu gering, Lager nicht richtig eingeschabt* *Lagerdruck zu groß* *Reibung in den Lagerdichtungen* *Schmierung läuft zu langsam* *Zusätzliche Lagerbelastung durch falsche Ausrichtung* *Einseitiger axialer Schub auf die Welle*	*Kontrollieren* *Nur vorgeschriebenes Öl verwenden* *Lager richtig einschaben* *Riemen bzw. Ritzeldruck kontrollieren* *Dichtringe kontrollieren* *Öl zu dick oder zu stark verschmutzt* *Ausrichtung korrigieren* *Ausrichtung in Achsrichtung kontrollieren*
Zu starke Erwärmung des Lagers nach Anlauf des Motors oder nach dem Nachschmieren	*Zu viel Fett eingefüllt*	*Vorgeschriebene Fettmenge beachten; nach einiger Zeit tritt die starke Erwärmung nicht mehr auf*
Übermäßige Erwärmung des Lagers nach längerem Betrieb	*Kein Fett eingefüllt*	*Fett einfüllen*
Pfeifende Lagergeräusche	*Lager läuft trocken* *Fehler am Lagerkäfig*	*Fett nachpressen* *Lager austauschen*
Starker Lagerverschleiß	*Lagerbelastung ist zu hoch*	*Ausrichtung, Riemenzug, Ritzeldruck, Kupplungsschub etc. kontrollieren*
Riffelbildung bei stehendem Motor	*Schwingungen werden von außen auf das Lager übertragen*	*Motor von äußeren Schwingungen isolieren oder ständig rotieren lassen*

Schäden an Motorschutzeinrichtungen

Auswirkung	*Möglicher Fehler*	*Maßnahmen*
Eine oder mehrere Stromwege der Motorschutzeinrichtung sind unterbrochen	*Bemessungsstrom der vorgeschalteten Überstromschutzeinrichtungen zu hoch gewählt*	*Bemessungsstromstärke richtig dimensionieren*
Eine oder mehrere Stromwege der Motorschutzeinrichtung sind unterbrochen, die Motorwicklung ist beschädigt	*Schaltungsfehler: Motorschutz spricht zwar an, trennt den Motor allerdings nicht vom Netz* *Kontakt der Motorschutzeinrichtung ist verschweißt* *Hauptschaltglieder von Motorschutzeinrichtung oder Hauptschütz sind verschweißt*	*Schaltung überprüfen und korrigieren; defekte Motorschutzeinrichtung austauschen* *Kurzschluss beseitigen; Absicherung des Steuerstromkreises überprüfen, Motorschutzeinrichtung austauschen* *Kurzschluss beseitigen; defekte Betriebsmittel auswechseln*
Motorwicklung ist beschädigt, Motorschutzeinrichtung einwandfrei	*Einstellwert der Motorschutzeinrichtung zu hoch* *Bei Stern-Dreieck-Anlauf ist die Motorschutzeinrichtung in den Wicklungsstrang des Motors geschaltet, jedoch auf den Nennstrom des Motors eingestellt* *Motorschutzeinrichtung ist einpolig angeschlossen (z.B. bei Einphasen-Wechselstrommotoren)*	*Einstellwert korrigieren (i. Allg. Bemessungsstrom des Motors)* *Motorschutzeinrichtung auf den Wert 0,58 I_N einstellen (Ausnahme von der Regel: Einstellen auf Bemessungsstrom)* *Bei einpoligem Anschluss sind die drei Strompfade der Motorschutzeinrichtung in Reihe zu schalten*